Analogon Rationis

Gerwin Marahrens

*A*nalogon *R*ationis

Festschrift für Gerwin Marahrens zum 65. Geburtstag

Herausgegeben von
Marianne Henn und Christoph Lorey

Published by Marianne Henn and Christoph Lorey
Edmonton, Alberta 1994

Danksagung

Die Herausgeber möchten sich besonders für die großzügige finanzielle Unterstützung folgender Personen und Organisationen bedanken, die den Druck dieses Bandes ermöglicht haben: German Canadian Association of Alberta, Edmonton; Friedrich Schiller Foundation for German-Canadian Culture, Toronto; Robert J. Buck, Edmonton; E. D. Blodgett, Edmonton; Walter und Linda Hoffmann, St. Albert; Charles und Inge Hutton, Edmonton; Joseph R. Kandler, Salt Spring Island; A. T. Kerr, Edmonton; Erwin und Erika Lorey, Wildwood; Horst A. Schmid, Edmonton.

Wir bedanken uns auch bei dem Herausgeber des *Bulletin* der Canadian Association of University Teachers of German, Ulrich Scheck, für die Verteilung der Ankündigung des Buches.

Außerdem möchten wir all den Freunden und Kollegen, die uns bei der Herstellung des Manuskripts mit Rat und Tat zur Seite standen, herzlich danken.

Marianne Henn, Dept. of Germanic Languages, The University of Alberta, Edmonton, Alberta T6G 2E6

Christoph Lorey, Dept. of German and Russian, The University of New Brunswick, Fredericton, New Brunswick E3B 5A3

Distributed by the University of Alberta Press

Printed in Canada

Canadian Cataloguing in Publication Data

Main entry under title:

Analogon rationis

Text in German and English.
Includes bibliographical references.
ISBN 0–88864–266–0

1. German literature—History and criticism. 2. Marahrens, Gerwin.
I. Marahrens, Gerwin. II. Henn, Marianne, 1944– III. Lorey, Christoph, 1963–
PT75.A52 1994   830.9   C94–910176–1

Inhaltsverzeichnis

Vorwort

Aus Anlaß des 65. Geburtstags von Gerwin Marahrens haben sich Kollegen, Freunde und frühere Studenten zusammengefunden, um Gerwin Marahrens' akademische Laufbahn zu würdigen.

Nach seiner Promotion an der Albert-Ludwigs-Universität, Freiburg/Br. begann Gerwin Marahrens seine Lehrtätigkeit im Jahre 1958 an der University of Edinburgh. Er war dann ein Jahr lang Studienreferendar in Hameln/Weser sowie Hannover und wechselte im Jahre 1962 an die University of Alberta, Edmonton, über, wo seine Lehrtätigkeit über dreißig Jahre lang währte.

Gerwin Marahrens war fünfzehn Jahre lang Chair of the Department of Germanic Languages, University of Alberta. Unter seiner Leitung entwickelte sich der Fachbereich während der siebziger und achtziger Jahre zu einem der führenden in Kanada, der Studenten und Studentinnen aus den verschiedensten Ländern zum Studium und zur Forschung an die Universität brachte. Seine Lehrveranstaltungen waren durch seine enormen Fachkenntnisse stets anregend und fördernd. Viele seiner Studenten und Studentinnen haben heute führende Positionen in den verschiedensten Bereichen inne.

Neben der Lehre war Gerwin Marahrens in leitenden Positionen in der Verwaltung der geisteswissenschaftlichen Fakultät und der Universität sowie innerhalb des Germanistenverbandes in Kanada tätig. Er war immer wieder gefragt als Gutachter. Er war Präsident des kanadischen Germanistenverbandes, der Canadian Association of University Teachers of German. Immer setzte er sich mit einer bewundernswerten Unermüdlichkeit für die Interessen und Belange der Geisteswissenschaften und der Universität in der Bevölkerung ein. Durch all diese Aktivitäten gewann er als hervorragender Organisator sowie durch seine Fachkompetenz und engagierte Argumentationsweise das Vertrauen und den Respekt von Studenten und Studentinnen, Kollegen und Kolleginnen.

Wie es nur eine Festschrift kann, sollen die hier versammelten Arbeiten das Spektrum des wissenschaftlichen Interesses von Gerwin Marahrens, das die verschiedensten literarischen Formen sowie mehrere Perioden umfaßt, widerspiegeln. Die Herausgeber haben also bewußt darauf verzichtet, die Festschrift einem fest umrissenen Themenkreis zu unterstellen. Wir nutzen statt dessen diese Gelegenheit, durch Inhalt und Umfang dieses Bandes Gerwin Marahrens' wissenschaftliche Tätigkeit, die sich von Goethe bis Grass erstreckt, vom Roman bis zum Aphorismus reicht und zwei Kontinente umspannt, wiederzugeben. Alexander Gottlieb Baumgartens *Analogon Rationis* liefert dabei den leitenden Begriff: Erkenntnis, Denken und Vernunft — das umfaßt Gerwin Marahrens' Lehre, Forschung und wissenschaftliches Interesse. Der Band ist ein Tribut für die Anerkennung, die Gerwin Marahrens weithin als Forscher, Lehrer und Administrator genießt.

Abschließend möchten wir den Beiträgern von beiden Kontinenten danken. Alle Interessenten, die wir aus terminlichen Gründen nicht aufnehmen konnten, bitten wir um Verständnis.

Marianne Henn
Christoph Lorey

Tabula Gratulatoria

Hellmut Ammerlahn,
Seattle, WA
Pam Barrett und Michael Clegg,
Edmonton
M. S. Batts,
Vancouver
Gustav Beckers,
Hamburg
George Bisztray,
Toronto
E. D. Blodgett,
Edmonton
Arnd Bohm,
Ottawa
Erwin Boll,
Edmonton
Leanne Boytinck,
Edmonton
Gisela Brude-Firnau,
Waterloo
Robert J. Buck,
Edmonton
Eckehard Catholy,
Göttingen
J. Alexander Colpa,
Kingston
Richard d'Alquen,
Edmonton
Horst Daemmrich,
Philadelphia, PA
A. P. Dierick,
Toronto
Linda Dietrick,

Winnipeg
Victor Doerksen,
Winnipeg
Jacqueline Doig,
Edmonton
Eugene Egert,
Edmonton
Elisabeth Eichmüller,
Edmonton
Hans Eichner,
Rockwood
Christa Fell,
Kingston
Duncan Fishwick,
Edmonton
Freies Deutsches Hochstift,
Frankfurt/M.
Friedrich Gaede,
Halifax
Chris J. Gellinek,
Münster
Marketa Goetz-Stankiewicz,
Vancouver
Dirk Grathoff,
Oldenburg
Christopher R. Head,
Edmonton
Hans-Joachim Heinau,
Esslingen
Louis F. Helbig,
Tucson, AZ
Johann Friedrich Henschel,
Hannover

Dirk und Ute Hoffmann,
Berlin-Lichterfelde
Jochen Hörisch,
Mannheim
Britta Hufeisen,
Edmonton
Christine Hunger-Tessier,
Québec
David G. John,
Waterloo
Gerhard Kaiser,
Gießen
Joseph R. Kandler,
Salt Spring Island
Klaus Kanzog,
München
Werner Keller,
Köln
Agnes T. Kerr,
Edmonton
Gerhard P. Knapp,
Salt Lake City, UT
Maria und Wolfram Koch,
Edmonton
Helmut Kreuzer,
Siegen
Karl J. Kuepper,
Lennoxville
Manfred Kuxdorf,
Waterloo
Victor Lange,
Princeton, NJ
Michael Langhorst,
Edmonton
Alan D. Latta,
Toronto
Hannelore Lederer,
Edmonton

Erich Lissinna,
Nordheim
Manfred Lissinna,
Scotch Plains, NJ
Wolfgang von Löhneysen,
Berlin
Erwin und Erika Lorey,
Wildwood
Barbara Mabee,
Rochester, MI
Dennis F. Mahoney,
Burlington, VT
York Marahrens,
Cambridge, MA
McPherson Library, University
of Victoria, Victoria
Peter Michelsen,
Wilhelmsfeld
Katharina Mommsen,
Stanford, CA
Christine E. Moog,
München
Edward Mornin,
Vancouver
Klaus und Ingrid Müller,
Gleichen-Diemarden
Hildegard Nabbe,
Waterloo
Thomas M. Nelson,
Edmonton
Patrick O'Neill,
Kingston
Kevin Osborne,
Calgary
Thea Paap,
Edmonton
Wolfgang Paulsen,
Menlo Park, CA

Holger Pausch,
Edmonton
Zvezdana Pesic und
George van Esbroeck,
College Station, TX
Klaus Petersen,
Vancouver
Anthony D. Phillips,
Sale, Cheshire
John L. Plews,
Edmonton
John Price,
Ottawa
Ulrich Profitlich,
Berlin
Manfred Prokop,
Edmonton
Herbert und Edeltraut Radtke,
Hildesheim
William C. Reeve,
Kingston
Ernest Reinhold,
Edmonton
Henry H. H. Remak,
Bloomington, IN
Manfred Richter,
Waterloo
Anthony W. Riley,
Kingston
Ulrich Scheck,
Kingston
Werner B. Schulze,
Edmonton
Christoph E. Schweitzer,
Chapel Hill, NC
Alison Scott-Prelorentzos,
Edmonton
Erika Brigitte Sehgal,
Edmonton

Helfried W. Seliger,
Toronto
Guy Stern,
Detroit, MI
Joseph P. Strelka,
Hope Falls, NY
Peter K. Tyson,
Preston, Lancs.
Rose Unterberger,
Tübingen
Deirdre Vincent,
Toronto
Carl F. von Weizsäcker,
Starnberg
Sheila M. Wagg,
Edinburgh
Gertrud S. Waseem,
Wolfville
Margit Weiss,
Nepean
Terry H. White,
St. Catharines
Raleigh G. Whitinger,
Edmonton
J. Keith Wikeley,
Edmonton
Ursula Wismer,
Ingolstadt

Music and Subjectivity in Gottfried's *Tristan*

E. D. Blodgett, *University of Alberta*

> Music is feeling, then, not sound
> (Wallace Stevens)

W*er ist Tristan?* (4170) is a question that in various ways, punctuates
Gottfried's text. The question addresses the character of the subject and is
motivated by Tristan's talent for self-disguise. This is a talent that is displayed
in *maere* and *list*, both of which are crucial in the constitution of the subject.
Their full function is found, however, in the role of music in the poem, which
also presents the subject and like *maere* and *list* is part of the process that limits
its function to the making of a subject that is not to be found (19510-11). To find
the subject in music, let us begin with *maere*, a name that may be given to the
poem as fiction and to its power of engendering fictions of the subject.

As a true hero of romance, Tristan, "ein meister seiner liste" (3511), is most
at ease shaping fictions of himself.[1] Speaking in *Tristan*, however, is rarely
mimetic. Following the model of his parents, Tristan enters the world and the
text as a series of fictions. When his father is killed by his enemy Morgan, Rual
li Foitenant, as his loyal marshall, secretly takes the child in, and "si sageten
unde hiezen sagen / ir vrouwe haete ein kint getragen, / daz waere in ir und mit
ir tot" (1827-29). Yet only Tristan's mother dies and that necessitates another
series of stories. Because of Rual's fear of Morgan, who could take advantage
of Tristan's being an orphan, he makes a peace treaty with the common enemy.
He then persuades his wife, who is depicted as a paragon of honor, to claim the
child as hers, which she willingly does, pretending to give birth (a *heinlichen
sachen*, 1916). She then feigns (*gelichsente*, 1920) labor pains and in secret
(*tougenliche*, 1927) Tristan is born again. They prepare a story (*maere*, 1930)
to mask the truth of what they have done, but to mask the fiction the narrator
then asserts that no story (1946, 1951) and no parents were so affectionate as
they. Story is designed to be at once a fiction and a means of adjusting fiction
to truth. Even Tristan's name emerges from secrecy (1980), and it is a name of
allegorical force referring to his mother's sorrow. Both his origins and naming
mark the protagonist as a sign of fiction. If anyone would doubt the veracity of

the name as befitting Tristan's character, it can be measured by the story of his life (2004-06). Being the honest and loyal man he is (after all, as "li foitenant," Rual is equally allegorical and designed to fit his name), he lets it be known that Tristan is his (2025). Moreover, while this is done "durch . . . liste" (2024), it was also done "durch triuwe" (2030). Cunning, however, is justified by the narrator because Rual is protecting Tristan from Morgan's enmity. Nevertheless, the parallelism and implied political finesse with which the action is presented permits the reader to slide over the possible moral problem that is posed. The narrator might have simply remarked that Rual was loyal and acted out of necessity. Yet he chooses to insist on the story-making character of everything surrounding Tristan's birth to remind one of its fictionality and to suggest that fiction is and contains necessary truths, whether or not they are developed in secrecy and promulgated with cunning.

The episode is told in such a way to problematize all narrative procedures in the poem. The insistence on story also insists upon Tristan's fictionality as he glides from one version to another, "als wir daz maere hoeren sagen" (1946). Which story contains the 'truth'? Is truth their motivation or merely the pleasure of diegetic display? It is significant that, as soon as Tristan is of age, the marshall sets about his education. Besides a catalogue of the knightly skills acquired, the narrator pauses over the skills of communication, namely, languages, literacy, and singing (2093-96). Book-learning is emphasized as the main source of his difficulties in life: "der buoche lere und ir getwanc / was siner sorgen anevanc" (2085-86). The truth of this assertion appears to be illustrated by the following episode when he steps aboard a Norwegian ship, attracted by a chess-board. While playing, he amazes the sailors with his knowledge of their rare language, his courtly manners and parlance (*hovemaere*, 2288), his skill with the jargon of chess, and, finally, his ability to sing. Mainly because of his verbal skills, they plot to kidnap him. They slip away, but they are soon overtaken by a storm and therefore decide to leave Tristan behind. So he is brought to Tintagel, where his life was prepared for him. He is met by a couple of pilgrims, who ask him where he comes from. His response, as usual, is a "vremediu maere" (2694) in which he claims to be from Cornwall and to have been separated from the hunt. Ever the courtier, Tristan charms them by revealing nothing of himself despite "maneger slahte maere" (2733), prompting them to wonder "wer . . . ist diz kint" (2753), a question, as I have remarked, often raised.

Thus, as Tristan stands upon the threshold of his patrimony, he is also located in a text of uncertainty, secrecy, and cunning in which the manipulation of language seems to be of greatest worth. From it, for example, the Norwegian sailors are certain to gain "grozen vrumen und ere" (2303). They receive nothing, like Tristan, but grief. This would suggest, in consonance with the narrator's prolepses, that verbal skills are the cause of sorrow in the poem. It might, of course, be argued that there are significant exceptions, such as Tristan's arrival at King Mark's court, his consequent "recognition" (4170ff.), and elevation to the status of ruler of the kingdoms of Cornwall and Parmenie. Such an elevation is only the prelude to what is often construed as catastrophe. Before attaining it, he must move through other guises, suggesting that the guise is who he is and no accurate recognition is possible. The narrator hints that he is not the knightly figure he appears in his Sarrazin clothing (2537ff.), but rather a court functionary, a young master huntsman (2863). He dazzles Mark's hunters with his knowledge of the hunter's art (2929), especially the special jargon with which it is explicated (*wortwise*, 3018). Asked where he is from, he is no longer from Cornwall, but now from Parmenie, and "vil sinncliche er aber began / sin aventiure vinden" (3092-93). Who one is is the story one invents. As a grande finale to his hunting and narrative skills, he leads the hunters ceremoniously to Mark's castle, all blowing on their horns, and "diu burc diu wart gedoenez voll" (3222). Shocked by the music "vil innecliche sere" (3227), Mark issues forth to "nemen dirre maere war" (3238). Tristan is the sign of an unknown music (*vremede jageliet*, 3224) whose intimacy propels him into what is understood as "maere."

Music, then, appears to be a kind of *summum* of all of Tristan's skills, deeply related to his verbal mastery. It is a mastery that derives from both his parents and his foster parents. All of them are portrayed as capable of making things seem other than what they may be thought to be, to disguise, hide, and distort through fiction and behaviour. Transposed into music, the skills are perceived as beautiful and moving. It permits Tristan within the very short space of arriving in Cornwall to appear as a native knight, a merchant's son, a foreign master huntsman, and a "niuwe spilman" (3562). When he first plays his harp in Mark's court, Mark is astonished "daz er so höfsche lere / und also guote liste / dier an im selben wiste, / also verhehlen kunde" (3580-83). Not only are his "liste" hidden, but also when he plays, many in the audience "sin selbes namen vergaz: / da begunden herze und oren / tumben unde toren / und uz ir rehte wanken" (3592-95). Because of his mastery of "al die liste, die nu sint" (3720), that is, hunting, languages, and music, Mark chooses him as his peer (3724-26).

What attracts Mark and everyone else in the poem to Tristan is what is subsumed under the term *list*. For the most part, unlike its modern meaning of ruse and cunning, the medieval use of the word comes closer to Latin *ars*.[2] It is a craft that implies knowledge, skill, craftiness, and ludic qualities. Chess, for example, is a *list* (2244). Thus it is more ambiguous than the modern word, and its usage is determined by context. It belongs to those skills which stylize mundane affairs, part of the self-consciousness of the second feudal age. In Tristan's hands, it dazzles, calling attention to itself in the way that the diegesis calls attention to narrative strategies in story-telling. Thus it is not always clear where the border between craft and craftiness lies, and it is in that border that Tristan shows himself to be whatever he chooses to be. His skill corresponds, if more subtly, to those of his father, who appears to practice a certain craft of magic (*zouberlist*, 1003), reducing Blancheflor to great torment. Referring, moreover, to his power, she exclaims: "entriuwen daz erblante mich / daz was daz zouber, da von ich / min selber sus vergezzen han" (1039-41). This is part of the fundamental power of *list*, whether Tristan is talking, playing, instructing in the hunt, or singing. It conduces to self-forgetfulness, the forgetting of one's own name, an evident loss of referentiality, which is frequently caught in the image of a boat drifting at sea without a rudder. It is clearly art when applied to Reinmar von Hagenau's song (4782), but an art of "maneger wandelunge" (4789).[3] It comes closer to craft when it qualifies Vulcan's skills (*listmachaere*, 4934). Its connotation changes when Morholt challenges Tristan to explain why, upon reaching the island of their mortal combat, he set one of the boats adrift, and asks: "waz tiutet daz, / durch welhen list und umbe waz / hastu daz schif lazen gan?" (6795-97). He refers primarily to Tristan's craftiness.

Until the moment of his fateful wounding at Morholt's hands, Tristan's story is of a chivalric character. His adventures are within the world of men and add to his prestige as a knight. Music might be the highest of his skills within a courtly setting, but in itself it is not entirely necessary to his success. Enemies are overcome by other, yet related, skills. Music does not appear, therefore, to be a "lebensnotwendiges Element" (Gnaedinger 94) until he meets Isolde. Because he knows that he can only be cured by Morholt's sister, he has himself set adrift off the coast of Ireland, where his harping works some of its old charm, rooting his hearers to the spot (7512ff.). For his rescuers he plays his role as a *spilman* (7560, 7591), they assure him that music will be his cure (7607-09), and it is. The cure comes through his meeting and becoming the tutor of the younger Isolde, the "insigel der minne" (7812). Indeed, he plays so well for her "daz er in der kurzen stunde / ir aller hulde also gevienc, / daz ez im zallem guote ergienc" (7830-32). Music in consonance with love, then, is the cure. Not only does music create the couple Tristan and Isolde, but also it completes Tristan's formation as a character. For as they become one through music, he undergoes a feminization whose effects are multiple and apparently catastrophic.

In Isolde Tristan seems to meet the Other, but in many ways it is his (other) self he encounters. Like him, she is adept at both languages and music, as if the two skills were metaphorically related (7984ff.). Tristan's gift to her as *spilman* is "eine unmüezeheit, / die heizen wir moraliteit," that is, "diu kunst diu leret schoene site" (8003-05). We are to assume, I think, that, although "moraliteit" is never again mentioned in the poem, that Isolde's behaviour is marked by it. How sublime it is can only be conjectured. It may be designed to teach how "got und der welt gevallen" (8013), which is equivocal at best. Its immediate manifestation lies in her ability to play "leiche und so vremediu notelin, / diu niemer vremeder kunden sin" (8059-60), and the consequence is that "von ir wart manc herze vol / mit senelicher trahte" (8076-77). The "moraliteit" that Isolde has acquired lies in the erotic dimension of her skill, which she, like Tristan, displays "mit harmblanken henden" (8066; cf. 3552), and her success in her father's court matches Tristan in his (step) father's court (cf. Gnaedinger 63). So skillful is she that she is compared to the Sirens, "die mit dem agesteine / die kiele ziehent ze sich" (8088-89). What is remarkable about the comparison is Gottfried's avoidance of any image of outright disaster: Isolde's ships simply drift, like Tristan making his way to Ireland, "ane anker unde muot" (8095). Earlier in the poem, Gottfried speaks of the Sirens in analogy with the Muses (4871-72), which appears to reduce their mortal force (Gnaedinger 15-17), but by so relating them, the poet indicates that *maere*, music, muse, *list*, and the erotic occupy the same semantic field. The effect is the opposite of the "unmüezeheit" that belongs to "moraliteit." Referring to "kiel ane anker unde muot," the narrator relates that these two states "sint so selten beide / an staeter wegeweide, / so dicke in ungewisser habe, / wankende beidiu an und abe, / ündende hin und her" (8097-8101). Finally, the skill of her "muotgedoene" is qualified as "verholne unde tougen" (8125) and possessed of "zouber" (8128). That Tristan is the ultimate object of the effects of Isolde's song is clear in his own conclusion "daz sin leben / zallen zeiten was geleit / in michel ungewisheit" (8156-58). Tristan is thus a victim of his own music, and his role as tutor is eclipsed in Isolde's song, which has all the aspects of Reinmar's *wandelinge*.

Subsequent moments of music in the poem are not frequent: the Gandin episode, Petitcreiu's magic bell, song in the Minnegrotte, and Tristan's singing for Isolde of the White Hands. With the possible exception of song in the

Minnegrotte, music signifies deception of different kinds. In the Gandin episode, Gandin plays upon Mark's lack of prudence, offering to play if Mark grants him his desire. The reward is Isolde, whom Tristan sets out to retrieve. First he deceives Gandin into thinking he is merely an Irish harper. Then he plays to console Isolde. So persuasive is Tristan as a harper that Gandin, after listening so long that the tide has come in, asks him to take Isolde on his horse to the ship. So Tristan takes her back, but not without scolding Gandin whom he calls a *gouch* (cuckoo) for deceiving Mark with his harp (13414-15), and gives the whole adventure a neat symmetry with his taunting remark: "ir truget, nu sit ouch ir betrogen" (13417). A finer irony, however, springs from his comment to the king: "wer gesach ie mere künigen / durch rottenspil gemeine sin? / her nach so bewaret daz / und hüetet miner vrouwen baz!" (13447-50). Tristan's music permits an exquisite arrogance (attested to especially in the ambiguous phrase "miner vrouwen"), despite the otherwise frivolous character of the episode.[4]

Petitcreiu's musical bell is of a different order. The dog is the gift of a goddess, and he possesses two central characteristics, his colour and his power. As for his colour, it "was in ein getragen / mit also vremeden liste, / das nieman rehte wiste, / von welher varwe es waere" (15818-20). Around his neck he wears a bell that is capable of dispelling Tristan's sadness for Isolde from whom he is parted. In a sense the colours and sounds work together synesthetically, the colors having the stronger effect so that he "mit liehten ougen / siner ougen lougen" (15875-76), and he is unable to determine what he saw. After killing a giant and winning the dog as a reward, Tristan sends him to Isolde, who refuses the gift, destroying the bell, refusing to be deceived, thus earning the narrator's praise with the expression, "diu getriuwe staete senedaerin" (16400).

Music carries a kind of moral, then, in these two episodes, suggesting that it encourages a lack of constancy. This is precisely how it is portrayed in Isolde's concert in her father's court, where she plays Tristan's music for minds that are rarely "an staete wegeweide" (8098). Music in the Minnegrotte episode has a dual function as part of what appears to be the celebration of Minne. It is supplied by the several kinds of birds that dwell near it, and who provide service (*dienest*, 16887) to the lovers. The other is their own song, which paradoxically, possibly conventionally, consists of songs of love that is either unrequited or socially uncondoned and of lovers "die vor ir jaren / von sene verdorben waren" (17185-86). Here, where their love seems to reach fullest realization, they are still depicted as "senedaere," whose songs are "senemaere" (17183-84), and pride of place goes to the song "der küniginne / von Tire und von Sidone, / der seneden Didone / durch sene so jaemerlich ergie" (17194-97).[5] The articulation of their longing is their major pastime. But while music occupies their time, it would appear that no better life interests them except their concern for their honor (16877), which "aller liehte beste / und erliuhtet die fossiure / weltlicher aventiure" (17068-70). Music, we remember, is in accord with earth and heaven. If the Minnegrotte episode is to be taken seriously, as many have since Ranke,[6] then the clues of its allegory ought to suggest that the cave is the place that would provide the lovers with a suitable *wunschleben* (16872): "wes bedorften si danne? / si haeten daz si sollten, / und waren da si wolten" (16906-09). What, then, does the narrator mean by honor here? Is it only the light that illuminates *güete*, *diemüete*, and *zuht* (17063-65), virtues for which they seem to have little regard?[7] It hardly motivates the willingness with which they return to Mark's court, but when they receive Mark's invitation to return, "die vröude haetens aber do / vil harter unde mere / durch got und durch ir ere / dan durch iht anders, daz ie wart" (17696-99). Music in the lovers' cave appears remarkably insufficient, as if it could do no more than encourage yearning, despite their having all that they want. Because if the significance of the episode as the apparently full realization of their love, the inability of music, if nothing else, to keep the lovers away from court, urges one to question where the power of music lies. The final episode with the other Isolde provides part of the answer.

Like Tristan and Isolde, the last Isolde is "diu mit den wizen handen" (18957), a small, but noticeable trait that draws all three together in a world of increasingly mindless manipulation. The same name, however, is the beginning of Tristan's undoing and serves to introduce a wonderfully playful interior monologue, indeed "maere" (19041), in which he observes that "nu bin ich komen, da Isot ist, / und enbin Isote niender bi, / swie nahe ich Isote si. / Isote sihe ich alle tage / und sihe ir niht: daz ist min clage" (19020-24). Not surprisingly, he fears, in an inimitable pun, that he "gisotet si / zem anderen male" (19006-07). The rhetoric is a perfect reflection of the vacuity of Tristan's thought here, suggesting that the name and the play upon it are sufficient to give him a sense of relationship. But Tristan has always been at home with roles, disguises, and fictions; therefore, it is possible that his crisis is also an epiphany, playing back upon the work as a whole. Hence, he continues to allow his interplay with Isolde to continue: "er seitir schoene maere, / er sang ir, er schreib und er las" (19188-89). Language, fiction, and song once again become metonymous for Tristan, but his riskiest move is to sing of Isolde herself: "Isot ma drue, Isot mamie, / en vus ma mort, en vus ma vie!" (19213-14). When the song appears later, it is in a strongly marked narrative context. First we are told that "er wolde und enwolde / Isolde und Isolde; / er vloch dise und suohte jene" (19389-91). And yet guilt is somehow assigned: "daz was des schult: si was betrogen. / Tristan haet ir so vil gelogen" (19397-98). Her heart is urged on by Tristan's "trügeheite" (19403). Tristan's courtly attention to the second Isolde is, of course, problematic. Borrowing Tax's carefully chosen word, "Abstieg" (161), Gnaedinger qualifies it with "elender" (92). Inasmuch as Tax himself doubts that Tristan and the first Isolde are worthy of the love that the narrator suggests they possess (145),[8] it is perhaps not necessary to judge the quality of Tristan's fidelity. Furthermore, to the extent that music evokes love in the text, *staete* does not seem to be its determining characteristic. Music, as Stein argues, is, first of all, a courtly attainment (588), clearly apparent in the episode with the Norwegian sailors as part of his *curtosie* (2296). Therefore, it is not inconsistent for Tristan, who has been shaped as a supreme example of the courtly, to continue such behaviour with another Isolde.

What aligns the use of music in this episode with all the others with the exception of its use in the Minnegrotte is its effect. If this is the only time the lovers play (make music) together, thus achieving psychological harmony in their love (Mergell 138),[9] it is evident that in the cave there is no difference between musician and audience. The final episode places Tristan most acutely in the position where music, as well as skill at playing roles and fictionalizing his life, always places him. It encourages him to deceive, but in this instance both Tristan, as well as the second Isolde, are deceived, "und swenner aber zIsote kam, / sine rede mit ir handen nam, / daz er sin selbes gar vergaz" (19271-73). As Stein asserts, "die Musik beherrscht ihn nun vollends, er merkt gar nicht mehr, daß er gänzlich Gefangener — und deren einziger Gefangener — ist" (620). The episode with the Norwegian sailors already proleptically hinted at such a possibility, for his music is sufficiently captivating for them to abduct him. Tristan is also taken by Isolde's Siren-music after he teaches her his art. Isolde, apparently fearing its effect upon her sense of the real, destroys Petitcreiu's music (Stein 610).

Music, then, in Gottfried's *Tristan* poses certain risks, which Gnaedinger considers by asking: "Hätte nun der vollendete fatale Ausgang von Tristans Geschichte die Musik diskreditiert, wäre sie endgültig als sublime Illusion, als schöner lügnerischer Schein entlarvt worden" (94)? Her answer is that this "ist undenkbar." Stein's response to the question is that music, despite the several studies initiated by Wehrli that would demonstrate music's power, is "eine sinnenverwirrende Macht im Besitz Tristans, die sich aber der fiktionalen

Gesellschaft gegenüber als ohnmächtig erweist" (601). Such an assertion does not deny, however, that Gottfried is at pains to depict Tristan as a consummate musician, and that both his skills and those of Isolde claim an unusual place in medieval fiction (Jackson 1971, 65-73). Two aspects of the play of music in the poem deserve attention. The first of these lies in the conjunction that Gottfried makes between *musik* and *list*.

Because of its clear placement within the semantic field of *list*, music is not innocent in the poem. As *list*, it ranges from knowledge to skill to guile. As for the element of play, Jackson remarks that Tristan

> is the *homo ludens*, the man making life into a game, performing instead of participating and inevitably deceiving as he performs, since his audience understands him only through his performance, while his real nature remains hidden from them all. (1971, 168)

Thus, it is not difficult to understand why it is often asked who Tristan is, and why Isolde is so proud of herself when she discovers that Tantris is only Tristan reversed. Is he not, in fact, to be understood as a name, a mere signifier for the generation of fiction (*maere*), and especially a signifier like *minne*, which at one moment the narrator construes as merely a signifier for which there is no referent, that we have "also verwortet und vernamet, / daz sich diu müede ir name schamet / und ir daz wort unmaeret" (12285-87)? This question comes as part of a long narrative intervention in which the narrator first sympathizes with the lovers for having escaped *huote*, the enemy of Minne, and drunk the love philtre. He then goes on to bewail in a fine performance of his own how "wir buwen die minne / mit gegelleten [*sic*] sinne, / mit valsche und mit akust / und suochen danne an ir die lust / des libes unde des herzen" (12237-41). This is all the more striking when one bears in mind that the two lovers are shortly to find exactly this pleasure (12366-73), taking "willegen zins" from themselves and love. Love, as the narrator declares in his tirade, is now so shameless as to be "umbe kouf gemeine," eliciting the immediate comment: "wie habe wir unser herschaft / an ir gemachet zinshaft" (12303-04). The slippage here in the use of *zins* between narrator's intervention and his subsequent description of the lovers' *lust* only illustrates more sharply the gap between signifier and signified that *Tristanliebe* opens. Unable to stop, the narrator compounds the problem by adding that "wir haben ein boese conterfeit / in daz vingerlin geleit / und triegen uns da selbe mite. / ez ist ein armer trügesite, / der vriunden also liuge, / der er sich selben triuget" (12305-10). The comment is so appropriate to Tristan and Isolde that one has to assume a neat correspondance between Tristan's ability to perform and the narrator's. No sooner do they reach

Cornwall than they find with the help of Minne "eine witze und einen list, / den allerbesten zuo der vrist" (12437-38): "also so leret minne / durnehtlecliche sinne / ze valsche sin vervlizzen" (12447-49). Punning on *sinne* and *sin*, the narrator wittily emphasizes that both of the lovers are one in their signifying capacity, especially in their ability to invent the real and to destroy the referent. In this they are as much students of Minne as they are of the narrator, who appears ever happy, as he alters the register of his narration, to allow meaning to slide. This permits the reader, in this instance at least, to perceive that *minne* has no invariable attributes. Indeed, her effects are like those of music. When Rivalin falls in love, for example, "sin ane geborne sinne / die waren von der minne / alse wilde und alse unstaete, / als ers erbeten haete" (945-48). In his final monologue, Tristan asks concerning the first Isolde, "durch waz habt ir mich mir benomen, / sit ir min also cleine gert / und min ouch iemer wol enbert?" (19500-03). He then goes on to complain of his suffering and of her failure to send a messenger, which prompts him to ask: "si mich besande? a waz red ich: / nu wa besande si mich / und wie bevünde si min leben?" (19509-11). Through Minne there is no Tristan anywhere to be found, other than a bewildered meditation on self-loss.

Stein dismisses this final state of Tristan as one of being "total ichzentriert" (622), as if this were all that music is capable of. Gottfried's term to suggest the condition of this state is "muotgedoene" (8124), a music that dwells some-where within, emerges from, and enters into, *muot*, a song that Isolde's *wunderliche schoene* possesses, and which, in turn, captivates "mit sene und seneder not" (8131). Since Wehrli, it has been argued that we are to seek the reason for the power of such music in medieval treatises of music, notably, those of Boethius (Jackson 1962, 368-70). Isolde possess the power of *musica practica pura*, "which was designed to appeal to the senses and move through them" (368). It is so great that she, like the Sirens, "causes the hearers to lose control both of emotion and thought," an effect which she has on her courtly audience, if not Tristan (369). Her music is also instinct with *moraliteit*, which Jackson finds "at least inspired by Boethius' use of *moralitas*" (370). Inasmuch as Boethius ascribes *consonantia* to *musica*, and Gottfried appears to follow Boethius closely, it follows "that music brings *consonantia* to Tristan and Isold" (369). While it is valid to argue that the music of Tristan has its deepest effects in the soul, the argument of the poem would suggest that although "the very word *consonantia* can refer to music, to harmony of character, and to eternal harmony" (368), it need not refer to the nature of lovers' relationship. Boethius, in fact, is not as entirely positive about music as Jackson and Wehrli argue. The very fact that "nulla enim magis ad animum disciplinis via quam auribus patet" (I, 1 [p. 181])[10] poses the complexity of the problem that inheres in music. Music and the way we receive it is a problem because of its variety and its effects. This is because "non aeque eorundum cognitio ac firma perceptio animi investigatione colligitur" (Boethius I, 1 [p. 179]). The music Boethius seeks, following Plato, would be "modesta ac simplex et mascula nec effeminata nec fera nec varia" (I, 1 [p. 181]), otherwise the desired effect of harmonizing the soul with *musica mundana* (cosmic music) cannot be achieved.

It is doubtful that the music Tristan teaches could be qualified as "modesta ac simplex," and from the attention that the narrator gives to the effeminate character of his white hands, which he shares with both Isoldes, it could be argued that his love songs are more "effeminata" than "masculata." It is more useful, however, to attend Boethius in an other way. He divides the kinds of music into three: *modesta, ferox*, and *lasciva*. The first is the highest and most appropriately philosophical; the second war-like; the last playful and wanton. The soul is at risk in response to the latter: "Lascivus quippe animus vel ipse lascivioribus modis vel saepe eosdem audiens emollitur ac frangitur" (I, 1 [p. 180]). Furthermore: "Quod vero lascivum ac molle est genus humanum, id totum scenicis ac theatralibus modis tenetur" (I, 1 [p.181]). Apart from the moral repugnance that such a comment implies about theatre, its relevance to Tristan as role-player[11] is hard to miss. It has been already noted that whenever either play, the effect is sufficient for the auditor to grow weak and fall apart.

Dante would appear to follow Boethius on this point, but with more scholastic precision. His three kinds are *utile, delectabile*, and *honestum* (II, 2, 6). The first refers to salvation; the second to love ("venus," that is, "quod per preciosissimum obiectum appetitus delectat"); the third to manly virtue. His examples are specific: *honestum* is found in the war poetry of Bertran de Borns; *utile* is found in the poetry of rectitude, illustrated by Giraut de Borneil; *delectabile* is found in Arnaut Daniel, Cino da Pistoia, and himself (II, 2, 8–9). It is evident from Dante, at least, that if the agreement between *lascivum* and *delectabile* is valid, then Gottfried's use of *moraliteit* to describe the lovers' music is ironic, for its demonstrated effect on Isolde's audience would lead them in the direction of neither the *utile* or *honestum*. Indeed, when she sings, "sus swebet diu wiselose ger, / der ungewisse minnen muot, / reht als daz schif ane anker tuot" (8102–04). Nor is Tristan, *pace* Jackson, exempt from being "in michel ungewisheit" (8158).

We may draw two conclusions from this argument: music is intimate with the soul, and the music of Tristan and Isolde is *effeminata*. Like Dante and unlike Boethius, I prefer not to make a moral judgement about the latter. Gottfried refers to it as *muotgedoene*, which Okken glosses as "bezeichnet betreffend den Reichtum der *doene* oder Melodie, die von den Ohren des Herzens wahrgenommen werden und den *muot*, die erotische Sehnsucht des Zuhörers, wecken" (2: 204). *Muot*, of course, has a range of meanings, all bearing upon the soul and centre of feeling, wh ich is the sense that Wehrli gives the term. Wehrli also argues validly that the theme of the poem lies in the irrational adventure of the soul (97), but his concluding statement carries with it unnecessarily Nietzschean complications:

> Freilich nimmt diese Musik, die sich in die äußere harmonische Schönheit der Sprache hüllt, unvermerkt dunklere dionysische Züge an. Der Geist der Musik, der in Gottfrieds Roman spürbar ist, bedeutet nicht nur Entmaterialisierung zur absoluten Form, sondern auch eine Auflösung, ja eine Verwirrung der Welt in der Empfindsamkeit des einsamen Individuums. (101)

Music hides in language, and music is the sign of the subject. I would like to suggest, as a coda to my argument, that it is possible to consider music in *Tristan*, because of its association with *list* and *maere*, as a sign for powerful semantic possibility in the poem and as a ubiquitous force in the poem even when not expressly mentioned. For, as part of these semantic fields, it belongs to the continuous motivation of action in the poem.

Thus music thematizes the problem of meaning in the poem, especially the use of signifiers with a variety of connotations, reminding one of Reinmar's *wandelunge*. For this reason, I would like to consider music within the framework of contemporary psychoanalytic theory, which argues that whatever we are as subjects is a problem in signification. Clearly Tristan stands as a paradigm in the poem for a problem in meaning as his role-playing and the frequent questions in respect of his identity attest. The final internal monologue that leaves his identity in suspense articulates the same problem. Finally, music in the poem is coterminous with language (Jackson 173). But while disguise and subterfuge are strategies that Tristan has acquired from his parents, the complexity of their function does not arise before Isolde enters the scene. While the necessity of finding Isolde is motivated by his being wounded by Morholt, his return to Ireland is to woo her for his "father" Mark (4301). By falling in love with her and conducting an affair, he forms, indeed creates, an Oedipal situation whose meaning is of interest from the combined perspective of linguistics and psychoanalysis. From such a perspective, who we are is a function of a process that begins with our recognition of our relation to the Other. This occurs, according to Lacan, at the moment when the child's father intervenes in the relation of the child with the mother, instituting the Oedipal moment. In *Tristan* this is complicated by the fact that one Isolde is the mother of another Isolde, who, in turn, is Tristan's Other. According to Lacan, the intervention is significant, for it is characterized by the use of language and, consequently, the move from the order of the Imaginary, in which the child identifies with the mother, to that of the Symbolic (93–100). The symbolic is a term, of course, which encompasses more than simply language. It designates the discourse of social and political power, everything, in a word, that is designated by Mark and his barons. In the poem Tristan obtains access to this level of the symbolic as a process of his adoption by Mark. When he facilitates the marriage between his lover Isolde and Mark, a crucial event occurs, thus changing Tristan's relation to the symbolic. Tristan does not exactly return to the Imaginary, but, rather, he begins to evoke, to use Kristeva's term, the Semiotic.

The semiotic is the level of language that, like Lacan's Imaginary, is pre-Oedipal, and which becomes profoundly modified as the child enters the symbolic. In itself, it is understood as akin to Plato's notion of *chora*, that is, a womb or matrix. For Kristeva it may be understood as a matrix of linguistic signifying. As she remarks, "la théorie du sujet proposée par la théorie de l'inconscient nous permettra de lire dans cet espace rhythmé, sans thèse, sans position, le procès de constitution de la signifiance" (25). The articulation of the subject begins here, but it can only be understood as "motilité," "pulsion," "l'absorption et le repoussement, le rejet et la stase, qui fonctionnent comme des pré-conditions innées, mémorisables par l'espèce, pour l'acquisition du langage" (29). Kristeva's metaphor for this aspect of the subject's life in language is music, and in her evocation of Mallarmé suggests that it is also feminine. The subject only emerges into consciousness with its entry into the symbolic and, concomitantly, its acquisition of language. This occurs when the semiotic *chora* is split, the subject is irretrievably separated from the mother, and the subject is posed as "signifiable, c'est-à-dire, séparé, depuis toujours affronté à un autre, imago dans le miroir (signifié) et procès sémiotique (signifiant)" (44–45).

For Tristan this split may be said to take place when he agrees to seek his father's wife. In doing so, Tristan and Isolde share the love philtre. Then they were "mit liebe also vereinet, / daz ietweder dem anderm waz / durchluter alse ein spiegelglas. / si haeten beide ein herz" (11724–27).[12] At the same time they drink, as Tristan declares, their "ewiclichez sterben" (12502). As we know, no effort is made to run away to Parmenie, following in his biological father's footsteps, neither then nor after their discovery in the Minnegrotte.[13] Their love thrives on their relation with Mark, that is, with the symbolic that can only be accessed in his presence (cf. Bloch 71–72). Nevertheless, their adulterous union is a sign of the subversion of the symbolic, even to the point where Mark himself is capable of believing, after listening to his barons, that when he saw them making love in the orchard, it was only an illusion (18378–404).

The symbolic, it should be observed, is not simply power. It is a social order that is instituted by taboo and sacrifice (Kristeva 76). Thus the interdiction that splits the semiotic order of the subject also inaugurates moral injunctions against, for example, incest. Perhaps this is why the lovers in the cave employ their music to lament both incestuous relationships,[14] as well as Dido's marginalization from the symbolic order. Music, even when the lovers are together, is a lament "von den, die vor ir jaren / von sene verdorben waren" (17185–86), a lament that Boethius would qualify as *effeminata* through its privileging of female victims. It is both a commemoration and displacement of their longing for themselves as pure unity, if that were possible, in a pre-Oedipal state, and not split by the interdiction of the symbolic. Although the narrator asserts their unity, as Isolde does, that they are "ein dinc ane underscheide" (18354), their presence in court, the representation of the symbolic, causes them to be always apart. Always already part of an Oedipal relationship, their music can only be a nostalgia for a floating, mutable, pre-symbolic state.

Like the semiotic, however, the desire of their love is mortal and represents love, from the perspective of the symbolic, as sacrifice. Furthermore, like the semiotic it has only one role, namely, to enact "la jouissance trans-symbolique, l'irruption de la motilité, menaçant l'unité du social et du sujet lui-même" (Kristeva 78). Referring to Béroul's Iseut's true lie when questioned by the Church, Bloch argues that she is "a subverter of language and the existent social order." As a consequence, Mark "founds a fundamentally new epistemological order ordered around the problem of signification" (80). The culmination of this problem in Gottfried is to be found in Tristan's final words in which he loses his ability to make statements that would allow his world to cohere, emphatically signalled in his awareness of his lack of position and location (19510–20). His own unity as a subject is at risk. At this moment, the inherent danger of the semiotic to the subject reveals itself, for the mere capability of producing meaning, which precedes the operation of language that would make use of signifier, signified, and referent, is insufficient for the subject to position itself and acquire minimal agency. In a word, the symbolic allows the subject to produce meaning for itself. Tristan is in the process of losing his hold on the symbolic when the text breaks off, but this is only the culmination of a tendency always present, namely, of never being a subject, but rather a manifestation of his ability (*list*) to slip through language so as to occult meaning and referentiality. Without his position in the semiotic, Tristan would not be capable of making of his life a form of art (Kristeva 69). Because he is drawn so deeply into it, he cannot escape his mortality. This is because the pulsions of the semiotic are of the same order as the pulsions of death (cf. Moi 170). The artist's function, however, lies "en exportant la motilité sémiotique à travers le bord d'où s'instaure le symbolique," and thus "l'artiste esquisse une seconde naissance" (Kristeva 69). Tristan is frequently capable of such rebirths, but his music betrays him finally when he transfers it from one Isolde to another and in his *sottise* loses his ability to make the distinctions which are the sign of the symbolic. The failure of his art evokes his mortality.

But Tristan's music — a metaphor for his whole activity as a manipulator of signs — always carries the ambiguous power of appearing to break into the ordered world of the court (the symbolic) and also of evoking the floating order of the semiotic in which the subject appears at sea in a world of undifferentiated feeling. The symbolic, however, is not overcome, and too close adherence to the motivations of the semiotic are mortal. The subject is without *position* (which is what the symbolic provides), abandoned to that dimension of music which coincides with the signifying mutability of *list*. No longer able to determine referentiality, unable to distinguish the other as discrete object, Tristan in the end appears to become one only with the disseminations of his music, unable to be located in the space of signification. His music merely plays his feelings; his *maere* merely plays with language, both in a register unable to break into the zone of symbolic assertion.

Notes

[1]On the general use of *maere* in Gottfried, see Okken (1: 18–24).

[2]Jupé limits its connotations to *maere* and a certain capability shaped by knowledge and talent (34). Jupé denies all the modern connotations of the word, but without discussing contexts in which it is linked with *akust* (16936) and also part of a complex of terms that are not associated with love's cave, viz., *meisterschaft*, *valscheite*, and *lüge* (17012–13). Although here expressly coupled with *meisterschaft*, suggesting its relation to the artful (cf. 6640), it is within a field of negatively valorized terms that are not among Jupé's definitions and examples. While Jacobson notes that "deceit is its predominant characteristic" (116), she finds it "ethically neutral" (116), which is, nevertheless, capable of denying "the fullness of [Tristan's] and Isolde's love" (127).

Finally, it is often used to connote games (*schachzabelspil*, 2232), and aspects of music (e.g., *wunnenspil*, 17213). As game, it also possess erotic qualities that are continuously present and proper to their *muotgedoene* that, like *list*, seduces "verhohlne und tougen" (8125).

[3]As Gnaedinger argues, this word has an ambiguous bearing. In itself it connotes serious varieties of mutability. As Hammerich observes, it "bezeichnet nicht nur Verwandlung, variatio, sondern auch Wandelbarkeit, Unzuverläbigkeit, Gebrechen, defectus moralis" (156), but conjoined with Orpheus, it acquires a more positive valorization. See also Okken 2: 195.

[4]The force of the irony is at once complicated and softened as one recalls that Tristan's taunt is based upon a projection already hinted at in calling Gandin a cuckoo, for the only possible cuckoo is Tristan himself who evokes the cuckoo as a bird who lays her eggs in another's nest. For a fuller analysis see Green 333–36.

[5]Okken's commentary on these lines refers to the possibility that Gottfried may have availed himself of Hygenius' *Fabulae*, since all but one of the women Gottfried cites are mentioned in Hygenius, and they all share the fact that they committed suicide because of their love (1: 600). It should also be noted that both Canacea and Biblis were guilty of incest, which Tristan and Isolde also commit symbolically, at least, inasmuch as Mark is his step–father.

[6]No matter how many hints there are of theological significance in the allegorization of this episode, Tax's judgement is the most valid: "Denn einmal ist gerade Gottfrieds Minnegrotte in höchstem Sinne eine dichterische, keine theologische Schöpfung" (134), which should not, however, deny the interpretative usefulness of Ernst's commentary on the Minnegrotte.

[7]Tax distinguishes the honor of love from the honor of the court, and argues that the lovers' honor is illuminated by the sun, and, inasmuch as it "stammt von oben, von Gott," it blesses "die ideale Liebeswirklichkeit" (141). It is to be contrasted with Mark's more corporeal love. Because his love is sanctioned by the sacrament of marriage, the lovers "müssen den ranghöheren Werten der Ehe als Sakrament weichen" (143). This is a judicious argument, but their yielding to Mark is specious indeed, and it would be difficult to make it accord with Isolde's continuous adultery. The specious character of the argument is met neatly in Herzmann (221), who also implies that the virtues posited in the cave should be construed as uncourtly, and belonging only to *edele herzen*, from whose company Tristan and Isolde joyfully exempt themselves.

[8]Tax indicates (163) with emphasis that in the final episode "ertönt zum erstenmal das unheimliche Wort: *lust!*" (19358). Nevertheless, it would be difficult to construe Tristan's final scene in the orchard with Isolde, in which they are analogously compared with Adam and Eve (18162–64), as an example of *caritas* or *agape*, not to speak of other uses of the word *lust* to qualify their love.

[9]Cf. Schwietering's comparison of their love to St. Bernhard's paradigm for mystical union that the episode suggests, through which "Tristanliebe" becomes "leiden-schaftliches Verlangen nach Einung und Entselbstung" (354). Cf. Gnaedinger: "sie metaphysizieren ihr eigenes Liebesspiel im Praktizieren der Musik" (85).

[10]Jackson notes this statement, but within a context of positive valorization, by directly following it with the assertion that "music, more than any other of the arts, reflects this harmony [that of "the universal design"] and proportion" (1962, 368). As I argue, Jackson's context distorts Boethius.

[11]Jackson devotes a whole section to this idea but with differing conclusions (1971, 164–80).

[12]It is clear that their union begins in this moment, and it may be likened to Lacan's "Mirror Stage": "The child, when looking at itself in the mirror . . . only perceives another human being with whom it merges and identifies (Moi 100).

[13]Following Kristeva, it is possible to interpret the Minnegrotte as an overdetermined sign of the *chora*. It is, by being in a wasteland, on the margin of the symbolic; it signifies part of the construction of a subject in a pre-Oedipal state of Narcissistic *jouissance*, that is, nevertheless, aware of its lack of agency and ability, a subject only able to make music that his no discursive power to make "sense."

[14]The illicit is also implied in Isolde's poignant hint that "wan swenne ich des verweiset bin, / so bin ich, iuwer lip, / da hin" (18337–38).

Works Cited

BLOCH, R. Howard. "The Myth of the State and the Language of the Self." *Yale French Studies* 51 (1974): 61–81.

BOETHIUS. *De institutione musica*. Ed. G. Friedlein. 1867. Frankfurt: Minerva, 1966.

DANTE. *De vulgari eloquentia. Le Opere di Dante*. Ed. M. Barbi et al. 2nd ed. Firenze: Nella Seda della Società, 1960.

ERNST, Ulrich. "Gottfried von Strassburg in komparatistischer Sicht. Form und Funktion der Allegorese im Tristanepos." *Euphorion* 70 (1976): 1–72.

GNAEDINGER, Louise. *Musik und Minne im "Tristan" Gotfrids von Strassburg*. Beihefte zur Zeitschrift *Wirkendes Wort* 19. Düsseldorf: Pädagogischer Verl. Schwann, 1967.

GOTTFRIED von Strassburg. *Tristan und Isold*. Ed. F. Ranke. 1930. Berlin: Weidmann, 1978.

GREEN, D. H. *Irony in the Medieval Romance*. Cambridge: Cambridge UP, 1979.

HAMMERICH, L.L. "Gottfried von Stassburg über Reinmar von Hagenau." *GRM* 33 (1951–52): 156–57.

HERZMANN, H. "Warum verlassen Tristan und Isolde die Minnehöhle?" *Euphorion* 69 (1975): 219–28.

JACKSON, W. T. H. *The Anatomy of Love. The Tristan of Gottfried von Strassburg*. New York: Columbia UP, 1971.

JACKSON, W. T. H. "Tristan the Artist in Gottfried's Poem." *PMLA* 77 (1962): 364–72.

JACOBSON, Evelyn. "The *Liste* of Tristan." *Amsterdamer Beiträge zur älteren Germanistik* 18 (1982): 115–28.

JUPÉ, W. *Die "List" im Tristanroman Gottfrieds von Straßurg*. Heidelberg: Winter, 1976.

KRISTEVA, J. *La Révolution du langage poétique*. Paris: Editions du Seuil, 1974.

LACAN, J. *Ecrits*. Paris: Editions du Seuil, 1966.

MERGELL, B. *Tristan und Isolde. Ursprung und Entwicklung der Tristansaga des Mittelalters*. Mainz: Verl. Kirchheim, 1949.

MOI, Toril. *Sexual/Textual Politics. Feminist Literary Theory*. London: Methuen, 1985.

OKKEN, L. *Kommentar zum Tristan-Roman Gottfrieds von Strassburg*. 2 vols. Amsterdam: Rodopi, 1984–85.

RANKE, F. "Die Allegorie der Minnegrotte in Gottfrieds Tristan." *Kleine Schriften*. Ed. Heinz Rypp and Edward Studer (Bern: Francke, 1971). 13–30.

SCHWIETERING, J. *Philologische Schriften*. Ed. F. Ohly and M. Wehrli. München: Fink, 1969.

STEIN, P. K. "Die Musik in Gotfrids von Straßurg *Tristan* — Ihre Bedeutung im epischen

Gefüge." *Sprache—Text—Geschichte*. Ed. P. K. Stein. Göppingen: Kümmerle, 1980.

Tax, P. W. *Wort, Sinnbild, Zahl im Tristanroman. Studien zum Denken und Werten Gottfrieds von Strassburg*. Philologische Studien und Quellen 8. Berlin: Schmidt Verl., 1962.

Wehrli, M. "Der Tristan Gottfrieds von Strassburg." *Trivium* 4 (1946): 81–117.

Die Schuld-Verhältnisse in Hartmanns *Iwein*

Christoph Lorey, *University of New Brunswick*

Die Schuld ist immer zweifellos.

(Franz Kafka)

Das gesamte Handlungsgeschehen in Hartmanns *Iwein* läßt sich als ein komplexes Netzwerk von miteinander verknüpften Schuldverhältnissen verstehen: die Handlung wird im wesentlichen durch ein starres, archetypisches, alle Romanfiguren verpflichtendes Schema von Verschuldung (Ursache) und Vergeltung (Wirkung) motiviert und vorangetrieben. Wie es in der folgenden Untersuchung zur Bedeutung und Funktion des Schuld-Begriffs herauszustellen gilt, herrscht das archetypische Schuldverständnis, das an den objektiven Sachverhalt einer Handlung gebunden bleibt, bei weitem vor. Es wird jedoch von der christlich-theologischen Schuldauffassung, die die subjektiven Momente einer Handlung qualitativ bewertet, überlagert. Die hieraus hervorgehende Polyvalenz des Wesens und der Funktion des Schuld-Begriffs verweist auf eine tiefe Unsicherheit im Rechtsempfinden der Menschen zur Zeit des Hochmittelalters, einer Übergangszeit, in der germanisch-urvölkische und christlich-theologische Rechtsauffassungen ständig miteinander konkurrierten. Das von Hartmann dichterisch gestaltete höfische Rittertum verkörpert demzufolge sowohl die Rezeption und Auslegung der Vergangenheit als auch den synkretistischen Zusammenschluß ihrer überaus reichen Traditionen, aus denen die deutsche Literatur jahrhundertelang fruchtbare Anregungen schöpfte.

Alle Hartmannschen Epen tragen das Kennzeichen einer grundsätzlichen Auseinandersetzung mit dem Problem der menschlichen Schuld. Kein Epos hat jedoch diesbezüglich eine so reiche Forschung nach sich gezogen wie Hartmanns *Iwein*.[1] Dabei blieb das wissenschaftliche Interesse weitgehend auf die Frage nach der Schuld des Helden Iwein fixiert: Iweins Unvermögen, den zwischen ihm und seiner Frau Laudine vereinbarten Rückkehrtermin einzuhalten, schien als äußeres Zeichen auf ein schlimmeres inneres Versagen, auf Iweins moralisches Ungenügen hinzuweisen, eine Deviation, die sich bereits im ersten Teil des Epos manifestiert und die der Held in den Aventiurezügen des zweiten Teils abzubüßen und zu korrigen hat.[2] Eigentümlicherweise wurde der Schuldbegriff selbst und

die Spannweite seiner semantischen Bedeutung nur mangelhaft differenziert, und
Iweins Schuld wurde vornehmlich aus der Perspektive des christlichen Moralverständnisses untersucht. Ausgehend von einem geschlossenen, homogenen
christlichen Menschen- und Weltbild des Dichters setzte man die christliche Ethik
zumeist als unerschütterlichen und letztgültigen Maßstab zur Bewertung des
Textes und zur Bestimmung der Intention des Dichters an.[3]

Die Reduktion der Schuldthematik auf das dogmatische Sündenrepertoire
mittelalterlicher Moraltheologie ist jedoch bedenklich. Hartmanns *Iwein* ist keine
poetisierte Heilsgeschichte, wenngleich der Text in zahlreichen Szenen analogisch
auf Heilsvorgänge zielen mag. Der Symbolgehalt des Werkes, reich an archetypischen, mythischen und märchenhaften Motiven, weist auf verborgene epische
Bereiche hin, die außerhalb des christlichen Weltbilds anzusiedeln sind.[4] Darüber
hinaus verdeutlichen die zeitliche und räumliche Distanzierung des Erzählers
vom Erzählten und der Wechsel zwischen dramatischen und epischen, komödien-
haften und tragischen, parodistischen und moralisierenden Elementen, über die
der Dichter spielerisch verfügt,[5] daß Hartmanns *Iwein* aus mehreren poetologischen Schichten besteht, die eine eindeutige Bestimmung des Standorts von
Autor und Erzähler nicht ermöglichen. Wie sich gerade am Begriff und der
Funktion des Schuld-Komplexes veranschaulichen läßt, schöpft Hartmanns Epos
eine eigenständige Welt, die uns ein komplexes soziales Gebilde mit einem
heterogenen Rechtsempfinden vor Augen führt. Bevor wir uns jedoch den
zentralen Schuldverhältnissen im *Iwein* zuwenden, sollten wir uns der geistes-
und sozialgeschichtlichen Bedeutungen erinnern, die mit dem Begriff 'schuld' im
germanisch-völkischen und im christlich-theologischen Rechtsverständnis
verbunden sind.

I. "Schuld" im germanisch-völkischen und im christlich-theologischen Rechtsverständnis

In seinem ursprünglichen Sinne ist "Schuld" (mhd. *schuld[e]*; ahd. *sculd[a]*) ein
Rechtsbegriff, der das Verhältnis zwischen dem Verursacher einer Handlung und
der aus ihr hervorgehenden Wirkung bezeichnet. Bereits in dieser grundsätzlichen
Definition zeigt sich die Doppeldeutigkeit des Schuldbegriffs, der das Subjekt und
das Objekt einer Handlung gleichermaßen betreffen kann: "Schuld" heißt sowohl
der Grund oder die Ursache einer Handlung als auch die hierbei immer entstehende
beiderseitige Verbindlichkeit, einen Schaden zu ersetzen (sühnen) oder eine
empfangene Leistung zurückzuzahlen (danken). Die qualitative Bedeutung des
Begriffs ist an sich wertneutral und kann im negativen wie im positiven Sinne

verstanden werden. "Schuld" heißt daher Verpflichtung zur Buße (einer Wiedergutmachung[-szahlung], nach ahd. *buozzan*, got. *bôtjan* "bessern") und Schadenersatz, aber auch zu Dienstleistung und Dank, und ist mit anderen Worten "ein Bekommensollen des einen" wie auch "ein Leistensollen . . . des andern."[6] Nach dem ältesten uns überlieferten völkischen Recht ist die Buße nur die Kehrseite der rein nach dem objektiven Tatbestand ermessenen Schuld. Dieses Verhältnis von objektiver Verursachung und bindender Verpflichtung hat sich bis heute in zahlreichen Wendungen, wie zum Beispiel "jdm. Dank/Geld schulden," "jdm. etwas schuldig bleiben" oder "seine Schulden bezahlen," erhalten und schwingt in den Begriffen "Schuldner," "Schulden" und "Verschuldung" jederzeit mit.

Wie wenig dazu gehört, in ein folgenschweres Schuldverhältnis einzutreten und sich Verpflichtungen aufzuladen, war den Menschen des Mittelalters sehr wohl bewußt. Die altüberlieferten Rechtssprichwörter "Zusagen macht Schuld," "Versprechen macht Schuld" und "Wem man Nichts gelobt, dem ist man Nichts schuldig,"[7] legen nahe, daß ein bloßes Wort ausreichen konnte, um den Prozeß der Schuldverstrickung in Gang zu setzen. Selbstverständlich unterschieden auch die germanischen Völker zwischen absichtlichen und absichtslosen oder zufälligen Rechtsverletzungen. Der Gedanke der subjektiven Verschuldung im Sinne der *culpa* und der hiernach folgenden Pflicht zur inneren Reue war dem germanischen Rechtsempfinden jedoch fremd, schon deshalb, weil die Germanen das Recht nicht von einer Gottheit ableiteten, sondern als Menschenwerk verstanden.[8] Nach der noch in Hartmanns Epos zu findenden Überzeugung, daß sich in der äußeren Haltung des Menschen seine innere Gesinnung spiegelt, setzte man bei der Untersuchung von Tatbeständen zunächst die Absichtlichkeit des Handelns voraus.[9] Der Bußschuld entzog sich also selbst der nicht, der in subjektiver Unschuld Schaden angerichtet hatte.[10]

Die nach unserem heutigen Empfinden inhumane Konsequenz des rein objektiv bewertenden Rechtsverständnisses liegt, wie nicht zuletzt noch die höfischen Epen bezeugen, nicht notwendigerweise im Leiden unschuldig büßender Helden, sondern in der Tatsache, daß jede Verschuldung die Gefahr mit sich brachte, eine endlose Kette von Vergeltungszügen und Wiedergutmachungsforderungen auszulösen. Denn wenngleich eine Schuld nicht direkt übertragbar war, so trafen die aus ihr resultierenden Verpflichtungen doch auch diejenigen, die mit dem Schuldner in einem Treuebündnis standen und die sich ihrerseits verpflichtet fühlten, Buße zu leisten oder Vergeltung zu fordern. Da es bis ins Hochmittelalter kaum eine institutionalisierte Gerichtsbarkeit gab und es den völkischen Rechtsprozessen an einer einheitlichen Rechtsgrundlage fehlte, blieb es der Initiative des Einzelnen (und der seiner Verbündeten) überlassen, seine Unschuld durch Kraft zu erzwingen, das heißt, sein Recht mit Gewalt in einem legalen Kampf zu behaupten.[11]

Mit dem Einzug des Christentums hat sich der Schuldbegriff und seine kulturelle Bedeutung tiefgreifend geändert. Schon in seinen Anfängen beruhte das geistliche Strafrecht auf der Idee, daß durch ein Vergehen nicht bloß die Rechte des verletzten Individuums gekränkt, sondern auch die Gebote Gottes gebrochen seien. Die christliche Ethik sieht Schuld immer auch als Verfehlung gegen Gott und damit als Sünde, die, nach katholischer Lehre, nur durch das freie Bekenntnis (Beichte), die innere Umkehr (Reue) und das persönliche Opfer (Sühne) zu tilgen ist.[12] Weit strenger als das völkische unterschied das kanonische Recht zwischen subjektiver und objektiver Verschuldung, wobei der Ergründung der inneren Einstellung zur Tat, dem Willen zur Handlung, ungleich mehr Gewicht verliehen wurde. Schuld, so urteilten die Kirchenväter, setzt die freie Entscheidung der Handlung und die Kenntnis der sittlichen und religiösen Gebote voraus.[13] Das Christentum hat in einem Prozeß, der sich über ein Jahrtausend erstreckte, den Schuldbegriff selbst durch diese Unterscheidung unzweideutig subjektiviert. Denn zur Bestimmung der *intentio*, der dem bewußten Handeln zugrundeliegenden inneren Gesinnung, gehört eine gewisse Selbsterkenntnis, die es erforderlich macht, das Gewissen zu erforschen und eine tiefere Einsicht in das eigene Denken und Handeln zu gewinnen.[14] Die christliche Sündenlehre, die nach dem Vergehen die Fahndung nach der inneren ethischen Insuffizienz fordert, verlegt den äußeren Sachverhalt der Schuld in den Bereich der menschlichen Psyche als einer Instanz, die gerade vor Gott, dem letzten Richter, nicht zu verbergen ist. Deutlichster Ausdruck dieser Verinnerlichung des Schuldempfindens ist die christliche Forderung nach der inneren Reue, der mit der willentlichen Anerkennung einer Schuld verbundenen Selbstdistanzierung und Verurteilung des eigenen Handelns als einer unsittlichen Tat.

Man hüte sich jedoch vor der Annahme, kanonisches Rechtsverständnis und christliche Sündenlehre hätten mit dem Hochmittelalter die völkische Rechtspraxis restlos verdrängt und die lang tradierte Schuldauffassung völlig verschüttet. Wie wir am Beibehalten der Blutrachepflicht, am Aberglauben unter den Geistlichen, an der Militarisierung und Heroisierung kirchlicher Orden, aber auch an der reichen Helden- und Legendendichtung sehen, hat die abendländische Kirchenlehre zahlreiche Elemente des germanisch-völkischen Rechts ganz einfach integriert und sie in verzerrter Form sich zunutze gemacht.[15] Vor allem der Gerichtskampf, den man als Gottesurteil zur Beweisführung und Schuldzusprechung einsetzte, zeugt von der Einverleibung barbarischer Elemente aus völkischen Zeiten. Denn im Gerichtskampf, einer Paradoxie sondergleichen, verbinden sich der aus der Kampfesethik herrührende Glaube an das Recht des Stärkeren mit der in der Gottheit verkörperten Idee der höheren Gerechtigkeit. Im Grunde genommen ist der Glaube, daß eine die ewige Gerechtigkeit verkörpernde Gottheit das Unrecht auf Kosten der Unschuld nicht gedeihen lasse und den Schuldigen im Gerichtskampf an den Stärkeren ausliefere, ein zutiefst unchristlicher und durch und durch heidnischer Aberglaube, dem offensichtlich auch die Kirchenväter bis zum Laterankonzil von 1215 verhaftet blieben.[16] Darf es uns verwundern, daß der höfisch-arturische Roman kein geschlossenes Weltbild überliefert, daß in ihm Einheit und Ordnung keine vorgegebenen Größen, sondern stets nur zeitlich bestehende Errungenschaften sind?[17]

Es ist im Umgang mit der Artusdichtung von ausschlaggebender Wichtigkeit, sich immer wieder zu vergegenwärtigen, daß auch das höfische Mittelalter keine geistesgeschichtliche, kulturphilosophische oder gar rechtspolitische Einheit darstellt. Die sozialen und rechtlichen Normen, die das Mittelalter kannte, waren weit weniger, als das heute der Fall ist, institutionalisiert und darum bis zu einem gewissen Grade instabil.[18] Wie die jüngere sozialgeschichtliche und kulturanthropologische Forschung klargestellt hat, hielt vor allem "das einfache Volk"[19] bis in die Neuzeit hinein an heidnischem Aberglauben, archaischen Riten, kurz: an mythischen Denkweisen und Lebensgewohnheiten fest. Dies gilt besonders für die Behandlung von Rechtsfragen. Hier waren kanonische Rechtsvorstellungen von Schuld und Strafe häufig nicht mit der feudalen Gerichtsbarkeit in Einklang zu bringen. Wo die 'juristische' Beweisführung bei der Schuldzusprechung versagte, stand es dem Kläger daher zu, den Beklagten nach einer vereinbarten Frist in privater Fehde zu bekriegen. Was Wunder, daß jahrhundertelang in den kaiserlichen Landfriedensverträgen die Untersagung der Fehde an erster Stelle stand. Indirekt belegt das lange Bestehen solcherart 'privatisierter' Gerichtspraxis die Zwitterhaftigkeit des Strafrechts zur Zeit des Hochmittelalters und weist zugleich auf die Unsicherheit im rechtlichen und religiösen Empfinden der mittelalterlichen Gesellschaft, eine Unsicherheit, die sich in Hartmanns *Iwein*, wie wir nun sehen werden, deutlich niedergeschlagen hat.[20]

II. Der Schuldbegriff in Hartmanns *Iwein*

In Hartmanns *Iwein* läßt sich der Schuldbegriff auf keine Weise auf seinen christlichen Bedeutungsgehalt reduzieren. Von den vierundsechzig Fällen, in denen das Wort "schulde" und seine Ableitungen "unschult," "schuldec," "unschuldec," "schuldiger," "unschuldige," "verschuldet" gebraucht werden,[21] handelt es sich mindestens achtundfünfzigmal um eine qualitativ wertneutrale Feststellung der objektiven Ursache eines Geschehens. In den weitaus meisten Fällen bezeichnet "schulde" zugleich die persönliche Verbindlichkeit entweder zur Wiedergutmachung oder Dienstleistung (Schadenersatz), oder zur Vergeltung (Rache) oder Treueleistung (Dank). Die häufigsten Verwendungen findet der Schuldbegriff als Anklage gegen eine Person (einmal sogar gegen Gott) oder als Bekenntnis, eine Handlung bzw. einen Schaden verursacht zu haben. Zudem wird der Schuldbegriff als rhetorisches Mittel zur Erinnerung oder Ermahnung, daß eine Person einer anderen verpflichtet ist, verwendet. Im folgenden seien einige Beispiele dieses objektiven Schuldverständnisses zusammengetragen:

Die Handlung in Hartmanns *Iwein* beginnt mit einer Streitszene am Artushof, ausgelöst von Keiîs bissigem Angriff gegen Kalogrenant, der als einziger der anwesenden Ritter die eintretende Königin höflich grüßt. Als die Königin daraufhin Keiîs Verhalten rügt, spielt dieser sein Tun mit den Worten herunter: "und wær mîn schulde grœzer iht, / so belibe mir der lîp niht" (175–76). Keiî gibt sich kurz darauf bereit, sich mit Kalogrenant auszusöhnen: "ich kume nâch mînen schulden / gerne zu sînen hulden" (183–84). Sein Spott setzt Keiî in ein Verhältnis, das ihn dem Freund Kalogrenant verpflichtet und eine 'Ent'–schuldigung erfordert. Dabei erwägt Keiî das Ausmaß der ihm zustehenden Strafe allein nach der Schwere der Tat, nicht nach seiner inneren Gesinnung. Auch seine Bitte an Kalogrenant, nicht die anderen Ritter für seine "schulde" (224) büßen zu lassen, bleibt rein auf den objektiven Sachverhalt, nicht auf die *intentio*, die seinem Verhalten zugrunde lag, bezogen. Die Erwiderung Kalogrenants: "swen iuwer zunge unêret, / dâ ist daz herze schuldec an" (196–97), wie auch die spätere Rüge der Königin, zeugen von der im Mittelalter gängigen Auffassung, daß das äußere Gebärden des Menschen unmittelbar auf sein entsprechendes Inneres, auf die im Herzen liegende Gesinnung, zurückzuführen sei: sowohl Kalogrenant als auch die Königin sehen die Ursache (Schuld) von Keiîs böser Zunge in seinem falschen Herzen begründet, setzen also die Absichtlichkeit seines Handelns voraus. Iwein denkt nicht anders von Keiî. Nachdem Iwein bei der Verteidigung des Brunnens Keiî im Kampf vom Pferd gestochen hat, schreit er ihm spöttisch nach: "war umbe liget ir dâ durch got? / nû wârn sî doch ie iuwer spot / den âne ir schulde misselanc" (2591–93). Iwein bezieht sich an dieser Stelle sicherlich nicht auf den subjektiven Charakter der Unterlegenen, sondern nurmehr auf Keiîs Hohn, mit der dieser gewöhnlich andere Ritter straft.

Nach den Worten des Erzählers stellt Iwein durch Geißel- und Pfandnahme sicher, daß der gemeingefährliche Graf Aliers "alle sîne schulde" (3783), das heißt den materiellen Schaden, den er im Reich der Dame von Narison angerichtet hat, zur Aussöhnung wiedergutmacht ("buozte" 3784). Auch hier ist Schuld ein Begriff des völkischen Rechtsempfindens und nicht des subjektivierten Moralverständnisses. Im Text findet sich kein Hinweis, der es erlaubt, Aliers Tat als Verbrechen gegen bestehende Rechtsverhältnisse oder als Versündigung gegen Gott auszulegen. In einem anderen Falle erkennt, wie uns der Erzähler berichtet, eine der Jungfrauen von Narison den schlafenden Iwein nach der "schult" (3377), also "auf Grund" der bereits im Lande allbekannten Gerüchte seiner unstandesgemäßen Verwilderung. Auch hier hat Schuld nichts mit der ethischen Gesinnung der Person zu tun. Andererseits weiß man in Hartmanns *Iwein* aber auch zwischen subjektiver und objektiver Verschuldung zu unterscheiden. Als in der Pesme-Aventiure die Leute auf dem Marktflecken Iweins Verhalten (ungerechtfertigt) schelten, gilt Iweins erste Reaktion der Ergründung von der Ursache seines Mißfallens: "war an verschult ich daz? / verdient ich ie iuwern haz" (6111–12)? Sogleich fügt Iwein jedoch hinzu, daß er nur "unwizzende" (6113) gegen die einheimischen Gewohnheiten verstoßen habe, erwartet also von den Bewohnern des Vororts, daß sie aufgrund seiner subjektiven Unschuld, oder besser: auf Grund seines unwissentlich Verursacht-Habens ihres Zorns, ihre unhöflichen Beleidigungen zurückstellen. Wie wir wissen, tun sie das aber nicht.

In anderen Fällen bestehen Schulden aus Dank. "Von schulden" (2670), das heißt "zu Recht," sieht sich zum Beispiel Laudine zur Freude berufen, als Iwein den Artushof in seinem neuen Herrschaftsbereich prunkvoll bewirtet. Bezeichnenderweise besteht Laudines Dank in einer persönlichen Verpflichtung zur zukünftigen Dienstleistung: "zewâre dû hastes / iemer lôn wider mich" (2668–69). Der Burgherr, Gaweins Schwager, erzählt uns in der Geschichte von der Entführung der Königin, daß sich Artus durch die Gunst, die er Keiî in seinem Amt als Truchseß bezeugt, um Keiîs Treue in der Not verdient gemacht hat. Keiîs Worte, "ez hât der künec Artûs / verschuldet um mich harte wol / daz ich gerne ledegen sol / mîne vrouwen sîn wîp" (4640–43), bedeuten nichts weniger, als daß Keiî in der Schuld des Königs steht und sich ihm zu Dankleistungen angehalten sieht. Als Iwein erkennt, daß der Burgherr sein Leid um seine von Harpin gefangenen und zum Teil erschlagenen Söhne nicht verursacht hat, und sich unter Berufung auf die "unschulde" (4802) des Burgherrn zur Hilfe bereiterklärt, fühlt sich die Familie des Burgherrn "von schulden" (4810), das heißt "mit gutem Grund," dazu verpflichtet, Iwein mit Ehrerbietungen zu überhäufen. Auch hier betrifft "schuld" allein den sachlichen Tatbestand.

III. Die zentralen Schuldverhältnisse

Die gesamte Handlung des Epos wird von einem Netzwerk von Schuldverhältnissen motiviert, die sich in fünf zentrale Konstellationen eingruppieren
(Kalogrenant—Askalon—Iwein; Iwein—Lunete; Iwein—Laudine; Iwein—
Gawein; Laudine—Lunete) und sich tabellarisch in drei Zyklen (siehe Tabelle)
darstellen lassen.

a. Kalogrenant—Askalon—Iwein

Den Anstoß der Haupthandlung gibt die Erzählung des Ritters Kalogrenant, der
von seinem Aventiurenkampf mit dem Brunnenwächter Askalon und der hierbei
erfahrenen Niederlage berichtet. Kalogrenant reitet jedoch einer Aventiure
entgegen, der er nicht gewachsen ist und die ihn, weil er ungeachtet aller Gefahren
einen fremden Landstrich verwüstet, bereits auf seinem Wege zu dem Landesherrn
in ein Schuldverhältnis versetzt, dem er sich nicht mehr entziehen kann. Askalon,
der dem Eindringling zornentbrannt entgegenreitet, bezichtigt ihn der "hôchvart"
(715), sieht demnach in Kalogrenants Handeln einen mutwilligen und unbe-
gründeten Angriff, für den er Schadenersatz zu leisten habe, den Askalon auch
unverzüglich fordert: "ir sult es mir ze buoze stân . . . alsus clag ich von schulden.
/ ichn hân wider iuwern hulden / mit mînem wizzen niht getân: / âne schulde ich
grôzen schaden hân" (721–28). Für Askalon, der an der in der Artuswelt
zweifellos als ehrbar geltenden Motivation Kalogrenants denkbar uninteres-
siert bleibt, spielt die aufrichtige und jetzt friedfertige Gesinnung des Eindring-
lings bezüglich der Schadenersatzforderung keine Rolle. Das "lasterlîche[ ] leit"
(714), das Askalon unverdient widerfuhr, verbietet es ihm, auf die Bitte Kalogrenants einzugehen, der sich, seiner körperlichen Unterlegenheit bewußt, nicht
zuletzt aus Angst vor einer tödlichen Konfrontation bei Askalon zu 'ent'–
schuldigen sucht: "Dô bôt ich mîn unschulde / und suochte sîne hulde" (731–32).
Der weitere Verlauf des Geschehens wird von nun an von dem für alle Charaktere
des Epos verbindlichen Prinzip der Schuldverstrickung und Bußleistung bestimmt:
ohne ein weiteres Wort zu verlieren, geht Askalon zum Angriff über. An
Kalogrenant jedoch, der sogleich schmählich aus dem Sattel gestochen wird,
bewahrheitet sich das alte deutsche Sprichwort, daß, wer nicht zahlen kann, eben
mit der Haut zu büßen hat.[22]
   Mutwilliges und leichtsinniges Handeln im Namen der Aventiure richtet in
Hartmanns *Iwein* mehrfach großen Schaden an und gibt immer Anstoß zu blutigen
Vergeltungszügen, wie es bei den Angriffen des Grafen Aliers (vgl. 3409), den
Schandtaten des Riesen Harpin (vgl. 4963) und der Aventiurefahrt des jungen

Landesfürsten (vgl. 6328–30) der Fall ist. Auch der Rechtskampf zwischen Gawein und Iwein wird durch die unverbesserliche "hôchvart" (5661) der älteren Tochter des Grafen erzwungen.[23] Die "hôchvart," die, wie Rüdiger Schnell sehr richtig erkannt hat, in erster Linie als "Mutwille" und "provozierende Absicht" zu verstehen ist, verstrickt das Individuum unweigerlich in Schuld. Ich halte es jedoch für voreilig, den Begriff moralisch zu überladen und mit der christlichen Sünde der *superbia* gleichzusetzen. Denn es führt zu inneren Widersprüchen, wenn man die Schuldzuschreibung Askalons nach den Maßstäben eines objektiv gültigen Moralsystems bewerten und sie ihrer Signifikanz für die kausale Handlungsfolge berauben will. Am Artushof denkt nämlich niemand daran, Kalogrenants Aventiurefahrt an den Maßstäben einer weltlichen oder gar höheren Gerechtigkeit zu messen. Selbst dem scharfzüngigen Keiî kommt es nicht in den Sinn, die Niederlage Kalogrenants als gerechte Strafe für eine hochmütige und sündhafte Abenteuersucht auszulegen. Eine solche moralische Qualifizierung der Haltung Kalogrenants unterläßt überdies auch der Erzähler, der über den inneren Sachverhalt der Ereignisse nicht weiter reflektiert.

Das Rechtsempfinden der Romanfiguren verbindet mit dem Schuldbegriff immer nur den unmittelbaren, nicht aber einen vorhergehenden Sachverhalt. Ein anschauliches Beispiel dieser kategorischen Differenzierung gibt die Tatsache, daß Kalogrenant jegliche Eigenverantwortung für seine Niederlage und die hierdurch erfahrene Schande mit der Begründung ablehnt, er habe es ja nicht am rechten Willen, Askalon trotz allem zu besiegen, fehlen lassen: "swaz ich doch lasters dâ gewan, / dâ was ich ein teil unschuldec an. / mir was der wille harte guot" (757–59). Die direkt nur durch die Niederlage 'verschuldete' Schmach wird von Kalogrenant folglich nicht über den Sachverhalt hinaus mit seiner ursprünglichen Verschuldung in Verbindung gebracht. Wie wir an der Reaktion der Zuhörer am Artushof erkennen, löst hingegen die Schande, die Kalogrenant in dem nun schon zehn Jahre zurückliegenden Abenteuer davontrug, das Schuldverhältnis zwischen den Parteien keineswegs auf. Vielmehr liefert sie den Artusrittern eine ausreichende Begründung zu einem weiteren Vergeltungszug. Tatsächlich fühlt sich Iwein, der als Verwandter Kalogrenants Teil hat an dessen Schuldverhältnis, dazu verpflichtet, das seinem Vetter aufgebürdete "laster[ ]" (807) durch eine erneute Herausforderung des Brunnenwächters zu rächen — ein Vorhaben, zu dem sich unmittelbar darauf auch König Artus gar unter Berufung auf "sînes vater[s] sêle" (895) lautstark entschließt.

Iweins rascher Aufbruch und unerbittlicher Aventiurezug sind demzufolge als notwendige Konsequenz der Schuldverstrickung seines Vetters Kalogrenant zu verstehen und nach dem Rechtsempfinden der Artusritter schwerlich als

"ungestümes, unreflektiertes Verhalten"[24] zu verurteilen. Kalogrenants Nie-
derlage, die dieser noch immer als demütigende Kränkung empfindet, gilt am
Artushof als "Causa iusta"[25] und ist nur durch eine erneute Herausforderung
Askalons zu vergelten. Bezeichnenderweise klingen Askalons scharfe Anschul-
digungen des Landfriedensbruchs und der ungerechtfertigten Fehde, mit denen er
Kalogrenant zurechtgewiesen hatte, in der Begegnung mit Iwein nicht wieder an.
Darüber hinaus läßt uns der Erzähler nicht im Zweifel, daß Iwein während des
Kampfes, den "got mit êren möhte sehen" (1021), über sein eigenes Verhalten
ständig reflektiert. Iweins Entschluß, seinen flüchtenden Gegner "âne zuht"
(1056) zu verfolgen, ergibt sich aus der an sich tragischen Situation, Askalon doch
noch zu bezwingen oder mit leeren Händen dem sicheren Spott des Ritters Keîî
entgegenzureiten. Auch an dieser Stelle läßt der Text keine moralisch-ethische
Überfrachtung von Begriffen zu.[26] Das Netzwerk der objektiven Schuldver-
strickungen, dem Iwein von Anfang an durch die Tat seines Vetters ausgeliefert
ist, wird sich jedoch, wie wir noch sehen werden, gerade durch den Sieg über
seinen Gegner weiter ausdehnen.

b. Iwein—Lunete

Iwein und Lunete stehen in einem doppelten Schuldverhältnis, das in acht
verschiedenen Szenen zur Sprache gebracht wird, und zwar: erstens bei der ersten
Begegnung von Lunete und Iwein, zweitens während der Hochzeitsfeier am
Laudinehof, drittens in Lunetes Botschaft am Artushof, viertens bei der ersten
Begegnung am Brunnen, fünftens während Iwein auf Harpin wartet, sechstens vor
dem Gerichtskampf am Brunnen sowie siebtens vor und achtens nach der
Versöhnung zwischen Iwein und Laudine. Allein die Tatsache, daß die Verbindung
je dreimal von Iwein und Lunete, zweimal vom Erzähler und einmal von Gawein
mit dem Schuldbegriff umschrieben wird, weist auf die überaus hohe Bedeutung,
die dem Prozeß der Verpflichtung durch Schuld in Hartmanns Epos zukommt.
Anders als bei Kalogrenant und Askalon, bezeichnet der Schuldbegriff hier
ausschließlich das Pflichtverhältnis von Dankesschuld und Gegenleistung.

Bereits die erste Handlung Lunetes, die Befreiung Iweins aus den Klauen
seiner Rächer, ist durch ein bestehendes Schuldverhältnis motiviert: Iwein hatte
sie einst am Artushof als einziger der anwesenden Ritter gegrüßt, ein Entgegenkommen, für das sich Lunete, wie sie offen bekennt, noch immer zu Dank
verpflichtet fühlt: "do erbutet ir mir die êre / der ich iu hie lônen sol" (1196–97).
Die nächsten Auftritte zeigen dabei, daß Lunete vor List und Lüge nicht
zurückschreckt.[27] Zwar wird Lunetes Intrige vom Erzähler, der die Klugheit
(1758), die "hövescheit" (2744; 1415) und die Tüchtigkeit (4349) des Mädchens

nachdrücklich hervorhebt, als ein lauteres und auf ein ehrbares Ziel gerichtetes Vorhaben ausgelegt. Dennoch läßt sich Lunete mit ihren Rettungswegen, auf denen sie ihre Herrin Laudine mehrfach hintergehen muß, auf ein gefährliches und folgenschweres Wagnis ein. Abgesehen davon, daß sie Laudine, die der Jungfrau völlig vertraut, Iweins Gegenwart an ihrem Hofe verheimlicht, verschweigt Lunete ihrer Herrin auch die wahren Motive, die sie zu Iweins Rettung bewegen. Der Erzähler sucht die LeserInnen jedoch davon zu überzeugen, daß Lunete vornehmlich aufgrund der Treue zu ihrer Herrin handelt, ein Argument, das im Grunde nicht restlos überzeugt, da Lunete als Laudines Untergebene eigentlich zu Beistand und gemeinsamer Rache an Iwein verpflichtet wäre. Wir müssen es also hinnehmen, daß sich die Romanfiguren verstellen und daß auch der Erzähler Sachverhalte nach Belieben auslegen und bewerten kann. Eines steht jedoch außer Zweifel: Iwein gerät durch Lunetes mutige und geschickte Leistung, durch die er nicht nur der Rache seiner Feinde entkommt, sondern schließlich auch die Hand Laudines und die Herrschaft des Landes erhält, tief in die Schuld Lunetes, zumal Lunete, wie sich später herausstellt, mit ihren Intrigen tatsächlich ihr Leben aufs Spiel gesetzt hat.[28]

Über das Ausmaß des Schuldverhältnisses zwischen Iwein und Lunete sowie der hieraus erwachsenden Dienstleistungspflichten sind sich alle Beteiligten im klaren. Sowohl von Gawein als auch dem Erzähler (vgl. 2723–33) werden wir unterrichtet, daß der Dank, den Iwein dem Mädchen schuldet, sehr wohl ein Menschenleben aufwiegt. Gawein, der sich als engster Freund des Titelhelden zur Treueleistung mitverpflichtet fühlt, zollt als erster seinen Dank, indem er Lunete sein eigenes Leben verschreibt: "ich hân niht liebers danne den lîp: / ichn gæbe ich iu ze lône / umb mîns gesellen krône, / die er von iuwern schulden treit" (2752–55). Nach dem fatalen Terminversäumnis erinnert Lunete Iwein zweimal an seine noch offenstehende Dankesschulden, wobei sie ihre Worte in die Form einer scharfen Anklage gießt. Zunächst weißt sie Iwein zurecht, als sie ihm Laudines Botschaft überbringt und ihn mit der rhetorischen Frage konfrontiert: "wan gedâchet ir doch dar an / waz ich iu gedienet hân?" (3140–41). Was Wunder, daß sie ihre Entscheidung, Iwein aus den Händen seiner Rächer zu befreien, im Nachhinein bitter bereut und an der Richtigkeit ihres Handelns zweifelt: "daz ich ez ie undervienc, / daz iuwer ende niht ergienc, / des wil ich iemer riuwec sîn: / wan diu schult ist älliu mîn" (3147–50). Auch an dieser Stelle bezieht sich der Begriff "schult" nur auf den unmittelbaren objektiven Sachverhalt des Rettungsakts.[29]

Tatsächlich ist Lunetes Reue angebracht, denn die Ereignisse spitzen sich für sie zu. In ihrer nächsten Begegnung mit Iwein, vor der Kapelle am Brunnen, stellt sich heraus, daß sich der Zorn Laudines und ihrer Gefolgschaft vor allem auf

Lunete gerichtet hat. Lunete kann Iweins Gejammer, das sie überhört, in Anbetracht ihres eigenen Kummers nicht nachvollziehen. Anders als Iwein, der auch nach der Heilung seines Wahnsinns noch immer von Innen heraus von Schuldgefühlen zersetzt wird, fürchtet Lunete sich vor der Strafe einer ihr angelasteten Schuld, die sie zwar subjektiv nicht zu verantworten hat, die aber objektiv ihr Leben bedroht. In einem langen Gespräch klärt Lunete Iwein, den sie zunächst nicht erkennt, darüber auf, daß sie das Leid, das ihre Herrin Laudine aufgrund von Iweins Terminversäumnis tragen muß, nicht verursacht hat, und daß sie sich im Sinne der Anklage, die sie des Hochverrats bezichtigt, nicht schuldig fühlt (vgl. 4045–47). Anschließend gibt Lunete zu bekennen, daß sie zwar die eigentliche Ursache für die ganze Entwicklung der Geschehnisse nicht in einem moralischen Defekt des Helden Iwein sieht, dem sie nach wie vor nur Lob entgegenbringt (vgl. 4062–66 u. 4087–91), sondern in beider unseligem Schicksal: "ouch enistz niht von den schulden sîn: / es ist von den unsælden mîn" (4067–68; vgl. 4201). Ihr persönliches Leid und ihre momentane Notlage sei allerdings, wie sie hinzufügt, unmittelbar auf Iweins Handeln zurückzuführen, da Iwein durch den Treuebruch gegenüber Laudine auch sie in Mitleidenschaft gezogen habe: "der kumber dâ ich inne stên, / der ist von sînen schulden" (4184–85). Diese Sachlage wird vom Erzähler unmittelbar vor dem Gerichtskampf nochmals bestätigt (vgl. 5165–66).

Es ist für die Bewertung von Lunetes Ausführungen von ausschlaggebender Wichtigkeit zu beachten, daß sie sich bei ihren Schuldzuschreibungen nicht nach Iweins innerer Gesinnung erkundigt, obwohl sie sich selbst vor dem Gerichtskampf auf ihre subjektive Unschuld beruft und mit dem Verweis, nicht aus bösem Willen gegen ihre Herrin gehandelt zu haben, doch zuletzt noch auf die Gnade ihrer Ankläger hofft. Da Lunete Iwein nach wie vor nach seiner ritterlichen Kraft und Haltung beurteilt, ist sie auch nach wie vor von Iweins edler Gesinnung überzeugt. Sie setzt daher voraus, daß Iwein den Termin nicht aus böser Absicht versäumte, und schiebt die innere Ursache seines Vergessens auf Iweins unseliges Schicksal ("sîn unsælekheit" 4201). Bezeichnenderweise erläßt Lunete Iwein dennoch nicht die Pflicht, für den entstandenen Schaden geradezustehen oder doch zumindest die Bereitschaft zur Haftung offen zu demonstrieren. Nur so versteht sich Lunetes nachdrücklicher Hinweis, mit dem sie ihn ein weiteres Mal an seine Dankesschuld erinnert, daß sie von Iwein eigentlich eine Hilfeleistung in ihrer Not zu erwarten hätte: "ich wânde er kunde lônen baz. / mîn rât vuoget ime daz / daz sichs mîn vrouwe underwant / und gap im lîp unde lant" (4195–98).[30] Erst jetzt gibt sich Iwein dem Mädchen zu erkennen und dazu bereit, seiner doppelten Verpflichtung nachzukommen: "Ez ist reht daz ich iu lône / der êrbæren krône / die ich von iuwern schulden truoc" (4247–49). Damit gibt er Lunete ein

Gelöbnis, zu dem er sich kurz darauf, als das späte Erscheinen des Riesen Harpin seine Treueleistung erneut gefährdet, nochmals bekennt: "ichn will benamen die niht lân / der ich mich ê geheizen hân / und diu ir angest und ir leit / niuwan von mînen schulden treit" (4893–96). Wie aus Iweins Monolog hervorgeht, verbindet der Held mit dem Schuldbegriff weniger sein eigenes Fehlverhalten, als vielmehr den Prozeß von Handlung und Verbindlichkeit, der sein Leben nach wie vor bestimmt. Die Treue zu Lunete hält Iwein auch keineswegs im Glauben an eine höhere Gerechtigkeit oder im Namen der Humanität aufrecht, sondern allein im Zeichen seiner objektiven Verschuldung. Iwein wäre nämlich, wie er an gleicher Stelle selbst gesteht, als Harpin sich verspätet, durchaus bereit, Lunete ihrem Schicksal zu überlassen, um die Familie des Burgherrn zu retten, wenn er nur dadurch nicht erneut wortbrüchig und sich noch tiefer verschulden würde: "doch wære diu eine maget / dâ wider schiere verclaget, / wider dem schaden der hie geschiht, / gieng ez mir an die triuwe niht" (4899–4902). Bezeichnenderweise werden die Überlegungen Iweins, der sich hier in einer tragischen Situation befindet, durch ein weiteres Schuldverhältnis ausgelöst. Iwein fühlt sich nämlich auch dem Burgherrn verpflichtet, weil er in der Schuld dessen Schwagers Gawein steht: "und hern Gâweins swester und ir kint, / diu mir ze herzen gânde sint / durch sî selben und durch in / dem ich wol schuldec bin / daz ich in niht des abe gê / daz im ze dienste gestê" (4905–10). Iweins Treue wird hier tatsächlich auf eine harte innere Probe gestellt. Der tragische Konflikt, zwischen zwei gleichermaßen verbindlichen Dienstleistungen wählen zu müssen, wird jedoch von außen, durch das Kommen des Riesen Harpin, gelöst.

Die gegenseitige Verschuldung von Lunete und Iwein pflanzt sich jedoch auch nach der Befreiung Lunetes fort. Lunete wird durch die Treueleistung Iweins, der sie vor dem Scheiterhaufen rettet, erneut in eine Dankesschuld versetzt. Und in der Tat verhehlt Lunete nicht, daß sie ihre zweite List, die zur Aussöhnung ihres Retters mit Laudine führt, als verdiente Rückzahlung von Iweins Hilfeleistung versteht (vgl. 7993–8005). Schließlich bescheinigen die letzten Worte, die Iwein mit Lunete wechselt, dann auch das zukünftige Fortbestehen einer erneuten Dankesschuld (vgl. 8007–09).

c. Iwein—Laudine; Iwein—Gawein

In gleicher Weise wie bei Iwein und Lunete deutet die Häufigkeit, mit der der Schuldbegriff die Beziehung zwischen Iwein und Laudine bezeichnet (er fällt zwischen dem Erzähler, Iwein, Laudine und Lunete insgesamt neunzehnmal), auf die besondere Bedeutung, die der Dichter dem Verschuldungsprozeß beimißt.

Dabei sind Iwein und Laudine seit ihrer ersten Begegnung und bis zum Ausgang des Epos durch ein einziges Schuldverhältnis zusammengebunden, das jedoch in drei Zyklen verläuft. Im ersten rückt Iwein durch das Leid, das er Laudine durch die Tötung Askalons verursacht, in die Schuld der Königin, die sich hierdurch zur Rache verpflichtet fühlt. Im zweiten Zyklus gibt sich Laudine dazu bereit, ihre Racheschuld gegen Iwein durch eine Heirat in eine Dienstleistungsschuld umzuwandeln, die Iwein nicht erfüllt und erst am Schluß, im dritten Zyklus, einlösen kann.

Völlig unabhängig der seinem Handeln unterliegenden Motivation gerät Iwein durch die Tötung Askalons unweigerlich in den Machtbereich Laudines. Das jedenfalls steht für alle Beteiligten außer Frage: sowohl der Erzähler (vgl. 1344–50) als auch Iwein (vgl. 1616–17; 1674–76 u. 1712–13), Lunete (vgl. 2277) und Laudine (vgl. 2039–40) lassen sich darüber aus, daß Iwein sich auf seiner Aventiure in eine Lage hineinmanövriert hat, aus der es für ihn kein Entkommen gibt. Weder die innere Gesinnung Iweins noch sein äußeres Gebärden im Kampf, für das es ohnehin keine Zeugen gab, spielen bei Iweins Verschuldung gegen Laudine irgendeine Rolle. Die Belastung einer moralischen Schuld gegen Askalon empfindet Iwein kennzeichnenderweise nicht, und er ist darüber hinaus weit davon entfernt, sein Verhalten zu bereuen. Seine Buße besteht aus Minnequalen, die, nach den Worten des Erzählers, einem Lanzenstich gleichkommen, der den Tod des Brunnenwächters aufwiegt (vgl. 1544–57). Schuldig, das heißt verbunden, fühlt sich Iwein allerdings aufgrund des Leides, das er Laudine durch die Tötung ihres Mannes zugefügt hat, und zwar trotz der Tatsache, daß er sein Handeln als einen Akt der "nôt"–Wehr begreift (1641).[31] Folgerichtig hält sich Iwein mit Überlegungen darüber, wie er durch Bekenntnis der Schuld und Reue der Tat Laudines Gnade erlangen könnte, gar nicht erst auf. Vielmehr sucht er sofort nach Wegen, auf denen er Laudines tödlichem Zorn, den er von Anfang an voraussetzt, ungeschadet entkommen kann. Er rechnet daher auf die Kraft der Minne als einer schicksalhaften Macht, die seine Bußschuld tilgen und Laudines Racheschuld stillen könne: "und het ich ir leides mê getân, / sî müese ir zorn allen lân / und mich in ir herze legen. / vrou Minne muoz sî mir bewegen: / ichn trûwe mit mîner vrümekheit / ir niemer benemen ir leit" (1635–40). Die Abwesenheit einer christlichen Sündenvorstellung und jeglicher moralischer Abwertung des Titelhelden läßt vermuten, daß der Erzähler den Prozeß der Schuldverstrickung seiner Figuren vornehmlich nicht in einen christlich-theologischen Zusammenhang gestellt sehen will. Wenngleich er uns nicht über die Aufrichtigkeit des Titelhelden zweifeln läßt, so scheint er dennoch nicht weniger am objektiven Sachverhalt von Iweins "schulden" (1350) interessiert zu sein. Am deutlichsten läßt sich das an Laudines Rachebewußtsein verfolgen. Als eine aus den Feensagen keltischer Mythologie geborene Gestalt bleibt Laudine am engsten der archetypischen Schuldauffassung verhaftet. Eine Kostprobe ihrer von Grund auf nicht-christlichen Haltung gibt bereits die Szene ihrer ersten Erscheinung, in der sie ihren wütenden Zorn auf Askalons Mörder zuallererst gegen die Gottheit richtet, in der sie die eigentliche Ursache ihres als Schicksal ausgelegten Unglücks vermutet: "Ze gote huop diu vrouwe ir zorn. / sî sprach 'herre, ich hân verlorn / vil wunderlîchen mînen man: / dâ bistû eine schuldec an'" (1381–84). An Vergebung und Gnade denkt Laudine nicht. In der Suche nach dem Verursacher ihres Kummers geht es ihr hauptsächlich um die feindliche Vergeltung ihres Leides, eine Aufgabe, zu der sie sich absolut verpflichtet fühlt: "Swer er ist der in sluoc, / wider den hân ich schulde gnuoc / daz ich im vînt sî" (2039–41).[32] Die häufigen Hinweise auf Laudines Rachegefühle (vgl. 1613; 1636; 1655; 2006; 2278f.) sowie die ausführliche Darstellung ihres inneren Kampfes, von Haß und Feindschaft abzulassen (vgl. 2062; 2300–09; 2343–47), legen nahe, daß sich Laudine sehr wohl darüber im klaren ist, daß sie einen Weg finden muß, dem Rache-Schuldverhältnis, das aufzulösen sie offensichtlich nicht imstande ist, auf eine andere Weise zu umgehen, wenn sie sich mit Iwein ehelich verbinden will. Mit Frau Minne, auf deren Wunderkräfte Iwein und der Erzähler vertrauen, rechnet Laudine dabei nicht.[33]

Zu Iweins Glück ist Laudine ausreichend verständnisvoll, den Totschlag ihres Mannes als einen Akt der Notwehr auszulegen (vgl. 2042–50) — eine Erklärung, zu der sie nach ihren rechtspolitischen Überzeugungen selber gelangt und die es ihr ermöglicht, ihre Haßgefühle einzudämmen. Laudine sieht sich damit allerdings nur der unmittelbaren Schuldigkeit zur Vergeltung befreit: "Sus brâhte siz in ir muote / ze suone und ze guote, / und machte in unschult wider sî" (2051–53). Offensichtlich bezieht sich der Erzähler mit diesen oft zitierten Worten nicht nur auf die Bußschuld Iweins, sondern ebensosehr auf die Vergeltungsschuld Laudines, die sehr wohl der 'Ent'–schuldigung bedarf.[34] Der traditionellen Ansicht, daß der Konflikt zwischen den Parteien Iwein und Laudine durch die Gnadenbereitschaft der Frau zum Wohle aller Beteiligten aufgelöst werde,[35] möchte ich die Feststellung entgegensetzen, daß es Laudine an keiner Stelle in den Sinn kommt, Iwein in einem christlichen Sinne zu vergeben und ihn gänzlich aus dem rechtlichen Schuldverhältnis zu entlassen, in dem er zu ihr steht.

Tatsächlich hält sie an dem Gedanken, daß Iwein sie für das große Leid letztendlich doch zu entschädigen hat, trotz ihrer weiteren Zugeständnisse unbeirrbar fest. Noch bevor sie Iwein zu Gesicht bekommt, schafft sie sich darüber Klarheit, daß eine Besänftigung ihres Hasses an die Unterwerfung ihres Feindes

gekoppelt bleiben muß: "weizgot ich lâze mînen zorn . . . und enger niuwan des
selben man / der mir den wirt erslagen hât. / ob ez anders umb in stât / alsô rehte
und alsô wol / daz ich im mîn gunnen sol, / sô muoz er mich mit triuwen / ergetzen
mîner riuwen, / und muoz mich deste baz hân / daz er mir leide hât getân" (2062–
72). Schuld begreift Laudine in erster Linie als ein Debitorenkonto, das Iwein
durch Leistungen auszugleichen hat. Für ihre Gunst fordert sie Iweins Dienst- und
Treueverpflichtung, eine Leistung, für die sie von Lunete ausdrücklich eine
Versicherung verlangt: "und swenn ez diu werlt vernimt, / daz sî mirz niht gewîzen
kan / ob ich genommen habe den man / der mînen herren hât erslagen, / kanstû mir
daz von im gesagen / daz mir mîn laster ist verleit / mit ander sîner vrümekheit"
(2094–98). Damit stellt Laudine ihrem auserwählten Herren eine Bedingung, die
Iwein, der sich Laudine freiwillig "als ein schuldiger man" (2285) unterwirft, auch
ohne Zögern akzeptiert (2290–94) und mit seinem Kniefall rechtskräftig macht.[36]
    Die Heirat zwischen Iwein und Laudine löst das Schuldverhältnis, in dem
beide Partner gefangen sind, demzufolge keineswegs auf, sondern festigt es durch
die öffentliche Legitimierung, die die Ehe mit dem Zuspruch der Edelsten des
Landes erfährt. Vor allem die Gefolgschaft Laudines versteht das Ehebündnis in
erster Linie als einen in öffentlicher Absprache ausgehandelten rechtspolitischen
und gesellschaftlichen Vertrag, der die neuen hoheitlichen Rechte und Pflichten
der Eheleute genau bestimmt. Kennzeichnend dafür ist die Tatsache, daß der
Truchseß, der Laudines Gattenwahl an den Rat adressiert, und die versammelten
Edelleute dem Wunsch Laudines erst dann entgegenkommen, nachdem die
Frage der Landesverteidigung, zu der Iwein verpflichtet wird, abgeklärt ist (vgl.
2403–15). In demselben rechts- und sozialpolitischen Sinne ist auch Gaweins
wohlmeinende Warnung zu verstehen, Iwein möge sich vorsehen, sich nicht aus
einer übermäßigen Liebe zur Ehefrau gegenüber der Öffentlichkeit zu verschulden: "geselle, behüetet daz enzît / daz ir iht in ir schulden sît / die des werdent
gezigen / daz sî sich durch ir wîp verligen" (2787–90). Im Grunde genommen läßt
Gawein mit seinen Befürchtungen, Iwein möge als Privatmann zur Gesellschaft
in ein Schuldverhältnis eintreten, das ihm früher oder später zum Verhängnis
werde, seinem Freund keine andere Wahl, als sich bei Laudine zu beurlauben und
auf Turnierfahrt zu reiten.[37]
    Daß Iwein nun gerade dadurch, daß er Freund und Rittersport die Treue wahrt,
gegen Frau und Land die Treue bricht, gehört unzweifelhaft zu den großen
tragischen Ereignissen der mittelhochdeutschen Artusepik. Denn Iwein steht
auch zu Gawein in einem Schuldverhältnis, das beide Partner zur Treue verpflichtet.
Iwein wird mit dem Hinweis des Erzählers, daß Gawein ihm zum "ungevelle[n]"
(3030) wird, daher zwar von jeglicher subjektiven Schuld, nicht aber von seiner

objektiven Verantwortlichkeit gegenüber Laudine und ihrer Gefolgschaft befreit. Wie Lunetes Botschaft bezeugt, ist die von Iwein bitter enttäuschte Laudine auch nicht gewillt, Iweins Terminversäumnis auf die leichte Schulter zu nehmen. Laudines Anklage, deren Rechtmäßigkeit vom Erzähler nicht abgestritten wird, lautet folgerichtig und dem zuvor bestehenden Schuldverhältnis gemäß auf grobe Mißachtung der ehelichen und landesherrlichen Pflichten.[38] Iweins vieldisputierte "Schuld," so ist hieraus zu schließen, liegt schlicht und einfach in der Nicht-Erfüllung der bereits im ersten Teil des Epos entstandenen Verbindlichkeiten, die jetzt allerdings doppelt auf ihm lasten.

Wie aus den vier verschiedenen Szenen, in denen Iwein sich zu seinem objektiven Versagen bekennt, klar hervorgeht, ist sich Iwein sowohl der äußeren Besonderheit seiner Lage als auch der inneren Schwere seiner Schuldenlast wohl bewußt. Iwein weiß vor allem, daß er die Schuld, in der er bei Laudine steht, auf niemand anders übertragen kann (vgl. 3221–24 u. 3964–68) und daß er für die Bußleistung, wie er zweimal versichert, alleinverantwortlich ist: "sît diu selbe schulde / niemannes ist wan mîn, / der schade sol ouch mîn eines sîn" (4218–20; vgl. 3999–4000). Dabei spricht er Laudine von jeder Mit-Schuld an seiner Schande frei, betont aber gleichzeitig, ihre Huld "ân aller slahte nôt" (4009), also ohne bösen Willen, verscherzt zu haben. Nicht zuletzt macht hier der Wortlaut ersichtlich, daß es nicht zu Iweins Absichten gehört, das Terminversäumnis auf einen tieferen ethischen Mangel in seinem Charakter zurückzuführen. Aus Iweins Perspektive ist das Terminversäumnis eindeutig außerhalb seines moralischen Zusammenhangs zu bewerten. Unter seiner Schuld versteht Iwein nur das zwar fahrlässige, aber doch unbeabsichtigte Verschwitzen eines eidlich festgelegten Rückkehrtermins, nur den Verstoß gegen die willig auf sich genommenen Verpflichtungen. Diese Tatsache ist einer der wesentlichen Gründe, die der Annahme, daß Hartmann mit Iweins Verschuldung vornehmlich moraltheologische Interessen verfolge, entgegensprechen.[39]

Von der Unabsichtlichkeit seines Handelns versucht Iwein besonders Laudine zu überzeugen, als es nach Lunetes Gerichtskampf zu einer unerwarteten Begegnung kommt. Die vielzitierte Stelle: "mîner vrouwen hulde: / der mangel ich ân schulde" (5469–70), läßt sich nur so verstehen, daß Iwein Laudine seine subjektive Unschuld, mit anderen Worten sein "Nicht-willig-verscherzt-Haben" ihrer Gunst, bestätigen und damit an die Vergebungsbereitschaft Laudines appellieren will. Wie wir wissen, hat Iweins Versuch wenig Erfolg. Denn Laudine, die Iwein hinter seiner Rüstung nicht erkennt, zeigt sich denkbar ungerührt. Allerdings läßt ihre Erwiderung, in der sie, ohne es zu wissen, zu ihrer eigenen Haltung Stellung nimmt, erkennen, daß sie Iwein richtig versteht. Sie bekennt, daß eine Frau nicht weise handle, wenn sie einem Mann wie Iwein, der sich so tapfer halten und seine edle Gesinnung so deutlich unter Beweis stellen könne, die Gunst verweigere. Sie schränkt jedoch ein, daß eine Frau, die "grôz herzeleit / ûf in [den Mann] ze sprechenne hât" (5478–79), sehr wohl zur Verweigerung ihrer Gunst berechtigt sei. Wie ihre Einschränkung verrät, ist Laudine nach wie vor von der traditionellen Rechtsvorstellung überzeugt, die auch dem Vergehen aus subjektiver Unschuld heraus die Bestrafung und Bußleistung nicht erläßt.

Beide Parteien bleiben damit auch weiterhin in Schuld verstrickt. Bezeichnenderweise ist es eine dritte, Lunete, die Iwein an diese Doppelseitigkeit seiner prekären Lage erinnert. Unzweideutig weist sie ihren Retter darauf hin, daß sein Leidenszustand ja nicht unmittelbar von seinem Handeln abzuleiten, sondern auch auf Laudines Härte zurückzuführen sei: "dâ habt ir iuch genietet, / ein teil von iuwern schulden, / und von ir unhulden / von der iu dienete diz lant" (7960–63). Indem Lunete Iwein die Zweiseitigkeit des Schuldverhältnisses bedeutet, leitet sie den eigentlichen Versöhnungprozeß, die Harmonisierung und Erfüllung des Schuldverhältnisses ein. So ist Iwein dann der einzige, der am Schluß des Epos das objektive Schuldverhältnis mit dem christlichen Sündenschema in Zusammenhang bringt, das nach der inneren Reue und der geleisteten Buße die Vergebung der Sünden in Aussicht stellt: "vrouwe, ich hân missetân: / zewâre daz riuwet mich. / ouch ist daz gewonlich / daz man dem sündigen man, / swie swære schulde er ie gewan, / nâch riuwen sünde vergebe, / und daz er in der buoze lebe / daz erz niemer mê getuo" (8102–09). Haben wir aber wirklich den "in seiner Selbsterkenntnis gereiften, in seiner *intentio* gefestigten . . . reuigen Sünder Iwein"[40] so eindeutig vor uns, wie zuweilen behauptet wird? Die reiche, aber dennoch zweideutige Bußterminologie erweckt nämlich durchaus den Verdacht, daß Iwein sich ihrer vornehmlich als rhetorisches Mittel bedient, mit dem er Laudines Entgegenkommen bezwecken will. Denn an Laudine 'versündigt' hat sich Iwein nach kanonischer Auffassung nicht. Wie sich unter genauer Betrachtung erweist, gibt sich Iwein auch nur in Analogie als "sündigen man" aus.

Daß sich in der Versöhnungsszene trotz der starken christlichen Obertöne zwei verschiedene Schuldauffassungen überlagern, zeigt sich wieder an Laudine, die ihre rechtliche Überzeugung bis zum Schluß hartnäckig vertritt. Sie läßt zwar, wie zuvor, von ihrem rächenden "zorn" (8093) ab; sie geht dabei aber weniger auf Iweins reuiges Bitten, als vielmehr auf ihr Versprechen ein, das ihr Lunete kurz zuvor mit List und Tücke abgewonnen hat (vgl. 8091–92). Auch als Laudine sich Iwein schließlich gnädigt zeigt, beruft sie sich nicht auf das christliche Gebot der Vergebung, an das Iwein sie ermahnt, sondern allein auf den Eid, den sie Lunete geschworen hat: "ich hân es gesworn: / ez wære mir liep ode leit, / daz ich mîner gewarheit / iht wider komen kunde" (8114–17). Darüber hinaus ist sich Laudine dessen bewußt, daß das Schuldverhältnis durch ihre Zugeständnisse allein nicht aufzulösen ist und daß es ihr gelingen muß, Iwein ihrerseits zu versöhnen, wenn der Prozeß der Schuldverstrickung nicht weiter fortgesetzt werden soll. Sie bekennt sich daher zu ihrer eigenen Schuld, Iwein "grôzen kumber" (8124) bereitet zu haben, und bittet um seine Vergebung.

d. Lunete—Laudine/Gefolgschaft

Wie Iwein hat sich auch Lunete bereits im ersten Teil des Epos zu Laudine und ihrer Gefolgschaft in ein Schuldverhältnis hineinversetzt, das ihr im weiteren Verlauf der Geschichte gefährlich werden muß. Über den Prozeß der Schuldverstrickung läßt der Erzähler auch diesmal keinen Zweifel: die Heirat von Iwein und Laudine geht auf Lunetes vorsätzliche Entscheidung zurück, Iwein zum Herrscher des Landes zu machen (vgl. 1783–87). Freilich verfolgte Lunete, wie der Erzähler betont, mit ihrer ausgeklügelten Intrige nur gute Absichten. Dennoch steht von Anfang an fest, daß die Schuld, in die Lunete gegenüber Laudine und deren Gefolgsleuten gerät, früher oder später über Lunete hereinbrechen muß.

Tatsächlich bleibt das Unglück nicht lange aus. Unmittelbar nach dem Bruch zwischen Iwein und Laudine zeigt das "lantvolc" (4050), das sich durch Iweins Terminversäumnis beleidigt und betrogen fühlt, der Jungfrau seine tödliche Rache. Über die näheren Zusammenhänge klärt uns Lunete in direkter Rede auf. Wie sie Iwein am Brunnen berichtet, hat die Gefolgschaft die Hauptverursachung des Übels, das Laudine und ihrem Land durch Iweins Treuebruch zugefügt wurde, auf Lunete abgewälzt, sie ihrer List wegen als falsche Verräterin angeklagt und kurzerhand zum Tode verurteilt (vgl. 4048–57). Verzweifelt versucht Lunete nun, ihren Anklägern und dem tödlichen Prozeß der Schuldverstrickung zu entkommen. Mehrfach beteuern sie und Iwein ihre (subjektive) Unschuld und verweisen auf die guten Absichten, die ihrem Handeln zugrunde lagen (vgl. 5162–71; 5233–39; 5263–72). Lunetes Unschuldsbeteuerung läßt die Ankläger jedoch völlig gleichgültig und spielt bei der Verurteilung der Angeklagten keine Rolle. Beide Parteien unterscheiden sich klarerweise in ihrem entgegengesetzten Sinn für Gerechtigkeit. Für die Gefolgschaft ist Lunete ganz einfach schuldig und stellt, da sie offensichtlich nicht länger mit der Hilfe ihrer Herrin rechnen kann, das einzige direkt anschuldbare und mitunter schwächste Opfer dar, an dem sich ihr Zorn entladen läßt. Der Gefolgschaft verschließt sich die Ebene der inneren Umstände, die der Erzähler seinem Publikum vermittelt. Da der Truchseß und seine Brüder in ihrer Anklage allein von dem entstandenen Schaden, dem Unglück ihrer Herrin, ausgehen, sehen sie in Lunetes Rat bloß das absichtliche Handeln, das sich im Nachhinein für sie als Treuebruch erwiesen hat. Von der inneren Wahrheit dieser Auslegung ist der haßerfüllte und seit langem auf Lunete neidische Truchseß absolut überzeugt (vgl. 4111–14).[41] Denn er beruft sich auf Gott, von dem er im Kampf sichere Hilfe erwarten zu können glaubt (vgl. 5282–86). Er handelt damit freilich nicht anders als Iwein, der nicht minder von der "wârheit" (5275) seiner Worte überzeugt ist und ebensosehr auf die Hilfe Gottes im bevorstehenden Gerichtskampf baut.

Den LeserInnen, wie auch allen Beteiligten, wird zu diesem Zeitpunkt unmißverständlich klar, daß das Schuldverhältnis zwischen Lunete und ihrer Herrin, die das Gerichtsverfahren gespannt verfolgt, nur noch mit Gewalt aufgelöst werden kann. Objektiv gesehen ist es dann auch nicht Lunetes subjektive Unschuld, sondern der Ausgang des Kampfes, der Lunete das Recht in die Hände spielt und das Verhältnis zwischen ihr und ihrer Herrin wieder ins Lot bringt. Für Laudine, die allein die physische Kraft der Streitenden über die rechtliche Frage entscheiden läßt, wird ihre Zofe, indem Iwein siegreich aus dem Kampf hervorgeht, sichtbar von aller objektiven Schuld befreit: "si gewan ir vrouwen hulde / und hete âne schulde / erliten kumber unde nôt" (5447–49). Diese für die heutigen LeserInnen völlig unzulängliche, ja unheimliche Art der Rechtssprechung gilt in der Binnenwelt von Hartmanns Epos als völlig selbstverständlich.[42] Der physische Kampf ist in allen Fällen ein Rechtsinstitut in sich selbst. Bezeichnenderweise befindet sich unter den Beiwohnern des Gerichtskampfs niemand, der sich über die Art und Weise, wie hier über Schuld und Unschuld verhandelt wird, beklagt. Daß Iweins Überlegenheit im Kampf selbst vom Erzähler weniger als Ausdruck als vielmehr als Schöpfer der objektiv gültigen Rechtslage verstanden wird, legt die Wahl seiner Worte nahe, mit denen er die Konsequenzen beschreibt, die der Gerichtskampf für die Unterlegenen hat. Nach dem Brauchtum jener Zeit, die der Erzähler hier aus der Vergangenheit heraufbeschwört, empfindet man es als gerecht, daß der als "schuldegære" (5430) aus dem Kampf hervorgehende Ankläger denselben Tod erleiden soll, den er dem Angeklagten zuwies, wenn dieser "mit kampfe unschuldec wart" (5435). Der zitierte Wortlaut erhellt, daß der Erzähler in Iweins Sieg nicht etwa ein Unschuldig-Erweisen, sondern ein Unschuldig-Werden Lunetes sieht. Tatsächlich wird Lunetes nun 'objektiv gewordene' Unschuld von den Schuldig-Werdenden gebüßt: ohne jedes Mitleid der Anwesenden werden der Truchseß und seine Brüder auf dem Scheiterhaufen verbrannt (vgl. 5437).

IV. Die Unsicherheit im Rechtsempfinden

Es ist nach diesen Ausführungen nicht von Hand zu weisen, daß das christliche Schuld- und Sündenverständnis der völkisch-rechtlichen Schuldauffassung überlegen ist. Allein dort, wo die Gesinnung über die sittliche Bewertung menschlichen Handelns entscheidet, ist es möglich, Gnade vor Recht ergehen zu lassen, nachsichtig und milde zu sein, anstatt zu strafen, und die Schuld zu vergeben, anstatt Vergeltung zu fordern. Es bleibt jedoch fraglich, ob in einer Gesellschaft, wie sie Hartmann in seinem Epos *Iwein* gestaltet, jedem, der "an rehte güete / wendet sîn gemüete" (1–2), tatsächlich "saelde und êre" (3) zuteil werden können, wie der Erzähler anfangs verspricht. Denn immer wieder werden wir Zeugen, wie die inneren Sachverhalte bei Rechtsfragen ins Abseits geraten, die äußeren Tatbestände dagegen übergewichtig werden. Noch in einer kleinen Zwischenszene, die der Erzähler unmittelbar vor Iweins Kampf mit dem Truchseß einfügt, wird die geringe Bedeutung ersichtlich, die die meisten Figuren in Hartmanns Epos der Frage nach den inneren Zusammenhängen eines Geschehens beimessen. Die Gespielinnen Lunetes bitten hier in einem inbrünstigen Gebet, Gott möge dafür Sorge tragen, daß Iwein das Leid, das ihnen durch den Verlust ihrer Freundin widerfuhr, gehörig an Lunetes Verfolgern räche (vgl. 5199–5216). Wie aus dem Gebet unzweideutig hervorgeht, halten die Jungfrauen nicht etwa deshalb zu Lunete, weil die Verurteilung einer Unschuldigen ihren Sinn für Gerechtigkeit beleidigt. Der Haß und die Racheforderung der Freundinnen wird allein von dem Kummer geschürt, der ihnen der Truchseß und seine Brüder durch die Gefangennahme Lunetes bereitet hat. An den weiteren Hintergründen der Anklage sind die Jungfrauen nicht interessiert.

Die tiefe Verunsicherung der von Hartmann geschilderten Gesellschaft bei der Behandlung sittlicher und rechtlicher Fragen tritt jedoch in keiner anderen Szene so deutlich zutage wie in der Schilderung des Erbschaftsstreits. Wie uns der Erzähler berichtet, versucht nach dem Tode des Grafen die eine Tochter in böswilliger Absicht, ihre jüngere Schwester um das ihr rechtlich zustehende Erbe zu bringen. Dieser vom Erzähler übermittelte innere Tatbestand, der die Sympathien der LeserInnen eindeutig für die jüngere Schwester, die Seite des Guten, gewinnt, verschließt sich nachhaltig der Perspektive der Protagonisten. Die jüngere Schwester beschließt sofort, sich in einem Gerichtskampf gegen das Unrecht zu wehren und die Gewalt darüber entscheiden zu lassen, wo das Recht der Sache liegt. Sie sucht daher König Artus nicht als unabhängigen Richter, sondern als Träger einer Ritterschaft auf, aus der sie den stärksten Mann für ihre Sache gewinnen will. Auf der Handlungsebene gerät dabei die Frage nach Schuld und Recht völlig in den

Hintergrund. Eine sozusagen formaljuristische Begutachtung der Sachlage interessieren Gawein und Iwein, die sich beide ohne Rückfragen gegen eine der Schwestern zur Hilfe verpflichten, ebensowenig wie König Artus, der einen ganzen Tag lang einem erbitterten Zweikampf beiwohnt und durchaus bereit wäre, das Recht dem Stärkeren zuzusprechen.[43] Wichtig ist, daß Artus und die Hofgesellschaft während des Kampfes durch die edle Haltung der Ritter und das Gleichgewicht der Kräfte verunsichert werden. Die Hofgesellschaft bedrängt den König mehrfach, eine gütliche Beilegung des Rechtsstreits zu befördern und die ältere Schwester zur Abgabe wenigstens eines Teils der Erbschaft zu überreden. Diese Entscheidung beruht jedoch weniger auf dem Mitleid mit der jüngeren Tochter des Grafen als vielmehr auf der Angst der Zuschauer um die prächtigen Ritter, deren Tod man befürchtet (vgl. 6908–21). Einen königlichen Richterspruch, der die rechtliche Sachlage und das an der jüngeren Tochter begangene Unrecht erwägt, erteilt Artus dennoch nicht. Erst als die beiden Kämpfer Gawein und Iwein die Fortsetzung des Zweikampfs verweigern, greift der König ein: er tritt schließlich als Schiedsrichter auf, der die hartnäckige und unbarmherzige ältere Schwester überlistet und somit den Rechtsstreit auf eine versöhnliche Weise beilegt. Tiefer ergründet allein der Erzähler die Frage nach dem Recht bzw. Unrecht der Erbschaftsgeschichte. Seine zeitlich entrückte und den Sachverhalt objektivierende Perspektive, die die Sympathien der LeserInnen eindeutig für die Seite der jüngeren Schwester gewinnt, bleibt den anderen Charakteren des Epos jedoch verschlossen.

Nicht zuletzt im Kontrastbild dieser Episode erscheint die Zuwendung zum christlichen Sündenschema am Schluß von Hartmanns Epos seltsam gezwungen. Das vornehmlich vom Erzähler vermittelte christliche Bewußtsein von Schuld und Recht entpuppt sich zu einer Art Folie, zu einem Überbau, der den zeitlich älteren Motiven und Strukturen des Textes 'künstlerisch' aufgepreßt wurde. Das christliche Schuldverständnis fungiert sozusagen als nebengeordneter Text in einem Handlungsfeld, das sich von selbst entfaltet und frei von der Bewertung des Erzählers und unabhängig von der Intention des Autors sein eigenes Leben entwickelt. Zwar ließe sich argumentieren, daß Hartmann in seinem Epos archaische Rechtsauffassungen auf die Ebene eines neuen kulturellen Bewußtseins bringt. Es scheint jedoch, daß die textinternen Handlungsmechanismen des Artusromans ohne die Kausalverkettungen durch Schuld nicht funktionsfähig sind.[44] Denn wir können im Nachhinein schließen, daß das christliche Prinzip von Schuld und Vergebung, wenn es den Text völlig beherrschte, dem Schema von Schuld und Verpflichtung ein rasches Ende setzen würde, wie es am Schluß von Hartmanns *Iwein* ja auch der Fall ist.

Anmerkungen

[1]Siehe Carola L. Gottzmann, *Artusdichtung* (Stuttgart: Metzler, 1989) 69–70 u. Christoph Cormeau u. Wilhelm Störmer, *Hartmann von Aue. Epoche—Werk—Wirkung* (München: Beck, 1985).

[2]Deviation und Korrektur, Schuld und Sühne, Unfertigkeit und Reife, Unbewußtsein und Einsicht: in diesen Verhältnissen sieht der Großteil der Forschung die beiden Teile des Epos stehen. Der Begriffsfächer weist bereits auf die Breite der Themen, unter denen man die Schuldfrage behandelt hat. Iweins Schuld, in der ungezügelten Verfolgung und Tötung des Ritters Askalon zum Ausdruck gebracht, wird dabei immer wieder anders ausgelegt: als fehlende *temperantia*, Treue oder Humanität, als Leiden an Ich-Sucht, an einer destruktiven Tristan-Minne oder einem übereifrigen Usurpationswillen, als Mangel an Beherrschung, Ritterlichkeit oder christlicher Reflexion, als Brutalität, Ehrlosigkeit, jugendliche Ungeduld, Unüberlegtheit oder Böswilligkeit. Im folgenden seien nur *einige* Beiträger (in derselben thematischen Reihenfolge) zitiert: H. Sparnaay, "Hartmanns *Iwein*," *Zur Sprache und Literatur des Mittelalters* (Groningen: Wolters, 1961) 217; Hugh Sacker, "An Interpretation of Hartmann's *Iwein*," *GR* 36 (1961): 5–26; Thomas Cramer, "*Sælde und êre* in Hartmanns *Iwein*," *Euphorion* 60 (1966): 30–47; Kurt Ruh, *Höfische Epik des deutschen Mittelalters*, Bd. 1: *Von den Anfängen bis zu Hartmann von Aue* (Berlin: Schmidt, 1967) 151; Michael S. Batts, "Hartmanns *Humanitas*: A New Look at *Iwein*," *Germanic Studies in Honour of Edward Henry Sehrt* (Coral Gables, Fl: U of Miami P, 1968) 41; Eva-Maria Carne, *Die Frauengestalten bei Hartmann von Aue. Ihre Bedeutung im Aufbau und Gehalt der Epen* (Marburg: Elwert, 1970) 60; Ernst v. Reusner, "Iwein," *DVjs* 46 (1972): 504–7; Gert Kaiser, *Textauslegung und gesellschaftliche Selbstdeutung: Aspekte einer sozialgeschichtlichen Interpretation von Hartmanns Artusepen* (Frankfurt/M.: Athenäum, 1973) 115 u. 119–20; Peter Kern, "Interpretation der Erzählung durch Erzählung: Zur Bedeutung von Wiederholung, Variation und Umkehrung in Hartmanns *Iwein*," *ZfdPh* 92 (1973): 358–59; Walter Raitz, "Artusroman: Hartmanns von Aue *Erec* und *Iwein*," *Einführung in die deutsche Literatur des 12. bis 16. Jahrhunderts*, Bd. 1, hrsg. Winfried Frey et al. (Opladen: Westdt. Verl., 1979) 143; Herta Zutt, *König Artus, Iwein, Der Löwe: Die Bedeutung des gesprochenen Worts in Hartmanns "Iwein"* (Tübingen: Niemeyer, 1979) 20–21; Thomas L. Keller, "Iwein and the Lion," *ABäG* 15 (1980): 70; Silvia Ranawake, "Zu Form und Funktion der Ironie bei Hartmann von Aue," *Wolfram-Studien* 7 (1982): 98–99; Max Wehrli, *Geschichte der deutschen Literatur vom frühen Mittelalter bis zum Ende des 16. Jahrhunderts*, 2. Aufl. (Stuttgart: Reclam, 1984) 288–89; Ingrid Hahn, "*Güete* und *wizzen*: Zur Problematik von Identität und Bewußtsein im *Iwein* Hartmanns von Aue," *Beiträge zur Geschichte der deutschen Sprache und Literatur* 107 (1985): 203; Burkhardt Krause, "Zur Psychologie von Kommunikation und Interaktion. Zu Iweins 'Wahnsinn'," *Psychologie in der Mediävistik: Gesammelte Beiträge des Steinheimer Symposions*, hrsg. Jürgen Kühnel et al. (Göppingen: Kümmerle, 1985) 222; Timothy McFarland, "Narrative Structure and Renewal of the Hero's Identity in *Iwein*," *Hartmann von Aue: Changing Perspectives. London Hartmann Symposium 1985*, hrsg. T. McFarland u. Silvia Ranawake (Göppingen: Kümmerle, 1985) 155; Osamu Takeichi, "Hartmanns Kritik am Rittertum — unter besonderer Berücksichtigung von Iweins *schulde* [Jap. mit dt. Zusfg.]," *Doitsu Bungaku–ronkô* 27 (1985): 58–59; Susan S. Morrison, "Displaced Rivalry in Hartmann von Aue's *Iwein*," *ABäG* 25 (1986): 46; Hilkert Weddige, *Einführung in die germanistische Mediävistik* (München: Beck, 1987) 200–1; Susan L. Clark, *Hartmann von Aue: Landscapes of the Mind*

(Houston, Texas: Rice UP, 1989) 177; Michael Graf, *Liebe—Zorn—Trauer—Adel: Die Pathologie in Hartmann von Aues "Iwein."* Eine Interpretation auf medizinhistorischer Basis (Bern: Lang, 1989) 191; Ralf Simon, *Einführung in die strukturalistische Poetik des mittelalterlichen Romans. Analysen zu deutschen Romanen der matière de Bretagne* (Würzburg: Königshausen & Neumann, 1990) 54; Rüdiger Schnell, "Abaelards Gesinnungsethik und die Rechtsthematik in Hartmanns *Iwein*," DVjs 65 (1991): 26.

[3]Bis heute versucht man Hartmann als einen Moralisten und Didaktiker, der nicht zuletzt das christlich-humane Bildungsgut vermittelt, zu vereinnahmen. Vgl. Hans-Peter Kramer, *Erzählerbemerkungen und Erzählerkommentare in Chrestiens und Hartmanns "Erec" und "Iwein"* (Göppingen: Kümmerle, 1971) 180–81; Thomas Elwood Hart, "Twelfth Century Platonism and the Geometry of Textual Space in Hartmann's *Iwein*: A Pythagorean Theory," *Res Publica Litterarum. Studies in the Classical Tradition* 2 (1979): 85; Karl-Friedrich O. Kraft, *Iweins Triuwe: Zu Ethos und Form der Aventiurenfolge in Hartmanns "Iwein."* Eine Interpretation (Amsterdam: Rodopi, 1979) 209 u. 212; Antonín Hrubý, "Hartmann als Artifex, Philosophus und Praeceptor der Gesellschaft," *Deutsche Literatur im Mittelalter. Kontakte und Perspektiven: Hugo Kuhn zum Gedenken*, hrsg. Christoph Cormeau (Stuttgart: Metzler, 1979) 258; Patrick M. McConeghy, "*Aventiure* and Anti-*aventiure* in Ulrich von Zatzikhoven's *Lanzelet* and Hartmann von Aue's *Iwein*," GR 57 (1982): 68; Rudolf Voß, "Handlungsschematismus und anthropologische Konzeption — Zur Ästhetik des klassischen Artusromans am Beispiel des *Erec* und *Iwein* Hartmanns von Aue," ABäG 18 (1982): 107–9 u. 111; Dietrich Scheerer, *Mittelalter: Literatur und Epoche* (Freiburg i. Br.: Herder, 1983) 70; Norbert Sieverding, *Der ritterliche Kampf bei Hartmann und Wolfram* (Heidelberg: Winter, 1985) 141–42; Karl Heinz Borck, "Über Ehre, Artuskritik und Dankbarkeit in Hartmanns *Iwein*," *Die "Ehre" als literarisches Motiv: E. W. Herd zum 65. Geburtstag*, hrsg. August Obermayer (Dunedin: U of Otago, 1986) 10; Rolf-Peter Lacher, *Die integumentale Methode in mittelhochdeutscher Epik* (Frankfurt/M.: Lang, 1988) 206; Karina Kellermann, "*Exemplum* und *historia*. Zu poetologischen Traditionen in Hartmanns *Iwein*," GRM 42 (1992): 17. Zur Tradition der christlichen Auslegung siehe auch Franco Cardini, "The Warrior and the Knight," *The Medieval World*, übers. Lydia G. Cochrane, hrsg. Jacques Le Goff (London: Collins & Brown, 1990) 90.

[4]Die Forschung hat in den letzten Jahren mehrfach auf die nicht-christlichen Elemente im Artusroman verwiesen und dabei die hartnäckig festsitzende Überzeugung, daß der Held sich zum gereiften, selbstbewußten *miles christi* entwickle, in Frage gestellt. Hierzu besonders: Wolfgang Mohr, "Iweins Wahnsinn: Die Aventüre und ihr *Sinn*," ZfdA 100 (1971): 84; Gerhart B. Ladner, "The Life of the Mind in the Christian West around the Year 1200," *The Year 1200: A Symposium* (Dublin: The Metropolitan Museum of Art; Cahill & Co, 1975) bes. 12; Robert E. Lewis, *Symbolism in Hartmann's "Iwein"* (Göppingen: Kümmerle, 1975); Ernst Trachsler, *Der Weg im mittelhochdeutschen Artusroman* (Bonn: Bouvier, 1979) 247–48; Gertraud Steiner, "*Unbeschreiblich weiblich.* Zur mythischen Rezeption von Hartmanns *Iwein*," *Psychologie in der Mediävistik*, hrsg. J. Kühnel et al. (Anm. 2) 246; Rolf Bräuer, "Reichspolitik, Artusidealität und Tristanminne: Soziokulturelle und ideologische Determinanten der feudalklassischen deutschen Literatur," ZfGerm 6 (1985): 196–97; Gerhard Giesa, *Märchenstrukturen und Archetypen in den Artusepen Hartmanns von Aue* (Göppingen: Kümmerle, 1987); Otfrid Ehrismann, "Laudine — oder: Hartmanns *Iwein* postmodern," *Sammlung—Deutung—Wertung: Ergebnisse, Probleme, Tendenzen und Perspektiven philologischer Arbeit*, hrsg. Danielle Buschinger (Amiens: Université de Picardie, 1988) 94. Gegen eine Entwicklung des Helden im Artusroman wenden sich vor allem Voß, *Handlungsschematismus* 100 u. 104–

5; Max Wehrli, "Zur Identität der Figuren im frühen Artusroman," *Gotes und der werlde hulde: Literatur in Mittelalter und Neuzeit. Festschrift für Heinz Rupp zum 70. Geburtstag,* hrsg. Rüdiger Schnell (Bern: Francke, 1989) 51–52, und Will Hasty, *Adventure as Social Performance: A Study of the German Court Epic* (Tübingen: Niemeyer, 1990) 20.

[5]Siehe Wolfgang Dittmann, "*Dune hâst niht wâr, Hartman!* Zum Begriff der *wârheit* in Hartmanns *Iwein*," *Festgabe für Ulrich Pretzel zum 65. Geburtstag,* hrsg. Werner Simon, Wolfgang Bachofer u. Wolfgang Dittmann (Berlin: Schmidt, 1963) 150–61; W. H. Jackson, "Some Observations on the Status of the Narrator in Hartmann von Aue's *Erec* and *Iwein*," *Forum for Modern Language Studies* 6 (1970): 65–82; Kramer, *Erzählerbemerkungen* 127; Christian Gellinek, "Zu Hartmann von Aues Herzenstausch: *Iwein* vv. 2956–3028," *ABäG* 6 (1974): 133–142; Ranawake, *Ironie*; Alan Robertshaw, "Ambiguity and Morality in *Iwein*," *Hartmann: Changing Perspectives,* hrsg. T. McFarland u. S. Ranawake (Anm. 2) 117–28; Barbara Haupt, *Das Fest in der Dichtung: Untersuchungen zur historischen Semantik eines literarischen Motivs in der mittelhochdeutschen Epik* (Düsseldorf: Droste, 1989) 183–83; Schnell 46–47; Kellermann 8–9.

[6]Karl von Amira, *Germanisches Recht*, 2 Bde., 4. Aufl. (Berlin: deGruyter, 1967) 2: 107.

[7]Aus der Sammlung *Deutsche Rechtssprichwörter*, hrsg. Historische Kommission bei der Königl. Academie der Wissenschaften, gesammelt u. erklärt Eduard Graf u. Mathias Dietherr unter Mitw. von J. C. Bluntschli u. K. Maurer (Nördlingen: Beck, 1864) 227, Nr. 1, 3 u. 6.

[8]Amira 1: 5.

[9]Amira 2: 128.

[10]Wilhelm Eduard Wilda hat in einer der ausführlichsten und bestdokumentierten Untersuchungen zum Strafrecht der Germanen den Grundsatz formuliert, daß nach völkerrechtlichen Vorstellungen "willig gelten sollte, wer unwillig Schaden gethan" (vgl. Leges Henrici I. c. 90 § 12: "Legis enim est qui insciente peccat sciente emendet, et qui brech ungewealdes, bote gewealdes, et in quibus non potest homo legitime jurare quod per eum non fuerit aliquis vitae remotior, morti propinquior, digne componat, sicut factum sit"). Wilhelm Eduard Wilda, *Das Strafrecht der Germanen* (Halle: Schwetschke u. Sohn, 1842) 553.

[11]Hierzu besonders August Nitschke, "Frühe christliche Reiche," *Propyläen Weltgeschichte. Eine Universalgeschichte*, Bd. 5., hrsg. Golo Mann u. August Nitschke (Berlin: Propyläen, 1986) 301. Vgl. ebenso Amira 2: 114 und Wilda 151 u. 164.

[12]So bereits die Augustinische Sündenlehre, C.63 *de Poenitentia* Dist. I, "Non sufficit mores in melius commutare et a praeteritis malis recedere, nisi etiam de his quae facta sunt, *satisfaciat Deo per poenitentiae dolorem, per humilitatis gemitum, per contriti cordis sacrificium, cooperantibus eleemosynis et jejuniis.*" Zitiert nach Wilda 531. (Kursiv C.L.)

[13]Zahlreiche Belege bei Wilda 579–82 und Schnell 37–38.

[14]Die Praxis der Beichte und Kirchenbuße, die nicht zuletzt über die innere Zerknirschung zur *humilitas* führen soll, gibt hiervon ein anschauliches Beispiel. Vgl. Schnell 16–17.

[15]Für den Totschlag aus Blutrache forderte die Kirche weit geringere Bußstrafen als für Mord aus Zorn, Trunkenheit oder Fahrlässigkeit. Belege bei Wilda 180–81. Siehe auch Richard Bernheimer, *Wild Men in the Middle Ages: A Study in Art, Sentiment, and Demonology* (Cambridge/Mass.: Harvard UP, 1952); Richard Newald, *Nachleben des antiken Geistes im Abendland bis zum Beginn des Humanismus. Eine Überschau* (Tübingen: Niemeyer, 1960) 89–90; Walter Ullmann, "Public Welfare and Social Legislation in the Early Medieval Councils," *The Church and the Law in the Earlier*

Middle Ages. Selected Essays (London: Variorum Reprints, 1975) V: 34; Jacques Le Goff, *Für ein anderes Mittelalter: Zeit, Arbeit und Kultur im Europa des 5.–15. Jahrhunderts,* übers. Juliane Kümmell u. Angelika Hildebrandt-Essig (Frankfurt/M.: Ullstein, 1984) 125–27, u. Cardini 81.

[16]Bis zu diesem Zeitpunkt erlaubte die Kirche das Gottesurtcil und setzte es selbst zur Beweisfindung ein. Historisch diente das Gottesurteil den heidnischen Völkern zum Ersatz des Zweikampfes. Amira spricht daher vom Gerichtskampf als einem "unechten" Gottesurteil (2: 176).

[17]Vgl. die weitblickende Untersuchung von Leopold Hellmuth, "Zentrale Themen der mittelalterlichen deutschen Literatur," *Ältere deutsche Literatur: Eine Einführung,* 2. Aufl., hrsg. Alfred Ebenbauer u. Peter Krämer (Wien: Literas, 1990) 55. Siehe auch Hennig Brinkmann, *Mittelalterliche Hermeneutik* (Tübingen: Niemeyer, 1980) 52–73, u. Harald Haferland, *Höfische Interaktion: Interpretation zur höfischen Epik und Didaktik um 1200* (München: Fink, 1989) 207.

[18]Siehe Wolfgang Herles, "Sozialwissenschaftliche Aspekte der mittelalterlichen Literatur," *Ältere deutsche Literatur,* hrsg. A. Ebenbauer u. P. Krämer (Anm. 17) 91 u. 98. Vgl. ebenso Arno Borst, "Religiöse und geistige Bewegungen im Hochmittelalter," *Propyläen Weltgeschichte. Eine Universalgeschichte,* Bd. 5, hrsg. G. Mann u. A. Nitschke (Anm. 11) 522-27; Rolf Bräuer, "Von der Freiheit mittelalterlichen Dichtens und Denkens. Anmerkungen zu der für die hochmittelalterliche Literaturgesellschaft paradigmatischen Bedeutung der Sozial- und Mentalitätsstruktur der *Carmina Burana,*" *Sammlung—Deutung—Wertung,* hrsg. D. Buschinger (Anm. 4) 31–38, u. Jacques Le Goff, "Introduction: Medieval Man," *The Medieval World* (Anm. 3) 1–35.

[19]Anton Schwob, "Grundzüge des mittelalterlichen Weltbildes: Geschichte, Religion, Gesellschaft," *Ältere deutsche Literatur,* hrsg. A. Ebenbauer u. P. Krämer (Anm. 17) 34. C. Morris hat in seinem Buch *The Discovery of the Individual 1050–1200* (rpt.; Toronto: U of Toronto P, 1986) die gewagte These geäußert: "It will be evident that we are a long way from the naïve picture of the Middle Ages as an age of faith" (130).

[20]Die zum Teil örtlich (Burg/Stadt), gegenständlich (Kirchen/Friedhöfe) oder persönlich (Geistliche/Frauen) begrenzten Landfriedenerlässe bedrohten die Gefährdung des öffentlichen Friedens mit schweren Strafen. Am weitreichendsten waren der Reichslandfriede von Heinrich IV. (1103), der Landfriede von Barbarossa (1152) und Friedrich II. (1235) sowie der Ewige Landfrieden, den Maximilian I. im Jahre 1495 verkündete. Daten nach *Der große Brockhaus in zwölf Bänden,* 18. Aufl. (Wiesbaden: F. A. Brockhaus, 1979) Bd. 6, s. v. Landfrieden. Das Auseinanderklaffen von Theologie und Volksmeinung bezüglich der Schuldfrage wurde bereits in der älteren Hartmann–Forschung betont. Vgl. Anton Emanuel Schönbach, *Über Hartmann von Aue. 3 Bücher Untersuchungen* (Graz: Leuschner & Lubensky) 102, u. Brigitte Herlem-Prey, "Schuld oder Nichtschuld, das ist oft die Frage: Kritisches zur Diskussion der Schuld in Hartmanns *Gregorius* und in der *Vie du Pape Saint Grégoire,*" *GRM* 39 (1989): 4 u. 21–22.

[21]Der Schuld-Begriff erscheint in folgenden Versen: Keiî: 175; 183; 224; 4641; Kalogrenant: 197; 731; 758; Askalon: 725; 728; der Erzähler: 1350; 1713; 2023; 2053; 2285; 2670; 2729; 3222; 3377; 3783; 4810; 5166; 5169; 5430; 5435; 5448; Laudine: 1384; 2032; 2040; 2042; 8125; Iwein: 1617; 1675; 2593; 3966; 4008; 4218; 4249; 4802; 4896; 4908; 5180; 5267; 5470; 6111; 7405; 7985; 8106; 8112; 8133; Gawein: 2755; 2788; Lunete: 2275; 3150; 4045; 4051; 4052; 4057; 4067; 4185; 5236; 5239; 7961; Burgherr (Gaweins Schwager): 4469; 4505. Zitiert wird nach der Ausgabe *Iwein. Eine Erzählung von Hartmann von Aue,* hrsg. G. F. Benecke u. K. Lachmann, neu bearb. Ludwig Wolff, 7. Aufl., Bd. 1 (Berlin: de Gruyter, 1968). Zahlenangaben beziehen sich ausschließlich auf

Versnummern und werden im Text in Klammern zitert.

²²Vgl. *Deutsche Rechtssprichwörter* 321, Nr. 256. Unzählige Sprichwörter weisen darauf hin, daß allein eine Geldsumme den in Schuld Stehenden erlösen kann. Hier seien einige angeführt: "Man henkt keinen Dieb, der sich vom Galgen kaufen kann" (Nr. 255); "Wer Nichts hat, muß mit der Haut zahlen" (Nr. 257); "Kann Einer nicht bessern mit Geld, so soll er bessern mit dem Hals" (Nr. 259); "Wer nicht bezahlen kann mit dem Gut, / Soll bezahlen mit dem Blut" (Nr. 260); "Bezahlt man den Mann, so sind die Wunden quitt" (Nr. 252).

²³Hierzu besonders Schnell 31.

²⁴Schnell 33. Schnell sieht Iweins späteres Versagen daher "in der mangelnden Bewußtheit, in der unreflektierten Zielrichtung seines Handelns" (39). Der heimliche und rasche Aufbruch von Rittern gehört jedoch zu den Standardmotiven der Artusdichtung, wie Hartmut Semmler, *Listmotive in der mittelhochdeutschen Epik: Zum Wandel ethischer Normen im Spiegel der Literatur* (Berlin: Schmidt, 1991) 99, festgestellt hat. Gegen eine moralische Verurteilung von Iweins Ausritt wenden sich ebenso J. M. Clifton-Everest, "Christian Allegory in Hartmann's *Iwein*," *GR* 48 (1973): 252, u. Neil Thomas, *The Medieval German Arthuriad: Some Contemporary Revaluations of the Canon* (Bern: Lang, 1989) 37.

²⁵Volker Mertens, *Laudine: Soziale Problematik im "Iwein" Hartmanns von Aue* (Berlin: Schmidt, 1978) 48.

²⁶Daß der Frage nach der moralischen Verschuldung Iweins durch die "zûht"-lose Verfolgung Askalons weder 'von außen' noch werkimmanent beizukommen ist, bezeugt die jahrzehntelange Debatte in der *Iwein*-Forschung. Hierzu besonders: Paul Salmon, "*âne zuht*: Hartmann von Aue's Criticism of Iwein," *MLR* 69 (1974): 556–61; David Le Sage, "*âne zuht* or *âne schulde*? The Question of Iwein's Guilt," *MLR* 77 (1982): 100–13; Beate Hennig, "*mære" und "werc": Zur Funktion von erzählerischem Handeln im "Iwein" Hartmanns von Aue* (Göppingen: Kümmerle, 1981); Andreas Klare, "Überlegungen zur literaturhistorischen Bedeutung der Artusepik Hartmanns von Aue," *Ergebnisse der 21. Jahrestagung 'Deutsche Literatur des Mittelalters'* (Greifswald: Ernst-Moritz-Arndt-U Greifswald, 1989) 181. Zur Eingangsaventiure auch Siegfried Grosse, "Die Erzählperspektive der gestaffelten Wiederholung. Kalogrenants *âventiure* in Hartmanns *Iwein*," *Gotes und der werlde hulde*, hrsg. R. Schnell (Anm. 4) 82–96. Daß die zeitgenössische bildende Kunst Iweins Kampf gegen Askalon nur positiv darstellt, legt den Schluß nahe, daß Iweins Handeln nicht als moralisch mangelhaft aufgefaßt wurde. Vgl. Norbert H. Ott, "Geglückte Minne-Aventiure: Zur Szenenauswahl literarischer Bildzeugnisse im Mittelalter. Die Beispiele des Rodenecker *Iwein*, des Runkelsteiner *Tristan*, des Braunschweiger Gawan- und des Frankfurter *Wilhelm-von-Orlens*-Teppichs," *Jb der Oswald von Wolkenstein-Ges.* 2 (1982/83): 1–32; Rudolf Voß, "*sunder zuchte*: Ulrich Füetrers Rezeption des *Iwein*-Verses 1056," *ZfdA* 118 (1989): 122–31, u. Neil Thomas, "Konrad von Stoffeln's *Gauriel von Muntabel*: A Comment on Hartmann's *Iwein*?" *Oxford German Studies* 17 (1988): 1–9.

²⁷Renate Schusky hat in ihrem Beitrag, "Lunete—eine *kupplerische Dienerin*?," *Euphorion* 71 (1977): 18–46, das von Lunete geknüpfte Lügennetz im einzelnen entfaltet und festgestellt, daß sie auch Iwein belügt (vgl. 35).

²⁸Vgl. Hedda Ragotzky und Barbara Weinmayer, "Höfischer Roman und soziale Identitätsbildung: Zur soziologischen Deutung des Doppelwegs im *Iwein* Hartmanns von Aue," *Deutsche Literatur im Mittelalter. Kontakte und Perspektiven: Hugo Kuhn zum Gedenken*, hrsg. Christoph Cormeau (Stuttgart: Metzler, 1979) 230.

²⁹Lunete meint daher *nicht* die Schuld am Unglück der Königin, wie man vermutet hat.

Vgl. Petra Kellermann-Haaf, *Frau und Politik im Mittelalter: Untersuchungen zur politischen Rolle der Frau in den höfischen Romanen des 12., 13. und 14. Jahrhunderts* (Göppingen: Kümmerle, 1986) 49.

[30]Lunetes späteres Angebot, "den willen vür diu werc" (4321) gelten zu lassen und Iwein von der Verpflichtung zum Kampf gegen den Truchseß zu befreien, läßt sich meines Erachtens nicht als Akt der Gnade auslegen, zu dem Lunete sich etwa deshalb veranlaßt sieht, weil sie Iweins subjektive Unschuld erkennt. Vielmehr scheint sich Lunete davor zu fürchten, sich wiederum in eine Schuld zu verstricken, die sie im Falle von Iweins Tod im Kampf weder vergelten noch verantworten könnte (vgl. 4331–34).

[31]"Ohne negative ethische Signifikanz" sieht auch Rudolf Voß "Iweins Schuldbewußtsein bezüglich der Tötung Ascalons," da es "nicht als Reflex einer moralischen Verfehlung" stehe. In *Die Artusepik Hartmanns von Aue: Untersuchungen zum Wirklichkeitsbegriff und zur Ästhetik eines literarischen Genres im Kräftefeld von soziokulturellen Normen und christlicher Anthropologie* (Köln: Böhlau, 1983) 43.

[32]Dieses 'Gesetz' der Blutrache ist ein wesentliches Motivationsmotiv nahezu in der gesamten Heldendichtung. Hierzu Theodor Priesack, "Laudines Dilemma," *Sagen mit Sinne: Festschrift für Marie-Luise Dittrich zum 65. Geburtstag*, hrsg. Helmut Rücker u. Kurt O. Seidel (Göppingen: Kümmerle, 1976) 118.

[33]Anders als der Erzähler behauptet, spielt die Minne bei Laudines Gesinnungswandel keine Rolle. Sie hat Iwein ja noch nicht gesehen. Vgl. Humphrey Milnes, "The Play of Opposites in *Iwein*," *GLL* 14 (1961): 250.

[34]Die Stelle liest sich daher nicht nur, wie Thomas Cramer (Ausg. Benecke, Lachmann, Wolff 1968) übersetzt: "und sprach ihn ihr gegenüber von Schuld frei" oder wie Wolfgang Mohr überträgt: "sie entschuldigte ihn ihrerseits." Sie läßt sich auch so verstehen, daß Laudines Reflektieren *"sie selbst wieder* in Unschuld gegen ihn versetzte." Vgl. Wolfgang Mohr, *Hartmann von Aue "Iwein." Mit Beobachtungen zum Vergleich des "Yvain" von Chrestien von Troyes mit dem "Iwein" Hartmanns* (Göppingen: Kümmerle, 1985).

[35]Vgl. Sieverding 98.

[36]Gisela Steinle sieht in Laudines strengen Bedingungen, die eine "überzeugende menschliche Beziehung" verhindern, eine rein erzieherische Funktion. Vgl. *Hartmann von Aue: Kennzeichnen durch Bezeichnen. Zur Verwendung der Personenbezeichnungen in seinen epischen Werken* (Bonn: Bouvier, 1978) 300.

[37]Zur überaus hohen Bedeutung des Turnierens siehe William Henry Jackson, "The Tournament in the Works of Hartmann von Aue: Motifs, Style, Functions," *Hartmann von Aue: Changing Perspectives*, hrsg. T. McFarland u. S. Ranawake (Anm. 2) 232–51. Zur Rolle Gaweins siehe bes. Margit M. Sinka, *"Der höfschste man*: An Analysis of Gawein's Role in Hartmann von Aue's *Iwein*," *MLN* 96 (1981) 471–87.

[38]Einzelheiten bei Mertens 42; Ranawake, *Ironie* 95, und Schnell 42.

[39]Die These, daß die "Schuld" des Helden "mit Moral nicht das Geringste zu tun" habe, hat Hubertus Fischer, *Ehre, Hof und Abenteuer in Hartmanns "Iwein": Vorarbeiten zu einer historischen Poetik des höfischen Epos* (München: Fink, 1983) 69, am nachhaltigsten vertreten. Vgl. ebenso Hahn 206.

[40]Schnell 65; Sieverding 135; McFarland 152–53.

[41]Schusky 25–26.

[42]Rüdiger Schnell vertritt die Ansicht, daß die Unzulänglichkeit der Rechtsprechung als Intention des Autors unmittelbar aus dem Text hervorgehe (vgl. 67). Ich halte das für möglich, aber unwahrscheinlich, da die gesamte Artusdichtung auf dem Prinzip beruht, daß dem Stärkeren das Recht zustehe und daß der Edelgesinnte zuletzt immer auch der physisch Stärkere ist.

[43]Über die Einzelheiten des Erbschaftsstreits wird Iwein erst nach seiner Zusage in Kenntnis gesetzt. Die Forschung bewertet Iweins Hilfeleistung jedoch unterschiedlich. Vgl. Kern 353–53; Robertshaw 123–24; Voß, Artusepik 142.

[44]Erich Köhler hat in seinem Beitrag "Die Rolle des 'Rechtsbrauchs' (costume) in den Romanen des Chrétien de Troyes," *Trobadorlyrik und höfischer Roman* (Berlin: Rütten & Loening, 1962) dargelegt, daß die der Artusdichtung innewohnende costume, der Rechtsbrauch, einen Doppelcharakter hat: sie dient nämlich nicht nur der Ordnungssicherung des feudalen Idealstaats, sondern sie bedeutet auch die Gefährdung der Harmonie am Artushof. Es ist die costume, die den Ritter "von der Gemeinschaft weg in die Vereinzelung der aventure-Suche treibt" und somit die Handlungskette des Artusromans in Gang setzt (212).

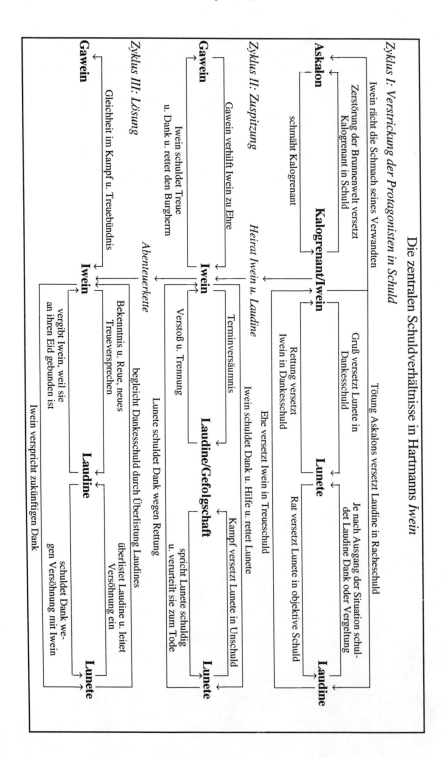

Die zentralen Schuldverhältnisse in Hartmanns *Iwein*

Zyklus I: Verstrickung der Protagonisten in Schuld

Iwein rächt die Schmach seines Verwandten

Tötung Askalons versetzt Laudine in Racheschuld

Askalon ← **Kalogrenant/Iwein** → **Lunete** → **Laudine**

Zerstörung der Brunnenwelt versetzt Kalogrenant in Schuld

schmäht Kalogrenant

Gruß versetzt Lunete in Dankesschuld

Je nach Ausgang der Situation schuldet Laudine Dank oder Vergeltung

Zyklus II: Zuspitzung   *Heirat Iwein u. Laudine*

Gawein ← **Iwein** ← **Laudine/Gefolgschaft** → **Lunete**

Gawein verhilft Iwein zu Ehre

Terminversäumnis

Rettung versetzt Iwein in Dankesschuld

Rat versetzt Lunete in objektive Schuld

Iwein schuldet Treue u. Dank u. rettet den Burgherrn

Verstoß u. Trennung

Iwein schuldet Dank u. Hilfe u. rettet Lunete

Kampf versetzt Lunete in Unschuld

Ehe versetzt Iwein in Treueschuld

Zyklus III: Lösung   *Abenteuerkette*

Gawein ← **Iwein** ⇄ **Iwein** ← **Laudine** → **Lunete**

Gleichheit im Kampf u. Treuebündnis

Bekenntnis u. Reue, neues Treueversprechen

begleicht Dankesschuld durch Überlistung Laudines

Lunete schuldet Dank wegen Rettung

spricht Lunete schuldig u. verurteilt sie zum Tode

vergibt Iwein, weil sie an ihren Eid gebunden ist

überlistet Laudine u. leitet Versöhnung ein

schuldet Dank wegen Versöhnung mit Iwein

Iwein verspricht zukünftigen Dank

"Plus c'est la même chose, plus ça change!"
George Tabori's *Nathans Tod. Nach Lessing*

Alison Scott-Prelorentzos, *University of Alberta*

In 1992 Germany's most prestigious literary award, the Büchner Prize, went to actor, director and dramatist George Tabori, who does not write primarily in German. A Hungarian Jew born in Budapest in 1914, he holds a British passport (and served in the British Army), spent some years in the United States, at present lives in Austria, and indulges in a sort of theatrical love-affair with the German language and culture. Though he speaks German, his working language is English; he was in fact in his fifties when he began writing for the German theatre. For works performed and printed in Germany he generally depends on his translator, Ursula Tabori-Grützmacher. Nevertheless, though the *laudatio* delivered at the award-ceremony by the 1991 winner Wolf Biermann drew criticism, Tabori himself was generally hailed as the perfect choice for the honor. In a slightly tongue-in-cheek article in the *Frankfurter Allgemeine* Gerhard Stadelmaier wrote: "Tabori ist nicht nur ein bestechender Büchner-Preisträger. Er ist Büchners Preisträger."[1] Several literary feuilletons in leading newspapers supported the prize jury's declaration that Tabori treats "in deutschen Stücken deutsche Themen für ein deutsches Publikum,"[2] emphasizing this all the more because awareness of antagonism to asylum-seekers and growing anti-Semitism hovered over the ceremony.

Tabori has never adapted Büchner, though his *Babylon Blues oder Wie man glücklich wird ohne sich zu verausgaben* (Burgtheater, Vienna, 1991) has a scene in which the Weimar statues of Goethe and Schiller mock at the young playwright. A prolific writer — his output in 1991 included, besides *Babylon-Blues* and *Nathans Tod, Goldberg-Variationen* (Akademietheater, Vienna) and a staging of Bruno Maderna's opera *Satyricon* for the Salzburg Festival — Tabori has a particular penchant for concocting theatrical collages of excerpts from existing material, not exclusively dramatic (among many others he has taken up Kafka and Shakespeare); perhaps the best-known internationally is his

Brecht on Brecht (New York, 1961), which, though disliked by some critics, who saw in it a trivializing of Brecht into a popular show, seems to have become a favorite with drama departments and schools in North America. *Nathans Tod. Nach Lessing*, a radical adaptation of Lessing's *Nathan der Weise*, was premièred in Wolfenbüttel in mid-November 1991 by the Bavarian State Theater with the author as director, as part of *Theaterformen 91*, an international symposium in Wolfenbüttel and Braunschweig during which attention was focused on the question of making new dramas out of old, familiar material.[3] The play then formed part of the Theatre's repertoire for its 1991/92 season and had its Munich première in the Residenztheater on November 24, 1991.

Since it appeared in 1779, Lessing's *Nathan der Weise* has not only provoked reactions ranging from enthusiasm to opposition, including an official ban on performance and publication between 1933 and 1945,[4] but also given rise to adaptations of various kinds, some very loosely based on the text, including parodies.[5] In the years following the end of the Second World War consciousness of the Holocaust loomed in the background of *Nathan* productions, lending it a function of atonement, showing that "another" Germany existed, where Jews are not condemned simply for being Jews.[6] Then, in the West, directors began to interpret the play as applicable to all religious or even socio-political conflicts, as possessing eternal topicality, with Lessing sometimes seen as upholding bourgeois values and accepted morality,[7] while in the German Democratic Republic the religious struggle he depicts is presented as resolvable through the class struggle, as if Nathan's Utopian vision of what may be after "tausend tausend Jahre" is on the way to realization in the modern socialist state. An extreme example was a GDR television production by Friedo Salter in the mid-1970s with actors from the Deutsches Theater, Berlin (rebroadcast at least once, in early 1980), in which all references to God were cut out.[8] Some post-war productions, particularly in the West, made use of modern stage techniques, above all those which interrupt theatrical illusion, for instance Erwin Piscator in Marburg, 1952, Hansjörg Utzerath and Achim Freyer in Bonn, 1973, and Claus Peymann in Bochum, 1981,[9] and from the late 1960s there is what Stadelmaier calls a "Flucht des Theaters aus der Geschichte ins 'Theater'," i.e., a stress on comic aspects and effects.[10] But, with the exception noted above, these post-war interpretations, however "modern," are based on what Lessing wrote. Tabori is the first to take wide-ranging liberties with the text itself.

In the middle of the twentieth century playwrights already found possibilities in the drama of the eighteenth: Lenz attracted Brecht (*Der Hofmeister*, 1950) and Kipphardt (*Die Soldaten*, 1968), while Hacks adapted Wagner (*Die Kindermörderin*, 1957). Erwin Sylvester seems to have been the first to make a Lessing text into a new play: his *Lessings Juden. Ein Lustspiel*, commissioned by the Landesbühne Niedersachsen Nord, was published and first performed in the *Lessing-Jahr* 1979.[11] Sylvester keeps the first twenty-one scenes of Lessing's one-acter of 1749 almost unaltered, changes the last two so that marriage between the Traveller and the Baron's daughter, regretfully ruled out in Lessing as father and potential suitor part with mutual expressions of esteem, is now sanctioned, and adds then his own second act portraying the difficulties arising from this plan, culminating in the framing of the Jew by the villainous Krumm, an uprising against him by the local populace and the couple's elopement with the aid of the two loyal servants. While the new act's scene structure and language are Sylvanus' rather than Lessing's, the the adaptor has remained within the given historical period, situation and characters, and the Landesbühne production was in eighteenth-century costume. Its Intendant, Georg Immelmann, had offered Sylvanus the commission because he doubted "ob man nach Ausschwitz Lessings *Juden* ohne irgendeine Art von Bearbeitung spielen sollte."[12]

Tabori too is clearly motivated by a discrepancy perceived between Lessing's Utopian vision of the future and modern reality (not just the Holocaust, in which several members of his family died, but also contemporary manifestations of anti-Semitism in Europe). Enlightenment ideologies have been "korrumpiert, mißbraucht, verdreht durch die Macht. Natürlich gibt es Ausnahmen. Aber die allgemeine Tendenz war, den Aufklärern nicht zuzuhören"; as he was working on the adaptation, it gradually became "eine Geschichte, die sehr viel zu tun hat mit dem, was nach Lessings Zeit passierte. Seither ist dessen Utopie nicht nur in Frage gestellt; sie ist eigentlich nie eingelöst worden."[13] But he has gone much more radically to work on his chosen Lessing text than Sylvanus on his. Judging from photographs, the Wolfenbüttel production modernized the original's mediaeval setting in a very general way, perhaps neutralized it would be a better description, in the sense of a stage with a minimum of props and actors in modern dress which suggested traits in their character rather than a specific contemporary setting.[14] Though Nathan apparently had a copy of the *Jerusalem Post* sticking out of his pocket, references to current events or to historical happenings since Lessing's day have not been inserted into the text, while some of Lessing's specific references to events or figures of the late twelfth century (for instance, to Richard I of England) are omitted.

Where Lessing's play has five acts each divided into several scenes, Tabori's version comprises seven numbered sections, only one divided into two; for clarity's sake, they will be referred to as scenes. Very roughly, Tabori's scenes two to five follow the action sequence of Lessing's acts two to four, simplified into five encounters: Saladin–Sittah–Al-Hafi, Nathan–Templar, Nathan–Al-Hafi, Saladin–Sittah–Nathan, Templar–Klosterbruder–Patriarch. Framing these are two long monologues for Nathan, scenes one and six, while scene seven functions as a brief epilogue. About ninety percent of Tabori's text is taken from *Nathan der Weise*, with considerable cuts, and lines from scenes not used at all or used out of sequence put in out of their original context. The remaining ten percent comes from other writings of Lessing, from texts such as the Bible or Shakespeare and — at most fifty lines — from Tabori (for this play he wrote his German text himself), the latter often occurring at the end of scenes whose outcome is changed. What is taken from Lessing is altered very little as text: italicization is dropped, spelling sometimes modernized (but not consistently — "kömmt," for instance, is usually retained), punctuation occasionally altered, minor changes are made or phrases re-ordered to restore sense or metre after an omission.[15]

The characters are seven: Saladin, der Patriarch, ein Tempelherr, ein Klosterbruder, Al-Hafi, Nathan, Sittah/Das Mädchen, the latter one of the non-speaking parts, along with seven Mamelucks, seven Monks, seven soldiers (presumably Templars). Lessing's Recha, as a named, speaking character, and Daja are omitted and the question of miracles dealt with in Lessing's act I, 1 and 2 is dropped.

As printed text, *Nathans Tod* is about a third of the length of the original. As stage spectacle it is longer; the stage-directions give us the clue to that. Some are of the usual kind, briefly indicating gesture or movement within a scene (these are fewer than in Lessing, though, as we shall see later, this does not mean lack of action). Others describe the considerable action that takes place on stage without words at the begining of some scenes. Since very few, perhaps none of the readers of this article will have seen a performance of *Nathans Tod* or have had access to the text, a synopsis of the latter follows here, indicating parallels to and divergences from Lessing.

Scene 1. Krieg

*(Die Tempelherren verwüsten Jerusalem. Ein Mädchen wird gerettet.
Überfall auf Nathan. Er erzählt eine Geschichte.)*

Nathan alone. The only scene in prose.

Nathan, speaking presumably to the audience, begins his monologue by asking: "Erlaubt Ihr wohl, Euch ein Geschichtchen zu erzählen?" (7 = III, 7, 389–90:[16] in Lessing the words are Nathan's request to Saladin), then tells, not the ring-parable, but the story of "Der Palast im Feuer," the second section of *Eine Parabel*, with some cuts for the sake of conciseness. He ends: "Gute Nacht, Kinder" (8).

Scene 2. Schach

(Saladin verliert. Sittah wird bestraft.)

Saladin, Sittah, later Al-Hafi.

This scene corresponds to Lessing's II, 1–3 (chess game, discussion of the political situation, questioning of Al-Hafi about Nathan): the references in II, 1 to "die glatten Steine" and to Saladin's plans for marriages between his siblings and King Richard's are omitted; changes to II, 2 and II, 3 are minor except that Saladin ends the scene by inviting *Sittah* to hear a singer bought yesterday (Sittah's lines 354–56 in Lessing) and the original closing lines (357–58) hinting at Sittah's trap for Nathan are omitted.

Scene 3. Sonnabend, 18h 15

A *(Das Mädchen spielt mit dem Tod. Der Tempelherr schenkt ihr einen
Ring.)*

Nathan, Tempelherr.

This is Lessing's II, 5 drastically cut to a quarter of its length, with four new lines added at the end. Nathan identifies himself as the girl's father (there is, however, no suggestion that the Templar has saved her life), asks how he may serve the Templar, is rebuffed. Their discussion of religion is pared down to twenty lines out of Lessing's original forty (= II, 5, 486–90, 496, 500–08, 519–24). On Nathan's "Sind Christ und Jude eher Christ und Jude, / Als Mensch?" (22 = II, 5, 523–24) follows this exchange, including the four new lines, before the Templar abruptly exits:

TEMPELHERR: Vergeßt, was ich gesagt; und laßt mich! (= II, 5, 516–17)
NATHAN: Endlich muß man beginnen zu lieben,

Um nicht krank zu werden.
TEMPELHERR: Kein Mensch soll sich einer Blutsverwandten nahn,
Um ihre Blöße aufzudecken. (23)

B *(Der Tempelherr geht ab. Al-Hafi kommt.)*

Nathan, Al-Hafi.

This scene is an amalgamation of Lessing's I, 3 (where the Dervish tells Nathan of his position as Saladin's Treasurer and castigates himself for accepting it) and II, 9 (where he warns Nathan that Saladin wants his money), cut down to about half. To Al-Hafi's urging to flee with him to the Ganges, Nathan, who in Lessing promises to think it over, here answers with words adapted from Psalm 137, verses 5 and 6:

Wenn ich dein vergesse, Jerusalem,
So vergesse meine Rechte. Es klebe
Meine Zunge an meinem Gaumen
Wenn ich deiner nicht gedenke. (26)

As he takes leave, Al-Hafi asks: "Was brennt da unten?", and Nathan replies: "Nur die Herbstblätter" (26).

Scene 4. Die Falle.

Saladin, Sittah, then Nathan.

This corresponds to Lessing's III, 4–7, presented as one continuous scene with considerable cuts and changes. After Nathan enters (28, at the same point as in Lessing, III, 5, 281), all three remain on stage, Sittah's role being thus expanded as she takes part in the questioning of Nathan. The part corresponding to III, 4 is cut by one third; at the end, to Sittah's "Trau dir auch nur nicht zu wenig" (27 = III, 4, 265) are added eleven new lines (bearing some general resemblance to part of Nathan's monologue, III, 6) in which she describes her trap for Nathan. Saladin answers with lines originally spoken earlier (III, 4, 258–59), Sittah appropriates a line of Saladin's "Ich glaube meine Lektion zu können" (28 = III, 4, 274), to which Saladin replies "Und daß die Weiber doch so gern den Mann / Zu sich herunter hätten!" (28 = III, 4, 272–73).

After Nathan's entrance the text of Lessing's III, 5 and 6 is retained with two substantial omissions (III, 5, 344–50 and III, 6, 372–74), but Saladin's long speech which ends III, 5 is divided into two speeches each for himself and Sittah, while III, 6, Nathan's monologue, is distributed between all three characters.

Of III, 7 only a few lines from the beginning remain, Lessing's III, 7, 337–

84, of which "So gewiss / Ist Nathan seiner Sache?" (31 = 379–80) is now spoken by Sittah. To Nathan's "Ja! ja! wann's nötig ist und nutzt" (31 = III, 7, 384) Saladin replies with lines originally spoken to him later by the Templar (IV, 4, 402–04): "Ich werde hinter diesem [*sic*] jüdischen Wolf / Im philosophischen Schafpelz Hunde schon / Zu bringen wissen, die ihn zausen sollen!" The scene continues with four brief speeches which Lessing places after Nathan has told the ring-parable and Saladin has responded with "Geh! Geh! — Aber sei mein Freund" (III, 7, 544):

> NATHAN: Und weiter hätte Saladin mir nichts
>   Zu sagen?
> SALADIN: Nichts.
> NATHAN: Nichts?
> SITTAH: Gar nichts. [In Lessing spoken by Saladin]

and concludes:

> NATHAN: Aus Nichts wird nichts.[17] Erlaubst Du wohl dir
>   Ein Geschichtchen zu erzählen. [This last sentence = III, 7, 389–90)]
> SALADIN: Die Geschichte von den Ringen? —
> NATHAN: Ja
> SALADIN: Nein
> NATHAN: Schade

Scene 5. Der Patriarch schaudert.

Tempelherr, Klosterbruder, then Patriarch.

A large part of I, 5 is combined with some seventeen lines from IV, 1 (56–62, 65–69, 74) to make one conversation between the Templar and the Klosterbruder, and the text then continues with most of IV, 2. The scene takes up I, 5 at line 562, continuing with minor cuts until line 692, where the Klosterbruder reports the Patriarch's view that Saladin is the enemy of Christendom, then jumps to IV, 1, 56, the Templar's "Ich seh nun wohl, / Religion ist auch Partei" (37), an outburst which in Lessing is directed against Nathan.

The first seven lines of IV, 2 are omitted, the Patriarch entering with the question to the Klosterbruder: "Will Er [*sic*]?", i.e., will the Templar undertake to ambush Saladin? (37, in Lessing: "Was will / Er?", 82–83). From this point the scene is taken over from Lessing practically unchanged until almost the end, where lines 206–14 are omitted (the Templar's second attempt to end the conversation now distasteful to him), and the Patriarch's two speeches, lines 188 to 206 and 215 to 219, are combined into one. Where Lessing's Templar abruptly exits, Tabori's delivers a speech consisting of snippets from four of his other appearances on stage in Lessing, and ends by betraying Nathan:

> TEMPELHERR:
> Nun gut! Ich mag nicht, mag nicht näher wissen,
> Was in mir vorgeht, mag voraus nicht wittern,
> Was vorgehen wird. — Nun komm', was kommen soll! [= III, 8, 598–98
> and 600, monologue on his reactions to falling in love with Recha]
> Laßt den Vater mir vom Halse.
> Jud ist Jude, [= to Daja, I, 6, 776–77] und der
> reiche Jude
> war mir nie der beßre Jude. [= to Nathan, II, 5, 444–45]
> Er ist entdeckt. Der tolerante
> Schwätzer ist entdeckt. [= to Saladin, IV, 4, 400–401] Er
> heißet Nathan.
> PATRIARCH:
> Sola fide. Der Glaube genügt.
> Auch wenn er schlechte Werke gebiert.
> Die Zweifel hab ich längst hinter mir gelassen.
> Auch wenn ihre Schatten mich manchmal verfolgen.
> Fest ist die Burg. Wie ein Nagel am Kreuz. (40)[18]

Scene 6. Pogrom

> (*Nathans Haus brennt. — Er holt seine verbrannten Kinder heraus und*
> *erzählt noch eine Geschichte.*)

Nathan, then Sittah towards the end.

In scene six, while still using some of Lessing's text, Tabori breaks off any connection to the action of *Nathan der Weise*. All but the last ten lines is a monologue by Nathan, beginning with fourteen lines in a shorter metre, the first six adapted from the second-last paragraph of "Der Palast im Feuer" ("Sieh Nachbar! hier brennt sie . . .")[19]

Nathan lays the children down, covers their faces with autumn leaves and says:

> Nicht Kinder bloß speist man
> Mit Märchen ab. —
> [= end of Nathan's monologue, III, 6, 373–74]
> Erlaubst du wohl, dir ein
> Geschichten zu
> Erzählen? [= III, 7, 389–90]
> Warum das nicht? Du bist stets
> Ein Freund gewesen von Geschichten, gut
> Erzählt. — (41) [adapted from Saladin's lines, III, 7, 390–92]

Nathan now relates the ring-parable according to Lessing's III, 7, 393–537, leaving out Saladin's interjections, remarks addressed to Saladin, and lines 447–75, the discussion of the historical basis of the three religions. After the words "Da wird / Ein weisrer Mann auf diesem Stuhle sitzen / Als ich; und sprechen" (45 = III, 7, 535–37), Sittah enters. Nathan's next nine lines, mourning the youngest of his dead children, "Hier, der Kleinste, ein / Ruschel-kopf" (45) are adapted from Lessing's letter to J. J. Eschenburg of December 31, 1777, telling of the death of his newborn son.[20] He continues:

> Ach! es ist schon so oft grün
> geworden; ich wollte, es würde einmal rot!
> (*stockt*)
> Die gehören nun zu meinem Leben nicht.
> So sehr ich nach Hause geeilt, so
> Ungern bin ich angekommen. Denn das
> Erste, was ich fand, war ich selbst. (47)

He falls, Sittah catches him and holds him. His last words before dying are a fusion of phrases from *Die Erziehung des Menschengeschlechts*, paragraphs 85 and 91:

> Nein; sie wird kommen, sie wird
> Gewiß kommen, die Zeit der
> Vollendung, da der Mensch —
> Laß mich an dir nicht verzweifeln, — (47)[21]

Taking his ring, Sittah ends the scene with a speech cursing Nathan — "Saujude, sei verflucht" — for making her weep and breaking her heart.

Scene 7. Ein Fest für Nathan

(Saladin, der Patriarch, die Mönche und Mamelucken feiern mit Champagner ihren kleinen Sieg — Sittah, abseits.)

This scene consists of a short speech by the Patriarch:

> Endlich verklingt
> Sein lächerliches Lied
> Das törichte Märchen
> Über irgendwelchen Ring
> Wir werden es nie wieder hören. (48)

As they embrace and clink glasses, Sittah pulls a plastic bag over her head.

In Lessing's *Nathan der Weise* the pogrom lies eighteen years in the past and, movingly recalled in the scene between Nathan and the Klosterbruder (IV,

7), provides in Nathan's rejection of revenge a practical example of the "herzliche Verträglichkeit" and "innigste Ergebenheit in Gott" advocated in the ring-parable. Despite reference to violence and despite prejudice, the atmosphere is sunny. Everyday prejudice is embodied in "die gute böse Daja," cruel bigotry in the Patriarch, whose threats lose some effect in being uttered after Saladin and Nathan have become friends, the potential danger to Nathan is precipitated by the impulsiveness of a young man in love. In the course of the play, Saladin and the Templar are won over to Nathan, Al-Hafi is his old friend, the Klosterbruder declares: "Ein beßrer Christ war nie!" (IV, 7, 690). The setting in a time of armistice is reflected in the characters' relationships with one another.

"Krieg," the heading for scene one, is the first word in Tabori's text. Violence is in the present. As the play begins, the Templars are on the warpath, Nathan is attacked. By having the play open with the parable "Der Palast im Feuer" Tabori emphasizes sectarianism; the function of the ring-parable has changed, as Nathan tells it after the pogrom — in the production apparently to a half-burnt doll which he had bought for his daughter,[22] in effect to the audience only, if not to the empty air. In Lessing the parable-scene is the centrepiece, where Saladin's intellectual curiosity about this liberal-minded Jew turns to emotional conviction and admiration: universal tolerance is the parable's hopeful prophecy for the future, but a beginning is made in the present. With Tabori the parable is not even a lament for what might have been, but truly a fairy-tale as in common parlance, something with no link to reality.

Throughout his play Lessing develops ideas and human relationships through dialogue.[23] Tabori begins with a monologue and ends Nathan's life with a monologue; the parables, whose purpose is to teach, have no audience on stage. In the core of the play dialogue is abruptly cut off. It leads to no rapprochement; no meeting of minds or development of understanding takes place in any of the characters' encounters. It is significant that the scene Tabori takes over with the fewest cuts is that between the Templar and the Patriarch (scene 5, IV, 2), where Lessing's "friendly prelate's" pronouncements suit his purpose well. "Die allgemeine Tendenz war, den Aufklärern nicht zuzuhören. Wer hat schon Lessing zugehört?" he has remarked,[24] and this refusal to listen is a leading trait in the adaptation's characters. The "Notiz" printed as motto to the play thus makes good sense. In place of Lessing's brief line of Heraclitus from Aulus Gellius ("Introite, nam et heic Dii sunt!"), Tabori chooses a quotation from Hans Henny Jahn describing Lessing's declining physical state in the last weeks of his life, his difficulty in writing and speaking. As illness and death silenced Lessing, so *Nathans Tod* silences his spokesman and his message.[25]

Omissions eliminate or diminish emotional rapport, particularly in the case of the Klosterbruder, with the dropping of Lessing's most moving scene, IV, 7, and for another reason which will be discussed presently. Although Al-Hafi remains the Jew's friend, their encounter has much less warmth, partly because the cuts remove the comic element, which is true throughout the adaptation. In scene two Saladin still appears less critical of Christians than Sittah, but the omission of all references to a friendship with Richard Coeur-de-Lion robs his stance of the personal element. Sittah, in her changed role in Tabori, is apparently in the end affected by Nathan, but fights against it.

These remarks have been based on a comparison of Lessing's and Tabori's *texts*. But in Tabori's case to consider the text only is not enough; it is essential to take into account details of the production which he himself directed. The text seems to tell us that in the core of the play scenes proceed to their end using lines from *Nathan der Weise*, but then offer a sting or a twist in their tail to produce a completely different outcome. Accounts of the production tell us that what seems in print sudden change of direction is the culmination of action not indicated in the text — and what action! In scene five the Patriarch extorts the name of the Jew from the Templar by torture: the Klosterbruder alternately lashes the young man and forces caresses on him.[26] During the conversation between the Sultan and his Treasurer in scene two, Saladin breaks Al-Hafi's fingers one by one.[26] The puzzling stage-direction to scene two, *Sittah wird betraft*, becomes clear when we understand that there and in scene four Saladin fondles his sister continually in a sadistic way.[27] In Lessing consistently the harder and less sentimental of the siblings, she is here both tormentor and victim: towards Nathan in scene four she is the "knallharte Geschäftsfrau,"[28] determined to get his money, but she is also playing Saladin's game — "Ich glaube, meine Lektion zu können" — and on his terms. At the end of scene six she crawls on the floor like a beaten dog,[28] crying to the dead Nathan: "Bist nicht der Einzige, / Der krepieren muß. / Auf allen Vieren, wie ein Tier" (47). Not only her apparent new sympathy for Nathan, but sexual abuse by her brother have reduced her to despair: perhaps we are to understand that she has been raped.

To give himself courage for his encounter with authority in scene four, Nathan has already been drinking, and during the scene Saladin continually torments him, making him ill by forcing Schnapps down his throat; not only is no-one prepared to listen to his "Märchen," Nathan can hardly make coherent his request to tell it.[29] Saladin, a mixture of dictator and playboy,[30] rules Jerusalem as a totalitarian state by means of torture (the Templar is crippled by beatings from the Sultan's guards before the play begins)[31] and a network of spies. The twenty-one extras are ubiquitous, appearing not only in the three roles indicated in the *dramatis personae* (as Mamelucks, monks, soldiers), but interchangeably in a number of guises, as harem guards, palace guards, informers, church officials, death squad thugs, and so on. One reviewer declares: "Die Statisten spielen in diesem Stück die Hauptrolle: sie verkörpern den beänstigenden Unsicherheitsfaktor in einem System, das auf Verdrängung und Repression beruht."[32] The Patriarch, whose monks burn Nathan's house with his children in it, tyrannizes likewise in his smaller sphere.

All this, naturally, changes radically the role of Lessing's central figure Nathan, who skilfully manipulates every dialogue he takes part in and orchestrates the dénouement as well. Stadelmaier sees a shift to Saladin as "hero": "Satan der Weise" rather than "Nathan der Weise."[33] Nathan is certainly not a heroic victim who excites admiring pity in the audience, he is uncertain, childish, "ein Gescheiterter, ein verzweifelter Narr."[34] Though his role is still the largest because of the two monologues which function as frame to the violent action, they serve to emphasize his ineffectuality, propounding ideas to which no-one will listen.

Action on stage reinforces, then, what is evident in the text: Tabori's dialogue, taken from Lessing though most of it is, is not dialogue, but confrontation. A good example is the last part of scene four, Die Falle. Nathan is given no breathing-space to consider the Sultan's unexpected, extraordinary question. With Sittah present, dividing with Saladin the speech in which he originally puts the question, and with Nathan's monologue now broken up between all three characters, that question becomes a provocation, turning Lessing's civilized one-on-one conversation into an interrogation, two against one, an interrogation of a man befuddled with alcohol, constantly interrupted as he tries to think out what his answer should be:

Lessing (from III, 5)	Tabori (from scene 4)

(SALADIN:)
Was für ein Glaube, was für ein
   Gesetz
Hat dir am meisten eingeleuchtet?
NATHAN. Sultan, / Ich bin ein Jud'.
SALADIN. Und ich ein Muselmann.
Der Christ ist zwischen uns.—
	(SALADIN:)
	Was für ein Glaube, was für ein
	   Gesetz
	Hat dir am meisten eingeleuchtet?
	NATHAN: Ich bin ein Jud'.
	SALADIN: Und ich ein Muselmann.
	Der Christ ist zwischen uns.—

Von diesen drei
Religionen kann doch eine nur
Die wahre sein. —
  Ein Mann, wie du, bleibt da

Nicht stehen, wo der Zufall der
  Geburt
Ihn hingeworfen: oder wenn er
  bleibt,
Bleibt er aus Einsicht, Gründen,
  Wahl des Bessern.
Wohlan! so teile deine Einsicht
  mir
Dann mit.
  Laß mich die Gründe hören,
  denen
Ich selber nachzugrübeln,
  nicht die Zeit
Gehabt. Laß mich die Wahl, die
  diese Gründe
Bestimmt, — versteht sich, im
  Vertrauen — wissen,
Damit ich sie zu meiner mache.—
  Wie?
Du stutzest? wägst mich mit dem
  Auge? — Kann
Wohl sein, daß ich der erste
  Sultan bin,
Der eine solche Grille hat;
  die mich
Doch eines Sultans eben nicht
  so ganz
Unwürdig dünkt. — Nicht wahr?
  — so rede doch!
Sprich! — Oder willst du einen
  Augenblick,
Dich zu bedenken? Gut; ich geb'
  ihn dir. —
(Ob sie wohl horcht? Ich will sie
  doch belauschen;
Will hören, ob ichs recht gemacht.—)
  Denk nach!
Geschwind denk nach! Ich säume nicht,
  zurück
Zu kommen.

Von diesen drei
Religionen kann doch eine nur
Die wahre sein.
SITTAH: Ein Mann, wie du, bleibt
  da
Nicht stehen, wo der Zufall der
  Geburt
Ihn hingeworfen: oder wenn er
  bleibt,
Bleibt er aus Einsicht, Gründen,
  Wahl des Bessern.
Wohlan! so teile deine Einsicht
  mir
Dann mit.
SALADIN: Laß mich die Gründe
  hören, denen
Ich selber nachzugrübeln,
  nicht die Zeit
Gehabt. Laß mich die Wahl, die
  diese Gründe
Bestimmt, — versteht sich, im
  Vertrauen — wissen,
Damit ich sie zu meiner mache.—
SITTAH: Wie? Du stutzest?
  wägst mich mit dem
  Auge?
SALADIN: Kann wohl sein,
  daß ich der erste Sultan bin;
Der eine solche Grille hat,
  die mich
Doch eines Sultans eben nicht
  so ganz
Unwürdig dünkt.— Nicht wahr?
  — so rede doch!

(*Er geht in das Nachbarzimmer, nach
welchem sich Sittah begeben*)

Sechster Auftritt

NATHAN *allein*

Hm! hm! — wunderlich! Wie ist
Mir denn? — Was will der Sultan?
  was? — Ich bin
Auf Geld gefaßt; und er will —
  Wahrheit. Wahrheit!

Und will sie so, — so bar, so
  blank, als ob
Die Wahrheit Münze wäre! — Ja,
  wenn noch
Uralte Münze, die gewogen ward! —
Das ginge noch! Allein so neue
  Münze,
Die nur der Stempel macht, die
  man aufs Brett
Nur zählen darf, das ist sie
  doch nun nicht!
Wie Geld in Sack, so striche
  man in Kopf
Auch Wahrheit ein? Wer ist
  denn hier der Jude?
Ich oder er? — Doch wie?
  Sollt' er auch wohl
Die Wahrheit nicht in Wahrheit
  fordern? — Zwar,
Zwar der Verdacht, daß er die
  Wahrheit nur
Als Falle brauche, wär' auch gar
  zu klein! —
Zu klein? — Was ist für einen
  Großen denn
Zu klein? — Gewiß, gewiß: er
  stürzte mit
Der Türe so ins Haus! Man pocht
  doch, hört
Doch erst, wenn man als Freund
  sich naht. — Ich muß
Behutsam gehn! — Und wie?

NATHAN: Was will der Sultan?
  Ich bin
Auf Geld gefaßt; und er will
  Wahrheit?
SITTAH: Wahrheit!
NATHAN: Und will sie so, — so
  bar, so blank, als ob
Die Wahrheit Münze wäre! —
SALADIN: Ja, wenn noch
Uralte Münze, die gewogen ward! —
NATHAN: Das ginge noch! Allein
  so neue Münze,
Die nur der Stempel macht, die
  man aufs Brett
Nur zählen darf, das ist sie
  doch nun nicht!
Wie Geld in Sack, so striche
  man in Kopf
Auch Wahrheit ein? Wer ist
  denn hier der Jude?
Ich oder er? — Doch wie?
  Sollt' er auch wohl
Die Wahrheit nicht in Wahrheit
  fordern? — Zwar,
Zwar der Verdacht, daß er die
  Wahrheit nur
Als Falle brauche, wär' auch gar
  zu klein! —
SITTAH: Was ist für einen
  Großen denn zu klein?
NATHAN: Gewiß, gewiß: er
  stürzte mit
Der Türe so ins Haus! Man pocht
  doch, hört
Doch erst, wenn man als Freund
  sich naht. — Ich muß
Behutsam gehn!

wie das? — So ganz	SITTAH: Und wie? wie das?
	NATHAN: So ganz
Stockjude sein wollen, geht	Stockjude sein wollen, geht
schon nicht. —	schon nicht. —
Und ganz und gar nicht Jude,	Und ganz und gar nicht Jude,
geht noch minder.	geht noch minder.
Denn, wenn kein Jude, dürft er	Denn wenn kein Jude, dürft' er
mich nur fragen,	mich nur fragen,
Warum kein Muselmann?	Warum kein Muselmann?

Note how Lessing's Nathan's astonished repetition "Wahrheit, Wahrheit!" has become a questioning "Wahrheit?", answered by Sittah with a peremptory "Wahrheit!" Lessing's Nathan "answers" the Sultan by showing him that his question is poorly conceived and thus no answer possible; Saladin, perhaps unwillingly at first, is drawn to the story and accepts its teaching. When Tabori's Nathan proposes his "Geschichtchen," he is brutally dismissed, for the tale is a familiar one whose message is long discounted.

The whole thrust of the adaptation becomes clear when one considers both text and performance, but some difficulties remain. Tabori's Templar is certainly no longer the upright, rough-mannered, but true-hearted young man of the original, but enough has been retained of his lines in II, 5 to more than hint at his unorthodox, possibly liberal religious views. In scene four, what remains of III, 4 seems to maintain the portrayal of Saladin as at first hesitant to set a trap for Nathan, sensitive to the dilemma the Jew will find himself in. Moreover, in scene two Saladin's distinction between Christians and Templars is retained and Tabori faithfully transfers Lessing's fairly lengthy exchange about Nathan between Sittah and Al-Hafi, Saladin showing interest only at the point where the Dervish describes Nathan's tolerance: "Wie kommt es denn, / Daß ich von diesem Manne nie gehört?" (17 = II, 2, 284–85). In scene five, as in IV, 2, until almost the end the Templar counters the Patriarch's arguments with considerable force, and only turns the "Hypothes'" into a "Faktum" under torture.

Suggestions of tolerance in some of Saladin's lines can certainly be interpreted — no doubt are intended to be interpreted — by an actor as cynical façade, but he will often be playing against the text in order to bring this out. In the case of the Templar, does Tabori aim to show that one may genuinely hold tolerant views and be able to express them — we are all "tolerante Schwätzer" — but when theory must become practice, "Religion ist auch Partei"? Thinking of Nathan when he speaks this phrase and the words that follow in Lessing (IV, 1, 56–71), the Templar in Tabori refers to the Patriarch, but proves prophetic about himself:

> Religion ist auch Partei; und wer
> Sich drob auch nur so unparteiisch glaubt,
> Hält, ohn' es selbst zu wissen, doch nur seiner
> Die Stange. Weil das einmal nun so ist:
> Wird's wohl so recht sein. (37)

The last sentence expresses the pessimism underlying Tabori's play. Discussion is confrontation in which old prejudices are reinforced; nothing is learned. Even the slight hope for human change in Nathan's dying words is broken off and given no specific form: "sie wird / Gewiß kommen, die Zeit der / Vollendung, da der Mensch[35] — / Laß mich an dir nicht verweifeln" (47). Sittah holds him and then takes his ring, but not as a legacy to uphold, for she too collapses and dies on the edge of the festivities in the final scene. This "Fest für Nathan" parodies Lessing's anagnorisis with its exemplification of the love and tolerance preached in the play.[36] Here two tyrants and their henchmen, including the Templar, "recognize" their brotherhood. The original stage-direction (*Unter stummer Wiederholung allerseitiger Umarmungen fällt der Vorhang*) is ridiculed and trivialized: (*Gläser klingen, Händeschütteln, Umarmung, Küßchen-Küßchen*). In the stage-production, all participants were in civilian dress, with a press-photographer present.[37] The Patriarch states uncompromisingly that the tale of the ring has no relevance: "Wir werden es nie wieder hören" (48).

The violence in Tabori's adaptation is one with its message. That it is loud and harsh where Lessing's play is reasoned and harmonious is of course also characteristic of Tabori's approach to the stage in general. Lessing is rooted in Aristotle and in the theatrical structures that the centuries since the Renaissance had developed from him. Tabori's conception of the theatre was nurtured by Brecht, informed by Freudian psychology, and fed by all the new stage techniques of the mid- and later twentieth century. The horrors of reality he treats with all the fantasy of which the stage is possible, trivializing what is tragic or serious and inflating what is banal. "Er macht," remarks Stadelmaier, "aus dem KZ einen Kalauer und aus einem Schlafzimmer ein KZ."[38] He aims at theatricality, at satirical extremes, at gut-reactions, the physical not the intellectual; he is reported as saying, "Geschichte kann man nicht mit dem Kopf bewältigen, man muß sie mit dem Darm, dem Hintern, dem Magen bewältigen."[39] In *Nathans Tod* one can note, in addition to the overt sexuality in the staging (brother-sister incest, homoerotic harassment by the Klosterbruder), in the text twice suggestions of illicit attraction, added somewhat gratuitously.[40]

It is not clear whether the Templar's "Kein Mensch soll sich einer Blutsverwandten nahn, / Um ihre Blöße aufzudecken," which ends scene three A (23), refers to himself or to Nathan. The question of the Templar's parentage does not arise in Tabori, his dilemma in scene five is not linked to a love for Nathan's adopted daughter (played as a sickly, short-sighted schoolgirl). The stage-direction prefacing scene three A suggests a suicide-attempt: (*Das Mädchen spielt mit dem Tod. Der Tempelherr schenkt ihr einen Ring*), and neither here nor in scene five is reference made to the Templar's saving her. In a similar passage near the beginning of scene six, Nathan implicates himself: "Wenn ein Mann seine Tochter / nimmt, und er sieht ihre / Blöße: das ist keine Schande" (41). And is the doubling of the roles of Sittah/Das Mädchen due to practical considerations, or are we to understand them as two aspects of the theme of incest (Sittah dies by pulling over her head the plastic bag which had contained a doll bought by Nathan for his daughter)?

Violence, cynicism, illicit sexuality support the play's exposure of the bankruptcy of reason and morality. Yet the sketchy motivation at certain points and at others the discrepancy between spoken word and action jar, a price Tabori pays for his close adherence to Lessing's text. This is his dilemma. For he needs Lessing. His play would make no sense if the reader/audience could not make immediate mental reference to *Nathan der Weise*,[41] his aim being not simply to show that power and prejudice prevail in our time — and let comparisons suggest themselves where they might — but to oppose Lessing directly, to bring Nathan and with him the Enlightenment to the grave. But that every reader or spectator familiar with Lessing's play, like the film-goer who can never be satisfied by a screen version of his favorite book, is more liable than not to make unfavorable comparisons and to find the adaptation irritating. Brecht tackling Lenz or Hacks putting his hand to Wagner did not face this problem. Tabori earlier intended to keep more closely to the sequence of Lessing's text and introduce a sudden ending: Nathan's death by a terrorist bomb.[42] Of the play as it stands, Stadelmaier, incidentally no straightforward apologist for Lessing's drama as such, comments: "Man kann Lessing aber nur ganz zerstören, man kann ihn nicht teilweise auseinandernehmen."[43]

Critical comment on Tabori's *Nathans Tod* so far has consisted of newspaper reviews, almost all of the Wolfenbüttel première, and a panel discussion at the Wolfenbüttel/Braunschweig conference between Paul Raabe, Gerhard Stadelmaier and George Tabori himself, during which it became clear, not surprisingly, that academic Lessing commentators were not happy with the adaptation. Newspaper comments vary. One very positive review by Sybille Wirsing calls for the use of this "brilliant piece" in schools.[44] Some reviewers remain neutrally descriptive, analyzing Tabori's "message": the death of Enlightenment, the bursting of the bubble of Utopia, the criticism of religions as proselytizing institutions (but was this not Lessing's point also?), the rise of fanaticism. But some criticize its lifelessness compared to the original, its lack of wit and humor,[45] particularly because humor and liveliness have generally characterized Tabori's dramatic ventures.[46] There is indeed a viciousness and bitterness here that is not typical of Tabori, either in his plays or in his reactions as a Jew to anti-Semitism. There is some agreement that Lessing's play has been impoverished rather than given a new slant, that Tabori in the end is not more realistic than Lessing. Writing in *Die Zeit*, Benjamin Henrichs expresses views representative of negative critical reaction:

> Taboris *Nathan* ist nicht mehr das alte Stück, aber auch noch lange kein neues . . . Ein sonderbares Gemisch aus Fadheit (wo man Lessing folgt) und Forciertheit (wo man Lessing widerspricht). Ein Stück Theater, zahnlos und verbissen zugleich . . . so als seien die Erkenntnisse der "Ringparabel" durch die Ereignisse der "Tagesschau" zu liquidieren.[47]

One point does not seem to have been discussed by reviewers: despite the universal implications contained in the two parables Tabori's Nathan tells, the play in fact narrows Lessing's scope, for it focusses attention on the Jew as a Jew. Lessing's *Die Juden* is about Jews and anti-Semitism (this is reinforced in Sylvanus' sequel), but *Nathan der Weise* is not. The Traveller in the early comedy, helped by his wealth and education, poses as a Gentile gentleman in order to lead a normal life: Nathan does not hide what he is, a Jewish merchant, and is not in danger because of it, but because he has committed the extraordinary act of adopting a Christian child. Tabori's Patriarch still condemns him for that (scene 5), but the Templar's account of the child's adoption and upbringing exists in a vacuum, for nowhere else in the play are they mentioned. In Lessing the young man's outburst against the "Jewish wolf" is born of disappointment and he is quickly ashamed of it; when Tabori's Saladin takes over the lines, they become a calculated menace. In the last scene Moslems and Christians celebrate the death of the Jew. This is not to deny that Tabori in theory opposes racism and bigotry in all its forms, but in practice a Moslem, say, would have difficulty relating to this piece!

"Seit zweihundert Jahren," Tabori is reported as saying, "erleben die Nachgeborenen nicht nur den Triumph der Unvernunft, sondern, was schlimmer ist, den verbrecherischen Mißbrauch der Vernunft."[48] One is led to conclude that he believes reason has lent itself to abuse by representing its arguments unrealistically and inadequately. Erwin Sylvanus' treatment of *Die*

Juden leaves the impression that, however virulent the prejudice it portrays, the original's albeit simple message remains valid (and the Traveller retains his dignity and integrity, the girl proves loyal). Tabori declares: "[*Nathan der Weise*] ist ein schönes Märchen mit sehr viel Wahrheit und ungeheuer viel humanistischem Anstand. Aber ich glaube nicht daran."[49] Not only do his characters close their ears to the ring-parable, Tabori himself has little faith in it: "Und auch diese Ringparabel — ich wurde davon nie richtig aufgeklärt."[49] Moreover, he seems to suggest that despite Lessing's provocative and courageous stance in putting certain ideas into dramatic form, in his heart even he did not believe fully in their efficacy. In addition, commenting that Lessing's characters themselves say very little about religion (one assumes he means about their personal faith, but even so, this is open to challenge), Tabori declares *Nathan* to be "eher atheistisch und antireligiös"[49] (thus involuntarily joining certain commentators from 1779 onwards who have had various other ideological fish to fry). In *Nathans Tod*, then, it is a question not only of teaching perverted, but also of teaching proved irrelevant.

But since Tabori can in no sense be understood to align himself with Saladin and the Patriarch, what is to replace the parable they have buried, to allow the hope he admits Lessing had and of which, he claims, he has not completely robbed him?[50] His text provides no answer. The picture is uniformly gloomy, the audience or reader left with an impression of unremittant horror. Ironically, while usually the great serious actors of the German stage play Lessings Nathan in a "dramatisches Gedicht" that is arguably the last of the author's comedies, the well-known Jewish comic actor David Hirsch played Tabori's title-role in a production calculated to provoke anything but laughter.[51]

So what are we to make of this strange play, in which Lessing's text is more or less retained, but its meaning, his characters, everything startlingly changed? For that reason alone, it is an interesting theatrical exercise. But more than that? *Nathan der Weise* can be interpreted on stage in a hundred ways, but it can also stand alone as a text. *Nathans Tod* cannot, and not only because so much depends on extra-textual action. Brecht's plays too involve this and heavy use of theatrical devices, but his texts are viable as such, for printed word and action fit together, whereas in Tabori they clash. In his interview with Sven Siedenberg, he concedes that Lessing would not have applauded his play, would probably not have liked a single character or scene (and, one is tempted to add, would have been heard muttering darkly about "Kleister und Schere"!) — but eventually might have agreed to discuss the changes.[52]

About rising anti-Semitism in contemporary Europe, Tabori recently remarked: "Die Juden sind schon lange bewaffnet, mit Wort und Schrift. Diese finde ich noch immer mächtiger als das Schwert."[53] Lessing too believed in the power of the pen, and of the stage. But a portrayal of the "verbrecherischen Mibbrauch der Vernunft" since his day calls not for misuse of *his* "Wort und Schrift," but for a new play altogether.

Notes

[1]"Lebensspiel. Büchner-Preis für Tabori," *Frankfurter Allgemeine Zeitung*, 22 May 1992: 33. Stadelmaier sees a strong similarity to Büchner in Tabori's portrayal of characters who are dominated by their physical drives.

[2]Quoted in *Fachdienst Germanistik* 10.7 (1992): 12.

[3]This was a co-production with the Stiftung Niedersachsen, Hannover and Hahn & Molitor Produktion, Icking. During the conference Lew Dodin's *Dämonen*, a dramatization of Dostoyevsky's novel, was performed in Braunschweig by the Maly Drama Theatre from St. Petersburg; played also was a piece by the Swiss Hans-Peter Litzscher, *Lessing's Blessings, A Comedy of Tears*, apparently not based on a specific Lessing text. See vil, "Die Macht des Bösen. Uraufführungen an den *Theaterformen 91* in Braunschweig/Wolfenbüttel," *Neue Züricher Zeitung* 19 Nov. 1991: 23.

[4]See Ferdinand Piedmont, "Unterdrückt und rehabilitiert: Zur Theatergeschichte von Lessings *Nathan der Weise* von den zwanziger Jahren bis zur Gegenwart," *Lessing Yearbook* 19 (1987): 85, also Martin Loiperdinger, "*Nathan der Weise*: faschistische Filmzensur, Antisemitismus und Gewalt anno 1923," *Lessing Yearbook* 14 (1982): 61–69.

[5]For early examples, see Heinrich Stümcke, ed., *Die Fortsetzungen, Nachahmungen und Travestien von Lessings "Nathan der Weise"* (Berlin: Selbstverl. der Ges. für Theatergeschichte, 1904), which gives an introductory overview of adaptations between 1782 and 1815 and reprints four, including Julius von Voß's *Der travestierte Nathan der Weise. Posse in zwei Akten*, 1804.

[6]Gerhard Stadelmaier, *Lessing auf der Bühne. Ein Klassiker im Theateralltag (1968–1974)*, Medien in Forschung + Unterricht, Series A, vol. 2 (Tübingen: Niemeyer, 1980) 97–112 (FRG) and 147–57 (GDR), gives a detailed overview of productions; on *Nathan* and the Holocaust, see p. 100, where Stadelmaier points out that Lessing's Patriarch does not in fact want to burn the Jew for being a Jew, but for raising a Christian child out of her faith. Piedmont's article, cited above, traces general trends and describes some productions, but does not touch on the GDR, nor does a collection of theatre reviews, Diedrich Diederichsen and Bärbel Rudin, eds., "Lessing im Spiegel der Theaterkritik, 1945–1979," *Schriften der Gesellschaft für Theatergeschichte* 67 (Berlin: Selbstverl. der Ges. für Theatergeschichte, 1980), on *Nathan* 185–258. See also Bettina Dessau, *Nathans Rückkehr. Studien zur Rezeptionsgeschichte seit 1945* (Frankfurt/M: Lang, 1986).

[7]See Gerhard Bauer, "Revision von Lessings *Nathan*. Anspruch, Strategie, Politik und Selbstverständnis der neuen Klasse," *Der alte Kanon neu. Zur Revision des literarischen Kanons in Wissenschaft und Unterricht*, ed. Walter Raitz and Erhard Schütz (Opladen: Westdeutscher Verl., 1976) 69–108.

[8]To cite just two of many cuts: in the ring-parable "Mit innigster Ergebenheit in Gott" (III, 7, 531) is omitted from the judge's advice, and the proof Nathan gives of this

"Ergebenheit," "Ich stand! und rief zu Gott: ich will! / Willst du nur, daß ich will!" (IV, 7, 680–81) becomes "Ich stand! und rief: Ich will!", the reference a few lines earlier to "Gottes Ratschluß" being also cut. For this information I am indebted to the Rev'd. Dr. Hans-Jochen Kühne of Kamenz.

[9]See Piedmont 91–93. Stadelmaier, *Lessing auf der Bühne*, points, however, to a general "Ausstattungs- und Gestenkonvention" in the post-war staging of *Nathan*, an exception being the 1973 Bonn production, in which innovations in design and acting still did not extend to the interpretation of the play's content.

[10]Stadelmaier, *Lessing auf der Bühne* 108. See also 105ff. and Piedmont 92.

[11]Erwin Sylvanus, *Lessings Juden. Ein Lustspiel* (Frankfurt/M: Suhrkamp, 1979). See also Alison Scott-Prelorentzos, "'Toleranz? Noch spür' ich sie nicht': Erwin Sylvanus' Modern Sequel to Lessing's *Die Juden*," *Seminar* 21 (1985): 31–47.

[12]Quoted from "Georg Immelmann, Erwin Sylvanus: *Lessings Juden*" (largely excerpts from a taped discussion between Immelmann und Sylvanus), *Lessing 79: Mitteilungen aus dem Lessingjahr 1979*, 3rd ed. Manuel Lichtwitz and Paul Raabe (Wolfenbüttel: Herzog August Bibliothek, 1979) 10.

[13]In an interview with Sven Siedenberg, "'Lessing hätte nicht applaudiert.' George Tabori inszeniert *Nathans Tod* im Residenztheater," *Süddeutsche Zeitung* 23/24 Nov. 1991: 16.

[14]I am indebted to Gustav Kiepenheuer Bühnenvertriebs-GmbH in Berlin for a photocopy of the printed text *Nathans Tod*, which includes photographs of the production; this was designated "vorläufige Fassung," but a planned regular published version has not appeared to date. References to the play are by page-number from the Kiepenheuer photocopy and appear in the text.

[15]Some unusual punctuation, or lack of it, may simply be due to printing error; pages 44 to 49 should be numbered 42 to 47.

[16]References to *Nathan der Weise* are to Gotthold Ephraim Lessing, *Werke*, ed. Herbert G. Göpfert, vol. 2 (Munich: Carl Hanser, 1971) and are cited in the text by act, scene, and line number.

[17]In the first scene of Shakespeare's *King Lear*, Lear asks Cordelia what she says to his proposed gift of a generous portion of his property:

CORDELIA: Nothing, my lord.
LEAR: Nothing?
CORDELIA: Nothing.
LEAR: Nothing will come of nothing. (I, 1, 89–92)

Lear's phrase has subsequently become proverbial.

[18]I thank Christoph Lorey for pointing out that this speech contains echoes of Reformation theology. "Sola fide" recalls Luther's insistence on salvation through faith alone and thus rings strange in the mouth of the (historically Catholic) Patriarch, especially when followed by "Fest ist die Burg," which brings to mind the Reformation hymn "Ein feste Burg ist unser Gott."

[19]Gotthold Ephraim Lessing, *Werke*, ed. Herbert G. Göpfert, vol. 8 (München: Carl Hanser, 1979) 120.

[20]*Briefe von und an Gotthold Ephraim Lessing*, ed. Franz Muncker, vol. 2 (Leipzig: G. J. Göschen, 1907) 259.

[21]*Werke* 8: 508–09.

[22]Gerhard Stadelmaier, "Satan der Weise. Georg Taboris Anti-Lessing: *Nathans Tod* in Wolfenbüttel uraufgeführt," *FAZ* 19 Nov. 1991: 27.

²³Jürgen Schröder, *Lessing. Sprache und Drama* (Munich: Fink, 1972) 251, says: "... *Nathan* ... [besteht] mehr noch als die anderen Dramen Lessings aus einem kunstvollen Gespräch. Sein Vorwurf setzt sich restlos in die geistige Auseinandersetzung des Dialogs um."

²⁴*Lessing hätte nicht applaudiert* 16.

²⁵Tabori says of Lessing at the time of writing *Nathan der Weise*: "Ich glaube, daß er in einem Zustand von äußerster Verzweiflung, Todesfurcht und Einsamkeit versuchte, sich freizukämpfen ..." (Siedenberg, *Lessing hätte nicht applaudiert* 16).

²⁶Stadelmaier, *Satan der Weise* 27.

²⁷Stadelmaier, *Satan der Weise* and vil, *Die Macht des Bösen* 23.

²⁸Vil, *Die Macht des Bösen* 23.

²⁹Stadelmaier, *Satan der Weise* 27, and "Uraufführung der Lessing-Collage *Nathans Tod* von George Tabori," *Der Spiegel* (no byline), 18 Nov. 1991: 323. The text has Nathan exit after the line "Ja! ja! wann's nötig ist und nutzt" (31). This could be a misprint, but though there is no stage-direction indicating re-entry, perhaps Nathan is meant to leave the stage briefly in an attack of nausea and return after Saladin's speech "Ich werde hinter diesem jüdischen Wolf ..."

³⁰Vil (*Die Macht des Bösen* 23) calls him "einen Dandy-Lümmel," and Stadelmaier reports: "Der Schauspieler Daniel Friedrich spielt den Saladin böse-soigniert als juvenilen Stasi-Chef, als sanguinischen Diktator und als cholerischen Playboy" (*Satan der Weise* 27).

³¹*Spiegel*-review 323.

³²Vil, *Die Macht des Bösen* 23.

³³*Satan der Weise* 27.

³⁴*Spiegel*-review 322; this review also reports that David Hirsch played Nathan "mit demselben weichen Emigranten-Akzent wie Tabori" (323). For vil he is "ein gebrochener, kindlich-naiver Alter, der nichts von der gebieterischen Ausstrahlung eines Weisen hat; wenn er, betrunken lallend, nach Silben ringt, verliert schon der Zuschauer jeden Respekt vor ihm" (*Die Macht des Bösen* 23).

³⁵Perhaps Tabori means this passage when he refers to "dieses Prinzip Hoffnung, das es hatte — und was ich ihm übrigens nicht ganz abnehme" (*Lessing hätte nicht applaudiert* 16). In Lessing's *Erziehung des Menschengeschlechts*, § 85, the sentence is completed thus: "... die Zeit der Vollendung, da der Mensch, je überzeugter sein Verstand einer immer bessern Zukunft sich fühlt, von dieser Zukunft gleichwohl Bewegungsgründe zu seinen Handlungen zu erborgen, nicht nötig haben wird; da er das Gute tun wird, weil es das Gute ist, nicht weil willkürliche Belohnungen darauf gesetzt sind, die seinen flatterhaften Blick ehedem bloß heften und stärken sollten, die innern bessern Belohnungen desselben zu erkennen" (*Werke* 8: 508).

³⁶That Lessing's Nathan is, however, at the play's close strictly speaking the outsider, the one with no blood ties to the rest, has not been lost on theatre-directors or scholarly commentators. Piedmont reports that Carl Loewenberg, who opened the Theater des Jüdischen Kulturbundes in Berlin in October, 1933, with *Nathan der Weise*, (allowed despite the ban) "ließ ... den Nathan-Darsteller am Ende nicht in die Festlichkeit der Familie einbeziehen, sondern einsam und fast tragisch verdüstert in sein Haus zu seinem Betpult zurückkehren" (88–89). Claus Peymanns Nathan (1981) "stiftete am Ende zwar das von Lessing vorgeschriebene und hier operettenhaft aufgespielte Glück der Familien-Zusammenführung, ging dann aber ... über einen Laufsteg durch den Zuschauerraum über den Köpfen des Publikums zu einer lebensgroßen Lessing-Figur, die in leidender Haltung mit erhobener Schreibfeder der Bühne

gegenübersaß" (92–93). In Franz-Peter Wirt's 1967 Bavaria film version, Sittah, Saladin, the Templar und Recha embrace, while Nathan walks to the door; as he reaches the threshold, Recha alone turns, goes to him, and is drawing him back to the group at the final fade-out. "Der Jude Nathan ist ein Freund, man ist dankbar, er wird stets willkommen sein, doch bleibt er Außenseiter: wie Shylock in Venedig" (Hans Meyer, *Außenseiter*, Frankfurt/M: Suhrkamp, 1977, 341). See also Ruth Angress, "'Dreams that were more than dreams' in Lessing's *Nathan*," *Lessing Yearbook* 3 (1971): 124–25, and Heinz Flügel, "Nathan der Weise — Tragik und Toleranz," *Konturen des Tragischen. Exemplarische Gestalten der Weltliteratur* (Stuttgart: Evangelisches Verlagswerk, 1965) 86 and 97–98.

[37]Vil, *Die Macht des Bösen* 23.

[38]Stadelmaier, *Lebensspiel* 33.

[39]Quoted in *Lebensspiel*. Stadelmaier comments further: "Tabori fühlt dem Menschen nicht den Puls, er faßt ihn nicht an den Kopf, er schaut ihm bevorzugt in den Bauch und auf den Unterleib" (33).

[40]Vil, remarking that Tabori treats the Nathan-theme as Dostoyevsky might have done, contends: "Im Original latent Angelegtes wird manifest; Triebdurchbrüche da und dort" (*Die Macht des Bösen* 23). This is surely reading into Lessing today's psychological clichés.

[41]It is significant that one or two reviewers refer to "Das Mädchen" as "Recha" although Tabori nowhere identifies her thus.

[42]*Spiegel*-review 323; Stadelmaier, *Satan der Weise* 27. Tabori states that his very first idea was to use just the scene with the Patriarch (IV, 2) and build a new play around it (*Lessing hätte nicht applaudiert* 16).

[43]Stadelmaier, *Satan der Weise* 27.

[44]"Das meiste stand schon immer in Lessings Stück, nur verpackter als jetzt bei Tabori, der die Mitte, die man bisher umkreist hat, auf den Punkt bringt . . . Taboris Adaption ist einzig dazu geschaffen, den großen Dichter und dessen dramatisches Gedicht uns hier und heute so vorzutragen, daß wir dran glauben, wohl oder übel" (*Tagesspiegel*, 16 Nov. 1991, quoted in *Fachdienst Germanistik* 10.1 [1992]: 10).

[45]Vil: "Auf Witze wartet man vergeblich in *Nathans Tod*" (*Die Macht des Bösen* 23). See also Stadelmaier, *Satan der Weise* 27, and Werner Schulze-Reimpell's review in the *Frankfurter Rundschau*, 16 Nov. 1991.

[46]Stadelmaier, *Lebenspiel* 33, on Tabori in general: "Der Kitsch liegt . . . immer nahe, der Witz macht ihn genießbar, selten bleibt er sauer."

[47]22 Nov. 1991, quoted in *Fachdienst Germanistik* 10.1 (1992):10. See also sharp criticism by Nils Marwede, *Deutsches Allgemeines Sonntagsblatt*, 22 Nov. 1991 and Armin Eichholz, *Die Welt* 26 Nov. 1991.

[48]*Die Macht des Bösen* 23.

[49]*Lessing hätte nicht applaudiert* 16.

[50]See note 35 above.

[51]Of his adaptation of *Die Juden*, Sylvanus says: "In diesem Stück kann, darf und soll gelacht werden. Später werden aus der Erinnerung Einzelheiten des Grauens wach werden, über die man erschrickt" (*Lessing 79: Mitteilungen aus dem Lessingjahr 1979* 13).

[52]*Lessing hätte nicht applaudiert* 16.

[53]*Süddeutsche Zeitung* 28 Nov. 1992, quoted in *Fachdienst Germanistik* 11.1 (1993): 2.

Goethes Götz von Berlichingen und seine unvollendete Autobiographie

Christa Fell, *Queen's University*

Die bislang in der Forschung unterbelichtet gebliebene Jagsthausenszene im vierten Akt von Goethes *Götz*-Drama soll im folgenden einer näheren Betrachtung unterzogen werden, wobei es vor allem um das enigmatische Detail, das Schreiben der Autobiographie, geht.[1] Daß man über Autobiographien spricht, scheint durchaus natürlich. Aber inwieweit es gerechtfertigt ist, sich über eine zwar angefangene, jedoch bewußt unvollendet gebliebene Arbeit Gedanken zu machen, ist von vornherein nicht ganz so eindeutig zu entscheiden. Was Goethe in *Dichtung und Wahrheit* über die Biographie aussagt, gilt im Grunde auch für die Autobiographie:

> Denn dieses scheint die Hauptaufgabe der Biographie zu sein, den Menschen in seinen Zeitverhältnissen darzustellen, und zu zeigen, inwiefern ihm das Ganze widerstrebt, inwiefern es ihn begünstigt, wie er sich eine Welt- und Menschenansicht daraus gebildet, und wie er sie, wenn er Künstler, Dichter, Schriftsteller ist, wieder nach außen abgespiegelt. (HA 9: 9)

Diese Formulierung klingt geradezu wie eine Herausforderung, sich mit einer bewußt bruchstückhaft gebliebenen Lebensgeschichte im Goetheschen Werk zu beschäftigen.

Im Drama wird das Thema Autobiographie von Götz und seiner Frau Elisabeth knapp, aber pointiert in der Jagsthausenszene diskutiert, deren Funktionspotenz innerhalb des dramatischen Strukturgefüges liegt. Die im Wortlaut in allen drei *Götz*-Fassungen fast gleichlautende Szene steht an einer exponierten Stelle im Drama. Sie bildet den Abschluß des vierten Akts, der mit Götzes Verhaftung in Heilbronn einsetzt und der direkt in die für ihn ausweglose Lebenskrise führt. Goethe arbeitet in dieser Szene mit zwei ineinandergeschachtelten narrativen Schichten. Er konstruiert eine Geschichte, deren Geschehnisse aus verschiedenen Stellen des Originaltexts der von Georg Tobias Pistorius 1731 unter dem Pseudonym Franck von Steigerwald herausgegebenen

Lebensbeschreibung Götzes zusammengesetzt sind und die in groben Zügen den historischen Hintergrund abgeben. Auch sprachlich stand ihm diese Vita zum Modell seiner Dramatisierung, wobei es sich sogar um wortwörtliche Entlehnungen handelt, wie dies in den verschiedenen *Götz*-Ausgaben immer wieder nachgewiesen wird. Seine äußerst positive Haltung zu dieser Lebensbeschreibung zeigt sich am klarsten in seinen eigenen Worten aus *Dichtung und Wahrheit:* "Die Lebensbeschreibung ... hatte mich im Innersten ergriffen. Die Gestalt eines rohen, wohlmeinenden Selbsthelfers in wilder, anarchischer Zeit erregte meinen tiefsten Anteil" (HA 9: 413) — eine Aussage, die durch den Brief an Salzmann vom 28. November 1771 noch bestärkt wird (DjG 2: 69). In bezug auf die Hauptgestalt nimmt er aber subtile Veränderungen vor. Auch die historischen Ereignisse der *Lebensbeschreibung* sind im Drama versetzt, mit Goethes eigenen Sprach- und Denkstrukturen stark durchsetzt und somit in eine andere Perspektive gerückt. Selbst die Autobiographie, die der historische Götz bis ins Alter hinein geschrieben und vollendet hat, und die der fiktive Götz zwar angefangen hat, aber nicht vollendet, ist ein solches Zwittergebilde, wobei es für die Betrachtung und das Argument gleichgültig bleibt, ob ihm die Heilbronner Turmhaft die Möglichkeit zum Schreiben gestattet hätte oder nicht.

In Goethes *Götz* ist eine ganz und gar unprätentiöse Autobiographie im Entstehen begriffen. Sie wird aber bewußt nicht fortgesetzt und zu Ende geführt. Daß der junge Goethe mit dieser intertextuellen Referenz der Quelle, auch wenn sie ihn faszinierte und er ihr viel an Einzelheiten und faktischem Wissen verdankt, ein Denkmal setzen wollte, scheint kein überzeugendes Argument zu sein, denn er weist ja gerade auf das Schreiben bzw. Nichtschreiben-Wollen einer Autobiographie hin. Eigenartigerweise empfindet er selbst zu diesem Zeitpunkt im Schreibprozeß das genaue Gegenteil wie sein Held. Während für Götz das Schreiben nichts anderes als "geschäftiger Müßiggang" ist (HA 4: 155), ist es bei Goethe in diesem Moment eine Art Notwehr. Um sich durch die kreative Kraft Raum zu verschaffen, versucht er, der Welt, die ihn abdrängt und abstumpfen läßt, eine andere entgegenzustellen. In dem bereits erwähnten Brief an Salzmann schreibt er folgendes:

> Ich dramatisire die Geschichte eines der edelsten Deutschen, rette das Andencken eines braven Mannes, und die viele Arbeit die mich's kostet, macht mir einen wahren Zeitvertreib, den ich hier so nöthig habe, denn es ist traurig, an einem Ort zu leben wo unsere ganze Wircksamkeit in sich selbst summen muß. (DjG 2: 69)

Die im *Götz* hinterlassene fragmentarische Selbstbiographie fordert Distanz. In diesem problembewußten Rückblick auf sein Leben stellt die Begegnung des jetzigen Götz mit dessen schriftstellerischen Anfängen das Ich ironisch in Frage, vor allem den Verlust der Einheit mit sich selbst. Die historischen Gegenkräfte, die sich besonders mit dem Bamberger Hof verbinden, überwältigen ihn. Er vermag sich dem gesellschaftspolitischen Zwang nicht zu entziehen und scheitert schließlich am Unvereinbaren, das er auf bitterste Weise erkennen muß, wobei die im Entstehen begriffene Autobiographie und der im Schreibprozeß empfundene "geschäftige Müßiggang" bereits Signale dieses Paradoxons sind. Götzes Niedergang vollzieht sich in einer langen Entwicklung mit verschiedenen Stationen, die mit dem Verlust der rechten Hand, einem rein äußeren Zeichen, einsetzt. So wurde dieser Untergangsbeginn bisher interpretiert und wird auch selbst von Götz noch in seinem Schlußgespräch mit Elisabeth auf diese Weise gesehen: "Suchtest du den Götz? Der ist lang hin. Sie haben mich nach und nach verstümmelt, meine Hand, meine Freiheit, Güter und guten Namen. Mein Kopf, was ist an dem?" (HA 4: 173). Sieht man sich den "Invaliden" Götz aber näher an, so stellt dieser Verlust eines Körpergliedes im Grunde keine Beschränkung seines Tätigkeits- und Wirkungskreises dar. Im Gegenteil, der Ersatz der rechten Hand durch eine eiserne verschafft dem Goetheschen wie dem historischen Götz um so mehr Ansehen und Anerkennung. Überall wird er als der Tapfere "mit der eisernen Hand" gepriesen und gefürchtet. Man muß sich fragen, ob sich mit diesem Ereignis der Wendepunkt in Götzes Leben wirklich ankündigt.

In der autobiographischen Vergegenwärtigung des Erlebten wird auf ein geographisches Moment hingewiesen, das die formalen Einschnitte und die psychischen Stationen eines Götz markiert: Heilbronn ist ihm ein "fataler Ort" (HA 4: 155), ein Ortsname, der für ihn mit einer schneidenden Ironie besetzt ist. Dreimal wird das Schicksal des fiktiven Götz mit Heilbronn verbunden, was jedesmal zu einer weiteren Existenzbeschränkung führt.[2] Es beginnt mit seiner ersten Gefangenschaft in Heilbronn, die eine Wende in seinem Leben darstellt: von einem freien, unbeengten Leben zu innerer Unruhe und Krise. An diesem Wendepunkt bricht der fiktive Götz bezeichnenderweise seine Autobiographie ab, und das, was wir weiter über ihn und von ihm hören, rollt im dramatischen Geschehen vor uns ab.

Bei der zweiten Haft in Heilbronn wird Götzes Aktionsradius durch die ritterliche Haft weiterhin beschränkt, und die dritte ist die Turmgefangenschaft, die schließlich zu seinem Tod führt. Während Freiheit für ihn eine Lebensnotwendigkeit bedeutet, wird er im Laufe des Dramas in immer grössere Isolierung abgedrängt. In einer ironischen Verdichtung im Raumgefüge,

im "Gärtchen am Turn," spielt sich Götzes letzter Kontakt mit der Außenwelt
ab. Dies ist nicht mehr die freie Natur, mit der Götz zutiefst verbunden war. Er
ist auf ein Fleckchen Natur verdrängt, das umzäunt ist und darüber hinaus vom
Gefängnis überragt wird. Das "Gärtchen am Turn" kann nur noch durch das
Grab verengt werden.

An Götz nagt die Zeit, und langsam wird sein Inneres angegriffen. Der
Bruch mit Weislingen, der zwar einen äußeren Abfall bedeutet, trifft ihn bereits
ins Herz, was durch seine eigenen Worte bezeugt wird: "Ich bin in diesem
Augenblick wehrloser, als ich war, da sie [die rechte Hand] mir abgeschossen
wurde" (HA 4: 151). Obwohl er zwischendurch noch positive Erfahrungen
macht, wie z. B. daß Lerse und Sickingen ihm ihre Dienste anbieten und ihm
tatkräftig bis zum Lebensende zur Seite stehen, verinnerlicht sich die Unter-
gangsstimmung immer intensiver. Ständig ist er bemüht, sich als tätiger Ritter
zu erweisen. Aber im Stand der Urfehde darf er nicht einmal mehr als freier
Ritter agieren und sich für die Freiheit anderer einsetzen. Er besitzt zwar noch
die ritterliche Ehre, die er dann aber auch noch verwirkt, als er das Kaiserrecht
übertritt. In der Pflichtenkollision — geschworene Urfehde einerseits und
Hilfeleistung für die Bauern andererseits — entscheidet er sich für das letztere.
In diesem Gewissenskonflikt kann er dem Kaiser seine Treue nicht mehr
bewahren.

Während der Burghaft in Jagsthausen hätte Götz die zum Schreiben erforderliche Zeit, um sich gut über sein früheres Leben Rechenschaft abzulegen und
das begonnene Unternehmen der Autobiographie weiterzuführen. Aber "Müßiggang" und "Beschränkung" plagen ihn; ein Zustand, der am vortrefflichsten
durch seine eigenen Worte charakterisiert wird, die auch gleichzeitig seine
innere Verfassung spiegeln: "Der Müßiggang will mir gar nicht schmecken,
und meine Beschränkung wird mir von Tag zu Tag enger; ich wollt, ich könnt
schlafen, oder mir nur einbilden, die Ruhe sei was Angenehmes" (HA 4: 155).[3]
Seine stets hilfsbereite Elisabeth rät ihm, um dieses Gefühl der Langeweile zu
bekämpfen und zu überwinden, die angefangene Autobiographie fortzusetzen,
wobei sie folgende Gründe für das Abfassen der Vita anführt: er soll erstens den
"Freunden ein Zeugnis in die Hand" geben, um seine "Feinde zu beschämen,"
und zweitens einer "edlen Nachkommenschaft die Freude" verschaffen, ihn
"nicht zu verkennen" (HA 4: 155).[4]

Ist Götz aber zu diesem Zeitpunkt imstande, die Erinnerungsarbeit zu
leisten und sich das eigene Leben von der Seele zu schreiben? Diese autobiographische Selbstentblößung, wie er diese Tätigkeit zur Zeit sieht, würde ihm
nicht bedeuten, sein Selbst im Anonymen, im fixierten Wort, zu retten, sondern

es zu Grabe zu tragen. Obwohl das Verdachtsmoment der Selbstbeschönigung dadurch entkräftet wird, daß der Anstoß zum Schreiben nicht von einem anonymen Freundeskreis kommt, auf den sich der authentische Götz beruft, sondern von Elisabeth, von der uns bekannt ist, daß sie sich keine Illusionen macht und mit beiden Füßen auf dem Boden der Realität steht, widerstrebt diese Form der Mitteilung seinem Wesen.[5]

Das Untätigsein geht mit einem körperlichen Verfallsprozeß Hand in Hand. Als Ritter in der Burghaft bleibt ihm nur noch die Jagd in den Grenzen seines Territorialbesitzes und das Schreiben seiner Autobiographie, eine Tätigkeit, die er im Grunde nicht nur ablehnt, sondern sogar haßt. Schreiben bedeutet für Götz, indem Goethe von der geschichtlichen Vorlage abweicht, nicht nur Müßiggang, sondern "geschäftigen Müßiggang," einen Zustand, den er folgendermaßen beschreibt: "Ach! Schreiben ist geschäftiger Müßiggang, es kommt mir sauer an. Indem ich schreibe, was ich getan, ärger ich mich über den Verlust der Zeit, in der ich etwas tun könnte" (HA 4: 155). Darüber hinaus drückt die zynische Selbstbehauptung "Glück zu, brave Jäger!" (HA 4: 156) die fortlaufende Beschränkung seines Aktionsradius aus.

Die Erwartung einer Autobiographie wird damit nicht nur zerstört, sondern mit dem Nicht-Weiterschreiben wird auch die Sinnlosigkeit und der Skeptizismus gegen das Wort angedeutet, der bei Goethe selbst immer wieder zu finden ist.[6] Jeder Versuch zu einer derartigen Darstellung muß sich im Ansatz bereits als gebrochen erweisen. Im Sinn der rein historischen Authentizität setzt die unvermeidliche Veränderung, Stilisierung, ja Verfälschung der Fakten eben schon dadurch ein, daß anders erzählt als erlebt wird. Als geschichtliche Quelle bleibt die Autobiographie sowieso immer ein verdächtiges Dokument, obwohl sie natürlich auch ein bestimmtes Zeit- und Gesellschaftsbild vermitteln kann (Wuthenow 20), wie dies bei Götzes Vita aus dem Jahre 1731 der Fall ist. Goethe geht es in diesem Fall nicht unbedingt um eine Kritik der Zeit, obwohl der Kampf gegen den Buchstaben, gegen das fixierte, tote Wort, symptomatisch für die gesamte Aufkärungsepoche ist. Götz hat Skrupel, daß die Niederschrift falsch werden könnte, und leidet daher an der Unmöglichkeit, die Wahrheit des Daseins zu fixieren. Die Verachtung des Buchstabens ist weiterhin deutlich den Bemerkungen zu entnehmen, die an den verschiedensten Stellen im Drama fallen (z. B. HA 4: 146):

SCHREIBER. Soll ich das alles protokollieren?
RAT. Was zur Handlung gehört.
GÖTZ. Meinetwegen dürft Ihrs' drucken lassen.

In Götzes Sohn Karl, der vor lauter angelerntem Wissen, das er von sich gibt,

in dem Herrn von Berlichingen seinen eigenen Vater nicht erkennt, wird diese
Tendenz aufs peinlichste ad absurdum geführt (HA 4: 88).

Götz vermag sich auch nicht in der Kontinuität zu beschreiben, sondern nur
im Bruch. Nichts ist festlegbar, alles ist im Übergang begriffen. Der in der
unvollendeten Autobiographie zitierte Schluß, der seinerseits auch wiederum
Bruchstück bleibt — denn es fehlt Götzes Antwort im Dramentext — ist bezeichnend dafür. Elisabeth zitiert in diesem Zusammenhang Worte, die übrigens
während der ersten Heilbronner Gefangenschaft gefallen sind und Götz vor-
trefflich charakterisieren: "Sie rühmten dich untereinander und sagten: Er ist
das Muster eines Ritters, tapfer und edel in seiner Freiheit, und gelassen und
treu im Unglück."[7] Götzes Reaktion darauf: "Sie sollen mir *einen* stellen, dem
ich mein Wort gebrochen!" (HA 4: 156f.), versucht, dieses Bild abzurunden,
aber auch gleichzeitig in Frage zu stellen, da er in der Folgeszene sogar dem
Kaiser gegenüber wortbrüchig wird, dem er bis dahin so treu und redlich
gedient hat und den er darüber hinaus verehrt. In der Absicht, sich selbst zu
schildern, geht es Götz, und das ist wohl das Entscheidende, nicht um erinnernde
Darstellung, um Vergegenwärtigung des Vergangenen, wie es in der eigentlichen
Autobiographie praktiziert wird, sondern um Gegenwärtigkeit selbst. Es
handelt sich um einen Prozeß des Bewußtseins, der schreibend angeregt und im
dramatischen Dialog entfaltet und nachvollzogen wird, wobei die Erinnerungen,
die hier verwendet werden, nur als mitreissendes Material zu betrachten sind.

Es geht um eine Charakterdarstellung, die sich in der Wechselbeziehung
verschiedener Gestalten entwickelt und die auch nur von anderen, nicht von
sich selbst, beurteilt werden soll. Wenn wir Götz nicht in seinen Handlungen
und seinen Interaktionen mit anderen Menschen angetroffen hätten, wären
seine positiven Eigenschaften in einer bescheidenen Selbstdarstellung nie oder
nur schwer zu Tage getreten. Man hätte darin vielleicht bloß eine Art Prahlerei
entdecken können, was stets eine Gefahr für die Autobiographie bedeutet, bei
der es sich immer um ein Sich-Selbst-Produzieren handelt, das allzu leicht in
Lobhudelei ausarten kann. Diese Form des Sich-Mitteilens, die durch die
pietistische Idee der Rechenschaftsablegung über das eigene Leben stark
gefördert wurde und im 18. Jahrhundert eine gewisse Blüte erreichte, ist zur
Krankheit unserer Tage geworden.[8] Auch wir leben in einer Zeit des Sich-
Selbst-Produzierens, in der jeder nur selbstsüchtig auf sein Ziel hinstrebt, was
den Zerfall individuell menschlicher Beziehungen zur Folge hat und die
Glaubwürdigkeit des einzelnen in Frage stellt. Es ist die Negativität einer
Freiheit, in der jeder nur sich selbst will und von denen speziell der Bamberger
Hof Repräsentanten aufzuweisen hat.

Die Schreibkrise, oder besser gesagt die Lebenskrise, in die Götz geraten ist, wird neben seiner Freiheitsbeschränkung noch durch die Gefahr der Sprachohnmächtigkeit bedroht. Sein Schweigen ist als negatives Verstummen zu deuten. In der Turmhaft, seiner dritten Heilbronner Station, drückt Elisabeth das von Götz erfahrene Unvermögen der Sprache aus, die empirische Welt und im besonderen die Zeitumstände darzustellen oder wenigstens Bezug auf sie zu nehmen: "Ich bitte dich, lieber Mann, rede mit mir! Dein Stillschweigen ängstet mich. Du verglühst in dir selbst" (HA 4: 173).

Sein hinfort völliges Nicht-mehr-einverstanden-Sein mit der Welt führt zu resignativer Hermetik. Dadurch sind die Masken bedingt, die Götz in Form von Bibelzitaten und Shakespeare-Verweisen in der Schlußszene anlegt, um dem anderen, das der empirischen Welt entgegensteht, Ausdruck zu verleihen. Das Verstummen hier in der sinngemäßen Unvollendetheit weist auf den Sinnverlust hin, was als totales Versagen und Zerbrechen des Individuums gewertet werden kann. Götz ist tatengehemmt und wehrlos gemacht. Sein innerer Zusammenbruch ist dadurch angezeigt, seine Vitalität zerstört. "Er scheitert an Widersprüchen, die unauflösbar in ihn selbst eingelegt sind," schreibt Martini (121). Die Problematik liegt in seiner apolitischen Haltung, in seinen Begriffen von Wahrheit, Ehre und Freiheit, die für ihn nicht manipulierbar sind. Für Götz gibt es nur ein Leben in Freiheit, womit nicht die zügellose Freiheit der Anarchie gemeint ist, sondern eine Freiheit, in der er für das Recht und gegen das Unrecht kämpfen kann.

Die stringente und überzeugende Darstellung von fiktionalisierter Wirklichkeit endet in Götzes kataklastischer Zukunftsschau, die auch eine Selbstanklage für die unschuldigen Opfer bösartiger Gewalttaten enthält. Da heißt es: "Arme Frau. Ich lasse dich in einer verderbten Welt . . . Schließt eure Herzen sorgfältiger als eure Tore. Es kommen die Zeiten des Betrugs, es ist ihm Freiheit gegeben. Die Nichtswürdigen werden regieren mit List, und der Edle wird in ihre Netze fallen" (HA 4: 175).[9] In diesem Zusammenhang scheinen die Schlußworte Lerses: "Wehe der Nachkommenschaft, die dich verkennt!" (HA 4: 175) von Bedeutung zu sein. Ein Verkennen hängt aber eng mit einem Erkennungsprozeß zusammen, auf den Elisabeth in der Jagsthausenszene im Kontext mit der zu entstehenden Autobiographie bereits hingewiesen hat, und was in etwa, aber bedeutend veränderter Form, die von Lerse gesprochenen Worte vorwegnimmt, die als Warnung und Aufforderung zugleich zu verstehen sind und dem Werk seine Notwendigkeit verleihen.

Wir wissen, daß Götz dem Wunsch Elisabeths nicht nachkommt. Wie können wir als Leser bzw. Zuschauer, als "Nachkommen" also, Lerses Herausforderung entsprechen und "erkennen" bzw. "nicht verkennen"? Dieser im Drama angekündigten Autobiographie wird gerade wegen ihrer Unvollendetheit Bedeutung zugeschrieben, aber nicht nur als Dokument einer in jeder Beziehung scheiternden Kommunikation. Auch wenn sich im Akt des Schreibens die Sinnlosigkeit des Lebens ausdrückt, denn auch der fixierte Buchstabe läßt keine Freiheit zum Handeln übrig, dann steht das *Götz*-Drama als Schreibprodukt dieser absurden Tätigkeit entgegen. Erst die Dramendichtung schafft die gewünschte Erfüllung.

Goethe stellt das Bild einer Zeit mit Worten dar, die nicht stumm bleiben, sondern die ihrem Wesen nach durch Handlungen der im Drama einbezogenen Menschen lebendig werden. In der dramatischen Gestaltung löst er seinen Götz aus den geschichtlichen Bezügen. "Jedoch wie schwer ist es," schreibt er noch Jahre später in seiner *Farbenlehre*, ". . . das Wesen immer lebendig vor sich zu haben und es nicht durch das Wort zu töten" (HA 13: 492). Die Autobiographie, die nur allzu oft Selbstzweck bleibt, stellt im Prozeß der Individuation die Dinge dar, während uns das Drama zwischenmenschliche Beziehungen mit spontanen Reaktionen zeigt. Götzes Geschichte liegt im Drama vor uns, das eine lebendigere und flexiblere Darstellungsform rechtfertigt, als die trockene Aufreihung ritterlicher Taten in der *Lebensgeschichte*. Die dramatischen Strukturelemente der Jagsthausenszene, in der auf die unvollendet gebliebene Autobiographie des fiktiven Götz so eindringlich hingewiesen wird und darüber hinaus die sprachlichen Verklammerungen, die auch motivisch herausgehoben sind, sind in dieser Hinsicht von Bedeutung und bewirken die innere Einheit des Dramas. Schließlich ist es auch der fiktive Götz, der den historischen der Autobiographie überlebt und verdrängt hat. Die Lebensbeschreibung, die erst etliche Jahrzehnte nach ihrem Entstehen veröffentlicht wurde, wäre mit ihrem Protagonisten in vollkommene Vergessenheit geraten, hätte sich Goethes Enthusiasmus nicht an ihr entzündet. Daß Goethes *Götz* kein sinnloses Unterfangen geblieben ist, beweist seine Rezeptionsgeschichte, auch wenn Peacock behauptet: "*Götz von Berlichingen* has always seemed to me . . . rather a tedious play for non-Germans. The real trouble is that we do not feel involved at all in the life of the play" (22).

Der Kreis schließt sich somit; Metzlers Worte am Anfang des Dramas finden ihre Bestätigung und sind durch die von Lerse gesprochenen Worte am Schluß des Dramas zu ergänzen: "Erzähl das noch einmal vom Berlichingen!" (HA 4: 74). Also "noch einmal." Mit dieser an Sievers gerichteten Aufforderung wird der wiederkehrende Ablauf des Geschehens angedeutet, der auf Allgemeingültigkeit abzielt. Es heißt eigenartigerweise auch nicht: "Erzähl

mir das . . .," was man normalerweise in einem Zwiegespräch erwarten würde.[10]
Dies bedeutet, daß nicht nur Metzler, sondern auch wir die Angesprochenen in
der dramatischen Handlung sind, die nun folgt und in der ein anderer Götz als
der in der von ihm verfaßten, langatmigen Vita aus dem 16. Jahrhundert
porträtiert wird: nicht der kriegerische, derbe Haudegen und Selbsthelfer. Im
Drama steht ein Götz vor uns, der im Grunde seines Herzens ein gutmütiger,
gerechter Mensch ist, ein Rebell zwar, der gegen die geistliche und weltliche
Obrigkeitsordnung kämpft, "den die Fürsten hassen und zu dem die Bedräng-
ten sich wenden" (HA 4: 81) — Worte, die übrigens auch in einer Erken-
nungsszene geäußert werden —, der den Notleidenden hilft und daran scheitert,
daß er leider den anderen Menschen zu blindlings vertraut, was eigentlich sein
einziges Verschulden, den Treubruch dem Kaiser gegenüber, begründet und
seine Teilnahme am Bauernkrieg motiviert. Zu spät erkennt er und muß sich
schmerzlich eingestehen, daß er sich in der herrschenden Gesellschaftsstruktur
gegen die Menschen, die ihre Macht mit Täuschung, Despotie und skrupelloser
politischer Klugheit durchsetzen, mit seiner Ehrlichkeit nicht behaupten kann.[11]

Anmerkungen

[1]Weisinger weist in seiner Studie auf die Bedeutung dieser Szene hin, wobei aber
nicht das Nicht-Schreiben der Autobiographie zur Diskussion steht.
[2]Der historische Götz hat übrigens nur eine einzige Gefangenschaft in Heilbronn
erlebt (1519), die in ritterliche Haft in einem Gasthof umgeändert wurde.
[3]1522 zieht sich der historische Götz nach geschworener Urfehde auf seine Burg
zurück, wo er auch ein abgeschiedenes Dasein führt und später dann im Ruhestand seine
Autobiographie schreibt.
[4]Im Vergleich mit dem Originaltext ist Goethes Formulierung viel straffer gehalten.
Aber es sind faktisch dieselben Momente, die für den historischen Götz ausschlaggebend
sind, seine Autobiographie zu schreiben. Nur ist es in der *Lebensbeschreibung* Götz,
der, als er abschließend nochmals auf sein Leben zurückblickt, die Beweggründe für das
Schreiben seiner Geschichte anführt. Da heißt es:
> dieweil ich je so weit in die Handlung kommen bin, und viel gutherziger frommer
> redlicher Leuth vor etlich viel Jahren (die mir Ehren und Guts gegönnt haben, und
> noch gönnen, und auch vielleicht zum Theil gewust und gehört haben, wie ich mein
> Tag herbracht, und viel Abendtheuer und Gefährlichkeiten gegen meinen Feinden
> bestanden) mich angesprochen und gebeten, solche alle meine Handlung in Schrifften
> zu verfassen, hab ich ihnen solches nit gewust abzuschlagen, dann sie verhofften,
> es solte mir, meinen Erben und Nachkommen mehr zu Guthem dann zu Unguthem
> kommen und reichen, auch männiglich hohen und niedern Stands ein Wolgefallen
> seyn . . . (173)
Ihm geht es keineswegs darum,
> einigen Ruhm oder grossen Nahmen damit zu suchen. Oder zu erlangen, sondern
> allein um der Ursachen willen, das mich angelangt, weil etliche meiner Mißgönner
> etwan aus Neid und Haß, oder vielleicht aus Unwissenheit, gerne meine Handlung,

die ich mein Tag geführt, zum ärgsten und übelsten auslegen wolten . . . (11)
[5]Der historische Götz betont in seiner Autobiographie, daß der Anstoß zum
Schreiben einer solchen Geschichte nicht von ihm selbst kam, sondern auf wiederholtes
Drängen seiner Freunde (*Lebensbeschreibung* 10f.).

[6]Goethes Ambivalenz, vor allem aber seine Skepsis gegenüber dem Schreiben
durchzieht, wie uns bekannt ist, gedanklich nicht nur das *Götz*-Drama, sondern seine
verschiedenen Lebensepochen. Siehe *dtv Lexikon der Goethe-Zitate* unter den
Stichwörtern: "schreiben" und "das Schreiben."

[7]Elisabeth weist auf dieses Ereignis präziser hin: "Es fällt in die Zeiten, wie ich die
von Miltenberg und Singlingen in der Wirtstube fand, die mich nicht kannten" (HA 4:
155). Miltenberg und Singlingen sind keine fiktiven Adelsgeschlechter, wie Neuhaus
im Reclam-Kommentar annimmt (45). Dies sind Ortschaften, wobei Miltenberg eindeutig
auf den Ort verweist, der in den Geschehnissen der Götz-Biographie, den Fehdehändeleien
von 1514, eine Rolle spielt. Hinter Singlingen könnte sich ein fiktiver Ort verbergen
oder es könnte ein orthographischer Fehler vorliegen, und es handelt sich dabei um
Sindlingen, das in der Nähe von Frankfurt liegt.

[8]Zu bemerken ist auch, daß Goethe im *Werther* die autobiographische Darstellung
vermeidet, die eigentlich in diesem Fall nahegelegen hätte, und den Brief als adäquates
literarisches Mitteilungsmittel bevorzugt, wobei er durch den imaginären Dialogpartner
deutlich machen kann, in welcher Verfassungssituation sich Werther befindet.

[9]An dieser Stelle ist es interessant zu vermerken, daß Goethe ein Gefühl des
"Übergewichts der Nichtswürdigkeit" überkommt, als er sich mit Sokrates, diesem
Wahrheitsverfechter, im Frühjahr 1772 beschäftigt (DjG 2: 71).

[10]In diesem Zusammenhang sei darauf hingewiesen, daß innerhalb des Dramas in
einer ähnlichen Situation, bei der es ebenfalls um das Erzählen einer Geschichte geht,
diese mir-Form verwendet wird. Karl bittet seine Tante: "Erzähl mir das noch einmal
vom frommen Kind" (HA 4: 83).

[11]Diese Arbeit beruht zum Teil auf einem Vortrag, der im Frühjahr 1989 auf der
Foreign-Language-Konferenz in Kentucky gehalten wurde.

Literaturverzeichnis

BERLICHINGEN, Götz von. *Lebensbeschreibung Herrn Götzens von Berlichingen*. Hrsg.
    Albert Leitzmann. Halle: Niemeyer, 1916. Nachdr. der Ausg. von 1731: *Lebens-
    Beschreibung Herrn Gözens von Berlichingen, Zugenannt mit der Eisern Hand,
    Eines zu Zeiten Kaysers Maximiliani I. und Caroli V. kühnen und tapfern Reichs-
    Cavalier . . . zum Druck befördert von Verono Franck von Steigerwald* (= Georg
    Tobias Pistorius) Nürnberg, verlegts Adam Jonathan Felbecker, 1731.
DOBEL, Richard, Hrsg. *dtv - Lexikon der Goethe-Zitate*. 2 Bde. München: dtv, 1972.
FISCHER-LAMBERG, Hanna. *Der junge Goethe*. Bd. 2. Berlin: de Gruyter, 1963. Zitiert als
    DjG.
GOETHE, Johann Wolfgang von. *Werke. Hamburger Ausgabe*. Hrsg. Erich Trunz.
    Hamburg: Wegner, 1966–68. Bd 4: 1968[7]; Bd 9: 1966[6]; Bd 13: 1966[5]. Zitiert als HA
    mit Bandangabe.
GOETHE, Johann Wolfgang. *Götz von Berlichingen: Erläuterungen und Dokumente*.
    Hrsg. Volker Neuhaus. Stuttgart: Reclam, 1973.
MARTINI, Fritz. "Goethes Götz von Berlichingen. Charakterdrama und Gesellschafts-
    drama." *Geschichte im Drama—Drama in der Geschichte*. Stuttgart: Klett-Cotta,
    1979. 114–28.

PEACOCK, Ronald. *Goethe's Major Plays.* Manchester: U Press, 1959.

WEISINGER, Kenneth. "Götz von Berlichingen: History Writing Itself." *German Studies Review* 9 (1986): 211–32.

WUTHENOW, Ralph-Rainer. *Das erinnerte Ich: Europäische Autobiographie und Selbstdarstellung im 18. Jahrhundert.* München: Beck, 1974.

Werther's Gravity

Arnd Bohm, *Carleton University*

Well before structuralists such as Propp attempted to map the typologies underlying the course of protagonists through tales, storytellers were relying upon a basic idea or paradigm in order to organize the details of a hero's life. Among the most ancient of such paradigms was that of the quest (Campbell), which was subsequently modernized in the stories of adventurers and explorers and remains extremely productive down to the present (Nerlich). The early modern period had its own contribution to make, as in the reinvigoration of the theme of the turns of fortune's wheel, since that paradigm was well-suited for exploring the triumphs and setbacks of entrepreneurial businessmen (Haubrichs). The potential for constructing narratives upon the framework of astrology and the relevant astronomical and calendrical knowledge was cleverly exploited by Grimmelshausen (Weydt). A decisive transformation in the possibilities of narration came with the gradual emancipation of scientific discourse as an autonomous world-view. Scientific models, such as the experiment, as well as scientific theories, such as those of chemical attraction, could be taken over by writers for the purposes of narration.[1]

Not surprisingly, given his participation in both science and literature, Goethe was fascinated by the various possibilities for the construction of characters and stories offered by the new scientific paradigms. The readiness with which Goethe was willing to adapt science for characterization is suggested by a passage in *Geschichte der Farbenlehre* where he classified, not without a certain measure of irony, Newton's temperament according to physical categories:

> Man hat, nach unserer Überzeugung, noch lange nicht genug Beiworte aufgesucht, um die Verschiedenheit der Charaktere auszudrücken. Zum Versuch wollen wir die Unterschiede, die bei der physischen Lehre von der Kohärenz stattfinden, gleichnisweise gebrauchen; und so gäbe es starke, feste, dichte, elastische, biegsame, geschmeidige, dehnbare, starre, zähe, flüssige und wer weiß was sonst noch für Charaktere. Newtons Charakter würden wir unter die starren rechnen, so wie auch seine Farbentheorie als

ein erstarrtes Aperçu anzusehen ist. (HA 14: 173)

The full impact of Goethe's scientific interests upon the transformation of narrative is difficult to assess, although the broad outlines are indicated by specific works. *Dichtung und Wahrheit* is indebted to astrological-astronomical themes for its structure. *Die Wahlverwandtschaften* plays with a combinatory logic derived from late eighteenth-century chemistry (Adler). *Faust* takes nothing less than the history of science as such in order to provide the shape of the protagonist's life. Hartmut Böhme has recently reminded us of the presence of hermetic science in *Wilhelm Meisters Wanderjahre*. While the scientific dimension of these works is fairly well attested, the presence of a scientific discourse in *Die Leiden des jungen Werther* has been relatively neglected, with the exception of those relating to psychosomatic medicine (Schmiedt).

Within the framework of histories organized around the doings and deeds of great men, the opposition of Goethe to Newton's theory of colour has served as a controversial case study.[2] Opposition is built into the inquiry. The great poet clashes with a great scientist: it is a confrontation made-to-order for heroic history, whether Goethe is defeated by powerful empiricism or returns as a Promethean saviour of science gone awry. Within such a discursive tradition, certain issues are rarely emphasized. For example, virtually no attention has been paid by literary scholars to the problem of the German reception of Newton's proximity to the hermetic-alchemical tradition.[3] Given Goethe's own intense involvement with "counter-science," the neglect of this aspect of Newton and Newtonianism is a notable omission.

A second negative consequence of this version of the encounter between Goethe and Newton is that it distorts, even as it simplifies, the complexities of their relationship. For example, it is not sufficient to examine only those instances where Goethe specifically refers to Newton and to hope thereby that a complete account of Goethe's response to Newtonianism might be assembled. Newtonian science remained of deep and paramount concern in the eighteenth century, comparable perhaps to the pervasive concern of the twentieth century with Freudian psychology. One must be ready to encounter ideas and images related to Newtonian physics in the eighteenth century in a wide variety of "literary" texts, including Bodmer's *Noah*, Thomson's *Seasons*, and the writings of Blake (Nicolson; Richter; Schatzberg). To be added to this list is *Die Leiden des jungen Werther*. The hypothesis will be met with a degree of resistance. Unlike Homer, Klopstock or Ossian, Newton is not mentioned explicitly in the text. However, a re-reading of the text with these themes in mind locates it squarely in a context marked by Newtonian science.[4]

In the course of this re-examination, it will become apparent that Goethe the author has carefully distanced himself from the character Werther with respect to their attitudes to modern science. Goethe had accepted many of the insights of Newtonian science, even if he ultimately disagreed with the theory of colour, and had established a harmonic view of the new cosmos. A vivid instance of this occurs in a moving passage of "Über den Granit." Having come to the top of a granite outcropping, the narrator is suddenly torn out of the quotidian into a realization of how the same physical forces bind him and the earth:

> . . . Hier ruhst du unmittelbar auf einem Grunde, der bis zu den tiefsten Orten der Erde hinreicht . . . In diesem Augenblicke, da die innern anziehenden und bewegenden Kräfte der Erde gleichsam unmittelbar auf mich wirken, da die Einflüsse des Himmels mich näher umschweben, werde ich zu höheren Betrachtungen der Natur hinaufgestimmt . . . (HA 13: 255)

This narrator, an approximation of Goethe, experiences nature but does so in light of the insights of modern science. His approach is therefore to integrate personal experience with the best available theoretical knowledge. Werther, on the other hand will fail to make the connection. Werther lives in a world that is also governed by the same forces, but since he does not accept or understand modern science, his worldview remains a blend of limited blindness and limited insight. Werther's nature will remain primarily imagined, rather than observed.

By a keen ploy, Goethe nonetheless was able to find a place in the cosmic order for even Werther's difference with it. Werther becomes, in the original sense of the word, an eccentric, one hurled from a stable orbit but unable to break free of fatal attractions. In short, Werther assumes the destiny of the stellar wanderer, the comet.

As Rainer Baasner has pointed out in a recent review of the topic, comets were widely discussed in the eighteenth century. In an age when the lines between scientific, theological, and literary discourses were not yet so clearly demarcated, writers such as Gottsched, Wieland, and Bodmer were fascinated by the role comets could play both in the Newtonian worldview and for apocalyptic religion. Beyond that, the appropriation of the imagery of the comet for describing human beings was promoted by the anthropomorphization of comets that enters readily into German via grammatical gender ("der Komet" = "er"). Samuel Gotthold Lange's "Der Komet, mein letztes Gedicht" (1769) operated with the conceit of the comet as a poet (Schatzberg 213–17). On a more serious note, Schiller used the comet metaphor as part of the astrological-astronomical apparatus of the *Wallenstein* trilogy (Baasner 201–02; Borchmeyer). And, following the narrative, it is possible to track Werther's course along the path of the comet.

However, Werther will take this trajectory without seeing it as a whole, without being able to analyze the attractions and repulsions that present such a danger to all comets. The opening sentence is already fraught with ambivalence: "Wie froh bin ich, daß ich weg bin!" (HA 6: 7). Werther enters our view hurled from a stable orbit. He declares himself happy to be "gone," free to move through unconfined regions, but a mystery remains. What he does not explain is where the energy came from for separating him from previously "unbreakable" bonds, even though all his actions are carefully described in terms of relations to others and their actions upon him. Significantly, the narrative begins with Werther's launch, not with his arrival. But there is no indication of just how he was impelled or propelled, of how inertia was overcome.

The problem of inertia was one of the cruxes in the discussion of Newtonian physics (Harman; Okruhlik). The most rigorous version of Newton's theory should be able to account for motion in terms of bodies and the forces acting upon them. The concept of "force of inertia," which Newton had introduced into the theory, was not readily accepted. As Peter M. Harman reports, "The problem of force and its relation to inertia remained at the heart of the debates on the foundations of physics in the eighteenth century . . ." (119). Werther's conversation on July 1 invokes these issues revealingly. The pastor's wife has taken an unthinking materialist position:

> 'Wir haben aber unser Gemüt nicht in unserer Gewalt'; versetzte die Pfarrerin; 'wie viel hängt vom Körper ab! Wenn einem nicht wohl ist, ist's einem überall nicht recht.' (HA 6: 33)

Werther is provoked to expound his position at length:

> 'Das war's, was ich sagen wollte,' versetzte ich, 'es ist mit der üblen Laune völlig wie mit der Trägheit, denn es ist eine Art von Trägheit. Unsere Natur hängt sehr dahin, und doch, wenn wir nur einmal die Kraft haben, uns zu ermannen, geht uns die Arbeit frisch von der Hand, und wir finden in der Tätigkeit ein wahres Vergnügen . . . Es ist hier die Frage von einer unangenehmen Empfindung,' versetzte ich, 'die doch jedermann gerne los ist; und niemand weiß, wie weit seine Kräfte gehen, bis er sie versucht hat.' (HA 6: 33)

This is a remarkable passage, because it demonstrates, to use Enrico Bellone's terms, the interaction of two scientific dictionaries. The crossover between medicine and physics is possible via shared terms such as body (*Körper*), force

(*Kraft*) and inertia (*Trägheit*). By arguing in medical terms and equating inertia as a kind of disease, Werther also rejects a rigorous theory in which all bodies are subject to the laws of physics. An exception is to be made: human bodies would be able to will activity. They would in fact be generating their own energy. Werther's insistence on this possibility is to be contradicted by his inability to in fact find a source of energy with which to take the comet of his own life into a different orbit.

After the initial departure, Werther is gradually attracted to the region which is centred upon Lotte. At first, he settles on the fringes of this region, with numerous expressions of contentment. Bit by bit, he is drawn further in from the reaches, until the occasion when he meets Lotte:

> Ich ging durch den Hof nach dem wohlgebauten Hause, und da ich die vorliegenden Treppen hinaufgestiegen war und in die Tür trat, fiel mir das reizendste Schauspiel in die Augen, das ich je gesehen habe. In dem Vorsaale wimmelten sechs Kinder von eilf zu zwei Jahren um ein Mädchen von schöner Gestalt, mittlerer Größe, die ein simples weißes Kleid, mit blaßroten Schleifen an Arm und Brust, anhatte. (HA 6: 21)

The configuration is almost too blatant in its symbolism. *Six* children of different sizes are moving around a central figure, dressed in white, to whom they direct their attention. It is a simulated solar system, with Lotte as the large, bright centre. Werther has been drawn by carefully listed stages nearer and nearer to Lotte, under whose influence he will henceforth remain. He has been captured by this system like comets are captured by the solar system. The closer he comes to Lotte, the stronger the attraction becomes:

> Ach wie mir das durch alle Adern läuft, wenn mein Finger unversehens den ihrigen berührt, wenn unsere Füße sich unter dem Tische begegnen! Ich ziehe zurück vom Feuer, und eine geheime Kraft zieht mich wieder vorwärts — mir wird's so schwindelig vor allen Sinnen. (HA 6: 38–39)

The reference to a "secret force" of attraction both echoes and mocks Werther's earlier discussion of bodies and forces, where he had made no allowance for a pull from outside. Yes, something of the dynamics of desire is being described here, but in terms derived from a thesaurus of scientific concepts.

Werther's inability to organize his observations coherently and therefore to understand his own eccentric position is confirmed in his account of the dancing. The dance re-enacts, with its gyrations and centrifugal pulls, the movement of celestial bodies. Werther makes the allusion explicit, but in an anachronistic image:

> Mit welchem Reize, mit welcher Flüchtigkeit bewegte sie sich! und da wir

nun gar ans Walzen kamen und wie die Sphären um einander herumrollten, ging's freilich anfangs, weil's die wenigsten können, ein bißchen bunt durcheinander. Wir waren klug und ließen sie austoben, und als die Ungeschicktesten den Plan geräumt hatten, fielen wir ein und hielten mit noch einem Paare, mit Audran und seiner Tänzerin, wacker aus. Nie ist mir's so leicht vom Flecke gegangen. Ich war kein Mensch mehr. (HA 6: 24–25)

The delirium of the dance transports Werther out of tellurian existence to the heavenly spheres. He marvels at the energy of the motions and feels that he is no longer merely a human being. But what kind of celestial body has he become? The archaic and anachronistic reference to the music of the spheres suggests that he has found a place in the cosmic order as a satellite, entitled now to move around Lotte in a regular orbit. The error is going to be fatal, for unlike a satellite of the Pythagorean universe, he is in fact going to be drawn ineluctably into a conflict with the centre of attraction. Werther's ignorance of and indifference to modern science is underscored by his response to the lightning. The nature of lightning and its possible connections with electricity were topics of widespread interest in the late eighteenth century (Tatar). Instead of speculating about the nature of the electrical discharge — he is after all contemporary with Benjamin Franklin —, Werther invokes the literary world constructed in Klopstock's poetry.

It is thus not surprising to find Werther blithely convinced several days later that he has found a place in Lotte's domain. On June 19, he again makes an explicit astronomical reference in expressing his joy at having been allowed to remain in her presence:

Da verließ ich sie mit der Bitte, sie selbigen Tags noch sehen zu dürfen; sie gestand mir's zu, und ich bin gekommen — und seit der Zeit können Sonne, Mond und Sterne geruhig ihre Wirtschaft treiben, ich weiß weder daß Tag noch daß Nacht ist, und die ganze Welt verliert sich um mich her. (HA 6: 28)

The solar system and its social simulacrum, the patriarchal family, have their steady economy — but which entity represents Werther? He is neither sun, moon nor star, he is unaware of the regular rotation of planets, and is in an eccentric free-fall. Werther reports his situation reasonably accurately, but cannot account for it within the overall order, even as we observe the forces acting upon him.

The famous analogy reported on July 26 reinforces the idea that the human body too must obey physical laws. Again, Werther reflects upon himself as if he were the object of an experiment or a natural process:

Ich bin zu nah in der Atmosphäre — Zuck! so bin ich dort. Meine Großmutter hatte ein Märchen vom Magnetenberg: die Schiffe, die zu nahe kamen, wurden auf einmal alles Eisenwerks beraubt, die Nägel flogen dem Berge zu, und die armen Elenden scheiterten zwischen den übereinanderstürzenden Brettern. (HA 6: 41)

Worth noting is that Werther refers to an old-fashioned account of attraction, one which his "grandmother" used to tell in a "fairy tale." Magnetism had long been an observable example of invisible force acting over a distance, and increasing in strength with decreasing distance (Kearney 108–10). In many ways, magnetism makes a good analogy to the force of gravity. However, an important difference is that gravity influences the entire body, not just certain elements. Werther's attraction to Lotte resembles the global pull of gravity, one that will commit him totally, even though he prefers an outdated pre-Newtonian image, one that suggests his body might move in different directions at the same time.

The reference to the magnetic hill is followed immediately by the words "Albert ist angekommen, und ich werde gehen" (HA 6: 41). Albert's arrival indicates again that a Newtonian physics could make sense of Werther's world, at least for the alert reader. First, the presence of a second body close to Lotte makes Werther's orbit increasingly erratic. The word "irren" begins to crop up in Werther's self-descriptions. And even as he acknowledges the tremendous forces of nature, he senses that those forces are universal and take no heed of individuality or of individual will:

Ha! nicht die große, seltne Not der Welt, diese Fluten, die eure Dörfer wegspülen, diese Erdbeben, die eure Städte verschlingen, rühren mich; mir untergräbt das Herz die verzehrende Kraft, die in dem All der Natur verborgen liegt; die nichts gebildet hat, das nicht seinen Nachbar, nicht sich selbst zerstörte. Und so taumle ich beängstigt. Himmel und Erde und ihre webenden Kräfte um mich her: ich sehe nichts als ein ewig verschlingendes, ewig wiederkäuendes Ungeheuer. (HA 6: 53)

Where a modern scientist discerns order via observations, Werther perceives only chaos. His difficulty is that although he sees natural forces at work and accepts that he too is somehow subject to them, he cannot make sense of the relations. He is still beset by a quest for purpose behind the "weaving forces" and therefore misses the pattern.[5] From his vantage point, he is only staggering without direction, but from our vantage point, it is possible to observe that there is a predictable outcome ahead.

The presence of Albert has a second effect which should not be overlooked. By joining Lotte, Albert makes it all the more difficult for Werther to pull away from the centre. On a superficial level, one might have expected Albert's arrival to displace Werther entirely, but within the logic of physics, it must become all the more difficult for Werther to resist attraction once there is more mass at the centre. With an effort of will, Werther succeeds in getting away briefly ("Ich habe mich losgerissen," HA 6: 56), but he does not separate himself sufficiently. He does not have the energy to leave the system in which he has become ensnared. Instead, his course takes him back to Lotte even as he pretends to have no specific direction:

> Noch acht Tage bleibe ich, und dann ziehe ich wieder in der Irre herum (HA 6: 74)
> Ja wohl bin ich nur ein Wandrer, ein Waller auf der Erde! (HA 6: 75)
> Ich will nur Lotten wieder näher, das ist alles. Und ich lache über mein eigenes Herz — und tu' ihm seinen Willen. (HA 6: 75)

The return is inevitable, for Werther has never left Lotte's field of attraction. One could sketch Werther's orbit through the whole narrative quite neatly: he approaches Lotte from a distance, is drawn in closer and closer, then swings out and away, only to return once again. The second swing is faster and brings him even nearer to her, until the critical moment of intense contact:

> Ihre Sinne verwirrten sich, sie drückte seine Hände, drückte sie wider ihre Brust, neigte sich mit einer wehmütigen Bewegung zu ihm, und ihre glühenden Wangen berührten sich. Die Welt verging ihnen. Er schlang seine Arme um sie her, preßte sie an seine Brust und deckte ihre zitternden, stammelnden Lippen mit wütenden Küssen. (HA 6: 115)

The impossible has happened and it was absolutely necessary. Werther's course has been plotted in the narrative so rigorously that no reader is surprised that his movements should end in this collision with the centre of attraction. The moment of contact destroys Werther. Nor is Lotte unaffected by the encounter:

> Sie riß sich auf, und in ängstlicher Verwirrung, bebend zwischen Liebe und Zorn, sagte sie: 'Das ist das letzte Mal! Werther! Sie sehn mich nicht wieder.' Und mit dem vollsten Blick der Liebe auf den Elenden eilte sie ins Nebenzimmer und schloß hinter sich zu. (HA 6: 115)

The fact must be that, as with gravity, the attraction between Werther and Lotte was mutual. It never could have been one-sided in a world which obeys the principles of Newtonian physics. Unfortunately, Werther never understood this basic point either.

But to what extent could Goethe have intentionally ordered a narrative according to the principles of physics? Actually the degree of innovation in such an approach was not as great by the eighteenth century as it would have been before the Renaissance. The physico-theological writings of the late 1600s and early 1700s had already enabled the discussion of human destinies in the discourses of nature. Pope in *An Essay on Man* had turned the possibility against the Newtonians:

> Could he, whose rules the rapid Comet bind,
> Describe or fix one movement of his Mind?
> Who saw its fires here rise, and there descend,
> Explain his own beginning, or his end? (Pope 517, ll. 35–38)

Conversely, Herder, after referring explicitly to Newton, could insist on the connection of metaphysics to physics: "In der Natur ist *alles* verbunden, Moral und Physik, wie Geist und Körper. Moral ist nur eine höhere Physik des Geistes . . ." (Herder 15: 275). Especially because of his interest in hermetic and alchemical traditions, Goethe was always open to such linkings. The use of the images and concepts in other contexts was therefore readily available. For instance, in a letter to Herder in 1771 Goethe described their friendship in astronomical terms: "Bin ich bestimmt, Ihr Planet zu sein, so will ichs sein, es gern, es treu sein. Ein freundlicher Mond der Erde" (WA IV, 1: 264). This comparison offers, perhaps not incidentally, a contrast to any picture of an eccentric comet in the image of a stable and lasting lunar orbit, with the implication that Goethe has been drawn into Herder's powerful presence. The narrative technique tried in *Die Leiden des jungen Werther* would reappear more complexly and richly in other works by Goethe, such as *Die Wahlverwandtschaften*.

When considering this means of emplotment, the question of determinism must be raised. Is Werther's tragic conclusion inevitable, in the manner in which the falling stone must come to rest on the ground? The answer is a qualified "no." Even if the effort of will is not able to prevent or free Werther from an attraction to Lotte, it does not follow that he had to commit suicide. That act brings in other causal dimensions related to gravity. What Werther does not seem to want to accept or heed is the attraction which is also continually at work besides those of love and desire, namely the gravitational pull of the earth. All human beings are subjected to gravity and must come to terms with it, as Goethe did in the passage quoted from "Über den Granit," or as we all do when we stand erect.[6] It is symptomatic of Werther that he yields all too readily to the earth's attraction. His typical posture is to be prone or on the ground:

> Sie gingen die Allee hinaus, ich stand, sah ihnen nach im Mondscheine und warf mich an die Erde . . . (HA 6: 59)
> Ich habe mich oft auf den Boden geworfen und Gott um Tränen gebeten.

(HA 6: 85)

Er lag an der Erde, den Kopf auf dem Kanapee, und in dieser Stellung blieb er über eine halbe Stunde. (HA 6: 115)

Whenever his feelings are most intense, Werther sinks to the ground, rather than striving upwards. It is on the ground that he has his grandest cosmic vision:

Wenn das liebe Tal um mich dampft, und die hohe Sonne an der Oberfläche der undurchdringlichen Finsternis meines Waldes ruht, und nur einzelne Strahlen sich in das innere Heiligtum stehlen, ich dann im hohen Grase am fallenden Bache liege, und näher an der Erde tausend mannigfaltige Gräschen mir merkwürdig werden . . . (HA 6: 9)

At first glance, this seems a flourish of praise for the wonders of creation, but closer scrutiny exposes its dangers. Werther has withdrawn from the sky and clings to the earth, even imagining himself under the earth where worms and insects delve. Unnoticed by Werther is that his sense of comfort and of power represents in fact a triumph of the earth's gravitational pull. Lying there, Werther becomes the antithesis of the Newtonian scientist looking up and out, standing, perhaps with a telescope in a tower, in order to peer into the universe and discover the laws underlying the motions of the celestial bodies. Rather than thinking about the laws of nature, he feels them and does not realize that this feeling induced by the downward attraction is counter-rational.

The danger in giving in to the earth's attraction is manifested shortly before his death when Werther goes outside on the stormy night of December 12. He feels compelled to do so:

Und wenn dann der Mond wieder hervortrat und über der schwarzen Wolke ruhte, und vor mir hinaus die Flut in fürchterlich herrlichem Widerschein rollte und klang: da überfiel mich ein Schauer, und wieder ein Sehnen! Ach, mit offenen Armen stand ich gegen den Abgrund und atmete hinab! hinab! (HA 6: 99)

The language is carefully designed to make it evident that the same natural forces are controlling the tumbling waters, the clouds, the moon, and Werther. All of them are subordinated to the earth's gravitational influence. Although conscious of the quality of this attraction, Werther is unable to assume an analytical stance against it. Instead, he wants to subsume his human being in order to be unified with the earth's forces: "wie gern hätte ich mein Menschsein drum gegeben, mit jenem Sturmwinde die Wolken zu zerreißen, die Fluten zu fassen" (HA 6: 99). This desire, if fulfilled, would negate his humanity. Human beings are differentiated as bodies from matter by their efforts to resist that pull of earth's gravity. The triumph of Newtonian physics parallels the rise of modern individualism, which suspends people precisely in the tension between universal forces and personal will.

Just before his end, Werther retreats one last time to a pre-Newtonian vision of the cosmic order:

> Ich trete an das Fenster, meine Beste, und sehe, und sehe noch durch die stürmenden, vorüberfliehenden Wolken einzelne Sterne des ewigen Himmels! Nein, ihr werdet nicht fallen! der Ewige trägt euch an seinem Herzen, und mich. (HA 6: 122)

It is a strange argument to encounter so late. Inhabitants of a post-Newtonian universe knew that the stars would indeed not fall, but this was no longer due to God's direct influence. Rather, the laws of physics had made it clear why this would not happen. They had also sealed the fate of erratic orbits. A Werther willing to ignore the message of the laws of nature could only complete his trajectory by falling to earth. The course which began with "I am away" ends with his body buried underground. The path of gravity has led Werther to the grave.

Notes

[1]Each advance of science brings with it new possibilities, such as the incorporation of the theory of entropy into fiction (O'Neill). Even randomness can be accommodated, as Calvino has demonstrated.

[2]For overviews of Goethe's attitudes and responses to Newton see Adler 49–57; Burwick 9–53; Fink 97–103, and Sepper.

[3]On the transformations of our views on the relationships between Newtonian science and the Enlightenment see Jacob and the work cited there. An exception in the discussion of Goethe's interest in hermetic science are the important contributions of Zimmermann.

[4]Of course, it is an oversimplification to speak of "Newtonian science" as if it were monolithic. On the varieties of Newtonianisms see Schofield.

[5]This then is to differ with the interpretation offered by Thomas Saine 82–83. Werther does have an understanding of nature, but it is outdated.

[6]Erwin Straus has emphasized the importance of our relationship to gravity for our self-awareness: "By raising ourselves against gravity and holding ourselves erect over the supporting earth, we differentiate ourselves in our mobility from the surroundings. I do not experience my body as an object somehow outstanding among other objects; rather I experience the world in my embodiedness" (151).

Works Cited

ADLER, Jeremy. "Eine fast magische Anziehungskraft": Goethes "Wahlverwandt-schaften" und die Chemie seiner Zeit. München: Beck, 1987.

BAASNER, Rainer. "Aberglaube und Apokalypse: Zur Rezeption von Whistons Kometentheorie in der deutschen Literatur des 18. Jahrhunderts." *Lessing Yearbook* 19 (1987): 193–207.

BELLONE, Enrico. *A World on Paper: Studies on the Second Scientific Revolution.* Trans. Mirella and Riccardo Giacconi. Cambridge, MA: MIT P, 1980.

BÖHME, Hartmut. "Lebendige Natur—Wissenschaftskritik, Naturforschung und allegorische Hermetik bei Goethe." *DVjs* 60 (1986): 249–72.

BORCHMEYER, Dieter. *Macht und Melancholie: Schillers Wallenstein.* Frankfurt/M.: Athenäum, 1988.

BURWICK, Frederick. *The Damnation of Newton: Goethe's Color Theory and Romantic Perception.* Berlin: de Gruyter, 1986.

CALVINO, Italo. *The Castle of Crossed Destinies.* Trans. William Weaver. New York: Harcourt Brace Jovanovich; London: Martin Secker & Warburg, 1977.

CAMPBELL, Joseph. *The Hero with a Thousand Faces.* Princeton: Princeton UP, 1972.

FINK, Karl J. *Goethe's History of Science.* Cambridge: Cambridge UP, 1991.

GOETHE, Johann Wolfgang von. *Goethes Briefe. Weimarer Ausgabe* (WA). Hrsg. im Auftrage der Großherzogin Sophie von Sachsen. Weimar: Hermann Böhlaus Nachfolger, 1887.

GOETHE, Johann Wolfgang von. *Werke. Hamburger Ausgabe in 14 Bänden* (HA). Hrsg. Erich Trunz. München: dtv, 1982.

HARMAN, Peter M. "Concepts of Inertia: Newton to Kant." *Religion, Science, and Worldview: Essays in Honor of Richard S. Westfall.* Ed. Margaret J. Osler and Paul Lawrence Farber. Cambridge: Cambridge UP, 1985. 119–33.

HAUBRICHS, Wolfgang. "Glück und Ratio im *Fortunatus.*" *LiLi* 50 (1983): 28–47.

HERDER, Johann Gottfried. *Sämtliche Werke.* Ed. Bernhard Suphan. Berlin, 1888; rpt. Hildesheim: Olms, 1967.

JACOB, Margaret C. *The Radical Enlightenment: Pantheists, Freemasons and Republicans.* London: George Allen & Unwin, 1981.

KEARNEY, Hugh. *Science and Change, 1500–1700.* New York: McGraw-Hill, 1971.

NERLICH, Michael. *Ideology of Adventure. Studies in Modern Consciousness, 1100–1750.* Vol. 1. Trans. Ruth Crowley. Minneapolis: U of Minnesota P, 1987.

NICOLSON, Marjorie Hope. *Newton Demands the Muse.* Princeton: Princeton UP, 1946.

OKRUHLIK, Kathleen. "Ghosts in the World Machine: A Taxonomy of Leibnizian Forces." *Change and Progress in Modern Science.* Ed. Joseph C. Pitt. Dordrecht/Boston: Reidel, 1985. 85–105.

O'NEILL, Patrick. *The Comedy of Entropy: Humour, Narrative, Reading.* Toronto: U of Toronto P, 1990.

POPE, Alexander. *The Poems of Alexander Pope.* Ed. John Butt. New Haven: Yale UP, 1968.

PROPP, V. *Morphology of the Folktale.* Trans. Laurence Scott. Austin: U of Texas P, 1975.

RICHTER, Karl. *Literatur und Wissenschaft: Eine Studie zur Lyrik der Aufklärung.* München: Fink, 1972.

SAINE, Thomas P. "Natural Science and the Ideology of Nature in the German Enlightenment." *Lessing Yearbook* 8 (1976): 61–88.

SCHATZBERG, Walter. *Scientific Themes in the Popular Literature and the Poetry of the German Enlightenment, 1720–1760.* Bern: Lang, 1973.

SCHMIEDT, Helmut, ed. *"Wie froh bin ich, daß ich weg bin!" Goethes Roman "Die Leiden des jungen Werther" in literaturpsychologischer Sicht.* Würzburg: Königshausen & Neumann, 1989.

SCHOFIELD, Robert E. "An Evolutionary Taxonomy of Eighteenth-Century Newtonian-isms." *Studies in Eighteenth-Century Culture* 7 (1978): 175–92.

SEPPER, Dennis L. "Goethe Against Newton: Towards Saving the Phenomenon." *Goethe and the Sciences. A Reappraisal.* Ed. Fredrick Amrine, Francis J. Zucker and Harvey Wheeler. Dordrecht: Reidel, 1987. 175–93.

STRAUS, Erwin. *Man, Time and World.* Trans. Donald Moss. Pittsburgh: Duquesne UP, 1982.

TATAR, Maria M. *Spellbound: Studies on Mesmerism and Literature.* Princeton: Princeton UP, 1978.

WEYDT, Günther. "Planetensymbolik im barocken Roman: Versuch einer Entschlüsselung des *Simplicissimus.*" *Nachahmung und Schöpfung im Barock: Studien um Grimmelshausen.* Bern: Francke, 1968. 243–301.

ZIMMERMAN, Rolf Christian. "Goethes Verhältnis zur Naturmystik am Beispiel seiner Farbenlehre." *Epochen der Naturmystik: Hermetische Tradition im wissenschaft-lichen Fortschritt.* Ed. Antoine Faivre and R. C. Zimmermann. Berlin: Erich Schmidt, 1979. 333–63.

ZIMMERMAN, Rolf Christian. *Das Weltbild des jungen Goethe: Studien zur hermetischen Tradition des deutschen 18. Jahrhunderts.* Vol. 1: *Elemente und Fundamente.* München: Fink, 1969.

A New Ending to Goethe's *Stella*

David G. John, *University of Waterloo*

It is well known that Goethe's *Stella* has two endings. The first, the conclusion of the original "Sturm und Drang" version of the play (1776) involved a daring but socially-unacceptable *ménage a trois* shared by two women and one man. Its contemporary performance history is brief, the early productions leading almost immediately to cancelled runs and public outrage. In 1806, Goethe revised the play's ending, changing it from *Schauspiel* to *Trauerspiel* and condemning both female and male protagonists to death. This version premièred in Weimar and continued to play successfully there and in other German theatres for decades to come. Only in our century has the original ending again become an option for producers.[1] However, there exists a third ending to *Stella*, one unknown to Goethe scholarship to date. It consists of an anonymous manuscript of the final scene and is located in the theatre collection of the Städtische Reiß-Museum, Mannheim, glued into volume sixteen of the well-known contemporary theatre collection *Theater der Deutschen* (Leipzig: Kanter, 1776).[2] The full text of the play printed there is Goethe's first version, *Stella. Ein Schauspiel für Liebende*, complete with its unconventional ending, but most of the final scene has been excised and replaced by the clean four-page manuscript (150–53, after the first seven lines of 150). The content of this new final scene differs radically from either of the previous two versions, and a full transcription is published here for the first time along with a discussion of its thematic implications. Before that, let us briefly review the two known endings to *Stella* and their contemporary reception.[3]

The original version provides the concluding marital compromise offered magnanimously by Cäcilie in her famous

> Stella! nimm die Hälfte des, der ganz dein ist — du hast ihn gerettet — von ihm selbst gerettet — du giebst mir ihn wieder!
> FERNANDO. Stella! *(er neigt sich zu ihr.)*
> STELLA. Ich faß es nicht!

Cäcilie. Du fühlst's.
Stella, *an seinem Hals* Ich darf? — —
Cäcilie. Dankst du mir's, daß ich dich Flüchtling zurückhielt?
Stella, *an ihrem Hals.* O du! — —
Fernando *beide umarmend.* Mein! Mein!
Stella, *seine Hand fassend, an ihm hangend.* Ich bin dein!
Cäcilie, *seine Hand fassend, an seinem Hals.* Wir sind dein! (415–16)

The publication history of this version attests to the contemporary fascination with its bizarre conclusion as well as the growing popularity of the young Goethe in his "Sturm und Drang" phase. *Stella. Ein Schauspiel für Liebende* (Berlin: Mylius, 1776) saw at least six authorized reprints in Goethe's lifetime, either singly or within collections of Goethe's works, and at least one more in the miscellaneous collection *Theater der Deutschen.*[4] Productions of the work, however, brought it into a frontal clash with prevailing morality, the main reason, of course, being its apparent endorsement of multiple-partner sexual relationships and even bigamy.[5]

As a result of this reaction, and no doubt also of his personal maturation and conformity to socio-political reality, Goethe turned to Schiller to help revise the ending so that it could be performed in Weimar. In "Über das deutsche Theater" of 1815, Goethe recalls this collaboration, describing Schiller's re-writing of several parts and the new ending which converted the play into what he called "Die Tragödie," although its title page upon publication in 1816 indicates "Trauerspiel."[6] He remembers too how society was unable to accept the dual partner concept in 1776 because of its fundamentally monogamous thinking, so the new ending was inserted, "die das Gefühl befriedigt und die Rührung erhöht" (WA I, 40: 95), an ending which was also closed in the classical sense to conform with contemporary aesthetics. This second ending need not be quoted in its entirety here, but we might recall briefly its thrust.[7] The 'medicine' that Stella takes is revealed to be poison, and her intention hence a resigned suicide, an act of generosity to bring together a married couple in the rightful manner. Alarmed calls for a doctor are too late, and Cäcilie is left pleading helplessly for Almighty intervention as Fernando silently picks up a pistol and departs. A shot is heard and Lucie reports Fernando's death by his own hand. She prevents Cäcilie from rushing to the scene with the telling advice, "Nicht dahin, meine Mutter, der Anblick ist hülflos, und erregt Verzweiflung" (195), and in a final melodramatic revival Stella struggles to reach Fernando but sinks back, reconfirming her belief in the legitimate marital bond. She urges Cäcilie:

Am Ziele denn. So gehe du hin, zu dem, dem du angehörst. Nimm seinen letzten Seufzer, sein letztes Röcheln auf. Er ist dein Gatte. Du zauderst?

Ich bitte, ich beschwöre dich. Dein Bleiben macht mich unruhig. (*Mit Bewegung, doch schwach.*) Bedenke, er ist allein, und gehe! (*Cäcilie mit Heftigkeit ab.*)
LUCIE. Ich verlasse dich nicht, ich bleibe bei dir.
STELLA. Nein, Lucie! Wenn du mir wohl willst, so eile. Fort! fort! laß mich ruhen! Die Flügel der Liebe sind gelähmt, sie tragen mich nicht zu ihm hin. Du bist frisch und gesund. Die Pflicht sei thätig wo die Liebe verstummt. Fort zu dem, dem du angehörst! Er ist dein Vater. Weißt du, was das heißt? Fort! wenn du mich liebst, wenn du mich beruhigen willst. (*Lucie entfernt sich langsam.*)
STELLA. (*sinkend*). Und ich sterbe allein. (195–96)

Reinforcement of sanctioned family relationships and responsibilties is clearly the order of the day now, with tone and content more in the style of Iffland or Kotzebue than Goethe in his classical phase. Beyond its accommodation to both thematic and dramaturgical convention, this tragic ending does suggest further an undercurrent of religious thematics, both in Lucie's warning to her mother about the dangers of "Verzweiflung" and perhaps too in the possible ambivalence of Stella's final question: "Er ist dein Vater. Weißt du, was das heißt?" But more on that when we come to the new ending below.

Goethe was certainly right in his estimation of what the play needed to make it at least acceptable to Weimar audiences at the beginning of the nineteenth century. *Stella* the tragedy premièred there on January 15, 1806 (Schiller had died May 9, 1805), and enjoyed twelve repeat performances there or on affiliated stages in Lauchstädt and Leipzig by 1815 (Burkhardt 144).[8] With reference to the première, Goedeke quotes Frau von Stein's letter to her son: "Es fand aber keinen Beifall. Fernando erschießt sich, und mit dem Betrüger kann man kein Mitleid haben. Besser wäre es gewesen, er hätte Stella sterben lassen; doch nahm er [Goethe] mir's übel, als ich dies tadelte" (IV, 2: 123–24). Although the altered ending seen by Frau von Stein satisfied the classical aesthetic requirement of dramatic closure, this was clearly not enough by itself to make the play conform completely to contemporary tastes and expectations in tragedy, the arousal of sympathy obviously being one aesthetic criterion missing. And what are we to make of Frau von Stein's comment about Stella? It would seem that in the performance she saw, Stella neither died nor was about to. Yet in the first published version (1816), her last words are "Und ich sterbe allein." Goedeke comments: "Vor der Drucklegung des Stückes änderte er indessen den Schluß doch unter Berücksichtigung des Rates der einstigen Freundin noch einmal um" (IV, 2: 124). The ending to *Stella* was in flux at the time and unless there is contemporary evidence about individual performances, one can only guess at how it was played out on a specific night. This opens the way for a new ending which is the main subject of our investigation. It commences immediately after *"Fernando. Stella! (er neigt sich zu ihr.)"* of the first ending, quoted above, and concludes the play:[9]

> STELLA. Nicht mehr dein — Ja! — seht ihr, wie ich ruhig, wie ich heiter bin, und ihr konnt's nicht rathen. — nicht mehr dein, Ferdinand [*sic*]! — (*mit Entzückung*) dem Himmel seine Braut!
> FERDINAND [*sic*]. Stella!
> CEZILIE [*sic*]. Gott!
> STELLA. Ein Kloster, meine Lieben. — Das nächste Kloster, wo ich sonst meine Morgenandacht verrichtete — das wird mich aufnehmen — da werde ich seÿn — da werde ich [151] des Morgens durch die Fenster des düstern Thors euer Haus sehen — und werde für euch beten.
> FERNANDO. (*fällt betrübt in einen Seßel.*)
> CEZILIE. Wie? Hintrauern wolltest du, die blühendsten Jahre? Die Jahre der Fülle, der reifenden Hoffnung, verzweifelnd am Abgrund hinjammern? — geschieden seÿn von deiner lieben Welt — Von dem, den du so glühend liebst?
> STELLA. Lieben Welt? — lieben Welt? — O du kennst sie besser — und ich — (*auf Fernando zeigend*) Morgens ehe die Sonne die Thurmspitzen unsers [152] Klosters bescheint, ehe meine Schwestern aus ihrem ruhigen Schlafe erwachen — will ich mich vor dem Altare hinwerfen, will für ihn, will für dich beten. — Beten, beten wird mein Herz, aber so inniglich, aber so warm, wie ich ihn liebte. — In jedem Weihrauch wird das Gebet für mich die Wolken durchdringen! — Leb wohl, Fernando! leb wohl, Cezilie! — (*Sie wollen sie aufhalten; im gehen drohend*) Keinen Kirchenraub!
> CEZILIE. Gott! [153]
> FERNANDO. Stella! — O Jünglinge! — wie schwer ist die Bürde der Lasterhaften!

Ende.

What leaps out from this new ending is Stella's rejection of life, embrace of the religious path, and the accompanying admonition to those who remain. It seems that its author intended to address moral and religious convention, as well as the taste and expectations of the public, and since the manuscript is located in Mannheim as part of the Nationaltheater archives, it is reasonable to assume that it was written by someone in that milieu. However, one can only guess at the year or whether the play was performed as abridged in this way. The Mannheim Nationaltheater was founded in 1779 after more than a century of theatrical activity on many fronts in the city, with a focus in the court, activity which included both professional itinerant companies and local amateur theatre groups (*Liebhabertheater*). There is no record that *Stella* in *any* form was performed in Mannheim before the turn of the nineteenth century; the documentation of public performance before 1779 is fragmentary, and the private readings of "Theaterliebhaber" even less likely to be recorded.[10]

From the point of view of the work itself, this new ending to *Stella* is far more logical and dramatically consistent than either of the first two. Surprisingly, critical literature has routinely failed to draw attention to the religious thematics of the play, yet references abound which suggest that Stella's decision to take up a nun's existence in a cloister at the end is dramatically well-prepared.[11] In the play's first scene, the postmistress describes her already as a recluse, living a cloister-like existence, "läßt . . . keine Seele zu sich, schließt sich ein . . ." (134). We hear of the death of her child and its burial in the "Einsiedelei" to which Stella makes pilgrimage daily and even calls her "Rasenaltar" (173). We know that Stella is unmarried despite her previous relationship with Fernando, but even that union did not begin with a willing surrender: "Er . . . soll sie entführt haben . . . sie hat ihr Leben lang dran abzubüßen" (135), explains the postmistress, which absolves Stella of direct responsibility and suggests a resulting lifelong service to religious authority. When Fernando enters, even before seeing Stella, he remarks on "das klösterliche Ansehn ihrer Wohnung," imagines her "in ihrer Einsamkeit" (137), and is told by the postmistress, "Sie lebt wie eine Nonne, so eingezogen, die Zeit ich sie kenne" (139). Stella's first speech of act two in part is a prayer reminiscent of Christ in His last days: "Laß uns glücklich, Vater! du hast uns so glücklich gemacht! — Es war dein Wille nicht" (145, 3). Soon after, her ecstatic recollections of Fernando become fervent worship, loaded with religious imagery, going so far as to depict him in messianic terms: "Dahinaus sah ich ihn fahren, dahinaus — ach, und er war wieder gekommen — war seiner Wartenden wiedergekommen" (147). The vision of the Messiah becomes entwined with Stella's own spirituality and already her persona begins to transcend the physical to approach a spiritual realm of purity. She is described soon after by Madame Sommer as "reinste[ ] Menschheit" (148) and gives voice herself to the desperate struggle between the spirit and the flesh (148, 15–23). The result is a plea to God and a direct paraphrase of Christ's appeal to the Father at the time of the Passion, when according to Christian doctrine He was on the point of transcending the flesh to become spirit: "O Gott! du hattest mir diese Seligkeit auch nur zu kosten gegeben, um mir einen bittern Kelch auf mein ganzes Leben zu bereiten" (150). Stella's paraphrase takes us well beyond traditional Christian language and imagery, for now she, a woman, is placed in the role of the Christ, a gender inversion which points to the central problem of the play.

In act three Stella's transcendence to spirituality continues. Fernando refers to her now as an "Engel des Himmels" (159) and recognizes her as "ganz Liebe, ganz Gottheit" (163). The first scene of the following act, which takes place entirely at the "Rasenaltar," begins with "Stella (*allein*)" (172), as if cloistered away from the others already. Fernando and Cäcilie intrude to hear her repeated appeals to God (180, 24–181, 2) and Cäcilie's reaction soon after, "Schwester! meine Schwester! erhole dich" (181), becomes doubly meaningful. Stella's intimacy with God is indeed that of a religious devotee, a "Schwester," while her sex and the circumstances still bond her as a sister to Cäcilie. The word play occurs precisely at the dramatic climax (end of act 4) and foretells Stella's final abandonment to the spiritual domain when she literally does become a "Schwester" in the cloister at the end.

Act five opens with a soliloquy rich in religious vocabulary, as Stella concentrates on her painting of Fernando. His subsequent speech runs parallel, again linking her to heaven with "... blickst sterbend nach dem Himmel" (185), and in the end he arrives at an almost inevitable conclusion by exclaiming, "Laß sie fliehen! Laß sie in ein Kloster!" (188); but the full import of this is left for Cäcilie to convey. In contrast to Fernando, Cäcilie reacts not with exclamation, rather with reflection. His outcry is followed by her restrained commentary in a narrative structure familiar to all contemporary listeners, and even to many still today:

> Ein deutscher Graf. Den trieb ein Gefühl frommer Pflicht von seiner Gemahlin, von seinen Gütern, nach dem gelobten Lande —
>
> . . . .
>
> Er war ein Biedermann; er liebte sein Weib, nahm Abschied von ihr, empfahl ihr sein Hauswesen, umarmte sie und zog.(189)

Cäcilie continues with an account of the journey, his capture and slavery, liberation at the hands of a strange woman, gratitude to her, their union, and their eventual return to his home and devoted wife:

> An ihrem Halse rief das treue Weib, in tausend Thränen rief sie: "Nimm alles was ich dir geben kann! Nimm die Hälfte deß, der ganz dein gehört — Nimm ihn ganz! Laß mir ihn ganz! Jede soll ihn haben, ohne der andern was zu rauben" — "Und" rief sie an seinem Halse, zu seinen Füßen: "Wir sind dein!" — — Sie faßten seine Hände, hingen an ihm — Und Gott im Himmel freute sich der Liebe, und sein heiliger Statthalter sprach seinen Segen dazu. Und ihr Glück und ihre Liebe faßte selig Eine Wohnung, Ein Bett, und Ein Grab. (190–91)

This speech is, in structure, content, and intention, clearly a parable, a narrative form fundamental to New Testament teaching.[12] Precisely at its conclusion Goethe broke off the first version of 1776 and added the new one three decades later. The parable encapsulates the central teaching of the play, that love and fidelity can transcend traditional sanctions of society and still lead to relationships of honesty and integrity. How humans accept, reject, or react to this teaching is precisely what produced the three different conclusions: *ménage à trois*, double suicide, or retreat to cloistered exclusion. The last seems most consistent with the religious emphasis throughout.

The consequences of this interpretation go far beyond the purely religious and open further avenues for understanding the play. Fernando's exclamation about Stella's logical fate in a cloister, in contrast to Cäcilie's reflective reaction, points to a basic difference between males and females, the obvious central theme of the work. Most recently Gail K. Hart has seen *Stella* as the antithesis of the trend in eighteenth-century drama "to prescribe the removal of most or all of the female figures . . . before the final curtain falls" (409). She notes in the play the apparent dominance of females from the start, so that "On the face of it, *Stella*, in both versions, represents an intriguing departure from the multiple-male configurations that dominate the family-oriented drama of the period" (410). But on further exploration, Hart discovers

> . . . many signs that this world [dominated by females] is not self-sufficient but rather merely a stop-gap arrangement or interregnum — the confused and sorrowful caesura between periods of male sovereignty. Each of the external formalities . . ., elements of the feminine order that prevails and apparently functions at the beginning of the play, is challenged and qualified by subsequent dialogue in a manner consistent with the play's habit of entertaining and then rejecting behavioral hypotheses which are antithetical to patriarchy. (411)

The problem underlying the power balance is the difference between female and male understanding and experience of love, and woman's *instinctual* "compliance in the authoritarian transaction that guarantees domestic patriarchy."[13] Hart's conclusion is a bitter one:

> Beginning with the semblance of an autonomous or independent women's world, Goethe's play exposes this world as a false, "unnatural" construct and redefines authority completely to the advantage of the dominant. *Stella* charts the definitive, crushing failure of women to achieve the self-sufficiency of the sentimental father (in the absence of the opposite sex) and insidiously defines them — in their own words — as objects of *the male gaze* or aspirants to objectification by *the male gaze*. This constitutes a reassurance that the basis of patriarchal power is as inviolable as woman's nature. (417)[14]

Hart's blunt summary certainly rings true from a modern perspective and can only gain strength when we blend the female-male problematic with the religious motifs in the play. Central to her conclusion is the fact that the family unit as depicted on the eighteenth-century stage was organized around the figure of the father, the dominant male. In a religious context, the ultimate representation of this paternalistic domination in Western society is the Christian image of God, traditionally "God the Father," and a person's voluntary acceptance of Christianity in effect a surrender to the ultimate male authority. Let us explore this concept by returning to the text of *Stella*, beginning with Hart's focus on "the male gaze."

While Hart uses the term in the sense of men's ogling women as objects, it can be reversed to reveal another dimension. Her phrase "male gaze" likely stems from *The Second Sex* (1953) where Simone de Beauvoir uses "a masculine gaze" (290) in the context of a young girl abandoning herself to God and the angels (all depicted as males) amid incense and icons. I would suggest that the notion of a masculine or male gaze should include not only the perspective of males staring at females, but also of females staring at males, indeed males as God-father-figures. In the first scene of *Stella*, this semiological ball of wool, which we can follow to the end of the play, is dropped by Madame Sommer as she describes her loss of Fernando: "Ich mangelte mir selbst; ein Gott mangelte mir" (131). In act two, Stella objectifies the persona of Fernando by referring to him simply as "sein Bild!" (147), fixing his image in concrete, static form, in other words in classic semiological terms as an icon. From this point on, Fernando's persona is repeatedly linked to the iconographic concept, which is, of course, a pillar of religious semiology. Stella concludes this passionate speech (almost a full page of text, interrupted only by two brief interjections from Lucie and Madame Sommer), with an ecstatic outburst triggered by the visual image of her lover, "die Seligkeit . . . der ersten *Blicke*, des Zitterns, Stammelns, des Nahens, Weichens — des Vergessens sein selbst — den ersten flüchtigen, feurigen Kuß, und die erste, ruhigathmende Umarmung" (148, emphasis mine). At this rhetorical climax stands Madame Sommer's famous exclamation of two punishing words: "Männer! Männer!" Suddenly the spell is broken, the mood changes from idealization to complaint as the religious image gives way to the reality of their shared experience. Yet act two closes with a return to the male as religious icon when Stella retrieves the fixed image: "Ja wenn ich euch einmal anfange von ihm zu erzählen, der mir alles war! — der — Ihr sollt sein Porträt sehn! — sein Porträt — O mich dünkt immer, die Gestalt des Menschen ist der beste Text zu allem was sich über ihn empfinden und sagen läßt" (151). And how does Madame Sommer react to this picture? With a single word: "Gott!" (152). "Schwester! meine Schwester! . . . Männer! Männer! . . . Gott!" These three exclamations, all from the same person, are surely the nub of the play. How are we to understand Madame Sommer's involuntary reaction to Fernando's picture except as a linguistic double-entendre meaning that the image of the man before her is at the same time an image of God? And clearly this image must have precedence if "die Gestalt des Menschen ist der beste Text zu allem, was sich über ihn empfinden und sagen läßt." The notion of God as male, and its corollary, male as God, or God as man and man as God, has been central to much modern feminist, theological scholarship.[15] It is also central to *Stella* and the reaction of both of Fernando's lovers to him. This is the way both women understand their connection to each other, so at the end of act two Madame Sommer joins Stella in her iconographic adoration of Fernando by explaining to her daughter, "Der Gemahl — Das Bild — Der Erwartete — Geliebte! — Das ist mein Gemahl! — Es ist dein Vater!" (153), and thereby links the icon to all of the key male-related concepts in the play: husband, messiah, lover, and father; and precisely thereafter Fernando himself enters in the flesh.

Such physical imaging assumes a central position in the final act of the play and its resolution. In Stella's room, by moonlight, we are told in the opening stage direction, "*Sie hat Fernando's Porträt, und ist im Begriff, es von dem Blendrahmen loszumachen*" (182). The entire scene focusses on this picture. She wanders with it in her hands, holds it before her eyes, speaks to it as if it were alive. "*Sie ergreift das Porträt . . . Sie nimmt ein Messer und fängt an die Nägel loszubrechen*" (183). She repeats her story before it, as if in dialogue with heaven, and the stage directions tell the essence of the rest as she goes on, "*Das Gemählde nach dem Monde wendend . . . Das Porträt anschauend . . . Sie zuckt mit dem Messer nach dem Gemählde . . . Sie wendet sich ab, das Messer fällt, sie stürzt mit einem Ausbruch von Thränen vor den Stuhl nieder*" (183–84). And finally she has the picture released from its frame (184). "Verbannt aus deiner Schöpfung! . . . verbannt sein? . . . Verbannt sein! . . . Verbannt sein!" she cries again and again (182, 10; 183, 1, 2, 4), and with that prepares to withdraw from life, leave Fernando, and replace him with the painting in her hands. In short, Goethe's original text sees Stella abandon the man in favor of the image, precisely what she carries out to its logical conclusion in the new third ending to the play.

The Mannheim manuscript of a new ending to Goethe's *Stella* has lain dormant for about two centuries. We often hear it said of Goethe and other primary figures in the literary canon, that nothing new is left to be said. One does not need fresh manuscript material to reject such facile assertions, but when by great fortune some is found, it offers all scholars an opportunity to reassess our understanding of a significant part of that canon so often debated. Despite the large volume of extant criticism on *Stella*, as on all of Goethe's writings, this manuscript reveals that the lack of critical attention to the religious thematics in the play has led to an insufficient understanding of the work within the context of its time. Someone, probably many people, felt that neither of Goethe's conclusions was satisfactory or acceptable, and hence penned a third which likely better suited the dramatic and social expectations of many contemporaries. Moreover, when we interpret the work from the perspective of this new ending, insights are gained into the female-male thematics which have long been the primary focus of critics and which continue to be relevant for our understanding of the sexes today.

Notes

[1] A lively overview and evaluation of *Stella*-productions in recent times (until 1974) is provided by Rolf Michaelis.

[2] Signatur S1, 16. I am indebted to Liselotte Homering, Director of the Reiß-Museum theatre collection, for permission to publish this manuscript as well as for her openness, generosity, and advice.

[3] References to the text of *Stella* in the following are to the *Weimarer Ausgabe* (WA), *Goethes Werke*, hrsg. im Auftrage der Großherzogin Sophie von Sachsen, I. Abt., 11. Bd. (Weimar: Böhlau, 1892; rpt. Tokyo: Sansyusa, Tübingen: Niemeyer, 1975).

[4] The WA I, 11: 406f. lists details of the six, as well as the extant Goethe-manuscripts, but makes no reference to the reprint in the *Theater der Deutschen* or to the manuscript in question here.

[5] A bibliographical list of contemporary critical reactions in newspapers and journals is available in Goedeke, IV, 3: 132. See also Lothar Pikulik's summary of sources on critical reaction (102, note 6). As early as 1858, Heinrich Düntzer laid the groundwork for a critical examination of *Stella*'s reception. In 1876, Wilhelm Scherer added a good discussion of Goethe's own relationships and those of his friends as a basis of the play. Düntzer and Scherer provide the background for most later critical references to the contemporary reception of *Stella* and the moral questions of bigamy and multiple partner arrangements. Recently, Karl Otto Conrady has provided a brief overview of contemporary reception (285f.) which included closures and prohibition of *Stella* productions in Hamburg and Berlin. But it should be remembered that not all members of contemporary society were shocked or offended, for the practice of sexual dalliance outside of marriage was hardly uncommon at the time. In some circles in fact it was accepted. Eduard Castle's published lecture of 1924 contains a worthwhile analysis of the thematics of partnership and marriage in the play (143–45), and Conrady points to other contemporary works which included three-way intimate relationships (286). Finally, Heinz-Dieter Weber offers a (turgid) modern assessment of the contemporary reaction from the point of view of reception aesthetics.

[6]First published as such in Goethes *Werke*, VI (Stuttgart: Cotta, 1816) 307–79.
[7]The entire revised portion runs from pp. 191, 6 to 196, 8 in WA I, 11.

[8]Goedeke claims that the revised version premièred on January 13, 1805, in contradiction to Burkhardt who lists no performance of any kind on that date (IV, 2: 123).

[9]In the *Theater der Deutschen* printing, where the manuscript was found, there is a slight variant to the stage direction cited here. It reads (*er neigt zu ihr.*).

[10]Mannheim's theatre history has been well documented by Fambach, Martersteig, Pichler, Sommerfeld, and Walter. There are precise performance records for the Nationaltheater from 1779 to the present, with imprecise survey information on theatrical activity before that time. According to these sources, there was no documented performance of *Stella* in Mannheim before 1833 (the end of Fambach's record). To my knowledge, the play was first performed in Mannheim in 1902.

[11]I cannot claim to have read all of the critical literature on *Stella*, but I have attempted a thorough search of the standard bibliographical sources on Goethe, including Goedeke, Pyritz, and the annual volumes of the *Goethe-Jahrbücher,* the *Internationale Bibliographie zur deutschen Klassik*, and *Germanistik*. I have found no article or major book chapter specifically on the religious thematics of *Stella*. However, relevant critical literature is integrated into my discussion. The one exception worth noting is Georg-Michael Schulz's instructive article which does discuss religious thematics among others (433–38), but of course the new ending to *Stella* was unknown to Schulz and his discussion of the topic is hence restricted.

[12]Conrady calls it "die märchenhafte Erzählung" (285), and it does indeed have some of the attributes of a fairy tale as well. The only critic to my knowledge who has considered it "eine Art Parabel" is Georg-Michael Schulz (437).

[13]Hart 412. Professor Hart acknowledges the importance of H. J. Meesen's 1950 essay for the development of her thoughts on this point. There have been several recent studies with considerable attention to the the male-female problematic in *Stella*, to which Hart refers and which I have also found instructive. These include articles by Georg-Michael Schulz (1979), Lothar Pikulik (1980), Peter Pfaff (1982), and a brief chapter by Karl Otto Conrady (1982, 284–88).

[14]Emphasis mine. Peter Pfaff reaches a similar conclusion: "Den Frauen stiftet sich im Moment der Hingabe an den Mann der einzige Sinn ihres Lebens" (159).

[15]See in particular Mary Daly's writings since 1968, for example her discussion of "Ideas about God" in *The Church and the Second Sex*, 138–41. Thanks to colleague Mary Malone for drawing my attention to this.

Works Cited

Beauvoir, Simone de. *The Second Sex*. 1953. New York: Knopf, 1983.

Burkhardt, C. A. H. *Das Repertoire des Weimarischen Theaters unter Goethes Leitung 1791–1817*. Theatergeschichtliche Forschungen 1. Hamburg und Leipzig: Voß, 1891; rpt. Nendeln: Kraus, 1977.

Castle, Eduard. "*Stella*. Ein Schauspiel für Liebende" [Vortrag, 1924]. *JbWGV* N.F. 73 (1969): 125–46.

Conrady, Karl Otto. *Goethe. Leben und Werk*. Bd. 1. Königstein/Ts.: Athenäum, 1982.

Daly, Mary. *The Church and the Second Sex*. New York: Harper and Rowe, 1968. Frequent reprintings thereafter.

Düntzer, Heinrich. *Goethes "Clavigo" und "Stella."* Erläutert. Jena: Hochhausen,

1858. Erläuterungen zu den deutschen Klassikern, 1. Abt., 8. Bändchen.

FAMBACH, Oscar. *Das Repertorium des Hof- und Nationaltheaters in Mannheim 1804–1832*. Bonn: Bouvier, 1980.

GOEDEKE, Karl. *Grundriß zur Geschichte der deutschen Dichtung. Aus den Quellen*. 3. Aufl. IV, 2–3. Dresden: Ehlermann, 1910–11.

GOETHE, Johann Wolfgang. *Werke*. Hrsg. im Auftrage der Großherzogin Sophie von Sachsen. I. Abt. 11. Bd. Weimar: Böhlau, 1892; I. Abt., 40. Bd. Weimar: Böhlau, 1901; rpt. Tokyo: Sansyusa, Tübingen: Niemeyer, 1975.

HART, Gail K. "Voyeuristic Star-Gazing: Authority, Instinct and the Women's World in Goethe's *Stella*." *Monatshefte* 82.4 (1990): 408–20.

MARTERSTEIG, Max, Hrsg. *Die Protokolle des Mannheimer Nationaltheaters unter Dalberg aus den Jahren 1781 bis 1789*. Mannheim: Bensheimer, 1890.

MEESEN, Hubert Joseph. "*Clavigo* and *Stella* in Goethe's Personal and Dramatic Development." *Goethe Bicentennial Studies*. Ed. H. J. Meesen. Bloomington: Indiana UP, 1950. 153–206.

MICHAELIS, Rolf. "*Stella* oder Der Mut zur Utopie (1974)." *Literarische Wertung und ästhetische Kommunikation*. Hrsg. Jutta Wermke. Frankfurt/M.: Hirschgraben, 1975. 34–36.

PFAFF, Peter. "Das Abenteuer des erotischen Herzens." *Zum jungen Goethe*. Hrsg. Wilhelm Grobe. Stuttgart: Klett, 1982. 157–63.

PICHLER, Anton. *Chronik des Großherzoglichen Hof- und Nationaltheaters in Mannheim*. Mannheim: Bensheimer, 1879.

PIKULIK, Lothar. "*Stella*. Ein Schauspiel für Liebende." *Goethes Dramen. Neue Interpretationen*. Hrsg. Walter Hinderer. Stuttgart: Reclam, 1980. 89–103.

SCHERER, Wilhelm. "Bemerkungen über Goethe's *Stella*." *Deutsche Rundschau* 6 (1876): 66–86.

SCHULZ, Georg-Michael. "Goethes *Stella*. Wirrnisse der Liebe und Gottes Gerechtigkeit." *GRM* 29 (1979): 416–42.

SOMMERFELD, Kurt. *Die Bühneneinrichtungen des Mannheimer Nationaltheaters unter Dalbergs Leitung (1778–1803)*. Berlin: Ges. für Theatergeschichte, 1927.

WALTER, Friedrich. *Archiv und Bibliothek des Grossh. Hof- und Nationaltheaters in Mannheim 1779–1839*. Bd. 1: *Das Theater-Archiv*; Bd. 2: *Die Theater-Bibliothek*. Leipzig: Hirzel, 1899.

WEBER, Heinz-Dieter. "*Stella* oder die Negativität des Happy End." *Rezeptionsgeschichte oder Wirkungsäthetik*. Konstanzer Diskussionsbeiträge zur Praxis der Literaturgeschichtsschreibung 34. Hrsg. Theo Buck u. Dietrich Steinbach. Stuttgart: Klett-Cotta, 1978. 142–67.

Vom Püppchen zum Liebchen, vom Schatten zur erkennenden Frau
Ironische und therapeutische Selbstinszenierungen der dichterischen Phantasie in Goethes 'Anti-Werther-Dramen' *Lila* und *Triumph der Empfindsamkeit*

Hellmut Ammerlahn, *University of Washington*

> Daß dein Leben Gestalt, dein Gedanke Leben gewinne,
> Laß die belebende Kraft stets auch die bildende sein.[1]

Die Wirklichkeit schlägt Wunden, die menschliche Imagination vermag sie zu einer lebensgefährlichen Krise, in ein langdauerndes Leiden zu verwandeln, das gern in der Einsamkeit ausgekostet wird. Da die dichterische Phantasie ganze Welten im Theater der Einbildungskraft erzeugen und in Bewegung bringen kann, somit ein psychisches Übel ins Tausendfache zu verschlimmern, es dagegen aber auch zu heilen imstande ist, ergibt sich für Goethe schon früh die Frage nach den inhärenten Gefahren bzw. den therapeutischen Möglichkeiten seines produktiven, poetischen "Bildungstrieb[s]."[2]

Werther, dem er "alle die Glut einhauchte, welche *keine Unterscheidung*[3] zwischen dem Dichterischen und dem Wirklichen zuläßt," hatte eine paradoxe Doppelwirkung zur Folge. Goethe selbst fühlte sich, wie es in *Dichtung und Wahrheit* heißt,

> durch diese Komposition, mehr als durch jede andere, aus einem stürmischen Elemente gerettet ... wie nach einer Generalbeichte, wieder froh und frei, und zu einem neuen Leben berechtigt. Das alte Hausmittel war mir diesmal vortrefflich zustatten gekommen.

Andererseits wirkte dieses Buch unvorhergesehen gegenteilig:

> Wie ich mich nun aber dadurch erleichtert und aufgeklärt fühlte, die Wirklichkeit in Poesie verwandelt zu haben, so verwirrten sich meine Freunde daran, indem sie glaubten, man müsse die Poesie in Wirklichkeit verwandeln, einen solchen Roman nachspielen und sich allenfalls selbst erschießen.[4]

Dieser Doppelwirkung des *Werther* entsprechen zwei Arten der dichterischen Phantasie, welche, wie teils unzertrennliche teils feindliche Geschwister, die Brust ihres Schöpfervaters bewohnen. In diesem Roman — und nicht nur für den naiven Leser — treten die zwei Formen der Imagination in einer derart "verwandtschaftlichen" Verbindung auf, daß, wie Goethe das an der Verwechslung von Poesie und Wirklichkeit feststellen mußte, sie schwer zu unterscheiden sind. Nie wieder hat Goethe ähnliches in seinen Romanen getan. Die distanzierende, liebevolle Ironie, mit der der Erzähler den Helden der *Lehrjahre* schildert, fällt sofort in die Augen. In den *Wahlverwandtschaften*, schreibt Stöcklein, zeige Goethe die

> Zustände und Vorgänge wie unter Glas; er zeigt sie deshalb so kühl, so klar und fern, um keinen Krankheitskeim auf den Leser übergehen zu lassen, wie dies ehedem beim Werther wohl geschehen konnte.[5]

Die eine Art der Phantasie nennt Goethe die "ungezügelte" und "wilde," schließlich die "paralysierende Einbildungskraft."[6] Sie bevölkert ihr innerweltliches Schattenreich mit verführerischen Träumen und Wahnvorstellungen, löst die Wirklichkeitsbezüge auf und wirkt dadurch selbstzerstörerisch. Sie assoziiert sich gern mit Melancholie, Hypochondrie, Schwärmertum, Narzißmus, falschem Enthusiasmus und ähnlichen psychischen Einseitigkeiten, die im anbrechenden Zeitalter des bürgerlichen Individualismus viel diskutiert wurden. Die beherrschte "produktive Einbildungskraft" des Künstler-Meisters dagegen wirkt für Goethe als bewußt-unbewußte Fertigkeit des Könnens, die zunehmend Macht gewinnt in diesem Gespann. Sie wird später auch mit der "exakte[n] sinnliche[n] Phantasie" assoziiert,[7] die er für seine Naturstudien auszubilden für unumgänglich hält. Weil sie im Phänomenalen und Gesetzlichen der Natur und Gesellschaft fundiert, führt sie nach Goethe allein zur "wahre[n] Poesie." Von letzterer heißt es im gerade zitierten Wertherabschnitt von *Dichtung und Wahrheit:*

> Die wahre Poesie kündet sich dadurch an, daß sie, als ein weltliches Evangelium, durch innere Heiterkeit, durch äußeres Behagen, uns von den irdischen Lasten zu befreien weiß, die auf uns drücken. Wie ein Luftballon hebt sie uns . . . in höhere Regionen, und läßt die verwirrten Irrgänge der Erde in Vogelperspektive vor uns *entwickelt* daliegen. Die muntersten wie die ernstesten Werke haben den gleichen Zweck, durch eine glückliche *geistreiche* Darstellung *so Lust als Schmerz zu mäßigen.* (HA 9: 580f.)

Die wahre Poesie also als *medicina mentis et cordis*, der Dichter als Erkenntnisvermittler und Arzt seelischer Leiden und Gebrechen. "Arzt, hilf dir selbst!" scheint die Devise schon des frühweimarischen Goethe zu sein, denn nicht erst *Tasso*, nicht erst *Wilhelm Meister* mit ihren dramatischen "Ebenbildern" umkreisen das Thema des wirklichkeitsfremden, suiziden (vgl. den

Harfner) oder des genesenden Dichters. Wie die Phantasie und ihre Gebilde dem gesunden und kranken Gemüt Gift und Gegengift bereiten können, wie der Dichter als Arzt andern und sich selbst helfen oder nicht helfen kann, das untersuchen zwei Goethesche Werke, in denen nach der Fertigstellung des *Werther* Goethes Erkenntniswille und Fabulierkunst sich weiterentwickeln: das "Festspiel" *Lila* und die "dramatische Grille" *Der Triumph der Empfindsamkeit*.

Unter der Oberfläche zeitkritischer oder gelegenheitsbedingter Thematik finden sich hier *Grundstrukturen* des Verhältnisses von Wahnsinn, Phantasie und Heilung, von Tragik und Ironie, von erstarrendem Selbstverlust und befreiender Wiedergeburt des Dichters erarbeitet. Schließlich umkreist das scheinbar so formfremd in die "Tollheit" des *Triumphs* eingebettete tragische Monodrama *Proserpina* die verwandte Thematik des Bezugs von Leben, Eros, Tod und Kunst, welche in Goethes späteren Werken, allerdings in komplexeren Gefügen, eindringlich untersucht und symbolisch gestaltet wird.[8]

I

Seiner Gattung nach gehört der *Triumph der Empfindsamkeit* zu der Gruppe der possenhaften Literatursatiren und Farcen, deren Goethe in den siebziger Jahren mehrere schrieb, und in denen er sich über Versiegenheiten sowohl einzelner Kollegen vom Fache sowie ganzer Zeitströmungen, hier die der Empfindsamkeit, lustig machte.[9] Daß er davon sich und seine Werke, besser: die Wirkung seiner Werke, nicht ausnimmt, zeigt die Tatsache, daß dem leinenen Sack in der Brust der Puppengeliebten auch Rousseaus *Nouvelle Héloise* und sein eigener *Werther*, die "Grundsuppe" der Strömung, einverleibt sind (172, 36 u. 201, 20).[10] "Armer Werther!" kommentiert der humoristische König Andrason, in dem sich das vorwärtsweisende Bild eines am Ende des Dramas "ganz" gewordenen, glücklichen Menschen zeigt.[11]

Um weit mehr jedoch als um eine Parodie der literarischen Empfind–samkeit geht es Goethe in dieser "dramatischen Grille." Es geht um die Gegenüberstellung der erwähnten zwei Arten der Einbildungskraft, die Kunst und Leben nicht nur völlig verschieden repräsentieren, sondern nach Goethe entweder zu psychischer Krankheit und zum Verfall der Kunst oder zu seelischer Gesundheit und zu "wahrer Poesie" führen können. Im *Triumph der Empfindsamkeit* verkörpert der genesende König Andrason diese und der kranke und krank bleibende Prinz Oronaro jene.

Oronaro schleppt in seinen Kisten und Kästen eine künstliche Natur mit sich herum, womit er, unter Beistand seines Kavaliers Merkulo, "sprudelnde Quellen," "Gesang der Vögel" und "Mondschein" in abgeschlossener "Stube" (176f.) zur Mitternachtsstunde hervorzaubert. Es ist aber nicht der "Natur–meister, Directeur de la nature," Merkulo, der diese Kunstwelt erschafft (176, 39). Wie Goethe in seinem Gedicht "Auf Miedings Tod" den Weimarer Theatermeister preist, weil er als "Direktor der Natur" des Dichters Welt, aber erst auf dessen "Geheiß" (68, 88 u. 90), im Theater entstehen ließ, ebenso erklärt Merkulo den Hoffräulein Mana und Sora:

> Der Prinz allein weiß diese Herrlichkeiten *in Bewegung und Leben zu setzen*. Er ganz allein darf sie *fühlen:* ich könnte Ihnen nur den groben Stoff sichtbar machen. (177, 23ff.)[12]

Den Dingen "Bewegung und Leben" zu verleihen, in der Phantasie, im Werk, auf der Bühne, ist Vermögen und Prärogativ des Dichters für Goethe. Bereits in diesem Drama wird differenziert zwischen einem lächerlichen und einem vorbildlichen Träger dichterischer Phantasie. Beide lieben dieselbe Frau, die Königin Mandandane, die sich aus einer anfänglichen Misch- und Schattengestalt in zwei klare Wesenheiten am Ende des Dramas trennt. "Jeder darf Eine besitzen, und jeder die seinige ganz" (211, 3f.), schlußfolgert Andrason. Dem im Selbstgenuß seines Herzens dahinschmachtenden Prinzen, der seine Gedanken so mit den "Armen [s]einer Seele umschlungen" hält (183, 8), daß er sich von der Wirklichkeit abkehrt und nach literarischen Vorbildern seine Phantasiewelt inszeniert, ihm wird die mit Büchern der Empfindsamkeit ausgestopfte Puppe zum Göttergeschenk. Andrason dagegen, aus der schmerz-lichen Erfahrung des Verlusts zum *medicus mentis* geworden, schafft sich und die Seinen um, so daß die von ihrem Wahn kurierte Königin zu ihrem als den "Treuen" (211, 39) erkannten König-Gatten wieder zurückfindet.

In einem späten Brief an Knebel unterscheidet Goethe vor allem zwei Arten der Einbildungskraft. Die erstere sei "*nachbildend*, die Gegenstände nur wiederholend." Von der zweiten Einbildungskraft dagegen heißt es, sie sei "*produktiv*, indem sie das Angefaßte belebt, entwickelt, erweitert, verwan–delt."[13]

Sehen wir uns im Hinblick auf dieses Zitat zunächst den König Andrason genauer an. Er ist es, der die Initiative der Orakelbefragung ergreift und damit den Heilungsprozeß seiner Ehe einleitet. Nach der gaudihaften Entmaskierung des puppenhaften Ebenbildes seiner Frau deutet er das Orakel richtig und bestimmt die weitere Handlung. Dadurch gelingt es Mandandane, des Prinzen Liebe als "schale[s] Puppenwerk" (204, 40) und kindisches Traumgespinst zu durchschauen. Nach ihrem doppelten Rollenspiel, im Monodrama und in der

Entmaskierung, befreit sich Mandandane von dem Liebeswahn zum Prinzen und kehrt zu ihrem "rechtmäßigen König"[14] zurück.

Was hat dieses reflektive Rollenspielen in einer scheinbar einfältigen Lustspielfabel mit der Analyse der Einbildungskraft, mit psychischer Kur und poetologischen Prinzipien zu tun? Indirekt viel, direkt alles: denn Goethe baut seine symbolischen Dramengestalten auch im Blickfeld ästhetischer Kritik Zug um Zug auf. Gleich im ersten Akt wird Andrason "ein Hexenmeister" (167, 34) genannt, ein Synonym für Magus und Magier (im *Faust II* ist der Magier der Dichter), weil er die Träume der Gesellschafterinnen seiner Schwester zu erraten versteht. Er weiß ihnen die neue Gattung der Monodramen in mehr als einem Sinne zu deuten, gibt satirische Ratschläge zur Behandlung des "sublimierten" (172, 36) Prinzen und vermag den jungen Damen possierlich vorzustellen, mit welchen Gebärden "die Schauspieler gewöhnlich die Empfindungen auszudrücken" pflegen (173, 1ff.). Offenheit, Überschau und analysierender Tiefblick bilden die Voraussetzungen seines geistigen Habitus.

Prinz Oronaros bevorzugte Ausdrucksform ist die des Monodramas, worin er "meistenteils allein" agiert (179, 10). Von der Schönheit und dem Liebreiz der lustigen "Schwestern"-schar (197, 11) in Ferias Schloß fühlt er sich gequält, da sie das "Hohe, Überirdische" (185, 24) seiner Stimmung stören. Er schwärmt im "Heiligtum" (186, 3) seiner künstlichen Natur um Mitternacht bei geladenen Pistolen (vgl. Werther!) und glaubt eine "tödliche Wunde" (185, 17) erhalten zu haben, als man ihn mit Tanz und ausgelassen lebensfroher Musik ("Schariwari") zum Frühstück weckt.

Im Gegensatz dazu ist das Verhältnis König Andrasons zu allen Gestalten des Dramas derart herzlich, daß die höfische Etikette sich erübrigt. Da das Drama kein politisches Realgeschehen darstellt, auch Dialog und Handlung fortwährend ins Ironische und Parodistische umschlagen, was ein Märchenkönig kaum verträge, ergibt sich nur eine befriedigende Deutung von Andrasons Rang und Titel: Er ist ein "König" im Reiche des Geistes und inneren Adels, ja im Reiche der Einbildungskraft. Darum kommt es ihm zu, die "geflickte Braut" in des Prinzen Phantasie von deren Urbild zu trennen, indem er einen Austausch beider, ein zweites Spiel im Spiel, vorschlägt. Andrason wird zum Sprachrohr des Autoren, wenn er seine "Kinder," die lebensfreudigen jungen Damen, spöttisch vor dem literarischen "Zeug" (201, 25) der Empfindsamkeitslektüre warnt und diese papiernen "lügenhaften Träume" (202, 39f.) ins Feuer werfen will. Letztlich ist Andrason der hilfreich Glückliche, der Mandandane aus dem Nachtbereich der Ichbesessenheit und des Monodramaspielens in den Raum geselligen Lebens und in den Bereich klarer Unterscheidungen zurückzuholen vermag.

II

Den Höhepunkt von Goethes humorvollen Inszenierungen dichterischer Ein-bildungskraft, worin Andrason, über den Analytiker hinausgehend, zum Symbol formgebender Fähigkeiten gemacht wird, finden wir am Ende des fünften Akts. Immer nur als eine Goethesche Vorwegnahme der Tieckschen Illusionsdurchbrechung auf dem Theater verstanden, entschleiert sich die Konsultation Andrasons bei Sora über den Ausgang dieser "Grille" als Zwiegespräch des Dichters und Regisseurs mit sich selbst. Es weist zugleich auf die Rollenvielfalt, in die sich der Dichter in seiner Einbildung zerlegt: jeder Teil als mehr oder weniger abgerundete Person anschaulich gemacht. Schließlich — und darauf kommen wir später zu sprechen — verkörpert Andrason mit seinem augenzwinkernden Understatement den wegen der Lösung des Konflikts überhaupt nicht verlegenen, im Gegenteil, den quasi götter- und schicksals-gewaltigen "Gestalter" dieser "ernsten Scherze," ein fiktives Ebenbild des Autors selbst.

In den Schlußsätzen des fünften Akts *scheint* Andrason "in der größten Verlegenheit" zu sein, denn der "fünfte Akt geht zu Ende und wir sind erst recht verwickelt!" "So laßt den sechsten spielen!" (205, 31ff.) rät Sora wie selbst-verständlich. Nicht nur ist sie "Gebieterin!" für ihn wie er "Herr!" für sie (167, 8f.), sondern Sora scheint auch sonst die neugierige, aktive Seite Andrasons zu vertreten. Sie wollte früher nicht nur wissen, was er "denkt," sondern was er "tun" will (170, 38f.). Wie Merkulo, welcher "Naturmeister" des Prinzen ist, weiß sie die Dinge für Andrason ins Werk zu setzen. Sie war diejenige unter den vier Gesellschafterinnen, die den "Hauptschlüssel" zu des Prinzen künstlichem Heiligtum herbeischaffte und die Initiative ergriff, die maskierte Geliebte des Prinzen "aus ihrer Dunkelheit [zu] reißen, ihre Schande zu unserem Triumph" (197–99) zu offenbaren. So findet Andrason bei seiner Rückkehr mit Mandandane fast alles bereit für den angehängten sechsten Akt, der nicht nur zur Entmaskierung der Puppe, sondern auch zur Offenbarung der Rollen des Dichters führt. Wenn Andrason illusionsdurchbrechend zugibt, "eigentlich spielen *wir uns selber*" (206, 5), dann spricht er wortwörtlich im Pluralis majestatis des Dichter-"Königs": Die Diskussion mit Sora über das Rollenspielen ist ein auf die Bühne projiziertes Zwiegespräch mit sich selbst. Beweis: "Sora" ist der einzige Name unter denen der vier Hoffräulein der Schwester, dessen Buchstaben total in dem Dichternamen "And-*ra/so*-n" enthalten sind, so daß man sagen kann, daß das von Sora Gesagte ihm (und) in ihm aufgeht![15]

Noch toller wird mit den verschleiernd-enthüllenden, doppelsinnigen Anspielungen in Andrasons letzter Rede im fünften Akt gewirtschaftet, deren Vermischung von Schein und Wesen sich erst im Spiegelbild des sechsten Akts und seines letzten, von Andrason gesprochenen Satzes zur Klarheit läutert. Andrason endet seinen öffentlich-inneren Dialog mit dem schelmisch-ausgelassenen Appell an sich selbst und an die Götter:

> Mut gefaßt! — O ihr Götter! Seht wie ihr euerm Orakel Erfüllung, dem Zuschauer Geduld und diesem Stück eine Entwicklung gebt! denn ohne ein Wunder weiß ich nicht, wie wir auf eine gute Art aus einander kommen sollen. (206, 7ff.)

Im sechsten Akt geschieht das "Wunder": das Orakel hat sich, nach Andrason, "buchstäblich erfüllt." Von den "hundert Lehren" (ist das auch so buchstäblich gemeint?), die "wir" aus dieser "wunderbare[n] Geschichte . . . ziehen könnten," will Andrason am Ende des Dramas "besonderns" die folgende Lehre vermerkt wissen: "daß ein Tor erst dann recht angeführt ist, wenn er sich einbildet, er folge gutem Rat oder gehorche den Göttern" (212, 21ff.).

Der "Tor" ist offensichtlich der in seine Phantasiepuppe vernarrt bleibende und jeder Heilung ausweichende Prinz. Sein Name "Oronaro" ließe sich "buchstäblich" als ein Anagramm des Ausrufs "O, o, o Narr" deuten, was der Dramenkontext nahelegt. Das Orakel nennt sein Spiel mit empfindsamen Phantasien "kindisch" und seinen Raub des Bildes der Königin "töricht." Der kranke Prinz bezeichnet sich selbst als "ich Törichter," aber nicht deswegen, sondern weil er glaubt, dem Orakel wider seinen Willen folgen und seine Geliebte "aufopfern" (207, 8ff.) zu müssen.

Die Ironie des *Triumph[s] der Empfindsamkeit* ist aber nun, und darin besteht eben der Triumph dieser "Krankheit," daß Oronaro "seine" Geliebte, die Papierpuppe gar nicht aufopfert, sondern auf Gefühl und Wunsch zurückerhält, um an ihrer "Hand" sich tiefer und tiefer dem Genuß seiner selbst und seiner nachahmenden Künsteleien auszuliefern. Er bleibt ein Tor, weil die lebendige Mandandane gegenüber solcher erstarrten Puppenwelt seinem Herzen als "eine Fremde" (209, 19) erscheint und er sie mit Freuden abtritt. Der "Tor" ist, wie Andrason feststellte, aber "erst dann recht angeführt . . . wenn er sich *einbildet*, er . . . gehorche den Göttern" (212, 29ff.). Genau das aber tut Oronaro in seiner Verwechslung von Eigenwunsch und Götterorakel. In der lustigen Theodizee dieses Dramas bekommt jeder das ihm Entsprechende: der "Prinz" die Puppe, der Dichterkönig die unverwelkliche "Gattin." Jene resultiert aus nachbildender, "Gespenster" schaffender oder "eine Wolke" (205, 13) anhimmelnder Phantasie, diese antwortet der in der "Wahrheit des Realen"[16] beheimateten, produktiven, den Dichter selbst und seine Umwelt steigernd verwandelnden Einbildungskraft, die Andrason versinnbildlicht.

Wer aber sind die so vielfach berufenen, "buchstäblich[e]" Orakel spendenden "Götter" in diesem Drama? Im Gegensatz zum mythosumwitterten Apollospruch des Iphigeniedramas, der sich auch buchstäblich, allerdings in human-höherer Deutung erfüllt, behandelt Goethe die Orakel und Götter in seiner unterschätzten Meister-"grille" entsprechend den anderen "tollen Imaginationen" mit schabernäckischer Spitzfindigkeit. Da fällt zunächst auf, daß die Fingerzeige der Götter anfangs nicht nur dunkel und zweideutig ans Licht treten, wie die Tradition es will, sondern daß sie wegen ihrer Länge und syntaktischen Komplexität in *schriftlicher* Form ausgehändigt werden müssen.

Die dem König und dem Prinzen erteilten Weissagungen gleichen einander in der Form, sind zweistrophig mit dreihebigen Zeilen. Aber damit endet die Ähnlichkeit. Das Orakel für Andrason steht bilderreich, wortkühn und kompakt da, während die genau doppelt so lange Auskunft für Oronaro sich in abstrakten Begriffen gefällt und sich einer gewissen Gespreiztheit bedient. Sind die göttlichen Orakelschreiber zu tintenklecksenden Dialektikern geworden? Andererseits liegt zweifelsohne in der zerebral-witzigen Antithetik des Spruches, die sogar den Kavalier Merkulo belustigt, eine literarische Persiflage vor. Wenn diese nicht auf den Mythos des Orakelsprechens überhaupt zielt, so doch sicher auf den mechanischen, in geistigem Leerlauf endenden dreinulligen Narren, Oronaro, der mit dem Zorn sowohl "der überschwebenden Götter" wie mit des "Tantals Geschick" (207, 23f.) wuchtig bedroht wird.

III

Nach der Betrachtung der Orakelform wollen wir versuchen, aus der Reaktion der Angesprochenen das Wesen dieser Götter und Orakel zu erschließen. Der in Gefühlskonventionen befangene Oronaro vermißt an den Worten des Götterspruchs den "Stempel der Ehrfurcht." Ehrfurcht sollte sein melancholischer Zustand, wie er meint, "selbst den Göttern einflößen" (206, 34ff.). Während er sich nur in gefühliger Selbstgefälligkeit und -spiegelung darauf zu beziehen vermag, schenkt Andrason der Form wie dem Inhalt seines Chiffrenspruchs, sowohl im einzelnen wie ganzen, volle Aufmerksamkeit. Als dramatischer "Regisseur" des Autors läßt er uns durch genügend Anspielungen die wahre Herkunft dieser Göttersprüche erahnen.

Literatursatirisch erklärt er das Oxymoron der ersten Zeile, "greiflich Gespenst," als "etwas aus der *neuen Poesie*" und ruft scheinbar entrüstet aus: "Nein, was zu viel ist, bleibt zu viel! Was so ein Orakel nicht alles *sagen* darf!", um eindeutig zu folgern: "O ja; die Götter haben sich diesmal sehr ihrer *poetischen Freiheit* bedient" (169). Wenn den Göttern aber "Poesie" und "poetische" Freiheit zugesprochen wird, dann heißt das nichts anderes, als daß sich der Poet die Freiheit nimmt, mit den Göttern und ihren Orakeln ebenso wie mit sich selbst zu spielen, mit ihnen nach einsichtigem Belieben zu schalten und zu walten, in andern Worten, sie selbst zu sein.[17]

Derjenige, der die Form des Orakels kommentiert und seine Auslegung meistert, der von den Göttern am Ende des fünften Akts zur Auflösung des dramatischen Konflikts ein "Wunder" erwünscht und es dann selbst erwirkt in der Vertauschung der beiden Bilder der Mandandane im sechsten Akt, ist niemand anders als der Dichterkönig selbst: *Andra/son*, der fiktive "So[h]n" des "Mannes" (<gr. *andr-*) Goethe. Sein narrenhaftes Schattenbild, "Prinz" Oronaro, ist schon deshalb "recht angeführt," weil er, der den Göttern als "folgsame[r] Sohn" (209, 25) zu gehorchen glaubt, obwohl er nur seinem eigenen Trieb folgt, von dem sich selbst inszenierenden Regisseur dieses Dramas, Andrason/Goethe, zur ästhetischen Entmaskierung "geführt" wird. Das zeigt auch der größere Kontext:

Neben das passive Geführtwerden tritt das ebenfalls passive Sich-tragen-Lassen des Prinzen. Das macht Goethe schon am Anfang feinsinnig deutlich. Während der König stämmig auf eigenen Beinen steht, um das Orakel "zu Fuße" zu besuchen, "mit einem *tüchtigen Stabe* in der *Hand*," läßt der seelisch kranke Prinz sich "in Sänften" (166, 16ff.) dahin "tragen" (172, 16). Nach Zimmermanns einsichtiger Deutung von Werthers Leben bezieht sich das "Leiden" im Titel des Romans auf Werthers vorherrschende *vis passiva*, auf das Verlöschen "thätiger Kraft" in ihm.[18] Es ist nur logisch, daß der Prinz als Karikatur Werthers diese Thematik steigert.

Oronaro, der Narr auf eigene Hand, erstarrt letzten Endes in das, was die von ihm angehimmelte "Geliebte" bedeutet und ist: eine Puppe seiner unkontrollierten Empfindsamkeiten. Wie die Konturen in Werthers auf ein unerreichbares Unendliches gerichteten Tagträumen zunehmend verschwimmen, häufen sich in den Monologen des Prinzen die Bilder der visuellen Trübung — er schwelgt z. B. in "himmlischen Nebeln" (209, 11f.) — und die Verben des Zerfließens: lösen, säuseln, herabtauen, verschweben, umwehen, lindern, auflösen, hinreißen (vgl. 183f., 209ff.). Als dichterischer Doppelgänger, als eine frühere oder potentielle *persona* Andrasons,[19] ist er damit in seinem Wesen erkannt, objektivierend distanziert und "ins Bild gebracht." Das gleiche tat Goethe, als er sich kritisch den *Werther* vom Herzen schrieb. So darf man *Lila* und die triumphierende "Tollheit" der Grille ebenfalls als wichtige "Bruchstücke einer großen [*ästhetischen*!] Konfession" Goethes werten.[20] Sie, wie besonders *Wilhelm Meisters Lehrjahre* und *Dichtung und Wahrheit*, beschreiben wesentliche Phasen im Heilungsprozeß des Dichters.

Am Ende des *Werther* steht der Selbstmord. Der lustigen Farce entsprechend will Andrason am Ende seines "fünften" Akts lediglich "auf gute Art *aus einander kommen*" (206, 10). Damit ist speziell auf seine durch Erkenntnis und "Regieren" (als König und Regisseur) erfolgte Distanzierung von dem "Prinzen," einem krank bleibenden "kranken Königssohn," gezielt. In diesem Drama finden wir eine Vorstufe und ironisierende Umkehrung des in den *Lehrjahren* dann genial verarbeiteten Motivs vom "kranken Königssohn." Der Prinz ist kein rechtmäßiger Sohn, sondern nur ein närrischer Pseudo-Rivale, eine Schattenfigur des Dichterkönigs. Wie sich ganz deutlich zeigt, weiß Oronaro mit der "wirklichen" Frau gar nichts anzufangen, so daß es "nur" zu seinem Raub ihres "Bildes" kommt. Erst Wilhelm Meister wird als genesender "Königssohn" der "Braut seines Vaters" (HA 7: 70) würdig sein.[21]

IV

Es ist kein Zufall, daß beide, Andrason wie sein als Karikatur Werthers komisch gewordener Schattengänger, ihre eigene Geliebte, ihre jeweilige *Sinn-Gestalt*, am Ende des Dramas an der Hand halten.[22] Aber es gibt einen gewichtigen Unterschied. Mandandane bittet Andrason: "Laß uns den Bund erneuen, / Gib wieder deine Hand!", eine Bitte um die belebende, bildende, mit Überlegung handelnde Hand. Oronaro jedoch spricht gar nicht von seiner Hand, sondern von der der leblosen Puppe. Hier gipfelt das Drama in der Ironie aller Ironien: durch eine Puppenhand "fühl[t]" Oronaro sich erneut (212, 12ff.). Ließe sich grotesk-wahrer die Manipulationsgefahr eben jener Phantasien oder subjektiven "Kunst" aufzeigen, die, statt dem Leben zu dienen, die Wehleidigkeit des Herzens in seiner Unbedingtheit oder des Gehirns in seinem Solipsismus anfeuern und damit dasjenige, was schon Werther seine "Krankheit zum Tode" (HA 6: 48) nennt, beschleunigen?

Mit der Thematik von Kunst und Tod, Krankheit und Leben nähern wir uns der Gestalt der Mandandane, der das gelingt, was der Prinz verfehlt. Sie repräsentiert primär die dämonischen, vielseitigen, sich verfangenden, aber auch entwickelnden Potenzen der Phantasie. Diese müssen mit den in Andrason vor allem verkörperten kritischen Erkenntnis- und Gestaltungskräften "Hand in Hand" vorangehen, um zu der Einheit von Sehen, Wissen und Bilden zu kommen, die für Goethe den Künstler als meisterlichen Könner konstituieren. Da die Gattin als dynamische, lebensvolle Gestalt gezeichnet ist, erscheinen die Folgen des Umwegs in eine Unterwelt der Schatten bei ihr virulenter als im stagnierenden Prinzen, dafür aber trägt sie auch die Möglichkeiten der Heilung in sich.

Die "Verirrung" zum Selbstkult der Phantasie, das heißt zum Prinzen, hat Mandandane, wie Werther, in die Nähe des Wahnsinns getrieben, wo sie zu einer tragischen Gestalt werden könnte.[23] Das zeigt sich vor allem daran, daß Goethe sie das in wütender Verzweiflung endende Monodrama *Proserpina* spielen läßt. Dieses tragische Monodrama in die Satire eingebettet zu haben, betrachtet die Forschung fast einstimmig als einen ästhetischen *faux pas* Goethes. In der Perspektivik der sich durch Irrtum und Erkenntnis rettenden produktiven Einbildungskraft gewinnt dieser '*faux pas*' eine tiefere Bedeutung, worauf auch die Wiederverwendung des Proserpinastoffes und des Erstarrungsmotivs im Rahmen der kunstgenetischen Überlegungen des zweiten *Faust* verweisen.

In dem eingeschalteten Monodrama sprechen sich die leidenschaftlichen Klagen und der seelische Schmerz einer Verdammten aus. Proserpina, geraubt von Pluto aus der blumenreichen, lichten und fruchtbaren Naturwelt der Ceres, wird gezwungen, Königin der Schatten in der Unterwelt zu sein. Goethe bezieht sich im Monodrama nur auf diese eine Seite, den Todesaspekt, läßt die Fortsetzung der eleusischen Mysterien, Proserpinas (halbjährliche) Rückkehr zur Oberwelt, dann im Zusammenhang der psychischen Genesung Mandandanes anklingen. Da wir in diesem Rahmen auf Goethes weitverzweigte Kunstsymbolik nicht eingehen können, sei nur angedeutet, daß für Goethe der Durchgang durch das Reich des Todes und der Schatten zur "eleusischen Einweihung" des Dichters gehört. Wie Orpheus seine Euridike und Faust die mythische Helena von Persephone zurückerbitten, so scheint Mandandanes spielende Identifikation mit der "Königin im Reiche der Schatten" die Voraussetzung für ihre Heilung und die Rückkehr zu ihrem Dichterkönig zu sein. In größeren Zusammenhängen gesehen, steckt weit mehr in Mandandanes Darstellung dieses bestimmten Monodramas als das, was Andrason ironisch ihre "poetisch-theatralische[ ] Wut" (204, 10) und was die Psychoanalytiker Goethes kunstvoll versteckte Abwehr seiner Schuldgefühle am Tode seiner Schwester Cornelia nennen.[24]

Worum geht es nun bei Mandandanes Theaterspiel, und worin besteht die erste
Phase ihrer Genesung?

V

Das etwa ein dreiviertel Jahr vor dem *Triumph* von Goethe geschriebene
"Feenspiel," das, 1778 und 1788 zum "Festspiel mit Gesang und Tanz"
umgearbeitet, dann den Titel *Lila* trägt, liefert eine Parallelhandlung auf
einfacherer Ebene, die uns hier weiterhelfen kann.[25] Die hochsensible, mit
lebhafter Phantasie begabte Lila verfällt in "Wahnsinn" auf eine Falsch-
meldung hin, daß der Tod ihr den verwundeten Gatten geraubt habe. Selbst
seine Gesundung und Gegenwart können sie nicht von ihren Wahnvorstellungen abbringen. Sie hält ihren Mann, ihre Verwandten und Freunde "für
Schattenbilder und von den Geistern untergeschobene Gestalten" (132, 36).
Die Erscheinungen der Wirklichkeit werden ihr so zu "Gespenstern." Nach
Kanzler von Müller gab Goethe von dem "Wahnsinn"

> die einfache Definition, daß er darin bestehe, wenn man von der wahren
> Beschaffenheit der Gegenstände und Verhältnisse, mit denen man es zu tun
> habe, weder Kenntnis habe noch nehmen wolle, diese Beschaffenheit
> hartnäckig ignoriere.[26]

Der zur psychischen Kur herangezogene weise Mann, "Magus" und "Meister" (156, 11f.), dessen Rolle Goethe bei der Premiere ebenfalls gespielt haben
soll, ist diesmal der Arzt "Verazio," derjenige, der die Wahrheit spricht. Er
weiß das Heilmittel:

> Wenn wir Phantasie durch Phantasie kurieren könnten, so hätten wir ein
> Meisterstück gemacht. . . Lassen Sie uns der gnädigen Frau die Geschichte
> ihrer Phantasien spielen! . . . wenn das unvermutete Erscheinen aben-
> teuerlicher Gestalten sie auch nur in ihren Hoffnungen und Phantasien
> bestärkte, . . . so hätten wir schon genug gewonnen . . . Zuletzt wird Phantasie
> und Wirklichkeit zusammen treffen. (140f.)

Nach mehreren Versuchen, Rückfälle eingeschlossen, vermag Lila ihre Fähig-
keiten des Muts, der Entschlossenheit und Wahrheitsliebe zu mobilisieren.
Unter Mitwirkung aller gelingt es ihr, eine klarer gesehene Wirklichkeit an die
Stelle der Gespensterwelt ihrer Wahnvorstellungen zu setzen. Am Ende des
"Festspiels," inmitten von Tanz und freudigem Chorgesang, wird diese Art
"homöopathischer" Psychotherapie in dem Zweizeiler zusammengefaßt:

> Was Lieb' und Phantasie entrissen,
> Gibt Lieb' und Phantasie zurück. (160, 8f.)

Wie die Phantasie Wunden schlägt, so vermag die bildende produktive Einbildungskraft des ärztlichen "Meister[s]," Verazio, Rat zu schaffen und mit Hilfe lenkender Verbildlichungen diese Wunden wieder zu heilen. Das Spielen und Darstellen des Imaginierten entspricht dem im Kunst- oder Dichtwerk imaginativ Veranschaulichten. Therapeutische Kunst dürfte man nach Goethe u. a. ein Produkt der Gestaltung leidender und nach Heilung strebender Phantasie nennen. Daß diese sich häufig aus der "Disproportion des Talents mit dem Leben" ergibt, das zeigt sich vor allem im *Torquato Tasso*, dem "gesteigerten 'Werther'."[27]

Goethe kannte nur zu gut die zwiespältige Göttergabe der Einbildungskraft, dem Segen und Fluch der Gaben Pandoras vergleichbar, und zwar zu allen Zeiten seines Lebens. Einige Zitate, die analog gebrauchte Begriffe wie "Genie" und "Poesie" einschließen, mögen das Janusgesicht dieser mutwilligen, zu sorgsamer Pflege anvertrauten "seltsamsten Tochter Jovis" veranschaulichen:

1. [Werther:] . . . die warme, himmlische Phantasie in meinem Herzen . . . Was die Einbildungskraft für ein göttliches Geschenk ist . . .

2. [an Schiller:] Die Poesie ist doch eigentlich auf die Darstellung des empirisch pathologischen Zustandes des Menschen gegründet . . . Ich glaube daß alles was das Genie, als Genie, tut, unbewußt geschehe . . . aber das Genie kann sich durch Reflexion und Tat nach und nach dergestalt hinaufheben, daß es endlich musterhafte Werke hervorbringt.

3. [im Alter:] . . . die Einbildungskraft lauert als der mächtigste Feind, sie hat von Natur einen unwiderstehlichen Trieb zum Absurden, der selbst in gebildeten Menschen mächtig wirkt . . . Einbildungskraft wird nur durch Kunst, besonders durch Poesie geregelt . . . [Es] wird zwar der *angehende* Künstler, aber nicht der *vollendete* geboren.[28]

Indem Mandandane die Rolle der Proserpina in einem eingegliederten Kunstwerk hoher Form spielt, tut sie dreierlei. Sie repräsentiert dem Stoff nach das, was mit ihrem Bild vom Prinzen geschehen ist: wie Proserpina wurde es aus der Oberwelt der klaren Wirklichkeit in das Reich der trüben Schatten durch den Schattendichter geraubt. Daß Mandandane zudem mit ihrer abwegigen Liebe — das Essen des Granatapfels weist auf die Symbolik des Eros wie der Kunst — der zerfließend-erstarrenden Welt Oronaros gefährlich nahekommt, sie andererseits aber ihren Raub beklagt, deutet dem Gehalt nach bereits auf die Möglichkeit der Umkehr. Letztlich aber gewinnt sie in der Darstellung des Stückes, "welches sich in idyllischen, heroischen, leidenschaftlichen, tragischen Motiven immer abwechselnd um sich selbst herumdreht,[29] eine über die puppenhafte Selbstspiegelung hinausgehende, schon durch die gesteigerte Form zu erwartende Wandlung. Sie spielt, im Gegensatz zum Prinzen, nicht sich selbst, sondern eine mythische Gestalt. Die Wirkung ist derart, daß sie noch in der Nacht mit Andrason auf das Schloß seiner Schwester zur zweiten Phase ihrer Heilung aufbricht.

Nach der Genesungshilfe der Phantasie, dem Rollenspiel, folgt die Heilung durch die Doppeltätigkeit von Mitwirken und Anschauen, von Identifikation und Distanzierung, von empfindender Einbildung und selbstentäußernder Wirklichkeitsbeobachtung. Erst indem die gewonnene Wahrheit der Wirklichkeit (als unendlicher Prozeß der Erkenntnis) die Einbildungskraft komplementiert, besser, ihr zur Basis dient, kann der dichterische Genesungsprozeß nach Goethe gelingen. Noch gegen Ende ihres Proserpina-Spielens mißdeutet Mandandane ihren Gatten Andrason als Pluto, sie verwechselt Schein und Sein. Auch glaubt sie noch unmittelbar vor der doppelten Entmaskierung im Stuben-"Heiligtum" des Prinzen, daß "dessen Liebe ganz in geistigen Empfindungen schwebt," daß er Unterhaltung "für seinen Geist" (204f.) bei ihr finde, also an die Stärke und Echtheit seines Wesens. Daß diese Vorstellung eine Projektion ihrer selbst auf das falsche "Objekt" war, kann sie nun an der "Entpuppung" des Prinzen im "Schauspiel" seiner selbst erkennen.[30]

Die Entpuppung vollzieht sich als "sehr ernsthafter Scherz": Indem die Königin für Oronaro nunmehr *bewußt* die Puppe *spielt*, er statt dessen die wirkliche Puppe der vermummten aber wahren Mandandane vorzieht, unterscheidet sich aufs deutlichste der hohle, in die verdinglichte Abstraktion flüchtende Gespenster-"Phantast" (Nicolai wird im *Faust I* als "Proktophantasmist" veräppelt) von dem die Gegebenheiten und sich selbst erkennenden Andrason. Zweimal bezeichnet sie diesen als den "Treuen," denn ihr und der ungekünstelten Natur hat er die Treue bewahrt (211, 39 u. 212, 14). Wie Lila hat sich Mandandane von Wahnvorstellungen befreit. Lila durchschaut das zur Schau Gestellte am Ende ihrer Genesung als unwirklich. Ebenso durchschaut Mandandane des Prinzen Maskerade als solche; als eine weder im Reich der Natur noch der Kunst "fußende" Phantasmagorie. Oronaro, der Narr, der die Maske ihrer Gestalt als fußloser, verschwebender "Gigolo" (Eintänzer) zu seiner eigenen Maske-"rade" borgte, trug ursprünglich den Zunamen "Rade[-]giki" (36, 10).

Das "Orakel" hat sich erfüllt. Der kranke Prinz ist mit der durch die Abspaltung Mandandanes ganz unpersönlich, zu einem Ding, einem Zeichen, zu einer zum Fetisch gewordenen Puppe "vereinigt."[31] Daß er sie als seine "Gottheit, die ganz mein Herz nach ihrem Herzen zieht" (211), anschwärmt, zeigt nur allzu klar, daß in einer narzißtischen Phantasie zuletzt alle Unterscheidungen wegfallen. Das Absolute wird reifiziert. Wären der Prinz zusammen mit seiner "geflickten Braut" kein ironisches "Fratzengesicht" (211f.), wie Merkulo kommentiert, so müßte man die Weissagung des Orakels, die die Gefühlsdefinition Oronaros wiederholt und ergänzt, viel ernster nehmen: das "Tantalidische Streben nach ewig fliehendem Genuß . . . — [des] Tantals Geschick hier und über dem Fluß" (206f.).

Werthers Titanismus des Gefühls war von Goethe als Tantalusschicksal durchlitten worden. Dessen "vielbeweinter Schatten" wird noch fünfzig Jahre später in der "Trilogie der Leidenschaft" beschworen, als ein ähnliches Schicksal den alten und weisen Dichter heimzusuchen droht. Es gestaltend zu bannen, schickt er der Marienbader "Elegie" das Tassowort vom dichterischen heilenden Sagenkönnen des Leidens als wegweisendes Motto voraus.

Im *Triumph der Empfindsamkeit* stellt sich der Regisseur und "königliche" Dichter zugleich als derjenige Arzt heraus, der seiner Gattin zur Heilung verhilft, indem sie unter seinem Beistand die Rückkehr vom "Püppchen" zum "Liebchen" (211, 13), von der Königin der Schatten zur einsichtigen Gattin des Königs vollzieht. Sie ist dem Schicksal von Werthers Lotte, nurmehr "Schattenriß" zu sein, entgangen. Indem sie dem kranken Prinzen entkommt, geschieht mit ihr auch nicht, was Werther ursprünglich mit Lottes Schattenriß tun wollte: "ihn unter andere Papiere zu begraben" (HA 6: 67). Es war in der spöttischen Posse schon schlimm genug, daß die Mandandanes Ebenbild tragende Puppe eben diese Papiere — Werthers Briefe — in Buchform im Busen trug!

Mit der Heilung Mandandanes und dem "Aus-einander-kommen" vom Prinzen erfährt auch Andrason eine innere Wiedergeburt, die wie eine Antizipation dessen erscheint, was Goethe später in Italien erleben wird. Der Thematik trägt noch der zweite Wilhelm Meister symbolisch Rechnung, wenn er sich für den Arztberuf entscheidet.

VI

Die Korrespondenz mit Knebel, der wir schon die Definition von den zwei Arten der Einbildungskraft entnahmen, liefert uns auch begrifflich einen autobiographischen Stempel auf die beiden Dramen und eine Bestätigung der therapeutischen Dichternaturen Andrasons und Verazios. Am 3. Februar 1782, im gleichen Zeitraum, da Goethe das Gedicht "Auf Miedings Tod" mit der Anspielung auf Merkulos Bezeichnung "Director der Natur" schrieb,[32] bekennt Goethe seinem Freund: "Ich unterhalte dich von nichts als Lust. Innwendig [*sic*] siehts viel anders aus, welches niemand besser als wir andern *Leib und Hofmedici* wissen können."[33] Gerade weil er selbst oft am Abgrund stand und seine gefährdete Künstlernatur zu meistern als wichtigste Aufgabe erkannte, schätzte er sich glücklich, in seiner zunehmend erforschten und entwickelten produktiven Einbildungskraft auch deren Heilquelle gefunden zu haben. An manchem unersetzlichen Verlust, so berichtet es die Autobiographie, wäre er "völlig zugrunde gegangen, hätte sich nicht hier das poetische Talent mit seinen Heilkräften als besonders hülfreich erwiesen" (HA 9: 284).

Interessanterweise entstand in der zeitlichen Mitte zwischen der Komposition der beiden Dramen und dem Brief an Knebel Goethes Gedicht "Meine Göttin." Darin wird der "Unsterblichen / Der ewig beweglichen / Immer neuen / Seltsamsten Tochter Jovis" "der höchste Preis" gesungen. Goethes Preis gilt *seiner* "Göttin," "Der *Phantasie.*" Unter den vielen poetischen Verkörperungen der Phantasie (und Poesie) in des Dichters Werk erscheint sie in diesem Gedicht, und wie sollte das im Hinblick auf *Lila* und den *Triumph* anders sein, als "unverwelkliche" und "treue Gattin" (54ff. und Anm. 580).

Anmerkungen

[1]Goethe, Aus den Tabulae votivae, 38. "Dichtungskraft," *Gedenkausgabe der Werke, Briefe und Gespräche* (GA), hrsg. Ernst Beutler (Zürich: Artemis, 1948ff.) Bd. 2: 535. Unmittelbar vorher wird über "Phantasie" (37) gesagt: "Schaffen wohl kann sie den Stoff, doch die *wilde* kann nicht gestalten . . ."

[2]Vgl. Goethes Selbstschilderung: "Immer tätiger, nach innen und außen fortwirkender Bildungstrieb macht den Mittelpunkt und die Basis seiner Existenz; hat man den gefaßt, so lösen sich alle übrigen anscheinenden Widersprüche." *Goethes Werke. Hamburger Ausgabe* (HA), hrsg. Erich Trunz (Hamburg: Christian Wegner, 1948ff.) Bd. 10: 529.

[3]Alle kursiv gedruckten Betonungshinweise im Text und in Zitaten stammen, wenn nicht anders vermerkt, von mir (H. A.).

[4]*Dichtung und Wahrheit*, HA 9: 587f.

[5]Paul Stöcklein, *Wege zum späten Goethe. Dichtung, Gedanke, Zeichnung*, 2. Aufl. (Hamburg: Marion von Schröder, 1960) 13.

[6]Siehe Anm. 1 und HA 9: 579.

[7]Siehe Goethes Aufsatz zu Ernst Stiedenroth, *Psychologie zur Erklärung der Seelenerscheinungen* HA 13: 42.

[8]Zu Goethes Charakterisierung des Dramas als "Tollheit," "tolle[ ] Imaginationen" etc. siehe Hans Gerhard Gräf, *Goethe über seine Dichtungen* (1901; Darmstadt: Wissenschaftl. Buchges., 1968) Teil II, Bd. 4: 368–372.

[9]Vgl. z. B. Werner Rieck, "Literatursatire im Sturm und Drang," *Sturm und Drang*, hrsg. M. Wacker (Darmstadt: Wissenschaftl. Buchges., 1985) 144–64. Ernst M. Oppenheimer behandelt das Drama dem Titel seines Buches entsprechend: *Goethe's Poetry for Occasions* (Toronto: U of Toronto, 1974) bes. 51–60.

[10]*Triumph der Empfindsamkeit, Lila* und zwischen 1775 und 1786 entstandene

Gedichte werden zitiert nach Johann Wolfgang Goethe, *Sämtliche Werke nach Epochen seines Schaffens, Münchner Ausgabe* (MA), hrsg. Karl Richter et al., Bd. 2, Teil 1: "Erstes Weimarer Jahrzehnt," hrsg. und kommentiert Hartmut Reinhardt (München: Hanser, 1987). Alle Zitate dieser Ausgabe erscheinen mit Seiten- und (wenn nicht zu extensiv) Zeilenzahl im Text.

[11]Goethe selbst spielte bei der Weimarer Premiere den König Andrason; siehe Gräf II, 4: 369. In biographischer Hinsicht drückt der Stoßseufzer "Armer Werther!" Goethes "Rettung" des zugleich gehegten wie gescheuten Werks trotz aller Satire aus.

[12]Die Beziehung Merkulos zu Mieding hat Werner Vordtriede hergestellt, der auch bereits die Frage stellt, ob "der Prinz nicht der in merkwürdiger Vermummung auftretende Dichter" sei. Vordtriede scheint mir aber zu weit zu gehen, wenn er im Prinzen den "Dichter schlechthin" bzw. "die Parodie des Dichters" sieht, in Proserpina gar "sein titanisches Abbild." Auf die Rolle Andrasons geht Vordtriede nicht ein. "Das Problem des Dichters in Goethes *Triumph der Empfindsamkeit*," *Monatshefte* 40 (1948): 151, 155.

[13]21. Februar 1821. *Goethes Briefe und Briefe an Goethe. Hamburger Ausgabe in 6 Bdn.* (HA Briefe), hrsg. Karl Robert Mandelkow und Bodo Morave, (Hamburg: Christian Wegner, 1962ff.) Bd. 3: 501. Goethes Betonung.

[14]Zum Ausdruck vgl. die erste Zeile der letzten Strophe von Goethes "Ballade" (1813–1816) HA 1: 293.

[15]Vgl. dazu die begriffliche Analogie: Im "Bild" der Puppe, sagt Sora zu Mandandane, unterhält sich der Prinz "wie mit euch selbst" (205, 7). Da die Puppe aber schließlich zum Konterfei des Prinzen wird, spricht er in ihr mit sich selbst.

[16]Zu Eckermann 25. Dezember 1825, GA 24: 166.

[17]Die poetische "Freiheit," die Andrason sich mit seinem Orakel erlaubt, zeigt der unbekümmerte Jux seiner ironischen Wortvertauschungen und -kombinationen: "Ein leinen Gespenst, und ein greiflicher Sack, und Eingeweide von schönen Händen!" (169, 15f.).

[18]Rolf Christian Zimmermann, *Das Weltbild des jungen Goethe. Studien zur hermetischen Tradition des deutschen 18. Jahrhunderts*, Bd. 2 (München: Fink, 1979) 210ff., bes. 212.

[19]Vordtriede sieht in diesem Drama ein Beispiel der "abgestreiften Schlangenhaut" des Dichters Goethe (149).

[20]*Dichtung und Wahrheit*, HA 9: 283.

[21]Siehe dazu Verfasser: "Goethe und Wilhelm Meister, Shakespeare und Natalie: Die klassische Heilung des kranken Königssohns," *JbFDH* (1978): 47–84. Schon Heinrich Düntzer hörte im "Namen des tollen Prinzen . . . den Narren durchklingen," was mir erst nach Abschluß dieser Arbeit bekannt wurde. "Goethes Monodrama *Proserpina*," *ZfdU* 3 (1889): 127–49, Fußnote S. 132.

[22]Zu diesem Begriff und zur symbolischen Deutung leitender Frauengestalten in Goethes literarischem Opus siehe Verfasser, *Aufbau und Krise der Sinn-Gestalt: Tasso und die Prinzessin im Kontext der Goetheschen Werke* (Bern: Lang, 1990).

[23]Vgl. die bei Werther wiederholt anklingende Thematik des Wahnsinns bereits in der ersten Fassung. Der aus vergeblicher Liebe zu Lotte völlig wahnsinnig gewordene Sekretär stellt symbolisch die Extremfolie des Helden dar. *Der junge Goethe*, hrsg. Hanna Fischer-Lamberg, Bd. 4 (Berlin: de Gruyter, 1968) 164–66.

[24]K. R. Eissler, *Goethe. A Psychoanalytic Study* (Detroit: Wayne State UP, 1963) Bd. I, Kap. 7, bes. 274ff. Eisslers Hypothesen methodologisch folgend, kommt Astrid Lange-Kirchheim aber auch zu überzeugenden Strukturanalysen, die die seit Anfang

geplante Zusammengehörigkeit des Monodramas mit der Haupthandlung belegen. Auch philologische Nachweise werden erbracht. "Spiel im Spiel — Traum im Traum. Zum Zusammenhang von Goethes *Triumph der Empfindsamkeit* und dem Monodrama *Proserpina*," *Psychoanalytische und psychopathologische Literaturinterpretation*, hrsg. Bernd Urban und Winfried Kudszus (Darmstadt: Wissenschaftl. Buchges., 1981) 125–51, bes. 127f. Dort auch Hinweise zur Forschungsliteratur. Die psychopathologischen Paradigmen allerdings erweisen sich als unzureichend, wenn es zu den ästhetischen und poetologischen Aspekten des Dramas und vor allem zu der wegweisenden Rolle Andrasons kommt.

[25]Wir beziehen uns auf die dritte Fassung, die eine Straffung der zweiten darstellt. In der Urfassung war noch Sternthal, der Gatte Lilas, der zu heilende Melancholiker gewesen! Zur eingehenden Analyse der drei Fassungen siehe Gottfried Diener, *Goethes "Lila." Heilung eines "Wahnsinns" durch "psychische Kur"* (Frankfurt/M.: Athenäum, 1971) mit Verzeichnis der Forschungsliteratur.

[26]Gespräch 13. Juni 1825, GA 23: 390.

[27]Gräf II, 4: 309 und 358.

[28]HA 6: 9 und 79. Briefe an Schiller vom 25. November 1797 und 3. April 1801, HA Briefe 2: 316 u. 415. *Tag- und Jahreshefte* HA 10: 490. *Wilhelm Meisters Wanderjahre*, HA 8: 293 u. 287. Goethes Betonung.

[29]Goethes Charakterisierung des Monodramas 1815, als er es losgelöst vom Ganzen spielen ließ (Gräf II, 4: 107). Dann geht es Goethe vorzüglich um das "*Tableau* (Goethes Betonung) des Schlusses," die Erstarrung "zum Gemälde" (II, 4: 104). Dies gehört zu Goethes Symbolik der Kunstwerdung; siehe bes. Mignons Exequien und Ottiliens tableauhafte "Erstarrungen" vor und nach ihrem Tod.

[30]Einen wesentlich komplizierteren Heilungsprozeß durch Rollenspiel, dichterische Verbildlichung und Kunsterkenntnis, aber mit umgekehrter Verwendung des Puppenmotivs, zeichnet Goethe in *Wilhelm Meisters Lehrjahre*. Siehe dazu Verfasser, "Poesy—Poetry—Poetology: Wilhelm 'Meister', Hamlet und die mittleren Metamorphosen Mignons," *Goethes Mignon und ihre Schwestern: Interpretationen und Rezeption*, hrsg. Gerhart Hoffmeister (New York: Lang, 1993) 1–25.

[31]Hans-Edwin Friedrich betont in seinen Überlegungen zum *Werther* und *Triumph* die Vermaterialisierung des gescheiterten Ganzen in Reliquien, Fetischen, Kulissen etc. *Der Enthusiast und die Materie: Von den "Leiden des jungen Werthers" bis zur "Harzreise im Winter"* (Frankfurt/M.: Lang, 1991) 125ff. Siehe auch Gerhard Kurz, "Werther als Künstler," *Invaliden des Apoll. Motive und Mythen des Dichterleids*, hrsg. Herbert Anton (München: Fink, 1982) 95–112.

[32]Gräf II, 4: 371.

[33]HA Briefe 1: 381.

Verführte Unschuld
Benennungen und Bezeichnungen für Gretchen in Goethes *Faust*

Karl J. Kuepper, *Bishop's University*

Die Szenen der sogenannten Gretchen-Handlung in Goethes *Faust* haben in mehrfacher Hinsicht doppelte Funktionen. Dies gilt zunächst für ihre Stellung und Bedeutung innerhalb der *Faust*-Tragödie insgesamt, hat aber auch Konsequenzen für die Interpretation der beiden Charaktere Faust und Gretchen. Für den Werdegang des Protagonisten Faust sind Gretchen-Handlung und Gretchen-Gestalt zweifellos nur Episode. Es geht ja in der *Faust*-Tragödie vornehmlich um die Entwicklung Fausts, um die universell symbolische Bedeutung seines Schicksals, das sich schrittweise in Begegnungen, Erlebnissen und Erfahrungen zunächst im sozialen Raum der *kleinen Welt*, sodann in dem der *großen Welt* entfaltet. Das Verhältnis von Faust zu Gretchen stellt in dieser Hinsicht nur eine, wenn auch eine wichtige Etappe in dieser Entwicklung der Hauptgestalt dar. So verlangt bereits das Motiv der Wette, daß Faust nicht im eigentlichen Sinne in das Schicksal Gretchens verwickelt ist. Das Scheitern einer tief empfundenen Liebesbeziehung ist zwar als Erfahrung wesentlich für Fausts Entwicklung, bildet aber andererseits in der Tradition der empfindsamen Verführungstragödie und des Wüstlingsmotivs auch die erste Stufe für den folgenden moralischen Verfallsprozeß des Verführers; es paßt damit übrigens auch genau in Mephistos Plan (Atkins 1958, 68). Wenn in dieser Tradition der empfindsamen Theaterstücke und Romane des 18. Jahrhunderts Faust durchaus dem stehenden Charaktertyp des Wüstlings entspricht, dann hat man mit der Gestalt Gretchens als verführter Unschuld vor dem Hintergrund der ebenfalls vorhandenen, auf Standesunterschied beruhenden sozialen Problematik die Grundsituation eines eigenständigen empfindsamen Trauerspiels.

Die Warnungen davor, die *Faust*-Tragödie als Ganzes aus dem Blick zu verlieren und die Gretchen-Handlung zur Gretchen-Tragödie umzudeuten, "as though it were a sentimental tragedy with Gretchen its protagonist" (Atkins

1953, 421), sind allerdings nur teilweise berechtigt. Empfindsame Tragödie
und Roman (vgl. Petriconi 1953), stellen nämlich nur einen der intertextuellen
Stränge dar, mit denen die Gretchen-Handlung im *Faust* in Verbindung steht.
Hatte nämlich vor dem 18. Jahrhundert dem Motiv der verführten Unschuld die
tragische Seite noch fast völlig gefehlt (Bailet 1981, 2), tritt mit dem Beginn des
Sturm und Drang zu dem der Schande und der Entehrung des Mädchens noch
das Motiv des Kindesmords hinzu (Frenzel 1988, 763–64). Die intertextuellen
Beziehungen sind dabei nicht nur im motivischen Bereich, sondern durchaus
auch in der Tatsache ihrer generischen Ausarbeitung nachzuweisen, vor allem
seit 1774 ganz massiert in Ballade, Erzählung und Trauerspiel. Schon die
überaus häufige Ausgestaltung vor allem der beiden Motive der verführten
Unschuld und des Kindesmords in selbständigen Werken spricht dafür, der
Gretchen-Tragödie Eigenständigkeit zuzuerkennen. Goethe selbst hat bekanntlich Leopold Heinrich Wagner 1776 wegen dessen Trauerspiels *Die
Kindermörderin* des Plagiats beschuldigt, was sich auf die vorgebliche
Übernahme einzelner Motive des vor-weimarischen *Urfaust* (Pilz 1982, 47–
48), aber durchaus auch auf die Grundkonzeption einer eigenständigen um
Verführung und Kindesmord kreisenden Handlung bezogen haben mag,
nämlich, "that the Gretchen tragedy was written for its own sake" (Fairley
1953, 44). Goethe hat überdies dieser Gretchen-Handlung Elemente hinzugefügt, die, über die Tradition beträchtlich hinausgehend, die Gretchen
aufgeladene tragische Last durch ihre Schuld sowohl am Tod der Mutter wie
an dem des Bruders wesentlich erhöhen. Eine derartige Aufhäufung von
tragischer Schuld ist für die Entwicklung der Faust-Gestalt selbst letztlich
unerheblich und ergibt nur einen Sinn, wenn man der Gretchen-Handlung eine
Eigenexistenz als Gretchen-Tragödie zuerkennt.

   In der Tat entsteht auch der Eindruck einer glaubhaft gestalteten dramatischen Entwicklung der Gretchen-Tragödie, und das trotz vielfacher strukturel-
ler und formaler Unterschiede zum herkömmlichen Trauerspiel (Pilz 1982, 49–
54). Hier fällt zunächst die relative Kürze der Gretchen-Tragödie auf. Die
neunzehn Szenen, die die zweite Hälfte von *Faust I* bilden, bestehen aus einer
weniger als 2500 Versen entsprechenden Textmenge; die eigentliche Gretchen-Handlung, wenn man *Walpurgisnacht* und *Walpurgisnachtstraum* nicht
mitrechnet, ist noch um ein Fünftel kürzer. Weiterhin ist festzustellen, daß die
Szenenfolge überaus abwechslungsreich und scheinbar sprunghaft ist. Die
Ereignisse sind oft nur punktuell angedeutet und kaum ausgeführt. Die dem
Publikum bewußte aktuelle Problematik und die ihm bekannte literarische
Tradition erleichtern natürlich eine solche akzentuierend geraffte Handlungs-

führung, ohne daß der Eindruck von Überhastung entsteht. Wo intertextuelle Schemata den Vorgängen als Folie unterliegen, genügen bloße Andeutungen und Verkürzungen. Dementsprechend sind die dramatischen Wendepunkte breiter ausgeführt. Dabei werden die tragischen Geschehnisse selbst im allgemeinen nicht in Szene gesetzt, sondern nur indirekt in ihren Spiegelungen im Leiden Gretchens sichtbar gemacht (vgl. Atkins 1958, 62, 67; Friedrich/ Scheithauer 1991, 135–36). Allerdings dient die "stilistische Vielfalt" der Gretchen-Tragödie nicht etwa als "Ersatz" für komplexe Handlungsführung und ausführliche Gefühlsdarbietung, wie Atkins glaubte (1958, 67), sondern die dramatischen Entwicklungsvorgänge selbst vollziehen sich vornehmlich auf der Ebene solcher Stilelemente und sprachlicher Formen.

Was im folgenden unternommen wird, ist, die tragische Entwicklung der Gretchen-Handlung beispielhaft an Hand solcher Stilkomponenten nachzuweisen. Die Bezeichnungen für die Protagonistin selbst sowie der sie kennzeichnenden Attribute bieten sich besonders hierzu an, weil in ihnen rhetorische Strukturen und Muster einen relativ unmittelbaren Zugriff auf die dahinterliegenden Handlungsvorgänge ermöglichen.

Die Benennungen und Bezeichnungen Gretchens sind vor einem doppelten Hintergrund zu sehen und zu beurteilen, der zunächst angedeutet werden muß. Da ist vorrangig das aus ihren Reden und Handlungen zu erschließende Charakterbild. Die hier angesprochene Diskursebene ist die zwischen Bühnengeschehen und Publikum, zwischen Text und Leser. Die Literaturkritik hat vor allem in den letzten Jahrzehnten auf "die weitreichende Dialektik in der Anlage und Entwicklung der Figur" (Brandt 1981, 139) hingewiesen, daß also, wie die Faust-Gestalt, auch die Gretchen-Gestalt in sich widersprüchlich ist. Wie lassen sich etwa das "anmutig Naive" und "erotische Unrast," wie "abgelehnte, aber nicht unbegehrte Standeserhöhung" (Heller 1977, 175–79) miteinander vereinbaren, wie das "kleinbürgerlich Beschränkte" mit der "Entscheidung, die Grenzen ihres Lebensbereichs . . . zu überschreiten" (Schiller 1980, 48), verbinden?

Eine mögliche zweite Diskursebene bilden die Beweggründe, die den Äußerungen der jeweiligen Figuren zugrundeliegen können, und zwar sowohl von deren übergreifenden Zielen wie auch situationsbedingten Anlässen her. Daß deshalb Mephisto nicht immer beim Wort genommen werden kann, ist einleuchtend: Selbst seine Beteuerung von Gretchens anfänglicher Unschuld ist als fragwürdig hingestellt worden (Atkins 1953, 423). Die erwähnte Widersprüchlichkeit sowohl der Faust- wie auch der Gretchen-Figur tauchen ebenfalls nicht selten ihre Äußerungen in ein eigentümliches Zwielicht; selbst

"Gretchens . . . wiederholte Beteuerungen ihrer Unwissenheit und Timidität" sind als "fast zu emphatisch" bezeichnet worden (Heller 1977,181). Schließlich ist noch die textpragmatische Situation in Betracht zu ziehen, ob etwa eine Benennung oder Bezeichnung in der Anrede der betreffenden Person oder im Selbstgespräch, in zitierter Rede oder im Dialog und dann mit welchen Diskurspartnern und in welchem Kontext vorkommt.

Vermutungen über Goethes Gründe für die Wahl des Namens "Gretchen" gehen fast immer mit Überlegungen zur Herkunft, also möglichen literarischen oder biographisch, beziehungsweise historisch bedeutsamen Vorbildern der Gretchen-Gestalt selbst, überein. Ansatzpunkte sind dabei die zentralen Motive der Gretchen-Tragödie, also das der verführten Unschuld und der Kindesmörderin im Kontext der auf Standesunterschied beruhenden sozialen Problematik. Für Faust kommt das Motiv der Schuldgefühle wegen Verlassens der Geliebten hinzu. Dies hat zu eigenartigen biographischen Spekulationen, etwa über die in *Dichtung und Wahrheit* erwähnte Jugendgeliebte Goethes mit dem Namen "Gretchen," geführt (Krogmann 1930). Das vom Kindesmordmotiv her plausible Vorbild der Susanna Margarethe Brandt erweist sich im Hinblick auf den Namen als unergiebig, da der Rufname der Frankfurter Magd wahrscheinlich Susanne war (Krogmann 1930). Wegen seines konnotativen Umfelds noch am einleuchtendsten ist der Hinweis auf die Beliebtheit von "Gretchen" in Märchen und Volkslied (Friedrich/ Scheithauer 1991, 192). In diesem Sinne hätte Goethes Wahl des Namens "Gretchen" eine romantisierende und, auf die Balladen- und Märchentexte in *Faust I* bezogen, tragisch vorausdeutende Funktion. Vor allem im Kontrast mit dem in der Bühnenprosa (vgl. Kittel 1944) verwendeten Regienamen "Margarete" verweist "Gretchen" auf die Sphäre der *kleinen Welt*. Die beiden Formen des Namens verteilen sich, allerdings nur in der Bühnenprosa, auf jeweils eine Gruppe von Szenen, und zwar ist in den Szenen *Straße, Abend, Der Nachbarin Haus, Garten, Ein Gartenhäuschen, Marthens Garten* und *Kerker* der Regiename ausschließlich "Margarete" und in *Gretchens Stube, Am Brunnen, Zwinger, Nacht* und *Dom* ausschließlich "Gretchen." Im *Urfaust* waren die vorkommenden Variationen des Namens noch wesentlich verwirrender, doch überzeugen weder die für den *Urfaust* gegebene Deutung, daß sie "verschiedene Stufen der Achtung vor dem Mädchen" widerspiegeln (Gaier 1990, 176), noch die Behauptung, daß in der endgültigen Fassung "Margarete in den heiteren, Gretchen in den ernsten Szenen" (Friedrich/Scheithauer 1991, 192) verwendet wird. Jedenfalls kommt im Rollendiskurs nur die Form "Gretchen" vor, und zwar in erster Linie als relativ neutrale Benennung der Person durch Mephisto (2813, 3027, 3053),

Faust (2849, 4188, 4197) und Gretchen selbst (4582). Die vorkommenden Spielformen des Namens, nämlich Mephistos "Margretlein" (2827), Frau Marthes "Gretelchen" (2873) oder Valentins "Gretel" (3632) haben allerdings neben der benennenden eine spezifisch emotiv-kennzeichnende Funktion. Auch bei der Verwendung von "Gretchen" in der Anrede schwingt immer eine Gefühlskomponente mit, die sich bei Valentin als Sarkasmus (3726), beim Bösen Geist als Mahnung (3776 u. 3783) und bei Faust in der Kerkerszene als besorgtes Drängen (4460 u. 4466) ausdrückt.

Vor diesem noch relativ neutralen, weil vorrangig benennenden Hintergrund sind vor allem die als Tropen fungierenden Antonome für Gretchen kennzeichnend. Sie stehen ursächlich und primär miteinander in Verbindung, weil sie sich als Koreferenten alle auf Gretchen beziehen. Darüber hinaus sind ihnen jedoch auch eine Anzahl von Semen gemeinsam, das will heißen, entweder denotativ begriffliche oder konnotativ assoziative Bedeutungsmerkmale, durch die die Antonome miteinander zum Teil mehrfach verbunden sind. Derartige zu den Isotopien zu rechnende Semketten erzeugen allgemein Textkohäsion (Rastier 1986, 157–58). In der Gretchen-Tragödie wird ihre semantische Vernetzung auf der Zeichenebene zum Paradigma der tragischen Verstrickung Gretchens in der (fiktionalen) Realität.

Es kommen insgesamt dreiundzwanzig Antonome für Gretchen vor, entweder als Anreden oder als Benennungen; Metonyme wie *Blut* und *Seele* sind dabei zunächst nicht mitgezählt. Sie sprechen jeweils, grob umrissen, mindestens eines der fünf zentralen Themen der Gretchen-Tragödie an, weil sie in ihrer Bedeutung diese als Seme enthalten. Mögliche diachronische Unterschiede zum heutigen Sprachgebrauch sind natürlich zu beachten, und bei den einzelnen Benennungen von deren jeweiligem Bedeutungsumfang im späten achtzehnten und frühen neunzehnten Jahrhundert auszugehen (Pretzel 1974). Gerade bei den Gretchen-Antonomen hat jedoch die Forschung auf mögliche Fehlinterpretationen ausreichend hingewiesen (vgl. etwa Strehlke 1891, Hohlfeld/Joos/Twaddell 1940, Trunz 1962, Erler 1990).

Faust bezeichnet Gretchen viermal als "Engel" (2712, 3163, 3494, 3510), doch verweist dies, wie mehrfach beobachtet (Atkins 1958, 70), kaum auf christliche Inhalte, sondern zunächst einmal auf das Thema von Gretchens natürlicher *Unverdorbenheit* hin. Dies geht schon aus dem Kontext der ersten Erwähnung hervor: "Natur! hier bildetest in leichten Träumen / Den eingebornen Engel aus" (2711–12). Zum anderen verbindet sich mit dem Begriff "Engel" das Thema von *Liebreiz* als wesentliche Eigenschaft von Gretchen. Beide Themen sind natürlich von zentraler Bedeutung für die Verführungshandlung. Bei den ins gleiche Bedeutungsfeld gehörenden Benennungen "Engelsschatz" (2659), "Götterbild" (2714), "holdes Himmelsangesicht" (3182) und "holdes Angesicht" (3431) überwiegt sicherlich das Thema *Liebreiz*. Auch wenn Mephisto Gretchen als "Püppchen" (2651) bezeichnet und Faust sie später "Puppe" (3476) nennt, weist dies auf das Thema *Liebreiz* hin. Zugleich bilden diese Antonome jedoch auch den Knotenpunkt für das dritte Thema, das auf Gretchens *Verfügbarkeit* hinweist und allgemein die Verdinglichung und Manipulierbarkeit eines jungen Mädchens impliziert. Mephisto nennt sie denn auch zweimal "Ding" (2624, 2948), und ihre Kennzeichnung als "Geschöpfchen" (2644) durch Faust und als "Kreatur" durch Mephisto (2882) gehen in dieselbe Richtung.

Die als offensichtliche Schmeichelei beabsichtigte Anrede "Fräulein" (2605), die Gretchen kategorisch zurückweist (2607), bringt gleich zu Beginn der Gretchen-Handlung das Thema *Ansehen* ins Spiel, das zum Grundbestand des empfindsamen Verführungsdramas gehört. Das Thema ist vielfach erörtert worden, vor allem im Zusammenhang mit den Schmuckgeschenken Fausts und der implizierten Käuflichkeit Gretchens. Immerhin ist für die Verführungsintrige bemerkenswert, daß bei den beiden anderen Malen, in denen der Titel *Fräulein* auf Gretchen angewendet wird, dies durch die Kupplerfiguren Marthe und Mephisto geschieht (2905, 3020). Es ist auch Mephisto, der die Kehrseite der ersten Anrede "Mein schönes Fräulein" (2605) in seinem Bericht über das angebliche Schicksal von Frau Marthens Mann echohaft evoziert und dabei ironisch umkehrt: "Ein schönes Fräulein nahm sich seiner an" (2981). *Fräulein* im Sinne von "fahrendes Fräulein: Prostituierte" (Erler 1990, 826) verweist unmittelbar auf den unausweichlichen sozialen Absturz der Verführten, der sich wiederum in den Benennungen "Metze" (3730) und "Hur'" (3753) durch Valentin und der Verwendung des Polysems *Dirne* im gleichen Sinne durch Gretchen spiegelt: "Es schien ihn gleich nur anzuwandeln / Mit dieser Dirne gradehin zu handeln" (3173–74). Das Merkmal der Käuflichkeit enthält zwar nicht direkt das Sem *Verfügbarkeit*, doch führt es zumindest in dessen Nähe. Auch Fausts Ultimatum an Mephisto: "Hör, du mußt mir die Dirne schaffen" (2619), weist insgesamt in die gleiche Richtung. Die Polysemie von *Dirne* rückt damit durch das Sem *Weiblichkeit* die Rolle Gretchens als "geschlechts- wesen" (*Deutsches Wörterbuch* 14, 1, 1, 1955, 333 und öfter) ins Blickfeld, wobei *Buhle*, nicht nur durch den Kontext "Nicht ein Geschmeide, nicht ein Ring, / Meine liebe Buhle damit zu zieren" (3670–71), ebenso wie natürlich *Metze* und *Hur(e)*, auch (negativ) das Sem *Ansehen* enthält. Ganz offensichtlich ist das Sem *Weiblichkeit* im Antonom "Weib" — "Und nenne nicht das schöne

Weib!" (3327), ist aber natürlich auch in den Anreden und Benennungen
"Beste" (3100), "Mädchen" (2686, 2702), "Mägdelein" (3535) und vor allem
in dem zwölfmal vorkommenden Antonom "Liebchen" (2609, 2655, 2713,
2737, 2823, 2905, 2944, 3184, 3418, 3469) enthalten.

Die angemessene Anrede oder Benennung für Gretchen wäre *Jungfer*
gewesen, doch findet sich diese Form nur im *Urfaust* (872); in *Faust I* ist dies
"Jungfrau" geworden (3018), was eine "hervorhebung des geschlechtlich
unbefleckten" (*Deutsches Wörterbuch* 4, 2, 1877, 2389) nahelegt und wiederum das Sem *Unverdorbenheit* impliziert. Das Thema hat zentrale Bedeutung
für das der empfindsamen Tragödienhandlung zugrundeliegende Motiv der
verführten Unschuld und ist als Sem ebenfalls in der kosenden Anrede
"Schelm" (3205) bzw. der scheltenden Benennung "Grasaff" (3521) enthalten,
die beide auf Kinder angewendet wurden. Das Antonom "Kind" selbst kommt
insgesamt zehnmal vor (2609, 2655, 2713, 2737, 2823, 2905, 2944, 3184,
3418, 3469).

Es ist schließlich in diesem Zusammenhang noch bedeutsam, daß die
Häufung der beiden Antonome, die unmittelbar die Themen *Weiblichkeit*
sowie *Unverdorbenheit* vertreten, nämlich einerseits *Liebchen* und andererseits
Kind, auch unmittelbar das der Tragödie insgesamt unterliegende Motiv der
verführten Unschuld evozieren.

Bei alledem muß allerdings noch bedacht werden, daß die fünf als Seme
fungierenden Themen nur ein relativ grobmaschiges Netz darstellen, in dem
sich von Knoten zu Knoten weitere Verknüpfungen herstellen ließen. Das
folgende Diagramm, das die vorkommenden Antonome für Gretchen zu den
fünf Themen in Verbindung setzt, bildet deshalb die semantischen Beziehungen und Verknüpfungen nur umrißhaft ab, veranschaulicht jedoch die Metapher des semantischen Netzwerks (siehe Diagramm 1 nächste Seite).

Es wird hier deutlich, daß die den Antonomen zugrundeliegenden Seme
insgesamt widerspiegeln, wie Gretchen sich im sozialen Raum der *kleinen Welt*
zu verhalten hat, wie sie auf ihre Umwelt zu wirken hat, welche Rolle sie
jeweils spielen soll und welche Erwartungen allgemein an sie gestellt sind. Daß
ihr ein solches Rollenverhalten nicht in erster Linie von einzelnen Mitspielern
wie Faust, Mephisto, Valentin und Marthe zugewiesen wird, sondern vielmehr
von der Gesellschaft der *kleinen Welt* insgesamt, zeigt sich darin, daß Gretchen
vielfach die gleichen Antonome für sich selbst verwendet; auch sie gehört
natürlich zur *kleinen Welt*. Unter diesem Aspekt wird dann im Grunde sekundär,
wer im einzelnen in welcher Weise und bei welcher Gelegenheit Gretchen
anredet oder benennt: Jede solche Anrede oder Benennung erzeugt gleichsam

eine neue Masche im tragischen Netzwerk.

Diagramm 1: Antonomasie-Netzwerk

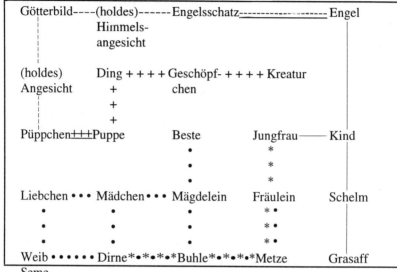

Seme
(1) --------- *Liebreiz* (2) * * * * * *Ansehen*
(3) ——————— *Unverdorbenheit* (4) ++++++ *Verfügbarkeit*
(5) •••••••• *Weiblichkeit*

Eine ähnliche Form der semantischen Vernetzung läßt sich auch bei den auf Gretchen angewendeten Epitheta beobachten, die als qualitative Attribute die Verhaltenserwartungen und Rollenzuweisungen des Namens "Gretchen" und dessen Antonome wertend ergänzen. Von den etwa einundzwanzig in *Faust I* in dieser Funktion vorkommenden Adjektiven sind die folgenden offenbar von zentraler Bedeutung: *hold, süß, jung, schön, unschuldig, gut, lieb* und *arm*. Sie scheinen auf den ersten Blick all das zu bestätigen, was an Aussehen und Persönlichkeitsmerkmalen den "Idealtypus" (Heller 1977, 175) Gretchen ausmacht. Wie bereits erwähnt, sind jedoch nicht erst neuerdings bestimmte Brüche im Gretchen-Charakter beobachtet worden, die diesem klischeehaften Bild widersprechen. So ist etwa Gretchens Verführbarkeit von ihrer sexuellen Neigung, ihrer sozial bedingten Einstellung zu Geld und Schmuck und ihrer geistigen Beschränktheit her herausgestellt (Heller 1977) oder andererseits ihre "Selbstverwirklichung" durch das Überschreiten der von der Umwelt gesetzten Schranken als Akt der "Menschheitsbefreiung" im marxistischen Sinn interpretiert worden (Schiller 1980).

Beim näheren Hinsehen erweisen sich tatsächlich auch die auf Gretchen bezogenen Epitheta als zumindest doppelbödig, zumal wenn man ihnen im Hinblick auf ihre sonstige syntagmatische und paradigmatische Verwendung im Text hin nachgeht. Syntagmatisch ist dabei zunächst danach zu fragen, ob der Kontext und die sprachliche Umgebung, in denen ein als Epitheton für Gretchen verwendetes Wort anderswo in *Faust I* erscheint, etwas über seinen Bedeutungsumfang aussagen. Die Einbeziehung auch von *Faust II* würde allerdings zu weit führen und wäre, wie Stichproben zeigen, auch wenig fruchtbar. Paradigmatisch geht es wieder darum, Sinnzusammenhänge herauszustellen, die sich aus dem wiederholten Auftreten eines bestimmten Adjektivs (Isolexie) oder eines zum gleichen semantischen Feld gehörenden verwandten Lexems (Isotopie) an verschiedenen Stellen im Stück ergeben. Der Ansatz ist dabei weniger deskriptiv-statistisch (Twaddell 1953) als analytisch-semantisch.

Sieht man sich etwa die sonstigen Kontexte des Epitheton *hold* in "Du holdes Himmelsangesicht" (3182) oder ". . . du holdes Angesicht" (3431) an, dann zeigt sich deutlich eine erotisierende Tendenz, etwa wenn Gretchen sich der Stunden im Bett mit Faust erinnert: "Das war ein süßes, ein holdes Glück" (4531) oder wenn Faust, Mephisto und das Irrlicht in der Walpurgisnacht "holde Liebesklage" (3884) hören. Der erotische Doppelsinn des zum gleichen Feld gehörenden Epitheton *liebenswürdig* zeigt sich, wenn man es wörtlich auffaßt. Mephistos Kompliment "Ihr seid ein liebenswürdig Kind" (2944) enthält dann eine deutliche erotische Komponente, die sich in dem Spruch der Trödelhexe, wiederum in der Walpurgisnachtszene, bestätigt: "Kein Schmuck, der nicht ein liebenswürdig Weib / Verführt . . ." (4106). Die erotische Grundtendenz des Epitheton *süß*, etwa in der Anrede "Süß Liebchen" (3179), enthüllt sich zunächst in Kontexten wie "Stand sie bei ihrem Buhlen süß" (3565), steht, wie oben zitiert, syntagmatisch in Beziehung zu *hold*, und steigert sich in Wendungen wie "die Begier zu ihrem süßen Leib" (3328) oder ". . . der süße Leib, den ich genoß" (4198), ins Sexuelle. Auch das Epitheton *jung*, schon allein weil es dreimal mit dem Metonym *Blut* auftritt (2636, 2798, 2907), hat eine erotische Komponente, die dann in Mephistos Hinweis auf "junge Hexchen, nackt und bloß" (4046) in der Walpurgisnacht mehrfach personifiziert erscheint. Die möglichen sexuellen Konnotationen von *Affen* in "affenjung" (3313) sind ebenfalls bisher übersehen worden. Dem Epitheton *schön* kommt schon aufgrund der Tatsache, daß es gleich dreimal am Anfang der Gretchen-Handlung steht, besondere Bedeutung zu. Es steht dort syntagmatisch mit dem Antonom *Kind* in Verbindung, was wieder auf *jung* verweist: "Beim Himmel, dieses Kind ist schön" (2609) sowie "Ich sag' Euch: mit dem schönen Kind / Geht's ein- für allemal nicht geschwind" (2655–56). Eine weitere syntagmatische

Verbindung ergibt sich zu *süß* in Mephistos ironischem Kommentar zu Fausts Untätigkeit in *Wald und Höhle:* "Ein schöner, süßer Zeitvertreib!" (3276), wo der Bezug zum Verführungsmotiv aus den dem Ausruf, "Und nenne nicht das schöne Weib!" (3327), folgenden Versen eindeutig hervorgeht. Erotisierend wirkt auch die Warnung vor den "schönen Haaren" von Lilith (4120) oder die Trope "zwei schöne Äpfel" (4130) für die Brüste der jungen Hexe in der Walpurgisnachtszene.

Parallel zur Erotisierung der vornehmlich auf ästhetische Eigenschaften verweisenden Epitheta läßt sich eine weitgehende Trivialisierung solcher Adjektive aus dem ethischen Bereich feststellen. Eine Bedeutungsentleerung entsteht zum Beispiel bei *unschuldig* dadurch, daß es sich bei Mephistos Feststellung "Es ist ein gar unschuldig Ding" (2624), wieder wörtlich genommen, um ein Oxymoron handelt. Faust verwendet in einem ähnlichen Zusammenhang die sinnverwandten, aber völlig konventionalisierten Lexeme "sitt- und tugendreich" (2611), denen die ontologischen Merkmale von *unschuldig* fehlen, und in der Bemerkung "Du gut's, unschuldig's Kind" (3007), die Mephisto "für sich" macht, hat *unschuldig* deutlich die Denotation von "naiv"; *gut* wird konventionalisiert und verliert durch den Bezug auf *Kind* seine ethische Komponente. Überdies bewirkt die Verwendung von *gut* in semantisch weitgehend entleerten Diskurswendungen wie "schön und gut" (2799, 3459) oder "kurz und gut" (2635, 3297), daß diese als Isolexien auf das Epitheton *gut* für Gretchen auch in verallgemeinernd konventionalisierender Weise zurückwirken. Wiederum bestimmt hier der Kontext, insbesondere der des Sprechers, den Grad der Trivialisierung, etwa in Fausts Reaktion auf die Gretchen-Erscheinung in der Walpurgisnacht; indem Faust zögernd zugibt, daß sie "dem guten Gretchen gleicht" (4188), spiegelt das konventionelle Epitheton *gut* Fausts Distanz von Gretchen, und das obwohl er vor nicht allzu langer Zeit noch "ein wildes Feuer / nach jenem schönen Bild" (3247–48) verspürt hatte. Auch *lieb* wird besonders in der Anrede wie "Lieb's Kind" (3469) oder "Liebe Puppe" (3476) zur fast leeren Formel. Selbst in der Bezeichnung von Gretchen als "treue liebe Seele" (3529) überwiegt das Konventionelle, das dann in bestimmten Kontexten wie "ein lieb Ding im Arm zu haben" (2949) oder die "liebe Buhle damit zu zieren" (3671) zusätzlich erotisiert wird. Eine wichtige Ausnahme der Verwendung von *gut* durch Faust, allerdings erst am Schluß in der Kerkerszene, verweist unmittelbar auf die tragischen Konsequenzen, die sich aus der Trivialisierung und Erotisierung der Gretchen-Epitheta erschließen lassen. Fausts Feststellung, "ihr Verbrechen war ein guter Wahn" (4408), spiegelt unmittelbar Gretchens frühere Einsicht:

"Doch — alles, was mich dazu trieb, / Gott! war so gut! ach war so lieb" (3585–86). Für Gretchen nämlich sind die Lexeme *gut* und *lieb* eben gerade nicht entleert, zumal nicht, wenn sie sie als Attribute für Faust verwendet. Wenn sie weiterhin ihr eigenes Verhalten als *gut* und *lieb* bezeichnet, zeigt sich im ontologischen Kern der Lexeme, auf Gretchen bezogen, die tragische Notwendigkeit der Ereignisse. So enthüllt wiederum die seamantische Vernetzung der trivialisierten und erotisierten Lexeme kausal die Unausweichlichkeit von Gretchens Schicksal. Indem zentrale Epitheta semantisch entleert und ihnen danach neue Bedeutungskomponenten aufgesetzt werden, zeigt sich ein der Antonomasie-Vernetzung ähnlicher Vorgang, der auf einer anderen Ebene Gretchens tragisches Schicksal abbildet. Gretchen selbst erkennt am Schluß diese in den Epitheta *jung* und *schön* implizierten Zusammenhänge fast überdeutlich: "Bin ich doch noch so jung, so jung! / Und soll schon sterben! / Schön war ich auch, und das war mein Verderben" (4432–34).

Die tragische Grundkomponente, die implizit für mehr oder weniger alle Epitheta kennzeichnend ist, die ästhetische oder ethische Inhalte enthalten, zeigt sich schließlich explizit in dem Epitheton *arm*. Noch im *Urfaust* verbindet Gretchen ihre Einsicht in die schicksalhaften Implikationen von *jung* und *schön* in der Kerkerszene mit der Folgerung "und bin ein armes junges Mädchen" (*Urfaust* 418, 12). Das Lexem wird fast ausschließlich von Gretchen und von Mephisto verwandt, so etwa wenn sich Gretchen bei der ersten Begegnung mit Mephisto "ein armes junges Blut" (2907) nennt, wenn Mephisto sie wenig später vor Faust als "das arme Gretchen" (3053) und in *Wald und Höhle* als "Das arme affenjunge Blut" (3313) bezeichnet, bis hin zur Kerkerszene, wo Gretchens Ausruf "Rette dein armes Kind" (4552) im Hinblick auf ihre Identifizierung mit ihrem toten Kind (Heller 1977, 177) doppeldeutig ist. Schließlich noch transponiert das Epitheton *arm* in einer Kette von Isolexien Gretchens Schicksal auf eine allgemeine gesellschaftliche Ebene: "Das arme Ding" (3562) sagt sie von Bärbelchen, die schwanger ist, und "Ihr armen, armen Dinger" (3692) singt Mephisto auf der *Straße vor Gretchens Tür* von anderen verführten Mädchen. Das Epitheton *arm* begleitet so von Anfang kontrapunktisch die Nennungen und Benennungen, Bezeichnungen und Kennzeichnungen von Gretchen und evoziert im Individuellen wie im Allgemeinen das unvermeidbare tragischeSchicksal der verführten Unschuld.

Die paradigmatischen Zusammenhänge der auf Gretchen bezogenen Epitheta lassen sich wieder in einem semantischen Netzwerk-Schema darstellen, dessen grundsätzliche Funktion trotz der etwas komplexeren Bedeutungszusammenhänge mit der des Antonomasie-Netzwerks übereinstimmt (siehe Diagramm 2).

Die auf Gretchen bezogenen Epitheta sind also nicht nur aufgrund ihrer
semantischen Merkmale paradigmatisch miteinander vernetzt, sie stehen, wie
sich gezeigt hat, auch syntagmatisch zueinander in Beziehung. Aus den solche
Wortgruppen konstituierenden Kollokaten ergeben sich notwendigerweise
auch Variationen in der Klassenfunktion der einzelnen Lexeme. So war es aus
semantischen Gründen nicht angängig, die Erörterung der Gretchen betreffenden Adjektive auf die Epitheta zu beschränken, wenn letztere auch den
Ausgangspunkt bildeten. Die in ihrer Bedeutung kaum zu überschätzenden
Kennzeichnungen *jung* und *schön* — "Bin ich doch noch so jung, so jung! /
Und soll schon sterben! / Schön war ich auch, und das war mein Verderben"
(4432–34) — und von *gut* und *lieb* — "Doch — alles, was mich dazu trieb, /

Diagramm 2: Epitheta-Netzwerk

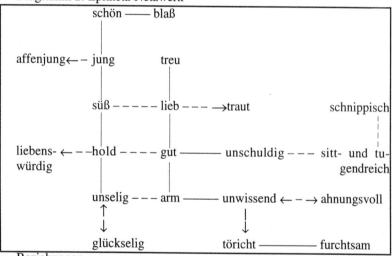

Beziehungen
(1) – – – – – – – paradigmatisch (2) —————— syntagmatisch
(3) ← – – – – – – Antonymie   (4) – – – – → Synonymie

Gott! war so gut! ach war so lieb" (3585–86) — in der Verbalphrase macht die
Notwendigkeit eines solchen Vorgehens offensichtlich. Aus ähnlichen Gründen
ist auch die Nominalisierung der charakteristischen Gretchen-Attribute durch
Faust erwähnenswert, gerade weil die damit verbundene Abstraktion der
Eigenschaften von Gretchen wegführt, weshalb Gretchen ihn auch unterbricht:
"Ach, daß die Einfalt, daß die Unschuld nie / Sich selbst und ihren heil'gen
Wert erkennt! / Daß Demut, Niedrigkeit, die höchsten Gaben / Der liebevoll
austeilenden Natur —" (3102–05). Ein vergleichbare Distanzierung zeigt sich

im übrigen auch in Gretchens Klage über ihren niedrigen Stand: "Was hilft euch Schönheit, junges Blut" (2798), eine Interpretation, die sich auch in der formellen Selbstanrede bestätigt.

Andererseits variiert dieser Ausruf Gretchens eine syntaktische Konstruktion, die sich im Verlauf des Stücks ständig wiederholt, nämlich das durch zwei Epitheta erweiterte komplexe Gretchen-Antonom, das sich syntaktisch als [Adjektiv+Adjektiv+Nomen], rhythmisch bis auf eine Ausnahme als das Kolon [x∪x∪x(∪)] konstituiert und als Isokolon wie ein rhythmisches Leitmotiv durch die Gretchen-Handlung zieht. Dabei stellt es die zentralen Themen der Gretchen-Tragödie gebündelt, wenn auch verschlüsselt, immer wieder vor Augen. Wo die Epitheta bei einem Metonym stehen, ist die Verbindung besonders eng. Versmaß und Reim tragen ihr Teil dazu bei, den schrittweisen Fortlauf der tragischen Handlung zu akzentuieren. Es beginnt vordeutend und verallgemeinernd in der Szene *Vor dem Tor* mit der Bezeichnung der Bürgermädchen durch die Alte als "das schöne junge Blut" (872) und nimmt direkten Bezug auf deren Verführbarkeit. Fausts Ultimatum an Mephisto nach der ersten Begegnung evoziert mit "das süße junge Blut" (2636) die Erotisierung von Gretchens Liebreiz und damit ebenfalls ihre Verführbarkeit. Gretchens Selbstkennzeichnung als "armes junges Blut" (2907) rückt dann durch den Austausch eines der beiden Epitheta die schicksalhaft-tragischen Folgen der Verführung ins Blickfeld. Mephistos "Das arme affenjunge Blut" (3313) schließlich betont durch das Hinzufügen eines neuen Elements die erotische wie die geschöpfliche Seite von Gretchens Tragik. Parallel hierzu stellt sich eine ähnliche Serie des Isokolons mit dem Antonom "Kind." Indem er sie als "das süße junge Kind" (2746) bezeichnet, erotisiert Mephisto im Verführungsdiskurs zunächst Gretchens Unverdorbenheit. Die Trivialisierung von "gut" und "unschuldig" stellt in der Kennzeichnung als "gut's unschuldig's Kind" (3007) ihre Wehrlosigkeit heraus, und Gretchens Selbsteinschätzung als "arm unwissend Kind" (3215) verweist wieder auf den tragischen Ausgang, der in der vom Tod gezeichneten Erscheinung Gretchens als "blasses, schönes Kind" (4184) in der Walpurgisnacht vorgedeutet ist. Weitere Beispiele für das Isokolon sind Gretchens Selbstkennzeichnung als "töricht furchtsam Weib" (2758), mit dem sie sich von ihrem "ahnungsvollen" Schauer nach Fausts und Mephistos Eindringen in ihre häusliche Sphäre zu befreien sucht, und Fausts als Verteidigung gemeinte, jedoch trivial-konventionelle Charakterisierung von Gretchen als "treue, liebe Seele" (3529) vor Mephisto. Endlich enthält Fausts Ausruf "das holde unselige Geschöpf" (137, 5–6) in der Szene *Trüber Tag. Feld* noch einmal die wesentlichen thematischen Aspekte der verführten und jetzt ihrem Schicksal ausgelieferten Unschuld. Der Prosatext dieser Szene, die wahrscheinlich zur frühesten Schicht in der langen Entstehungsgeschichte der *Faust*-Tragödie gehört, ist natürlich der Grund dafür, daß hier das sonst kennzeichnende rhythmische Element des Isokolons fehlt.

Wenn man rückblickend noch einmal die Frage nach der Eigenständigkeit der Gretchen-Handlung in der *Faust*-Tragödie stellt, insbesondere, ob sich deren spezifische Form als Tragödie mehr oder weniger unabhängig von der Faust-Handlung nachweisen läßt, dann läßt sich zusammenfassend folgendes feststellen:

Die hermeneutische Vorentscheidung, drei den "Stil" des literarischen Textes mitbestimmender Elemente semantisch zu analysieren, hat eine Reihe von Einsichten ermöglicht. "Stil" ist hier zu verstehen als die geordnete Menge übergreifender Regelmäßigkeiten in der Textur des Werks (Doležel 1985, 195), wobei mit "Textur" der explizite Wortlaut des vorliegenden Textes in Verbindung mit seinen implizierten Bestandteilen gemeint ist (Doležel 1985, 203, Anm. 18).

Im Stilmittel der Antonomasie spiegelten sich in den semantischen Strukturen der Benennungen und Bezeichnungen für Gretchen die ihr von Umwelt und Gesellschaft auferlegten Verhaltensweisen. Als Ganzes gesehen ließen sich die Gretchen-Antonome aufgrund ihrer gemeinsamen und implizit ihrer unterscheidenden semantischen Merkmale in einem Netzwerk-Schema darstellen. Es handelt sich dabei um ein Geflecht von Sinnbeziehungen, dem in der Analyse von Texten der verschiedensten Sorten, und neuerdings auch in deren Rekonstituierung, zunehmend größere Bedeutung zukommt (Niedermayr 1989). Dabei wurde das Netzwerk-Schema selbst zur Metapher für die unvermeidbare Verstrickung Gretchens, die bereits im ersten Augenblick ihrer Beziehung zu Faust beginnt. Dies zeigte sich noch deutlicher im Stilmittel der auf Gretchen bezogenen Epitheta, die in einem ähnlichen Netzwerk dargestellt werden konnten. Dabei ließen sich in der Verwendung dieser Adjektive Trivialisierungs- und Erotisierungstendenzen beobachten, die sie doppeldeutig machten. Es handelt sich hierbei allerdings um eine verschlüsselte Form von Syllepsis, die sich erst aus den jeweiligen Kontexten erschließen läßt (vgl. dagegen Riffaterre 1980, 628), wobei als Kontexte auf der paradigmatischen Ebene Isolexien bzw. Isotopien, auf der syntagmatischen als Kollokate fungierende Lexemfolgen fungieren. Auch beim Stilmittel Epitheton zeigte sich damit, daß letztlich Verführungs- und Zerstörungsdiskurs eine Einheit bilden, und zwar besonders eindringlich in dem Antonomasie und Epitheta verbindenden Isokolon.

Die besondere semantische Schichtung und syntaktische Bündelung der beobachteten Stilmittel tragen zweifellos wesentlich zum Gelingen der anfänglich erwähnten gerafften Darbietung und scheinbar sprunghaften Handlungsführung in der Gretchen-Tragödie bei. Wie sich aus der relativ großen Zahl der semantischen Beziehungen zwischen den sogenannten Gretchen-Szenen und *Walpurgisnacht*, sowie im Nachweis des "Gretchen"-Isokolons in der Szene *Vor dem Tor* zeigt, binden sie auch die Gretchen-Handlung weiter in die Tragödie als Ganzes ein, mit dem Ergebnis, daß die Verführungs- und Zerstörungsthematik über Gretchen hinaus verallgemeinert erscheint und schon auf dieser Ebene zur Gesellschaftssatire gehört.

Literaturverzeichnis

ATKINS, Stuart. *Goethe's Faust. A Literary Analysis.* Cambridge, MA: Harvard UP, 1958.

ATKINS, Stuart. "A Reconsideration of Some Misunderstood Passages in the 'Gretchen Tragedy' of Goethe's *Faust.*" *MLR* 48 (1953): 421–34.

BAILET, Dietlinde S. *Die Frau als Verführte und als Verführerin in der deutschen und französischen Literatur des 18. Jahrhunderts.* Bern: Peter Lang, 1981.

BRANDT, Helmut. "Der widersprüchliche Held. Goethes Faustgestalt im Lichte der Gretchentragödie." *Ansichten der deutschen Klassik. Festschrift für Ulrich Wertheim.* Hrsg. Helmut Brandt. Berlin: Aufbau-Verl., 1981. 119–47.

DEUTSCHES WÖRTERBUCH. 1854–1971. Jacob und Wilhelm Grimm. 16 Bde. Leipzig: Hirzel. Nachdr. München: dtv, 1854–1984. 33 Bde.

DOLEŽEL, Lubomír. "Literary Text. Its World and its Style." *Identity of the Literary Text.* Hrsg. Mario J. Valdés u. Owen Miller. Toronto: U of Toronto P, 1985. 189–203.

ERLER, Gotthard. "Anmerkungen." *Goethe. Poetische Werke. Dramatische Dichtungen. IV. Faust.* 4. Aufl. Berlin: Aufbau-Verl.,1990. (Berliner Ausgabe, 8). 739–988.

FAIRLEY, Barker. *Goethe's Faust. Six Essays.* Oxford: Clarendon, 1953.

FRENZEL, Elisabeth. *Motive der Weltliteratur. Ein Lexikon geschichtlicher Längsschnitte.* 3. Aufl. Stuttgart: Kröner, 1988.

FRIEDRICH, Theodor u. Lothar J. Scheithauer. *Kommentar zu Goethes "Faust." Mit einem Faust-Wörterbuch und einer Faust-Bibliographie.* Stuttgart: Reclam, 1991.

GAIER, Ulrich. *Goethes 'Faust'-Dichtungen. Ein Kommentar.* Bd.1: Urfaust. Stuttgart: Reclam, 1989.

GOETHE, Johann Wolfgang. "Faust. Der Tragödie erster Teil." *Goethes Werke. Hamburger Ausgabe.* 6. Aufl. Hamburg: Christian Wegner, 1963. Bd. 3: 20–145. Zitiert als *Faust I.*

GOETHE, Johann Wolfgang. "Faust in ursprünglicher Gestalt." *Goethes Werke. Hamburger Ausgabe.* 6. Aufl. Hamburg: Christian Wegner, 1963. Bd. 3: 367–420. Zitiert als *Urfaust.*

HELLER, Peter. "Gretchen: Figur, Klischee, Symbol." *Die Frau als Heldin und Autorin.* Hrsg. Wolfgang Paulsen. Bern: Francke, 1979. (Amherster Colloquium zur deutschen Literatur, 10, 1977). 175–89.

HOHLFELD, Alexander R., Martin Joos u. William F. Twaddell. *Wortindex zu Goethes "Faust."* Madison: Dept. of German of the U of Wisconsin, 1940.

KITTEL, Paula M. "Der Wortschatz der Bühnenprosa in Goethes *Faust.*" *Monatshefte* 36 (1944): 321–44.

KROGMANN, Willy. "Der Name 'Margarethe' in Goethes *Faust.*" *ZfdPh* 55 (1930): 361– 79.

NIEDERMAYR, G. Th. "The Use of a Semantic Network in Speech Dialogue." *Eurospeech 89. European Conference on Speech Communication and Technology.* Bd. 1. Paris: September 1989. 26–29.

PETRICONI, Hellmuth. "Goethes Gretchentragödie." *Die verführte Unschuld.* Hamburg: Cram, de Gruyter, 1953. 99–129.

PILZ, Georg. "Johann Wolfgang Goethe: Gretchentragödie (aus *Urfaust).*" *Deutsche Kindesmord-Tragödien.* München: Oldenbourg, 1982. 45–64.

PRETZEL, Ulrich. "Wortbedeutungsprobleme in Goethes Sprache." *Kritische Bewahrung. Beiträge zur deutschen Philologie. Festschrift für Werner Schröder zum 60. Geburtstag.* Hrsg. Ernst-Joachim Schmidt. Berlin: Erich Schmidt, 1974. 416–33.

RASTIER, François. "Microsémantique et textualité." *Research in Text Connexity and Text Coherence: A Survey.* Hrsg. Janos S. Petöfi u. Emel Sozer. Hamburg: Buske, 1986. 147–66.

RIFFATERRE, Michael. "Syllepsis." *Critical Inquiry* 6 (1980): 625–38.

SCHILLER, Dieter. "Zum Figuren- und Handlungsaufbau in Goethes *Faust.*" *Weimarer Beiträge* 26.5 (1980): 40–59.

STREHLKE, Fr. *Wörterbuch zu Goethes Faust.* Stuttgart: Deutsche Verl., 1980.

TRUNZ, Erich. "Anmerkungen des Herausgebers." *Goethes Werke. Hamburger Ausgabe.* 6. Aufl. Hamburg: Christian Wegner, 1962. Bd. 3: 461–637.

TWADDELL, William F. "The *Kerker* Lexicon and the *Gretchen* Episode." *Monatshefte* 45 (1953): 355–70.

Gift und Gabe
Das Schmuckkästchen in Goethes *Faust* und seine Matrix der Bedeutung

Holger A. Pausch und Jacqueline Doig, *University of Alberta*

I

Es ließe sich schon die Auffassung vertreten, daß in Gegenwart und Geschichte kein Phänomen des Ausdrucks eine vergleichbare Faszination ausgeübt hat, wie die Formen der uneigentlichen Sprache.[1] Angesprochen ist eine bestimmte Kommunikationshaltung, die den indirekten, durch Tropen, Stilfiguren und andere sprachliche Signale vermittelten Ausdruck bevorzugt. Zu diesen Formen zählt in einem zeichentheoretisch erweiterten Rahmen auch die Sprache des Gebens und Schenkens.

Das Funktionieren uneigentlicher Ausdrucksformen beruht auf der wahrscheinlich sprach-urzeitlichen Entdeckung und gesellschaftlichen Übereinkunft, daß Begriffe, Zeichen, Symbole und auch konkrete Gegenstände zusätzlich zu ihrem designierten Kommunikations- und Funktionswert noch etwas anderes, einen scheinbar versteckten Inhalt "bedeuten" können. Die Tragweite und Wirksamkeit dieses sozial- und kulturpolitisch fundamentalen Mechanismus ist vermutlich schnell erkannt worden. Zumindest gehören Formen der uneigentlichen Sprache zur Grundlage der Religionen, der Magie und des Okkulten, der Mythen, Märchen und Allegorien, allgemeiner der bildenden Kunst, der Politik und Wissenschaft, kurz der menschlichen Kultur. Ohne diesen Mechanismus wäre sie, wenn überhaupt, von gänzlich anderer Art, es handelte sich im Sinne Wittgensteins um ein neues "Spiel."

Im Arbeitsfeld der modernen Sprachtheorie und Semiotik ließe sich der angesprochene Sachverhalt knapp formuliert mit folgenden Worten umschreiben. Und zwar verfügt jeder Begriff und Gegenstand, jedes Zeichen und Symbol im Kontext der möglichen Verwendungsformen grundsätzlich über ein größeres Sinn- und Verfügungspotential als die Summe der individuell einsehbaren inhaltlichen und funktionalen Bezüge und Verweise. Der Grund liegt bekanntlich darin, daß der Erzeugung von Sinn und Bedeutung auf der Basis eines begrenzten Lexikons keine Grenzen gesetzt sind. Mit anderen Worten: Begriffe, Zeichen und Gegenstände besitzen ein gewaltiges Bedeutungs- und Funktionspotential, das von einem Menschen allein immer nur in einer Auswahl von Einzelfällen benutzt werden kann.

Die angesprochenen Möglichkeiten der theoretisch unbegrenzten Sinnerzeugung im Bereich der Sprachgestaltung führen jedoch in eine problematische Situation, eine Kalamität, der sich kein kommunikationsbereiter Mensch entziehen kann. Auf der einen Seite nämlich wird der sprachliche Handlungs- und Kommunikationsspielraum schon dann recht schnell minimalisiert, wenn Begriffe sinnüberladen benutzt werden.[2] In diesem Fall ist der Zusammenbruch eines linearen Diskurses denkbar, beispielsweise der einer Unterhaltung. Die andere Seite, wenn ein Minimum des implizierten Sinnvolumens nicht erkannt wird und Nichtwissen und Unkenntnis vorherrschen, ist allerdings auch mit Gefahren verbunden. In dieser Hinsicht könnte beispielsweise ein Autofahrer die schlimmsten Überraschungen erleben, wenn er Straßenverkehrszeichen nur mangelhaft zu lesen versteht.

Dennoch motiviert das mangelhafte, selektive oder falsche Verständnis von Zeichen — angesprochen sind Verstehensdefizite, die in einem größeren Rahmen die Probleme der menschlichen Kultur erzeugen — den allgemeinen sprachlichen Diskurs, also Mythologie, Literatur oder umfassender die Welt- als Sprachgestaltung. Im Grunde nämlich wird jeder Sprachakt durch eine vermutete, erkannte oder implizierte Fehldeutung oder Mißachtung von sprachlichen Zeichen eingeleitet, und zwar als eine Art zweckgebundene Korrekturarbeit. Gelänge es, ein Gleichgewicht zwischen Sinnüberladung und Sinnmißachtung oder Fehldeutung von sprachlichen Zeichen herzustellen und damit eine Nicht-Interpretierbarkeit der Begriffe zu erzeugen, wäre Kommunikation auf der Basis der nun nicht mehr vorhandenen Verstehensunterschiede im Grunde überflüssig. Mit anderen Worten: wären alle Menschen einer Meinung, dann wäre die Notwendigkeit, sich mitzuteilen, nicht mehr vorhanden. Erst die Fehldeutung oder Sinnmißachtung veranlaßt die Sprachhandlung und damit den Kommunikations- und Lernvorgang. In diesem Blickwinkel ließe sich jede Erzählung auf eine Serie von unbewußten, erkannten oder geplanten Verstehensdefiziten zurückführen, die zunächst den Sprachvorgang und später den hermeneutischen Prozeß motivieren.

Eines der am häufigsten unter Sinnmißachtung und Fehldeutung leidenden Realien im menschlichen Verkehr und als sprachliches Zeichen in der Literatur ist das Geschenk, die Gabe. Im Alltagsleben ist bekanntlich jedes Geschenk das

Objekt einer ausführlichen Analyse und Bewertung, trotz des volkstümlichen Ratschlags, einem "geschenkten Gaul" nicht ins Maul zu schauen. Das erhaltene Geschenk wird in jedem Fall in vielerlei Hinsicht bewertet. Es kann falsch verstanden werden oder es kann zu klein sein, ordinär, beleidigend, lächerlich, erbärmlich, alltäglich, großzügig, überwältigend usw. Das Geschenk repräsentiert also nicht nur einen materiellen Wert. Wird es als Zeichen im Bereich der uneigentlichen Sprache verstanden, agiert es auch als Sinnträger einer Mitteilung, für die sich die sprachliche Situation nicht oder noch nicht eignet. Dazu einige Beispiele.

Onkel Joseph in Peter Marginters Erzählung *Der tote Onkel* (Berlin: Ullstein, 1981) schenkt seinen Verwandten alljährlich zu Weihnachten selbstgemalte Porträts, mit denen er sie verhöhnt und quält. Madame Houpflé — in Thomas Manns Roman *Bekenntnisse des Hochstaplers Felix Krull* — dankt dem "zwar göttlichen, doch ganz gemeinen Domestikenjungen"[3] Armand (Felix) mit Juwelen und Bargeld für seine sexuellen Dienste. In ihrem Beisein darf er sich die Geschenke in ihrem Hotelzimmer zusammenstehlen, mit denen sie Armand als Gigolo (Juwelen), männlichen Prostituierten (Bargeld) und Dieb (er sammelt die Dinge selbst ein) deklassiert. Friedrich Dürrenmatt gestaltet in seinem Drama *Der Besuch der alten Dame* (1956) mit der steinreichen Claire Zachanassian eine Art modern-antike Rachegöttin. Mit der Schenkung von einer Milliarde im Austausch für einen "gerechten" Mord will sie den Einwohnern Güllens klarmachen, daß sie als Menschen moralisch bodenlos bankrott sind.

Die wenigen Fälle zeigen, daß auch das Ausdrucks- und Funktionsspektrum der Sprache des Schenkens im Grunde unbegrenzt ist. Geschenke eignen sich — so beispielsweise in O. Henrys berühmter Kurzgeschichte *The Gift of the Magi* (1906) — als Ausdruck tief empfundener Zuneigung, die sich bis in die Absurdität steigern kann, als Nachweis der Treue (Alfred de Mussets Komödie *Un Caprice*, 1837) und Tugendhaftigkeit (Alexandre Dumas' *Le collier de la reigne*, 1849/50) oder auch, was die Trojaner der Mythen im Zusammenhang des von Agamemnon und Odysseus hinterlassenen hölzernen Pferdes erfahren mußten, als Mittel der Zerstörung.

Die gesellschaftliche Bedeutung der Sprache des Schenkens zeigt sich auch im Umkreis volkstümlicher und religiöser Reflexionen zum Gegenstand. Im ersten Bereich ist zu erfahren: "Das Geschenk eines bösen Menschen bringt kein Glück." "Kleines Geschenk ist der Angelhaken des größeren Geschenkes." "Auch der Stolzeste nimmt gern vom Glück ein Geschenk an." "Geschenke verblenden die Weisen." "Geschenke besänftigen Götter und Menschen."

"Kleine Geschenke erhalten die Freundschaft." Oder: "Der geschenkte saure Apfel gilt für süß."[4] Die quasi liberale Einstellung volkstümlicher Redensarten gegenüber Geschenken wird im Alten Testament durch eine Reihe eindringlicher Warnungen vor Gefahren und Implikationen kontrastiert. Dort ist zu lesen:

> Raffe meine Seele nicht hin mit den Sündern / noch mein Leben mit den Blutdürstigen, an deren Händen Schandtat klebt / und die gern Geschenke nehmen. (Ps. 26, 9/10)

> Der Gottlose nimmt gern heimlich Geschenke, zu beugen den Weg des Rechts. (Spr. 17, 23)

> Weh denen, die Helden sind, Wein zu saufen, und wackere Männer, Rauschtrank zu mischen, die den Schuldigen gerecht sprechen für Geschenke und das Recht nehmen denen, die im Recht sind! (Jes. 5, 22/23)

> ... seine Häupter richten für Geschenke, seine Priester lehren für Lohn und seine Propheten wahrsagen für Geld ... (Misch. 3, 11)

> Geschenke und Gaben verblenden die Weisen und legen ihnen einen Zaum ins Maul, so daß sie niemand mehr zurechtweisen können. (Sir. 20, 31)

Hier nun ist auffallend, daß die zitierten Bibeltexte nicht vor Geschenken an sich warnen, sondern vor den Verpflichtungen, die mit ihnen verbunden zu sein scheinen, vor ihrem manipulierenden und korrumpierenden Effekt. Ein "reines" Geschenk also im Sinne der *Duden*-Bedeutungserklärung, womit ein Gegenstand erfaßt wird, den man jemandem gibt, um ihm eine Freude zu machen, würde im alttestamentarischen Reflexionsbereich als naiv und nicht existent gelten. Das moderne Konzept des reinen Geschenks ist in dieser Perspektive eine Fiktion, die den ursprünglich archetypischen Sachverhalt, was anschließend zu zeigen sein wird, verdeckt.[5] Angesprochen sind jene gesellschaftlichen Funktionen, die mit dem Geschenk in seinen frühesten Erscheinungsformen wesenseigen verhaftet gewesen waren.

Den ersten Einblick in dieser Hinsicht geben die Vorgänge des Schenkens im Kulturbereich des Märchens, da seine symbolischen Formen des "prälogischen" Denkens (Lucien Levy-Bruhl) als Archetypen weit in die historischen Anfänge des sprachlichen Handelns zurückreichen. Das Märchengeschehen nämlich entspricht, so Hedwig von Beit in dem auch heute noch eindrucksvollen Werk *Symbolik des Märchens* (1952, 4. Aufl. 1971), "jener geistigen Stufe, auf der sich der Mensch noch nicht völlig aus dem Unbewußten zum Bewußtsein entwickelt hat," und damit bestätige es "die Auffassung der Märchen gleichsam als Ur-Geschehen, als Handlung archetypischer Figuren" (16).

In dem von Beit als Handlungsraum archetypischer Figuren angesprochenen Bereich des Märchens ist zunächst die unübersehbare Häufigkeit von

Vorgängen des Schenkens auffallend. Darf das Märchen als Spielfeld archetypischer Vorgänge auch als ein Indikator für die Bedeutung des Schenkens in frühgeschichtlichen Gesellschaften gelten, dann verweist das vielfache Auftreten und sein zentraler Stellenwert im Handlungsverlauf auf seine grundlegende Aktualität. Es gibt verhältnismäßig wenig Märchen, in denen Formen des Schenkens und Gebens nicht vorkommen. Wir stoßen, um den gewaltigen Problemkreis wenigstens skizzenhaft anzudeuten, auf Feen- und Koboldgaben, auf Hexengeschenke, Geschenke der geflügelten Frau, Gaben des Bettlers, des Dämons, der Fee, der alten Frau, weiter auf Gaben aus dem Meer, Gaben des Fisches, der Sonnengöttin, des Wundervogels, der Gestirne usw.[6] Allen Gaben jedoch ist gemeinsam, daß sie in keinem Fall ohne Vorbehalte überreicht werden. Jede Gabe ist im Grunde mit Bedingungen und Erwartungen verbunden. Und damit ist sie immer Bestandteil eines vereinbarten Vertrags oder eines ausgehandelten Verhaltens. Die Annahme der Gabe signalisiert, daß die beschenkte Person mit den Verpflichtungen und Obligationen einverstanden ist, die mit der Gabe verbunden sind. Das Geschenk im Märchen ist stets Teil eines Handels, wobei jedoch die mit einer Gabe bedachte Person nicht jederzeit weiß, worauf sie sich eingelassen hat. Dennoch führen die mit Bedingungen verbundenen Geschenke und Gaben zu negativen, gefährlichen oder auch katastrophalen Konsequenzen, wenn sie falsch verstanden, vernachlässigt oder ignoriert werden.[7]

Die angesprochene Problematik des Schenkens spielt nun offen und kalkuliert oder unbewußt und versteckt im gesamten Bereich der Literatur eine bedeutende Rolle. Eines der berühmten Beispiele ist die Schmuckkästchen-Episode in Goethes *Faust I*. Gretchens Bereitschaft, den von Mephistopheles herbeigeschafften Schmuck von Faust anzunehmen, hat für sie bekanntlich tödliche Folgen. Mit anderen Worten: im Sinne der oben skizzierten Mechanik des Gebens und Schenkens muß Gretchen, so ließe sich zunächst spekulieren, unbewußt gegen eine mit der Gabe des Schmucks verbundene Bedingung verstoßen haben, womit der Weg in die Tragödie ermöglicht wurde. Die Frage nach einem denkbaren Vergehen Gretchens, wodurch die tragische, in den Kindesmord führende Handlungsdynamik ausgelöst wurde, stellt sich damit von selbst und soll im folgenden Abschnitt in der Perspektive der oben skizzierten Theorie genauer untersucht werden. Daß dabei die der Mutter giftmischerisch von ihr verabreichten Schlafdrogen und ihre "Liebe" zu Faust, der in ihr das "unschuldige Geschöpf" sieht, an dem sich sein "Liebessehnen in tragischer Weise erfüllen soll,"[8] nur eine sekundäre Rolle spielen, werden die folgenden Seiten verdeutlichen.

II

Der Erzählzusammenhang der Schmuckgabe ist schnell geschildert. Faust, ein erfolgreicher Forscher in seinen — im Gegensatz zum jüngeren Ur-Faust — späten fünfziger Jahren, die ihm die Hexe mittels einer Verjüngung ansprechbar reduziert, bemüht sich um die sexuelle Gunst des über vierzig Jahre jüngeren Gretchens, deren Alter um die Vierzehn anzusetzen ist. Eine zu jeder Zeit peinliche Situation, auf die im Stück jedoch nicht verwiesen wird.[9] Immerhin aber erklärt der enorme Altersunterschied, daß Faust sich trotz Verjüngung nicht mehr in der Lage sieht, mit seinem äußeren Erscheinungsbild allein zu werben. Deshalb verlangt er von Mephistopheles, ihn mit einem Geschenk für Gretchen zu versorgen: "Sorg du mir für ein Geschenk für sie!" (2673).[10] Hinsichtlich der Verführung Gretchens ist damit der strategische Einsatz des Schmuckgeschenks ("Wir müssen uns zur List bequemen" 2658) auch psychologisch motiviert.[11] Gleichzeitig verweist das Dinghafte des Schmucks auf das Dinghafte der Körperlichkeit Gretchens (die "Hoffnung künftger Freuden" 2670), an der Faust allein interessiert ist. Vom Intellekt Gretchens, die sich selbst als "ein arm unwissend Kind" (3215) versteht, ist Faust nicht beeindruckt. Schon die Formen der Anrede verdeutlichen den Sachverhalt. Während — um einige Beispiele zu geben — Gretchen Faust artig mit den Worten "mein Herr," "der Herr," "erfahrner Mann," "bester Mann" und "Heinrich" anredet, antwortet Faust mit den herablassenden Diminutiven: "o Mädchen," "mein Liebchen," "Kind," "o Beste," "liebe Puppe," "o kleiner Engel," "süß Liebchen," "holdes Himmelsangesicht" und "Schelm." Bei ihrem Namen nennt er sie kaum. Der beachtliche soziale Unterschied zwischen beiden Figuren, der im Zusammenhang der beiden Schmuckepisoden eine wichtige Rolle spielt, ist damit auch sprachlich etabliert.[12]

Nach der Szene in der Hexenküche schafft Mephistopheles das recht schwere erste Schmuckkästchen herbei, bei dessen Anblick, versichert er Faust, Gretchen die Sinne vergehen würden. In ihrem Zimmer stellt Faust das Kästchen in einen Schrein. Während des anschließenden Spaziergangs erfährt Faust von Mephistopheles, daß der Schmuck, nachdem ihn Gretchen gefunden und der Mutter gezeigt hatte, als "ungerechtes Gut" (2823) einem Geistlichen übergeben worden war, um ihn der Mutter Gottes zu weihen. Darauf verlangt Faust von Mephistopheles, neuen Schmuck zu besorgen. Das inzwischen klüger gewordene Gretchen entscheidet sich nach dem Anblick des zweiten mit Schmuck gefüllten Ebenholzkästchens, den Sachverhalt nicht mit der Mutter zu teilen und es bei der alleinstehenden Nachbarin Marthe Schwerdtlein zu hinterlegen. Sie hat die Konsequenz aus ihrer sozialkritischen Überlegung ("Nach Golde drängt, / Am Golde hängt / Doch alles. Ach, wir Armen!" 2802–04) gezogen. Gretchen wird von Marthe beraten, wie der Schmuck allmählich in das Blickfeld der Öffentlichkeit gebracht werden könnte. Über den weiteren Verbleib des Schmucks wird nichts mehr berichtet.[13]

Insgesamt durchlaufen die beiden Schmuckkästchen zwei Stationsphasen. Im ersten Fall von Mephistopheles über Faust, Gretchen, die Mutter zum Geistlichen, im zweiten von Mephistopheles über Faust und Gretchen zu Marthe. Sie und die Kirche sind die endgültigen Verwalter des Besitzes. Von Gretchen abgesehen sind die Folgen, die von beiden Schmuckgeschenken auf allen ihren Stationen hervorgerufen werden, neutral. Bei Gretchen jedoch löst das Geschenk eine Dynamik des Handelns aus, die in ihrem frühen Tod endet. Um dieses Handlungsgeschehen sinnvoll und verständlich zu gestalten, ist das Schmuckkästchen als Sprachobjekt (bezeichnender Wortkörper, *signifiant*) im Sinne der modernen Zeichentheorie gezwungen, eine Reihe von Metamorphosen seiner Bedeutung (Begriff, *signifié*) zu durchwandern, die in der Lage sind, den Funktionsbegriff des Schmuckkästchens dem jeweils vorhandenen Sachverhalt anzupassen. Dieses Detail ist hinsichtlich der Situation Gretchens im theoretischen Rahmen der Soziologie zunächst genauer zu erklären. Danach ist ein Blick auf die Mechanik der angesprochenen Metamorphosen seiner Bedeutung zu werfen, und zwar im Blickwinkel der psychoanalytischen Linguistik Jacques Lacans und der linguistischen Mythologiekritik Roland Barthes'. Die Notwendigkeit des Vorgehens wird im folgenden schrittweise deutlich werden.[14]

Fast alle soziologischen Analysen, die sich mit der Problematik des Gebens und Schenkens beschäftigen, beziehen sich auf die klassische Arbeit von Marcel Mauss (1872–1950), *Essai sur le don, forme archaïque de l'échange* (1925), die erste systematische Studie über die Bedeutung des Austauschs von Geschenken in frühen und vorindustriellen Gesellschaften, und zwar vom alten Rom bis zu den pazifischen Stämmen Melanesiens.[15] Den in archaischen Kulturen tief in die menschliche Geschichte zurückreichenden Vorgang des Geschenktausches versucht Mauss als ein grundlegendes gesellschaftliches Phänomen in seiner Totalität zu erfassen, also im Bereich, so E. E. Evans-Pritchard im Vorwort der englischen Ausgabe,[16] der wirtschaftlichen, rechtlichen, moralischen, ästhetischen, religiösen, mythologischen und soziomorphologischen Erscheinungen. In diesem Blickwinkel geht es Mauss um den Nachweis, daß Gaben,[17] die theoretisch als freiwillige, spontane und absichtslose Zuwendungen verstanden werden können, in Wirklichkeit obligatorisch und zweckgebunden sind.[18] Die Verteilung von Geschenken basiere auf Verpflichtungen und wirtschaftlichem Eigeninteresse. Nach welchem regulierenden Prinzip aber, so die zentrale Frage der Untersuchung, werden in archaischen Gesellschaften empfangene Geschenke vergolten und zurückerstattet? Welche Art Handlungszwang ist mit Geschenken verbunden, die den Empfänger zu zwingen scheint, die Gabe zu erwidern (Mauss 1)? Die Antwort auf diese Fragen enthält dann auch den ersten Schritt zur Lösung der angesprochenen Schmuckkästchen-Problematik im *Faust* hinsichtlich eines möglichen Vergehens von Gretchen.

Den Funktions- und Aufgabenbereich von Gaben und Geschenken in archaischen Gesellschaften skizziert Mauss mit den folgenden Worten:

> In the systems of the past we do not find simple exchange of goods, wealth and produce through markets established among individuals. For it is groups, and not individuals, which carry on exchange, make contracts, and are bound by obligations; the persons represented in the contracts are moral persons — clans, tribes, and families . . . Further, what they exchange is not exclusively goods and wealth, real and personal property, and things of economic value. They exchange rather courtesies, entertainments, ritual, military assistance, women, children, dances, and feasts; and fairs in which the market is but one element and the circulation of wealth but one part of a wide and enduring contract. Finally, although the prestations and counter-prestations take place under a voluntary guise they are in essence strictly obligatory, and their sanction is private or open warfare. (Mauss 3)

Die strikten Verpflichtungen, die durch das Annehmen eines Geschenkes entstehen, verdeutlicht Mauss mit einem interessanten Beispiel im Zusammenhang der Vorstellungswelt und Gebräuche des polynesischen Volkes der Maori auf Neuseeland, einer der vier untersuchten Gruppen.

Im dritten Abschnitt des Kapitels III, "Pledge and Gift (Germanic Societies)," kommt Mauss auf zwei weitere für das vorliegende Problem wichtige Punkte zu sprechen.[19] Hinsichtlich der Bedeutung des Schenkens im germanischen Kulturkreis verweist er auf das reiche deutsche Vokabular im Umfeld der Begriffe "geben" und "Gaben."[20] "They are extraordinarily numerous: *Ausgabe, Abgabe, Hingabe, Liebesgabe, Morgengabe,* and the curious *Trostgabe, vergeben, widergeben* and *wiedergeben, Gift* and *Mitgift,* etc." (Mauss 59). Ein genaueres Nachzählen führt dann auch zu einem erstaunlichen Ergebnis. Und zwar können schon für die mit dem Begiff "Gabe" gebildeten Komposita, von Adjektiv- und Verbalformen abgesehen, über 171 Substantive nachgewiesen werden.[21] Weiter komme die Forderung der obligatorischen Rückgabe von Geschenken, so noch Mauss, und die mit den vergebenen

Objekten verbundenen Gefahren im Fall ihrer Aneignung oder falschen Verwendung nirgends so deutlich zum Ausdruck wie in den älteren germanischen Sprachen:

> The theme of the fateful gift, the present or possession that turns into poison, is fundamental in Germanic folklore. The Rhine Gold turns fatal to the man who wins it, the Cup of Hagen is disastrous to the hero who drinks of it; numerous tales and legends of this kind, Germanic and Celtic, still haunt our imaginations. (Mauss 62)

Auch die Doppelbedeutung des Begriffs "Gift" als Geschenk und als tödliche Droge (Gift) macht als Sprachzeichen das Janushafte des Schenkens deutlich, wie auch die von franz. *poison* als Trank und als Euphemismus für Gift.

Interessant ist dann auch im angesprochenen Zusammenhang, daß die Begriffe "Gift" und "Gabe" Ableitungen des gleichen Wurzelbegriffs sind. Im *Duden Herkunftswörterbuch* steht die Auskunft: Mhd. und ahd. *gift* (das Geben, Gabe, Übergabe, Gift), got. *fra-gifts* (Verleihung), aengl. *gift* (Gabe, Geschenk, Mitgift), aisl. *gipt* (Gabe, Glück) beruhen auf einer Bildung des Verbs "geben." Die alte Bedeutung (Gegebenes, Gabe) ist im Deutschen noch in den Zusammensetzungen "Mitgift" (Heiratsgut) und im schweizerischen Terminus "Handgift" (Schenkung, Handgabe) erhalten. Die jetzt allein übliche, schon für das Althochdeutsche bezeugte Bedeutung "Gift" ist Lehnbedeutung nach griechisch und lateinisch "dosis", das eigentlich "Gabe" bedeutet, aber auch als verhüllender Ausdruck für "Gift" gebraucht wurde.[22] Bei Goethe sind noch beide Bedeutungen des Begriffs zu finden, "Gottes wahre Gift" und, hinsichtlich der Theologie als Wissenschaft, "Es liegt in ihr so viel verborgnes Gift, / Und von der Arznei ist's kaum zu unterscheiden" (1986–87).

III

Von der Doppelfunktion verhängnisvoller Gaben (Gift als Gabe), die unter bestimmten Bedingungen, und zwar nach Mauss besonders häufig in den Literaturdenkmälern der älteren germanischen Sprachen, zu tödlichen Gefahren (Gift als Toxin) führen, darf nicht ohne weiteres geschlossen werden, daß sie unbesehen auf alle Situationen des Schenkens in der Literatur anwendbar ist. Auf der Basis der Untersuchungen von Northrop Frye hinsichtlich der Verarbeitung archetypischer Konzepte in der Literatur läßt sich jedoch in Erweiterung seines Ansatzes die Vermutung äußern, daß die archetypischen Formen des Schenkens in ihrer Doppelbedeutung auch in der Literatur reflektiert werden.

Daß also die vielfältigen Formen des Schenkens in Literatur und Gesell-schaft eine wichtige Rolle spielen, davon darf ohne Bedenken ausgegangen werden. David Cheal spricht in seiner gleichnamigen soziologischen Untersu-chung zum Gegenstand sogar von einer "Gift Economy" (Anm. 15). Ebenso ist der Kommunikationsvorgang des Schenkens als Ausdruck der uneigentlichen Sprache unvermindert aktuell. Und die Problematik des reinen Schenkens, also die Frage, ob Geben möglich ist, ohne den Empfänger sofort in den Kreislauf des Geschenkaustauschs einzugliedern, in dem sich Geschenke in Schulden verwandeln, die zurückzuzahlen sind, wurde im vergangenen Jahr noch von Jacques Derrida in einer längeren Studie untersucht.[23] In der Perspektive dieser Frage gelangt Derrida zu einem unlösbaren Paradox, das die Bedeutung des Schenkens auf seiner fundamentalsten Funktionsebene erfaßt. Und zwar müsse ein Geschenk, um als solches verstanden zu werden, als Geschenk erscheinen, da allein durch die Erscheinungsform das Geschenk als solches identifiziert und in den Zirkularvorgang von Verpflichtung, Schulden und Rückzahlung einge-reiht wird.

Es darf also davon ausgegangen werden, was an anderer Stelle genauer zu begründen ist, daß sich die archetypischen Grundfunktionen des Schenkens im Ablauf der Geschichte und damit in der Literatur erhalten haben. Im Blick-winkel der Bedeutungsanalyse von Stephen Ullmann[24] besagt diese Annahme jedoch nicht, daß die mittels der Zeichensprache des Schenkens implizierte Absicht und Vorstellung — also das Bedeutete, die Bezugnahme oder in der Terminologie Ferdinand de Saussures das *signifié* des Geschenkobjektes, kurz sein Sinn — sich nicht in den geschichtlichen Zeiträumen verändert hat. Im Gegenteil: vergleichbar mit den historischen Entwicklungen von Bedeutungs-inhalten[25] hat sich auch die Bedeutung des Schenkes verändert, ohne jedoch dabei den von Mauss und Derrida beschriebenen Verschuldungsmechanismus zu berühren, der durch die Annahme von Geschenken in Gang gesetzt wird. Die historischen Metamorphosen des *signifié* in der Zeichensprache des Schenkens lassen sich außerdem mit einer Theorie beschreiben und erklären, die Roland Barthes bereits in den fünfziger Jahren in seiner Studie *Mythologies* (Paris 1957) entwickelte.[26] Auf die Diskussion der geschichtlichen Zusammenhänge ist hier jedoch zugunsten der Schmuckkästchen-Episode in Goethes *Faust* zu verzichten.

Mit der oben erwähnten Theorie Derridas soll das Argument wieder aufgenommen werden. Derrida vertritt die Auffassung, daß die durch ein Geschenk erzeugte Verschuldung erst dann in Kraft tritt, wenn das Geschenk als solches erkannt wird. In dieser Hinsicht ließe sich zunächst darauf hinweisen,

daß Gretchen an keiner Stelle eines der beiden Schmuckkästchen als Geschenk
Fausts bestätigt und damit theoretisch von allen negativen Rückwirkungen
verschont bleiben sollte. Als sie Schmuckteile des zweiten Kästchens im Haus
der Nachbarin Marthe anlegt, bekennt sie Mephistopheles, der vorgibt, sie für ein
vornehmes Fräulein zu halten: "Ach Gott! der Herr ist gar zu gut: / Schmuck
und Geschmeide sind nicht mein" (2908–09). Auf der anderen Seite wäre es
psychologisch auch nicht sinnvoll gewesen, Gretchen den Schmuck offen als
Geschenk annehmen zu lassen, da in diesem Fall ihre Unschuld in ein
bedenkliches Licht gerückt worden wäre. In der Szene am Brunnen wird die
Beziehung zwischen Geschenken und dem Ausgleich der auf diese Weise entstandenen Verschuldung durch sexuelle Gefälligkeiten deutlich ausgesprochen.
Lieschen verurteilt die gesellschaftlich nicht sanktionierte Liebschaft Bärbel-
chens mit den verächtlich-amüsierten Worten: "War doch so ehrlos, sich nicht
zu schämen, / Geschenke von ihm anzunehmen. / War ein Gekos' und ein Ge-
schleck'; / Da ist denn auch das Blümchen weg!" (3558–61). In der nächtlichen
Szene auf der Straße vor Gretchens Tür jedoch wird auf indirekte Weise
deutlich, daß Gretchen die Schmuckgeschenke als solche erkannt und akzeptiert
hat. Auf den Hinweis Mephistopheles', er habe in dem verborgenen mit
Löwentalern gefüllten Kesselchen auch so etwas "wie eine Art von Perlen-
schnüren" (3673) als ein neues Geschenk für Gretchen gesehen, erwidert Faust:
"So ist es recht! Mir tut es weh, / Wenn ich ohne Geschenke zu ihr geh'" (3674–
75). Der mit der Annahme der Geschenke eingegangenen Verpflichtung kann
dann auch Gretchen wie Bärbelchen allein durch ihre sexuelle Bereitschaft
nachkommen, wodurch das Verhängnis über sie hereinbricht. Den Standpunkt
der Gesellschaft hinsichtlich ihrer Einwilligung in Fausts Verführung als
Liebestat verdeutlicht ihr Bruder Valentin vor seinem Tod mit unmißver-
ständlichen Worten (Hur, Metze).[27]
    Vor dem Hintergrund der bisherigen Informationen ist nun auf zwei Punkte
zu verweisen, die die Situation Gretchens im Zusammenhang der beiden
geschenkten Schmuckkästchen erhellen. Zunächst ist die Gruppe, die Gretchen
im Sinne archaischer Gesellschaften mit der Annahme der Schmuckgeschenke
vertritt, ihre Familie, der gegenüber sie mit dem Empfang der Objekte
verantwortlich ist. Warum sie im Sinne der Gruppe, also der Familie, versagt
hat, verdeutlicht der sterbende Valentin. Mit der Annahme der wertvollen
Schmuckkästchen nämlich ist sie auf eine verpflichtende Verschuldung (Mauss,
Derrida) eingegangen, die mit Mitteln, die ihrer Gruppe (Familie, Gesellschaft)
zur Verfügung stehen und moralisch akzeptiert sind, niemals abgetragen
werden kann.

Diesen Sachverhalt erkennt die Mutter hinsichtlich des ersten Schmuckkästchens deutlich, denn sie erlaubt Gretchen nicht, die Juwelen zu behalten.
Um ihr Handeln zu rationalisieren, greift sie geschickt — im Sinne Barthes —
auf eine Mythologie zurück, die den Schmuck als "ungerechtes Gut" ausweist,
womit sie ihre Entscheidung, die Gegenstände als Weihgabe für die Mutter
Gottes der Kirche zu überlassen, rechtfertigt. Auf diese Weise wurden von ihr
die potentiellen Gefahren, die durch die verpflichtende Annahme hätten
geweckt werden können, eliminiert. Vor dem schützenden Zugriff der Mutter
aber bewahrt Gretchen das zweite Schmuckgeschenk und deponiert es im Haus
der Nachbarin Marthe. Auch diese Entscheidung wird auf der Basis einer
Mythologie durchgeführt, nur rettet diese Gretchen nicht, sondern stürzt sie ins
Unglück. Dieser Sachverhalt ist genauer zu erklären, und zwar als ein semantischer Sachverhalt, der die Matrix der Bedeutung des Schmuckkästchens in
ihren Grundzügen erfaßt.

Die beiden Schmuckkästchen durchlaufen die Stationen (1.) Mephistopheles, Faust, Gretchen, Mutter, Kirche und (2.) Mephistopheles, Faust, Gretchen,
Marthe. Da sich die Bedeutung der Schmuckkästchen als Sprachzeichen auf
ihren Wegen von Mephistopheles bis zur Kirche und Marthe auf jeder Station
verändert, ist sie ihrem Wesen nach nicht statisch, sondern dynamisch.[28] Die
Beschreibung dieser Veränderungen der Bedeutung mit Begriffen der linguistischen Psychoanalyse ist Jacques Lacan gelungen, der in dieser Hinsicht für
die Literaturwissenschaft schon in den frühen siebziger Jahren interessant
wurde, zum Beispiel im Zusammenhang der Kafka-Interpretation. Lacan
vertritt die Auffassung, die Bedeutung eines Begriffs sei entsprechend seines
Kontextes dabei, sich unentwegt und grundlegend zu verändern. "We are
forced," erklärt Lacan, "to accept the notion of an incessant sliding of the
signified under the signifier . . .,"[29] was im Falle des vorliegenden Beispiels auf
folgende Weise dargestellt werden kann.

Die Bedeutung der Schmuckkästchen unterscheidet sich für die beiden
Gruppen (1.) Mephistopheles, Faust und (2.) Gretchen, die Mutter, Marthe und
die Kirche zunächst darin, daß der Wert der Gegenstände für die erste in seiner
medialen Funktion liegt und für die zweite in seiner konkreten. Oder mit
anderen Worten: für die erste Gruppe sind die Schmuckkästchen Mittel, für die
zweite Zweck. Für Mephistopheles nämlich werden Werte allein in seiner
Seelenwährung ausgedrückt, alles andere ist für ihn sekundär. Die Juwelen
bedeuten ihm daher so viel wie Glasperlen einem historischen Kapitän, die
benutzt wurden, um Südsee-Insulaner zu übertölpeln. Auch Faust hat kein
Interesse an dem beachtlichen konkreten Wert der Objekte.[30] Er sieht in ihnen

eine Währung, die es ihm gestattet, im Süßwarenladen der Seinsergründung einzukaufen, und zwar im Sinne der die Geschichte ihrer Güter preisenden Trödelhexe der Walpurgisnacht, "Kein Schmuck, der nicht ein liebenswürdig Weib / verführt . . ." (4107–08). Und die Verführung Gretchens gelingt ihm dann auch, und zwar auf dem Wege der Mythologisierung der Schmuckgabe, mit anderen Worten einer "Lüge," was weiter unten zu zeigen sein wird.

Für die Kirche (erstes Schmuckkästchen) bedeutet das Preziosenkapital ein konkretes Mittel des Machtzuwachses. Die Mutter, im Grunde der einzige nüchterne Kopf, erkennt, daß es ihrer Familie nicht möglich ist, den gewaltigen Wert des Schmucks ohne Gefahren und Verdächtigungen zu absorbieren, weshalb sie ihn der Kirche weiterreicht, die in der Hinsicht keine Probleme zu haben scheint.[31] Die Nachbarin Marthe hingegen glaubt, Gretchen könne der durch die Juwelen repräsentierten Werte (zweites Schmuckkästchen) mittels einer Strategie ihres stückweisen Vorzeigens in der Öffentlichkeit nach und nach habhaft werden. Für sie, wie zum Teil auch für Gretchen, bedeuten die Werte der Schmuckstücke soziale Sicherheit. Am kompliziertesten schließlich ist der Sinngehalt des Schmuckkästchens für Gretchen. Wurde auf der einen Seite seine Bedeutung als soziale Sicherheit bereits angesprochen, signalisieren die Wertgegenstände auf der anderen das in ihrer Perspektive als Liebesgabe Fausts verstandene Unterpfand.

Damit konnte mit wenigen Verweisen angedeutet werden, daß die Schmuckkästchen für alle Figuren etwas grundlegend verschiedenes bedeuten. Indem sie aber eine Kette von Stationen mit unterschiedlichen Bedeutungsinhalten durchlaufen, verändert sich auch in jeder der durchwanderten Positionen im Blickwinkel Barthes' ihre Mythologie. In dieser Hinsicht ist zunächst Mephistopheles der Mythologie der Wertlosigkeit alles Materiellen erlegen, die auch durch Faust teilweise zum Ausdruck gelangt. Er kann also ohne Bedenken bei Gretchen die beiden überdimensionierten Geschenke hinterlegen, um seiner Absicht zu dienen. Dabei aber werden von ihm geschickt und effektiv zwei zusätzliche Fallen gestellt, denen Gretchen vielleicht nur als Heilige hätte entkommen können, die sie aber nicht war.

Auf handhabbare Proportionen des Schenkens, beispielsweise das Geschenk einer Blume, das mit einem Kuß hätte belohnt werden können, läßt sich Faust von Anfang an nicht ein. Er beginnt das Liebes- sprich Verführungsspiel völlig unsensibel mit den schweren Geschützen der Schmuckkästchen. Daß die archetypische Norm der Rückvergütung des Geschenkes mit etwas Gleichwertigem (Aufhebung der Verschuldung) von Gretchen niemals mit Mitteln erfolgen konnte, die gesellschaftlich und von ihrer Familie gebilligt sind, ist offensichtlich. Und damit ist die erste Falle gestellt, die Faust allerdings noch zu simpel erscheint. Er bedenkt nämlich Gretchen nicht nur mit kostbaren Juwelen, einer materiellen Gabe, sondern er deklariert sein Geschenk noch zusätzlich als Liebespfand, und zwar in der Verschleierung der wohl berühmtesten Mythologie, mit der Gabe nicht nur einen Gegenstand geschenkt zu haben, sondern einen Teil von sich selbst. Liebende vergeben bekanntlich mit ihren Geschenken grundsätzlich sich selbst (Locke, Halsband, Ring usw.), und zwar als Symbolverweis auf die Bindung der noch offenen oder erfolgten Liebestat.

Auf diesen doppelt geladenen Sachverhalt muß Gretchen nun reagieren. Die Gefahren, die mit dem ersten Kästchen an sie herangetragen werden, entschärft, worauf bereits hingewiesen wurde, die Mutter. Das unerfahrene Gretchen nur sieht die Dinge nicht, wie sie sind, sondern so, wie sie sie sehen will, und dazu zählen alles andere als Bedrohungen. Wenn also von einem Verschulden Gretchens gesprochen werden darf, dann liegt es in diesem Nicht-Erkennen der durch die Geschenke potentiell geweckten Gefahren, oder, sollte ihr die Krisensituation bewußt sein, was im Text allerdings nicht angedeutet ist, in ihrer Arroganz (der Todsünde *superbia*),[32] den Sachverhalt beherrschen zu können. Das Programm ihres Handelns jedenfalls ist an diesem Punkt festgelegt. Alle weiteren Schritte führen nur noch konsequent ins Unheil. Die Metamorphose des Geschenks (Gift als Gabe) in Gift (Gift als Gift) ist bereits vollzogen.

Der erste Schritt ist mit der Entscheidung getan, das zweite Kästchen vor dem Zugriff der Mutter zu schützen und bei Marthe zu deponieren. Beide fallen zunächst einer weiteren berühmten Mythologie zum Opfer, und zwar die der Juwelen als soziale Sicherheit.[33] Schmuckstücke, von dokumentierten Wertstücken und berühmten Raritäten einmal abgesehen, sind aber keine Altersversorgung. Diese Erfahrung jedoch hat Gretchen noch nicht gemacht.

Der zweite Schritt in ihr Unheil ist mit dem Versuch verbunden, die mit der Geschenkannahme verbundene Verschuldung aufzuheben. Gretchen ist sich des Prekären ihrer Entscheidung natürlich bewußt, in der aufgestellten Rechnung ihren Körper als Posten gegenüber der Soll-Seite miteinzubeziehen, doch eben gerade in dieser Erwägung schnappt die zweite Falle Fausts zu. Im Licht der Mythologie, daß der Liebende mit seiner Gabe einen Teil von sich selbst verschenkt, erscheint ihr, da sie nichts anderes zur Verfügung hat, die eigene körperlich konkrete Bereitschaft als Rückpfand des von Faust eingeleiteten Austauschs von Liebesgaben nur noch folgerichtig und auch passend, die durch die Annahme des Schmuckgeschenks hervorgerufene Verschuldung zu begleichen.

In diesem Zusammenhang ist der sittliche Handlungsspielraum Gretchens enorm begrenzt. Wird einmal davon abgesehen, ihr das Unwissen hinsichtlich der Mechaniken des Gebens und Schenkens als Schuld anzurechnen, repräsentiert sie eine dramatische Gestalt, die in einer Matrix von Bedeutungszusammenhängen und Mythologien, die mit den wandernden Inhalten der Begriffe immer wieder verschieden gestaltet sind, nur reagieren und nicht mehr agieren kann. Die Gabe des Schmuckkästchens als Kontraktgegenstand hat nach der körperlichen Bereitschaft Gretchens die weitere Konsequenz, daß Gretchen Faust ein Kind "schenkt." Als Faust die damit verbundenen Verpflichtungen nicht annimmt, tötet sie das Kind, um die Konsequenzen des im Gabentausch entstandenen Vertragsbruches zu beseitigen. Faust betrügt also Gretchen, die sich vorher mit ihrer Liebe zu ihm selbst betrogen hat, um die Juwelen akzeptieren zu können, mit deren Annahme sie in das Programm eines Handlungsverlaufes eingebunden wird, dem nicht mehr zu entkommen ist. Mit Gretchen und ihren Schmuckkästchen wird somit allein noch deutlich, was in den archetypischen und mythologischen Programmen der Begriffe und in der Dynamik ihres Bedeutungswandels — also in ihrer Matrix — schon lange entschieden worden ist.

Anmerkungen

[1]Die (un = ohne, nicht + eigen = im genauen Sinn) Sprache, in der tropische Ausdrucksweise überwiegt und deren Beziehung zur Wirklichkeit damit gebrochen ist; im Gegensatz zur eigentlichen Sprache. Vgl. Otto F. Best, *Handbuch literarischer Fachbegriffe* (Frankfurt/M.: Fischer, 1982), s. v. "uneigentliche Sprache."

[2]Zur sprachtheoretischen Beschreibung dieses Sachverhalts siehe Rolf Kloepfer, *Poetik und Linguistik* (München: Fink, 1975) 35–62.

[3]Thomas Mann, *Bekenntnisse des Hochstaplers Felix Krull* (Frankfurt/M.: Fischer, 1980) 137.

[4]Vgl. *Zitate von A–Z*, Herrsching, Manfred Pawlak Verlagsges., 1989. Siehe auch das Verzeichnis der Sprichwörterbücher S. 512.

[5]Versteckt wird der Sachverhalt mit dem engl. Ausdruck "there are no free lunches" wiedergegeben, der darauf verweist, daß es keine nicht verpflichtenden, reinen Geschenke gibt.

[6]Hinsichtlich Märchenquellen, Zusammenhänge und Analyse siehe Hedwig von Beit, *Symbolik des Märchens*, Registerband (Bern: Francke, 1965) s. v. "Gabe." Siehe auch R. W. Brednich, Hrsg., *Enzyklopädie des Märchens* (Berlin: de Gruyter, 1987) s. v. "Gift" und "Gabe."

[7]Es ist an dieser Stelle nicht möglich, die Funktionen und Konsequenzen der Gaben im Märchen darzustellen. Es handelt sich um eine gewaltige Aufgabe. Zumindest aber soll mit einem Beispiel aus einer nahezu unüberschaubaren Vielzahl die angesprochene Situation verdeutlicht werden. In dem Märchen Nr. 155 "Die Brautschau" von *Grimms Märchen*, hrsg. Heinz Rölleke (Frankfurt/M.: Deutscher Klassiker Verl., 1985) kann sich ein junger Hirte nicht entschließen, welche der drei schönen Schwestern er heiraten

soll. Die Mutter gibt ihm den Rat, jede von ihnen zu einem Käse (Gabe) einzuladen. Eine Schwester verschlingt den Käse ganz, die zweite schneidet mit der Rinde große Käsestücke ab, die sie wegwirft, die dritte, die er dann heiratet, trennt Käse und Schale ordentlich, bevor sie sich an den Verzehr macht. Die Unfähigkeit der beiden ersten Schwestern, die Gabe, den Käse, den Erwartungen entsprechend zu behandeln, fällt auf sie mit der "Strafe" des Heiratverzichts zurück.

[8]Ein Beispiel des Tenors jener durch die Sekundärliteratur geisternden, ideologisch verzerrten Clichés, die sich auf die angesprochene Situation beziehen. Vgl. Otto C. A. zur Nedden und Karl H. Ruppel, Hrsg., *Reclams Schauspielführer* (Stuttgart: Reclam, 1969) 248.

[9]Vergleichbare Altersunterschiede sind in der Komödie des 18. Jahrhunderts ein häufig anzutreffendes Thema. In jener Zeit wurde das Heiratsalter weitgehend von den Eltern und der Kirche bestimmt. Das Einverständnis konnte also kurz nach der Pubertät gegeben werden, rechtstheoretisch sogar noch vorher, was aber kaum geschah. Das mittlere Heiratsalter für Frauen war 25–29 Jahre. Im sozialgeschichtlichen Kontext also rückt die Neigung Fausts verdächtig in die Nähe der Pädophilie. Der Sozialstatus spielte hinsichtlich des Alters der Partner eine weitere wichtige Rolle. Grelle Altersunterschiede der Heiratspartner sind nachweisbar. Außerdem galt ein Mann in seinen fünfziger Jahren bereits als ein Greis. Vgl. Rudolph Sohm, *Das Recht der Eheschließung. Aus dem deutschen und kanonischen Recht geschichtlich entwickelt* (Aalen: Scientia, 1966); Ute Gerhard, *Verhältnisse und Verhinderungen. Frauenarbeit, Familie und Rechte der Frauen im 19. Jahrhundert* (Frankfurt/M.: Suhrkamp, 1978); Herrad Schenk, *Freie Liebe—wilde Ehe*, 2. Ausg. (München: Beck, 1988).

[10]Johann Wolfgang von Goethe, *Goethes Werke*, hrsg. Erich Trunz, Bd. 3 (Hamburg: Christian Wegner, 1962) 7–145. Alle weiteren Zitate sind auf diese Ausgabe bezogen und im Text mit Zeilennummer angegeben.

[11]Vgl. Michael von Engelhardt, *Der plutonische Faust. Eine motivgeschichtliche Studie zur Arbeit am Mythos in der Faust-Tradition* (Frankfurt/M.: Stroemfeld/Roter Stern, 1992).

[12]Vielleicht sollte an dieser Stelle darauf hingewiesen werden, daß das sonderbar herablassende Verhältnis Fausts zu Gretchen im Kontext seiner intimen Beziehung zum Libertin Mephistopheles möglicherweise in der Optik der bekannten bisexuellen Neigung Goethes zu lesen ist, und zwar im Sinne der biographischen Notiz "Goethe, Johann Wolfgang von (1749–1832)," in Wayne R. Dynes, Hrsg., *Encyclopedia of Homosexuality*, Bd. 1 (New York: Garland Publishing, 1990) 483f. Siehe auch "Notizen aus Goethes Werken über Homosexualität," *Zeitschrift für Sexualwissenschaft* 1 (1908): 179–81.

[13]In der vorliegenden Ausführung wurde auf Verweise auf weitere Schmuckkästchen im Werk Goethes verzichtet.

[14]Es ist nicht erstaunlich, daß das Schmuckkästchen in der Faust-Literatur häufig diskutiert wird. Als Gegenstand einer unabhängigen Untersuchung jedoch, die den hier angesprochenen Problemkreis berührt, ist es bisher noch nicht behandelt worden. In den Studien zu *Faust I* wird der Schmuck im wesentlichen in vier Zusammenhängen interpretiert, und zwar (1.) als Instrument der Verführung Gretchens, (2.) als Ausdruck sozialen Ansehens, (3.) als Zeichen der verlorenen Unschuld Gretchens und (4.) als Variation der Thematik der Ballade "König in Thule." Siehe dazu: Friedrich Oberkogler, *Faust. I. Teil von Johann Wolfgang von Goethe. Werkbesprechung und geisteswissenschaftliche Erläuterungen* (Schaffenhausen: Novalis, 1981); Rudolf Eppelsheimer, *Goethes Faust. Das Drama im Doppelreich. Versuch einer Deutung im Geiste des*

Dichters (Stuttgart: Freies Geistesleben, 1982); Gottfried Richter, *Faust. Ein christliches Mysterium* (Frankfurt/M.: Fischer, 1987); John R. Williams, *Goethe's Faust* (London: Allen & Unwin, 1987); Hans Arens, *Kommentar zu Goethes Faust I* (Heidelberg: Winter, 1982); Werner Ross, "Johann Wolfgang Goethe 'Es war ein König in Thule'," *Wege zum Gedicht. II. Interpretation von Balladen*, hrsg. Rupert Hirschenauer u. Albrecht Weber (München: Schnell u. Steiner, 1963) 147–53; Wilhelm Resenhöfft, *Goethes "Faust." Gleichnis schöpferischer Sinnerfassung* (Bern: Lang, 1975); Paul Requadt, *Goethes "Faust I" Leitmotivik und Architektur* (München: Fink, 1972); A. H. J. Knight, "Gretchen's Mother," *GLL* 5 (1952): 243–48.

[15]Zur Problematik des Geschenktauschs als Verteilungssystem gesellschaftlichen Besitzes siehe auch Bronislaw Malinowski, *Argonauts of the Western Pacific* (London: Routledge & Kegan Paul, 1922); Raymond Firth, *Primitive Polynesian Economy* (London: Routledge & Kegan Paul, 1939); Emile Durkheim, *The Elementary Forms of the Religious Life* (London: G. Allen & Unwin, 1915); Edward E. Evans-Pritchard, *The Nuer: A Description of the Modes of Livelihood and Political Institutions of a Nilotic People* (Oxford: Clarendon, 1940); Melville J. Herskovits, *Economic Anthropology. A Study in Comparative Economics* (New York: Knopf, 1952); Vijay Nath, *Dana: Gift System in Ancient India* (New Dehli: Munshiram Manoharlal Publ., 1987); David Cheal, *The Gift Economy* (New York: Routledge, 1988); Philippe Jobert, *La notion de donation. Convergences: 630–1750* (Paris: Publications de l'Université de Dijon, 1977).

[16]*The Gift. Forms and Functions of Exchange in Archaic Societies* (New York: Norton, 1967). Siehe auch Claude Lévi-Strauss, *Introduction to the Work of Marcel Mauss* (London: Routledge & Kegan Paul, 1987). Übersetzung der Ausgabe von 1950, Presses Universitaires des France, von Felicity Baker.

[17]In der Übersetzung der Arbeit von Mauss von Ian Cunnison werden die Begriffe "Prestation, Gift and Potlatch" benutzt.

[18]Die Bibel paraphrasiert später diese archetypische Notwendigkeit im Sinne des christlich sittlichen Denkens mit den Worten "gebet, so wird euch gegeben" (Luk. 6, 38). Interessant in der deutschen Übersetzung ist der Imperativ "gebet," der in dieser Form noch auf die archaische Bedeutung des Vorgangs hinweist.

[19]Siehe auch Jacob Grimm, "Über Schenken und Geben," *Kleine Schriften*, Bd. 2 (Hildesheim: Georg Olms, 1965) 174 und Richard Meyer, "Zur Geschichte des Schenkens," *Steinhausen Zeitschrift für Kulturgeschichte* 5: 18ff. Weitere wichtige Hinweise in Literatur und Dokumenten der Rechtsgeschichte.

[20]Eine intensive Untersuchung dieses Vokabulars, so Mauss, sei bisher, also damals im Jahre 1925, noch nicht unternommen worden. Uns ist nicht bekannt, ob die hier angesprochene Analyse seitdem unternommen wurde.

[21]Vgl. Erich Mater, *Rückläufiges Wörterbuch der deutschen Gegenwartssprache* (Leipzig: VEB Verl. Enzyklopädie, 1970) s. v. "gabe." Siehe weiter die Wörterbücher von Grimm und Dornseiff.

[22]Marcel Mauss hat eine kleinere Begriffsgeschichte des Terminus veröffentlicht: "Gift, Gift," *Mélanges M. Charles Andler* (Publications de la Faculté des Lettres de l'Université de Strasbourg, 1924) 243–47. Siehe auch Mauss, *The Gift* 62, u. Friedrich Kluge, *Etymologisches Wörterbuch* (Berlin: de Gruyter, 1967) 258; Hermann Paul, *Deutsches Wörterbuch* (Halle: Niemeyer, 1908) 219; Franz Dornseiff, *Der Deutsche Wortschatz nach Sachgruppen* (Berlin: de Gruyter, 1959) 145; Hedwig von Beit, *Symbolik des Märchens. Gegensatz und Erneuerung im Märchen*, 2 Bde., *Registerband* (Bern: Francke, 1957) 113-14 s. v. "Gabe" und "Gift," jeweils die letzte Ausgabe. Eine

dem modernen Informationsstand angemessene Untersuchung wurde bisher noch nicht unternommen.

[23]*Given Time. I. Counterfeit Money* (Chicago: U of Chicago P, 1992).

[24]Siehe *Grundzüge der Semantik. Die Bedeutung in sprachwissenschaftlicher Sicht* (Berlin: de Gruyter, 1967) 61–77.

[25]Angesprochen sind die Bereiche der historischen Semantik und die Mechanismen der Entstehung und des Wandels von Bedeutung. Siehe dazu Friedrich Nietzsche, *Zur Genealogie der Moral* (Leipzig: Naumann, 1887) (oder letzte Ausgabe) und Michel Foucault, *The Archeology of Knowledge*, übers. A. M. Sheridan Smith (London: Tavistock, 1972).

[26]Der in Deutschland unter dem bezeichnenden Titel *Mythologien des Alltags* erschienene Band beschreibt auf der Basis der Sprachtheorie Ferdinand de Saussures den Vorgang des Mythologisierens im Alltag. Das Prinzip, ohne an dieser Stelle auf die angewandte Zeichentheorie einzugehen, ist verhältnismäßig einfach zu erklären. Barthes geht es um den Nachweis, daß alle Objekte und Konzepte des Alltags einem Prozeß des Mythologisierens unterworfen werden, die sie, auf der Basis einer bewußten ideologischen oder ökonomischen Absicht, in einem neuen, für den beabsichtigten Zweck vorteilhaften Licht erscheinen lassen. Sprachtheoretisch gesehen gelingt dieser Vorgang durch den Kunstgriff, die hergebrachte Inhaltsfunktion des jeweils benutzten Begriffs zu eliminieren und mit einer neuen zu ersetzen. Beispielsweise der Begriff "Schweiß." In seiner hergebrachten Zeichenfunktion verweist der Begriff auf körperliche Anstrengungen, schwere Arbeit, sportliche Belastungen usw. Regisseure in Hollywood, so Barthes in *The Romans in Films*, standen nun vor der Aufgabe, besonders im Zusammenhang der Verfilmung Julius Caesars, den inneren Konflikt und die Intensität der Emotionen in den Figuren Brutus, Cassius, Casca et al. vor dem Mord durch eine optische Metapher zu verdeutlichen. Dazu benutzten sie schließlich keine Gestensprache, sondern Schweiß (mit Vaseline erzeugt). Deshalb schwitzen die Figuren, weil sie alle in einer Konfliktsituation stehen. Die herkömmliche Zeichenfunktion des Schweißes wurde also neutralisiert und mit einer neuen ersetzt, und zwar als Ausdruck der folgenden Mythologie: "To sweat is to think — which evidently rests on the postulate, appropriate to a nation of businessmen, that thought is a violent, cataclysmic operation, of which sweat is only the most benign sympton," *Mythologies*, engl. Ausg. (Glasgow: Harper, 1973) 29. Da jedoch der Vorgang des Schwitzens konkret nichts mit emotionalen oder geistigen Tumulten zu tun hat, wird mittels der konstruierten Mythologie, so Barthes, gleichzeitig eine Lüge geschaffen, die dem Produzenten der Mythologie nützlich ist. In diesem Zusammenhang ließe sich also behaupten, daß wir auch in der Geschichte des Schenkens verschiedene Mythologien vorfinden, wobei allerdings die archetypische Grundkonzeption unverändert bleibt.

[27]Vgl. Michael Schmidt, *Genossin der Hexe. Interpretation der Gretchentragödie in Goethes Faust aus der Perspektive der Kindesmordproblematik* (Göttingen: Altaquito, 1985).

[28]Vgl. Stephen Ullmann, *Grundzüge der Semantik* 65.

[29]Jacques Lacan, "The Insistence of the Letter in the Unconscious," *Modern Criticism and Theory*, hrsg. David Lodge (New York: Longman, 1991) 87. Siehe auch Lalita Pandit, "Language in the Textual Unconscious: Shakespeare, Ovid, and 'Saxo Grammaticus'," *Criticism and Lacan. Essays and Dialogue on Language, Structure, and the Unconscious*, hrsg. Patrick Colm Hogan and Lilita Pandit (Athens: U of Georgia P, 1990) 248–67; Stuart Schneiderman, "Art as Symptom: A Psychoanalytic Study of Art," in Hogan and Pandit 207–22; Barbara Johnson, "The Frame of Reference: Poe,

Lacan, Derrida," *Literature and Psychoanalysis. The Question of Reading: Otherwise*, hrsg. Shoshana Felman (Baltimore: John Hopkins UP, 1977) 457–505; Jane Gallop, *Reading Lacan* (Ithaca: Cornell UP, 1985); John Rajchman, *Truth and Eros: Foucault, Lacan, and the Question of Ethics* (New York: Routledge, 1991).

[30]Eine Vorstellung vom ungefähren heutigen Marktwert der Juwelen, ungefähr, da keine spezifizierenden Angaben gemacht werden, vermitteln die Arbeiten von Joan Evans, *A History of Jewellery 1100–1870* (London: Faber and Faber, 1953) und Bernd Sprenger, *Das Geld der Deutschen. Geldgeschichte Deutschlands* (Paderborn: Schöningh, 1991).

[31]Die Tat der Mutter erinnert an die Geschichte einer chinesischen Bäuerin, die, so die Pressenotiz vor einigen Jahren, einen über hundert Karat schweren Diamanten auf ihrem Feld gefunden haben soll, den sie dann dem Staat für einen Traktor überließ. Auch sie hat wahrscheinlich keine Möglichkeit gesehen, den gewaltigen Wert zu realisieren. So auch der arme indianische Perlenfischer Keno in John Steinbecks Erzählung *The Pearl* (1947), der seinen Perlenfund, "so groß wie ein Möwenei," nur wieder in das Meer werfen kann, da ihn gesellschaftliche Umstände daran hindern, den großen Wert der Perle zu verwirklichen.

[32]Siehe dazu besonders Birgit Stolt, *Gretchen und die Todsünden* (Uppsala: Almqvist & Wiksell, 1974) 21.

[33]Über die weite Verbreitung dieser Mythologie und "Lüge" kann jeder Pfandleiher lange Geschichten erzählen. In der Regel lassen sich im Notfall weniger als 20 Prozent des Marktwertes von Schmuckstücken realisieren.

Tempter and Tempted — Who's Who?
Some Thoughts on Václav Havel's Faust Play and Related Matters

Marketa Goetz-Stankiewicz, *University of British Columbia*

Faust's famous words in translation:

> Alas, two souls dwell in my breast,
> each striving to detach itself from the other . . .
>> (trans. by Bayard Quincy Morgan, 1954)

> As for myself, there are two of me, unreconciled.
>> (trans. by Barker Fairley, 1970)

> In me there are two souls, alas, and their
> Division tears my life in two.
>> (trans. by David Luke, 1987)

> Two souls live in me, alas,
> Forever warring with each other.
>> (trans. by Martin Greenberg, 1992)

Intrigued by the wide impact of Václav Havel's appealing phrase "living in truth" that has been amply quoted by political commentators as well as writers of all shades,[1] I tried to explore the strategic rhetorics Havel put on display in his Faustian play *Temptation*. This led me on the one hand to his dramatic variations on temptation by linguistic manipulation, and on the other to his thoughts on the ambiguity of language. The signposts of my remarks thus are Faust and his 'devil', temptation by language, and the word as carrier of truth as well as lie.

Havel's Temptation — Goethe Read in Prison

In 1977, when Václav Havel, the Czech playwright who was to become Head of State, was serving his first prison sentence for subversive, anti-state activities under the Communist régime, he had a strange experience: he felt "in a very physical way, tempted by the devil . . . I understood that I somehow got involved with him."[2] And other odd things happened: Instead of the usual prison reading fare such as, say, *Far from Moscow,* Goethe's *Faust* was suddenly delivered to his cell. Soon afterwards he was handed Thomas Mann's *Doctor Faustus.* He had strange dreams, and was so disturbed that, when he was released, he wrote a hundred page essay describing his state of mind, hid the manuscript somewhere and promptly forgot where. It was then that the Faust theme began to obsess him and he realized with increasing urgency that he had to come to terms with this material "in my own way," although, he confesses, "I had not the slightest idea how."[3] Eight years later, after several more arrests, a four-and-a-half year prison sentence and a serious illness, Havel was ready to tackle the Faust theme 'in his own way.' He asked his friend Zdeněk Urbánek to select some important works from the stacks of magical literature he had assembled. He read, trying to find a point of departure. Then, all of a sudden, in October 1985, he began drawing sketches and diagrams, patterns of entrances and exits — typical preparatory work for a new play. Shortly after, he wrote *Temptation,* within ten days in one giant swoop which was quite unusual for a writer who used to spend two or three years on a play. Afterwards he nearly collapsed and it took him weeks to regain normality, free himself from the play and let it go.[4] Had he not done that, he writes to his friend, the actor Pavel Landovský, "I would have got terribly involved and would have spent fifty years on it, like Goethe — but fifty years of life aren't left to me, and in the end I would probably have . . . thrown it away."[5]

The protagonist of Havel's *Temptation,* Dr. Foustka, works for a Scientific Institute, the actual nature of which (this is typical of Havel) remains anonymous. Privately, however, Foustka engages in hermetic activities. At home in his study he practises black magic by lighting candles, drawing magic chalk circles, and calling on spirits. This, of course, is sheer heresy for a member of an enlightened scientific institute that prides itself on fighting superstitions and any form of mysticism. During one of his secret sessions, he has a visitor: a fellow of dubious appearance, who carries his slippers in a paper bag and emanates an unpleasant smell of sulphur. His name is Fistula. Despite initial resistance which provides much entertainment for the audience, Foustka becomes involved with him and agrees on some form of collaboration. Subsequently he develops remarkable rhetorical talents that gain him the love of Marketa, the Institute's young secretary. The play includes three great dialogue scenes between Foustka and Fistula in the former's study during which the difference between tempter and tempted becomes less and less distinguishable. The setting of the rest of the play is shared between the apartment of Foustka's woman friend Vilma (two scenes); and the Institute (three scenes inside, two in the garden). Foustka undergoes a roller-coaster career: half way through the play his occult interests seem to have come to light and he is accused by the Institute's Director of "contact with a certain element from that no-man's-land of pseudo-science . . . and Satanism, black magic and other such poisonous practices."[6] Marketa, though in a lowly position, comes to his rescue, is fired on the spot and ends up in a psychiatric hospital. Foustka rehabilitates himself with another brilliantly formulated speech — claiming that he practised magic only to serve better the Institute's endeavor to suppress it. However, Fistula, to whom Foustka presents the mirror image of his arguments in the Institute — claiming that he worked for the Institute only to serve better the cause of black magic — turns out to be a double agent himself. At a garden-party of the Institute — a masked dance with a Walpurgis-night theme — Foustka's coat catches fire during a general orgiastic dance to deafening music. Out of the smoke steps a fireman in uniform and takes a bow. End of play.

The Seduction Scenes — The 'Magic' of Rhetorics

When Goethe's Gretchen reminisces about Faust's superb attributes — his noble features, stately figure, the pressure of his hand on hers — she also mentions his extraordinary rhetorical gifts, "seiner Rede Zauberfluß."[7] In an essay on the power of Faustian language Alwin Binder argues that "Beredsamkeit als Macht," 'eloquence as power,' works only where the one addressed does not possess linguistic abilities to see through the rhetorical tricks of the speaker, and in silent amazement can only admire the magic appeal of what is spoken. The most destructive version of such a linguistic power play occurs when the dominated listener is led to believe that he/she loves the speaker; "wo es durch Beredsamkeit gelingt, daß der durch Sprache Unterdrückte den Sprechenden zu lieben glaubt."[8] Alwin Binder takes this to be "eine der Hauptfunktionen der Gretchenszenen," and "zugleich repräsentativ . . . für solche *listigen* Operationen, mit denen es gelingt, Menschen zu bewegen, das zu lieben, was sie vernichtet."[9]

Considering the "Zauberfluß" of Foustka's language a little more closely, we find it to be a remarkable feat of rhetorics. The setting is the weekly garden party of the Scientific Institute where nearly all the characters of *Temptation* are employed. As always, Havel's stage instructions are precise: As the curtain rises, Foustka is standing at the refreshment table, pouring two drinks which he then proceeds to bring to Marketa who is sitting on a bench, listening in rapt silence to something he is explaining to her. When the audience (prepared by the list of characters and the play bill for a 'Faust play') gets to hear the words, they find them far from the gently suggestive comments Faust has for Gretchen: "Ein Blick von dir, ein Wort mehr unterhält, / Als alle Weisheit dieser Welt" (3079–80). Foustka's topic turns out to be a heavy-duty academic lecture on the workings of chance: it ponders cosmic patterns and statistics of coincidence, arguing that

> out of an infinity of possible speeds, the expanding universe chose precisely the one that would allow the universe itself to come into being, as we know it, that is, having sufficient time and other requirements needed for the formation of solid bodies so that life would be able to begin on them . . . (28)

The 'lecture' concludes (using a common rhetorical twist) with a question regarding Marketa's own opinion about these issues: "Isn't that a remarkable coincidence?" All the dazzled girl can do at this point is provide a *pro forma* response: "That's really amazing!" (28). Or, to speak with modest Gretchen (though in Faust's absence): "Beschämt nur steh' ich vor ihm da, / Und sag zu allen Sachen ja" (3214–15) However, if we follow Havel's ironic lead, we might say that had Heisenberg been sitting in Marketa's place, he likely would not have responded much differently, for Foustka's opaque, all-inclusive statements consist of rhetorical catch-all phrases that are too flabby to evoke a knowledgeable scientific comment or any precise intellectual response. All they deserve at best is lip service.

Having finally handed Marketa her drink, Foustka continues basing his argument, as it were, on a previously reached agreement between him and his partner in conversation: "So there you are." Thereupon he proceeds to set the stage for a more differentiated picture:

> And if you probe a bit further, you'll discover that you owe your very existence to so unbelievable a multitude of similarly unbelievable coincidences that it exceeds the bounds of all probability. (28)

Having made sense out of universal chaos, Foustka, imitating the pattern of Genesis, brings the next item onto his stage: Enter the Human Being, specifically Foustka and Marketa.

> All those things can't exist just for themselves, can they? Don't they conceal some deeper design of existence, of the world, and of nature, willing you to be you, and me to be me, willing life, simply, to exist . . . (28)

Things move qickly in Foustka's universal order; his cosmos was actually expecting the couple's dramatic entry:

> . . . could it be, perhaps, that the cosmos directly intended that one fine day

it would see itself thus through our eyes and ask itself thus through our lips the very questions we're asking ourselves here and now! (29)

Marketa who suddenly finds herself marching through the stratosphere by Foustka's side, blazing with awareness of things universal, cannot but show her companion that she is worthy of him: "Yes, yes, that's exactly the way I see it" (29). At this point the understandably unpleasant but brief appearance of Foustka's woman friend Vilma slows down the process. But only for a moment. Then Foustka comes up with a slap-dash critical evaluation of what he calls "modern biology" which apparently

> has known for a long time that while the laws of survival and mutations and the like explain all sorts of things, they don't begin to explain the main thing: why does life actually exist in the first place . . . (29)

Now Foustka begins to shoot more sharply and challenges his listener: "Have you ever wondered about that? (29). It might be interesting in this connection to remind ourselves that Western audiences from, say, London to Vienna apparently reacted with silence to this challenge. The Czech audience, that finally saw the play performed in 1991 in Prague's well-known *Theatre On the Balustrade*, responded with audible merriment. Marketa, being a devoted pupil and lacking a sense of irony, behaves much like the Vienna audience, assuring Foustka that "from now on I'll probably think about it all the time" (29). She is also ready to voice her full awareness of Foustka's rhetorical superiority, though not perhaps of his arguments as such. The implication of her words "You know how to say things so nicely" (29) is, obviously, that she imagines her own awareness of all these things to be matching Foustka's, admitting merely that she lacks the linguistic gifts to express them as well as he does. The 'understanding' implied here is not intellectual, it is based on an emotional reaction, a vague gut-response to arguments that seem to explain away certain existential anxieties that Marketa shares with most of us. More about this later.

At this point another interruption occurs: Marketa is asked to dance by one of her colleages from the office. When returning, she seems to have gathered fresh energy. From supportive but mono-syllabic listener she has turned into avid requester of more information and passionate accuser of her own ignorance: "Tell me more! Every word you say opens my eyes . . . I don't understand how I could have been so blind — so superficial . . ." (33). Obviously all goes according to plan: Marketa has come far enough to reject her old identity. Foustka, however, covering all his bases, now tackles the matter from still another angle: Catching fleetingly on to Kant's tail coat, he argues that

> we wouldn't be able to understand even the simplest moral action . . . if we

didn't recognize that hidden somewhere in its deepest depths is the presumption of something higher . . . (33)

He quickly upgrades this catch-all formulation with a triple superlative: "some
sort of absolute, omniscient, and infinitely fair judge or moral authority . . ."
(33). A religious echo, suggesting Christian salvation — "through which and
within which" (33) — is the prelude to an elegant salto to the private sphere.
It is now that Foustka resorts to the powerful first person plural when

all our activities are somehow mysteriously appraised and validated and by
means of which each one of us is constantly in touch with eternity. (33)

Marketa is overwhelmed and leaps into the rhetorical trap: "Yes, yes, that's
exactly how I've felt about it all my life. I just wasn't able to see it, let alone say
it so beautifully" (33). If we have not sensed a sligthly uncomfortable feeling
for some time, we are sure to sense it during Foustka's next words:

What's even more tragic is that modern man has repressed everything that
might allow him somehow to transcend himself . . . He has crowned himself
as the highest authority, so he can then observe with horror how the world
is going to the dogs under that authority! (33)

Are we suddenly sensing that this is the truth, that the strategic seducer puts into
words a reality with which we are coping daily? Neither the Czech audience nor
the ironic Western reader are likely to laugh any longer. Or are they just being
caught in another web of cliché pronouncements, harking to words and phrases
that, as Orwell put it, "like Cavalry horses answering the bugle, group
themselves automatically into the familiar dreary pattern?"[10] Or, to take
Kundera's way of putting the same idea, do they respond to Foustka's blatant
use of those "stereotyped formulations that people . . . enunciate . . . in order to
seem intelligent and up to date?"[11] At any rate, the impact Foustka's words have
on Marketa is strong: In shortened form, this is what she says: "How clear and
simple it is! I admire the way you're able to think about everything so . . . I have
the feeling that I'm becoming a new person every minute I am with you . . . it's
simply that I've never felt anything like this before . . ." (33–34).

    After another interruption, Foustka activates his rhetorical trombones for a
fortissimo finale: he becomes the evangelist rejecting the lack of religion in
today's science-ridden world:

When a person casts God from his heart, he opens a door for the devil . . .
We know that the devil is a master of disguises, and what more ingenious
disguise could one imagine than the one offered him by the godlessness of
modern times? (37)

Himself a master of disguises, Foustka is now about to don (if you have counted with me) his sixth disguise: that of the god-seeker in a profane world who wants to confide in the only trustworthy friend he can find: "Please forgive me for speaking so openly, Marketa, but I can't keep it stifled inside me any longer. And who else can I confide in besides you?" (38). This is the final masterstroke. Marketa, her common sense drowning in the foamy brine of Foustka's irresistible, and, as Alwin Binder claims, most perverse rhetorics, responds by surrendering herself completely: "I love you!" she calls, throwing herself into his arms. When he (unlike Goethe's Faust) hastily warns her about the destructive nature of this love, she persists: "Yes, I'll love you forever!" (38). Seduction accomplished. Or did Havel's petty Faust get more than he bargained for? At any rate (again unlike *chez* Goethe), nothing happens for the time being. The next morning in the office, Marketa as usual prepares cups of coffee for the entire staff, including Foustka and Vilma who, after a particularly active night of love, need particularly strong coffee.

In the last scene when Marketa turns up at the Institute's costume garden party, she looks rather like a latter-day Ophelia. The stage instruction calls for "a wreath made of wild flowers . . . a white nightgown with the word PSYCHIATRY stamped at the bottom in large letters" (93). She approaches Foustka slowly, singing wistful songs about her lost love. Here cultural assumptions come into play during the receptive process: while German-speaking audiences may be reminded of Gretchen's "Meine Ruh ist hin," English-speaking audiences will recognize Ophelia's "And will he not come again?"[12] But Havel, though consciously using literary references or, if you will, 'intertextuality,' is after something else. Providing Marketa with her own version of 'intertextuality', he has her interrupt her song with quotations. She turns to Foustka:

> Oh where is that handsome Prince of Denmark? Tell him, please, if you see him, that all those things can't exist just for themselves, but that they must conceal some deeper design of existence, of the words, and of nature willing you . . . Or could it be, perhaps, that the cosmos directly intended that one fine day it would see itself thus through our eyes . . . etc. (93)

We recognize the source of the quotation. It comes from Foustka's own strategic rhetorics during the 'seduction scene' earlier in the play. But the argument now sounds entirely different. By putting Foustka's impassioned explications into another context, Marketa — and the playwright — sharply illuminate their hollowness and intellectual shabbiness. Deprived of the eager expectations of their friendly and supportive listener, these arguments lose their

coloring as speculative, if theatrical, imaginings of the workings of the
universe. Indeed, they sound ridiculous. "Der Rede Zauberfluß" loses its
'magic' once it has lost its referential area and particular audience, once its
paradigm has been shifted. This loss also demonstrates the sudden deflation of
rhetorical power: irrestible arguments are revealed as sheer verbiage. Or are
they? We need to tread cautiously here. Can the playwright himself help us out?

The Ambiguous Power of Words

When Havel was in prison, a certain event led him to ponder the nature of truth.
He tells us that "a relatively innocent turn of phrase," he had used, was
published by the authorities "in a falsified version in order to discredit me."
This upset him greatly and "clarified . . . with fresh urgency that the truth is not
simply what we think it is; it is also the circumstances in which it is said, and
to whom, why, and how it is said. This is one of the themes of *Temptation*."[13]
Truth may be provable or we honestly take it as such "but if the other parameters
are slightly shifted, it suddenly becomes a lie . . ."[14] What does Havel mean by
this passage? It seems to have caught the imagination of scholars and critics
alike because they quote it with surprising frequency. The seeming relativisation
of truth has a strong appeal to our age that rejects norms and seeks to subvert
absolute concepts in any form. Or does Havel reflect here on something related
to the Derridian point that the "totality of an order" that philosophy claims is
dislocated by its own analyses which "transform and deplace its statement"?[15]

From the pen of a respected public figure (which Havel has now become)
a statement about the changing nature of truth seems a particularly fascinating
'philosophical' tidbit. But again, hasty conclusions lead us nowhere. Havel's
own reference to these matters may be of interest here.

In his speech accepting the *Friedenspreis des deutschen Buchhandels*, in
October 1989, he wrote about "the mysteriously ambiguous power of words"
that, on the one hand, "electrify society with their freedom and truthfulness,"
and, on the other hand, "mesmerize, deceive, inflame, madden, beguile . . . They
are capable of being rays of light in a realm of darkness . . . [and] equally capable
of being lethal arrows.[16] In the same speech Havel provides us with a disturbing
example of the duplicity of language:

> Arrogantly, man began to believe that, as the pinnacle and lord of creation,
> he understood nature completely and could do what he liked with it.
> Arrogantly, he began to think that as the possessor of reason, he could
> completely understand his own history and could therefore plan a life of
> happiness for all . . .[17]

Does this formulation not sound oddly familiar to the person who has just come out of a performance of *Temptation*? Havel's petty Faust has beguiled Marketa with very similar reasoning. I repeat part of his rhetorics of seduction:

> . . . modern man has repressed everything that might allow him somehow to transcend himself . . . He has crowned himself as the highest authority, so he can then observe with horror how the world is going to the dogs under that authority! (33)

These words could be inserted smoothly into, say, Havel's *Friedenspreis* speech quoted above; they would fit the theme perfectly. What is truth, then? Where is language leading us? Is this an example of the 'sliding meaning' literary theorists tell us about? But Havel, ever self-reflective despite what has been called his *bona fide* stance — usually tries to explain in some depth: About a year after having written *Temptation* he comments on his Faust figure:

> Foustka expounds his opinions on the basic questions of being to Marketa, and in doing so he tells her things that are almost identical to what I believe myself and what, in similar words and in all seriousness, I have said elsewhere . . ."[18]

Subsequently Havel proceeds to illustrate the subtle but basic distinction he is trying to make: "At the same time there is something subtly false in what Foustka says. He says it — and this is something we should not miss — partly because he is trying to get Marketa to fall in love with him, and he succeeds. So he is, be it ever so subtly, abusing his own truth, one that he, by honorable means, arrived at himself. But is this still truth, then? Isn't just such a subtle abuse of the truth, and of language, the real beginning of Foustka's misery, and of the misery of the world we live in?" Just as the reader of these pseudo-philosophical ruminations wants to object: "But the word 'truth' is used here in a non-philosophical way! Very appealing to the average intelligent reader, to be sure, but to the student of philosophy suspect and opaque," he finds himself silenced, though not necessarily pacified by Havel's next sentence: "The audience should not be entirely clear about these things, the ambivalence should disquiet them . . ."[19] Well, it certainly does. A host of questions arise: Has the unsettling of the readers' or theatre-goers' minds become the writer's main aim? Has de-automatization (in Shklovsky's sense, whom Havel admired), the breaking of habitual and therefore thoughtless responses (Orwell's 'Cavalry horses'), become a measure of the value of the literary arts? Or has it always been so with the best writers who inevitably discovered or uncovered the secret layers of the language in which they wrote? Have they always been aware of what has become Václav Havel's obsession, the "mysteriously ambiguous power of words" that can be the harbingers of, if I may repeat, "freedom and truthfulness" but at the same time unleash forces that "mesmerize, deceive . . . beguile" with their "lethal" power (cf. note 16)?

The Trap of Lyricism *or* A Rose by Any Other Name . . .

This might be the moment to go back to Foustka's famous literary ancestor and see how this issue comes into play here. When Margarete[20] asks Faust her famous question about faith, "Glaubst Du an Gott?" (3427) he responds with the well-known, rather breathless litany that contains seven other questions, five exclamations, all rolled up in quasi-mystical vocabulary from "Allumfasser" (3439) to "Himmelsglut" (3459). The text begs to be chanted; the rhythmic, lyrical element predominates, words are used for their sounds, like slogans they represent seeming affirmation but actual denial of rational meaning: "Nenn es dann wie Du willst, / Nenn's Glück, Herz, Liebe, Gott!" (3454–55) The assumption is that all these four words express a 'good' (at least to Margarete). "Glück" implies fulfillment with her beloved man; "Liebe" is what she has been taught to feel for God but which she now experiences in an altogether different way; "Herz" of course, is, in her cultural tradition, assumed to be the seat of love (in her "Gartenhäuschen" she had told Faust "von Herzen lieb' ich Dich" [3207]); "Gott," the last word in the litany, wraps up all the former 'goods', sanctioning them by being presented as interchangeable with them; moreover it rounds off the answer for it comes back to Margarete's initial anxious question. Faust has covered all his bases and (should we say, in true Derridian fashion?) has relativized the girl's absolute concept of religion and the language with which she refers to it. What Faust has done is implicitly claim that everyday language

> is not innocent or neutral. It is the language of Western metaphysics, and it carries with it not only a considerable number of presuppositions of all types, but also presuppositions inseparable from metaphysics which, although little attended to, are knotted into a system.[21]

Are we — lightheartedly stretching a point — touching here on Goethe, the potential postmodernist who has his Faust use a seemingly arbitrary but in fact highly strategic selection of the most powerful signs of such a system, thus seemingly supporting but in fact dissolving Margarete's own deep religiousness? The manipulation is linguistic or pseudo-intellectual rather than erotic. It might come as a surprise that Kierkegaard saw this clearly as early as 1842: "What it is about Faust that captivates Margrete, according to Goethe, is not the seductive talent of a Don Juan but his immense superiority."[22]

Another contemporary Czech writer's voice might be of interest here. Milan Kundera repeatedly comments on the dangers of what he calls "lyricism." As usual, he uses one of his pithy generalizations: "Revolution has no desire to be examined or analyzed; . . . revolutions are lyrical and in need of lyricism."[23] But, more relevant in this context, is his distinction between the lyric and the epic based on Hegel's *Aesthetics*. "The lyric," Kundera argues, "is the expression of a self-revealing subjectivity; the epic arises from the urge to seize hold of the objectivity of the world."[24] Goethe has his Faust use the lyrical impulse strategically, counting on its impact on Gretchen's 'subjective' attitude to religion. However, unlike Havel's Marketa, she seems to sense that she is being manipulated, yet tries to reassure herself by instinctively establishing what she takes to be a similitude of substance and comparing Faust's language with the one she is used to hearing from the pulpit: "Ungefähr sagt das der Pfarrer auch, / Nur mit ein Bißchen andern Worten" (3461–62). When Faust quickly seizes this comparison, and drives it to the extreme by claiming that he and the Pastor indeed say the same, except that each uses a different language, he has turned the tables completely. If the Pastor's language is acceptable, why not Faust's own? "Jedes in seiner Sprache; / Warum nicht ich in der meinen?" (3465–66). 'The paradigm has shifted,' as Havel puts it when he watches truth turn into lie. The issue has become a challenge to the notion of human rights. More than that, in fact. It now concerns the question of a person's right to their own choice of the meaning of words, explained to *Alice in Wonderland* by Humpty Dumpty who wants a word to mean "just what I choose it to mean." Alice, as we know, asks Humpty Dumpty a pertinent question, namely "whether you *can* make words mean so many different things."[25] This casts doubt on Humpty Dumpty's relativistic notions. Could Alice have picked — and won? or lost? — a literary polemic with Derrida?

Tempter and Tempted — Obsolete Roles?

In his Preface to *The Screwtape Letters*[26] C. S. Lewis has something to say about the nature of literary devils:

> Milton's devils, by their grandeur and high poetry, have done great harm . . . But the really pernicious image is Goethe's Mephistopheles. It is Faust, not he, who really exhibits the ruthless, sleepless, unsmiling concentration upon self which is the mark of Hell. The humorous, civilised, sensible, adaptable Mephistopheles has helped strengthen the illusion that evil is liberating.[27]

This formulation, it seems to me, goes far beyond Stuart Atkins's then well known view expressed only a year earlier, namely that Mephistopheles was "the externalization of Faust's worser self."[28] It also provides an approach to Havel's figure. Despite Fistula's 'uncivilized', dishevelled appearance and smelly feet, C. S. Lewis's description could easily apply to him. For example, he tells Foustka that he would not be able to influence him at all, if he, Foustka, had not "secretly dreamed about moving in that direction long ago" (59). In fact, Havel, who, one can safely assume, had not read *The Screwtape Letters* when he wrote *Temptation*, reveals similar thoughts. In his definition of the role of the playwright, he comments on what he himself is after: "I'm trying to propel him [the viewer], in the most drastic possible way, into the depth of a question he should not, and cannot, avoid asking . . ."[29] Later in the same passage, quoting Fistula — "I don't give practical advice, and I don't make arrangements for anyone. At the most, I occasionally goad into action"[30] — Havel clearly relates himself to his own mephistophelian figure:

> That speech could be my credo as a writer . . . If I can goad someone into realizing, with heightened urgency, that there are some arrangements to be made, then I've done my job, which is to remind people of their dilemma, to stress the importance of questions that have been pushed aside and lost sight of, to demonstrate that there really is something to be settled here.[31]

Future scholars may illuminate more closely Fistula's relationship to Goethe's Mephisto. Here let me only draw attention to what seems to me an essential point, namely Faust's as well as Foustka's "ruthless, sleepless, unsmiling concentration upon self" which C. S. Lewis finds to be the "mark of Hell," of evil.

But Havel makes this point even more explicit. When Foustka and Fistula conclude their agreement (or 'Pact') at the end of their first dialogue, the latter offers a handshake. The stage instructions tell us that Foustka hesitates a moment, then gives his hand to Fistula who clasps it. Foustka instantly pulls away his hand in alarm. Foustka (crying out): "Ow! (Gasps with pain, rubs his hand and waves it in the air.) Man, your temperature must be fifty below zero." Fistula (laughing): "Not quite" (24). At the end of their third and last dialogue, Foustka, believing that he got the better of his 'tempter', goes to Fistula and embraces him. The stage instructions tell us that Fistula jumps aside, his teeth begin to chatter, he frantically rubs his arms. Fistula: "Man, you must be a hundred below zero." Foustka (laughing): "Not quite" (88). No longer can we speak of the tempter and the tempted. The ethical issue has become ambiguous, the 'truth' opaque.

The 'devil' has become the agent who cultivates human pretence. "All mortals tend to turn into the thing they are pretending to be. This is elementary,"[32] as the seasoned old uncle-devil Wormwood instructs his greenhorn nephew. For C. S. Lewis's fictional expert on evil it might appear elementary; not, however, for the writers who have been trying to give shape to these complexities in the human psyche from the ancient Greeks to Dante, from Shakespeare to Dostoyevsky, from Strindberg to Kafka. Among the latter's parables there is a tantallizing short text *Die Wahrheit über Sancho Panza* which seems to me relevant to our thoughts. It has Havel's thorny word 'Wahrheit' in the title, the word "Teufel"[33] in the text, furthermore it refers to the theme of manipulation, and provides a sort of recipe of how manipulation can be a protective measure. My tested inability to shorten the text makes me reproduce it here in its entirety:

> Sancho Pansa, der sich übrigens dessen nie gerühmt hat, gelang es im Laufe der Jahre, durch Beistellung einer Menge Ritter-und Räuberromane in den Abend- und Nachtstunden seinen Teufel, dem er später den Namen Don Quichote gab, derart von sich abzulenken, daß dieser dann haltlos die verrücktesten Taten aufführte, die aber mangels eines vorbestimmten Gegenstandes, der eben Sancho Pansa hätte sein sollen, niemandem schadeten. Sancho Pansa, ein freier Mann, folgte gleichmütig, vielleicht aus einem gewissen Verantwortungsgefühl, dem Don Quichote auf seinen Zügen und hatte davon eine große und nützliche Unterhaltung bis an sein Ende.[34]

Sancho Panza used relevant literature of the past, "Räuber- und Ritterromane," to channel his own, if you will, 'Faustian' desires, to tame his obsessions, to find freedom by shaping them into a demon whom he could name and from whom he could distance himself. Did Sancho then 'live in truth,' as Havel says he did and Christa Wolf says she did not? Could Kafka's text, deeply rooted in Western literary culture, be taken as a parable on the truth of fiction or the fiction of truth? Sancho dominated his demon by naming it; Faust used language to call the spirits that offered him what he desired; Foustka used language to test his powers to get what he did not really want. None of them was too concerned for 'truth'. Does this mean that they all played with evil?

Returning to our initial thoughts regarding language and its staggering potential to rule, indeed create, notions of good and bad, is this then what literature is all about: all those stories of unfulfilled desires, concealed or open pretences, temptations of all hues, images of good and evil drawn by words, and thus made accessible through language? Do these stories then represent the 'truth'? In his *Real Presences* George Steiner argues that we can "say any truth and any falsehood. We can affirm and negate in the same breath. Voiced [or written?] truth is, ontologically and logically, true fiction."[35] Can we then accept Havel's 'truth' as 'true fiction,' and not worry about the distinction I made earlier? Or am I endulging here in strategic rhetorics à la Foustka, trying to extract from the thought and language patterns of writers whom I admire an appealing argument? Luckily my readers, surely less naïve about the traps of language than Gretchen or Marketa, are likely to take critical issue with my modest search for a few thoughts on temptation, words and 'truth'.

Notes

[1]When asked about her thoughts regarding Havel's attitude to 'truth', as expressed in his essay "The Power of the Powerless," Christa Wolf, for example, is reported to have answered with a paraphrase of Havel's wording: "I did not imagine that I lived in truth . . . I believe most of us human beings live between two poles: truth — Václav Havel is a superb representative — and cowardice." Tod Gitlin, "I Did Not Imagine That I Lived in Truth," *The New York Times Book Review* April 4, 1993: 1.

[2]Václav Havel, *Disturbing the Peace: A Conversation with Karel Hvižd'ala*, trans. Paul Wilson (New York: Vintage Books, 1991) 67.

[3]"O Pokoušení s Václavem Havlem, "appendix, *Faustování s Havlem* (Praha: Nové cesty myšlení [samizdat], 1986) 199.

[4]Cf. *Faustování* 200–03.

[5]Cf. The playbill of Václav Havel's *Pokoušení [Temptation],* Divadlo na zábradlí [Theatre on the Balustrade], Prague, 1990/91 season.

[6]Václav Havel, *Temptation*, trans. Marie Winn (New York: Grove Weidenfeld, 1989) 51. Hereafter page references are given in brackets in the text.

[7]Johann Wolfgang Goethe, *Faust I. Sämtliche Werke, Weimarer Klassik* 1798–1806, Bd. 1, ed. Victor Lange (München: Hanser, 1986) 634, l. 3399–3400. Hereafter line references are given in brackets in the text.

[8]Alwin Binder, "'Seiner Rede Zauberfluß': Uneigentliches Sprechen und Gewalt als Gegenstand der 'Faust'-Szene 'Wald und Höhle'," *GoetheJb* 106 (1989): 224.

[9]Cf. Binder 224–25.

[10]George Orwell, "Politics and the English Language," *Inside the Whale and Other Essays* (Harmondsworth: Penguin Books, 1975) 154.

[11]Milan Kundera, *The Art of the Novel*, trans. from the French by Linda Asher (New York: Grove Press, 1986) 162–163.

[12]In the Czech original Havel used for Ophelia's song Zdeněk Urbánek's translation of *Hamlet* into Czech; cf. William Shakespeare, *Šest her, svazek první* (Brno: Atlantis, 1992).

[13]Havel, *Disturbing* 67.

[14]*Faustování s Havlem* 199.

[15]Cf. Jacques Derrida, "Tympan," *Marges de la philosophie* (Paris: Les Editions de Minuit, 1972) ix.

[16]Václav Havel, "A Word About Words," trans. A. G. Brain, *Open Letters: Selected Writings 1965–1990*, ed. Paul Wilson (New York: Vintage Books, 1992) 381.

[17]Havel, "A Word" 389.

[18]Havel, *Disturbing* 194.

[19]Havel, *Disturbing* 194.

[20]The *Münchner Ausgabe* from which I quoted in this essay varies between "Margarete" and "Gretchen." I have used the latter for the 'seduction' part of my discussion, the former for the rest.

[21]Jacques Derrida, *Positions*, trans. Alan Bass (Chicago: U of Chicago P, 1981) 19.

[22]Søren Kierkegaard, *Either/Or*, ed. Victor Eremita, trans. Alastair Hannay (London: Penguin Books, 1992) 204.

[23]Milan Kundera 138.

[24]Kundera, *Novel* 137–38.

[25]Lewis Carroll, *The Annotated Alice* (London: Penguin Books, 1970) 269.

[26]C. S. Lewis, *The Screwtape Letters*, revised ed. (New York: Collier Books MacMillan, 1982).

[27]Lewis, *Screwtape Letters*, Preface ix.

[28]Stuart Atkins, *Goethe's Faust* (Cambridge, Mass.: Harvard UP, 1958) 71.

[29]Havel, *Disturbing* 199.

[30]Havel, *Disturbing* 199–200. There is an interesting discrepancy in the various translations here. The two copyrighted translations, by Marie Winn (used here) and George Theiner (London: Faber and Faber, 1980) vary. Marie Winn has "At most I occasionally inspire" (p. 64); George Theiner has "At most I'll occasionally provide someone with a stimulus" (p. 44). Moreover, Paul Wilson when rendering Havel's reference to Fistula's words in *Disturbing the Peace*, uses the words quoted here: "At the most, I occasionally goad into action" (199–200). To find such discrepancies in a key passage of this sort certainly raises thoughts about the nature of translations as well as about language as such.

[31]Havel, *Disturbing* 200.

[32]Lewis, *Screwtape Letters* 46.

[33]It bears mentioning that Willa and Edwin Muir chose to translate "Teufel" as "demon" rather than "devil."

[34]Franz Kafka, "Die Wahrheit über Sancho Pansa," *Sämtliche Erzählungen*, ed. Paul Raabe (Frankfurt/M.: Fischer, 1970) 304.

[35]George Steiner, *Real Presences* (Chicago: U of Chicago P, 1989) 55.

Zur Intertextualität von Susan Sontags *The Volcano Lover* und Goethes *Italienischer Reise*

Gisela Brude-Firnau, *University of Waterloo*

Eine Interpretation, die das Kontaktfeld zwischen Text und Text anvisiert, segelt zwischen der Scylla traditioneller Einflußforschung und der Charybdis einer "Sinnexplosion,"[1] die auch kanonisierte Werke nicht verschont. Doch laut homerischer Warnung verfällt der Scylla, wer die Charybdis vermeiden will. Deshalb soll im folgenden gezeigt werden, wie weit intertextuelle Bewußtheit zur Deutung jüngster, wie auch zum geänderten Verständnis bekannter Texte beitragen kann.

Die Aufmerksamkeit gilt dabei dem impliziten Text, das ist "der Ort der Überschneidung von präsentem und absentem Text, der Ort der Interferenz von Texten, die kulturelle Erfahrungen als kommunikative vermittelt und kodiert haben."[2] Aufgehoben wird der Anspruch auf den *einen* Standpunkt und Sinn. Denn das intertextuelle Bewußtsein läßt jeden Leseakt zu einer neuen Entdeckungsfahrt werden, deren — nicht absolute — Grenze die Belesenheit des Autors ist. Mit intertextuellem Lesen verbindet sich demnach die "Vorstellung eines Textraums, in den man weiterschreitend eintritt."[3] Und die Deutung verfolgt dabei die Überlagerung der "Schichten von Texten, deren je neue Schicht die darunterliegende neu- und wiederschreibt."[4]

Im "Textraum" von Susan Sontags Roman *The Volcano Lover* (1992), von dem hier nur wenige Abschnitte besprochen werden, ist dieses Neu- und Wiederschreiben des absenten Textes, nämlich einzelner Abschnitte von Goethes *Italienischer Reise* (1829) zu beobachten. Hinter dem Bericht über den Aufenthalt in Neapel vom Februar, März und Mai 1787 öffnet sich die Kulissenwand einen Spalt, die Maske der Selbstdarstellung fällt, Spannungen und Konflikte werden erkennbar, zugleich aber auch Sontags Antwort auf die Frage, wieviel Goethe gegenwärtig gilt.

Die Handlung des Romans dreht sich um den literarisch vermeintlich längst ausgeweideten Dreibund von William Hamilton, seiner schönen Aquisition und späteren Ehefrau Emma Hart sowie den Seehelden Horatio Nelson. Sie umfaßt etwa die Jahre 1772 bis 1815 und gewährt dem Italienreisenden Goethe nur die Rolle des kurzfristigen Beobachters und Kommentators.

Der Text liest sich demnach entlang einem Achsenkreuz, dessen Horizontale das historische, aus zeitgenössischen Texten, Zitaten und Signifikaten gestaltete Gewebe der Wende zum 19. Jahrhundert darstellt. Die Vertikale dagegen verbindet die Epochen, die historische und unsere Gegenwart. Diese Achse wird durch narratorische Eingriffe und Urteile sowie durch das Wertespektrum der Autorin etabliert.[5]

Die derart zeitentbundene Erzählperspektive verweist bereits auf die intertextuelle Intention des Romans. Diese wird noch deutlicher, wenn sich die Narratorin als Sammlerin zum idiosynkratischen wie systematischen Zusammentragen bekennt. Die Metapher des Sammelns — zentral für die Ebene der Reflexion wie der Handlung — verweist auf die "aus Literatur gemachte Literatur,"[6] die sich nicht mehr der Innovation, sondern der Kombination verdankt. Die Narratorin als Sammlerin steht für die Bücher sammelnde, in mehreren Literaturen belesene Autorin.[7]

Die erste Goethe-Referenz des Romans betrifft, ganz im Sinn der *Italienischen Reise*, den international berühmten Autor: der zwanzigjährige William Beckford, selber Schriftsteller und reicher Verwandter Lord Hamiltons, besucht auf seiner "Grand Tour" den Onkel in Neapel. Zwischen dem schönen jungen Mann und Hamiltons erster Frau, der zweiundvierzigjährigen Catherine, entwickelt sich bald eine durch Kunst und Konfessionen verstärkte Seelenfreundschaft:

> Have you read a book called *The Sorrows of Young Werther?* I think
> every line is resplendent with genius.
> This was a test that Catherine had to pass.
> Yes, she said. I love it too.[8]

Der Bezug auf Goethes Roman leistet für William und Catherine, was die bekannte Erwähnung Klopstocks nach dem Gewitter für Werther und Lotte leistet: die im jeweiligen Referenztext artikulierten Empfindungen dienen beiden Paaren zur Wahrnehmung und Verständigung über ihre soeben etablierte Beziehung. Der Intertext zeigt das Innewerden seelischen Einklangs nach dem Muster der Gefühlskultur, die dem jeweiligen Referenztext zugehört. Die endlose Reihe von Entsprechungen zwischen den Texten wird an dieser doppelt gespiegelten Identifikation oder "construction en abîme" deutlich[9] und verweist auf die Tradition der Erlebnisprägung durch Literatur.

Gleichzeitig ist der Intertext doppelte ironische Herausforderung: William huldigt der Knabenliebe. Das Schicksal Werthers, der sich ebenfalls nur seelisch verzehrt, offeriert für Williams Zurückhaltung gegenüber Catherine ein Rollenmodell. Und gegen den Strich gelesen wirft William Beckfords Persönlichkeitskonstellation ein anderes Licht auf Werther. Gewarnt wird Beckford vor dem "gruesome end of the great Winckelmann . . . stabbed to death by a young hustler . . ."[10] Die *Italienische Reise* erwähnt Winckelmann erstmals im Zusammenhang mit einem antiken Gemälde, auf dem Ganymed "dem Jupiter eine Schale Wein reicht und dagegen einen Kuß empfängt."[11] Was dem Jupiter erlaubt ist, sollte für William Beckford verpönt und für Werther nicht denkbar sein? Der Intertext erweist seine explosive Respektlosigkeit. Gleichzeitig veranschaulicht er die Bedeutung von Goethes Roman für die Seelengeschichte des europäischen Lesepublikums.

Hat das Buch den Bund der Empfindsamkeit zwischen Catherine Hamilton und William Beckford stiften helfen, so beendet es ihn auch, indem William — jetzt im fernen England — in einem Brief an Catherine daraus halbseitig zitiert. Es ist die Passage des Werther-Briefes vom 17. Mai, der die emotionale Bindung an die verstorbene ältere Freundin schildert und mit der Klage einsetzt: "Ach, daß die Freundin meiner Jugend dahin ist!"[12] Das lange Zitat gewinnt im *Volcano Lover* doppelte Funktion: in der Adressatin bewirkt es eine Sinnpotenzierung, indem es ihr den einstigen Empfindungsreichtum der Freundschaft mit William Beckford und zugleich das Ende bewußt macht: "Oh, thought Catherine, he is killing me off. The thought did not shock her as much as it should."[13] Innerhalb der Handlung funktioniert das *Werther*-Zitat dagegen als Vorhersage, denn schon im nächsten Kapitel stirbt Catherine Hamilton.

Goethes Roman dient als Signal für Beginn, Intensität und Ende eines Seelenbundes, als Modell eines Homoerotikers und überempfindsamen Egozentrikers. Diese Funktion wirkt auf den Referenztext zurück: Werther wird fortan gemeinsam mit Beckford rezipiert werden.

Der indirekten Ankündigung folgen im zweiten Kapitel des *Volcano Lover* fünf Auftritte des fiktionalen Goethe: eine Vesuvbesteigung, die Besichtigung der verborgenen Antiquitäten Hamiltons; während einer Soiree eine Konversation mit Emma und eine mit Hamilton; im vierten Auftritt erscheint Goethe mythologisiert als Steinerner Gast. Im fünften schließlich werden Sentenzen aus der *Italienischen Reise* mit biographischen Ereignissen zur Abbreviatur Goetheschen Denkens zusammengefaßt, als Verweis auf das heute noch Gültige.

Zeit, Ort und Ereignisse in Sontags Roman stimmen mit Goethes Berichten weitgehend überein, sind jedoch gerafft oder szenisch erweitert. Dabei wechselt die Perspektive zwischen den Figuren und der Narratorin, die durch anachronistische oder ironische Signifikate immer wieder die vertikale Achse, die wertende Beziehung zum heutigen Leser betont.

Inhaltlich sind die Auftritte des weimarischen Ministers durch einen sich vertiefenden Gegensatz zu Sir William, dem Botschafter der britischen Krone gekennzeichnet. Das gemeinsame Interesse an antiker Kunst, Botanik und Geologie fördert mehr die kleinen Eitelkeiten und Irritationen als die Verständigung. Denn letztlich begegnen sich in ihnen zwei Zeitalter, zwei Generationen messen sich, beurteilen und stellen einander infrage.

Eröffnet wird das zweite Kapitel mit der ersten der drei Vesuvbesteigungen Goethes. Aus den Beschreibungen der beiden späteren enthält sie einzelne Zitate, die durch Wendungen wie "as the poet was later to write" oder "he wrote" gekennzeichnet sind. Indem Sontag derart die "Berührungsstellen" der Texte betont, löst sie die Illusion auf: in der *Italienischen Reise* stapft der Leser mit Goethe und Tischbein den Aschenhang hinauf; im *Volcano Lover* betrachtet er sie aus historischer Entfernung.

Die erwähnte Kontrastierung zwischen Beobachter und Protagonist beginnt im Physischen, wenn Goethe sich beim Aufstieg mit Hamilton vergleicht: "If the old English knight can do it regularly, then he can too."[14] Sontag nimmt damit ein bisher kaum beachtetes Motiv der *Italienischen Reise* auf, wo der siebenundfünfzigjährige Hamilton der "alte Ritter" genannt wird, der sich "am Abend seines Lebens" wohl "eine schöne Existenz gemacht" habe.[15] Goethe war nicht mehr jung genug, Hamilton, der vier Jahre später die dann sechsundzwanzigjährige Emma heiratete und noch weitere sechzehn Jahre leben sollte, war nicht alt genug, um derartige Bezeichnungen zu rechtfertigen. Goethe betont jedoch den Altersunterschied, um sich von Hamilton und dessen beeindruckendem, grandseigneuralem Lebensstil zu distanzieren. Der Botschafter mußte älter erscheinen, um letztlich als Vertreter einer sich neigenden Epoche zu gelten. Denn in der Gegenüberstellung avanciert Goethe durch narratorische Wertungen und Urteile zum kritischen Maßstab des Protagonisten und seiner Gesellschaft. Das zeigt sich vor allem in der Kunstbetrachtung und -wertung, die an Emma, Sir Williams gelehrigem Echo, exemplifiziert wird. Kein Biograph der Hamiltons oder Nelsons verzichtet auf Goethes Beschreibung von Emmas "Attitüden," der gestisch-mimischen Darstellungen antiker Bildwerke, die sie auf Abendgesellschaften vorführte.[16] Ausnahmslos wird das Lob der *Italienischen Reise* zitiert: "Man schaut, was so viele tausend Künstler gerne geleistet hätten, hier ganz fertig, in Bewegung und überraschender Abwechslung."[17] Der offenbar beeindruckte Goethe betrachtet die Darstellung als quasi lebendes Kunstwerk. Demgegenüber beachten die Biographen selten die zweieinhalb Monate später, nach der Rückkehr aus Sizilien gemachte

Einschränkung, in der es heißt, "daß mir unsere schöne Unterhaltende doch eigentlich als ein geistloses Wesen vorkommt, die wohl mit ihrer Gestalt bezahlen, aber durch keinen seelenvollen Ausdruck der Stimme, der Sprache sich geltend machen kann."[18] Jetzt wird Emma als geist- und seelenlose Nur-Schönheit verurteilt.

Warum sind die beiden so unterschiedlichen Wertungen im Text um über hundertdreißig Seiten getrennt? Wäre es nicht editorisch folgerichtig gewesen, 1815/17, bei der Redaktion dieser Teile, die "ordnen und ausführlicher darstellen" sollte,[19] die Bemerkungen aufeinander abzustimmen und zusammenzufassen?

Die Unstimmigkeit wird von Sontag als Bewußtseinsprozeß Goethes fiktionalisiert. Indem sie weder Lob noch Tadel zitiert, veranschaulicht sie mit Hilfe einzelner Signifikate die gedankliche Distanzierung im Submonolog der fiktiven Plauderei zwischen Goethe und Emma.[20] Die Parallelität von direkter und erlebter Rede entspricht dabei der Doppelrolle Goethes als höflich bemühter Gast und kritischer Künstler.

Der Intertext leistet hier das anfangs erwähnte Neu- und Wiederschreiben des absenten Textes, indem er auf eine Konfliktzone deutet, die die *Italienische Reise* kaum ahnen läßt: Goethe, anfangs zweifellos vom künstlerischen Wert der Darbietungen Emmas überzeugt, mußte die junge Frau gleichzeitig als Konkurrentin in der Neugestaltung der Antike betrachten, genauer: als Konkurrentin in der Darstellung Iphigenies. Am 16. März beklagt er sich gegenüber Frau von Stein, daß die soeben erschienene Versfassung seiner *Iphigenie* in Weimar auf Unverständnis gestoßen sei, "daß im Grunde mir niemand für die unendlichen Bemühungen [der Umformung, G. B.-F.] dankt."[21] Am selben Tag erfolgt die ausführliche Eintragung über Emmas Vorführungen. Das "Brava, Iphigenia!" der applaudierenden Gäste in Sontags Roman mag Goethe realiter gehört haben.[22]

Emma wurde ferner durch Tischbeins Gemälde zur bleibenden Verkörperung Iphigenies. "Heute früh mahlt sie Tischbein,"[23] notiert Goethe und ergänzt erst Jahrzehnte später, daß Tischbein an einem Gemälde zur *Iphigenie* arbeitete: "Iphigenie war das wohlgetroffene Bildniß der Lady Hamilton, welche damals auf dem höchsten Gipfel der Schönheit und des Ansehens glänzte."[24]

Dem Autor, der die taurische Priesterin durch Sprache neu erschafft, steht die junge Frau gegenüber, die Iphigenie durch ihren Körper sichtbar werden läßt. Abstraktion, Gedanke und Wort müssen mit sinnlich überzeugender Schönheit wetteifern. Während die mühevoll erstellte Neufassung daheim wenig Verständnis findet, löst Emmas Iphigenie Begeisterung aus. Neben der Bewunderung wird jetzt die aus Verärgerung resultierende Abwertung hörbar, die das Lob einschränkt: "der Spaß ist einzig!"[25] Spaß — nicht Vergnügen wird die Darbietung genannt. Abschätzig heißt es ebenfalls nach der Rückkehr aus Sizilien: "Hamilton und seine Schöne habe ich auch wiedergesehen."[26] Ohne sie zu erwähnen, gibt Susan Sontag dieser emotionalen Störzone ihre gedankliche Fortsetzung und Klärung. Denn das fiktive Gespräch zwischen Goethe und Emma über ihre Verkörperung antiker Bildwerke spitzt sich in letzter Instanz zur Auseinandersetzung zweier Kunstauffassungen zu: die innere Verge-wisserung, "but genius was something else,"[27] ist die Devise Goethescher Selbstdistanzierung, verweist aber ebenso auf seine kreative, Natur und Geist umfassende Ästhetik, die sich am subjektiven Erleben der Klassik orientiert, an der inneren Wahrheit; während Hamilton und seine Schülerin an der Imitation Genüge finden. Emmas beklatschte Iphigenia ist nur ein "theatre of simulated, ancient emotions," stellt die Narratorin fest,[28] wobei die Zuschauer — wie in einem Quiz — die Namen der dargestellten Figuren erraten müssen. Die Antike bleibt für sie, wie für die gesamte Epoche, abfragbares Bildungsreservoir: "What people made of antiquity then was a model for the present, a set of ideal examples."[29] Dagegen belehrt Goethe die verständnislose junge Frau, daß es für die Größe des künstlerischen Entwurfs mitunter notwendig sei, "to deviate from vulgar and strict historical truth."[30] Imitierende gegenüber schöpferischer Klassikkonzeption, Theater gegenüber Einsicht und Sinn — der Gegensatz vertieft sich.

Doch trotz seiner maßstabsetzenden Funktion strahlt der fiktive Goethe keineswegs die Autorität aus, die ihn in der *Italienischen Reise* umgibt. Vielem wird widersprochen, anderes wird ironisiert, als zeitbedingt oder irrig erklärt. So bleibt auch von dem selbstverliehenen gesellschaftlichen Schliff wenig übrig: der "stiff German" und "ponderous visitor," der "gravely" in "stilted French" doziert, durch seine Fragen Emma in Verlegenheit und das Gespräch zu unangenehmen Pausen bringt, bedarf sehr der höflichen Nachsicht anderer. Dies erklärt die widersprüchliche Selbstaussage der *Italienischen Reise:* "Hier sind mir die Menschen alle gut, wenn sie auch nichts mit mir anzufangen wissen."[31] Sontags Gastgeber Hamilton weiß es auch nicht, denn: "Neither greatly appreciated the other."[32] Erklärungen zur Metamorphose der Pflanzen, zur Urpflanze und zur eigenen Verwandlung finden bei Hamilton ebensowenig ein Echo, wie dessen Themen bei dem Gast, der in seinem Gegenüber nur den naiven Epikureer sieht. "Here was a man incapable of delving deeply into what interested him," ist der Submonolog auf Goethes Seite, und parallel dazu das unausgesprochene Urteil auf der anderen: "Here was a man incapable of not taking himself seriously . . . this concern with self-transformation was a rather overbearing piece of egotism."[33]

Zwei Zeitalter und zwei Werthaltungen stehen einander gegenüber: das Ancien régime, Epoche der gesellschaftlichen Konvenienz, in der Kultur primär zur Beförderung des Glücksstrebens dienend, begegnet dem Zeitalter des Subjektivismus, für das gerade die negativen Gefühlswerte Wege zur Erkenntnis sind. Die Unterschiede zwischen dem gebildeten kosmopolitischen Gesandten und dem sich neu bildenden und suchenden Künstler sind gravierender als die gemeinsamen Interessen; sie müssen aneinander vorbeireden.

Für Sontag ist damit die von Historikern und Biographen bis heute gestellte Frage beantwortet, warum es zwischen Hamilton, dem Verfasser eines bis in die Mitte des 19. Jahrhunderts gültigen "Meisterwerk[s] der Vulkanologie"[34] und Goethe, dem gläubigen Neptunisten, zu keiner wissenschaftlichen Diskussion kam. Der dargestellte Gegensatz bietet ebenso die Erklärung dafür, warum Goethe den Katalog, den Hamilton nach seinen Sammlungen von antiken Kunstschätzen erstellen ließ und der dann für den Klassizismus "von großer stilbildender Bedeutung war," in der *Italienischen Reise* verschweigt.[35]

Susan Sontag legt jedoch ihrer Goethefigur keine apriorische Überlegenheit bei, sondern entwickelt diese aus verstreuten Anmerkungen, die in der *Italienischen Reise* ein anderes Spannungsfeld anzeigen: stärker noch als in Rom mußte Goethe sich in Neapel dem Sog der Gesellschaft widersetzen. Der Kontrast zwischen individuellem Erkenntnisstreben und kollektivem Lebensgenuß steigerte sich bis zum Selbstzweifel. Am Ende des ersten Neapelaufenthalts heißt es deshalb: "Wenn man sich einmal in die Welt macht und sich mit der Welt einläßt, so mag man sich ja hüten, daß man nicht entrückt oder wohl gar verrückt wird."[36] Die Befürchtung, vom gesetzten Ziel abgelenkt zu werden, spricht sich hier ebenso aus, wie eine neugewonnene Selbstgewißheit.

Die erfolgreiche Auseinandersetzung zwischen lernender Selbstvervollkommnung und allgemeinem Genußstreben wird im *Volcano Lover* zur Voraussetzung von Goethes ethischer Autorität. Dabei widerspricht die Fiktion dem Referenztext: "in his *Italian Journey*, Goethe will write that he had a delightful time at the Cavaliere's assembly. He was not telling the truth. He was young enough then, restless enough, to have not enjoyed himself very much at all. To have minded that he learned nothing from any conversation that evening . . . How superior he had felt to these people. And how superior he was."[37]

Diese "vorsätzliche Nichtbestätigung"[38] des anterioren Textes stellt zwar das Urteil der Narratorin über die Goethesche Selbstaussage dar, verleiht aber dem fiktiven Goethe die Überlegenheit, die ihm in der Figurenkonstellation des

Romans als maßstabsetzende Autorität zukommt: an ihm zeigt sich, in einer
Epoche ohne Metaphysik, die subjektive Möglichkeit ethischer Orientierung.
Daran werden jedoch nicht nur die Figuren des fiktionalen Universums
gemessen und zu klein befunden, sondern ebenso die Erzählerin und ihre Leser.

Zu dieser Gerichtsszene wählt Sontag ein einziges Signifikat aus Goethes
nächtlichem Abschied von Rom, und zwar den Augenblick auf dem Kapitol:
"Die Statue Marc Aurels rief den Commandeur in Don Juan zur Erinnerung und
gab dem Wanderer zu verstehen, daß er etwas Ungewöhnliches unternehme.
Dessenungeachtet ging ich die hintere Treppe hinab."[39]

Es ist der Abstieg zu den Ruinen des alten Rom, in die Vergangenheit und
die Welt des Mythos. Von hier kehrt Goethe bei Sontag als Komtur zurück,
eingeladen von der Erzählerin zu einer Dinner Party, die ebenfalls die Soireen
Hamiltons spiegelt. Das Ende des 18. und des 20. Jahrhundert sind dadurch auf
ihren gemeinsamen Nenner gebracht: Genuß- und Glücksstreben. Stilistisch
virtuos wird die kultivierte und entsprechend raffinierte Atmosphäre wiedergegeben: "There are treats for all five senses. And mirth and glibness and
flattery and genuine sexual interest. The music soothes and goads. For once, the
gods of pleasure are getting their due."[40]

Zu dieser Festivität kommt der Steinerne Gast als mythische Wiederholung
des Boten aus dem Jenseits, der dem tafelnden Genießer erscheint. Es ist die
aktuelle Variante der entsprechenden Szene aus *Macbeth, Everyman-Jedermann*
und *Don Giovanni*. Doch statt zu drohen und zu strafen, paßt sich die Erscheinung
der Deutung Kierkegaards an, der den Komtur als "Bewußtsein" bezeichnet.[41]
Und wie sich der Teufel in Thomas Manns *Dr. Faustus* zu einem Adorno
ähnlichen Intellektuellen wandelt, so der Steinerne Gast im *Volcano Lover* zu
einem Goethe ähnlichen Künstler. Der Intertext verleiht der aus historischen
und gegenwärtigen Elementen synthetisierten Figur eine glaubwürdige
Zeitlosigkeit. Und ebenso zeitlos ist die Wirkung: das Aufschrecken des
Bewußtseins. Die Gastgeberin und Narratorin, zunächst verstimmt durch das
befremdliche Betragen des Störenfrieds, gibt schließlich doch dem Mahner
recht: "He is pretentious, overbearing, humorless, aggressive, condescending.
A monster of egotism. Alas, he's also the real thing."[42]

Was durch Goethe der damaligen Gesellschaft Neapels störend vergegen-
wärtigt wurde, wiederholt heute der Unruhe stiftende Künstler: "the real
thing," das einzig Wahre, die bewußtseinsfördernde Energie der Kunst.

Doch auch hier führt die intertextuelle Intention des Romans nicht zu
unbedingter Goetheverehrung. Vielmehr verhindert der Intertext als "Ort der
Interferenz von Texten" gerade die unbedingte Instanz.[43] Dies hebt Sontag vor

allem an der Goetheschen Ästhetik hervor: war diese zunächst der Maßstab, der
die imitative Klassikkonzeption Hamiltons und seines Zeitalters offenbarte, so
tritt die Autorin schließlich selber gegen Goethes Kunstauffassung an, um
deren Einseitigkeit zu veranschaulichen. Schauplatz dieser Beweisführung ist
die Villa Palagonia bei Palermo, deren grotesk barocke Figuren Goethe am 9.
April 1787 zwar besichtigte, doch streng ablehnte. Im *Volcano Lover* zitiert
Lord Hamilton zwölf Jahre später Goethes Urteil, während er seiner Frau
Emma und seinem Gast Lord Nelson die Villa zeigt: "the great poet's reaction
had been quite conventional: he had thought the villa dreadful, and presumed
his owner to be mad."[44] Durch eine Reihe dramatischer Szenen, die die
Erheiterung, die Einsicht und das Entsetzen der Besucher angesichts der Fülle
komischer Kreaturen darstellen, wird diese Ansicht jedoch nachhaltig widerlegt.
Die expressive Funktion des Grotesken und der unstimmigen Formen kommt
dabei nicht nur der Architektur und Innenausstattung der Villa zu, sondern
findet ihr Echo in den Besuchern: im Haus weitester Normwidrigkeit wanken
auch zwischen Emma und Nelson die gesellschaftlichen Formen, und sie fallen
sich zum erstenmal in die Arme. Die gewaltige, dick gewordene Frau und der
kleine, um einen Arm und ein Auge reduzierte Held werden in dem Moment
selber zu einem jener grotesken "tableaux of the deformed and ill-coupled,"[45]
die sie eben noch belacht haben. Darüber hinaus findet die Umarmung in einem
Saal statt, dessen spiegelbesetzteDecken und Wände das Paar verzerrt
reflektieren. Innen und Außen, Emotion und Dekoration bilden eine Kette sich
vielfach spiegelnder Entsprechungen: die *construction en abîme* ließe sich
kaum virtuoser darstellen. Sie ist die unmißverständliche Replik einer Autorin
des 20. Jahrhunderts an den in seinem Kunst- und Literaturverständnis
befangenen Klassiker.

Die potenzierte Groteske ist darüber hinaus ein Bild intertextuellen Schreibens: Nelson und Emma Hamilton leben als historische Figuren — von einigen
Porträts abgesehen — nur noch durch Texte, das heißt durch fortlaufende
Reflexion von früheren in späteren Texten. Die Gesamtheit dieser Texte ist wie
der Saal der gebrochenen Spiegelungen, "a canopy of broken mirrors, as
faceted as a fly's eye."[46] Die Figuren sind in das Gehäuse der sich kreuzenden und
reflektierenden Texte gebannt; es ist die Möglichkeit ihres Überlebens. Im
vollen Bewußtsein aktueller literaturwissenschaftlicher Reflexion schafft die
Autorin hier das Paradebeispiel "einer synchronen Entsprechung zwischen
Theorie und Praxis," wie es wiederholt in ganz unterschiedlichen Literaturen
zu beobachten ist.[47]

Wird in Susan Sontags Roman *The Volcano Lover* die fiktive Goethe-Figur

in ihrer Begrenztheit und Zeitgebundenheit vorgeführt, so dient der vom Werk
Goethes ausgehende Diskurs vor allem als differenzierendes Meßinstrument,
das den seelischen und geistigen Feingehalt der Figuren, wie auch den Wer-
tehorizont einzelner Repräsentanten des Ancien régime anzeigt. Daß die Autorin
selber hinter dieser Ansicht steht, zeigt sich nicht nur an der Überhöhung von
Goethes gesellschaftlicher Wirkung zur mythischen Erscheinung, sondern
mehr noch in der Wiederholung und Bestätigung seiner Wertung am Ende des
Romans durch die neapolitanische Dichterin Eleonora Pimentel, die das
negative Urteil auch auf die politischen und wirtschaftlichen Privilegien der
Kaste ausdehnt.

Der Intertext des Romans erhellt und vertieft andererseits in der *Italienischen Reise* nur angedeutete Spannungen und seelische Störzonen des Autors.
Und obwohl einige seiner Denkbilder ironisiert oder völlig zurückgewiesen
werden, tritt das Zeitentbundene und Gültige seines Werks nur desto deutlicher
hervor.

Anmerkungen

[1]Renate Lachmann, *Gedächtnis und Literatur, Intertextualität in der russischen
Moderne* (Frankfurt/M.: Suhrkamp, 1990) 60.

[2]Lachmann 63.

[3]Lachmann 75. Eine von Andrej Belyj stammende Metapher.

[4]Lachmann 75.

[5]Vgl. Tilottama Rajan, "Intertextuality and the Subject of Reading/Writing," *Influence and Intertextuality in Literary History*, hrsg. Jay Clayton u. Eric Rothstein
(Madison: U of Wisconsin P, 1991) 67.

[6]Lachmann 65.

[7]Vgl. Leslie Garis, "Susan Sontag Finds Romance," *The New York Times Magazine*
2. August 1992: 21–23, 31, 43. Rezensionen: R. Z. Sheppard, "Lava Soap," *Time* 31.
August, 1992: 49; Johannes Saltzwedel, "Emma, das Schmuckstück," *Der Spiegel* 12
(1993): 247–51.

[8]Susan Sontag, *The Volcano Lover. A Romance* (New York: Farrar Straus Giroux,
1992) 87.

[9]Vgl. Lucien Dällenbach, *The Mirror in the Text*, übers. Jeremy Whitley mit Emma
Hughes (Cambridge, UK: Polity P, 1989).

[10]Sontag 93.

[11]"Italiänische Reise," *Goethes Werke. Weimarer Ausgabe* (WA), hrsg. im Auftrag
der Großherzogin Sophie von Sachsen, I. Abt., 30. Bd. (Weimar: Böhlau, 1903;
fotomech. Nachdr. München: dtv, 1987) 219.

[12]*Die Leiden des jungen Werther*, WA I, 19: 12.

[13]Sontag 102.

[14]Sontag 142–43.

[15]WA I, 31: 67.

[16]Vgl. Hannelore Schlaffer, "Antike als Gesellschaftsspiel. Die Nachwirkungen von

Goethes Italienreise im Norden," *Annali Studi Tedeschi* 30 (1989): 297–312. Zu den rezenteren Biographien zählen: Brian Fothergill, *Sir William Hamilton: Envoy Extraordinary* (New York: Harcourt, Brace & World, 1969). Mit ausführlicher Bibliographie. Jack Russel, *Nelson and the Hamiltons* (London: Anthony Blond, 1969). Zur Dokumentation: Walter Sichel, Hrsg., *Emma Lady Hamilton: From New and Original Sources and Documents* (London: Archibald Constable, 1905). Romane von Alexander Dumas d. Ä. und Lily M. A. Beck. Die Verfilmung von Alexander Korda, *The Hamilton Woman* (1941), mit Vivian Leigh und Laurence Olivier, läßt die "Attitüden" unbeachtet und betont vor allem die national-patriotischen Aspekte.

[17]WA I, 31: 55.

[18]WA I, 31: 253.

[19]An Zelter, 27. Dezember 1814, WA IV, 25: 118.

[20]Während ihrer vom DAAD unterstützten Aufenthalte in Deutschland 1989 und 1990 muß sich Susan Sontag eingehend über die aktuelle Goetheforschung unterrichtet haben, wie die diesbezüglichen Aussagen des Romans vermuten lassen. Beispielsweise entspricht die erste Replik ihres fiktiven Goethe einem rezenten Buchtitel: "The significant moment! . . . That is what great art must render" (149). Vgl. Andreas Anglet, *Der "ewige" Augenblick: Studien zur Struktur und Funktion eines Denkbildes bei Goethe.* Kölner Germanistische Studien, Bd. 33 (Köln: Böhlau, 1991). Dazu die Besprechung von Marianne Henn, *Seminar* 23.2 (1993): 185–86.

[21]WA I, 31: 53.

[22]Sontag 147, 149.

[23]WA I, 31: 55.

[24]WA I, 32: 53–54. Dieser Absatz wurde deutlich in der Redaktionsphase von 1815/17 geschrieben, da er die Eheschließung Emma Harts und Lord Hamiltons von 1791 ebenso voraussetzt wie Emmas Tod im Jahre 1815. Tischbeins Bild, "Die Erkennung des Orestes durch Iphigenie" (1788), in: Jörn Göres, Hrsg., *Goethe in Italien* (Mainz: Zaber, 1986) 236. Die späte Erwähnung ist umso auffälliger, als Goethe selber eine Skizze dieses Gemäldes von Tischbein besaß, ebenso eine von Johann Heinrich Meyer angefertigte Porträtskizze Emmas. Vgl. Christian Schuchardt, *Goethe's Kunstsammlungen*, 3 Bde. in 1 (Jena: Frommann, 1848–49; Nachdr. Hildesheim: G. Olms, 1976).

[25]WA I, 31: 55.

[26]An Charlotte von Stein, WA IV, 8: 216.

[27]Sontag 149.

[28]Sontag 148.

[29]Sontag 148.

[30]Sontag 150.

[31]WA I, 31: 48–49.

[32]Sontag 151.

[33]Sontag 152.

[34]Otto Krätz, *Goethe und die Naturwissenschaften* (München: Callwey, 1992) 110.

[35]Krätz 109.

[36]WA I, 31: 78.

[37]Sontag 152.

[38]Lachmann 82.

[39]WA I, 32: 336.

[40]Sontag 153.

[41]Sören Kierkegaard, *Entweder—Oder*, hrsg. Hermann Diem u. Walter Rest, 2. Aufl. (Köln: Jakob Hegner, 1960) 151.

[42]Sontag 155.

[43]Lachmann 63.

[44]Sontag 244. Die Anlage befindet sich (1993) in einem desolaten Zustand: zahlreiche Figuren fielen der Bebauung des Stadtteils Bagheria zum Opfer; die verbleibenden sind stark verwittert. Einige der von Goethe besichtigten und von Sontag beschriebenen Räume werden noch bewohnt oder sind wegen Bauschaden nicht zugänglich.

[45]Sontag 247.

[46]Sontag 252.

[47]Lachmann 52.

Antike als Gesellschaftsspiel
Die Nachwirkungen von Goethes Italienreise im Norden*

Hannelore Schlaffer

Um die Wiederbelebung der Antike haben sich Künstler und Gelehrte so mancher Epochen der abendländischen Geschichte bemüht, zu einem Spaß für jedermann wurde die Rezeption der Vergangenheit erst am Ende des 18. Jahrunderts. Daher sind selbst die dürftigen Nachrichten, die unmittelbar nach der Rückkunft Goethes von seiner italienischen Reise umgingen, sogleich von einem breiteren Publikum aufgenommen und in ein Spiel verwandelt worden, mit dem man, ohne sich von der Stelle zu rühren, im dunklen Norden des sonnigen Südens, in der reflektierenden Moderne der lichten Antike sich bemächtigen konnte. Wenn das, was im Herzogtum Weimar mit der Antike geschah, auch nur eine kleine Nummer im großen Zirkus war, der sich in ganz Europa um das Thema Antike drehte, so kann ihre Interpretation als die eines Symptoms gleichwohl wesentliche Strukturen dessen, was man Klassizismus nennt, freilegen.

Der Vermittler der Goetheschen Reiseerfahrungen an ein breites Publikum ist Carl August Böttiger, dessen "anitquarische Kenntnisse" Goethe hochschätzt (an Schiller, 1. Juli 1797), dessen Plaudersucht ihn, wie eine Anzahl von Nachlaßgedichten zeigt, insgeheim verdrießt, und dessen Ruhmsucht er im 155. Xenion öffentlich mit Mißachtung straft: "Nein! du erbittest mich nicht. Du hörtest dich gerne verspottet,/Hörtest du dich nur genannt; darum verschon ich dich, Freund."[1] Des wenigen, dessen Böttiger habhaft werden konnte an Nachrichten über Goethes Reise aus Briefen, aus umlaufenden Erzählungen, aus Goethes Publikationen im *Teutschen Merkur* und seiner Veröffentlichung des *Römischen Carnavals*, bemächtigte er sich, um die Leserinnen des *Journals des Luxus und der Moden* (JLM) zu müßigen Teilhaberinnen einer poetischen Reise zu machen: sie sollten aus der großen Bildungsanstrengung des Dichters ihre kleinen Gewinne für den Alltag ziehen. Böttiger macht im wörtlichen Sinne die Antike ein-heimisch, indem er nur Gesten und Szenen zur

Nachahmung empfiehlt, die auf einer Bühne gespielt werden können, deren
Radius nicht weiter reicht als eine menschliche Hand. Böttiger führt die
intellektuelle Erfahrung in ihre handwerkliche Machbarkeit über.

Die knappe Beschreibung der Attitüden der Lady Hamilton in Neapel, die
man aus Goethes später publizierter *Italienischer Reise* kennt, ist für Böttiger
die erste und wichtigste Mitteilung, die er seinem Publikum über Italien und die
Antike machen kann. Fast wörtlich nimmt Böttiger Goethes späteren Text
vorweg in seinem Aufsatz: *Tischbeins Vasen. Lady Hamiltons Attitüden von
Rehberg*, den er im Februarheft des *Journals des Luxus und der Moden* von
1795 veröffentlicht. Die Posen, in die sich die Lady Hamilton wirft: der Niobe
und Nymphe, der Iphigenie und Sibylle, und die Darstellungen, die von den
Vasen des Lord Hamilton durch Tischbeins Skizzen bekannt wurden, anerkennt
Böttiger als "griechische Musterformen" des großen Stils und der schönen
Bewegung, die "überall aufzustellen und zu empfehlen" seien (59). Die
Umrißzeichnungen Rehbergs von den Attitüden der Lady werden zum
Musterbuch der guten Umgangsformen, die Tischbeinschen Skizzen der
Vasen des Lords zu Schablonen eines vornehmen Ambientes: "Möchten doch
unsere Damen durch die fleißige Betrachtung dieser Zeichnungen sich immer
mehr   davon überzeugen können, daß der zierliche Putz in der größten
Simplicität . . . besteht" (JLM 1795, 83). Böttiger interessiert nicht die antike
Kunst, sondern der antike Alltag, nicht die Ferne, sondern die Nähe des
Altertums zur Neuzeit. Er sucht Vorbilder für "unsere Wohnungen, Kleidungen,
Tisch- und Trink-Geschirre und Geräthschaften . . . die wir in den kostbaren
Trümmern und Ueberresten des griechischen Altertums noch jetzt hier und da
zu bewundern Gelegenheit finden" (JLM 1795, 59).

Allerdings wird Lady Hamilton nicht nur das Idol der weiblichen Mode;
Böttiger macht sie auch zum Maßstab der Schauspielkunst, wenn er selbst
Ifflands vielbewundertes Spiel an ihren Auftritten mißt:

> Kurz, was der berühmten Lady Hamilton ihr Schleier ist, durch dessen
> mannigfaltigen Umwurf sie dem erstaunten Zuschauer die zierlichsten
> Formen der Antike vorzaubert, das war, so weit die eingeschränkte Bestim-
> mung des Mantels diese Vergleichung erlaubt, das hohepriesterliche Ober-
> kleid dem verständigen Schauspieler; und ein geschickter Zeichner würde
> in Iffland, dem Oberpriester, vielleicht nicht weniger Stoff finden, als
> Rehberg in den Stellungen der Hamilton.[2]

Eine der Kopien Tischbeins von den Vasen des Sir Hamilton eröffnet als
Titelkupfer den Jahrgang des Journals, in dem der Aufsatz von Böttiger
erschien, denn die "Überreichung einer Vase" als Neujahrsgabe sei eine "ächt

griechische Mode" (ebd. 7). Die Vase auf dem Papier gilt mehr als der Scherben zwischen den Trümmern von Pompeji; mit solch einem Abbild läßt sich umgehen, mit ihm kann man "edle Einfalt" spielen, die papierene Antike soll mit schöner Geste dem Freund überreicht werden, und der Geber darf der Meinung sein, Antike finde hier und heute statt. Das 18. Jahrhundert eignet sich Vergangenheit körperlich an, es nimmt sie gewissermaßen osmotisch in sich auf. In Stufen führt es das vergangene Leben immer enger an sich heran und paßt es sich hautnah an. Die Mimik und Geste des Schauspielers und das Zeremoniell am Neujahrsfest sind eine Choreographie, durch die die Antike in der Bewegung des Körpers nachempfunden wird; mit dem klassizistischen Gewand trägt der nordische Mensch diese Vergangenheit als Mode direkt auf dem Leibe, und schließlich geht er gar mit ihr zu Tisch. Böttiger nämlich beschreibt die Adaption der Kunst als Aussaat der Vorwelt, die die Nachwelt ernte, um sie von antikisierendem Eßgeschirr zu genießen:

> Aber um so lachender und einladender ist auch die Erndte, die auf diesem weiten . . . Felde der griechischen Malerey in ihrer glänzendsten Periode jedem neueren Künstler entgegengreift, der mit verständiger Hand diese goldenen Aehren zu fassen weiß. Die erste Hamiltonsche Sammlung, die die englische Nation für ihr Museum kaufte, hat für die schönen ächt antiken Formen in Vasen und Prachtgeschirren des modernen Luxus von Wedgewoods Etruria . . . aus über ganz Europa einen wohltätigen Eindruck gehabt. (Böttiger, JLM 1795, 69)

Nun ist es aber mit diesem geselligen Umgang mit der Antike noch immer nicht genug; der moderne Mensch möchte endlich von den klassizistischen Geschirren genau dasselbe essen, was den Griechen und Römern schmeckte. Das *Journal des Luxus und der Moden* von 1797 beruft sich auf Goethes *Römisches Carnaval*, um der Beschreibung des Straßenfestes nun noch die des opulenten Mahls im Innern des Hauses hinzuzufügen in dem Artikel: *Der Saturnalienschmauß*, der, nachdem das Tafelzimmer, die Tischordnung, die Tischgarnitur beschrieben worden sind, auch einen "antiken Küchenzettel aus Rom" mit einer mehrgängigen Speisenfolge und Kochanleitungen bringt (JLM 1797, H. 2 und H. 12, 54ff.). Für die Köchin wird eine beruhigende Nähe zwischen Antike und Moderne hergestellt durch die Bemerkung: "Das römische Kochbuch scheint mit dem Wiener Kochbuch die meiste Ähnlichkeit zu haben" (JLM 1797, H. 12, 596). Mit der Wiener Küche beim Symposion wird die Antike im wörtlichsten Sinne einverleibt.

Eine derart körperliche Aneignung der Vergangenheit war nicht nur in Deutschland neu. Böttiger leitet mit seinen Schriften eine neue Privatisierung und Banalisierung des Kunstgenusses ein. Seine Anweisungen zu gut-grie-

chischen Tafelsitten und seine Kochrezepte werden bald ins Französische
übersetzt und erscheinen in Paris in eigenen kleinen bibliophilen Drucken. Der
Klassizismus wird mit solchen Schriften von einer kunstgeschichtlichen Epoche zu einer kulturgeschichtlichen Bewegung.

Mit Böttiger ist jedenfalls eine Abwendung vom kunsthistorischen Ernst
Winckelmanns zu vermerken. Sein Schönheitsideal hatte noch Goethes Blick
in Italien geleitet. Allerdings hatte auch schon Winckelmann die Rezeption der
Antike von einer Arbeit des Verstandes zu einem Vergnügen des Auges
gemacht. Die archivarische Forschung des Gelehrten an alten Texten wurde
abgelöst von der nachempfindenden Einfühlung des Kunsthistorikers, der die
sichtbaren Überreste der Vergangenheit suchte und beschrieb. Mit Winckelmann beginnt die Sensibilisierung nicht nur des Kunsterlebnisses, sondern der
historischen Erfahrung überhaupt: "Die reinsten Quellen der Kunst sind
geöffnet: glücklich ist, wer sie findet und schmeckt." Die sensitive Wahrnehmung
der Vergangenheit aber hatte bereits die Anwesenheit des lebenden Körpers am
historischen Ort erfordert. Die Reise in die Vergangenheit ist die notwendige
Konsequenz der Winckelmannschen Forderung "zu sehen" und "zu schmecken,"
und die Italienreise selbst ist der erste Schritt zur Banalisierung des
Kunsterlebnisses. Freilich bildet Goethe, fast zu Ungunsten der Genießbarkeit
der Lektüre seines Reiseberichts, all sein kunsthistorisches Wissen auf jene
Kunstwelt ab, die ihm in Rom vor Augen liegt. Böttiger, obgleich er selbst das
Erlebnis der Anschauung nicht teilte, befreit erst den Blick, den Kontemplation
und Wissen noch getrübt hatten. Wenn auch sein Publikum selbst nicht nach
Rom fahren und die antiken Gegenstände betrachten könne, so solle es
wenigstens durch seine Beschreibungen die "Schaureise zu diesen Heilig-
thümern" mitmachen. Dabei setzt Böttiger in seinen frühen Schriften nicht
einmal auf das Imaginationsvermögen seiner Leser; vielmehr macht er die
angebliche "Schaureise" zur Abenteuerreise, indem der Teilnehmer alles, was
antik ist, am eigenen Leibe erlebt. Nicht einmal mehr die Kutsche schützt ihn
gegen die Außenwelt und schafft eine Distanz zwischen dem Fremden und dem
Eigenen. Alle Distanz, Reflexion, Nachdenklichkeit ist aufgegeben, wenn die
Schwelle des Hauses und die Grenze seiner schützenden Mauern nicht überschritten wird.

Die Eingemeindung der Antike im Norden ist ein Akt der Legitimisierung,
derer das Selbstbewußtsein der neuen bürgerlichen Schicht bedarf. Durch den
Besitz der Antike zeichnet sich die neue Gesellschaft aus. Das Aufstellen und
Herumreichen antiker Vasen und Töpfe ist ein imaginärer Kunstraub, nicht
unähnlich dem wirklichen der römischen Kunstwerke durch Napoleon. Beide

Male findet eine *translatio imperii* statt, mit der sich, wie im Mittelalter die Kaiser, nun die Bürger an eine große Vergangenheit anschließen. Jeder vollzieht diesen Akt der Aneignung auf seine Weise und dem Bereich entsprechend, dem er vorsteht: der Imperator Napoleon macht den Louvre zum Museum, der Bürger sein Haus, der Kaiser inszeniert die Antike als repräsentativen Staatsakt, der Bürger beweist sich mit einem Divertimento, daß die Antike ihm gehört.

Goethe ist durchaus nicht nur der Textdichter dieses Spiels; er beteiligt sich selbst an ihm. Den Herzog regt er zum Bau des "Römischen Hauses" an im Park an der Ilm, der eigentlich ja Goethes Revier und seine Schöpfung ist. Nach dem Vorbild einer modernen römischen Villa im antikisierenden Stil sollte ein Landhaus auf den nachgestalteten Trümmern eines antiken Palastes entstehen. 1792 wurde im Grundstein ein Zettel versenkt, der versprach, das Gebäude "im soliden Geschmack der Baukunst der Alten" aufzuführen. In einem Vortrag vor der Freitagsgesellschaft 1795 rühmt Goethe die Novität der Imitation: "Das Gartenhaus . . . des Herzogs kann man das erste Gebäude nennen, das im Ganzen in dem reinern Sinne der Architektur aufgeführt wird" (Gedenkausgabe 12: 676). Aber auch in seinem eigenen Haus führte der Dichter den Besucher durch ein Museum der Antike, indem er allerdings, anders als der einfache Bürger, der sich auf die stumme Geste beschränkte, auf eine sprechende Bedeutung nicht verzichtete. Ein poetisches Programm leitete den Besucher aus dem Getriebe der Stadt in den Olymp. Ähnlich wie das "Römische Haus" des Herzogs, das auf einem rustizierten Sockel ruht, der den Bereich der chthonischen Mächte so gut darstellt wie die Trümmer der Antike, die das Fundament der Moderne sind, legt Goethe die Ikonographie der Treppe als einen Aufstieg von den dunklen Mächten der Erde in den Olymp an.

In der unteren Halle des Treppenhauses, das er nach Vorbildern römischer Bauten und Renaissancevillen neugestaltet hatte, empfingen den Besucher die Statuen eines Windspiels, eines bocktragenden Satyrn und eines betenden Knaben. Über Tier und Naturdämon, welche traditionellerweise in die *sala terrena* gehören, reicht der Jüngling hinaus, der die Hände zu den Göttern erhebt. Hinansteigend und emporblickend gewahrt der Besucher, nach einer Wendung der Treppe, im oberen Geschoß an der Decke das Gemälde der Iris, der Götterbotin, die Freud und Leid vom Himmel zur Erde bringt oder den Erdensohn zu den Göttern geleitet. Folgt er der Kehre der Treppe, so sieht sich der Besucher den Köpfen von Ares und Apoll gegenüber, den Göttern des Krieges bzw. der Kunst und Weisheit. Der Weg vom einen zum anderen gleicht dem Übergang vom irdischen Kampf in die helleren Regionen des Friedens von

Kunst und Philosophie. An der Wand, die rechtwinklig auf jene mit den Götterbildern stößt, und zwar auf der Seite des Ares, sieht der Besucher ein Gemälde der Medusa, jenes Fabelwesens, das die Feinde der Götter, die Unwürdigen, zu Stein erstarren macht, aus dessen abgeschlagenem Haupte aber, das einstens von großer Schönheit gewesen war, auch das Blut floß, das den Pegasus, das Flügelroß der Dichter, gebar. Nun erreicht der Besucher den Vorplatz vor dem Eingang zu Goethes Wohnung, wo an der Seitenwand ein Gemälde Dionysos und Aphrodite im Schoße ihrer Mutter Dione vorstellt, jener Göttin, die die Tochter des Äthers und der Erde ist. Ihre Abkunft erinnert ihn ein weiteres Mal an seine momentane Situation zwischen Himmel und Erde. Neben dem Eingang steht die Jünglingsgruppe von Ildefonso. Zwei Knaben, hinter denen eine *magna mater* steht, gemahnen, die gesenkte Fackel in der Hand und vor das Gemälde der Liebesgötter gerückt, an den unseligen Zusammenhang von Sinnlichkeit und Tod. Endlich der Eingang zur Wohnung erscheint als Pforte des Olymp, der die Seligen aufnimmt. So zumindest deutet die Supraporte dieses Tor, die den Adler des Zeus mit dem Blitz darstellt. Auf dem Fußboden ist der lateinische Gruß "Salve" zu lesen. Durch die geöffnete Tür blickt dem Eintretenden aus diesem deutsch-griechischen Himmel das mächtige Haupt des Zeus von Otricoli entgegen, vor dem, ein Pförtner des Olymp, Goethe selbst erschien. Der Zeus von Otricoli, der in der Tür erscheint und den Besucher begrüßt, wendet sich aber zugleich dem Speisesaal Goethes zu, so daß die Mahlzeiten dort mit seinen Freunden zur Göttertafel werden mußten. Nach dem Mahl hingegen begaben sich die Gäste zum Plaudern in einen olympischen Salon, dem die Göttin Juno vorstand.

Nun ist es Goethe offenbar kaum aufgefallen, daß er die Himmelfahrt des Besuchers, die er in seinem Treppenhaus inszenierte, mit *Kopien* veranstalten mußte. Und in der Tat hatte er das nicht bemerken können, denn die gesamte Wiederbelebung der Antike im Norden war Kopie. William und Emma Hamilton, dieses Paar aus dem englischen Nebel, hatten mit der Reproduktion der Antike im Süden schon begonnen, und von ihnen ging, wie zu sehen war, die Nachricht nach Deutschland, wo sich das Nachspielen der Antike als Gesellschaftsspiel verbreitete. Die Posen der Lady Hamilton waren Kopien einer Vergangenheit, deren Authentizität keiner, auch der Sammler selbst, der Lord, wieder herstellen konnte. Nun scheinen diese Spiele als Hilfsmittel der Vergegenwärtigung eines abstrakten Wissens, der Mythologie, der Lebens-formen und Sitten der Antike sogar noch für uns eine Berechtigung gehabt zu haben. Jedoch kann solche Verlebendigung nicht der eigentliche Zweck der Posen gewesen sein; eine regelrechte Kopierlust nämlich hatte den Lord erfaßt.

Er ließ alles, was er besaß, kopieren, und zwar nicht etwa nur, um die Kenntnis von jenen Ausgrabungen zu verbreiten bei den Menschen, die nicht nach Italien reisen konnten. Eine solche Absicht legen zwar die Skizzen nahe, die Tischbein von den Stücken seiner Vasensammlung anfertigte. Vielmehr erfreute sich der Lord an der Kopie als solcher. Böttiger teilt in seinem Aufsatz über das englische Ehepaar mit, daß auch Angelika Kaufmann versucht habe, das Sujet einer Vase in einem Gemälde festzuhalten, daß sie, so sagt Böttiger, "diese Umrisse mit ihrem Zauberpinsel . . . auf ein Gemälde übertrug, welches der Besitzer der Vase, der Ritter Hamilton, als eine große Zierde seiner Sammlung ansieht" (JLM 1795, 75). Hier, so hat es den Anschein, schätzt der Besitzer die Kopie so gut wie das Original, ja, als eine "große Zierde seiner Sammlung" stellt er es über so manches originale Exponat.

Das Kopieren also muß als eine eigene, durchaus befriedigende Tätigkeit der Epoche angesehen werden. Die Kopie ist der Spiegel der Wirklichkeit des Originals; die Folie dieses Spiegels aber ist der Kopist, ist der moderne Mensch. In der Kopie erscheint die Antike als ein Teil seiner selbst, und während er sie kopiert, verwandelt auch er sich in Antike. Er übernimmt den Habitus "Antike" als eine Rolle, mit der er über sein wirkliches Dasein einen Schein ausbreitet. Der Brief Wilhelm Meisters an seinen Freund Werner besagt nichts anderes, als daß es dem Bürger am Vorwurf zu einer Rolle mangele, in der er sich selbst in eine höhere Existenz gehoben fühlen könnte. Wie einst der Adel, so verspürt auch jetzt der Bürger, daß "Dasein heißt, eine Rolle spielen." Sir Hamilton ist Politiker und Gesandter Englands am neapolitanischen Hof und, sobald er den Posen seiner Frau zusieht, antiker Philosoph, der die Tänze einer Hetäre genießt; er ist ernsthafter Altertumsforscher, Archivar und Sammler, der aber lieber noch den Maecenas spielt und Aufträge an moderne Künstler vergibt.

Der Bürger also, der nach erhebenden Posen sucht, findet seine Rollen in der Vergangenheit. Auf der Oberfläche des Lebens bringt er das Ornament eines anderen Stils an, verwandelt sein historisches Wissen in historistischen Schmuck. Der Historismus beginnt nicht erst mit den Nazarenern, diesen eifrigen Kopisten der Frührenaissance, oder gar erst an den Fassaden der Bürgerhäuser am Ende des 19. Jahrhunderts; die Posen der Lady Hamilton vielmehr sind schon Historismus, insofern dieser das Rollenspiel des Bürgers ist. Das Spiel mit der Antike, das am Ende des 18. Jahrhunderts statthat, ist der eigentliche Beginn dieser Haltung, die das ganze 19. Jahrhundert bestimmen sollte, der Klassizismus ist die erste Phase des Historismus. Wie aller Historismus erfaßt auch dieser nur die Schauseite des Lebens, die Geselligkeit, die Festmähler, die Dekoration des Hauses, und vor allem tendiert er, als Zurschaustellung von Geschichte, dazu,

Maskerade und Karneval zu werden.

Bei solcher Aneignung der Geschichte im Spiel bleibt freilich das Wesentliche der vergangenen Kunst und des vergangenen Lebens nicht erhalten. Es
geht mit dem Kopieren verloren und soll verloren gehen. Das Vergnügen, das
William Hamilton beim Anblick des Gemäldes der Angelika Kaufmann
empfindet, läßt vermuten, daß ihn, bei aller Bewunderung für die Antike, die
immerhin kargen Umrißzeichnungen auf griechischen Vasen fremd anmute-
ten. Erst wenn das Bild, wenn dasselbe Sujet in einem modernen, im vertrauten
Gewand vor ihm steht, kann er sich ganz seiner erfreuen. Erst nachdem die
Vasenzeichnung in die Atmosphäre der Malerei, und gar in jene weibliche
Weichheit des Stils der Angelika Kaufmann übertragen worden ist, wird der
Besitz der Vergangenheit zum emotionalen Eigentum des gegenwärtigen
Menschen. Der Kunstverstand, der bei der Anschaffung der Vase am Werk
gewesen sein muß, verwandelt sich in Kunstgenuß. Während Angelika Kauf-
mann die eintönigen Vasenszenen in bunte Bilder übersetzte, belebte Emma
Hamilton den kalten Marmor der Statuen durch ihre Attitüdendarstellungen.

Die Wiederbelebung der Antike vollzieht sich als Gattungswechsel. Die
Antiken Gegenstände, Motive, Sujets bleiben dem Namen nach erhalten; sie
vermitteln dem Betrachter den Schein von Authentizität; die Szene ist noch
immer mit den alten Titeln benennbar, doch wird sie nun in den weicheren,
annehmlicheren Formen der Moderne vorgetragen. Nicht nur das Vasenbild
bekommt Farbe, die Skulptur Leben; auch das antike Basrelief verfließt nun im
bone china der Geschirre von Wedgewood, der Lekythos steht nicht mehr auf
dem Grab, sondern auf der Etagère des Salons, die Amphora, einst Trophäe des
olympischen Siegers, wird zur Blumenvase, die Tunika des Senator zur
Mantilla der Dame, der Tempel zum Lusthaus, die Götterstatue zur Vitrinen-
figur, das Grabmal zum Kachelofen.

Der Gegenstand verliert seine spezifische Bestimmung, er flottiert orientie-
rungslos im modernen Ambiente, weiß selbst nicht recht, wo er hingehört,
kann, wie Helena in *Faust II*, dies und jenes sein. Die Verwendung einer
"Athenienne," einer griechischen Vase, der schon dieser französische Name
fremd sein muß, empfiehlt das *Journal des Luxus und der Moden* (1797, 163)
zu beliebigem Gebrauch: "Der Gebrauch dieses schönen Meuble kann als
Räucher- und Kohlpfanne gedacht werden . . . Man kann es aber auch zur
Beleuchtung als Candelaber brauchen, und in diesem Falle dürften nur die
Dillen . . . oben eingesetzt werden, die als Leuchter dienen. Wollte man die
Vase von dem zarten, milchweißen Beinglas und das übrige aus Bronze
machen lassen; so gäbe eine darin hängende Lampe mit 2 oder 3 Dillen eine

sehr angenehme und sanfte Beleuchtung." Anders als bei Montfaucon, der die Antike ebenfalls zerstückelte, der eine Skulptur in Ohren, Hände, Füße, Gewandschnallen und Schuhsohlen zerlegt hatte, um sie einer, wenngleich toten, Ordnung des historischen Wissens einzufügen, bleibt nun der antike Gegenstand als einzelner intakt, wird aber aus seinem Zusammenhang gerissen, um in ein vagabundierendes Verhältnis zur modernen Umgebung zu geraten: er wandert von Ort zu Ort, wird hierhin und dahin gestoßen; in der Heimat, die ihr der moderne Bürger bietet, irrt die antike Kunst ganz heimatlos umher.

Nun werden bei dieser Eingemeindung der Antike in die Gegenwart die gültigen Werte der Vergangenheit allerdings mit Leben erfüllt, indem die dauerhaften Materialien: Stein, Marmor, Erz, durch vergänglichere: Porzellan, Stoff, ja gar Fleisch, ersetzt werden. Die Auferstehung der Antike im 18. Jahrhundert, sofern sie eine zum Leben des Alltags und nicht zum Gedächtnis der Kunstgeschichte ist, bedeutet ihre Überantwortung an den Tod. Relikte, die Jahrtausende in der Erde geruht und überdauert haben, geraten in den Kontext von Gesten, die im Nu vergehen.

Die Verwandlung von Erz in den fließendsten aller lebenden Stoffe, in Haar, zeigt ein Aufsatz des Leipziger Kunstschriftstellers Christian Ludwig Stieglitz im *Journal des Luxus und der Moden* (1798, 105ff.: *Bruchstück aus dem Modenjournal des alten Roms*), der den Kopfputz der Römerinnen abliest von Münzbildern, die römische Matronen zeigen. Als Modelle für seine Leserinnen bildet er "eine kleine Galerie der Bildnisse dieser Damen [ab], die von Römischen Münzen entlehnt sind, welche, als dem Moden-Journal des alten Roms, uns den richtigsten Weg führen können" (108). Die Münze, Symbol des Auges, in dem der Verstorbene sich selbst erscheint, und die daher zu seinem ewigen Gedächtnis geprägt worden ist, wird zum flüchtigen Zitat der Mode, zu einem Zeitungsblatt, das sich ebensogut überschlagen ließe, zum Kopfputz, der am Morgen "sitzt" und am Abend zerfällt. Aus dem ewigen Schlaf wird die Antike zum vergänglichen Leben erweckt.

Da Leben und Sinnlichkeit, Liebe und Tod, Bewegung und Vergänglichkeit kulturhistorisch seit je dem Weiblichen zugeordnet sind, bedeutet die histo-ristische Renaissance der Antike eine Feminisierung der Rezeption. Fast alle Gesten der Vergangenheit werden von Frauen oder zumindest in deren Um-gebung und Ambiente nachgespielt. Der Klassizismus löst vor allem eine kulturgeschichtliche Bewegung aus in den Boudoirs und Salons. Böttigers *Sabina oder Morgenscenen im Putzzimmer einer reichen Römerin*[3] ist das Beispiel einer Verbindung von antiquarischer Forschung und Popularisierung der Wissenschaft auf dem Markt des weiblichen Lesepublikums. Für die

Leserinnen erfindet Böttiger eine Serie pikanter Szenen, in denen allen ein scheinheiliges Zeremoniell von antikischer Feierlichkeit und Würde den weiblichen Körper bei der Morgentoilette begehrlich umkreist, während der Autor gleichzeitig seine Geltung als Gelehrter vor den männlichen Konkurrenten zu retten weiß durch eine Fülle von Fußnoten. Sie machen mehr als die Hälfte dieses Textes aus. "Er darf vielmehr ohne Anmaßung versichern," sagt der Autor von sich, "daß man es mancher Anmerkung von wenigen Zeilen kaum ansehen wird, wie viel mühsame. . . Forschungen vorausgehen mußten, um diese oder jene Kleinigkeit. . . aufs Reine zu bringen. Als Beyspiele der Art dürfen hier nur die Bemerkungen über das warme Getränke und die Kranzliebhaberey der Alten, über die wahre Drapirung ihrer Gewänder, über die Favoritschlange der römischen Damen . . . aufgeführt werden" (P III). Als galante Kulturgeschichte ließe sich dieser gattungspoetische Kentauer aus Fleiß und Lüsternheit bezeichnen.

Die Beliebigkeit, in die antike Bedeutungen durch modernes Nachspielen gelangen, wird bald zur Beliegigkeit der Inhalte des Spiels selbst. Wählte man zunächst nur die Gegenstände der griechischen und römischen Vergangenheit zur Ausschmückung der Gegenwart, so tun bald auch die der italienischen Renaissance, des deutschen Mittelalters dieselben Dienste. Auch an dieser Zeitenmischung beteiligen sich die Frauen. Lady Hamilton hat in Henriette Hendel-Schütz eine bewunderte Nachfolgerin auf den europäischen Bühnen und in den deutschen Wohnzimmern gefunden und in Königin Luise eine gekrönte Anhängerin auf dem preußischen Thron. Die eine wußte, was sie tat, die zweite ahnte es kaum. Henriette Hendel-Schütz, ehemals eine der bedeutendsten Mitglieder der Berliner Schauspieltruppe unter Iffland, bereiste, als eine frühe Gedächtnisschwäche ihr das Rollenstudium unmöglich machte, als Attitüden-Darstellerin ganz Europa und entzückte mit ihrer proteischen Verwandlungskunst und ihrem ansehnlichen Körper die Männer. Ihre Tournées führten sie von Paris bis Moskau, wobei ihre Posen meist in privaten Salons stattfanden, denen nicht selten die Ehegattinnen aus Protest fernblieben. Henriette Hendel-Schütz machte seltener antike mythologische Szenen zum Vorwurf ihrer Vorführungen, wenngleich die Darstellung der Niobe, die auch an Emma Hamilton gerühmt worden war, eine ihrer bevorzugten Posen blieb. Vor allem aber stellt sie christlich-mittelalterliche Figuren vor, die Madonna, Maria Magdalena, eine verklärte Nonne. Clemens Brentano berichtet von einem Besuch der Sebaldus-Kirche in Nürnberg, wo die Schauspielerin gerade die Grablegung Christi von Dürer verkörpert hatte: "Bei letztem erzählt uns der Sigrist, hat Madam Händel drei Stunden die Gruppen explixirt, und alle die

Apostel am Sebaldusgrab hat sie mit ihrem Shawl nachgemacht, wozu die
Nürnberger bellesesprits ihr Mallaga in die Kirche gebracht" (an die Brüder
Grimm, 15. Oktober 1808). Zwischen 1809 und 1817 gastierte Henriétte
Hendel-Schütz in Berlin, Leningrad, Stockholm, Kopenhagen, Amsterdam,
Paris. Ausgedehnte Besprechungen ihrer Auftritte füllten die Spalten der
wichtigsten Journale der Zeit, des Cottaschen *Morgenblatts für gebildete
Stände*, der *Halleschen Literaturzeitung*, der *Zeitung für die elegante Welt*.
Homerisch titulierte man sie die "Allesgestaltende," und die Poeten, wie
Moritz August von Thümmel, widmeten ihr Huldigungsgedichte:

> Welch Auge saugt nicht gern an Deinem Blick voll Seele,
> Wenn du von Deiner Höh' auf uns hernniederstrahlst,
> Und was die Dürer einst und was die Raphaele
> Erschufen, sinnlicher uns malst.[4]

War Henriette Hendel-Schütz, nicht anders als Emma Hamilton, ebenso
gefeiert wie verachtet, bedichtet wie verspottet, so genoß Königin Luise von
Preußen die Anerkennung vor allem der intellektuellen Elite Deutschlands. Als
Attitüden-Darstellerin brauchte sie keiner zu verstehen, konnte sie doch, was
bei den beiden anderen Frauen eine weibliche Spielerei war, als staatspolitische
Repräsentation ausgeben. Tatsächlich aber tat sie nichts anderes als diese
Frauen, wenn sie, die nichts mehr im Sinne gehabt zu haben schien, als sich
malen zu lassen, sich einmal als Hebe, dann als Amazone, als *mater dolorosa*
oder als Renaissancefürstin darstellen ließ: nie war sie sie selbst, immer zeigte
sie sich in einem historistischen Gewand. Durch sie erhält der Historismus
seine staatliche Aprobation. Man könnte auch sagen: durch sie hat sich das
Rollenspiel des Bürgers die Bühne des Hofes erobert; der Historismus der
Bürger wurde durch die Maskeraden des Hofes staatlich anerkannt. Die Dichter
dankten es der Königin mit ihren Lobgesängen, denn nie wurde eine Königin
so viel besungen wie sie.

Lange ehe im *Journal des Luxus und der Moden* die Maskenumzüge des
Weimarer Hofes bekannt gemacht wurden, verwandelte schon Königin Luise
den gesamten Hofstaat in eine Schauspieltruppe, um nicht selten sogar ihre
Feste aus dem Palast hinaus und ins königliche Nationaltheater zu verlegen.
1804 etwa feierte sie dort ihren Geburtstag mit einem Maskenball, bei dem sie
als Statyra, die asiatische Braut Alexanders, auftrat; diesen machte ihr Schwager Prinz Heinrich. Wie einst Rehberg die Attitüden der Lady Hamilton in
seinen Umrißzeichnungen festhielt, so bemüht sich nun auch die Königin
darum, daß die Künstler ihres Staates, Jügel, Clar und Dähling, das Fest in
kolorierten Stichen festhalten. Von der Kopie der Antike entsteht auch hier eine

nächste Kopie durch den Kupferstecher.

Diese Maskeraden, wie sie auch vom Weimarer Hof bekannt sind, haben Goethe zu den Szenen der *Mummenschanz*, der *Klassischen Walpurgisnacht* und der Helena-Szenen in *Faust II* inspiriert. Er antwortet hier, wie schon so manches Mal, auf seine eigene Rezeption. 1797 hatte das *Journal des Luxus und der Moden* in einem Aufsatz über *Vorschläge zu Masken fürs Carneval* "allen Raths- und Trostbedürftigen das schönste und geschmackvollste Musterbuch dieser Art, Göthens römisches Carneval, nebst den dazu gehörigen ausgemahlten Kupfertafeln" (13f.) empfohlen. Die Folgen der Italienreise als historistisches Spiel und als touristischer Spaß werden nun nach dreißig Jahren sowohl in *Faust II* wie in *Wilhelm Meisters Wanderjahren* kritisiert. Hier beschreibt Goethe die Wallfahrt zu den Stätten, an denen Mignon gelebt hat, dort die Inszenierung der Antike im modernen Ambiente. An Helena sind die Züge der Lady Hamilton unübersehbar, wie auch die Luciane der *Wahlverwandtschaften* in ihrer Mischung aus Koketterie und Karitas an die fast namensgleiche, allzu agile Königin Luise erinnert. Helena zelebriert nichts als die Pose ihrer selbst, sie weist während ihres gesamten Auftritts nur immer auf sich hin, sie ist nicht zurückgekehrt aus der fernen Welt der Mütter, sie stellt vielmehr eine dar, die Helena spielt. Auch die Attitüden-Darstellerinnen waren eigentlich gar nicht von sich aus und durch das bloße Hinschauen erkennbar. Immer mußten sie sich selbst vorstellen, oder sie wurden von einem Kommentator begleitet, der sie nannte und ihre Geschichte erzählte. Dieses Verhältnis von Darstellung und Kommentar findet sich auch in *Faust II* in der *Mummenschanz*. Alle Figuren sind vorgestellte Figuren im doppelten Sinne des Wortes. "Verkünde jeder, wer er sei" (V 5406), empfiehlt der Herold, der mit den Fremdlingen aus der Vergangenheit nichts anzufangen weiß, und vor allem vom Knaben Lenker fordert er: "Sag von dir selber auch das Was und Wie!" (V 5572). Nimmt man die Helenaszenen hinzu, so könnte man *Faust II*, zumindest seine gesamte erste Hälfte, ein Drama der Posen nennen. Freilich ist diese Antwort Goethes auf die Rezeption seiner selbst nur die erste und oberflächlichste Schichte der Bedeutung, die diese Szenen haben. Jedenfalls aber akzeptiert Goethe die Mitarbeit des Publikums an seinem Werk. Es hat einst die Anregungen seiner Reise aufgenommen, und er seinerseits bezieht aus ihrem Spiel Geste, Haltung und Stoff für sein Drama. So endet eigentlich die italienische Reise für Goethe erst mit *Faust II* und kurz vor seinem Tod; für das 19. Jahrhundert geht das Spiel mit der Vergangenheit hingegen noch ein Weilchen weiter.

Anmerkungen

*Der Beitrag wurde als Vortrag gehalten bei der Tagung des Kanadischen Germanistenverbandes 1990, zu dem ich freundlicherweise durch Professor Marahrens eingeladen worden war. Die Vortragsfassung ist erhalten geblieben.

[1] Johann Wolfgang von Goethe, *Gedenkausgabe der Werke, Briefe und Gespräche*, hrsg. Ernst Beutler (Zürich: Artemis, 1948–54) 2: 463.

[2] Böttiger, *Entwicklungen des Ifflandischen Spiels in vierzehn Darstellungen auf dem Weimarischen Hoftheater im April 1796* (Leipzig 1796) 252f.

[3] C. A. Böttiger, *Sabina oder Morgenscenen im Putzzimmer einer reichen Römerin. Ein Beytrag zur richtigen Beurtheilung des Privatlebens der Römer und zum bessern Verständnis der römischen Schriftsteller* (Leipzig 1803).

[4] In das Stammbuch der Madame Hendel in Bezug auf ihre mimischen Vorstellungen zu Gotha den 17. Januar 1810. In Moritz August von Thümmel, *Sämtliche Werke*, Bd. 1 (Leipzig 1811) 17.

Sibylle

Iphigenie

Niobe

Göttin des Tanzes

Dorothea Schlegel's Clementina (*Florentin*) and Goethe's Makarie (*Wilhelm Meisters Wanderjahre*)

Christoph E. Schweitzer, *University of North Carolina at Chapel Hill*

There is only one assessment of Dorothea Schlegel's *Florentin* (1801) that does the novel justice. Ruth Richardson in her excellent and thorough introduction to the English translation of *Florentin* rightly states that it "is a work that should be studied for itself, that, in fact, it does stand on its own" (Lawler XC). Previously, critics had stressed the author's dependence on biographical and literary models. In a rather tedious and lengthy enumeration Franz Deibel sees antecedents in many different literary and philosophical works of the time and in the person of the adventurous Eduard D'Alton, an admirer of the author, the prototype for the protagonist (Deibel chapter II). Among the novels most frequently mentioned as having left traces in *Florentin*, Deibel and later scholars mention Friedrich Heinrich Jacobi's *Woldemar*, Tieck's *Franz Sternbalds Wanderungen*, Friedrich Schlegel's *Lucinde*, and, most of all, Goethe's *Wilhelm Meisters Lehrjahre*. Except for *Lucinde*, these novels had already been suggested by the author herself when, on February 27, 1801, she writes to Clemens Brentano that *Florentin* "soll nämlich aus dem 'Meister', dem 'Sternbald' und dem 'Woldemar' zusammen gestohlen sein" (Raich [19–20]).

There are indeed parallels between her novel and those mentioned above as well as others. However, many of the claims as to agreements between them and *Florentin* are far-fetched and some completely invalid. More questionable is the tendency of the critics to put down Dorothea Schlegel as a creative writer whenever the critic believes she appropriated an aspect of another literary work or an idea she had read or heard. In no case does she even approximate Goethe's use of real persons for *Die Leiden des jungen Werther* or his taking over many details of Susanna von Klettenberg's life for the sixth book of *Wilhelm Meisters Lehrjahre* or his use of Heinrich Meyer's report on the cotton industry in the

Wanderjahre. The aura surrounding Goethe has made scholars assume that Dorothea Schlegel could only have taken from Goethe and has blinded them to the fact that there are startling similarities between one of the characters of *Florentin*, that is Clementina (not Clementin*e* as she is often referred to), and Makarie of *Wilhelm Meisters Wanderjahre* (1829). To point out these similarities between Clementina and Makarie and also to bring out the special relationship between Florentin and Clementina will be the main issue of this paper.

It seems best to restrict the interpretation of *Florentin* to the text as it was published in 1801. The various fragments of the continuation that have been published recently yield little that is relevant to the argument of this paper. They show a multiplicity of name changes and possibilities of interrelationships that indicate the author's uncertainty as to how to proceed.

There can be not doubt about Florentin being a prototype Romantic hero. As Goethe observed in a letter of March 18, 1801, to Schiller: "Was sich aber ein Student freuen muß, wenn er einen solchen Helden gewahr wird! denn so ohngefähr möchten sie doch gern alle aussehen." At the point when we get to know Florentin in the beginning of the novel, he seems to be without financial worries and in search of his identity and destiny. He is trying to find out who his parents are and is desperate to give his life meaning. He hopes to find this meaning by joining the American revolutionaries so as to be able to participate in the establishment of a new and free nation. Somewhere in Germany — he was raised in Italy and has travelled widely — he saves the life of Count Schwarzenberg from a wild boar. At the Count's country estate he is much taken by Juliane, the count's eldest daughter, and her fiancé Eduard. Juliane, now between fifteen and sixteen years of age, was raised until she was fourteen by the Count's sister, Clementina, who lives on an estate in a nearby town. Thus, there is a close and loving relationship between Clementina and the Schwarzenberg family. That relationship is maintained primarily through frequent correspondence. Florentin first hears of Clementina when family members mention her, then is told that a painting depicting Saint Anna teaching the child Mary is based on a portrait of Clementina as Saint Cecilia. The portrait was painted some thirty years ago. The child Mary is a portrait of Juliane. To Florentin, Saint Anna, with her hand pointing toward heaven, appears as a truly holy person; he is visibly moved by the painting. We will learn much later the reason for his emotional reaction. Clementina sends Betty, a young relative, to the Schwarzenbergs, asking them to postpone Juliane's wedding a few weeks because Clementina would be unable to be present these next days. A letter with further explanations would follow. Juliane then writes her aunt a long letter in response to one she had received from her. Betty had obviously told Clementina about Florentin and the great impression he had made on everyone of the Schwarzenberg family, especially on Juliane. In her letter the aunt must have asked Juliane to tell her more about Florentin. The niece obliges her by giving a long description of Florentin in which she reveals her attraction to the mysterious stranger. The next six chapters are taken up by an excursion of Juliane, dressed as a hunter, Eduard, and Florentin, the latter's account of his adventurous life, a storm, and the trio's seeking refuge at a mill. Here Juliane tells a touching story about a childless couple. The wife vows to become a nun if she were to be without child for another year. In her distraught state of mind she is put to bed where a beautiful child appears to her and her alone. Her vision continues unabated until she gives birth to her first baby. Clementina, who had been the confidante of the wife, had told Juliane the story. The return of the three to the Schwarzenberg castle is also the beginning of the next six chapters which form the third and last part of the novel.

Juliane's parents do not want to postpone the wedding any longer even if the aunt cannot be present. In her letter Clementina had again proposed a delay. Both Juliane and her mother write to Clementina, regretting not having her at the wedding and missing her good advice. Juliane is bothered by the content of the aunt's letter, again she mentions Florentin and says that he has as deep an insight into her innermost being as Clementina. Eleanore, Juliane's mother, chides Clementina for not coming to the wedding since Juliane is thus deprived of the person who alone with her religious devotion would have shown Juliane the true meaning of the ceremony. Clementina in her letters — the author cleverly withholds them from us — must have pleaded again and again for a delay, arguing that Juliane is still a child and that her relationship to Eduard has as yet not matured. She undoubtedly also thought that Juliane's feelings toward Florentin raised questions about her love for Eduard.

Clementina's role, then, is that of a spiritual mentor for her relatives and others. They turn to her for guidance, knowing that she has special insights into their minds and that she can help them with her advice.

Critics have turned to the "schöne Seele" and to Natalie of *Wilhelm Meisters Lehrjahre* as models for Clementina. Franz Deibel, Christine Touaillon, and J. Hibberd see in her an amalgam of the two Goethean characters (Deibel 51–52; Touaillon 573; Hibberd 204). There are Clementina's philanthropic endeavors about which we read in the last chapters of *Florentin*. These she indeed shares with Natalie, but even here there are enormous differences as to the nature of what the two are trying to accomplish. Thus, one can at best talk of a faint echo. In addition, as is well known, the time around 1800 was full of accounts about such endeavors. Schlegel did not need the *Lehrjahre* to create a woman of means who is active as a philanthropist. Finally, and that is what is of interest to me here, neither the "schöne Seele" nor Natalie can be considered the spiritual center of a group of people, nor are there letters going back and forth between either one of them and their relatives and others in which information is sought and advice is given. But such a spiritual center is provided most clearly by Makarie of *Wilhelm Meisters Wanderjahre*. It is to the many parallels between Clementina and Makarie that I will now turn.

   Since in both *Florentin* and the *Wanderjahre* nieces and, in the case of the second novel, also a nephew write to Clementina and Makarie, they are known generally as "die Tante." We get to know them first through the correspondence and only later in person. Both of them tend to be sick frequently and both their sicknesses seem often to be ways of shielding themselves from the outside. Both of them are unmarried, elderly ladies of means who live in a large house with a temple-like wing (Clementina) or in a castle with an observatory (Makarie). Music is central to Clementina's life, as I will show below, and music is the only art form mentioned in connection with Makarie (W 347).[1] Their entourage is also similar: Clementina is helped by the young and "muntere" Betty (210),[2] Makarie by the "heiterste" Angela (W 347). Both have an unnamed male companion, a "Hausgenosse" (216) or a "Hausfreund" (W 347), who is also their physician as well as a scientist, a botanist in the case of Clementina, a mathematician and an astronomer in that of Makarie. While Schlegel uses the term "Schutzgeist der Angehörigen" (214) for Clementina, Goethe uses the almost identical "Schutzgeist der Familie" (W 298) for Makarie. They both are characterized by charity, Clementina being called a "wohltätige[r] Engel" (220) and a "Heilige" (107), and Makarie "ein Engel Gottes auf Erden" (677) and a "Göttliche" (669). Clementina as well as Makarie bless those who turn to them for comfort (197, 237 and W 668). The two authors stress that the two women possess special gifts and can penetrate through the outside of persons to their true, inner nature. At the same time, they allow others to be completely themselves: Clementina has "die wahre Ehrfurcht, die zarteste Scheu für die Sinnesfreiheit andrer Personen" (215), while in Makarie's presence everyone enjoys "die Freiheit ganz in seiner eigenen Natur zu erscheinen" (W 675).

   In enumerating these parallels my point is not so much to insist on Goethe's having taken Clementina as a model for Makarie, even though I do think that he must have been influenced by her character in Schlegel's novel and kept her role in mind when writing the *Wanderjahre*. My point is rather that it is wrong to fault Schlegel for having been influenced by *Wilhelm Meisters Lehrjahre* and other novels of the time and for seeing in such influence something negative when the same argument could be used against Goethe's *Wanderjahre* and of course most every piece of literature. It is, however, also true that Makarie with her sidereal qualities transcends the character of Clementina whose eyes nevertheless already sparkled "wie einsame Sterne durch den umwölkten Himmel" (230). Basically different are two further aspects: Goethe incorporates the reader's disbelief as to the claim that Makarie is a part of the solar system in the structure of his novel which, with its various levels and seemingly disconnected and antithetical parts, leaves it to the reader to find meaning beyond opposing views and life styles and ambiguous signals. The difficulty of arriving at definite interpretations has been stressed recently by Hans Vaget (144 and 158). The *Wanderjahre* is obviously the more imposing, much more encompassing and challenging of the two novels.

While the significance of Makarie and her relationship to various characters in the *Wanderjahre* has been explored repeatedly, the significance of Clementina and her relationship to Florentin has not. Therefore, I will turn to this aspect of Schlegel's novel.

I have already quoted from Goethe's letter to Schiller, dated March 18, 1801. In the letter Goethe also makes this comment about *Florentin*: "Einige Situationen sind gut angelegt, ich bin neugierig, ob sie die Verfasserin in der Folge zu nutzen weiß." I will show below how, at the end of the novel, Schlegel brilliantly brought together the several strands she had introduced earlier.

Just prior to Juliane's and Eduard's wedding, Florentin hastily departs for the nearby city in which Clementina lives. He is clearly drawn to meet her, whether on the basis of her portrait as Saint Anna and the effect the portrait had on him, or whether he is looking for spiritual guidance. After his arrival in town he hears about her various philanthropic undertakings, these being more impressive and described in greater detail than those about which we read in the *Lehrjahre* in connection with either Lothario, Therese or Natalie. However, they are not different, as I said above, from those being discussed, written up, put in practice, and/or used in various works in the latter part of the eighteenth century. Florentin's meeting with Clementina, on the other hand, is a unique scene. She had heard of Florentin's arrival, had excused herself for not being able to receive him right away on account of her illness, but had also urged him to come to the next day's performance of a requiem she had composed and has performed every year on the same day. Florentin, at the appointed time, approaches the temple-like part of Clementina's mansion where part of the service has just ended. Across from the organ is a sarcophagus; on it rests — either asleep or dead — the sculpture of a child whose torch is falling from his hand while the mourning Horae approach at the sides. We learn that the monument has been commissioned by Clementina according to her own design a long time ago and that it is sacred to her. Above the monument is the painting of Clementina as Saint Cecilia. The impact of the painting on Florentin is ever so much greater than that of the impact of the Saint Anna painting at the Schwarzenberg castle. While Florentin looks at Saint Cecilia, a beam of light from the setting sun shines on her face, and its reflection, mixed with the light of the candles, makes the objects light up in strange ways and move in ghostlike fashion. Florentin feels like falling on his knees in front of such splendor. He sees Clementina, dressed in black, already no longer belonging to this earth. Upon looking at her, he thinks that he knows her, childhood memories awaken in him. The requiem she composed is sung by a chorus that is, as in the case of Mignon's funeral, invisible to the audience. A trumpet is heard, the chorus sings antiphonally and the force of the all-powerful fugue grows, "bis Himmel und Erde in den ewigen, immer lauter werdenden Wirbel mit einzustimmen schienen, und alles wankte und bebte und zusammenzustürzen drohte" (231). Clementina then asks Betty about Florentin whom Betty points out in the crowd. Upon seeing him, Clementina is first astonished, then blushes, then grows pale, and finally faints. Numbed, Florentin rushes outside.

I have recounted the meeting between Florentin and Clementina in such detail because it is the high point of the novel, the place where its ultimate meaning is to be found. In the postscript to her 1987 edition of the novel Liliane Weisberg refers to the scene in which Florentin and Clementina meet in the following manner: "Die Beschreibung des Augenblicks, in dem Florentin sie [Clementina] sieht, zitiert Wackenroders *Herzensergießungen* und verweist ebenso auf die Bedeutung der Musik in Tiecks *Sternbald*" (234). While the term "zitiert" is clearly wrong — there is nothing approximating a quotation from Wackenroder's text in *Florentin* — the role music plays in *Herzensergießungen*, published four years before Schlegel's novel, indeed agrees with the role music plays here. In both texts it lifts a person or persons to a spiritual, religious realm in which worldly matters disappear and the human is one with the divine. This capacity of music is even more emphasized by Ruth Richardson in her introduction to the English translation of *Florentin* to which I referred at the beginning of this article. She stresses that it is through music, not through the other arts, that "the finite and the infinite mingle and merge" (Lawler LXVII). Richardson also points out that Schlegel is a pioneer when she has a woman compose serious orchestral music. But there is much more to the meeting between Florentin and Clementina in which the two do not speak one word but everything is indicated through their emotional reactions. It is surprising that commentators have not taken into account other aspects than music in the interpretation of the crucial meeting between Florentin and Clementina.

When Florentin is at the Schwarzenberg castle, he is very much taken by the portrait of the young Clementina as Saint Anna; as a matter of fact, he claims that he is about to fall in love with the person portrayed, seriously for the first time in his life, as he explains to Eduard. This attraction is of a very special nature since there are suggestions in the novel that Florentin is Clementina's illegitimate child.[3] A bit later we learn that Florentin resembles the portrait of a pilgrim that Juliane's mother has in her room. One surmises that the pilgrim is Florentin's father. More importantly, we hear that there are rumors about Clementina's past, that there was something very long ago for which she has been suffering ever since. When we learn that she has never married but has had a wing of her mansion devoted to the memory of a child, a son, and that she has composed a requiem for that child — most likely to be performed annually on his birthday — then we must assume that she believes that her child has died. She also seems to take responsibility for having "transgressed" and for the child's supposed death. The fact that the person we assume to be Florentin's father is portrayed as a pilgrim points to his having repented, too.

We can find in Clementina's past an explanation for her reluctance to interfere in Betty's determination to marry Walter, an utterly despicable character. He had seduced her, and Betty feels obligated to marry the person by whom she might have a child, a situation Florentin finds terribly wrong. He cannot understand why Clementina does not dissuade Betty from marrying Walter. The key for such an attitude can be found in her own past, i. e., in her feeling guilt for having had an illegitimate child whom she later lost. Once we understand the full meaning of the encounter between Florentin and Clementina, it is also possible to relate the story Juliane told during her, Eduard's, and Florentin's stay at the mill to the ending of the novel. On the one hand, the connection lies in the depiction of Clementina as a trusted friend and spiritual supporter of another person, and on the other hand, in the symbolism of the child that is first denied to the couple, then appears only as a vision, and finally comes into being. Both in Clementina's life and in Juliane's story the development is from despair — Clementina believing her child dead, her friend not being able to have children — to fulfillment and joy. In the same way that the novel is open-ended — it ends with "Florentin war nirgends zu finden" — Juliane's story is open-ended: rather than allowing Clementina's friend to have a male offspring which was the condition for a large inheritance, Schlegel has her bear a daughter whom she promises to the church.

When on the day of the performance of the requiem Florentin sees Clementina next to the sarcophagus and when he is overwhelmed by the majestic music, he is naturally shaken, "betäubt," as the text has it (232). While I do not believe that he recognizes in Clementina his mother, something essentially new and positive has entered his life. As he tells Betty, "mein Gemüt war gelöst von allem Kummer dieses Lebens. Wie auf Engelschwingen fühlt' ich mich durch die allmächtigen Töne der Erde entnommen und sah eine neue Welt sich vor meinen Augen auftun" (233). Schlegel also indicates such an awakening in Florentin in allowing him to think that the child on the sarcophagus, i. e., Florentin himself, is coming to life and is about to join the chorus. Clementina, on the other hand, shows through the various emotional reactions — astonishment, blushing, growing pale, swooning — that she must have recognized her child in him, the child she had believed to have died.

It is, then, not just music that is invoked in the crucial meeting between Florentin and Clementina. There are the other arts, the painting of Clementina as Saint Anna and as Saint Cecilia, the inventor of the organ and the patron saint of music; there is the sculpture of the child on the sarcophagus and the architecture of the temple-like space. Thus, it seems to me that a passage from August Wilhelm Schlegel's essay "Die Gemählde" provides a better parallel to the encounter between Florentin and Clementina than those in Wilhelm Heinrich Wackenroder's texts to which both Weisberg (234) and Richardson (Lawler LCI–LXVII) refer:

> Und so sollte man die Künste einander nähern und Uebergänge aus einer in die andre suchen. Bildsäulen belebten sich vielleicht zu Gemählden . . . Gemählde würden zu Gedichten, Gedichte zu Musiken; und wer weiß? so eine feyerliche Kirchenmusik stiege auf einmal wieder als ein Tempel in die Luft. (A. W. Schlegel 49–50)

Past, present, and future also intersect in this moment: earliest memories for Florentin, early ones for Clementina play a central role. He sees again the same portrait he had seen at the Schwarzenberg castle; this time it is the original and the model for it was his own mother and she is sitting directly under the portrait. Thus, life and art, past and present, death and resurrection, sin and redemption are juxtaposed and interwoven in the unique scene of the meeting between Florentin and Clementina. It would have been difficult for Schlegel to surpass its emotional impact, an impact she had carefully prepared from the beginning of the novel. E. T. A. Hoffmann comes to mind as one who combines, in eerie duplication, characters that seem to belong to the fictional realm with those that, for the reader, seem to belong to reality. Moreover, Hoffmann will often combine such juxtaposition with music, as, for example, in *Die Fermate*. But this early use of the coming together of so many art forms in a crucial meeting of two main characters in her novel is Schlegel's unique and extraordinary accomplishment. The scene represents a high point of what Romantic fiction could achieve.

Notes

[1]All quotations from *Wilhelm Meisters Wanderjahre* are preceded by a W and are taken from vol. 17 of the "Münchner Ausgabe," ed. Gonthier-Louis Fink et al.

[2]All quotations from *Florentin* are taken from the edition edited by Paul Kluckhohn.

[3]In the use of a painting in which a person or persons depicted relate to a character in the novel, one might see a parallel to the use Goethe makes of the "Bild vom kranken Königssohn" in *Wilhelm Meisters Lehrjahre*. Here Wilhelm identifies with Antiochus who is secretly in love with his stepmother. See Schweitzer.

Works Cited

DEIBEL, Franz. *Dorothea Schlegel als Schriftstellerin im Zusammenhang mit der romantischen Schule*. Palaestra 40. Berlin: Mayer & Müller, 1905. Rpt. New York: Johnson Reprint, 1970.

GOETHE, Johann Wolfgang. *Wilhelm Meisters Wanderjahre. Maximen und Reflexionen*. Ed. Gonthier-Louis Fink, Gerhart Baumann and Johannes John. Vol. 17 of *Sämtliche Werke nach Epochen seines Schaffens* (Münchner Ausgabe). Ed. Karl Richter. München: Hanser, 1991.

HIBBERD, J. "Dorothea Schlegel's *Florentin* and the Precarious Idyll." *GLL* 30 (1977): 198–207.

MENDELSSOHN VEIT SCHLEGEL, Dorothea. *Florentin. A Novel*. Trans., annotated, and introd. Edwina Lawler and Ruth Richardson. Vol. 1 of *Schlegel Translation Series*. Lampeter, Wales: Mellen House, 1988.

RAICH, J. M., ed. *Dorothea v. Schlegel geb. Mendelssohn und deren Söhne Johannes und Philipp Veit. Briefwechsel*. Mainz: Franz Kirchheim, 1881.

SCHLEGEL, August Wilhelm u. Friedrich Schlegel. *Athenaeum*. Vol. 2. Berlin: Heinrich Frölich, 1799.

SCHLEGEL, Dorothea. *Florentin. Ein Roman. Herausgegeben von Friedrich Schlegel*. Vol. 1. Ed. Paul Kluckhohn. *Deutsche Literatur. Reihe Romantik*. Vol. 7. Leipzig: Reclam, 1933. 89–237.

SCHWEITZER, Christoph E. "Wilhelm Meister und das Bild vom kranken Königssohn." *PMLA* 72 (1957): 419–32.

TOUAILLON, Christine. *Der deutsche Frauenroman des 18. Jahrhunderts.* Wien: Wilhelm Braunmüller, 1919. Rpt. Bern: Lang, 1979.

VAGET, Hans Rudolf. "Johann Wolfgang Goethe: *Wilhelm Meisters Wanderjahre* (1829)." *Romane und Erzählungen zwischen Romantik und Realismus. Neue Interpretationen.* Ed. Paul Michael Lützeler. Stuttgart: Reclam, 1983. 136–164.

WEISBERG, Liliane, ed. *Florentin. Roman. Fragmente. Varianten.* Frankfurt/M.: Ullstein, 1987.

Paul Ernsts Verhältnis zu Goethe
Leben, Werk, Wirkung

Louis F. Helbig, *University of Arizona*

Im Mittelpunkt dieser Untersuchung steht nicht Goethe, auch nicht die Goethe-Forschung, sondern Paul Ernst (1866–1933), der gesagt hat: "Goethe ist die bedeutendste Persönlichkeit in unserer Literatur . . ."[1] Es gilt zu untersuchen, ob dieser einst weithin geschätzte, heute in Vergessenheit geratene Schriftsteller, der sich Dichter nannte, andere, kritische Äußerungen über Goethe in seinen Aufsätzen und seinem Werk hinterlassen hat, die sein Verhältnis zu Goethe differenzieren. Dies scheint um so notwendiger, als einige maßgebende neuere Werke unterschiedlichen Zuschnitts — stellvertretend seien hier Leppmann, Mandelkow und Conrady genannt — Ernsts Beziehungen zu Goethe nicht berühren, obwohl dies gewiß angebracht gewesen wäre.[2] Denn bereits der für Goethe wichtige Begriff der Persönlichkeit läßt sich zu einem guten Teil auch auf Paul Ernst anwenden. Er schreibt in seinem Essay "Goethes *Iphigenie*"[3] aus dem Jahre 1913:

> Man kann sagen: das Schrifttum der übrigen Völker entstand, weil die Leute ein Bedürfnis nach Dichtung hatten, das dann durch bedeutende Dichter befriedigt wurde; das deutsche Schrifttum entstand, weil bedeutende Dichter sich äußern wollten. Daher kommt es, daß bei uns die Persönlichkeit der Dichter viel wichtiger wird für das Verständnis ihrer Werke als bei anderen Völkern, und daß nicht eine eigentliche künstlerische Überlieferung vorhanden ist, sondern jeder von neuem anfängt. ("Goethes *Iphigenie*" 226)

Unbeschadet des Gewichts der Persönlichkeit, deren Bedeutung grundsätzlich nicht zu bestreiten ist, muß man dem doch entgegenhalten, daß weder Goethe noch Ernst "von neuem" anfing. Beide sind Glieder derselben Kette, Teilnehmer und Mitwirkende an dem, was Ernst hier "künstlerische Überlieferung" nennt. Deshalb verwundert es, daß er deren Wirksamkeit in diesem Zusammenhang zunächst einzuschränken scheint. Die Formel "von neuem" bezieht sich nämlich sowohl auf das Werk wie die Persönlichkeit, die es zu

Wege bringt — ein erster Hinweis auf die Zusammengehörigkeit von Leben
und Werk. Dabei mußte ihm verborgen bleiben, daß die Heranziehung der
Dichterpersönlichkeiten "für das Verständnis ihrer Werke" — etwa im Sinne
von Wilhelm Diltheys *Das Erlebnis und die Dichtung* (1905) — selbst Teil der
deutschen Tradition und somit zeitgebunden war, nicht etwa eine unumstöß-
liche Gegebenheit. Man ist deshalb darauf vorbereitet, daß sich dieses Dilemma, dessen sich Paul Ernst nicht bewußt war, notwendigerweise in der
bündigsten Beurteilung Goethes aus seiner Feder spiegeln mußte:

> Goethe ist die bedeutendste Persönlichkeit in unserer Literatur, und der
> große Einfluß, den er auf das deutsche Leben hat, geht in viel höherem
> Grade von dem Menschen aus, als von seinen Werken; diese sind mit sehr
> wenigen Ausnahmen problematisch im Ganzen, bei der höchsten dich-
> terischen Begabung und dem größten künstlerischen Verstand im Einzel-
> nen. So hat er unsere Gesamtkultur zwar in höherem Maße gefördert, wie
> irgend ein anderer Dichter, in der Dichtung selbst aber hat seine kritiklose
> Verehrung auch außerordentlichen Schaden gestiftet; denn die Hinneigung
> zur Formlosigkeit und die Überschätzung des reinen Persönlichkeits-
> ausdrucks liegt ohnehin schon im Wesen der Deutschen und müßte eher
> bekämpft werden. Ich würde sehr wünschen, daß eine höhere Achtung für
> Lessing und Schiller ein Gegengewicht gegen seinen allzu großen Einfluß
> schüfen: und ich bin der festen Überzeugung, daß das durchaus im Sinne des
> großen Menschen selber wäre. *Paul Ernst, Weimar.*[4]

Auf den kürzesten Nenner gebracht, lautet Paul Ernsts Urteil: Goethes
Leben wirkt stärker als sein Werk; Goethe bleibt stets ein großer Mensch, aber
er war nicht der große Dichter; der Personenkult um Goethe — der aber doch
nur zu einem Teil ihm selbst vorzuwerfen ist, möchte man meinen — sei ebenso
zu kritisieren wie seine "Hinneigung zur Formlosigkeit." Die "Überschätzung
des reinen Persönlichkeitsausdrucks," die zu Recht seinen Kritikern anzulasten
ist, sieht er überdies im deutschen Nationalcharakter begründet. Dies besiegelt
er mit einem auktorialen *"Paul Ernst, Weimar,"* so wie der 'große Mensch' von
Weimar ähnliche Gutachten mit *"Goethe, Weimar"* unterzeichnete.

In Ermangelung von Sonderuntersuchungen zum Thema Paul Ernst und
Goethe war es möglich, mit dieser Ernst-Stelle zu beginnen. Auch die Literaturgeschichte hat bestürzend wenig dazu zu sagen, obwohl Paul Ernst keineswegs selten auf Goethe verweist und ihm sogar eine Reihe von Aufsätzen
gewidmet hat. Insgesamt gesehen nimmt Goethe in den theoretischen Überlegungen Paul Ernsts jedoch eher eine untergeordnete Rolle ein. Es steht
trotzdem zu erwarten, daß der Neuklassiker einiges mit dem Klassiker gemeinsam hatte — Übereinstimmungen, die sich bis in das Leben Ernsts, sein Werk
und dessen Wirkung verfolgen lassen, aber auch Unterschiede, die unver-

söhnbar scheinen. Beide, die Übereinstimmungen wie die Unterschiede, sollen im Folgenden untersucht und bewertet werden.

Eine solche Differenz der Auffassungen tritt im Begreifen des Alters als etwas Negatives oder etwas Positives zu Tage: "Goethe hat das Alter nicht als Abstieg, sondern als Steigerung empfunden," so schreibt Erich Trunz in seinen Erläuterungen zur *Hamburger Ausgabe*.[5] Zwar läßt sich nicht mit Sicherheit sagen, ob Paul Ernst ebenso dachte, doch scheint die Annahme plausibel, daß er die Steigerung zwar versuchte, dabei jedoch zunehmend in eine trübe Altersstimmung geriet, bis er siebenundsechzigjährig starb.

In eine vergleichbare Richtung weisen Goethes "Sprüche," die, über einen langen Zeitraum, etwa von 1812 bis zu seinem Tode entstanden, als "Spätwerk" oder "Altersdichtung" gelten. Paul Ernst fühlte sich von ihnen angezogen, obwohl er fast zu jedem Zeitpunkt jünger war als Goethe. Für das gewählte Thema ist es deshalb wichtig, daß mit den Gesichtspunkten *Leben*, *Werk* und *Wirkung* eine progressive Altersperspektive gewissermaßen vorgegeben ist. Das Alter, so mußte ein konservativer Geist wie Paul Ernst annehmen, vertieft eher die Verpflichtungen des Dichters, anstatt sie zu erleichtern.

I. Leben und Erlebnis

Es wäre verkehrt, sagt W. Walker Chambers, ein englischer Kenner des Ernstschen Werkes, Paul Ernst einen Erlebnisdichter Goetheschen Typs zu nennen.[6] War Goethe, so argumentiert Chambers, im Schillerschen Sinne 'naiv,' so müsse man Paul Ernst als 'sentimentalischen,' 'reflektierenden' Dichter verstehen. Die Tatsache, daß Ernst sein eigenes Leben vor allem in seinen Romanen zum Gegenstand der Dichtung gemacht hat, mag dies beweisen; denn die Prosa tendiert eher zur Reflexion, während die Lyrik sich vornehmlich für das persönliche Erleben eignet. Auch die wiederholten Reflexionen seines Verhältnisses zu Goethe erhärten dies, da er immer wieder dessen Leben als Weimarer Klassiker mit seinem Leben als ein Goethe Nachgeborener in Beziehung setzt. Allzu groß, ja übermächtig wirkt Goethe auch auf ihn, als daß Ernst, vierunddreißig Jahre nach Goethes Tod geboren und rund hundert Jahre nach ihm gestorben, sich von dieser geistesgeschichtlichen Last zu befreien vermochte.

Bis zu diesem Punkt erfüllt Ernst durchaus die Kriterien des Epigonentums, doch ging sein Antrieb von Anfang an über die bloße Nachahmung hinaus. Denn ein Prinzipielles interessierte ihn, war eigentlicher Grund seiner Goethe-

Faszination: dessen Fähigkeit, seine Lebenserfahrungen dergestalt zu sublimieren und umzugestalten, daß sie Allgemeines über das Menschenleben aussagen. Damit in engem Zusammenhang steht Goethes obsessives Verhältnis
zur Essenz der Persönlichkeit. Man darf behaupten, daß Paul Ernst sich kaum
weniger obsessiv verhielt, ohne an epigonalen Minderwertigkeitskomplexen
zu leiden wie etwa J. M. R. Lenz oder Karl Immermann. Das Fascinosum
Goethe bestand für Paul Ernst primär aus einem äußerst eindrucksvollen
Korpus von Werken, aber da dies so war, mußte es eine erlebnisreiche
Persönlichkeit sein, die diese Werke zu schaffen vermochte. Diese Vorstellung
entsprach dem gängigen Verständnis, das man zu Beginn unseres Jahrhunderts
von einem klassischen Autor besaß. Es handelte sich bei Paul Ernst weniger um
eine bewußte als eine unbewußte Nachahmung Goethes: des Klassikers Leben,
Werk und Wirkung war *als Ganzes* immer noch unbestrittenes Maß aller
literarischen Dinge.

In seinem Band *Erdachte Gespräche* hat Paul Ernst dieser Haltung ein
Denkmal gesetzt, nämlich durch das Gespräch "Der Dichter und das Erlebnis,"
das zwischen einem fiktiven Goethe und einem fiktiven Eckermann stattfindet.[7] Dieses Gespräch ist aus zwei Gründen interessant. Erstens, weil sein
Titel an das Diltheysche Buch *Das Erlebnis und die Dichtung* (1905) erinnert,
welches Ernst sicher kannte, und zweitens, weil es Ernst am 29. Februar 1824
stattfinden läßt. Pikanterweise schrieb der echte Goethe in eben demselben
Jahr, genau: am 4. Januar 1824, den folgenden Spruch über das Altern auf, eben
jenen Spruch, den Paul Ernst der zweiten und dritten Auflage seines Buches
Der Weg zur Form (datiert 1915 und 1927) als Motto vorangestellt hat:

> Ich bin euch sämmtlichen zur Last,
> Einigen auch sogar verhaßt;
> Das hat aber gar nichts zu sagen:
> Denn mir behagt's in alten Tagen,
> So wie es mir in jungen behagte,
> Daß ich nach Alt und Jung nicht fragte.[8]

Mindestens drei Empfindungen sind in diesem Goethe-Spruch zu erkennen: Ernsts Resignation, seine Gleichgültigkeit gegenüber Lesern und Kritikern, letztlich seine Absicht, trotzdem weiter das zu tun, was ihm seine
Persönlichkeit aufgibt. Während Goethe noch zwischen jüngeren und älteren
Menschen unterschied, spielen Generationenprobleme für Ernst keine Rolle.
Allgemein deuten diese Zeilen an, daß beide Autoren — Goethe im fünfundsiebzigsten und Ernst ungefähr im fünfundfünfzigsten Lebensjahr — mit dem
Altern und ihrem Verhältnis zur Umwelt neu zurechtkommen mußten. Dies ist,

wenn man so will, der autobiographische, im übrigen aber allgemeinmenschliche Hintergrund des Vexierspiels in "Der Dichter und das Erlebnis" zwischen den beiden fiktiven Gestalten sowie der historischen Friederike Brion einerseits und, auf der anderen Seite, Paul Ernst.

Der Goethe des erfundenen Gesprächs legt zunächst die pikierte Haltung an den Tag, die der Spruch schon angedeutet hat. Man weiß, Friederike Brion war es gewesen, die den jungen Dichterheroen 'hinanzog,' um dann — so will es die Literaturgeschichte — wieder in ihre belanglose Biographie zurückzusinken. Was blieb? "Als ich sie liebte, da war sie mein Gedicht" ("Dichter" 25). Ohne Frage: Erlebnislyrik der feineren, sublimierten Art. Im übrigen gehe den fiktiven Goethe ihr weiteres Schicksal nichts an. Statt gegen diese, heute sagt man: chauvinistische Haltung anzugehen, attackiert Goethe von diesem Moment an die biographische Erklärungssucht der Interpreten, als ob er, Goethe, *Dichtung und Wahrheit* nie geschrieben hätte, und

> . . . nun muß dieses Pack kommen und *seine* Wahrheit darstellen, sein Philistertum und seine Gemeinheit. Wie beneide ich Schiller! Er hatte den Hochmut, mit dem man diese Kanaille behandeln muß, von seinem Erleben werden die Leute nichts in seinen Schriften aufspüren. ("Dichter" 26)

Dies heißt doch wohl, daß es auch Paul Ernst im Sinne Goethes nicht gelungen war, seine persönlichen Erlebnisse so ins Überzeitliche zu heben. Goethe hätte vielleicht auch Paul Ernst beneidet, weil dieser solche Biographismen anders als Goethe vermieden habe. Dieses 'erdachte Gespräch' geht also, wie kann es anders sein, zugunsten Paul Ernsts aus.

Selbstkritischer ist das Gespräch "Der Geburtstag des Dichters."[9] Hier besucht "eine nicht mehr ganz junge Dame" einen siebzigjährigen Dichter, der — damals fünfzigjährig — die seinerzeit achtzehnjährige junge Dame in Rom getroffen hatte. Der Dichter, der sich nur zögernd erinnert, typisiert diese (im übrigen harmlos verlaufene) Begegnung:

> *Der Dichter:* Ja, Sie waren damals ein schönes, kokettes kleines Mädchen; ein anmutiges Kätzchen waren Sie . . . Sie hatten auch meine Bücher gelesen, und Sie dachten sich: wie reizend, ein Roman mit dem Dichter! Ich hatte schon ergrautes Haar, und das war auch so reizend! Ein Dichter geht ja durch die Welt wie ein Hammel über einen abgeweideten Anger, er denkt, irgendwo muß doch für mich noch ein Mundvoll Schafgarbe wachsen; das wußten Sie, das fühlten Sie . . .
>
> *Die nicht mehr ganz junge Dame:* Herr Doktor, Sie bewerfen die heiligste Erinnerung meines Lebens mit Schmutz!
>
> *Der Dichter (erstaunt):* Wieso denn? *(Väterlich ihre Hand fassend.)* Liebes Kind, wir sind sehr dumm gewesen damals, das heißt, der Mann ist ja in

solchem Fall immer dumm; aber Sie! Wo hatten Sie denn Ihre Gescheitheit? Sie konnten mir einen Ring durch die Nase ziehen, und ich wäre selig gewesen . . ., und wenn auch die Leute zu dumm sind, um das zu merken, die schönen glücklichen Dichtungen wären doch auf der Welt gewesen, und wenn einmal zufällig ein vernünftiger Mensch geboren wird, der hätte sie doch dann vorgefunden. ("Geburtstag" 195f.)

Paul Ernst inszeniert hier ein Lehrstück, das den anmaßenden Anspruch und die moralische Unfehlbarkeit des Dichters genauso in Frage stellt wie die Naivität der jungen Frau, die diese Begegnung rückwirkend zu einem einmaligen Erlebnis stilisiert. Denn der Dichter hat ja das entsprechende unsterbliche Friederike-Poem *nicht* geschrieben, gefällt sich aber in seiner sich selbst zugewiesenen Rolle, in dieser Welt für die "schönen glücklichen Dichtungen" zuständig zu sein. Da klingt "die nicht mehr ganz junge Dame" fast überzeugender: "Wissen Sie, was ich mir sagte? Er war ein Mann von fünfzig Jahren" — man beachte die Identität mit dem Goetheschen Novellentitel —, "und ein Mann von fünfzig Jahren muß wissen, was er will. Ich war ein Mädchen von achtzehn Jahren, und ein Mädchen von achtzehn Jahren will nicht, es wird über sie gewollt" ("Geburtstag" 197). Mit dieser überraschend modernen Einsicht endet dieses Gespräch, aber auch mit dem Vorwurf der Frau, der Dichter habe es versäumt, anders als Goethe im Rom des Jahres 1788, sie als eine Faustina oder Friederike in einem Gedicht zu verewigen. Im Gegensatz zu Goethe kann dieser Siebzigjährige nicht sagen: "Als ich sie liebte, da war sie mein Gedicht" ("Dichter" 25). Mag sein, daß Paul Ernst sich dies selbst zum Vorwurf macht.

Ein drittes 'erdachtes Gespräch,' durch welches Goethe im wahrsten Sinne des Wortes hindurchgeistert, ist "Höchstes Glück der Erdenkinder."[10] Dort treten auf: ein Privatdozent, der gerade ein Buch mit dem Titel "Goethe und das moderne Deutschland" vollendet hat, und ein Geist, der am Ende des Gesprächs seine Visitenkarte hinterläßt: "v. Goethe, Großherzoglich Sächsischer Geheimer Regierungsrat." Der Witz dieses Gesprächs ist insofern doppelbödig, als das Titelzitat, in dem das Satzende ". . . *ist doch die Persönlichkeit*" fehlt, durch eine eskalierende Folge von Goethezitaten, vom Geist vorgebracht, anscheinend persifliert, in Wirklichkeit jedoch sinnfällig bewiesen wird. So führt der Dozent seinen Gast in eine wichtige Stelle des "West-östlichen Diwan" ein, die das Titelzitat erweitert: "Alles Erdenglück vereinet find' ich in Suleika nur" ("Höchstes Glück" 71). Suleika sei aber keine Persönlichkeit gewesen, weshalb man fordern müsse, daß auch die Männer ihre Persönlichkeit überwinden sollten, denn — es spricht Goethe als ein von Paul Ernst geschaffener Geist — diese sei doch oft recht hinderlich. Da nicht nur die

Frau, sondern auch der Mann nach Glück suche, so dürfe schließlich die Frau ihrerseits nach Persönlichkeit streben. Wieder einmal wird die Persönlichkeit als das höchste Ideal gepriesen — wie man sieht, eine Art Selbstlob, denn nach der Ernstschen Vorstellung besitzt sie der Dichter bereits. So kann ausgerechnet der uneinsichtige Dozent die Wahrheit aussprechen, durch die sich Paul Ernst mit Goethe identifiziert: "Indessen, gestatten Sie, daß ich das hinzufüge, es gibt doch auch noch eine höhere Betrachtung, die Betrachtung des Dichters. Der Dichter ist vor allen Dingen Persönlichkeit, muß Persönlichkeit sein" ("Höchstes Glück" 74). Wie aber wird man eine Persönlichkeit angesichts der Gefahr, in diesem Bemühen der Person Goethes nachzueifern? Diese Frage stellt sich Paul Ernst als Nachgeborener.

Dabei ist die Gefahr alles andere als gering. Konnte sich bereits Immermann "nur unter großen Anstrengungen von der Last der Tradition befreien," und kam schon Paul Heyses Aufenthalt in Italien, der 1852–53 stattfand, "einer Kopie der Italienreise Goethes" sehr nahe, wieviel schwerer mußte es Paul Ernst um 1900 haben, Giotto statt Raffael zu seinem Wiedergeburtserlebnis werden zu lassen.[11] Die Kunst, das antike Erbe, der Wein- und Gartenbau, das südliche Klima — das waren in der Tat quintessentielle Erlebnisse für beide. Was wundert es noch, daß Ernst, kaum nach Weimar heimgekehrt, sich dort in Sichtnähe von Goethes Gartenhaus und dem Shakespeare-Denkmal ein Haus kauft, nur den Park und die Ilm zwischen seinem Schreibtisch und der Weimarer Klassik. Tätiges Epigonentum kann man das nennen. Die 'Tyrannei der griechisch-römischen Kultur' — um den Titel eines berühmten Buches ein wenig zu variieren — hat in Goethe wie in Paul Ernst ebenso willige wie glückliche Untergebene gefunden.[12]

II. Werk und Persönlichkeit

Wie schwierig Paul Ernst es dem Leser und Interpreten gemacht hat, wenn er seine Thesen oft nicht eindeutig genug darstellt, hat zuletzt Norbert Fuerst gezeigt.[13] Im Vergleich zu Goethe ist es dessen Vorliebe für Gleichgewichtsformeln wie "Dauer im Wechsel," "Systole und Diastole" oder "dieses Stirb und Werde," die das Überwältigende der Wirkung Goethes ausmachen. Sie fehlen bei Paul Ernst weitgehend. Dies macht seine Aussagen vergleichsweise spröde, jedenfalls schwieriger zu verstehen. Freilich sind die dichterischen Formeln dieser Art immer ambivalent oder zumindest offen, doch haftet ihnen bei Paul Ernst oft auch etwas Widersprüchliches an, was die Arbeit des Interpreten wie die Freude der Leser oder Zuschauer gelegentlich beeinträchtigt.

Wieviel die beiden Dichter trotzdem verbindet, kommt durch die Breite ihrer Themenskala zum Ausdruck: durch Antikes, Geschichtliches, Allgemein-menschliches und bisweilen Höchstpersönliches wird ihr Blick immer wieder auf das Existentielle des Menschseins gelenkt. Ist Goethes Grundfähigkeit und -haltung lyrisch, so ist diese bei Ernst dramatisch zu nennen. Eine mittlere Ebene ist die Prosa, besonders die Novelle, wo beide Exemplarisches geleistet haben.

Ein Musterbeispiel dafür ist Ernsts Aufsatz "Zu Goethes Novellen und Märchen."[14] Seine Kritik an Goethe in diesem vielleicht überzeugendsten Goethe-Aufsatz ist unverkennbar. Trotzdem ist er ein Zeugnis seines Respekts:

> Goethe hatte eine ungemeine dichterische Begabung und eine große mensch-liche Klugheit, aber er war — immer den höchsten Maßstab angenommen, den allein wir ja in solchen Fällen anlegen dürfen — eine läßliche Natur; er widerstrebte dem Zwang, er floh die letzte Folgerung, er stand dem Leben mehr als aufnehmendes und feinfühlendes Weib gegenüber wie als herr-schender Mann. Seine Begabung und seine Klugheit trieben ihn zur großen Kunst; aber große Kunst verlangt Willen zur Form, Zwecksetzung für die Empfindung, Beschränkung der Persönlichkeit; der große Künstler ist kein selbstherrlicher Olympier, er ist Diener seiner Nation und weiterhin der Menschheit. ("Goethes Novellen" 79)

Hier nun steht die "Olympier"-Stelle in ihrem Kontext, aus dem hervorgeht, was Ernst an Goethe kritisierte: Goethe habe eine "läßliche Natur" besessen, will sagen: er war weit mehr als Ernst auf Harmonisierung ausgerichtet; Goethe konnte sich sowohl vermittelnd und rezeptiv wie dominierend verhalten, während Ernst stets nur das letztere vermochte; Goethe besaß ein gänzlich undoktrinäres Verhältnis zum Formal-Strukturellen in der Kunst, denn er war viel zu flexibel. Paul Ernst fährt fort:

> Die Art von Goethes Begabung hat eine gewisse Ähnlichkeit mit der Begabung Homers; aber die homerischen Werke sind geschlossene Schöp-fungen, so geschlossen, daß sie sogar Einfügungen von größtem Umfang haben ertragen können; die Werke Goethes sind zu einem großen Teil nicht geschlossen, sie sind eine Reihe von wundervollen Einzelstücken, welche zusammengehalten werden nur durch die Tatsache, daß sie von einem einzigen Dichter geschaffen sind. ("Goethes Novellen" 79)

Für homerisch-geschlossen hält Ernst Goethes Schöpfungen also nicht, wohl weil er allem gegenüber offen bleiben wollte. Daß beider Werkkorpus nur von ihren Persönlichkeiten zusammengehalten wird, ist selbstverständlich, doch wird gerade hierin seine Schwierigkeit mit Goethe sichtbar, indem er nämlich glaubte, daß es in der Mission des Dichters etwas gäbe, das durch irgend etwas anderes als durch die Überzeugungskraft des einzelnen Werks geleistet werden könnte. Dies aber war ein Irrtum; denn es kann nur das Werk wirken, und der Dichter somit durch es — gewiß, auch durch die schöpferische Persönlichkeit, aber dieser Aspekt ist mehr zufällig. Das Verständnis dafür fehlte Paul Ernst. Er wollte erzwingen, was durch evidente Überzeugungskraft — nämlich durch das veröffentlichte Werk — von selbst geschieht: Anerkennung durch Leistung. Kein Zweifel kann darüber bestehen, daß diese Überzeugungskraft auch durch manifestierten Formwillen, durch "Zwecksetzung der Empfindung" statt einer bloßen Offenheit Gefühlen gegenüber, allemal auch durch Persönlichkeit wirken kann. Alleinbestimmend kann dieser Faktor aber nie sein.

Im Grunde wußte Ernst das. Die Novelle hielt er beispielsweise für eine "feste Kunstform," die bei Goethe — *Der Mann von fünfzig Jahren* und *Die Novelle* sind typische Beispiele — jeweils "Höhepunkte" seines Schaffens darstellt. Vom heutigen Standpunkt will daher nicht einleuchten, weshalb ausgerechnet die formal wie inhaltlich überzeugenden, in jeder Beziehung ausgewogenen Goetheschen Novellen oder die Märchen, die Ernst "Novellen besonderer Art" nennt, den Willen zur Form vermissen lassen, an dem ihm soviel liegt ("Goethes Novellen" 80–85). Goethe, so hätte er schließen müssen, verwirklicht offensichtlich ein anderes Formverständnis, weshalb zu fragen wäre, wieso das Ernstsche Modell, das ohne Frage 'strenger' und 'geschlossener' ist als das Goethes, das bessere sein soll. Daß die 'offene' der 'geschlossenen' Form vorzuziehen ist, nicht bloß aus Gründen der Modernität, steht seit geraumer Zeit eigentlich unumstößlich fest.[15] Man erkennt, daß Ernsts Gedanken gerade wegen ihres kontroversen Charakters immer noch fruchtbar sind.

Ähnlich wie Paul Ernsts Novellen-Aufsatz verdient sein ebenfalls aus dem Jahre 1913 stammender *Iphigenie*-Essay besondere Aufmerksamkeit. Dort heißt es:

> Ein Dichter muß von der Natur die Begabung haben; von sich selber den Willen, diese Begabung zu steigern und sich die Form für sie zu schaffen; von seiner Nation und Zeit die Anerkennung, welche ihn trägt und ihn die inneren Schwierigkeiten überwinden läßt; und endlich eine seiner Arbeit angemessene Lebensstellung. ("Goethes *Iphigenie*" 230f.)

Es ist schwer vorstellbar, daß Paul Ernst unter diesen vier Kriterien — Begabung, Willen, Anerkennung, Lebensstellung — mehr als die ersten beiden für sich in Anspruch nahm, denn Goethe besaß doch wohl alle vier. Ernst läßt dies offen, ja muß Goethe noch ein fünftes Kriterium zugestehen, nämlich das große Erlebnis des großen Menschen — "ein selbständiges Werk, denn es ist wieder wie Goethes frühere Dichtungen aus dem innersten persönlichen Erleben gestaltet, es ist ein Bekenntnis, wie jede wahre Dichtung ein Bekenntnis ist" ("Goethes *Iphigenie*" 235). An dieser Stelle muß nüchtern gefragt werden, was man ohne diese Erkenntnis nicht auch schon gewußt hätte. Wahrscheinlich kaum viel mehr; denn ohne Frage ist Goethes *Iphigenie*, etwa im Vergleich zum Drama des Euripides, "ein Werk von ganz neuer Art," aber doch nicht deshalb, weil Goethe beim Schreiben an Charlotte von Stein gedacht hat und er sein Erlebnis ins Allgemeinmenschliche sublimieren wollte. Gewiß stimmt es, daß er das Drama nach seiner Rückkehr aus Italien vollendete; gewiß trifft auch zu, daß Paul Ernst im Anschluß an seine erste Italienreise (1900) nach Weimar zog (1903) und dort eine Reihe von klassischen Dramen schuf. Ganz sicher sind erlebte Erfahrungen, in schöpferische Anregungen umgemünzt, für beide Dichter von eminenter Wichtigkeit. Aber die Werke sollte man nicht ausschließlich nach den Erlebnissen ihrer Schöpfer, sondern nach dem beurteilen, was darin geschrieben steht.

Teilt man diese Auffassung, so wiegt Paul Ernsts Hinweis auf den Begriff der 'schönen Seele' sehr viel schwerer als sein Vergleich mit "Gretchen, Klärchen, Philine, Ottilie" ("Goethes *Iphigenie*" 248), denn nach Ernsts Ansicht gingen diese weiblichen Gestalten auf konkrete Erfahrungen Goethes zurück, während die Dramengestalt der Iphigenie (= Charlotte von Stein) "aus der Sehnsucht" stammt. Aus diesem Grunde, so argumentiert Paul Ernst, müsse "die Ebene der Goetheschen *Iphigenie* unendlich viel höher" gesehen werden als die des Euripides, und zwar

> ... so, daß wir sagen können, hier ist dem Drama eine neue Aufgabe gestellt. Daß sie nicht völlig gelöst ist, wird gewiß jeder zugeben; aber wir müssen uns sagen, daß in der Kunst der Anfangende nie der Vollender sein kann, daß Geschlechter arbeiten müssen, bis eine künstlerische Aufgabe gelöst ist. ("Goethes *Iphigenie*" 252f.)

Die höhere Aufgabe folgt also nicht etwa aus den Gegebenheiten des Charakters oder aus der Tatsache, daß Goethe eine ganz andere Weltsicht besaß als Euripides, sondern aus Goethes Erlebniswelt: neue Erlebnisse bedingen neue dramaturgische Aufgaben. Dies scheint unwahrscheinlich. Es ist doch ein Zufall, daß wir eine Menge über Goethes Charlotte wissen und vergleichsweise nichts über die persönlichen Verhältnisse des Euripides. Dies kann kaum ausschlaggebend sein, wenn es um das Verständnis des Dramas geht. Nicht dem Dichter ist also die "neue Aufgabe" gestellt, sondern dem Interpreten. Hierzu kann man nur sagen, daß es wohl am besten ist, man läßt die persönlichen

Bezüge außer acht. Auch auf die Frage, ob Paul Ernst nur 'Anfangender' oder vielleicht 'Vollender' einer langen Entwicklung wurde, geben seine Dramen die klarsten Antworten.

Zu welchen Fehlschlüssen eine rein biographische Deutung führen kann, zeigt ein weiterer kleiner Aufsatz über einen angeblichen Ausspruch Bismarcks Goethe betreffend.[16] In diesem Text — man könnte ihn eine polemische Anekdote nennen — läßt sich Paul Ernst zunächst über Probleme der Klassengesellschaft aus und kommt dann in der Mitte des Aufsatzes ziemlich abrupt auf Wilhelm Meisters Philine zu sprechen:

> Welch ein reizendes Wesen ist Philine! Sie ist das verklärte Bild eines Dirnchens, das sich und Andern zum Vergnügen lebt und sich nicht durch töricht überflüssige Gedanken beschwert. Ein Dirnchen denkt natürlich nicht an seine Zukunft; sie ist ein Schmetterling, der ein paar Stunden im Sonnenschein gaukelt und dann irgendwo still vergeht: wenn sie von einem guten Dichter gedichtet ist, nicht zu häßlich und nicht zu empfindsam, sondern wie ein Wesen verschwinden muß, das eben nur Jugend hat und haben kann. Aber bei Goethe wird sie zur Damenschneiderin, wie sie in die gesetzten Jahre kommt, eine zierliche, gefallsüchtige und geschickte Damenschneiderin, aber doch eben ein nützliches Glied der Gesellschaft. ("Bismarck" 180f.)

Die Pointe dieser Anekdote ist, daß Bismarck durch jenen vermeintlichen Schönheitsfehler in Philines Charakter zu einem Urteil über Goethe kommt, das für Ernst zwar nicht endgültig ist, von ihm aber doch mit Genugtuung berichtet wird: "Goethe sei doch auch nur so eine Schneiderseele gewesen" ("Bismarck" 85). Hier irrt nicht nur Bismarck, sondern vor allem Paul Ernst, denn beide übersehen, daß Goethes schneidernde Philine — sie bedeutet schon für Wilhelm Meister mehr als das — in eine ganz andere Dimension weist: "Philines Rolle als Parze."[17] Nicht bloß eine "Zuschneiderin" dürfe man in Philine sehen, sondern eine mythische Repräsentantin für Geburt (lat. parere = gebären) und Tod, was in Wilhelm Meisters Wanderjahren durch die Dingsymbole von Schere, Sichel und Sense zum Ausdruck kommt. Es kann also keine Rede davon sein, daß Wilhelms Philine noch gar Goethes Absicht allein dadurch erklärt werden kann, inwieweit sie das Publikum an Frauen in Goethes Leben erinnert.

Paul Ernsts anekdotenhaft vermitteltes Urteil über Goethe verdeutlicht bei aller grundsätzlichen Anerkennung eine kritische Einstellung Ernsts gegenüber Goethe; denn die Geschichte wird wie eine Novelle auf den Höhepunkt hin erzählt, der des Lesers zustimmendes Gelächter bewirken soll. Weder ist Philine Schneiderin, noch besitzt Goethe eine Schneiderseele. Die Ding-symbolik, zu der neben diversen 'Schicksalsinstrumenten' auch der vermeintliche Beruf gehört, weist eindeutig in tiefere Bedeutungsschichten, die es zu interpretieren lohnt.

III. Wirkung: Erlebnis, Persönlichkeit, Repräsentativität

Die Wirkung seines Werks und seiner Persönlichkeit bleibt für Paul Ernst weit hinter dem Erhofften und Verdienten zurück. Warum? Hauptsächlich wohl, weil er den Erlebnisbereich, die Person des Dichters und dessen repräsentative, führende Rolle gegenüber Volk und Staat überschätzt hat. Hätte er sich auf das Werk konzentriert und alles weitere dem freien Spiel von Erkenntnis und Interesse überlassen, seine Wirkung wäre mit Sicherheit eine sehr viel größere geworden. Es stellt sich für ihn überhaupt nicht die Frage, die Wolfgang Leppmann[18] in bezug auf Goethe erhebt, nämlich ob und wie nach dessen überwältigender Bedeutung für die Deutschen nun auch noch eine globale Wirkung zustandekommen könne. Im Falle von Paul Ernst geht es weniger um das Werk und das Leben, sondern um das Überleben.

Glaubt man Richard Hamann und Jost Hermand, so lag Paul Ernsts stärkste Wirkung in seiner Teilnahme an der sogenannten konservativen Monumentalkunst der Jahrhundertwende.[19] Diese Darstellung geht zwar äußerst kritisch mit Paul Ernst zu Gericht, sie macht aber das Entscheidende deutlich: seine aktive Mitwirkung an der Herausbildung der Kultur seiner Zeit. Dieser gesamte Problembereich verdient in Zukunft stärkere Beachtung, etwa im Zusammenhang mit der ungefähr gleichzeitigen Absage Ernsts an den Naturalismus von Gerhart Hauptmann und Arno Holz. Es wird beispielsweise zu prüfen sein, wie traditionell Paul Ernst nach 1900 eigentlich geworden war: altersmäßig Mitte dreißig, Autor der naturalistischen Stücke *Lumpenbagasch* und *Im Chambre separée*, eben noch Journalist und Parteiredner — was war an ihm eigentlich traditionsbewußt? Die Antwort: auf jeden Fall weniger, als man ihm vorwirft. Klassifizierungen dieser Art verdecken den wahren Paul Ernst.

Es lohnt sich, vergleichsweise "Goethes Auffassungen vom Dichter" mit den Auffassungen Paul Ernsts in Beziehung zu setzen, wozu sich die jüngste Untersuchung von Gerhard Sauder und Karl Richter anbietet.[20] Überraschend ist hierbei zunächst der Grad der Übereinstimmung mit Goethes zentralen Vorstellungen: daß alles Geschriebene für ihn "nur Bruchstücke einer großen Konfession" seien, daß er "als einer der ersten deutschen Schriftsteller von der Not und Notwendigkeit der gesellschaftlichen Absonderung" überzeugt war, und schließlich daß er seine "Meister" hatte, vor allem Shakespeare, die er "bis zur Idolatrie" verehrte (Sauder 88f.). Man braucht nur Ernsts Eintreten für die dichterische Persönlichkeit, seine "Absonderung" nach Sonnenhofen oder St. Georgen und seinen Enthusiasmus für Tolstoi zu bedenken, und man hat eine perfekte Beschreibung Paul Ernsts vor sich. Auch er versteht sein Werk als Bekenntnis, als autobiographische Dichtung mit dem Anspruch auf Allgemeingültigkeit. Dazu gehört für beide die scharfe Ablehnung anderer, für Paul Ernst oft ein Totschweigen: Kleist und Heine für Goethe, Hauptmann oder Thomas Mann für Paul Ernst. Für Goethe wie Paul Ernst gilt, daß die verehrten Meister keine Zeitgenossen waren. Trotzdem fallen wesentliche Unterschiede ins Auge. Goethe besaß wenig Freunde, hatte aber eine Öffentlichkeit, Paul Ernst besaß zwar ein paar Freunde, aber eine Öffentlichkeit hatte er nicht.

Dies konnte nicht ohne Folgen bleiben. Die Weichen waren damit gestellt für ein zunehmendes Abstandnehmen von den Tagesfragen literarischer wie politischer Art und ein Hinwenden zur zeitlichen Ungebundenheit eines Ästheten, ja zu einer gewissen Weltfremdheit. Diese war weder bei Goethe noch bei Paul Ernst bloß altersbedingt; sie war vielmehr Folge und Ausdruck eines immer stärkeren Bemühens um Fragen übergreifender Moralität: "Im Zurückweisen allzu offenkundiger moralischer Funktionsbestimmungen und in der Forderung nach einer besonderen und alltagsfernen Würde des poetischen Werks waren sich Goethe und Schiller einig" (Sauder 93) — und, so wäre hinzuzusetzen, Paul Ernst mit ihnen. In der Tat ist es eine Art "Krisenbewußtsein," das gerade für Paul Ernst den "Übergang zum Alterswerk" (Sauder 94) bedeutet. Noch stärker als seine Vorgänger hat bekanntlich Paul Ernst seine geschichtliche Krisenzeit als Zusammenbruch des Idealismus und, hierin fast hellseherisch, als Zusammenbruch des Marxismus verstanden.[21] Paul Ernst war in seiner Zeitkritik sehr viel realitätsbezogener als Goethe. Indem sich Paul Ernst zum Seher und Propheten seines Volkes erklärt, versucht er genau das, was im Grunde schon seine klassischen Vorgänger anstrebten: sich über die Zeit zu erheben und in diese richtungweisend hineinzuwirken. Daß er dabei ein ganzes Jahrhundert übersprang, das inzwischen vergangen war, hätte einen geringeren Geist zum Epigonen gestempelt. Für ihn jedoch waren nicht nur die zu lösenden Probleme komplexer, sie hatten sich außerdem grundsätzlich verändert: Epigonentum im Sinne strikter Nachahmung war nicht mehr möglich.

Der alte Goethe hätte zudem ein schlechtes Beispiel abgegeben, scheint er doch vielen — damals wie heute — geradezu als "Parteigänger der Restauration" zu gelten. Goethe sei stets für die "Wiederherstellung einer gestörten Ordnung" eingetreten und habe ein "vorrangiges Interesse an der Bewahrung der Kultur" (Sauder 97) gehabt. Auch dies gilt *mutatis mutandis* für Paul Ernst.

Faust II wie das *Kaiserbuch*, in ihrer Entstehungszeit durch ein Jahrhundert getrennt, zelebrieren die großen Taten der Vergangenheit und wollen zu vergleichbarem, zukünftigem Menschheitstun inspirieren.

Im Vorwort zur Neuauflage von *Der Weg zur Form* (1915) beteuert Paul Ernst, daß der Geist, aus dem er sein Buch geschrieben habe, nicht der "jämmerliche Geist" gewesen sei, "der in der deutschen Literatur vor dem Kriege herrschte, wo man die sentimentale Trivialität Hauptmanns neben Goethe stellte . . ."[22] Wie zu erkennen ist, bestand für Paul Ernst kein Zweifel, wessen Geistes Goethe für ihn war und in wessen Tradition er sich selbst sah.

Einer seiner letzten großen Aufsätze, im deutschen Schicksalsjahr 1932 unter dem Titel "Mein dichterisches Erlebnis" verfaßt, bestätigt noch einmal die wichtigsten Einsichten, die er in bezug auf Leben, Werk und Wirkung vertreten hat.[23] In indirekter Weise stellt der Aufsatz aber auch einige grundsätzliche Fragen, die unbeantwortet bleiben, weil sie sich über die Gleichung *Leben = Werk = Wirkung* nicht beantworten lassen:

Erstens: "Es besteht ein fester Zusammenhang zwischen Kunst und Leben eines Künstlers" ("Erlebnis" 7). Dies trifft ohne Frage zu, wenn man damit meint, daß man nur über Bekanntes, Gelesenes und nicht bloß über Erlebtes schreiben könne, und wenn man das Wort 'fest' nicht über Gebühr belastet. Ein gewisser Zusammenhang läßt sich gewiß nicht leugnen: Paul Ernsts Herkunft aus dem Harz, aus handwerklich-bürgerlichen Verhältnissen; Goethes Herkunft aus dem großbürgerlichen Frankfurt. Der Satz wird allerdings schnell problematisch, wenn man ein bestimmtes Leben und damit eine bestimmte Kunst im Auge hat, beispielsweise 'große' (im Sinne antiker Vorstellungen von Tragik wie in Ernsts Neuklassik) oder 'nationale' (im Sinne von Ernsts *Kaiserbuch*).

Zweitens: "Das Erleben des Dichters wird also immer in einem bestimmten Verhältnis zu seinem Dichten stehen; er dichtet, indem er erlebt, wie er erlebt, indem er dichtet" ("Erlebnis" 8). Dies klingt zugegebenermaßen spitzfindig, zumal auch der Nachsatz Ernsts Argument eher verkompliziert: "Man kann nicht sagen, daß sein Erleben sein Dichten beeinflußt, es ist vielmehr so, daß Leben und Dichtung aus einer Quelle kommen" ("Erlebnis" 8). Diesen Sätzen ist vorbehaltlich zuzustimmen, insofern die Bereitschaft zum Erleben durchaus mit der Fähigkeit des Dichtenkönnens verwandt sein kann. Nicht möglich scheint es jedoch, über das Argument der gemeinsamen Quelle ein allein für den Dichter geltendes Recht zu konstruieren, dichten zu dürfen. Einfacher gesagt: zwar gibt es einen Zusammenhang zwischen dem biographischen und dem ästhetisch-schöpferischen Bereich, doch kommt es eher darauf an, ihn zu durchschauen, als sich "unbewußt bewußt" ("Erlebnis" 10) durch ihn antreiben zu lassen. Stellt man sich auf den Standpunkt, daß ein deutscher Schriftsteller die gesellschaftlichen Verhältnisse des Jahres 1932 — es ist das Entstehungsjahr jenes Aufsatzes — nicht nur "unbewußt bewußt," sondern sehr bewußt hätte miterleben sollen, dann erhebt sich erst recht die Frage, ob das Postulat einer Quellengleichheit von Erleben und Dichtung weiterhilft.

Drittens: "In einem Dichter kommt eine Nation zu ihrem Selbstbewußtsein; der Dichter sagt das mit deutlichen Begriffen, in klaren Bildern und in festen Worten, was in der Nation unbewußt lebt" ("Erlebnis" 9). Ein schönes Ideal, ohne Frage, aber das Schwerste, was man sich denken kann, auch für Paul Ernst.

Viertens: "Sein Erlebnis ist das wesentliche Erlebnis seiner Nation zu seiner Zeit; indem er es unbewußt bewußt darstellt, sagt er seiner Nation, was sie zu tun hat" ("Erlebnis" 10). Auch hier ist Vorsicht am Platze. Was heißt hier 'wesentlich'? Wesentlich für wen und wofür? Nimmt der Dichter dazu nicht Stellung, so bleibt unklar, weshalb sich die Nation so und nicht anders zu verhalten habe. Paul Ernsts Bemerkungen dazu sind oft nicht deutlich genug.

Fünftens: Der Dichter Paul Ernst erlebt "die Wirkung des fremden und feindlichen Lebens" und sieht "das ganze Volk vernichtet." Er will "in einer Welt der Hoffnung auf eine bessere Zukunft leben, in der alle Menschen freie und gleiche Brüder wären" ("Erlebnis" 16f.). Ein doppeltes Erlebnis: das der 'Modernität' mit allen ihren Problemen, und das des Marxismus mit — damals — allen Lösungen, die er anzubieten hatte. Das Erleben der Moderne mit ihren Problemen — von der Vereinsamung bis zu Machtlosigkeit des Einzelnen — ist stets ein Individual- und Kollektiverleben. Ob dichtende Persönlichkeiten leichter in der Lage sind, die Erdbeben seismographisch wahrzunehmen, kann man nur an ihren Werken erkennen. Dies gilt für Paul Ernst wie für Goethe — und alle Schriftsteller.

Sechstens: Damals konnte er "noch nicht wissen," schreibt Paul Ernst, "daß die Dichtung eine der wichtigsten Mächte für die Bildung des Menschen und seiner Verhältnisse ist" ("Erlebnis" 18). Dies ist ein interessanter Satz, weist er doch indirekt auf Dichter wie Bertolt Brecht, die es sich — ohne von Paul Ernst bemerkt zu werden — seit den zwanziger Jahren zur Aufgabe machten, Werke mit maximaler politischer und sozialer Wirkung zu schreiben. Selbstverständlich ist die Dichtung ein Medium, das ganz konkrete Wirkungen hervorrufen und mitbewirken kann.

Siebtens: "Hand in Hand damit ging die philosophische Erleuchtung. Es wurde mir klar, daß ich die Bedeutung der Wirklichkeit noch überschätzt hatte, und zwar wurde mir das als Dichter klar, dem alles Wirkliche nur ein Gleichnis ist" ("Erlebnis" 23). Dieser Satz erinnert eindeutig an Goethes Chorus Mysticus, dem zwar nur 'alles Vergängliche' ein Gleichnis bedeutet, nicht die Wirklichkeit. Dies ist ein Versuch Paul Ernsts, Goethes Gedanken weiterzudenken.

Achtens: Wie sieht Paul Ernst die deutsche Situation Anfang der dreißiger Jahre? "Deutschland muß seine Seele wiederfinden, die heute verschüttet ist" ("Erlebnis" 26). Dieser Satz läßt wenigstens eine zeitweilige Öffnung Ernsts gegenüber den Problemen der Zeit erkennen, getragen von diesem Wunsch: "Bei dem Wiederaufbau unseres Volkes sollen meine Dichtungen einen Baustein abgeben. Er ist nicht groß, das ist mir bewußt. Aber er ist wenigstens ein Baustein" ("Erlebnis" 27).

Es ist Paul Ernsts Dilemma, daß er unzeitgemäß eine von Goethe inspirierte Einheit zwischen Kunst und Leben, zwischen Dichtung und Erlebnis postuliert. Dadurch gewann er zwar unerwartet tiefe Einsichten, er verstellte sich aber auch den Zugang zu seiner und unserer Zeit und ihren Problemen, die auf soziales Engagement warten, weniger auf ein ingeniöses Kurzschließen von Dichterpersönlichkeit, Dichtererleben und Dichterwirkung. Hier mag zu einem Teil der Grund liegen, weshalb sein Werk bislang eine nur begrenzte Wirkung erfahren hat. Er spricht von seinem Erlebnis als Dichter, anstatt von den Erwartungen, die im Jahre 1932 in deutsche Dichter und deutsche Dichtung gesetzt wurden. Deshalb ist Paul Ernst kaum ein Satz höher anzurechnen als der von den Widersprüchen, die sich aus seinen Darstellungen ergeben: "Ich habe mich nicht bemüht, sie zu verbergen; denn ich möchte auf das Leben wirken und nicht auf Bücher."[24]

Sein *Leben* war einzigartig und tragisch, sein *Werk* ist eindrucksvoll, noch weitgehend unentdeckt und teilweise verkannt, seine *Wirkung* als Dichter und Persönlichkeit noch zu erforschen. Sein Verhältnis zu Goethe ist insofern lehrreich, als ihm selbst seine kritischen Meinungen positiv zu Buche schlagen. Wenn er Goethe "die bedeutendste Persönlichkeit in unserer Literatur" nennt, so hat er es verdient, selbst bedeutend genannt zu werden.

Anmerkungen

[1]*Goethe-Kalender* (Leipzig: Dieterich'sche Verlagsbuchh., 1913) 78. Siehe auch Anm. 4.

[2]Wolfgang Leppmann, *Goethe und die Deutschen* (1962; Stuttgart: Scherz, 1982); *Goethe im Urteil seiner Kritiker: Dokumente zur Wirkungsgeschichte in Deutschland*, Teil I–IV, hrsg. Karl Robert Mandelkow (München: Beck, 1975–85); Karl Robert Mandelkow, *Goethe in Deutschland: Rezeptionsgeschichte eines Klassikers*, 2 Bde.

(München: Beck, 1980ff.); Karl Otto Conrady, *Goethe. Leben und Werk*, 2 Bde. (Königstein/Ts.: Athenäum, 1982–85).

[3]Paul Ernst, "Goethes *Iphigenie*." *Der Weg zur Form. Abhandlungen über die Technik vornehmlich der Tragödie und Novelle* (München: Müller, 1928) 226–53. Geschrieben 1913; zitiert als "Goethes *Iphigenie*" mit Seitenangabe.

[4]*Goethe-Kalender* (siehe Anm. 1). Paul Ernst lebte 1903 und 1916 in Weimar.

[5]*Goethes Werke, Hamburger Ausgabe*, hrsg. Erich Trunz (Hamburg: Wegner, 1948) 1: 641.

[6]W. Walker Chambers, Introduction, *Paul Ernst: Erdachte Gespräche. A Selection*, hrsg. W. W. C. (London: Thomas Nelson and Sons, 1958) vii–xxv. "It would be wrong to consider Paul Ernst an *Erlebnisdichter* of the same type as Goethe" (vii).

[7]Paul Ernst, "Der Dichter und das Erlebnis," *Erdachte Gespräche* (München: Müller, 1931) 23–26. Zitiert als "Dichter" mit Seitenangabe.

[8]Paul Ernst, *Der Weg zur Form. Abhandlungen über die Technik vornehmlich der Tragödie und Novelle* (München: Müller, 1928) 5.

[9]Paul Ernst, "Der Geburtstag des Dichters," *Erdachte Gespräche* (München: Müller, 1931) 192–98. Zitiert als "Geburtstag" mit Seitenangabe.

[10]Paul Ernst, "Höchstes Glück der Erdenkinder," *Erdachte Gespräche* (München: Müller, 1931) 71–74. Zitiert als "Höchstes Glück" mit Seitenangabe.

[11]*Geschichte der deutschen Literatur von den Anfängen bis zur Gegenwart*, Bd. 8.1.: *Geschichte der deutschen Literatur von 1830 bis zum Ausgang des 19. Jahrhunderts* (Berlin: Volk und Wissen, 1975) 101f. u. 645.

[12]Eliza M. Butler, *The Tyranny of Greece over Germany* (Cambridge: Cambridge UP, 1935).

[13]Norbert Fuerst, *Paul Ernst: Der Haudegen des Geistes* (München: Nymphenburger Verl., 1985).

[14]Paul Ernst, "Zu Goethes Novellen und Märchen," *Tagebuch eines Dichters* (München: Langen Müller, 1934) 78–85. Geschrieben 1913; zitiert als "Goethes Novellen" mit Seitenangabe.

[15]Volker Klotz, *Geschlossene und offene Form im Drama* (München: Hanser, 1960).

[16]Paul Ernst, "Geheimer Ausspruch Bismarcks über Goethe." *Tagebuch eines Dichters* (München: Langen Müller, 1934) 178–82, geschrieben 1918; zitiert als "Bismarck" mit Seitenangabe.

[17]Gerwin Marahrens, "Über die Schicksalskonzeptionen in Goethes *Wilhelm Meister*-Romanen," *GoetheJb* 102 (1985): 144–70. Zitate sämtlich auf S. 170. Marahrens verweist an dieser Stelle auf Hannelore Schlaffer, *Wilhelm Meister: Das Ende der Kunst und die Wiederkehr des Mythos* (Stuttgart: Metzler, 1980).

[18]Siehe Anm. 2.

[19]Vgl. Richard Hamann u. Jost Hermand, *Epochen deutscher Kultur von 1870 bis zur Gegenwart*, Bd. 4: *Stilkunst um 1900* (München: Nymphenburger Verl., 1973).

[20]Gerhard Sauder, Karl Richter, "Vom Genie zum Dichter-Wissenschaftler. Goethes Auffassungen vom Dichter," *Metamorphosen des Dichters. Das Rollenverständnis deutscher Schriftsteller vom Barock bis zur Gegenwart*, hrsg. Gunter E. Grimm (Frankfurt/M.: Fischer, 1992) 84–104. Zitiert als Sauder mit Seitenangabe.

[21]Paul Ernst, *Der Zusammenbruch des deutschen Idealismus* (München: Müller, 1918); *Der Zusammenbruch des Marxismus* (München: Müller, 1919).

[22]"Vorrede zur zweiten Auflage," *Der Weg zur Form* (München: Müller, 1928) 7ff.

[23]Paul Ernst, "Mein dichterisches Erlebnis," *Ein Credo* (München: Langen Müller,

1935) 7–28. Geschrieben 1913; zitiert als "Erlebnis" mit Seitenangabe.

[24]Paul Ernst, "Vorwort zur neuen Auflage," *Grundlagen der neuen Gesellschaft* (München: Langen Müller, 1934) 5.

Goethe as Writer, Goethe as Author — to 1794

Deirdre Vincent, *University of Toronto*

The distinction between writer and author on which the focus is placed in this essay is one that springs from two different perspectives on the writing process, namely, production and reception. The writer is seen as one who experiences the urge to write and then engages in the process of writing, the author as one whose work is delivered up to others for critical response. While there is a clear link between the two, in the first instance the work exists chiefly for the writer himself, in the second, chiefly for others. The conflict arising from these two perspectives in Goethe as writer and author caused increasing difficulties for him that began with a loss of audience in 1787 and worsened over the next seven years up to the beginning of his co-operation with Schiller. What will be shown is that, far from being disinterested in the way in which his material was received, Goethe was in fact both vulnerable to and dependent on the opinion of others in response to his work, despite his claims to the contrary. Furthermore, this very vulnerability and dependence, which arose from the role that writing played in his life, brought about a change in his creative process that had damaging consequences for his development as a writer.

To write was for Goethe an existential necessity. It offered him an outlet for his strongest emotions, a means to self-creation, and a means by which to order his world to his own liking, thereby enabling him to experience a degree of power and freedom denied to him in everyday life.[1] Perhaps this is true in some measure of many great writers, but what is different in Goethe is the degree to which he was unable to separate the life he lived from what he wrote. It is not that he sought unsuccessfully to separate the two, however. In fact, he regarded his writings as a valuable and reliable record of his inner life, not only in his youth but also in his old age. "Setzen Sie unter jedes Gedicht immer das Datum, wann Sie es gemacht haben," he said to Eckermann in 1823, ". . . es gilt dann . . . zugleich als Tagebuch Ihrer Zustände. Und das ist nichts Geringes. Ich habe es seit Jahren getan und sehe ein, was das heißen will."[2] It is in this conscious identification of his art with his life that we find the key to Goethe's obsessive relationship with his material as a writer; here too lies the reason behind his need as an author for a particular response to his work.

The response that he sought from his readers was one that was close to what he himself felt on rereading what he had written, which was why in the early years he was eager for his works to be read or heard only by close friends such as Behrisch or Merck. According to Katharina Mommsen: "Echten Widerhall seiner Kunst kann er sich nur denken bei Menschen, die ihm ähnlich sind, ähnlich vor allem in ihrer Haltung, ihrer Lebensweise, ihrem Tun. Kunst und Leben sind in diesem Betracht nicht zu trennen."[3] In Behrisch, for example, Goethe felt that he had found the understanding and sympathetic reader he required, the reader to whom he could reveal himself fully and without any sense of awkwardness.[4] This was the kind of reader who was important to him both for his letters and his literary works, and in writing both he was targeting those from whom he could expect sympathy, insight and discretion.[5] Such readers formed with him a select and esoteric circle that was able to extract from his literary writings also the obliquely expressed secrets he had placed there for his own reasons. It was on them, therefore, rather than on the public at large, that he relied for the kind of response that secured his ongoing productivity. The public as a whole, made up of "Gaffer und Schwäzzer" from whom his innermost secrets were to remain concealed, were of little interest to him (WA IV, 2: 187).

But if friends were good readers, a beloved woman was better, particularly one possessed of intelligence, wit, education, and a considerable interest in literature. With the move to Weimar in 1775 Goethe found his ideal reader, and that reader was Charlotte von Stein, for whom and with whom he began to write many of his most important works, including *Wilhelm Meisters theatralische Sendung*, *Iphigenie auf Tauris*, and *Torquato Tasso*. This love relationship was highly productive for Goethe's development as a writer, but it also gave rise to a particular kind of esoteric writing that only he and his beloved could fully understand. Her response to his work was all-important to him, determining a great deal of what he wrote and how. If he had written on two levels simultaneously prior to moving to Weimar (i.e., decipherable to himself and his friends on one level, to a larger public on the other), he now added to those levels a third, which was for his beloved and himself alone.[6] This kind of esoteric writing, embarked on initially as the best means by which to fulfil his desire for emotional release through the expression and targeted sharing of forbidden, though concealed, declarations of feeling for a woman married to another man, was to become a characteristic of Goethe's later writing that would ensure his increasing isolation and rejection as an author.

Having agreed in 1786 to prepare his works for a new edition to be published by Göschen, Goethe found himself engaged in a re-examination of all that he had written up to that point. This meant that he had to adopt the perspective of editor/author rather more than that of writer, and the change was clearly one that he did not relish, because of the ongoing link between much of what he had written and the life that he was leading at the time of preparing his works for republication.[7] Wherever he had an inner distance to his material he was able to function successfully as an editor without making any significant changes in content,[8] but where this was not the case, as in *Werther*, then he felt obliged to make substantive changes. The result was a flawed piece of work because of the heightened tendency he had developed over a ten-year period to use his writing as a coded outlet for personal secrets and hidden emotions.

However, real difficulties began for Goethe with the completion of *Iphigenie* in early 1787, compounded some eight months later with the completion of *Egmont*. Neither of these two plays met with the approval or acclaim that he had hoped for and felt he deserved. Instead, he found that the coterie of friends and acquaintances whose judgment he valued in Weimar was alienated by the form of the first play and the content of the second. The new verse form of *Iphigenie* was too stiff for their taste, the new heroine in *Egmont* not stiff enough in terms of morality. From his response to the reception of these two works it is clear that he felt himself misunderstood and unappreciated, which made it more difficult than ever for him to make the progress on *Tasso* that he had planned.[9] It was to be July 1789 before he would finish this work that he had begun a full nine years earlier.

Back in Weimar in June 1788 Goethe found himself increasingly in a state of emotional and artistic isolation such as he had never known before. Up to 1786 he had been able to count on the appreciative collaboration of Frau von Stein, with whom he shared everything that he was in the process of writing. Since she functioned both as discussion partner for works in progress and as audience for these works as they were gradually completed, Goethe experienced no sense of conflict between the two roles of writer and author. She was his "public" and their constant work together was for him a stimulus to further writing. However, with the break in their relationship after his return from Italy, the harmony that had existed for him between writing and being read was gone, and so he was more dependent on the positive reception of his works by other people. While the good opinion of others apart from Frau von Stein may have been a source of gratification to Goethe all along, it was not decisive in terms of his productivity as long as she was the primary public for whom he wrote. Once irremediably estranged from her, however, this secondary public became much more important, and when it too disappointed him, his literary creativity reached a very low ebb. As he himself wrote of this period:

> Isolement. Neues Verhältniß nach innen. Vorsätze nach außen. Fortsetzung des drinnen angefangenen Praktischen. Nur gar zu schnelles Gewahr- werden, daß man aus dem Elemente gefallen sey . . . Immer stärkeres Isolement. Zurückziehen ins Innere. (WA I, 53: 385–86)

Herder left for Italy less than eight weeks after Goethe's return to Weimar, and the following letter from Karoline Herder to her husband at that time reveals Goethe's very real sense of deprivation both intellectually, emotionally and artistically:

> Goethe grüßt Dich tausend-tausendmal. Er empfindet Deine Abwesenheit nach mir am meisten. Durch Dein Gespräch, durch die Aufnahme seiner Gedanken und Mitteilung der Deinigen, die ihm forthelfen, hattest Du ihm viel gedient. Mit Knebel, sagt er, seie das nicht so . . .[10]

Gone too was the old confidence in his audience. His was a voice that he now felt simply could not be heard; in his own words: ". . . ich vermißte jede Theilnahme, niemand verstand meine Sprache" (WA II, 6: 131).

It was in this bleak artistic and emotional context that he began to write the *Römische Elegien*, his "Erotica Romana," as he called these poems, poems that drew on the Ancients for their formal authority but that allowed him to give voice to intimate revelations shared initially only with close friends. It was also within this bleak context that he completed *Torquato Tasso* in July 1789, which, despite its supreme mastery of metre and language, showed many of the same flaws as the rewritten *Werther*, due to the same sense of emotional isolation that he was experiencing at the time of writing. Logical lacunae and shifts of narrative perspective mark the second version of the novel as they do not mark the first, and it does not seem an exaggeration to say that wherever Goethe wrote only for himself without any strong sense of a well-defined and sympathetic reader in view, he was likely to produce flawed material, however brilliant in parts.

For a full decade he had had in Frau von Stein a real helpmate who engaged eagerly, if critically, in an appreciative appraisal of all that he was writing, almost as soon as it left his pen, and many of his works were at one level the outlet for the otherwise inexpressible secrets of their emotional life together. By 1788 he had lost this most supportive reader, however, which meant that he was alone at a personal level as a writer. Not only that, but as time went on, the full horror of the French Revolution began to become increasingly evident to him, and he felt alienated by the behavior and values of those around him at the Weimar court, who seemed shallow and corrupt, like the upper class in France before the Revolution. He therefore devoted his attention for the most part to material that he had already conceived or discussed in a happier time ("Fortsetzung des drinnen angefangenen Praktischen"). Withdrawing into himself ("Zurückziehen ins Innere") meant withdrawing from hurt, disappointment and alienation into quite a different sphere that he believed to be unified, harmonious, and based on fundamental laws that governed life and growth in all their manifestations. Studies in art and science gave him, as he said later, the firm ground he needed to hold on to at this time; they offered him food for thought, providing him with a useful and reliable activity.[11] Significantly too, through the study of art and the Ancients, his sense of the need to communicate his ideas began to diminish at that time: "das Bedürfniß der Mittheilung wird immer geringer . . . (WA I, 33: 188).

By the summer of 1790 the poet's easy expansiveness and volubility in dealing with other people was no longer what it had been at the time of his return from Italy two years before. As K. F. Schuckmann wrote to Reichardt in August 1790, on meeting Goethe for the first time: "*Bis er weiß*, daß man ihn errät, fühlt, ihm durch jede Öffnung, die er gibt, hineinsieht, kann er nicht reden,"[12] commenting in another letter to the same addressee a few weeks later:

> Was ich Dir über seine Schwierigkeit im Ausdruck schrieb, war ganz weg, sobald er herzlich ward und außer der Konvention mit mir lebte . . . Freilich, alle übrigen Menschen hier . . . finden, daß er sich sonderbar ausdrücke, daß er nicht zu verstehen sei und lästige Prätensionen mache. (VB 1: 420, 423)

Goethe quite simply needed a particular kind of mind and ear for what he wrote, and when he failed to find the response that he sought, which expressed itself through the shared understanding and appreciation of what he had invested of himself in his works, he felt alienated and diminished as a writer. It was in a state of mind such as this that he dedicated himself to the study of art and natural science, which offered him an outlet for his imaginative creativity and helped him to concentrate on the search for order and harmony in his own mind and in the world around him.[13]

When he did write something new that sprang from his own immediate thoughts or experiences at this time, however, as in the case of the *Venetianische Epigramme*, written in Italy in 1790, it was "ein Werk des Unmuts," reflecting his troubled relationship with the world around him and at large.[14]

Just a month before setting off for Venice he had expressed his contempt for the public and for their taste in literary or theatrical works in these terms:

> Von Kunst hat unser Publikum keinen Begriff . . . Die Deutschen sind im Durchschnitt rechtliche, biedere Menschen aber von Originalität, Erfindung, Charackter, Einheit, und Ausführung eines Kunstwercks haben sie nicht den mindesten Begriff. Das heißt mit Einem Worte sie haben keinen Geschmack . . . Den rohren Theil hat man durch Abwechslung und Übertreiben, den gebildetern durch eine Art Honettetät zum Besten. Ritter, Räuber, Wohlthätige, Danckbare, ein redlicher biederer Tiers Etat, ein infamer Adel pp. und durchaus eine wohlsoutenirte Mittelmäßigkeit, aus der man nur allenfalls abwärts ins Platte, aufwärts in den Unsinn einige Schritte wagt, das sind nun schon zehen Jahre die Ingredienzien und der Charakter unsrer Romane und Schauspiele. (WA IV, 9: 180–81)

Given that this was his attitude to the literary taste of his age, it is perhaps not surprising that the opportunity for practical involvement in the Weimar theatre did not fulfil his early hopes and expectations after his second return from Italy in 1790. Having taken over as Theatre Director in early 1791, he was enthusiastic at first about the possibilities before him, for, as he wrote to Reichardt on 30 May:

> Im Ganzen, macht mir unser Theater Vergnügen . . . Ich werde selbst einige Stücke schreiben, mich darinne einigermaßen dem Geschmack des Augenblicks nähern und sehen, ob man sie [the actors] nach und nach an ein gebundenes, kunstreicheres Spiel gewöhnen kann. (WA IV, 9: 263–64)

Here Goethe expresses his intention of writing for the theatre in accordance with the dominant taste of the time, a taste which was quite unlike his own and which he had so scorned and deplored only a short time before. What actually happened, of course, was that he failed to meet the demands of that taste and even the taste of his friends or well-disposed critics.

In the summer of 1791 he wrote *Der Großkophta* as a comedy with a serious ethical message for its aristocratic audience, but failed to see the unpalatable difference between the substance of what he had to say and the way in which he handled that substance. The plot was derived from the scandalous "Halsbandgeschichte" of 1785 which had caused Goethe such consternation at the time because of what it revealed of the French aristocracy's moral decadence (WA I, 35: 11), but the play's supposed comic elements failed to amuse, while its satirical aspects were too heavy-handed to be effective. *Der Großkophta* was meant to become part of the staple repertoire of the theatre in Weimar, being performed, according to the Goethe's own express intention, "wenigstens alle Jahre einmal als ein Wahrzeichen" (WA IV, 9: 323); however, this intention was never realized, the play being performed only a few times in all.

In the same letter in which we find Goethe's expression of intent for his new work (29 July 1792), we also catch a glimpse of him as a deeply disappointed playwright whose works as a whole have been meeting with little positive recognition from the theatre-going public for quite some time. Suggesting to Reichardt that it would be easy to turn *Der Großkophta* into an opera, he wrote:

> Allein da man das deutsche Theater und Publikum von innen und von außen kennt, wo soll man den Muth hernehmen auch nur zu einer solchen Arbeit und sollten Sie Ihre Bemühungen abermals verlieren, wie es bey Erwin und Elmire und bey Claudinen gegangen ist, die man auf keinem Theater sieht; die politischen und Autor-Verhältnisse, welche der Aufführung des Groß-cophta entgegen stehen, würden eben so gut gegen die Oper gelten und wir würden einmal wieder einen Stein in den Brunnen geworfen haben. Ich schreibe jetzt wieder ein paar Stücke die sie wieder nicht aufführen werden, es hat aber nichts zu sagen, ich erreiche doch meinen Zweck durch den Druck indem ich gewiß bin mich auf diesem Wege mit dem denkenden Theil meiner Nation zu unterhalten, der doch auch nicht klein ist.[15]

Note where Goethe placed his hope for what he was writing: not in any theatre audience, but in the more cerebral reading public whom he could expect to be well disposed towards his work. The basis for such hope was in the writer's mind alone, however, for even those willing to praise *Der Großkophta* had been at a loss to explain its lack of merit by this point. J. G. A. Forster, for example, eagerly seized upon the play when it was sent to him by the author,[16] yet his reaction shows him unable to come to terms with this work except as an act of contempt or revenge on Goethe's part vis-à-vis his public. A letter Forster wrote to C. G. Heyne illustrates the point:

> Wir haben in diesen Tagen den "Großkophta", ein Lustspiel von Goethe, erhalten; allein hier ist leider alles dahin, was uns sonst an seinen Arbeiten freute; kein Funke Geist, Einbildungskraft, ästhetischen Gefühls; alles ist so platt wie der "Schamane" der Kaiserin von Rußland. Ist es möglich, auch dieser Mann hat sich so überleben können? Oder ist das eine Art, über die dumme Vergötterung, die manche ihm zollen, und über die Unempfäng-lichkeit des Publikums für die Schönheiten seines "Egmont", seines "Tas-so" und seiner "Iphigenie" seinen Spott und seine Verachtung auszulassen? (VB 1: 435)

However odd such notions of revenge or contempt on Goethe's part towards his public might seem, they were not confined to Forster alone, for back came the following response from Heyne:

> Daß Goethe das Publikum so verächtlich behandelt und es so mit Narrheiten zum besten hat, hat mich oft in Unwillen gesetzt. In seinem "Faust" sind

schöne Stellen; aber nebenher kommen Dinge, die nur der in die Welt schicken konnte, der alle andere neben sich für Schafsköpfe ansah. (VB 1: 435)

Others too were baffled and offended — Karoline Böhmer, for example, who saw in *Der Großkophta* ("diese so ganz unbedeutende Handlung") a reflection of Goethe's arrogance as an author (VB 1: 436), or L. F. Huber, who wrote in some agitation to C. G. Körner regarding the play:

> Sag mir doch um Gottes willen, . . . wie Du Dir das reimst! Jacobi in Düsseldorf glaubt, daß Goethe de bonne foi gewesen ist und etwas von aristophanischer, griechischer Komödie im Kopf gehabt hat. Also ein Gegenstück zur "Iphigenie" in der Tragödie! Aber das genügt mir doch nicht. (VB 1: 439)

In none of the extant letters written to Goethe by his friends or acquaintances up to the end of 1792 is there a reference to this play, despite the fact that the author had sent it to various people, hoping for reaction, while many others acquired copies for themselves.[17] *Der Großkophta*, far from being performed annually, was in fact quite simply a failure even as far as its selected readers were concerned, a failure that deeply disappointed Goethe and worsened his relationship as an author to his public. He wrote *Der Bürgergeneral* and began to write *Die Aufgeregten* in 1793, both of which show the same lack of unity of tone and purpose characteristic of *Der Großkophta*. *Der Bürgergeneral*, though completed and performed, found little positive echo, while *Die Aufgeregten* was abandoned before completion. There can be little reason for doubting a causal connection between these two facts.

What Goethe does not seem to have realized is that in writing first and foremost for his own purposes, he was taking no real account of either the needs or the tastes of other people. He simply expected these to coincide with or be won over by his own. As he himself admitted, his personal aim in writing *Der Großkophta* was to lend a flavor of lightness to the monstrous events taking place on the social and political stage at the time,[18] and he began also to write a novel (*Die Reise der Söhne Megaprazons*) for similar reasons.[19] Since both of these works failed to elicit a positive response, Goethe felt obliged to remain silent about them, while suffering under this sense of obligation "wie ein Componist der seine neusten Melodien zu wiederholen sich gehindert fühlte" (WA I, 33: 195). As a writer he had taken pleasure in creating both these works; as an author, however, he was denied the resonance he sorely needed.

The same was true of his scientific writings, which, like everything else he produced at this time, were the reflection of his ongoing preoccupations of the moment. In his own words:

Diese [his writing] hielt immer gleichen Schritt mit meinem Lebensgange, und da dieser selbst für meine nächsten Freunde meist ein Geheimniß blieb, so wußte man selten mit einem meiner neuen Producte sich zu befreunden, weil man denn doch etwas Ähnliches zu dem schon Bekannten erwartete. (WA I, 33: 195)

In his view, the closed minds of his audience, which saw in him the author of *Iphigenie*, were willing to tolerate no change.

What he sought from others was not merely open-mindedness, however, as an important comment on the indifference or negativity engendered by his scientific studies illustrates:

Mit meinen Naturbetrachtungen wollte es mir kaum besser glücken; die ernstliche Leidenschaft womit ich diesem Geschäft nachhing konnte niemand begreifen, niemand sah wie sie aus meinem Innersten entsprang; sie hielten dieses löbliche Bestreben für einen grillenhaften Irrthum . . . Man kann sich keinen isolirtern Menschen denken als ich damals war und lange Zeit blieb. (WA I, 33: 195–96)

Here we see Goethe making an implicit, even unconscious, claim on his readership that is most revealing for how he functioned as an author. Clearly, he feels that the *personal validity* of what he is doing in the scientific sphere, as well as the *deep commitment* he feels to the task in hand, are factors that ought to be appreciated by his readers and discussion partners. He felt the same way about his literary works, which also were written above all for particular purposes of his own as the direct fruits of the life he was leading. Here the writer/author conflict becomes most acute, for while personal validity and commitment may be of immense importance to the writer during the act of writing itself, they are not considerations that can justifiably be transferred to any readership that seeks to base its judgement on objective criteria.

But truly objective criteria were not what Goethe prized most highly at this or any other time. The kind of readers he wanted were in fact co-conspirators for whom the reality of his own inner life at the time of writing was most important, readers so finely tuned in to his way of thinking that they could respond to his works almost as he did. Had he not felt himself so isolated during this period, then it might not have been necessary for him to use *Der Großkophta* as the outlet for his self-confessed "heimliche[ ] Schadenfreude," or *Der Bürgergeneral*, written soon thereafter, as a vent for his "ärgerlich guten Humor[ ]" (WA I, 33: 263–64). He may have fulfilled his own needs through these writings, but the subsequent demands he then placed on his readership could not be met. As literary works these were less good than his public had a right to expect, and so this public can scarcely be blamed for its negative response.[20]

In the same way *Reineke Fuchs*, also written in 1793, offered Goethe the means through which to indulge in his own kind of literary vengeance as well as the chance to escape from oppressive reality, as he himself confessed (WA I, 33: 266). Here he was more translator than creative writer, however, and on this ground he was less vulnerable, more sure of himself as a linguistic virtuoso and master of form, and more free to indulge in the literary games he enjoyed so much. Perhaps not surprisingly, then, it was this work that restored to him the pleasure of an appreciative response from close friends, despite a certain degree of criticism from others outside his intimate circle.[21]

But why did Goethe have to pretend for posterity that he was immune to the reactions of others, when in fact this was not the case? And why did he assert his unswerving truth to self, when he evidently sought, at least from time to time, to write in accordance with the taste of a public for whom he had very little respect?[22] The answer to these questions, it seems, is that he was far from impervious, but rather, all too vulnerable, to the censure or misunderstanding of others. His readers meant too much to him, in fact. And so, with the loss of an appreciative readership among those whose opinions he valued as people on the same wavelength as himself,[23] he lost the sense of endorsement that was so important to his ongoing high-quality productivity. His own motivation for writing was meant to be understood and appreciated by his readers as a value in itself, but when it was not, the writing suffered, as did the writer-become-author who had relinquished ownership of his work to a public over which he had no ultimate control.

And so Goethe the writer, and Goethe the author, were at odds with one another as never before between the years 1787 and 1794. This was a conflict that would never be fully resolved, but it was a conflict that found some significant degree of resolution from 1794 up to Schiller's death in 1805, for in working with Schiller, Goethe was able to re-engage with an appreciative and dedicated reader in the kind of dialogical exchange that was so important for him as a response to all that he wrote. On 23 August 1794 Schiller wrote a suppliant and admiring letter to Goethe in an attempt to win his collaboration as a contributor to *Die Horen*. This letter was the catalyst for the productive relationship that subsequently developed between the two men, and it is significant that Goethe's initial enthusiasm to enter into such a relationship springs more from joy at finding a partner willing to engage in sympathetic dialogue than from any desire to gain access through *Die Horen* to a select reading public whose taste he can help to shape. Eagerly he wrote in reply:

> Zu meinem Geburtstage . . . hätte mir kein angenehmer Geschenck werden können als Ihr Brief, in welchem Sie . . . mich, durch Ihre Theilnahme, zu einem emsigern und lebhafteren Gebrauch meiner Kräfte aufmuntern. Reiner Genuß und wahrer Nutzen kann nur wechselseitig seyn . . .
>
> Alles was an und in mir ist werde ich mit Freuden mittheilen. Denn da ich sehr lebhaft fühle daß mein Unternehmen das Maas der menschlichen Kräfte und ihrer irdischen Dauer weit übersteigt, so möchte ich manches bey Ihnen deponiren und dadurch nicht allein erhalten, sondern auch beleben.
>
> Wie groß der Vortheil Ihrer Theilnehmung für mich seyn wird werden Sie bald selbst sehen, wenn Sie, bey näherer Bekanntschaft, eine Art Dunckelheit und Zaudern bey mir entdecken werden, über die ich nicht Herr werden kann, wenn ich mich ihrer gleich sehr deutlich bewußt bin. (WA IV, 10: 183–85)

If writing was Goethe's primary means of meeting personal needs, among them, confronting the vacillation and lack of clarity that he was so aware of in himself, then he needed a responsive and sympathetic reader to help him in the process. In Schiller he believed he had found that reader after many long years of isolation, and the result was an upsurge of creativity that soon began to bring positive literary results. As he wrote to his new collaborator on 1 October 1794: "Wir wissen nun, . . . daß wir in Principien einig sind und daß die Kreise unsers Empfindens, Denckens und Wirckens theils coincidiren, theils sich berühren, daraus wird sich für beyde gar mancherley Gutes ergeben" (WA IV, 10: 200).

What Goethe had found in Frau von Stein he found again in significant measure though in quite a different way with Schiller. Despite all differences, what each of these two literary collaborators brought to Goethe's work was a ready capacity to appreciate "die wunderlichen und spaßhaften Geheimnisse" that he placed throughout his writings (WA IV, 10: 268). Both were appreciative and finely-tuned readers who saw not only the surface meaning of what was written, but also what lay beneath that surface. Aware of the writer's dedication to his task, they were also capable of retrieving and valuing his concealed mental processes, and able, therefore, to engage in a kind of conspiracy of creativity which helped Goethe to continue the voyage of self-discovery and self-creation that writing represented for him. In his view, the writer did what he had to do, wrote what he had to write, and then waited for others to respond in the appropriate way. It was the task of the critic to ferret out the author's intention, he felt, not the role of the author, having given up his work to the public, to explain what he had written.[24] Nor was the public to be accorded any controlling say in the work of the writer. This is the message of a deliberately aggressive poem Goethe wrote in 1792 in response to the negative reactions that had greeted *Der Großkophta, Die Reise der Söhne Megaprazons,* and his scientific writings:

> Es freut mich mehr nichts auf der Welt
> Als wenn euch je mein Werk gefällt.
>
> .   .   .   .
>
> So hab' ich als ein armer Knecht
> Vom sündlich menschlichen Geschlecht
> Von Jugend auf allerlei Lust gespürt
> Und mich in allerlei exercirt,
> Und so durch Übung und durch Glück
> Gelang mir, sagt ihr, manches Stück.
> Nun dächt' ich, nach vielem Rennen und Laufen
> Dürft' einer auch einmal verschnaufen,
> Ohne daß jeder gleich, der wohl ihm wollt',
> Ihn 'nen faulen Bengel heißen sollt'.
>
> Drum ist mein Wort zu dieser Frist
> Wie's allezeit gewesen ist:
> Mit keiner Arbeit hab' ich geprahlt
> Und was ich gemahlt hab', hab' ich gemahlt.
>
> ("Künstlers Fug und Recht," WA I, 2: 193–94)

The defiant stance of these lines clearly reveals the vulnerability of the writer as author. It was a vulnerability that grew out of the expectations Goethe had of his readership, however, expectations that left no room for responses that did not seem to reflect a reading that he regarded as appropriate.

The relationship with Schiller restored to Goethe that productive dialogue of which he had been deprived for so long, and on a level hitherto unknown to him. With Schiller as reader, his own personal difficulties with the role of author also disappeared for a time, for in this reader he again had a personal public that truly mattered to him — much as had been the case with Frau von Stein in the first decade in Weimar. It was a very different one-person public, however, and the resulting works were equally different, as the changes from *Wilhelm Meisters theatralische Sendung* to *Wilhelm Meisters Lehrjahre* clearly illustrate. Nevertheless, the shared sense of achievement of certain important personal goals through writing was restored to Goethe, and with that came a higher level of productivity in qualitative terms.

In Frau von Stein Goethe had found a reader of one mind and heart with himself, and so his success as an author had been assured on his own terms for a considerable time. She had been the only public that had mattered to him for many years, and from her he had gained both the stimulus and encouragement he needed. Here there was no real awareness of himself in the role of author, since she provided him with an instant response before anything he wrote ever reached a wider public. She was critical, but above all he wished to please her, and so her criticisms held no sting, acting, rather, as a stimulus to further literary effort. When he could no longer find the appreciative empathy he so needed in order to remain productive, however, the role of author attained a considerable importance in his own mind, bringing with it thoughts of how much of himself he had invested as a writer in his work and of what his readership owed him as a result. The loss of the "right" reader(s) therefore caused him an acute problem as an author, which in turn gave rise to difficulties for him as a writer, leading to work of inferior quality, which in turn ensured his increased rejection, and again work that was less than his best. Such was his situation in the years between *Iphigenie* and *Wilhelm Meisters Lehrjahre*. Had he not had the opportunity to work together with Schiller from 1794, there can be little doubt that this negative cycle would have lasted much longer and done even more serious harm to Goethe's development as a writer. As it was, even this relationship was to prove to be a very mixed blessing indeed.

Notes

[1]For a fuller explanation of these claims about the role of writing in Goethe's life see Deirdre Vincent, *Werther's Goethe and the Game of Literary Creativity* (Toronto: U of Toronto P, 1992).

[2]Johann Peter Eckermann, *Gespräche mit Goethe in den letzten Jahren seines Lebens*, ed. Regine Otto (Berlin: Aufbau Verl., 1982) 54.

[3]Katharina Mommsen, "Goethes Vorstellung von einer idealen Lesergemeinde," *Seminar* 10.1 (1974): 18.

[4]Cf. WA IV, 1: 141. The designation WA refers to the *Weimarer Ausgabe*, the edition of Goethe's works in 4 parts (133 vols. in 143) commissioned by the Grand Duchess Sophie von Sachsen and published in Weimar by Böhlau, 1887–1919. Further references to this edition appear in parentheses in the text.

[5]For more on Goethe's early letters and his literary production see Rudolf Käser, *Die Schwierigkeit, ich zu sagen: Rhetorik der Selbstdarstellung in Texten des 'Sturm und Drang'* (Bern: Lang, 1987) 109; 112–30.

[6]See note 1. In the study cited I also deal in some detail with *Werther* and *Tasso*, both of which are briefly referred to below in terms of my findings there.

[7]See WA IV, 7: 231 (nos. 2328, 2329); WA IV, 7: 240 (no. 2337).

[8]The works he prepared in 1786 for republication the following year that appeared without any major alteration were: *Götz von Berlichingen, Die Mitschuldigen, Clavigo, Stella, Die Geschwister, Die Vögel,* and *Der Triumph der Empfindsamkeit.*

[9]For evidence of Goethe's disappointed response to the reception of *Iphigenie* and *Egmont* see *Goethe über seine Dichtungen: Versuch einer Sammlung aller Äußerungen des Dichters über seine poetischen Werke*, ed. Hans Gerhard Gräf, 3 vols. (Darmstadt:

Wissenschaftl. Buchges., 1968) 2, 3: nos. 2527, 2529, 2530 (*Iphigenie*); 2, 1: nos. 409, 415, 417, 423 (*Egmont*). On his difficulties in proceeding with *Tasso* see Gräf 2, 4: nos. 4170, 4174, 4177, 4185, 4186, 4190, 4197.

[10]*Goethe in Vertraulichen Briefen seiner Zeitgenossen*, compiled by Wilhelm Bode, rev. and ed. Regine Otto and Paul-Gerhard Wenzlaff, 3 vols., (Berlin: Aufbau Verl., 1982) 1: 357. This title is shortened to VB in subsequent references in the text.

[11]WA I, 33: 188; see also *Goethes Gespräche*, ed. Flodoard Freiherr von Biedermann; enlarged and ed. Wolfgang Herwig, 5 vols. in 6 (Zürich: Artemis, 1965–72) 1: 908–09 and 3, 2: 534.

[12]VB 1: 420; cf. W. C. von Diede in his memoirs, 19 June 1788, where Goethe's lively and cheerful loquacity are remarked upon (VB 1: 354).

[13]"Art and science . . . are both concerned with seeking order in complexity, and unity in diversity" — Anthony Storr, "Psychoanalysis and Creativity," *Churchill's Black Dog, Kafka's Mice* (New York: Ballantine, 1990) 168. On the link between scientific writing and the creative imagination see 161.

[14]This is the judgment of Erich Trunz. See *Goethes Werke. Hamburger Ausgabe*, ed. Erich Trunz, 14 vols. (Munich: Beck, 1978) 1: 563. The same view is evident in the commentary offered in *Goethe: Berliner Ausgabe*, 23 vols. (Berlin: Aufbau Verl., 1972–78) 1: 840–42.

[15]WA IV, 9: 323–24. The two plays Goethe mentions here (*Erwin und Elmire* and *Claudine von Villa Bella*) were plays he had substantially rewritten as operettas in early 1788 while in Italy — rewritten and ruined, as far as his public was concerned.

[16]VB 1: 436 (Karoline Böhmer to A. W. Schlegel). Goethe had also conceived the plan of writing an operetta (*Die Mystifizierten*) based on the 'necklace' scandal while in Italy, but this plan was never fully realized, being abandoned in 1790.

[17]Cf. WA IV, 9: 282; 297–98; see also Forster to Voss (VB 1: 436).

[18]"Mir aber einigen Trost und Unterhaltung zu verschaffen, suchte ich diesem Ungeheuern eine heitere Seite abzugewinnen . . ." (WA I, 33: 262).

[19]"Ich hatte seit der Revolution, mich von dem wilden Wesen [of political events] einigermaßen zu zerstreuen, ein wunderbares Werk begonnen, eine Reise von sieben Brüdern verschiedener Art . . ." (WA I, 33: 191).

[20]There were some positive echoes from friends in response to *Der Bürgergeneral*, but an acquaintance to whom Goethe sent the work anonymously found it very bad — see *Briefe an Goethe: Gesamtausgabe in Regestform*, ed. Karl-Heinz Hahn, 5 vols. to date (Weimar: Hermann Böhlaus Nachf., 1980–92) 1: nos. 595, 596, 714. In the view of a more modern commentator it is the weakest of all Goethe's dramas: ". . . die ideelle und ästhetische Konzeption des Stückes [bezeichnet] den Tiefstand im dramatischen Schaffen des Dichters." See *Berliner Ausgabe* 6: 679.

[21]*Berliner Ausgabe* 3: 803–04; 805–06.

[22]Cf. WA I, 33: 263: "Ich war immer gegen die unmittelbare Wirkung meiner Arbeiten gleichgültig gewesen und sah auch dießmal ganz ruhig zu, daß diese letzte [*der Großkophta*], an die ich so viel Jahre gewendet, keine Theilnahme fand . . ."; also: "Wie mich aber niemals irgend ein Äußeres mir selbst entfremden konnte . . . (WA I, 33: 265).

[23]Goethe himself was interested above all in a readership made up of what he termed "verwandte Wesen" (WA I, 32: 106), and claimed in later years that his works were written for only such people. In 1828 he told Eckermann: "[Meine Sachen] sind nicht für die Masse geschrieben, sondern nur für einzelne Menschen, die etwas Ähnliches wollen und suchen und die in ähnlichen Richtungen begriffen sind" (Eckermann 253).

[24]See Goethe's conversation with Luden on the subject of *Faust* in 1806 (Gräf 2, 2: no. 1065: 137).

"Individuum est ineffabile"
Goethe and the Tradition of Silence

Marianne Henn, *University of Alberta*

I

Josef Pieper called Goethe "einer der großen Schweiger,"[1] an epithet which one would more readily associate with such famed masters of silence as Thomas Carlyle — a translator of Goethe's *Wilhelm Meisters Lehrjahre* — or perhaps with such writers as Hugo von Hofmannsthal, Paul Celan or Hermann Broch who deliberated upon the question of silence. In fact, Hofmannsthal formulated the so-called modern language crisis in his *Letter of Lord Chandos* in 1902. This doubt in the communicative ability of language was motivated by the recognition that there was a discrepancy between the traditional language and the new perception of reality. This found expression not only in German literature but also in the *Theatre of Silence* in France. In this modern age, one was confronted with a universe that no longer disclosed its secrets. The silence one encountered was like an abyss; it was absurd. In Kafka's *Das Schweigen der Sirenen* the most horrible threat to the seafarers is not the singing of the sirens: against their voices protection can still be sought and gained. The ultimate torment is when they become silent. The horror and agony of silence also finds overpowering expression in Thomas Mann's last great novel *Doktor Faustus* (1947). In Adrian's icy universe the voice cannot be sustained and transmitted. Whereas in the last movement of Beethoven's Ninth Symphony the human voice jubilantly bursts forth with joy, in *Dr Fausti Lamentation* this triumph of the human voice and the redemption through the word is cancelled and revoked. This retreat from the word into silence can also be seen in the works of such English language dramatists as Samuel Beckett, Harold Pinter, and Edward Albee. In these works, silence becomes a metaphor for the inexplicability of modern existence, for isolation, evasion, entrapment. And in Eugen Gomringer's concrete poem "Schweigen" the unsettling emptiness of silence is presented in a temporal as well as spatial sense.[2]

However, silence — so prevalent in twentieth-century literature and philosophy — is by no means a modern phenomenon. Silence is known in early Eastern and Western cultures. In some Eastern cultures, silence is the symbol of quietude or inner peace leading to the realization of the unity of soul and universe.[3] Hermetic traditions such as Zen Buddhism, Taoism, and Hasidism emphasize silent communication and regard the act of speech as human intervention and presumption.[4] Gnosticism has early on personified silence as a cosmic power in the female aeon *Sige*, whose creative power is all-important. For the Greeks silence was a sign of wisdom. As Jean Gebser explains, the origin of the Greek word μυϑος (*muthos*) contains both silent introspection as well as depiction and expression which are inextricably linked: "So ist das Wort stets Spiegel des Schweigens; so ist der Mythos Spiegel der Seele."[5]

The contamination of Greek philosophical tradition and Judeo-Christian, as well as Eastern traditions, led to the concept of God as unknowable and unsayable. The attitude of human beings towards this de*us absconditus*, the hidden God, was devout silence. Silence was an expression of reverence, reverence towards the ineffable. The Pythagoreans even came to regard silence as divine. Silence then is an ontological concept since the Unsayable (i.e., God) is eternal and God is identical with silence.

Common to Christian mystic beliefs of the Middle Ages was the silence of God and human being's silent search for God. It was based on the expectation that God will work within the space of silence the worshipers held open. This h*oly silence* was in preparation for the ultimate quest for unity with God. Meister Eckhart saw in silent meditation the fulfilment of human existence.[6] Only through silence were human beings able to communicate with the divine. Silence for the mystics spoke clearer than inadequate words. It was the most sublime form of communication with God.

In the poetry of the Baroque poet Angelus Silesius (1624–77) this h*oly silence* is clearly expressed:

> *Mit Schweigen ehrt man Gott*
>
> Die heilge Majestät, willst du ihr Ehr erzeigen,
> Wird allermeist geehrt mit heilgem Stilleschweigen.[7]

The importance of this *holy silence* is emphasized by the amalgamation of "Stille" with "Schweigen." It is central to religious mysticism.[8] At the same time Angelus Silesius also stressed the silence of God,[9] as did the mystic Gerhard Tersteegen (1697–1769):

> Ich bin im dunklen Heiligtum,
> Ich bete an und bleibe stumm,
> O ehrfurchtsvolles Schweigen![10]

However, God's silence differs from human silence as human silence has the word as a correlative whereas in God, silence and word are one.[11] Language, as an imitation, can only reflect reality imperfectly. Words as signs are limited.

Another aspect of silence is as a creative force, which goes back to God as creator and Gnostic traditions. This creative silence is most obvious in nature. Thus, the silence of nature and its effect on human beings has long been a topic, especially in poetry. A paragraph by Friedrich Nietzsche (1844–1900) entitled "Im großen Schweigen" best expresses this silence in nature and human being's ambivalence towards it:

> Jetzt schweigt alles! Das Meer liegt bleich und glänzend da, es kann nicht reden. Der Himmel spielt sein ewiges stummes Abendspiel mit roten, gelben, grünen Farben, er kann nicht reden. Die kleinen Klippen und Felsenbänder, welche ins Meer hineinlaufen, wie um den Ort zu finden, wo es am einsamsten ist, sie können nicht reden. Diese ungeheure Stummheit, die uns überfällt, ist schön und grausenhaft, das Herz schwillt dabei ... O Meer! O Abend! Ihr seid schlimme Lehrmeister! Ihr lehrt den Menschen *aufhören*, Mensch zu sein! Soll er sich euch hingeben? Soll er werden, wie ihr es jetzt seid, bleich, glänzend, stumm, ungeheuer, über sich selber ruhend? Über sich selber erhaben?[12]

Goethe does not find the phenomena in nature unsettling; he is content with contemplation and does not feel the need to grasp them: "Wenn ich mich bei'm Urphänomen zuletzt beruhige, so ist es doch auch nur Resignation; aber es bleibt ein großer Unterschied, ob ich mich an den Gränzen der Menschheit resignire oder innerhalb einer hypothetischen Beschränktheit meines bornirten Individuums."[13]

Countless poems from Matthias Claudius to Rainer Maria Rilke deal with the silence in nature. It inspires, above all, a feeling of awe and of closeness to cosmic forces. Night as the archetype of silence is also the topic of one of Goethe's most beautiful and well-known poems:

> Über allen Gipfeln
> Ist Ruh,
> In allen Wipfeln
> Spürest du
> Kaum einen Hauch;
> Die Vögelein schweigen im Walde.
> Warte nur, balde
> Ruhest du auch.
>
> (WA I, 1: 98)

In this poem, it is not so much a subject that is speaking but, as Theodor W. Adorno says, the poet imitates "durch seine Sprache das Unsagbare der Sprache von

Natur."[14] Invariably people's reaction to nature's silence is that they fall silent as well: either the experience is so overwhelming that it makes us speechless, or we feel in the silence a harmony with nature so that we fall silent along with it (*mitschweigen*), or, ultimately, the silence releases in us such a wealth of emotions and thoughts which make us unable to speak.[15] However, this silent reaction is invariably a silence that speaks.

Silence played an important role in literature from Greek drama — albeit in different ways. Shakespeare's silences are best exemplified perhaps in Hamlet's famous word: "the rest is silence" (V, ii, 347). The eighteenth century — in which Goethe was born — was a century committed to articulating, reasoning, to logic, and rhetorical strategies, but the Age of Enlightenment brought with it also criticism of language. One of the great masters of language at the time, Gotthold Ephraim Lessing, admitted that language is inadequate not only as far as God and truth is concerned but also feelings: "Die Sprache kann alles ausdrücken, was wir deutlich denken; daß sie aber alle N*üancen* der Empfindung sollte ausdrücken können, das ist eben so unmöglich, als es unnötig sein würde."[16] This inherent inadequacy of language, however, does not make Lessing sceptical about language; his confidence in the capabilities of language is not shaken as long as what is to be expressed has been well thought-out.

Silence has been variously used in literature. Its use has been investigated from — among others — a religious, philosophical, and linguistic point of view. The pioneering work of the poetic use of silence in German literature was published in 1872 by Carl Conrad Hense.[17] In the century since then, a number of monographs and articles have appeared on the subject ranging from the aphoristic reflections of Max Picard[18] to specific studies from a particular methodological point of view and on a particular writer or writers. Little has been done on Goethe and silence. The most pressing questions that demand to be answered are therefore: 1. What is it that eludes expression and why is language inadequate in expressing it? 2. Why can silence express what language cannot? 3. How does a particular writer use silence and why? 4. What are the various aspects of silence?

Silences are able to express what cannot be expressed in words. Still, silence cannot exist independent of words for a pure silence is not feasible because, as Susan Sontag puts it, "one must acknowledge a surrounding environment of sound or language in order to recognize silence."[19] But unlike words, silence is not rooted in a mimetic assumption that sees words as direct representations of objects, concepts, or situations. This logocentrism, or as Martin Heidegger calls it, "das Verhältnis von Ding und Wort, und zwar in der Gestalt des Verhältnisses von Sein und Sagen"[20] has been part of Western metaphysics since Plato. To

Plato, language is imitative; it is a changing product of human beings. But whereas Plato recognized the limitations of language, Aristotle had greater confidence in the abilities of language.[21] It is a problem that Nietzsche raised by asking: "Und überdies: wie steht es mit jenen Konventionen der Sprache? Sind sie vielleicht Erzeugnisse der Erkenntnis, des Wahrheitssinnes, decken sich die Bezeichnungen und die Dinge? Ist die Sprache der adäquate Ausdruck aller Realitäten?"[22] Nietzsche answers with an unmitigated 'No'. Already one hundred years earlier, Georg Christoph Lichtenberg (1742–99) had recognized an existential difference between the word, the sign, and the thing or concept: "Es ist ein ganz unvermeidlicher Fehler aller Sprachen, daß sie nur genera von Begriffen ausdrücken, und selten das hinlänglich sagen was sie sagen wollen. Denn wenn wir unsere Wörter mit den Sachen vergleichen, so werden wir finden daß die letzteren in einer ganz andern Reihe fortgehen als die erstern."[23] Lichtenberg's attitude towards language was far more sceptical than Lessing's because of what the former perceived as its integral inadequacy. Goethe also saw an inherent danger in the fact that in a metaphysical language, as he called it,

> man einen Schall an die Stelle der Sache setzt, und daß man diesen Schall wieder oft als Sache behandelt, und daß man diesem qui-pro-quo nicht ausweichen kann. Aber in der complicirten höhern Kunstsprache … hat es jetzt schon sehr üble Folgen, daß man das Symbol, das eine Annäherung andeutet, statt der Sache setzt, daß man ein angedeutetes äußres Verhältniß zu einem Innern macht. (WA IV, 51: 200)[24]

For Goethe the problem lies in the unavoidable difficulty "das Zeichen nicht an die Stelle der Sache zu setzen, das Wesen immer lebendig vor sich zu haben und es nicht durch das Wort zu tödten" (WA II, 1: 304). Thus Simon calls Goethe the first critic of a metaphysical language according to which the word is the representation of a subjective idea.[25]

In religion, the mimetic assumption has always been considered inappropriate. Immanuel Kant (1724–1804) explains this in a way that refers to Goethe's poetic term of "offenbares Geheimnis"[26]: "In allen Glaubensarten, die sich auf Religion beziehn, stößt das Nachforschen hinter ihrer innern Beschaffenheit unvermeidlich auf ein *Geheimnis*, d. i. auf etwas *Heiliges*, was zwar von jedem einzelnen *gekannt*, aber doch nicht öffentlich *bekannt*, d. i. allgemein mitgeteilt werden kann."[27] Where the metaphysical, logocentric language fails, poetic language can fulfil this function by oblique rendering of an intention, or by alluding to something that is not described or is indescribable. As Goethe elucidates, in everyday life ordinary language just about suffices, "weil wir nur oberflächliche Verhältnisse bezeichnen." However, "sobald von tiefern Verhältnissen die Rede ist, tritt sogleich eine andre Sprache ein, die poetische" (WA II, 11: 167). Silence can also assume the role of communicator where there is no linguistic equivalent for things, situations, thoughts, and emotions. In fact, Merleau-Ponty calls indirect discourse "silence."[28]

II

As thinking beings, we are rooted in language.[29] Heidegger gives the following definition: "Der Mensch zeigt sich als Seiendes, das redet."[30] Interestingly enough, as Heidegger points out, the Greeks do not have a word for language; the Greek word *logos* means reason and word; i.e., the act of speaking. This is exactly how Wilhelm von Humboldt (1767–1835) interprets language when he regards as its essence, the activity of speaking:

> Die Sprache, in ihrem wirklichen Wesen aufgefasst, ist etwas beständig und in jedem Augenblick Vorübergehendes. Selbst ihre Erhaltung durch die Schrift ist immer nur eine unvollständige, mumienartige Aufbewahrung, die es doch erst wieder bedarf, dass man dabei den lebendigen Vortrag zu versinnlichen sucht. Sie selbst ist kein Werk (Ergon), sondern eine Thätigkeit (Energeia). Ihre wahre Definition kann daher nur eine genetische seyn. Sie ist nemlich die sich ewig wiederholende Arbeit des Geistes, den articulirten Laut zum Ausdruck des Gedanken fähig zu machen. Unmittelbar und streng genommen, ist dies die Definition des jedesmaligen Sprechens; aber im wahren und wesentlichen Sinne kann man auch nur gleichsam die Totalität dieses Sprechens als die Sprache ansehen.[31]

This emphasis on the activity rather than its medium will become important in connection with Goethe.

Logos emerged from silence. According to Gnostic writings, silence (*Sige*) preceded human beings and so did reason. Merleau-Ponty, therefore, suggest that we should consider speech "against the ground of the silence which precedes it, which never ceases to accompany it."[32] Or, as Susan Sontag puts it, "language is demoted to the status of an event. Something takes place in time, a voice speaking which points to the before and to what comes after an utterance: silence. Silence, then, is both the precondition of speech and the result or aim of properly directed speech."[33]

Language is part of human existence. Language is also the means of interpreting existence. We attempt to understand our existence as beings who possess language and we do it within language. However, there is a reality of experience which is beyond the utterable. This awareness Goethe expresses in the dictum, "Individuum est ineffabile"; the importance of this idea for Goethe's thinking becomes clear when he adds, "woraus ich eine Welt ableite" (WA IV, 4: 300). Thus there is a potential of meaning beyond language. How can this meaning be expressed? By silence, since silence can express what words cannot. Jean-Paul Sartre points to this expressive nature of silence: "le silence est lui-même un acte verbal."[34] Conversely, without utterance there can be no silence, as Otto Friedrich Bollnow maintains: "Schweigen kann nur ein der Sprache fähiges Wesen."[35] Silence, as Sartre's statement implies, is not the mere absence of something else. It does not disclose itself in a vacuum. As Sartre states: "Le silence même se définit par rapport aux mots, comme la pause, en musique, reçoit son sens de groupes de notes qui l'entournent. Ce silence est un moment du langue; se taire ce n'est pas être muet, c'est refuser de parler, donc parler encore."[36] Thus silence is not the same as non-speech and silence has to be differentiated from such related terms as pause, quiet, quietness, muteness, emptiness — or in German: *Pause, Ruhe, Stille, Stummsein, Leere*. Unlike muteness, for instance, silence necessarily involves conscious activity. Therefore, Sontag refers to it with the suggestive term "the opaqueness of silence" which "opens up an array of possibilities for interpreting that silence, for imputing speech to it."[37]

Silence is dialectical and has as its correlative a form of speech. It establishes and maintains an oscillation or tension with speech. Silence is, therefore, not — as Max Picard claims — a substance or entity, it is not the carrier of a certain meaning. It is relational and receives its meaning in relation to other structures. It is not determined by content but by form and function. As Dauenhauer maintains: "there is no good reason for assigning ontological priority to discourse over silence" as "each makes an irreducible contribution to the sense of the other."[38] Silence, as speech, is an active human performance. Romano Guardini goes so far as to say that "ohne den Zusammenhang mit dem Schweigen wird das Wort zum Gerede; ohne den mit dem Wort wird aus dem Schweigen Stummheit."[39] Silence has a communicative function, that is, silence is social. This communicative function goes beyond discourse, as Martin Heidegger explains: "Nur im echten Reden ist eigentliches Schweigen möglich. Um schweigen zu können, muß das Dasein etwas zu sagen haben, das heißt über eine eigentliche und reiche Erschlossenheit seiner selbst verfügen."[40]

Silence contains in it the summary of experiences, cultural codes, and echoes of the past; it is thus an irreducible way for human beings to express life. The French philosopher Blaise Pascal (1623–62) maintains, therefore, that eloquent silence can illuminate our existence: "éloquence du silence, qui pénètre plus que la langue ne saurait faire."[41] And thus, Heidegger can claim: "Verschweigen können wir nur, was wir wissen."[42]

The complexity or positivity of the phenomenon of silence has by no means been overlooked by nineteenth- and twentieth-century philosophy. Sören Kierkegaard (1813–55) ascribes the powers of healing to silence. He sees silence as a means of recovery and regeneration, which becomes clear in his impassioned plea:

> O, wenn wir . . . den heutigen Zustand der Welt, das ganze Leben . . . krank finden müssen; und wenn ich ein Arzt wäre und mich jemand fragte, was ich zu thun vorschlage: so würde ich erwidern: 'Als erstes, als unbedingte Bedingung, daß überhaupt etwas geschehen kann, also als allererstes muß das geschehen: schaffe Schweigen, bringe die Menschen zum Schweigen! . . . Ja, wir leben nächstens in der richtigen verkehrten Welt; *was* wir einander mitzuteilen haben, reduziert sich bald auf ein Minimum von Gehalt und Bedeutung, und zugleich haben die Mittel der Mitteilung jetzt ungefähr die höchste Vollkommenheit erreicht, alles blitzschnell überallhin auszubreiten: denn was wird eiliger unter das Volk gebracht als das Geschwätz, und was gewinnt größere Verbreitung als eben das Geschwätz! O, schaffe Schweigen!'[43]

This necessity to escape the crudity, treachery, and noisiness of words is also a theme that is particularly important in Goethe's later work. This idea of silence serving as a source of recollection and renewed strength is linked with the idea that silence releases creative powers. Silence is thus the condition for creativity.

The philosopher Ludwig Wittgenstein (1889–1951) was very aware of the limits of language. He, therefore, concluded his T*ractatus logico-philosophicus* with the now-famous proposition: "Wovon man nicht sprechen kann, darüber muß man schweigen."[44] However, this silence is — at the same time — eloquent because it reflects back to what has been uttered before and it preserves what cannot be put into words. Wittgenstein explains: "And this is how it is: if only you do not try to utter what is unutterable then *nothing* gets lost. But the *un*utterable will be — unutterably — *contained* in what has been uttered."[45] Like Heidegger, Wittgenstein also links silence with showing; what cannot be said must be shown. He writes: "Es gibt allerdings Unaussprechliches. Dies *zeigt* sich, es ist das Mystische." And he explains: "Nicht *wie* die Welt ist, ist das Mystische, sondern *daß* sie ist . . . Der Sinn der Welt muß außerhalb ihrer liegen . . . Gott offenbart sich nicht *in* der Welt."[46]

Silence, for Heidegger, is particularly important in connection with the poetic word. He characterizes the poetic word as "worthafte Stiftung des Seins."[47] Poetic language is therefore able to do what ordinary language cannot: "vormals Unausgesprochenes, nie Gesagtes allererst ins Wort heben und bislang Verborgenes durch das Sagen erscheinen lassen."[48] As silence, poetic language unfolds a connotative meaning. A shift takes place from denotation to connotation; it is the realm of indirect discourse.

III

Goethe has long been acknowledged as one of the great innovators of the German language. His creative and powerful use of the language is particularly obvious in the exuberance of his Sturm-und-Drang poetry. Therefore, it might be surprising that as early as 1775, language seems to fail him when trying to express the subtleties of feelings and emotions. He writes to Auguste von Stolberg: "Lass mein Schweigen dir sagen, was keine Worte sagen können" (WA IV, 2: 289). This discrepancy between feelings and words Lessing had pointed out in the earlier quoted passage and it is a theme that Goethe repeats again and again. A few years later, Goethe extends his silence also to moral matters: "Alles Reden und beschreiben hilft bey sinnlichen, ia auch bey moralischen Gegenständen nichts" (WA IV, 8: 73). Especially against Lavater's passionate religious outpourings in sermons and writings, Goethe defends his own reverent silence: ". . . ich bin still und verschweige was mir Gott und die Natur offenbart" (WA IV, 6: 36). Interestingly enough, this restraint from speaking is expressed as early as 1786 with a word that in later works assumes central importance—*entsagen*: ". . . mitten im Glück [lebe ich] in einem anhaltenden Entsagen" (WA IV, 6: 14). Especially in Goethe's novel *Wilhelm Meisters Wanderjahre oder die Entsagenden*, *entsagen* also takes on the meaning of restraint from speech or suspension of speech. The word is linked to the Greek word *aphasia*, i.e. non-speech. For the sceptics, it meant refraining from expressing anything on matters about which nothing certain or definite could be known or said.

From early on, Goethe is concerned with the efficacy of language. Statements on language, speech, and silence can be found in Goethe's entire work — literary, scientific, theoretical, letters, conversations, diaries, etc. — often in an at random fashion which makes an overall view extremely difficult. However, a close perusal reveals a certain line of argument. After Goethe's Italian Journey, the focus of his reflections on language changes. He is not so much concerned with the subjective failure of speech but with the limited comprehension of the audience. On June 8, 1818, he writes: "Wenn ich nichts zu sagen hätte, als was den Leuten gefiele, so schwiege ich gewiß ganz und gar stille. Wenn meine Freunde mich nur immer wieder erkennen!" (WA IV, 29: 198–99). The fear of being misunderstood led Goethe to withholding rather than disclosing significant truths. Especially in the *Roman Elegies* the importance of reticence plays a significant part: "Doch es ist ein altes Gesetz: ich schweig' und verehre" (WA I, 1: 260). What cannot be grasped should simply be admired and contemplated. Goethe justifies

his reticence: "Und das Schweigen geziemt allen Geweihten genau" (WA I, 1:
237). Goethe relies on the selected few that will understand, while recognizing that
trying to communicate with everyone only results in misunderstandings. In fact,
Goethe recognizes the great potential of silence in poetry and reflects on it. The
last elegy thus emphatically praises silence; Goethe extols the possibilities of
revealing by indirect discourse, by not defining and limiting, and in the process
expressing more comprehensively, by leaving what is said open to interpretation.

Although Goethe was committed to language there exists for him a nobility in
silence which becomes apparent in one of his maxims: "Von der besten Gesellschaft sagte man: ihr Gespräch ist unterrichtend, ihr Schweigen bildend" (WA I,
42.2: 160). Goethe acknowledges the limits of ordinary language because it can
only present a limited reality: "Durch Worte sprechen wir weder die Gegenstände
noch uns selbst völlig aus." The reason is: "Durch die Sprache entsteht gleichsam
eine neue Welt, die aus Nothwendigem und Zufälligem besteht" (WA II, 11: 167).
And because Goethe accepts that ordinary language is only an inadequate
substitute he does not plunge into doubt and despair. Instead he realizes the
creative possibilities of poetic language and of silence. When Wilhelm von
Humboldt sends him his treatise on language he reacts quite affirmatively:

> ... indem Sie die Sprache als Hülfsmittel gar trefflich anpreisen, geben Sie uns
> ferner zu bedenken, daß die Sprache, wenn sie auf einen gewissen Punct
> gelangt, unveränderlich sey und von ihren anerkannten Mängeln nicht befreyt
> werden könne; demohngeachtet aber in und aus sich selbst alles Menschliche,
> vom Tiefsten bis zum Höchsten, aussprechen, ausdrücken, bestimmen und
> erweitern könne und müsse. (WA IV, 35: 213)

Poetic language has the ability to stimulate and refine an otherwise crude ordinary
language. Silence allows Goethe to go beyond language and allude to that which
is infinitely challenging, as Wilhelm learns in his *Lehrbrief*: "Die Worte sind gut,
sie sind aber nicht das Beste. Das Beste wird nicht deutlich durch Worte" (WA I,
23: 125). Shortly before his death, Goethe reaffirms his belief in the silent
acceptance of the ineffable: "Das Wunderbarste ist dabey daß das Beste unsrer
Überzeugungen nicht in Worte zu fassen ist. Die Sprache ist nicht auf alles
eingerichtet und wir wissen oft nicht recht, ob wir endlich sehen, schauen, denken,
erinnern, phantasiren oder glauben" (WA IV, 49: 271–72).

So it is in indirect discourse that silence becomes audible. The purpose of
silence is to listen and to be open for what is beyond the immediately visible and
knowable. This audible silence links Goethe with the tradition of the Pythagoreans.
Another means of penetrating the essence of things is contemplation, as Goethe
confesses to Sulpiz Boisserée in 1831: "Das unmittelbare Anschauen der Dinge

ist mir alles, Worte sind mir weniger als je" (WA IV, 48: 154). Therefore Goethe warns, "das Anschauen in Begriffe, den Begriff in Worte zu verwandeln, und mit diesen Worten, als wären's Gegenstände, umzugehen und zu verfahren" (WA II, 1: 285). Contemplation has no quid pro quo in words. For Goethe, the eye is very eloquent; it is "das beredteste von allen Organen" (WA I, 37: 347); the reason is, "das Ohr ist stumm, der Mund ist taub; aber das Auge vernimmt und spricht. In ihm spiegelt sich von außen die Welt, von innen der Mensch. Die Totalität des Innern und Äußern wird durchs Auge vollendet" (WA II, 5.2: 12). It is revealing therefore that only a blind Faust, bereft of "das beredteste von allen Organen," develops at the end of Faust II his utopian vision of land reclaimed from the sea where a free and active race can settle.

Goethe sees the reason for the inadequacy of language as a basic hermeneutic problem, i.e., we use words to speak about words. Words cannot replace a phenomenon. He explains: "Alle Erscheinungen sind unaussprechlich denn die Sprache ist auch eine Erscheinung für sich die nur ein Verhältniß zu den übrigen hat, aber sie nicht herstellen (identisch ausdrücken) kann" (WA II, 5.2: 298). Therefore it is so easy to be wrong: "Sobald man spricht, beginnt man schon zu irren" (WA I, 2: 279). Metaphysical language is an ambiguous medium, a surrogate, which is unable to express phenomena adequately. To circumvent this ambiguity, Goethe makes use of silence: ". . . denn leider sind Worte dem Menschen gewöhnlich Surrogate, er denckt und weis es meistentheils besser als er sich ausspricht. Der Redliche schweigt zu letzt, weil er nicht auch mit schlechter Specerey ein schmuziges Gewerbe treiben mag" (WA I, 41.2: 508–09).[49] Silence, then, prevents obfuscation. The effectiveness of this silence Goethes describes in 1803: "Einen sehr tiefen Sinn hat jener Wahn, daß man, um einen Schatz wirklich zu heben und zu ergreifen, stillschweigend verfahren müsse, kein Wort sprechen dürfe, wie viel Schreckliches und Ergötzendes auch von allen Seiten erscheinen möge" (WA I, 35: 150). Silence was for Goethe a defence against dissipation and premature discourse. Although silence, like speech, has a structural element, has meaning, and a social function, it is not as readily understandable or exhaustible as speech. Silence has the characteristics of infinity or, as Ulrich Schmitz puts it, "Schweigen kann grundsätzlich alles bedeuten. Es ist der Joker der Sprache."[50]

Goethe uses various methods to make his silences eloquent. One is to use the "Hieroglyphen der Natur" (WA IV, 4: 24) which act as silent means of communication for those who listen. The aim of this "Natursprache" is to facilitate "die Mittheilung höherer Anschauungen" (WA II, 1: xi); it communicates like nature "hinabwärts zu andern Sinnen, zu bekannten, unbekannten Sinnen." It is the way nature speaks "mit sich selbst und zu uns durch tausend Erscheinungen. Dem

Aufmerksamen ist sie nirgends todt noch stumm" (WA II, 1: x). This oblique rendering of meaning is never a denial of sense but moreover an elucidation and intensification. Another technique Goethe uses to express the ineffable are parallel stories: "Da sich gar manches unserer Erfahrungen nicht rund aussprechen und direct mittheilen läßt, so habe ich seit langem das Mittel gewählt, durch einander gegenüber gestellte und sich gleichsam in einander abspiegelnde Gebilde den geheimeren Sinn dem Aufmerkenden zu offenbaren" (WA IV, 43: 83). An example of this we find in Goethe's novel *Unterhaltungen deutscher Aus-gewanderten* (1795). There the baroness stresses the effectiveness of this tech-nique: "Ich liebe mir sehr Parallelgeschichten. Eine deutet auf die andere hin und erklärt ihren Sinn besser als viele trockene Worte" (WA I, 18: 190). The parallelism of the stories speaks a silent language and elucidates what is not directly said. The method Goethe uses most frequently, however, is symbolism. He explains in his *Farbenlehre*: "Man bedenkt niemals genug, daß eine Sprache eigentlich nur symbolisch, nur bildlich sei und die Gegenstände niemals unmittelbar, sondern nur im Widerscheine ausdrücke" (WA II, 1: 302). The symbolic language is not abstract and inflexible; it has the ability to refer to other ideas and symbols: "es wird eigentlich durch das Wort nichts bestimmt, bepfählt und festgesetzt, es ist nur eine Andeutung, um den Gegenstand in der Einbildungskraft hervorzurufen" (WA II, 3: 202). This symbolic language is a unity of "Gesinnung, Wort, Gegenstand und That" (WA IV, 41: 56) and is, therefore, able to express what a metaphysical language cannot; as Goethe explains: "Alles was geschieht ist Symbol, und, indem es vollkommen sich selbst darstellt, deutet es auf das Uebrige" (WA IV, 29: 122). It was this ultimate effectiveness to express the mysterious and the ineffable which attracted Goethe to the symbolic mode: "Die Symbolik verwandelt die Erscheinung in Idee, die Idee in ein Bild, und so, daß die Idee im Bild immer unendlich wirksam und unerreichbar bleibt und, selbst in allen Sprachen ausgesprochen, doch unaussprechlich bliebe" (WA I, 48: 206). The symbolic mode was Goethe's most eloquent one because, as Wilhelm Emrich states, "ihre 'Stummheit' wird zur zeigenden Sprache."[51]

Goethe's trust in the poetic language is most clearly seen in his *Torquato Tasso* (1790). Tasso does not surrender to silent despair; instead, his lament sounds almost victorious: "Und wenn der Mensch in seiner Qual verstummt, / Gab mir ein Gott, zu sagen wie ich leide" (WA I, 10: 243, 3432–33). This ability to express his suffering separates Tasso from Werther, whose communicative interaction suffers because of his fear of being misunderstood and his doubt about the adequacy of language since words to Werther are only "leidige Abstractionen" (WA I, 19: 24) and "der kalte, todte Buchstabe" is unable to express the "himmlische Blüthe des Geistes" (WA I, 19: 84). He thus slips inexorably into silence, isolation, and despair.

In Goethe's work, silence is very often associated with female characters: for example Iphigenie (*Iphigenie auf Tauris*), Eugenie (*Die natürliche Tochter*), Mignon (*Wilhelm Meisters Lehrjahre*), Ottilie (*Die Wahlverwandtschaften*), and Makarie (*Wilhelm Meisters Wanderjahre*).[52] Silence was linked with women from earliest times. For the Greeks, silence was part of a woman's decency. In fairy-tales, silence was invariably a mode of punishment for women.[53]

Iphigenie's silence is the token of her fateful secret:

> Vom alten Bande löset ungern sich
> Die Zunge los, ein lang verschwiegenes
> Geheimniß endlich zu entdecken. Denn
> Einmal vertraut, verläßt es ohne Rückkehr
> Des tiefen Herzens sichre Wohnung, schadet,
> Wie es die Götter wollen, oder nützt. (WA I, 10: 15, 300–05)

However, Iphigenie places her trust in the silent gods and thus is able to heal her brother Orestes from his curse. Hers is a reverent silence. Eugenie's silence (*Natürliche Tochter*) is different. It is a means of survival in a turbulent political arena. Therefore, the king demands "Verschwiegenheit" for: "Geheimniß nur verbürget unsre Thaten; / Ein Vorsatz, mitgetheilt, ist nicht mehr dein." Iphigenie's trust would be misguided in an atmosphere of mistrust: "Vertraue niemand, sei es wer es sei" (WA I, 10: 266, l. 406, ll. 411–12; 272, l. 544).

Mignon, like Iphigenie, is haunted by a fateful secret. Her entire nature is characterized by her songful plea:

> Heiß mich nicht reden, heiß mich schweigen,
> Denn mein Geheimniß ist mir Pflicht;
> Ich möchte dir mein ganzes Innre zeigen,
> Allein das Schicksal will es nicht.
>
> (WA I, 22: 256)

This double silence: "nicht reden" — "schweigen" points to the intense inwardness of Mignon. Her language is the mute gesture. She expresses her feelings most directly in music and dance. Her silent obedience to her fate ensures that it will happen, for from the very beginning, it was misplaced secrecy and false discretion which set the fateful events into motion. As Victor Lange points out, Mignon's silence takes on pathological dimensions.[54]

Makarie (*Wilhelm Meisters Wanderjahre*) is called "die schweigsamte aller Frauen" (WA I, 24: 347). Unlike Mignon's silence, hers has a positive effect on her surroundings. Makarie lives in a state of serene contemplation of the universe and, therefore, possesses tremendous insight and has a liberating effect on those with whom she comes in contact: "alle fühlten die Gegenwart eines höheren Wesens, und doch blieb in solcher Gegenwart einem jeden die Freiheit ganz in seiner eigenen Natur zu erscheinen. Jeder zeigt sich wie er ist, . . . denn er war gelockt und veranlaßt, nur das Gute, das Beste was an ihm war an den Tag zu geben" (WA I, 25.1: 277).

Although the theme of silence plays a role in most of Goethe's major works, it is in his last two novels — Die Wahlverwandtschaften and Wilhelm Meisters Wanderjahre — that silence is elaborated upon most extensively and is also integrated into the fictional structure and the complex role of the narrator. This was recognized in one of the earliest reviews of the novel Wilhelm Meisters Wanderjahre by Hotho who describes Goethe's treatment: "Er schweigt ohne zu verschweigen, er zieht den Schleier, indem er ihn lüftet, nur verhüllender umher."[55] In the figure of Ottilie (Wahlverwandtschaften), the strength of silent inwardness is juxtaposed with the faith in discourse. Ottilie's silences are contrasted with the loquaciousness of a character like Mittler who, as his name implies, believes himself to be the supreme mediator, but instead, causes death and destruction through his untimely explications. The narrator's calculated detachment and sovereign linguistic command exposes all the more the subversion of social order and the disruption of civilized communication by uncontrollable natural forces. Ottilie's complete silence at the end is an indictment of a society in decay. Its superficial decorum, its social conventions, its disciplined surface, and its decorous speech betray the undercurrents of passion and wilfulness.

From the beginning Ottilie's reticence reveals an unusual sincerity and naturalness. The outside world, however, interprets it as a lack of substance and intelligence. Thus the headmistress of her boarding school asks her incredulously: "aber sagen Sie mir, um's Himmels willen! wie kann man so dumm aussehen, wenn man es nicht ist?" (WA I, 20: 61). After Ottilie joins Charlotte and Eduard on their estate she continues her reticence. In their company, her silence is the expression of modesty and restraint. Ottilie understands the intricacies of language and has too much respect for it to be trivial or careless with words. She writes into her diary: "'Jedes ausgesprochene Wort erregt den Gegensinn.'" And: "'Niemand würde viel in Gesellschaften sprechen, wenn er sich bewußt wäre, wie oft er die andern mißversteht'" (WA I, 20: 239–40). When asked for her opinion, however, Ottilie surprises with the precision of her thinking and her clear judgment. Gradually she opens up and becomes more communicative, especially with Eduard. It is, therefore, interesting that Eduard finds her entertaining which amuses Charlotte: "Unterhaltend? versetzte Charlotte mit Lächeln; sie hat ja den

Mund noch nicht aufgethan" (WA I, 20: 65). Typical of Ottilie is a particular very expressive gesture. She uses it only once in the novel, in the encounter with Eduard at the inn after she made her decision to leave and never see Eduard again. Her gesture reveals Ottilie's profound inner conflict since, as she explains, "sie hatte sich in der Tiefe ihres Herzens nur unter der Bedingung des völligen Entsagens verziehen, und diese Bedingung war für alle Zukunft unerläßlich" (WA I, 20: 374). "Entsagen" is used here in the sense of discretion in conduct as well as in the use of language. Before Ottilie enters her complete silence she requests: "Dringt nicht in mich, daß ich reden . . . soll, . . . mein Innres überläßt mir selbst" (WA I, 20: 394–95). In her silence Ottilie turns away from the outward world and takes refuge in her inwardness. Her *Entsagung* is total; she refuses to eat and drink and to speak. This *Entsagung* leads to death and transcendence.[56]

In *Faust I*, the whole problem of the inadequacy of language is taken up again. Faust's despair when faced with the limits of knowledge is tantamount to realizing his inability to communicate his insights. It is Mephisto who, in his common-sense approach, summarizes Faust's state of mind: "Das Beste, was du wissen kannst, / Darfst du den Buben doch nicht sagen" (WA I, 14: 87, 1840–41). The old Goethe echoes this sentiment when he admits that years of experience have taught him "daß die Sprache nur ein Surrogat ist" (WA IV, 26: 290). Ordinary language, as he explains to Eckermann, is bound by human activity and thought. Anything that goes beyond is difficult to express:

'Alle Sprachen sind aus nahe liegenden menschlichen Bedürfnissen, menschlichen Beschäftigungen und allgemein menschlichen Empfindungen und Anschauungen entstanden. Wenn nun ein höherer Mensch über das geheime Wirken und Walten der Natur eine Ahndung und Einsicht gewinnt, so reicht seine ihm überlieferte Sprache nicht hin, um ein solches von menschlichen Dingen durchaus Fernliegende auszudrücken. Es müßte ihm die Sprache der Geister zu Gebote stehen.'[57]

The dubious nature of words is especially apparent in the disputation between Mephisto and the student. Mephisto encourages the student to learn to manipulate his listeners by using words as shrewdly as possible:

Im Ganzen — haltet euch an Worte!
Dann geht ihr durch die sichre Pforte
Zum Tempel der Gewißheit ein . . .
. . . .
Mit Worten läßt sich trefflich streiten,
Mit Worten ein System bereiten,
An Worte läßt sich trefflich glauben,
Von einem Wort läßt sich kein Jota rauben.
(WA I, 14: 93, 1990–92, 1997–99)

However, Faust does not share Mephisto's cynical optimism and certainty. Instead Faust is haunted by the inadequacy of the word and he falters when translating the beginning of the Gospel according to St. John:

> Geschrieben steht: "Im Anfang war das Wort!"
> Hier stock' ich schon! Wer hilft mir weiter fort?
> Ich kann das Wort so hoch unmöglich schätzen.
>
> (WA I, 14: 62–63, 1224–26)

Faust begins with the rigid and inadequate *Wort* instead of the Greek word "logos." Thus he finds it necessary to add other words to achieve meaning: *Sinn* (1229), *Kraft* (1233), and *That* (1237). Faust is hampered by his metaphysical language whereas in a poetic language "Gesinnung, Wort, Gegenstand und That immer möglichst als Eins erhalten werde[n]" (WA IV, 41: 56).[58] What Faust initially does not realize is that in the beginning the word was with God and God came out of silence to create the universe. The word and the creative power of God are one. Through his word God creates; thus the word is a deed. Walter Benjamin, in an essay on language, points out the sequence of creation: "Es werde — Er machte (schuf) — Er nannte." However, as Benjamin stresses, God makes an exception when he creates man: "Gott hat den Menschen nicht aus dem Wort geschaffen, und er hat ihn nicht benannt. Er wollte ihn nicht der Sprache unterstellen, sondern im Menschen entließ Gott die Sprache, die ihm als Medium der Schöpfung gedient hatte, frei aus sich."[59] It is thus significant that Faust recognizes the deed as being more important than the word. Satisfied in having found the answer to his problem, he says: "Mir hilft der Geist! Auf einmal seh' ich Rath / Und schreibe getrost: Im Anfang war die *That*!" (WA I, 14: 63, 1236–37). This contrast between "Wort" und "That" has been a central problem for Goethe ever since he confronted the poet Tasso, a master of the word, and the diplomat Antonio, a master of action. It recurs in his novel *Wilhelm Meisters Wanderjahre*. And it is a problem that is still pressing a hundred and fifty years later when Thomas Mann through his character in his *Bekenntnisse des Hochstaplers Felix Krull* (1954) admits:

> Aber ein anderes ist das Wort — das wohlfeile, abgenutzte und ungefähr über das Leben hinpfuschende Wort — und ein anderes die lebendige, ursprüngliche, ewig junge, ewig von Neuheit, Erstmaligkeit und Unvergleichlichkeit glänzende Tat. Nur Gewohnheit und Trägheit bereden uns, beide für eins und dasselbe zu halten, während vielmehr das Wort, insofern es Taten bezeichnen soll, einer Fliegenklatsche gleicht, die niemals trifft.[60]

More than fifty years earlier, Hugo von Hofmannsthal expressed his distrust of words with the often cited comment: "die abstrakten Worte, deren sich doch die

Zunge naturgemäß bedienen muß, um irgendwelches Urteil an den Tag zu geben, zerfielen mir im Munde wie modrige Pilze."[61]

In Goethe's last novel — *Wilhelm Meisters Wanderjahre* — speech and silence, the gaining and possession of knowledge and its dissipation and preservation are elaborately intertwined. The complex relationship between the individual and institutions, the reality of instinctive forces, the precarious social order, and collective as well as social pressures are brought to bear in this deliberately involuted novel. Crucial in all this is language for every form of communication. Speaking and doing were for Goethe by no means self-evidently joined. He finds himself reflecting, "daß der Mensch die Rede eigentlich für die höchste Handlung hält, so wie man vieles thun darf, was man nicht sagen soll" (WA III, 2: 155). The scope and adequacy of language is tested in the novel and since it fails one refrains from its use. An example is the barber who performs his task silently. He abhors the garrulousness which is part of his trade and therefore refrains from casual speech:

> Dieser also hat nun auf die Sprache Verzicht gethan, insofern etwas Gewöhnliches, oder Zufälliges durch sie ausgedrückt wird; daraus aber hat sich ihm ein anderes Redetalent entwickelt, welches absichtlich, klug und erfreulich wirkt, die Gabe des Erzählens nämlich.
>
> Sein Leben ist reich an wunderlichen Erfahrungen, die er sonst zu ungelegener Zeit schwätzend zersplitterte, nun aber durch Schweigen genöthigt, im stillen Sinne wiederholt und ordnet. Hiermit verbindet sich denn die Einbildungskraft und verleiht dem Geschehenen Leben und Bewegung. Mit besonderer Kunst und Geschicklichkeit weiß er wahrhafte Mährchen und mährchenhafte Geschichten zu erzählen . . . (WA I, 25.1: 130)

Like Makarie, he shuns the garrulous, noisy world which prevents him from reflection and contemplation which are the source of his insights and stories.

Montan, the natural scientist, has learned his silence from nature. He rejects "das schlechte Zeug von öden Worten" (WA I, 24: 46) because of its destructiveness: "sein Bestes wird, wo nicht vernichtet, doch gestört" (WA I, 25.1: 30). Like Faust, Montan, struggles with the supremacy of speaking or doing and, like Faust, Montan chooses doing: "Wenn man einmal weiß, worauf alles ankommt, hört man auf gesprächig zu sein . . . Denken und Thun, Thun und Denken, das ist die Summe aller Weisheit . . . (WA I, 25.1: 30). It is the rejection of dissipation in favour of concentration. This silent collection of one's thoughts is typical of certain characters in Goethe's last novel.

While writing his *West-östlicher Divan*, Goethe became fascinated with the Arabic language since, as he explains, "in keiner Sprache ist vielleicht Geist, Wort und Schrift so uranfänglich zusammengekörpert" (WA IV, 25: 165). Art for

Goethe is the only means to express the ineffable: "Wem die Natur ihr offenbares Geheimniß zu enthüllen anfängt, der empfindet eine unwiderstehliche Sehnsucht nach ihrer würdigsten Auslegerin, der Kunst" (WA I, 48: 179). The paradox "offenbares Geheimniß" or "heilig öffentlich Geheimniß" (WA I, 3: 88) expresses clearly the function of art. The absolute is hidden but also visible. This veiling and unveiling, a literary hide-and-seek, Goethe plays repeatedly in his *West-östlicher Divan*, as in a poem with the suggestive title "Wink":

> Und doch haben sie Recht, die ich schelte:
> Denn daß ein Wort nicht einfach gelte,
> Das müßte sich wohl von selbst verstehn.
> Das Wort ist ein Fächer! Zwischen den Stäben
> Blicken ein Paar schöne Augen hervor.
> Der Fächer ist nur ein lieblicher Flor,
> Er verdeckt mir zwar das Gesicht,
> Aber das Mädchen verbirgt er nicht,
> Weil das Schönste was sie besitzt,
> Das Auge, mir in's Auge blitzt.
>
> (WA I, 6: 42)

Again, the eye plays a central role; its sensory perception goes far beyond mere verbal discourse. The "Fächer," the word, is only a medium. The essential becomes obvious without the sign — silently. The "Stäbe" of the "Fächer" can conceal the face of the girl but in the open space between the "Stäbe" her eyes are visible and they are to Goethe the most expressive medium. They are able to make visible the inexpressible beauty and individuality of the person. For, as quoted before, in the eye "spiegelt sich von außen die Welt, von innen der Mensch. Die Totalität des Innern und Äußern wird durchs Auge vollendet" (WA II, 5.2: 12). The mere word is untrustworthy: "Jedes Wort ist ein Versprechen. / Jeder Blick ist ein Genuß" (WA I, 6: 476). The very paradox of a poet dwelling on secrets or extolling the virtue of silence or uttering the unsayable, Goethe expresses in a poem in his *West-östlicher Divan* in which he whimsically describes this contradictory situation of a poet:

> Erst sich im Geheimniß wiegen,
> Dann verplaudern früh und spat!
> Dichter ist umsonst verschwiegen,
> Dichten selbst ist schon Verrath.
>
> (WA I, 6: 219)

The recognition that the individual, the self, and the world are essentially unfathomable or at least defy expression in words, is the basis for anxiety and desperation in the twentieth century. For Goethe, the recognition that here is a realm which is basically inexpressible and can only be hinted at through silence possessed great merit.

Notes

[1]Josef Pieper, *Über das Schweigen Goethes* (München: Kösel, [2]1962) 11.

[2]Karl Otto Conrady, ed., *Das große deutsche Gedichtbuch von 1500 bis zur Gegenwart*, 2nd rev. ed. (Darmstadt: Wissenschaftl. Buchges., 1993) 702:

> schweigen schweigen schweigen
> schweigen schweigen schweigen
> schweigen   schweigen
> schweigen schweigen schweigen
> schweigen schweigen schweigen (1960).

[3]See Steven L. Bindeman, *Heidegger and Wittgenstein: The Poetics of Silence* (Washington, D. C.: U P of America, 1981) 68 and 92.

[4]Leslie Kane, *The Language of Silence: On the Unspoken and the Unspeakable in Modern Drama* (Rutherford, Madison: Fairleigh Dickinson U P, 1984) 21.

[5]Jean Gebser, *Gesamtausgabe*, vol. 2: *Ursprung und Gegenwart* (Schaffhausen: Novalis Verl., 1978) 114.

[6]This silent meditation Meister Eckhart describes in his 58th sermon: Josef Quint, ed., *Meister Eckehart: Deutsche Predigten und Traktate* (München: Carl Hanser, 1955), 430–31. Cf. also Karl Albert, "Meister Eckhart über das Schweigen," *Festschrift für Lauri Seppänen zum 60. Geburtstag*, ed. Ahti Jäntti and Olli Salminen (Tampere: U of Tampere, 1984) 301–09.

[7]Angelus Silesius, "Cherubinischer Wandersmann," *Sämtliche poetische Werke*, ed. Hans Ludwig Held, vol. 3 (München: Carl Hanser, [3]1949) 110.

[8]First treated by Gustav Mensching, *Das heilige Schweigen: Eine religionsgeschichtliche Untersuchung* (Gießen: Töpelmann, 1926).

[9]Angelus Silesius, "Cherubinischer Wandersmann," vol 3: 33:

> *Gott lobt man in der Stille*
> Meinst du, o armer Mensch, daß deines Munds Geschrei
> Der rechte Lobgesang der stillen Gottheit sei?

[10]Gerhard Tersteegen, *Geistliches Blumengärtlein inniger Seelen* (Stuttgart: J. F. Steinkopf, 1969) 449. Cf. also "Wer Gott kommt nah, der lernet Schweigen. / Und sich in stiller Ehrfurcht beugen" (Walter Nigg, ed., *Gerhard Tersteegen: Eine Auswahl aus seinen Schriften* [Wuppertal: R. Brockhaus, 1967] 44).

[11]Max Picard, *Die Welt des Schweigens* (Erlenbach-Zürich: Eugen Rentsch, [2]1950) 240.

[12]Friedrich Nietzsche, "Morgenröte," *Werke in drei Bänden*, ed. Karl Schlechta (München: Hanser, 1954) 1: 1219, No. 423.

[13]Johann Wolfgang von Goethe, "Zur Naturwissenschaft. Über Naturwissenschaft im Allgemeinen," *Goethes Werke*, ed. im Auftrage der Großherzogin Sophie von Sachsen, 146 vols (Weimar: Hermann Böhlaus Nachf., 1887–1919; rpt. München: dtv, 1987) II, 11: 131. All references to Goethe's works appear in the text with the abbreviation WA (Weimarer Ausgabe), volume, page, and line numbers (for plays).

[14]Theodor W. Adorno, *Ästhetische Theorie*, ed. Gretel Adorno and Rolf Tiedemann (Frankfurt/M.: Suhrkamp, 1970) 114.

¹⁵ Cf. Ismail Djavid, *Das philosophische Problem des Schweigens* (Berlin: Rudolph Pfau, 1938) 26.

¹⁶Gotthold Ephraim Lessing, "Briefe die neueste Literatur betreffend," 49. Brief, *Werke*, vol. 5: *Literaturkritik, Poetik und Philologie*, ed. Herbert G. Göpfert, 8 vols (München: Hanser, 1973) 171.

¹⁷Carl Conrad Hense, *Das Schweigen und Verschweigen in Dichtungen* (Parchim: H. Wehdemann's Buchh., 1872).

¹⁸See note 11.

¹⁹Susan Sontag, "The Aesthetics of Silence," *Styles of Radical Will* (New York: Farrar, Straus and Giroux, 1969) 11.

²⁰Martin Heidegger, "Das Wesen der Sprache," *Unterwegs zur Sprache* (Pfullingen: Neske, ⁹1990) 185.

²¹See also Roland Hagenbüchle, "Sprachskepsis und Sprachkritik: Zum Erkenntnismodus dichterischer Sprache," *Literaturwissenschaftliches Jb*, N.F. 26 (1985): 205; Morriss Henry Partee, "Plato's Theory of Language," *Foundations of Language* 8 (1972): 113–32.

²²Friedrich Nietzsche, "Über Wahrheit und Lüge im außermoralischen Sinn" 3: 311.

²³Georg Christoph Lichtenberg, "Sudelbücher, Fragmente, Fabeln, Verse," *Schriften und Briefe*, ed. Franz H. Mautner, vol. 1 (Frankfurt/M.: Insel, 1983) [A 109] 76. Cf. also Dirk Göttsche, *Die Produktivität der Sprachkrise in der modernen Prosa* (Frankfurt/M.: Athenäum, 1987) 45.

²⁴Goethe seems to have been aware of a pre-Saussurean notion of signifier and signified. To the Swiss linguist Ferdinand de Saussure (1857–1913) the word is a "verbal sign having two sides, an acoustic image or sound pattern and a concept. The former he called *signifiant* . . . , the other *signifié* [translated as 'signifier' and 'signified']" (David Lodge, *Modern Criticism and Theory* [London and New York: Longman, 1988] 1).

²⁵Josef Simon, "Goethes Sprachansicht," *JbFDH* (1990): 6.

²⁶*Maximen und Reflexionen* (WA I, 48: 179); see also *West-östlicher Divan* (WA I, 6: 41).

²⁷Immanuel Kant, "Die Religion innerhalb der Grenzen der bloßen Vernunft," *Werke in zehn Bänden*, ed. Wilhelm Weischedel, vol. 7 (Darmstadt: Wissenschaftl. Buchges., 1975) 803.

²⁸Cf. Bindeman 92.

²⁹Cf. Wolfgang Piltz, *Die Philosophie des Schweigens — Das Schweigen in der Philosophie* (Diss. Würzburg 1987) 42: "Der Mensch ist das 'zoon logon echon,' das Wesen, das Sprache hat."

³⁰Martin Heidegger, *Sein und Zeit*, ed. Friedrich-Wilhelm von Herrmann (Frankfurt/ M.: Vittorio Klostermann, 1977) § 34, 219.

³¹Wilhelm von Humboldt, "Ueber die Verschiedenheit des menschlichen Sprachbaues und ihren Einfluss auf die geistige Entwicklung des Menschengeschlechts" [1830–1835], *Werke in fünf Bänden*, vol. 3: *Schriften zur Sprachphilosophie*, ed. Andreas Flitner and Klaus Giel (Darmstadt: Wissenschaftl. Buchges., 1963) 418.

³²Maurice Merleau-Ponty, *The Prose of the World*, ed. Claude Lefort, trans. John O'Neill (Evanston: Northwestern U P, 1973) 45–46.

³³Sontag 23.

³⁴Jean-Paul Sartre, *L'Idiot de la famille: Gustav Flaubert de 1821 à 1857*, vol. 1 (Paris: Gallimard, 1971) 41.

³⁵Otto Friedrich Bollnow, *Sprache und Erziehung* (Stuttgart: Kohlhammer, 1979) 146.

[36]Jean-Paul Sartre, *Qu'est-ce que la littérature?* (Paris: Gallimard, 1948) 32.

[37]Sontag 16–17.

[38]Bernard P. Dauenhauer, *Silence: The Phenomenon and Its Ontological Significance* (Bloomington: Indiana U P, 1980) 106.

[39]Romano Guardini, "Die religiöse Sprache," *Die Sprache*, ed. Bayerische Akademie der Schönen Künste (München: Oldenbourg, 1959) 16.

[40]Heidegger, *Sein und Zeit*, § 34, 219.

[41]Blaise Pascal, *Discours sur les Passion de l'Amour* XLVII, avec un commentaire de Émile Fagnet (Paris: Bernard Grasset, 1911) 191. Cf. also Piltz 153.

[42]Heidegger, "Das Wesen der Sprache" 184.

[43]Sören Kierkegaard, "Zur Selbstprüfung der Gegenwart anbefohlen" (1851), *Schriften und Aufsätze 1851–1855*, trans. A. Dorner and Chr. Schrempf (Stuttgart: Fr. Frommann's Verl., 1896) 56–57.

[44]Ludwig Wittgenstein, *Tractatus logico-philosophicus, Tagebücher 1914–1916, Philosophische Untersuchungen*, vol. 1 (Frankfurt/M.: Suhrkamp, 1963) # 7, 83.

[45]Letter from Wittgenstein to Engelmann April 9, 1917: Paul Engelmann, *Letters from Ludwig Wittgenstein. With a Memoir* (Oxford: Basil Blackwell, 1967) 7.

[46]Wittgenstein, *Tractatus logico-philosophicus* # 6.522, 82; # 6.44, 81; # 6.41, 80; # 6.432, 81.

[47]Martin Heidegger, "Erläuterungen zu Hölderlins Dichtung," *Gesamtausgabe* (Frankfurt/M.: Vittorio Klostermann, 1981) 1: 4, 41.

[48]Heidegger, "Hebel — der Hausfreund," *Gesamtausgabe* 1: 13, 147.

[49]Cf. also letter to C. L. F. Schultz, March 11, 1816: ". . . so habe ich doch auf's deutlichste begreifen lernen, daß die Sprache nur ein Surrogat ist, wir mögen nun das was uns innerlich beschäftigt oder das was uns von außen anregt ausdrücken wollen" (WA IV, 26: 290).

[50]Ulrich Schmitz, "Beredtes Schweigen — Zur sprachlichen Fülle der Leere. Über Grenzen der Sprachwissenschaft," *Osnabrücker Beiträge zur Sprachtheorie* 42 (1990): 32.

[51]Wilhelm Emrich, *Die Symbolik von Faust II: Sinn und Vorformen* (Bonn: Athenäum, ²1957) 55.

[52]For the latest treatment of the topic see Ulrike Rainer, "A Question of Silence: Goethe's Speechless Women," *Goethes Mignon und ihre Schwestern* , ed. Gerhart Hoffmeister (New York: Peter Lang, 1993). Rainer deals with Mignon, Ottilie, and Makarie.

[53]Cf. Hedwig von Beit, *Symbolik des Märchens*, vol. 2 (Bern: Francke, 1965) 61–62; also Ruth B. Bottigheimer, "'Still, Gretel!' — Verstummte Frauen in Grimms *Kinder- und Hausmärchen*," *Akten des VII. Internationalen Germanisten-Kongresses*, vol. 6: *Frauensprache — Frauenliteratur?*, ed. Albrecht Schöne (Tübingen: Niemeyer, 1986).

[54]Victor Lange, "The Metaphor of Silence," *Goethe Revisited*, ed. Elizabeth M. Wilkinson (London: John Calder, 1984) 149.

[55]H. G. Hotho, "Wilhelm Meister's Wanderjahre," *Goethe und seine Kritiker*, ed. Oscar Fambach (Düsseldorf: Ehlermann, 1953) 339. The first review is from December 1829 and the second from March 1830. The quote is from the second.

[56]This theme of *Entsagung* plays a major role in novels of the nineteenth century, especially those written by female writers and dealing with a central female character. One example is Fanny Lewald's novel *Clementine* (1843), another is Marie von Ebner-Eschenbach's *Lotti, die Uhrmacherin* (1881). In this latter novel, resignation or renunciation takes on a different meaning. Ebner-Eschenbach uses the term "Entsagungsmut"

(Johannes Klein, ed., *Kleine Romane* [München: Winkler, 1957] 882). This new attitude requires not only the courage to renounce something or give up somebody but it also provides the impetus to turn renunciation into something positive for the individual growth of the character concerned.

[57]Conversation with Eckermann on June 20, 1831: Johann Peter Eckermann, *Gespräche mit Goethe*, ed. Fritz Bergemann (Frankfurt/M.: Insel, 1981) 705.

[58]Cf. also Simon 16–17.

[59]Walter Benjamin, "Über Sprache überhaupt und über die Sprache des Menschen," *Schriften*, ed. Th. W. Adorno and Gretel Adorno, vol 2 (Frankfurt/M.: Suhrkamp, 1955) 410.

[60]Thomas Mann, "Bekenntnisse des Hochstaplers Felix Krull," *Gesammelte Werke in zwölf Bänden*, vol. 7 (Frankfurt/M.: Fischer, 1960) 309.

[61]Hugo von Hofmannsthal, "Ein Brief," *Gesammelte Werke*, vol. 3, part 2: *Prosa II*, ed. Herbert Steiner (Frankfurt/M.: Fischer, 1951) 13.

Das Käthchen von Heilbronn: Amphitryon 2

William C. Reeve, *Queen's University*

On the basis of a comment Kleist made to Heinrich Joseph von Collin: "Denn wer das Käthchen liebt, dem kann die Penthesilea nicht ganz unbegreiflich sein, sie gehören ja wie das + und – der Algebra zusammen, und sind ein und dasselbe Wesen, nur unter entgegengesetzten Beziehungen gedacht,"[1] critics have dwelled upon the similarities and differences between Kleist's two titular heroines but, with one exception,[2] have given only passing reference to the parallels between his "Lustspiel nach Molière" (A 245) and his "großes historisches Ritterschauspiel" (K 429). In 1923, Walter Muschg singled out the *Doppelgänger* motif as common to *Amphitryon* and *Käthchen*,[3] and Walter Silz noted how plot complications depend upon direct intervention into human affairs by a god.[4] "Dieser Gott [in *Käthchen*]," according to Friedrich Koch, "ist wie in *Amphitryon* tatsächlich nur eine Hilfskonstruktion, damit die Bewußtseinswelt durch eine höhere Wirklichkeit bestätigt wird;"[5] however, the god or god-like protagonist does have, in Curt Hohoff's estimation, the supreme ruler's prerogative to restore a man's honor through a disclosure.[6] Fritz Martini also juxtaposes the two works but as illustrating "das Lustspielhafte," a "Mischung von Komischem und Erhabenem."[7] The exception mentioned above is Hans Schwerte. His excellent article outlines in some detail, although not exhaustively, the Jupiter/Emperor analogy and presents *Käthchen* and the issues it raises as belonging appropriately to the problematic world of the other dramas.[8]

In his useful commentary on *Käthchen*, Dirk Grathoff cites two examples of similar wording: "*Mensch, entsetzlicher . . . der Gedanke ermißt*: Ähnlich *Amphitryon* V. 2276f.: 'Du Mensch, —entsetzlicher, / Als mir der Atem reicht, es auszusprechen!'";[9] "*Wohin flücht ich*: ähnlich *Amphitryon* V. 1225: 'Wohin rett' ich vor Schmerz mich, vor Vernichtung.'"[10] In the first instance, Theobald and Amphitryon, as the wronged parties, denounce the man they hold responsible for having alienated the woman dearest to their hearts. In the second,

Strahl and Alkmene, having trusted their eyes, learn that they have been deceived. The former took Kunigunde for what she appeared to be, while the latter discovers that an "A" has inexplicably become a "J". Grathoff does not interpret these parallels and even implies in the first instance that the resemblance may not have any particular relevance since it occurs as well in *Die Hermannsschlacht*.[11] He has also overlooked the best example: Sosias' rhetorical query at his loss of identity: "Ward, seit die Welt steht, so etwas erlebt?" (A 279) matches verbatim Hans von Bärenklau's reaction to Käthchen's total obedience to Strahl and her concomitant disregard for the court: "Ward, seit die Welt steht, so etwas erlebt?" (K 411). Both dramas deal with supernatural occurrences or exceptional behavior that the "normal" mind finds difficult to comprehend or accept. The speaker is being denied what he usually takes for granted: Sosias his individuality and Hans his identity as judge.

Commentators have long acknowledged the creative incentive Molière's comedy gave to Kleist whose translation of his predecessor's work evolved into a different approach to the Greek myth. But what began as a mechanical linguistic exercise may have had even more far-reaching consequences, for Kleist returned to the same issues when he wrote what could be regarded as a sequel to *Amphitryon, Das Käthchen von Heilbronn*. The relationship between these two plays is thus deserving of a more thorough analysis than it has received in the past.

Kleist has constructed the two dramas largely on the basis of contrast. *Amphitryon* exploits the obvious structuring device of the antithesis between the lower, comic world of Sosias, Charis, and Merkur, and the higher, more tragic world of Amphitryon, Alkmene, and Jupiter. Within the latter sphere the contrast between the two Amphitryons supplies the main dramatic interest and further determines the dramatic form. Much the same could be said of *Käthchen*: the first act introduces the real princess, the second the false princess, and the third brings the two rivals together to make the discrepancy even more obvious. As Schwerte has aptly observed, "Das Muster der 'Doppelung' reicht, positiv und negativ, durch das ganze Stück und gibt die entscheidende Kategorie für dessen Verständnis an."[12] Since the event crucial to the action has happened prior to the raising of the curtain and the plot thus concerns the gradual revelation and significance of that event, both works are analytical. In *Amphitryon*, a seduction portrayed as a visionary experience took place before the drama begins and is discussed at considerable length in two subsequent scenes (I, 4 and II, 5), while in *Käthchen* a reported dream encounter predicated upon an earlier seduction provides the motivation for the "Vehm-

gericht" scene (I, 1, 2) and the "Traumgespräch" (IV, 2). Once the full import
of what has previously transpired becomes known, the play has reached its
conclusion. Because the central, supernatural event comes across to the unini-
tiated as inexplicable, as a "Märchen" (A 607), the noble protagonist, in his
attempt to find a credible solution, assumes either insanity (A 1694; K 432) or
diabolical influence (A 616; K 2037–38). Similarly, when a member of the
lower class has given an amazing, seemingly incomprehensible account and is
then asked to offer a rational explanation, at a loss to comply, he realizes that
the general situation is simply beyond his ability to *grasp*: "Ins Tollhaus weis
ich [Sosias] den, der sagen kann, / Daß er von dieser Sache was *begreift*" (A
699–700); "Ihr Herren, wenn ich [Theobald] das sagen könnte, so *begriffen* es
diese fünf Sinne . . ." (K 110–11). Both plays thus depend heavily for plot
interest upon the solving of a "Rätsel" (A 2085).

Another common device from which much of the humor derives is an
extensive use of dramatic irony. As in *Der zerbrochne Krug*, also an analytic
comedy, the playwright quickly puts the audience in the know so that the
spectator can appreciate the unintentionally apt, hence ironic comments of the
characters. When Amphitryon describes his wife's cool reception: "Und mit
Befremden nehm ich wahr, daß ich / Ein Überlästger aus den Wolken falle" (A
791–92) or Kunigunde exclaims at Strahl's excessive concern over a mere
burgher's daughter: "Bei Gott, und wenns des Kaisers Tochter wäre!" (K
1843), both speakers inadvertently make an observation that fits their rival's
more exalted status. Kleist frequently has Theobald say more than he intends,
as for example in his condition contrary to fact which proves to be closer to fact
than he realizes: "als ob der Himmel von Schwaben sie erzeugt, und von seinem
Kuß geschwängert, die Stadt, die unter ihm liegt, sie geboren hätte" (K 78–80).
Amphitryon is particularly replete with dramatic irony as mortals in their
frustration and despair repeatedly appeal to Jupiter for support when he bears
the responsibility for their suffering. On a lesser scale, the same scenario holds
true for *Käthchen*: Theobald must seek the help of the Emperor to clear his
family name, while the latter turns out to be the cause of the former's dishonor.

Amphitryon and Strahl would seem to have been struck from the same
aristocratic mould. Kleist depicts them as enthusiastic, if not overzealous
warriors: "Ein wenig Rücksicht wär, und Nächstenliebe, / So lieb mir, als der
Keil von Tugenden, / Mit welchem er des Feindes Reihen *sprengt*" (A 20–22);
"dem Pfalzgrafen, der eure Wälle niederreißen will, zieh ich entgegen; die
Lust, ihn zu treffen, *sprengt* mir die Schienen" (K 143–45). This martial ardor
implies a dilemma which Jupiter plays upon in his endeavor to alienate

Alkmene's affection from her husband: his duty requires him to fight wars whereas his inclination draws him to his wife (A 418–20). While Kleist intimates that Amphitryon fulfils his social duties to the detriment of his conjugal responsibilities, Strahl's first monologue reveals the extent to which a Count is torn between his love for a *Bürgermädchen* (K 687–88) and his obligation to uphold his aristocratic tradition (K 708–09), but duty takes clear precedence over inclination.

Other closely related aristocratic values dear to both knights include honor, reputation or fame. Amphitryon justifies his actions, especially his desire for revenge, by "der Ehre Fordrung" (A 977). Although Strahl never refers specifically to this concept, the "Ehrenkodex" dictates his magnanimous treatment of the vanquished Freiburg, his generosity towards Kunigunde, his obligatory challenge of Theobald after the latter has openly impugned his character and his vengeful public humiliation of the false bride. Moreover, preoccupation with one's social standing aligns both males with the *Streber* type. Jupiter's discrediting assessment of his mortal rival: "Wozu den eitlen Feldherrn der Thebaner / Einmischen hier, der für ein großes Haus / Jüngst eine reiche Fürstentochter freite?" (A 478–80) gains credence from Amphitryon's subsequent behavior and at the same time approximates Strahl's innermost desire. He also wishes to marry a princess and is not indifferent to material wealth as the dispute with Kunigunde over the contested territory intimates. From Sosias the spectator learns of Amphitryon's reputation: "Er sagt wenig. / Tut viel, und es erbebt die Welt vor seinem *Namen*" (A 66–67), earned "Auf dem Feld des Ruhms" (A 61) and from Jupiter of the Theban commander's obsession with his own name: "Wer so besorgt um seinen Namen ist, / Wird schlechte Gründe haben, ihn zu führen" (A 1854–55). In the same vein, when Theobald dares call Strahl's integrity into question before the "Vehmgericht," the Count retorts: "Dem entgegn' ich nichts, als meinen Namen!" (K 359–60). Personal prestige based upon one's heritage and one's own exploits and epitomized in a name culminates, in the pursuit of fame, Amphitryon's primary motivation (A 2325–26). Once he learns that it was Jupiter who seduced Alkmene, he quickly and conveniently forgets the grave injustice done to him and his wife and is only concerned with exacting a promise from Jupiter that he will grant him "einen Sohn / Groß wie die Tyndariden" (A 2333–34). Although never alluded to directly, "Ruhm" occupies an equally weighty position in Strahl's scale of values. Even though he has gathered substantial evidence to support his claim that Käthchen is the Emperor's natural daughter, he is still prepared to give her back to her adoptive father rather than embarrass his liege lord by a public accusation (K 2338–40). But no sooner does the Emperor acknowledge his paternity before the world and raise Käthchen to the highest nobility, than Strahl, falling to his knees, asks his supreme ruler to relinquish her to him: "Nun, hier auf Knieen bitt ich: gib sie mir!" (K 2567) — the response analogous to the one exhibited by his Greek predecessor. A Käthchen would be unacceptable in the eyes of his ancestors (K 703–06) and noble society (K 2297–99); however, a "kaiserliche Prinzessin von Schwaben" (K 2668) chosen by divine decree (K 2562–63) can only serve to increase the standing and repute of a mere Count.

Ironically, at the outset of *Amphitryon*, the titular hero would seem to have fulfilled the highest expectations of his class and acquired what the Kleistian noble protagonist cherishes most dearly: fame (A 17), power (A 430) and the ideal woman, Alkmene. Although a supernatural agent seriously jeopardizes all these accomplishments, solely from Amphitryon's narrow point of view, he not only regains what he once lost, including his wife, but does so at an enhanced level (A 2361). The same holds true in part for Strahl: divine intervention results in aspersions being cast upon his knightly honor ("Vehmgericht" scene), but ultimately promotes the achievement of the same three objectives.

Generally, Amphitryon and Strahl are rather straightforward, unimaginative types who tend to believe only what their senses tell them: "Falls man demnach fünf Sinne hat, wie glaubt mans" (A 704). Hence, their personalities leave them ill-equipped to deal with the supernatural incident raising havoc with their simple perception of reality. Being at heart arrogant, self-centered and hot-tempered, they take out their frustration upon their helpless servants (A 600–01; K 1663) and are quick to resort to violence to impose their will (A 1849–50; K 1054–55). However, in their single-mindedness they are also determined, "auf des Rätsels Grund [zu] gelangen" (A 1002). Amphitryon resolves to knock at his own door even though Merkur has informed him that Amphitryon is already inside with his wife (A 1835–36) and Strahl decides to risk interrogating the sleeping Käthchen (K 2029–33). Although on occasion impulsively abusive towards the loved one (A 975; K 1649) both men, upon reflection, attest to the innocence of their chosen mate (A 1690–91; K 543–44), and rationalize her "abnormal" behavior as madness. And lastly they must face a major crisis, the realization that they have a double (A 1841–42; K 2144–45). When their perseverence leads to the solving of the enigma, the unheard-of explanation overwhelms them, momentarily threatening their sanity (A 1779–80; K 2159–60). One of the consequences of this devastating discovery is that the two protagonists become increasingly isolated without the support of their society upon which they depend so heavily. As Amphitryon endeavors to persuade his countrymen and his wife of his identity, he finds himself abandoned and ultimately rejected (A 2283). Similarly, once Strahl is convinced of Käthchen's exalted origin, he must stand alone against public opinion and even swallow abuse from his emperor before he can verify his claim.

Strahl has one additional prototype from *Amphitryon* which Kleist turns to account in the wealth of allusions to Jupiter in *Käthchen*. The Count's association with the Olympian deity begins with his name, Graf Wetter vom Strahl, or is reflected in Käthchen's response to their second encounter in Theobald's smithy: "[sie] stürzt . . . vor ihm nieder, als ob sie ein Blitz niedergeschmettert hätte!" (K 163–64). This figurative comparison to a divine visitation has its dramatically concrete correspondence in Jupiter's concluding apotheosis announced by "*Blitz und Donner*" (A p. 318) and acknowledged by Amphitryon: "Anbetung dir / In Staub. Du bist der große Donnerer!" (A 2312–13). Jupiter clearly enjoys the power that he wields over Alkmene: "Du [Alkmene] wirst über dich, / Wie er [Jupiter] dich würdiget, ergehen lassen" (A 1370–71) just as Strahl is equally prone to exalt in the influence he exercizes over Käthchen: "Du [Käthchen] rührst dich nicht! / Hier soll dich keiner richten, als nur der, / Dem deine Seele frei sich unterwirft" (K 553–55). They also share a deplorable sadistic streak: in II, 5, Jupiter unnecessarily torments Alkmene primarily to satisfy his own male ego, while Strahl likewise indulges in a cruel impulse by intentionally allowing Käthchen to believe in V, 12 that she will be attending his marriage to Kunigunde. In both scenes the male has secret knowledge denied the female which he only makes known later in the drama and which enables him to play with his helpless victim.

As a sign of their inherent superiority the text links both men to the stag, a noble animal according to aristocratic valuation. This class prejudice surfaces in Alkmene's speech where she naturally selects the king over the servant, the stag over the bullock, and by extension, the god over the mortal:

> Der Sonne heller Lichtglanz war mir nötig,
> Solch einen feilen Bau gemeiner Knechte,
> Vom Prachtwuchs dieser königlichen Glieder,
> Den Farren von dem Hirsch zu unterscheiden?
>
> (A 2248–51)

It is therefore no accident that Strahl refers to himself as a stag in one of Kleist's preferred images:

> Der Hirsch, der von der Mittagsglut gequält,

Den Grund zerwühlt, mit spitzigem Geweih,
Er sehnt sich so begierig nicht,
Vom Felsen in den Waldstrom sich zu stürzen,
Den Reißenden, als ich jetzt, *da du mein bist,*
In alle deine jungen Reize mich.

(K 2589–94)

Here, as in *Die Hermannsschlacht*, the comparison conveys exuberant male domination through the exploitation of the female elements, earth and water: Strahl will use Käthchen, his possession, to satisfy his sexual needs, an attitude encouraged not only by nineteenth-century male / female relationships but also by the implied class prejudices expressed in Alkmene's verses.

Strahl's monologue at the beginning of the second act may well be indebted to one of Jupiter's speeches to Alkmene:

Und flöhst du [Alkmene] über ferne Länder hin,
Dem scheußlichen Geschlecht der Wüste zu,
Bis an den Strand des Meeres folgt ich dir,
Ereilte dich, und küßte dich, und weinte,
Und höbe dich in Armen auf, und trüge
Dich im Triumph zu meinem Bett zurück.

(A 1322–27)

Strahl's soliloquy, in part addressed to the loved one as well, is triggered by the unpleasant realization that he must renounce the woman to whom he is physically attracted. Jupiter faces the same personal dilemma. Both speakers create hypothetical situations on a grand scale to express the extent of their affection: "Doch wenn ich jemals ein Weib finde, Käthchen, dir gleich; so will ich die Länder durchreisen" (K 720–21) and confess their desire to elevate to their own level the female in question and then to sleep with her: "Warum kann ich [Strahl] dich nicht aufheben, und in das duftende Himmelbett tragen" (K 688–89); however, their status as deity or aristocrat precludes the desired possession. Strahl nonetheless appreciates Käthchen's true worth: "doch hättest du [Winfried . . . Erster meines Namens, Göttlicher mit der Scheitel des Zeus] *sie* [Kleist's emphasis] an die stählerne Brust gedrückt, du hättest ein Geschlecht von Königen erzeugt, und Wetter vom Strahl hieße jedes Gebot auf Erden!" (K 716–18). This hyperbolic conditional clause actually looks back to and is, of course, based upon the Amphitryon myth as Käthchen embodies the "Geschlecht von Königen" engendered by a union between heaven ("der Himmel von Schwaben" [K 78–79], i.e., the Emperor) and the earth ("die Stadt, die unter ihm [Himmel] liegt" [K 80], i.e., Käthchen's mother).

Alkmene's exclamations: "O Gott! Amphitryon!" (A 777) convey her response to her real-world husband, Käthchen's: "Himmel! Der Graf!" (K 2152), her reaction to her real-world Count. In both instances, the female suddenly comes back to the conscious realm after a pseudo-dream experience in which she has revealed more than she realizes about her relationship to her beloved male. The two female protagonists thus warrant comparison, but from the outset one can ascertain a major difference. Because Käthchen consistently obeys an internal prompting without comprehending why: "Auf das, was du [Strahl] gefragt: ich weiß es nicht" (K 467), she instinctively acts correctly and therefore, at both the unconscious and conscious level, her life remains unproblematic in terms of her self. Alkmene, by contrast, has her inner certainty seriously threatened: "O verflucht der Busen, / Der solche falschen Töne gibt!" (A 2253–54) and, as a result of Olympian interference, experiences extreme mental anguish (A 2305–06). In Käthchen's case, the sacred intervenes in a supportive manner (K 1903), confirming her special rank. The pastoral retreat motif, associated with both females, further emphasizes this distinction. Whereas Käthchen simply *is* the idyllic: "*Vorn ein Holunderstrauch, der eine Art von natürlicher Laube bildet, worunter von Feldsteinen, mit einer Strohmatte bedeckt, ein Sitz . . . Käthchen liegt und schläft*" (K p. 503), Alkmene, having gained self-awareness, can only long to return to the lost paradise: "Wie gern gäb ich das Diadem, das du / Erkämpft, für einen Strauß von Veilchen hin, / Um eine niedre Hütte eingesammelt" (A 425–27).

For Alkmene, ethical purity and reputation in the eyes of society are of utmost importance. In fact, she would prefer either to live in isolation (A 2257–60) or die (A 1278–79) if she cannot be guaranteed an irreproachable existence. Initially it would seem that Käthchen ignores or flaunts social convention as she sleeps in Strahl's stables "einer Magd gleich" (K 225–26) and, abandoning home and father, pursues her Count "einer Metze gleich" (K 2032). But, before the meeting in the smithy, she had provided an inspiring example for others (K 86–88), and by following unquestioningly her inner voice despite appearances, she conforms to a higher, indeed the highest, ethical authority. Still, not unlike Alkmene, she shows a concern for propriety verging on the prudish: she refuses to lift her skirt to ford the river and contradicts Strahl in the "Traumgespräch" when he describes her as being "Im bloßen leichten Hemdchen"; "KÄTHCHEN. Im Hemdchen? — nein" (K 2126–27). Alkmene remains confident that she and her husband are both virtuous beings, incapable of a malicious act (A 1134), whereas Amphitryon at first proves to be less magnanimous. Similarly, Käthchen rises above Strahl in her complete confidence in both him and herself. Eventually, however, husband and count must acknowledge the veracity of their chosen mate (A 2281–82; K 2122–23) and ultimately place their fate in her hands: "Alkmene! Meine Braut! Erkläre dich: / Schenk mir noch einmal deiner Augen Licht!" (A 2208–09); "Ihr Glaub ist, wie ein Turm, so fest gegründet! — / Seis! Ich ergebe mich darin" (K 2077–78).

If one were to fault either the "Fürstin" (A 33) or the "verkappte Prinzessin,"[13] it would have to be for deifying their mate. When Jupiter accuses Alkmene of idolatry (A 1447–53), she confesses her weakness: "Ich brauche Züge [her husband's] nun, um ihn [Jupiter] zu denken" (A 1457). Indeed, this propensity to worship her husband rendered Jupiter's seduction by substitution all the more easily accomplished, for, as she admits to Charis after the event: "Ich hätte für sein [Amphitryon's] Bild ihn [Jupiter] halten können, / Für sein Gemälde, sieh, von Künstlerhand, / Dem Leben treu, *ins Göttliche* verzeichnet" (A 1189–91). Likewise Käthchen, in her first dream meeting with her Count, assumes a position of adoration: Brigitte reports "wie sie darauf, vom Purpur der Freude über und über schimmernd, aus dem Bette gestiegen, und sich auf Knieen vor ihm niedergelassen, das Haupt gesenkt, und: mein hoher Herr! gelispelt" (K 1226–29). She repeats the identical self-effacing, venerating gesture in Theobald's smithy (K 160–64) and before the "Vehmgericht," prompting Graf Otto to inquire: "Warum, als Friedrich Graf vom Strahl erschien, / In deines Vaters Haus, bist du zu Füßen, / *Wie man vor Gott tut*, nieder ihm gestürzt?" (K 423–25). The modern spectator may well share Graf Otto's puzzlement since one finds very little in the attitudes or behavior of Strahl, or of Amphitryon for that matter, that would justify the adulation they receive from their respective women.

With these character correspondences in mind, I now propose to investigate common themes or situations. In *Amphitryon* and *Käthchen*, a dream in which the female protagonist received her ideal mate constitutes the focal point around which the dramatist has constructed his plot. This night-time experience the audience views in each case through the eyes of both the male and the female. In seeking a logical explanation, Amphitryon asks: "Hat mich etwan ein Traum bei dir verkündet, / Alkmene?" (A 835–36); he thus proposes a solution which becomes the actual scenario in *Käthchen*: "Wenns wahr wär, was mir [Käthchen] die Mariane sagte, / Mocht er [Gott] den Ritter mir im Traum zeigen" (K 2100–01). In Alkmene's reply to her husband: "Hat dir ein böser Dämon das Gedächtnis / Geraubt, Amphitryon?" (A 839–40), she suggests the process that will in fact dictate Strahl's reception of the "Silvesternachttraum" — he selectively forgets most of the details, the obliterating force, the "evil spirit," being his class consciousness. Initially, the males, being incredulous, attempt to trivialize the whole experience as a joke (A 846, 885; K 2110). Amphitryon could not have been physically present since he was engaged in battle and has witnesses to prove it (A 998–1001), while Strahl "lag / Und obenein todkrank, im Schloß zu Strahl" (K 2110–11). Once the diadem convinces the Theban commander that an intruder has entered his home, he requests an account from his wife: "doch du wirst den Hergang mir erzählen" (A 915), just as the Count has Käthchen relate the specifics of what occurred on that particular night: "Erzähl mir doch etwas davon, mein Käthchen!" (K 2114).

The *Amphitryon* text contains numerous allusions to Jupiter's intervention as a dream. Even before the god made his appearance, Alkmene "*träumte /* Bei dem Geräusch der Spindel [sich] ins Feld" (A 931–32), and she makes the retrospectively ironic admission: "nicht im *Traume /* Gedacht ich noch, welch eine Freude mir / Die guten Götter aufgespart" (A 936–38). Jupiter himself later concedes, "Es war kein Sterblicher, der dir *erschienen*" (A 1335). The same verb "erscheinen," indicating the visionary nature of the meeting, makes its presence felt in *Käthchen*: Strahl announces "ihm sei ein Engel *erschienen*" (K 1165), Käthchen relates, "Und da *erscheinst* du [Strahl] ja, um Mitternacht" (K 2102) and Brigitte classifies the "Silvesternachttraum" as an "*Erscheinung*" (K 1235). Moreover, when Alkmene tries to express her recollection of Amphitryon/ Jupiter from the previous night, she, like her successor Käthchen, compares her perception to that of a dream: "Er stand, ich weiß nicht, vor mir, wie im *Traum*" (A 1192); "Ja, weil ich [Käthchen] glaubt, es wär ein *Traum*" (K 2131). This blurring of the line separating the conscious, "real" from the unconscious, imaginary worlds: Alkmene. "Nicht wissend, ob ich wache, ob ich träume" (A 1125); Strahl. "Was mir ein Traum schien, nackte Wahrheit ists" (K 2147) helps to create the peculiar unreal atmosphere common to both plays and tends to exalt dream mentality, while implying the fallibility of the senses.

When the divine or semi-divine wish fulfilment approaches the unsuspecting female, she displays the identical physical reflex: "es [fuhr] / Jetzt zuckend mir [Alkmene] durch alle Glieder" (A 939–40); Stiegst [Käthchen] langsam, / An allen Gliedern zitternd, aus dem Bett" (K 2131–32), followed by the same emotional response: "Und ein unsägliches Gefühl ergriff / Mich [Alkmene] meines Glücks, wie ich es nie empfunden" (A 1193–94); "wie sie [Käthchen] darauf, vom Purpur der Freude über und über schimmernd" (K 1226–27). Emanations of light (A 1195–96; K 2120) herald the apparition's exalted status: "Er wars, Amphitryon, der Göttersohn!" (A 1197); "mein hoher Herr!" (K 1229) — words proclaimed in a prostrate position. Both women sense the divine aura about their visitors, a sacred presence further substantiated in *Käthchen* by the angel, but this is a special light perceived only by the inner eye and hence when Aurora or "die Mariane mit Licht" (K 1234), mundane, everyday reality, arrives on the scene, "die ganze Erscheinung" disappears.

As a direct consequence of the dream, the central male protagonist twice finds himself in a situation where he interrogates the female who partook of the same vision. Jupiter and Strahl question Alkmene and Käthchen in order to gain a confession of love (A 456–57; K 643). In the second interrogation, the "catechism" scene in *Amphitryon* and the "Traumgespräch" in *Käthchen*, the emphases tend to be reversed. Alkmene and Strahl must be taught or reminded of the full significance of the shared experience. Because of the threat to Alkmene's mental well-being, Jupiter now has to convince her of what really did take place, i.e., she slept with a god. Käthchen manages to persuade her Count that they shared a vision in which the supernatural played a major part. Jupiter and Strahl believe at first that they have the upper hand or are in control of the interrogation, but are ultimately embarrassed, if not compromised, by it: they get more than they bargained for.

It can be argued that despite the complications *Amphitryon* and *Käthchen* both vindicate the intuitive side of the human personality. Alkmene's last resort, her heart, does not really deceive her since she opts for the ideal husband, instinctively sensing his superiority.[14] Jupiter himself provides the best argument in her defence: "Wer könnte dir die augenblickliche Goldwaage der Empfindung so betrügen?" (A 1395–96) — only the Olympian deity could have so deluded her "unfehlbares Gefühl" (A 1290). Strahl faces a similar dilemma: he must choose between the true and false bride. When he listens to his heart, he automatically makes the right decision as revealed in a gesture: believing Käthchen to have perished in the conflagration, he *"schiebt [Kunigunde] von sich"* (K p. 497). Of course, the best and most consistent example in Kleist's *œuvre* is Käthchen. Benevolent divine intervention makes it possible for her always to follow her inner voice and never to err or know internal conflict.[15]

For Alkmene as well as for Strahl, duty or morality is stronger at the conscious level than inclination or sex. "Eh will ich [Alkmene] meiner Gruft, als diesen Busen, / So lang er atmet, deinem Bette nahn" (A 1331–32); "Zum Weibe, wenn ich [Strahl] sie gleich liebe, begehr ich sie nicht; eurem stolzen Reigen will ich mich anschließen" (K 707–09). At the unconscious level, however, *Amphitryon* contains many signs of Alkmene's strong sexual attraction to Jupiter/Amphitryon as signalled by her first "Ach!" (A 507), an indication of her reluctance to see the god depart after a night that has lasted several hours longer than usual. Jupiter succeeds in gaining the upper hand in part because he combines in his person the sacred and the sexual which in the past she has confused (A 1447–53). Her worship of the god has become a sublimation of her love for her husband, a man who neglects her out of a sense of duty. As becomes apparent in Strahl's first soliloquy, his attitude towards Käthchen also unites the same two categories: "so heilig zugleich und üppig" (K 700).

When towards the end of *Amphitryon* the titular protagonist asks the people to judge between himself and Jupiter, he uses language which describes with surprising accuracy the distinctive features of the two rivals to whom Strahl is attracted: "Wenn ihr jetzt zwischen mir und ihm, wie zwischen / Zwei Wassertropfen, euch entscheiden müßt, / Der eine süß und rein und echt und silbern, / Gift, Trug, und List, und Mord, und Tod der andre" (A 2119–22). Käthchen is obviously "süß," "rein," "echt," and even silver: "Denn wie begreif ich die Verkündigung, / Die mir noch *silbern* wiederklingt im Ohr, / Daß sie [Käthchen] die Tochter meines Kaisers sei?" (K 2161–63), while Kunigunde has recourse to the diabolical destructive means of the siren: "Gift, Tod und Rache!" (K 2265). Moreover, both Alkmene and the Count are guilty of a major identification error (A 2255–60; K 2474–83). Because they were deceived by appearances and failed to recognize their true lover, they castigate their own souls. What Alkmene believed to be "milde Herrlichkeit" (K 2478) also turns out to be "scheusel'ge Bosheit" (K 2477) on the part of Jupiter. Unable to face others once their confidence in themselves has been shattered, they want to flee from society. To express the extent of their desperation, both formulate conditional statements (A 2259–60; K 2480–82) reflecting an essential difference between the sexes in Kleist's world. Since the active male carries his fate in his own hands, only a superior natural force — appropriately for a Wetter vom Strahl, a thunderbolt — could destroy him; the passive female needs a protector, and, if denied, chooses voluntary exile in a desolate natural setting. But most importantly, Alkmene and Strahl exhibit extreme anxiety at the ramifications of a mistaken identity for their inner life.

Schwerte has drawn attention to the similarity between the *Amphitryon* plot and the scenario contained within the Emperor's monologue,[16] but the full extent of the analogy warrants additional analysis. Since neither Jupiter nor the Emperor could appear as his true self, each adopted a disguise in order to sleep with a woman below his station. Just as Jupiter came down to earth to amuse himself at the expense of a mortal, the Emperor, God's secular representative, condescended to refresh himself "unerkannt, *unter* dem Volk" (K 2412–13) with a commoner. To emphasize the parallel, the dramatist has Käthchen conceived under the sign of the Olympian deity: "der Jupiter ging eben, mit seinem funkelnden Licht, im Osten auf" (K 2410–11). In both instances, the seduction took place "beim Schein verlöschender Lampen," (K 2417) in an environment foreign to the male who thus comes across as an intruder, and end in potential tragedy for the female victim — Alkmene's ambivalent "Ach!" (A 2361) and Gertrud's tears. The women at the time did not know the identity of their lovers and received a telling token in appreciation from their visitors as they were about to depart for another realm: the "Diadem" with A/J and the "Schaustück mit dem Bildnis Papst Leos" (K 2420–21). Kleist may have wished to underscore further the close relationship between the Church and the crown by having the Emperor remove his papal miniature and stick it "in das Mieder" of the distraught young woman. He offered a religious momento to pay for sexual favors rendered and to appease his conscience, while Jupiter unites in himself the sacred and the sexual. In describing the confusion created by the escapade, the Emperor, borrowing from *Hamlet*, exclaims, "Die Welt wankt aus ihren Fugen!" (K 2425); in *Amphitryon*, the world is in fact out of joint for several hours. The two seducers attempt to justify their involvement by their shared need to rest and restore themselves after performing their respective duties as rulers (A 1514–18; K 2411–13) and both men come to regret their indiscretion (A 1512; K 2430–32). On occasion they even come across as rather pathetic figures: Jupiter is prepared to grasp at straws to satisfy his male ego at the end of his opening scene, and the Emperor, publicly compromised by the outcome of the "Zweikampf," beats a hasty retreat. Jupiter must guarantee the moral and social standards upon which human civilization is based, but, as Alkmene points out, he has transgressed against the very rules he is supposed to support (A 1342–43). In direct parallel, the Emperor is the ultimate secular court of appeal, the defender of social justice and virtue, and yet he broke the very laws he is to uphold. The revelation of the perpetrator's name has thus to be accomplished with tact; nonetheless, both conclusions leave an impression of the contrived, of an awkwardness which only the exalted status of the seducer mitigates. Their confessions, one public, the other private, and the solutions really skirt the issue. Jupiter escapes into the clouds, abandoning a devastated Alkmene but indemnifying the cuckolded husband by announcing the future birth of Hercules; the Emperor deserts a tearful Gertrud but covers up his *faux pas* and tries to make amends by transforming Käthchen into a princess, marrying her off to Strahl and securing Theobald a place in the Count's household. The union between the divine and the aristocratic produced Hercules, the ideal male celebrated for his monumental "Taten," while the coupling of the aristocratic and the common resulted in Käthchen, the ideal female known for her "Hingabe."

In his discussion of the supernatural as it "impinges on the world of reality," Silz maintains that the "barrier between the world of men and gods is broken down; the situation is complicated, just as in *Amphitryon*, by the direct intervention of extramundane forces, only this time with benevolent purpose and happy result."[17] Not quarrelling with the allusion to *Amphitryon*, I still find some difficulty in regarding the conclusion of *Käthchen* as a "happy result" or in discerning, as Martini puts it, "eine [den Ernst am Schluß] transzendierende Freude."[18] The finale of Kleist's "Ritterschauspiel" does in fact bear closer comparison to the ending of *Amphitryon* than has been generally acknowledged. Jupiter and the Emperor recognize their victims as the first among mortal women (A 1312–15; K 2564–65), and both publicly state their claim to their respective princess (A 1908; K 2565–66). As I mentioned earlier, Kleist has divided Jupiter's role between the Emperor and Strahl. Hence, as a continuation of the same basic analogy, Jupiter and Strahl want to stage for the "Göttliche" (A 2270) or "die Göttin" (K 2631) a "Triumph, wie er in Theben / Noch keiner Fürstentochter ist geworden" (A 2271–72) at which she "alle Fraun im Schloß / . . . überstrahl[t]" (K 2640–41). The Count's desire to have Käthchen "outshine" all others also looks back to Jupiter's designation of Alkmene as "glanzvoller als die Sonne" (A 2270), the ascendancy of light conveying the aristocratic claim to divinely ordained superiority. This glorification of the women, however, really serves to gratify masculine vanity (A 1569–70). The male possesses (K 2568) and has power over this paragon of beauty and virtue and therefore, confident in a favorable resolution: JUPITER. "Es wird sich alles dir [Alkmene] zum Siege lösen" (A 1575); STRAHL. "Es wird sich schon erhellen" (K 2644), he alone would seem to enjoy the public triumph, whereas the female response suggests the violence done to her sensibility.

The supernatural confirms divine election through a winged emissary (A p. 318; K 2673) and the seducers appear in disguise only suddenly to expose their true selves at the most dramatic moment (A 2309–11; K 2557–59). There is also the question of the identity of the real husband or the true bride, a contest in which the "Volk" performs the common function of expressing adulation and reverence after the revelation (A 2315; K 2669). And finally the reactions of the deceived heroines to the disclosures provide near perfect parallels in word and gesture:

> DIE FELDHERREN UND OBERSTEN.
> Der Schreckliche! Er selbst ists! Jupiter!
> ALKMENE. Schützt mich, ihr Himmlischen!
> *Sie fällt in Amphitryons Arme.*
>
> (A 2311–12)
>
> DER GRAF VOM STRAHL *umfaßt sie.* Käthchen! Meine Braut!
> Willst du mich?
> KÄTHCHEN. Schütze mich Gott und alle Heiligen!
> *Sie sinkt; die Gräfin empfängt sie.*
>
> (K 2676–78)

Then, from this point on, Alkmene and Käthchen remain silent except for the former's "Amphitryon!" (A 2349) and her ambiguous, concluding "Ach!" It has always struck me as odd that Kunigunde, the incarnation of "Pest, Tod und Rache" (K 2681), threatening revenge, has the second-last say in the play and that Strahl, in his final comment on which the drama ends: "Giftmischerin" (K 2683) vituperates the false bride. The combined effect runs the risk of creating for an audience a strangely humorous but nonetheless negative impression. This feeling is compounded by another, the sense that Käthchen has no control over her destiny. In response to the Count's question: "Willst du mich?", she faints and the Emperor takes over: "Wohlan, so nehmt sie, Herr Graf vom Strahl, und führt sie zur Kirche!" (K 2679–80). If we turn to *Amphitryon*, we again find the analogous situation of the sacrificial lamb being led to the altar: "AMPHITRYON. Dank dir! — Und diese hier, nicht raubst du mir? / Sie atmet nicht. Sieh hier. / JUPITER. Sie wird dir bleiben; / Doch laß sie ruhn, wenn sie dir bleiben soll!" (A 2345–47). Both Jupiter and the Emperor are anxious to put a good face on a predicament damaging to their majestic image and appear to exercise full authority over their female victims: Jupiter promises to leave Alkmene to Amphitryon just as the Emperor, giving Käthchen to Strahl, orders him to conduct her to the church. Jupiter ascends to Olympus, the home of the gods, while the imperial procession mounts the steps into the symbolic dwelling of the Christian God. Admittedly, Alkmene's plight is more severe, for Jupiter's counsel implies that she could easily forfeit her life. However, if one bears in mind these parallels with *Amphitryon*, there would seem to be some justification for adding *Käthchen* to the list of those Kleistian works having a problematic or open-ended conclusion.

Although the secondary literature has dealt extensively with the relationship between *Penthesilea* and *Käthchen*, a more direct affinity exists between

Käthchen and *Amphitryon*. In the latter two plays, Kleist opted for the same analytic structure and an extensive use of contrast, an approach enabling him to create situations and language replete with dramatic irony. Characters such as Amphitryon, Alkmene and Jupiter stood as obvious models for Strahl, Käthchen and the Emperor but with significant differences underlining the greater psychological complexity in Alkmene and Strahl. Duty may triumph over love but sexual attraction remains a potentially explosive, underlying force. Juxtaposing the two dramas also encourages one to see them in a different light. It is possible, for example, to interpret Jupiter's visit to Alkmene as a visionary experience repeated with only slight variations in *Käthchen*. In fact, Amphitryon and Alkmene put forward in explanation a hypothetical scenario which forms the actual basis of the later drama. Both works may be said to favor dream mentality, the intuitive, while pointing out the unreliability of the senses or the limiting perspective of exclusive reliance upon empirical reality. And finally, the striking similarities exhibited by the conclusions call into question the facile optimism detractors have attributed to *Käthchen*.

A seventeenth-century *Amphitryon* inspired Kleist to write what he himself aptly characterized as "eine Umarbeitung des Molierischen" (2: 799), but the indirect benefits of what began as a translation did not stop with his own interpretation of the ancient myth. *Das Käthchen von Heilbronn*, both in terms of its protagonists and its situations, presents a variation on the same theme or a significant sequel to his *Amphitryon*. If one views *Käthchen*, Kleist's most popular drama, in this manner, it may provide a double benefit: one acquires a productive point of view from which to interpret the two plays and, in the process, the often critically maligned "Ritterschauspiel"[19] may gain in status, for it clearly deals with the same "constant set of concerns,"[20] the same "Grundzüge und . . . Problematik"[21] at the heart of his other works and is not the anomaly deplored by some commentators.

Notes

[1]Heinrich von Kleist, *Sämtliche Werke und Briefe* (Munich: Hanser. 1984) 2: 818. When quoting from the dramas, I shall indicate verse numbers in my text preceeded by A for *Amphitryon* and K for *Das Käthchen von Heilbronn*, but shall include page numbers for stage directions or references to his letters. Unless otherwise indicated, italics will denote stage directions or my own emphases. This essay has grown out of my monograph *Kleist's Aristocratic Heritage and Das Käthchen von Heilbronn* (Montreal & Kingston: McGill-Queen's, 1991) in which I juxtaposed the Emperor's monologue (90–93) and the play's conclusion (104–06) with situations in *Amphitryon* and thus represents a more exhaustive examination of the surprising similarities between the two plays.

[2]Hans Schwerte, *"Das Käthchen von Heilbronn," Der Deutschunterricht* 13 (1961): 5–26.

[3]Walter Muschg, *Kleist* (Zürich: Seldwyla, 1923) 107.

[4]Walter Silz, *Heinrich von Kleist's Conception of the Tragic* (Baltimore: Johns Hopkins U, 1923) 53.

[5]Friedrich Koch, *Heinrich von Kleist. Bewußtsein und Wirklichkeit* (Stuttgart: Metzler, 1958) 191.

[6]Curt Hohoff, *Heinrich von Kleist in Selbstzeugnissen und Bilddokumenten* (Hamburg: Rowohlt, 1958) 82.

[7]Fritz Martini, *"Das Käthchen von Heilbronn* — Heinrich von Kleists drittes Lustspiel?" *SchillerJb* 20 (1976): 424–45.

[8] Schwerte 24.

[9]Dirk Grathoff, *Erläuterungen und Dokumente. Heinrich von Kleist. Das Käthchen von Heilbronn* (Stuttgart: Reclam, 1984) 19.

[10]Grathoff 54.

[11]Grathoff 19.

[12]Schwerte 23.

[13]Silz 52.

[14]Siegfried Streller argues that Alkmene "ihre höchste Gefühlssicherheit bewährt . . . Sie liebt an Amphitryon dessen besseres Selbst, das sie durch ihre Liebe zur Vervollkommnung im wahren, irdischen Amphitryon bringt." "Heinrich von Kleist und J. J. Rousseau," *Heinrich von Kleist. Aufsätze und Essays,* ed. Walter Müller-Seidel (Darmstadt: Wissenschaftl. Buchges., 1967) 657.

[15]Cf. Koch 191, "[Käthchens] Welt ist von Gott her legitimiert."

[16]"[Der Kaiser] gibt in seiner erklärenden Mitteilung, . . . zu Recht den 'Jupiter . . . mit seinem funkelnden Licht' als eine 'Ursache' an: denn Zeugung, Empfängnis und Geburt dieser illegitimen Kaisertochter . . . war wahrhaftig eher einem galanten Jupiterstreich mit einer hübschen Erdentochter ähnlich als eines christlichen Gottstellvertreters würdig . . ." (Schwerte 12).

[17]Silz 53.

[18]Martini 428.

[19]Ernst Fischer's evaluation in "Heinrich von Kleist," *Heinrich von Kleist. Aufsätze und Essays* 516, best exemplifies this attitude: "[Daß] er [Goethe] jedoch das *Käthchen von Heilbronn* ins Feuer warf, scheint mir gerechtfertigt!"

[20]John Gearey, *Heinrich von Kleist. A Study in Tragedy and Anxiety* (Philadelphia: U of Pennsylvania P, 1968) 86.

[21]Schwerte 24.

Ludwig Uhland's *Stylisticum*
A Creative Writing Class of the 1830s

Victor G. Doerksen, *University of Manitoba*

> Ueberhaupt aber ist mir der gute Styl nichts
> an sich, sondern der beste Styl ist mir die
> ihrem Gegenstand angemessendste Darstel-
> lung.[1]

The traditional image of the stern, Romantic poet Ludwig Uhland does not usually convey a sense of openness to new forms and ideas. We think of the firm, "objective" line of his brief lyric poems and the rather stiff moral tone of his lesser known epics and romances, and we may remember his legendary stubbornness in the political battle for "das alte, gute Recht" in his native Württemberg. Such characteristics, true though limited, have gained Uhland a reputation as a conservative representative of a conservative age,[2] and have skewed our appreciation of what his endeavors, as poet, politician and scholar, were really all about. A recent literary history calls Uhland "eine Persönlich-keit, . . . die bis nach 1848 mit Entschiedenheit die liberalen . . . Ideen vertrat,"[3] but, like most literary histories, refuses to include him under the heading, "Die Liberalen," which as usual is devoted to the Young Germany and Heinrich Heine. Political historians likewise express perplexity at this "oppositional" figure, who in 1848 held what were considered by many dangerously radical and democratic views. To my knowledge, no one has yet resolved the problem of Uhland's being at once conservative, liberal, and radical, but perhaps this puzzle is not so difficult of solution. In the following, I wish to consider a brief episode in the academic career of Uhland which, among other things, illustrates in a concrete way the nature of his "conservatism," his liberalism and his democratic bent. More to the purpose here, this pedagogical experiment of Uhland reveals a practising poet in open discussion about his art and craft, sharing his experience and expertise with students in a manner quite untypical of the age and of the image of Uhland which has come down to us in the traditional descriptions.

For a long time Uhland's fame rested on his poetic output, particularly his ballads and romances, which made him the best known German poet after Goethe in Europe and which for generations gave him ample space in German school texts and anthologies. Even recent poetry collections allocate a respectful place for standard lyrics like "Frühlingsglaube," "Die Kapelle," "Schäfers Sonntagslied" or ballads like "Des Sängers Fluch," "Das Glück von Edenhall" or "Bertran de Born." For students of political history the name of Uhland is usually associated with the constitutional debates of south Germany during the *Vormärz* period preceding the Frankfurt Parliament of 1848, and his speech against the hereditary monarchy is still considered a classic of the language.[4]

Germanists, especially *Altgermanisten*, perhaps will also know of his pioneering activities in the Old German field, his study of Walther von der Vogelweide (1824), and his collections and editions of medieval German texts, and they may perceive, quite correctly, that this field of endeavor was Uhland's true and lasting passion. Under the pressure of circumstances he effectively stopped writing poetry (as Goethe and Heine in their own ways observed), and in due course he withdrew from active political life, but he never ceased his exploration of the world of older German and French literatures and found his greatest happiness in this activity, as his correspondence amply demonstrates.[5]

His brief tenure as a Professor of German Literature at the University of Tübingen should be seen and can best be understood as part of this latter vocation. From 1830 to 1832 Professor Uhland lectured on Medieval German Poetry, the *Nibelungenlied* and the history of the Sagas.[6] These lectures were subsequently published in eight volumes after his death.[7] But alongside these regular lecture series Uhland carried on another academic activity, the so-called "Stylisticum," which, though it has only been given slight attention, shows a rather different perspective on the scholar and poet Uhland.[8] His former student, Wilhelm Holland, collected Uhland's own notes from this seminar series and published a selection on the occasion of Uhland's 100th birthday in 1886.[9] The Literaturarchiv in Marbach/Neckar, which preserves most of Uhland's papers, also has a number of other documents connected with this enterprise, including some of the essays and poems submitted by students. This in itself might seem somewhat peculiar, except that for Uhland these texts by and from his students were of crucial importance for what he attempted here.

Throughout his short tenure at the University of Tübingen, Uhland put much of his energy into what he called his "Donnerstagsstunde." It ran for four semesters, from May 6, 1830, to September 20, 1832, that is, for as long as he taught there. Uhland's opening lecture for the *Stylisticum*, in comparison with the traditional, Latin inaugural,[10] is a remarkable statement in the academic context of the time. With the same directness which had become his trade mark in the political arena, he set out his experimental model:

> Wenn ich in den kürzlich begonnenen historischen Vorlesungen den einen bestimmten Gegenstand in seinem strengern Zusammenhange zu verfolgen habe, so wünsche ich mittelst der Uebungen, die ich heute eröffne, eine möglichst freie und mannigfaltige geistige Mittheilung zu veranlassen; wenn dort mir allein das Wort zu führen obliegt, so wünsche ich, daß hier Sie es abwechselnd mit mir nähmen; wenn dort die Verantwortlichkeit der Leistung auf mir haftet, so möchte ich solche hier wesentlich auf Sie überwälzen. (7)

In inaugurating this seminar Uhland was, according to Uhland himself, following the practice of his former teacher Karl Philipp Conz,[11] but there is reason to doubt that his predecessor would have carried out as radical an experiment. Professor Conz had indeed befriended his students and exhibited a more approachable attitude than will have been the norm in the still heavily scholastic atmosphere of the early nineteenth-century German university, but Uhland's decision to put the onus on the students for the *Stoff* of this course of study, and to open it to students of all faculties must be considered a remarkable departure from tradition. His invitation was brief and to the point:

> Ich lade Sie nemlich ein, dasjenige, was jeder von Ihnen aus dem Kreise seiner Studien und geistigen Beschäftigungen zur Mittheilung für Andre geeignet finden sollte, zum Vortrage zu bringen.(7)

Both in their choice of subject matter and form of presentation Uhland emphasized "die größte Freiheit," and indeed, after listing several "natural" areas, like History, Philosophy, and the Arts, he pointed to other areas of study and the need for a common language, free from the unnatural constraints of jargon:

> Gleichwohl sollen die eigentlichen Berufswissenschaften so wenig ausge-schlossen sein, daß ich gerade darauf einen besondern Werth legen würde, wenn Gegenstände aus diesen auf eine allgemein verständliche und anspre-chende Weise, die ich bei Arbeiten aus den vorgenannten Fächern ohnehin voraussetze, zum Vortrage kämen. Denn so wenig die Disciplin das Popu-larisieren in ihrem Innern dulden kann, so gewis sie hier ihre stengern Formen, ihre abkürzende Terminologie erhalten muß, so hat doch wohl auch jede eine dem allgemein menschlichen Verständnis und Interesse zugewandte Seite. Ja, es möchte Manchem selbst für den innern Betrieb seiner Wissenschaft eine nicht unersprießliche Controle sein, wenn er zuweilen den Versuch machte, wie dasjenige, was er sonst nur in bestimmten Formen und Terminologieen, in welche der Geist nur allzu leicht sich

einfängt, zu denken und auszudrücken gewohnt ist, nur auch in der gemein-
faßlichen Sprache des Lebens, des geistig geselligen Verkehrs sich ausneh-
me. (8)

In this introductory address Uhland encouraged a wide range of subject
matter and of style, and he even mentioned the value of speaking without
reference to a manuscript, although he himself never was known to depart from
carefully prepared scripts. His younger colleague Friedrich Theodor Vischer
later became well known for his extemporaneous speeches (which were
carefully practiced in advance),[12] but it was a sign of liberality on his part that
Uhland would encourage something so foreign to his own style. It is also
somewhat reminiscent of the pungent protagonist Vischer that Uhland attaches
a caviat to his protestation about style as the subject of the *Stylisticum:*

> Erscheinen in dieser Bezihung unsre Uebungen zunächst als ein Stylisticum,
> so werde ich doch, wenn der Gegenstand im Bereiche meiner eigenen
> Beschäftigungen liegt, keinen Anstand nehmen, auch auf die Sache selbst
> einzugehen; ich nehme hierin auch für mich die Freiheit in Anspruch, mich
> zu äußern oder nicht zu äußern. (9–10)

Having allowed for a great deal of freedom, both for himself and for his
students, it was to be expected that the seminar would deal with a wide variety
of materials, as indeed it did. Holland's selection ranges over this ground, from
treatises on the relationship of beauty and truth to questions of religion and
politics. Poems of various genres were handed in for discussion and commentary, and several of these types will be referred to here. In particular Uhland's
comments on the ballad and the *Märchen* will be mentioned, since Uhland's
notes on these are rather copious. It would, of course, be particularly interesting
to see how the seminar functioned, since it was dependent on the input of the
students. Walter Jens has commented on its probable form in terms of the
scholastic elements of pedagogy, but there is reason to be skeptical about that
kind of formality in view of Uhland's stated intentions. We are naturally limited
to the written record, but even this suggests that the give and take of the seminar
may have inspired spontaneous and incidental remarks, if not the occasional
aphorism, which no doubt lent a special character to this experimental undertaking. This essay will meanwhile limit itself to subjects dealing with poetry,
primarily because it is the poet Uhland who stands in the foreground here.[13]

As a master of the ballad himself, it is small wonder that Uhland would use
the occasion offered by the submission of such texts to comment on the form,
but instead of delivering himself of pronouncements *ex cathedra*, the scholar
and teacher begins by citing the latest literature on the subject in articles by

Willibald Alexis, August Wilhelm Schlegel, Karl Rosenkranz,[14] and Goethe, and deals with three questions. First: How does the ballad relate to the known genres of poetry? Second: How did it develop, genetically or historically? And third: What general (not historical) validity does it possess?

To the first Uhland replies that while Schlegel takes a negative position on the ballad, Alexis and Goethe find it to be a form which combines the elements of lyric, epic, and dramatic most effectively, and to this Uhland agrees, adding only that there must be a flexibility according to the demands of the situation ("Moment der Darstellung").

In answering the second point, Uhland once again distances himself from Schlegel, who had seen the ballad as a modern, Romantic counterpoint to classical literature. With Alexis and Goethe he assumes early forms of the ballad in parallel with the Homeric epics. Of his own work he says:

> Schon längerher mit geschichtlichen Untersuchungen über die altdeutschen Balladen beschäftigt, habe ich die Überzeugung erlangt, daß balladenartige Lieder, welche noch jetzt vom Volke gesungen werden, sich in hohes Alter hinauf verlieren, wenn wir uns die Mühe nicht verdriessen lassen, soweit als möglich ihrer echten und ursprünglichen Gestalt nachzuspüren. (65)

In the following Uhland is swept up in his enthusiasm for early poetic forms, and quite untypically renders an extensive and lyrical description of the relationship between *Gattung* and history, not surprisingly featuring the ballad: "Das Gedicht dieses ursprünglichen Zustandes der Poesie ist die Ballade, eben vermöge des in ihr bemerkten Zusammenseins der verschiedenen Dichtformen" (67). Finally, the present validity of the ballad form is discussed, and Uhland takes a moderate position, asserting that the revival of the form through Percy, Herder, and Goethe indeed seemed to have found a response among modern readers, but that this whole development must be considered an historical, if not academic one, "weniger ein genetischer, als ein gelehrter und litterarhistorischer Hergang" (68). For Uhland it is the concentration of poetic elements in a limited form ("im geringen Raume poetische Fülle") which makes the ballad perhaps the most "poetic" of the forms. The drama and "lyrische Didaktik" may have a much higher standing and rise to the demand for the treatment of ideas at that point in history, but the "schlichte Ballade" is at best nothing but poetry.

Uhland's enthusiastic peroration on the ballad is both understandable and atypical for the *Stylisticum*. By and large, his comments are brief and they address particular texts, both the texts submitted by students and the occasional "anonymous" poem by a friend like Karl Mayer. On one occasion, he received two fairy tales, which led to a consideration of the *Märchen* form in theory as well as practice. He begins with something like a definition: "Das Märchen ist diejenige Art des erzählenden Gedichts, in welcher die Einbildungskraft am freiesten und scheinbar bis zur vollesten Willkür spielt" (77). *Märchen* had, according to Uhland, been considered fragments or vestiges of larger myths which, taken out of that historical context, could no longer communicate their original meaning. He cites the Grimm Brothers, who state in the introduction to their collection:

> Was den Inhalt . . . selbst betrifft, so zeigt er bei näherer Betrachtung nicht ein bloßes Gewebe phantastischer Willkür, welche nach der Lust oder dem Bedürfnis des Augenblicks die Fäden bunt in einander schlägt, sondern es läßt sich darin ein Grund, eine Bedeutung, ein Kern gar wohl erkennen . . . (78)

Their present use, however, according to the Grimms, is rather that of the imaginative education of the young: "damit in ihrem reinen und milden Lichte die ersten Gedanken und Kräfte des Herzens aufwachen und wachsen" (78).

In collegial fashion Uhland then cites the opinions of Novalis, Tieck, and Goethe — all poets who have reflected on the nature of the fairy tale (Novalis' fragment anticipates Dürrenmatt: "Hätten wir auch eine Phantastik wie eine Logik, so wäre die Erfindungskunst erfunden" [79]). For his students Uhland points out the inherent polarity of the genre; on the one hand the arbitrary freedom of the imagination, and on the other the allegorical communication of meaning. The two texts which had been submitted suitably demonstrated the problem of leaning too much to one side or the other: the fantastic or the allegorical.

These samples of Uhland's commentary on subjects close to his poetic heart are the exceptions in a teaching project which lasted only four semesters and dealt with a veritable flood of *Textsorten*. Most of the notes are consequently brief critiques of particular poems, translations or essays. So, for example, he comments, with typical self-deprecating humor, on a drinking song:

> Wie es einem Trinklied ansteht, bewegt sich dieses leicht in hellen, gefälligen Bildern. Der Reim gibt einer kleinen Ausstellung Raum. Schlegel hat neuerlich in einem besonderen Epigramm die Schwaben darüber ange-griffen, daß sie Schooße auf Rose reimen. Fänd er aber hier gar Rosen mit gegossen und erschlossen gereimt, so könnt' ihm diß eine schädliche Alteration zuziehen. (86)

Similarly, on a submitted poem titled "Halbheit": "Ich kann diese Äusserungen gegen die Halbheit doch nur zur Hälfte richtig finden"(91). One cannot escape the impression that the modest Uhland probably did not record all of his own best lines, but he did note other jokes and jibes which are the necessary stuff of successful teaching even today, and so he did not consider it too undignified to cite the wisdom of others, as in (about German poets): "Sie lieben das Unendliche sehr, / Im Denken, im Dichten, im Trinken." Or, in a variation of Schiller's distinction: "Es gibt drei Klassen von Dichtern: in prima sind die rechten, in secunda die schlechten, in tertia die, so gar keine sind" (33).

But Uhland did not lose sight of the fact that his beloved "Donnerstagsstunde" was taking place at a critical time in the life of his students and his *Land*, to say nothing of the rest of Europe. The eventful year 1830 had been a strong signal of change in the Germanies of Metternich's *Restauration*. Uhland himself had, of course, played a significant role in the liberal advances within his own homeland of Württemberg, and he would soon return to the *Landtag* to carry on the struggle of the opposition against the strictures of the German *Bund*. Although he never allowed it to become a political debating society, it was inevitable that topical questions would arise in his seminar. Some of these came in the form of papers on philosophical and religious themes and some in poetry which attempted to capture the spirit of the time. Regarding a poem submitted by the young poet and critic Gustav Pfizer, inspired by the July Revolution in Paris, Uhland states:

> In diesem Liede springt aus dem neuesten Kampfe, wie aus Schwertschlägen der Funke, sogleich die rechte Idee leuchtend hervor, daß die Zeit des Bürgertums herangereift, d. h. die höchste, jedem Würdigen, aber nur diesem zugängliche Standes- und Rangsstufe der geistlichen und sittlichen Bildung.[15]

One rather different example which was of particular interest to the "head" of the Swabian School of poets, was the attempt by one student to emulate that other well-known poet, Heinrich Heine, and this brought forth the following comment from Uhland:

> Die Lieder des . . . Verfassers neigen sich zu der Verhöhnung des eigenen Schmerzes und stecken am Ende die dunkelglühende Giftblume zu ihrem Zeichen auf. Es ist eine in neuerer Zeit von Heine mit glänzendem Erfolg angebaute Weise . . . Jeder dieser Töne hat sein unbestreitbares Recht in der lyrischen Dichtung.
>
> Es ist, was dieser letzte betrifft, allerdings in der menschlichen Natur gegründet, daß ein herber Schmerz gegen sich selbst den Stachel des Hohnes wende. Eben darum aber verfällt diese Weise der Unnatur, sobald der Schmerz nicht mehr ein unfreiwillig quälender, der auf jede Weise Erleichterung sucht, sondern ein selbstgefällig gepflegter ist. Auch dient die Saite nur so lange der Poesie, als sie tönt, nicht mehr, wenn sie gellend zerspringt. (54–55)

Earlier that year he had commented on another poem:

Die neuere Lyrik zückt jenen Stachel des Hohnes, auch der Selbstverhöhnung, mit solcher Vorliebe, daß man mitunter an der Wahrheit des Schmerzes irre wird. Die Biene stirbt, wenn sie gestochen hat, die Lyriker stechen immerfort und sterben niemals. (January 13, 1831)

There is a serious undertone to jibes such as this. As I have tried to show elsewhere,[16] the Swabian poets believed that the most minute lyric was (or should be) a serious undertaking, and that Gutzkow, Heine, and other writers were taking frivolous liberties with the art of the poet. This moderate critique of the then popular poetry of *Zerrissenheit* (or *Heinisieren*, as some Swabians referred to it) is typical of Uhland, and no doubt influenced the similar approach taken by Gustav Pfizer, in his detailed analysis of "Heinrich Heines Schriften und Tendenz" some years later.[17]

In the course of these Thursday seminars many other topics were offered for discussion. There was an enquiry as to how far religious topics could be explored, and there were several remarkable essays on the relationship of beauty, truth and goodness, largely based on Schiller's categories. Translations from the Greek and Latin were discussed, and Uhland offered corrected versions of some of these. From the extant papers it is not possible to reconstruct the degree to which exchanges between the professor and his students were engaged in, but from the wide interest shown and the attendance (as compared with the modest attendance in his systematic lectures) it is clear that a genuine and lively communication was in process.[18] Notes from Uhland to some of the students, explaining problems in their submitted texts or even why a particular text would not be presentable (a parody of one submission by another!)[19] document Uhland's own conscientious engagement. What students received from Uhland was not a new "school of thought," but rather the pedagogical attention of a clear, concise and — let us not forget — poetic mind. No, the poet had not been devoured by the politician, as Goethe suggested, but he had always been sober and clear-headed, always a craftsman, as G. Ueding has observed.[20] When a student submitted a poem addressing the political situation in France, with the title "Die richtige Mitte," Uhland commented:

über das *juste milieu*, das den Gegenstand des vorgetragenen ergetzlichen Gedichts ausmacht, hat sich Jeder längst seine Ansicht gebildet. Die Abneigung gegen diesen bestimmten Mittelweg des französischen Ministeriums kann aber nicht jeden Mittelweg verwerflich machen. Die rechte Mitte kann natürlich nie zwischen Wahr und Unwahr, Recht und Unrecht, Gut und Böse, Frei und Unfrei an sich liegen, wohl aber zwischen dem, was in einem jeweiligen Kampfe die Parteien für das Eine oder das Andere erklären. Die Behauptung, die Wahrheit liege in der Mitte, wäre, allgemein genommen, eben so falsch, als sie im besonderen Falle richtig sein kann. (98)

The circumstances of Ludwig Uhland's abrupt departure from university teaching are well documented. Having been elected again to the *Landtag*, at a time when a test of strength with the powerful German *Bund* was looming, he requested a leave of absence from his academic duties. This was refused and Uhland characteristically resigned his position, although he knew this would bar him from appointments of this kind (*Staatsdienst*) in the future. King Wilhelm, who had found in Uhland a worthy if stubborn opponent, could not resist writing in the margin of Uhland's dismissal: "Sehr gerne Entlassung, da er als Professor ganz unnütz war,"[21] a gratuitous insult which Uhland bore with his usual silence.

Uhland's *Stylisticum*, though of short duration, may justly be considered the apex of his public academic career. It demonstrates to us how, in a time when social and political changes were shaking the foundations of the old Europe, it was possible for a poet and scholar, whose imagination was dedicated to the reconstruction of earlier literary worlds,[22] nonetheless to integrate the advances of the Enlightenment and the growing agenda of Liberal thought into the education of the young, and to carry out a thoroughly modern and remarkably democratic pedagogical project with wit and wisdom.

Notes

[1] Wilhelm Ludwig Holland, *Zu Ludwig Uhlands Gedächtnis. Mittheilungen aus seiner akademischen Lehrtätigkeit* (Leipzig: S. Hirzel, 1886) 14.

[2] This has been the consensus of scholars like B. Zeller and H. Fröschle, among others. Cf. G. Ueding, "Eichenkranz der Bürgertugend: Ludwig Uhland," *Die anderen Klassiker* (München: Beck, 1986) 81.

[3] Van Rinsum, Annemarie und Wolfgang, *Geschichte der deutschen Literatur,* Bd. 6: *Frührealismus 1815–1848* (München: dtv, 1992) 33.

[4] For example, in Hugo von Hofmannsthal, ed., *Deutsches Lesebuch* (München 1923) vol. 2: 117–22.

[5] See the numerous letters to Laßberg and other scholars like Karl Simrock and Karl Lachmann in *Uhlands Briefwechsel*, ed. J. Hartmann, 4 vols. (Stuttgart: Cotta, 1911–16).

[6] Uhland's lectures, together with their enrolments, are listed in Holland, *Uhlands Gedächtnis* 4–5.

[7] W. L. Holland, A. von Keller, and F. Pfeiffer, eds., *Uhlands Schriften zur Geschichte der Dichtung und Sage*, 8 vols. (Stuttgart: Cotta, 1865–73).

[8] The recent four-volume edition by H. Fröschle and W. Scheffler, *Ludwig Uhland. Werke* (München: Winkler, 1980–84), offers a good sampling of excerpts following the

selection of Holland in vol. 4: 611–64.

[9]See fn. 1. Text references are to this edition by page number.

[10]There is a certain irony in the fact that Uhland's offical *Antrittsvorlesung* did not take place until his teaching at the university was finished, namely on March 22, 1832. He was sworn in as a professor on December 7, 1832, and retired in May, 1833.

[11]I am grateful to Walter Scheffler for information regarding Professor Conz and the established university procedures of the time.

[12]Because of what it had contained, Vischer was required by the authorities to produce a written manuscript of the inaugural lecture he had delivered seemingly extemporaneously.

[13]At the conclusion of the first meeting of the seminar, Uhland read out Schiller's letter to Goethe of March 27, 1801, in which the creative process is under discussion. According to Schiller, there was a confusion of two distinct categories, of the production by non-poets, who give expression to ideas but do not *make* poetry, and of "average poets," who indeed *make* poems, but not high art. At several points the discussion of the *Stylisticum* would return to these points and Schiller remained a fixed point of reference.

[14]Geschichte der deutschen Poesie im Mittelalter (Halle 1830).

[15]*Uhland. Werke* 4: 649.

[16]"June Bugs and Hornets: A Contextual Reading of Heine's *Schwabenspiegel*," *Heinrich Heine. Dimensionen seines Wirkens*, ed. R. Immerwahr et al. (Bonn: Bouvier, 1979) 34–45.

[17]*DVjs* 1 (1838). This article, though more moderate than others by Arnold Ruge and Wolfgang Menzel, provoked Heine's "Schmähschrift," *Der Schwabenspiegel*. See fn. 16.

[18]On July 30, 1830, Uhland wrote to Karl Mayer: "Die Donnerstagsstunde ist stets zahlreich besucht, sie ist auch schon polemisch lebhaft geworden. Im Ganzen zeigt sich ein erfreulicher Geist und es ist auch neuerlich einiges Ausgezeichnete, besonders von poetischen Beiträgen zum Vorschein gekommen . . . Die polemische Verhandlung, der ich oben erwähnte, betraf die menschliche Willensfreiheit und ist von philosophischer, medicinischer, theologischer Seite mit großer Lebhaftigkeit geführt, auch in einem dialogischen Schwanke, worin die drei Facultäten als zankende Weiber auftraten, in's Lustige gezogen worden" (Uhlands Briefwechsel 2: 335–36).

[19]"Nachdem ich Ihren Aufsatz zum zweitenmal durchlesen, hat sich mir die Ansicht bestätigt, die ich bei der ersten, flüchtigen Lesung gefaßt hatte, daß ich denselben nicht zum Vortrag bringen könne, ohne dem Verf. der darin parodirten Arbeit eine öffentliche Kränkung zu bereiten, vor der ich Jeden, der an unsern Übungen Theil nimmt, zu schützen mich verpflichtet achte" (Uhlands Briefwechsel 2: 366).

[20]Ueding 81.

[21]Minister Schlayer to King Wilhelm, May 20, 1833. The king's notation is in pencil in the margin.

[22]Critics have usually laid Uhland's "conservatism" at the door of his fascination with the Middle Ages and its literature. Though there may well be a conjunction between Romanticism and Conservatism, these terms do not fit in the case of the mature Uhland. Here, conservatism must mean the affirmation of the absolutist order, which Uhland saw embodied in Duke Carl Eugen and King Friedrich I, and which he resolutely opposed. Uhland's attachment to the party of the *Altrechtler* had to do with the fundamental nature of the agreement (*der Vertrag*) between the ruler and his people, and not with a desired return to an absolutist regime. In no political sense can Uhland properly be called conservative, since the liberal philosophy to which he and his colleagues subscribed

posited change, including the change of the state, as a basic given. For a fuller discussion see Victor G. Doerksen, *A Path for Freedom: The Liberal Project of the Swabian School in Württemberg, 1806–1848* (Columbia, SC: Camden House, 1993) esp. chapter three.

Chamisso's "Lithuanian Songs" and the Origins of His Cosmopolitan Poetry

Edward Mornin, *University of British Columbia*

Histories of German literature link Adelbert von Chamisso (1781–1838) with the German Romantics, that group of writers who have justifiably been seen as initiators of German nationalist feeling through their fostering of a German national literature and culture for patriotic reasons. J. G. Herder, the principal originator of the notion of a German national literature, had advocated such a literature for exclusively aesthetic reasons: he wanted to encourage the emergence of a literature that would speak to Germans with a maximum of force and effect. He found a model for national literatures (the national literature of *any* people) in a nation's folk-poetry; and the cosmopolitanism and international applicability of his ideas are suggested by the title of his celebrated collection of folk-songs, *Stimmen der Völker* (1778/79).[1] By way of contrast, the Romantic folk-song collection *Des Knaben Wunderhorn* (published by Arnim and Brentano in 1806–08) contained only German songs. The date of this work underscores its status as a cultural-political response to French domination in Germany after 1806 (Battle of Jena; dissolution of the Holy Roman Empire; foundation of the Federation of the Rhine). Many Romantic works of the ensuing period by such as Arnim, Fouqué, Görres, the Schlegels, and the Grimms were based on or popularized, for similar patriotic reasons, German folk-song, legend, fairy-tale, tradition, and national history. More cosmopolitan notes were not generally sounded again in German literature until Börne, Heine, and Freiligrath began to make themselves heard in the late 1820s and the 1830s. For Freiligrath and Heine the example set by Chamisso was important.

Though a friend and associate of Romantic writers (notably of A. W. Schlegel, Fouqué, and Hoffmann) and though influenced by Romantic themes and motifs, Chamisso did not share the cultural-political views of the German Romantic nationalists. Indeed, his own French nationality (the son of an émigré, he had left France at the age of eleven, but he remained a French citizen until his death) provoked the hostility of Romantic patriots such as Schleier-macher. His place *between* the two nations of France and Germany is indicated by his words of 1810 to Mme Staël: "Je suis Français en Allemagne et Allemand en France . . ."[2] The cosmopolitanism of German writers *before* 1806 was probably one factor, as Christian Velder[3] has suggested, that induced him to remain in Germany after his family returned to France in 1801. This cosmopolitanism received its characteristic stamp in A. W. Schlegel's Berlin lectures (1801–04), which Chamisso attended in part in the winter of 1803–04. Schlegel sees Germany here as sharing in a *European* culture, and he advocates the creation of a literature founded, for (Herderian) aesthetic reasons, on a *European* literary tradition. The long-term influence of Schlegel's Berlin lectures on Chamisso is indicated by his basing poems, even many years later, on Dante, Ariosto, Cervantes, and Icelandic saga.[4] However, in his own life Chamisso underwent experiences that moved him as a writer away from aestheticism and from an exclusively European focus.

Chamisso absorbed new impulses on a round-the-world voyage undertaken as naturalist on board the Russian brig "Rurik" between 1815 and 1818.[5] On this voyage he came in contact with people of all races (European, Negro, Polynesian, Micronesian, American Indian, Eskimo) and all walks of life (slaves as well as free people), and as a result he developed a sense of solidarity with *all* peoples, the international equivalent, as it were, of his early developed liberalism in the European and German context. This cosmopolitan standpoint is reflected in the sources, as well as the themes and forms, of many of his subsequent poems. Of Chamisso's approximately four hundred published poems, about 145 are based on already existing works; and of these 145, approximately 115 are based on non-German works (poems, tales, novels, newspaper reports, etc.) in sixteen different languages. The majority of these 115 poems derive, not unexpectedly, from the French. Others derive from major European languages (English, Spanish, Italian, Russian) or from numeri-cally large language groups (Arabic, Chinese). Yet it is characteristic of Cha-misso's non-elitist standpoint that he reached for subject matter to smaller language groups, too — such as Tongan, Malayan, Modern Greek, and Lithua-nian.

All of Chamisso's Lithuanian-based poems are specifically designated "Litthauisch" in their subtitles.[6] Clearly, he wanted to stress their foreign inspiration. These poems are his "Treue Liebe," "Der Sohn der Witwe," "Familienfest," and "die Waise." (A fifth poem, "Die Quelle," 1827, may have been inspired by a Lithuanian song in a general way, as Karl Reuschel suggests,[7] but examination shows that it cannot be considered to be based on it.) Chamisso never visited Lithuania — though he came close to it when the "Rurik" stopped briefly at Riga on its return to St. Petersburg — nor did he know Lithuanian. These poems are among his earliest cosmopolitan compositions, however, and so are of particular interest as an indicator of trends in nineteenth-century German cultural life.

All four of the poems are based on ballads in the bilingual (Lithuanian/German) edition of folk-songs published by L. M. J. Rhesa in 1825: *Dainos oder Litthauische Volkslieder.*[8] Chamisso was the first writer in Germany to take notice of this work, though in 1828 no less a person than Goethe praised it in his journal *Über Kunst und Altertum.* Indeed, Goethe wrote here that he had wished for just such a collection for some time.[9] This statement occurred at a point when Goethe was most deeply committed to the promotion of a "Weltliteratur" that would foster understanding among people of all nations and cultures through the popularization of works such as, for example, Rhesa's *Lithauische Volkslieder* or the *Serbische Lieder* translated by Talvj, to which Goethe devoted a substantial review in *Über Kunst und Altertum* in 1825.

Now, Goethe's concept of "Weltliteratur" has received a great deal of sometimes conflicting interpretations. However, Fritz Strich's major treatment of this subject,[10] whose findings are largely endorsed by more recent opinion,[11] makes a number of assertions that I would regard as paramount. Firstly, Strich notes, Goethe's purpose was not purely aesthetic. He wished through the dissemination of foreign literature, by means (among others) of translations and adaptations, to encourage closer and friendlier ties between nations in a warlike age. He stressed also two contrasting aspects of the "Weltliteratur" to be created: it should acknowledge and respect the "otherness" of the foreign work; and it should highlight universal human characteristics ("das Allgemeinmenschliche"), shared by individuals of all nations. Let us now examine Chamisso's four Lithuanian songs and see how they meet these criteria.

Chamisso's earliest poem from the Lithuanian was the ballad "Treue Liebe" (1: 243–45), written in 1826 (before Goethe's notice of Rhesa) and published in his first collection of poems in 1827. It is based on the original "Marti Ferganti," translated by Rhesa as "Die kranke Braut" (Rhesa 284–87). For this and for his other three poems, it was, of course, Rhesa's German text that served as Chamisso's immediate source. Rhesa's translations of all the Lithuanian folk-songs are close and literal,[12] rendered in rhythmic prose, and retaining the line structure of the original.

In "Die kranke Braut" a lover speaks: he rides joyfully through the woods to visit his beloved, whom he finds ill; weeping, he slips a ring onto her finger to comfort her, but she forsees her own death and his turning to other girls for consolation. The song bears the hallmark of the genuine folk-ballad, expressing, as it does, the tragedy of love lost, but the victory of life continuing. The beloved is elevated by her insight into and acceptance of life's victory.

In Chamisso's version, an entirely new note of sentimentality is sounded through the introduction of emotion-laden rhymes (such as "schmerzlichem Besuch" / "Leichentuch"; "Myrthenkranz" / "Gesang und Tanz"; "mich scharren ein" / "eine andre frein"), while a certain sweetness is added, too, through words and phrases such as "muntre Lieder," "muntrer Reiter," and "Kämmerlein." This sweetness finds its formal equivalent in the greater regularity of Chamisso's version. The Lithuanian original — in stanzas of four or five lines, with an irregular rhyme scheme — gives way to regular stanzas of four iambic trimetre lines rhyming *abcb*. Chamisso's development of the balled plot is also regular, with none of the unexpected twists and turns (*Sprunghaftigkeit*) of the original.

This trend toward sentimentality emerges also from Chamisso's transformation of Rhesa's matter-of-fact title "Die kranke Braut" into the Romantic "Treue Liebe," but the strongest accentuation of sentimentality occurs in the poem's new ending, in the last five stanzas that Chamisso has added to the original. While the youth in the original slips a ring onto his living sweetheart's finger, in Chamisso's version he puts his "Ringlein," once she dies, in her mouth — a symbol of his belonging to her beyond the grave. A certain resemblance to Chamisso's own "Frauen-Liebe und Leben" (written three years later) can be observed:

> Die du mich nie betrübet,
> Du meine Zier und Lust,
> Wie hast du jetzt geschnitten
> Mir scharf in meine Brust.

Finally, the Romantic *Liebestod* motif occurs in the youth's dying of a broken heart, expressed in the last stanza:

> Es gräbt der Totengräber
> Ein Grab, und noch ein Grab:
> Er kommt an ihre Seite,
> Der ihr das Ringlein gab.

Significant though "Treue Liebe" was as one of Chamisso's earliest ventures into "Weltliteratur" after his resumption of writing after his world voyage, it cannot be considered a wholly satisfactory accomplishment. Since

1824 the poet had been a member of the literary coterie "Die Mittwochsgesell-schaft," founded in the same year by J. E. Hitzig in Berlin. A main goal of this association was, through the study and discussion of foreign as well as German literature, to further the creation of a "Weltliteratur." In this they were consciously following the lead of Goethe, who also supported their endeavors.[13] Certainly, one may assume that Chamisso's intention with "Treue Liebe" was — in the humanistic tradition of "Weltliteratur" — to reveal the universality of human characteristics (such as love, suffering, fidelity). He does so, however, not by leading German readers to an awareness of shared features among national differences, but by *appropriating* his original and adapting it to German norms. The austere folk-wisdom of the Lithuanian original has been diluted through the admixture of a German Romantic sentimentality no longer fashionable even by the time of the poem's composition. The extent of Chamisso's alterations is highlighted by even a cursory comparison with Herder's version of the same Lithuanian folk-song in his *Volkslieder*. In his version, entitled "Die kranke Braut," Herder has remained much closer to the substance of the original than Chamisso.

"Der Sohn der Witwe" (1: 245–47), which follows "Treue Liebe" in Chamisso's collected poems, has a similar composition and publication history, having been written in 1826 and appearing in his first collection of poems in 1827. It is based on two *Dainos* ballads — "Sessyczu Raudojimas" ("Der Schwestern Klage") (Rhesa 130–35) and "Tiltas" ("Die Brücke") (Rhesa 98–101), which have two motifs in common that are important for Chamisso: namely, swans, and mourning for the death of a youth. Chamisso has molded these two sources successfully into a whole, while adhering more closely to the form of "Der Schwestern Klage." In the Lithuanian original, this poem has the same meter and stanzaic structure as Chamisso's ballad, but is unrhymed, while "Die Brücke" is composed in unrhymed three-line stanzas. Chamisso writes in rhymed couplets of four iambic/anapestic feet. This form, as well as the motif of three persons mourning for a dead beloved, suggests affinities with Uhland's ballad "Der Wirtin Töchterlein" (1808) or, more distantly, with the German folk-song of the same title on which Uhland's poem was based. However, despite these German literary echoes, Chamisso has accurately transmitted details of his foreign original while creating a work that is in itself aesthetically satisfying.

Both sources of "Der Sohn der Witwe" are rich in motifs, nearly all of which Chamisso has retained, though he has rearranged them into a new articulate whole: swans as heralds of battle and death; women preparing an only son for

war; the son's promise to return when certain signs appear; his continued
absence despite the signs; his riderless horse, which tells of his death; the
youth's grave with three swans in mourning; the mourning of the sun, the bride,
the sister(s) and the mother. Elements from stanzas one to four of "Die Brücke"
(recounting a rider's fall from a bridge into the water) are omitted by Chamisso
as extraneous to the simple and timeless plot. The balladesque *Sprunghaftigkeit*
of his sources is also smoothed out, but Chamisso has retained the extensive
dialogue of his originals. How successfully he has merged the mourning of the
sun (from "Der Schwestern Klage") with the mourning of beloved, sister, and
mother (from "Die Brücke") is illustrated by the closing verses:

> O wehe, weh, Verwaisten uns drei'n!
> Wer stimmt in unsre Klage mit ein?

> Darauf die Sonne, sich neigend, begann:
> Ich stimme mit ein, so gut ich kann.

> Neun Tage traur ich in Nebelflor,
> Und komm am zehnten nicht hervor.

> Die Trauer der Braut drei Wochen war,
> Die Trauer der Schwester, die war drei Jahr,

> Die Mutter hat der Trauer gepflegt,
> Bis müde sie selbst ins Grab sich gelegt.

"Familienfest" (1: 229–30) was written in 1827 and appeared first in 1828
in *Der Gesellschafter*, one of the most widely read middle-class literary
magazines in Germany at that time. Its source was the ballad "Zwirblytis"
("Der Sperling") (Rhesa 62–65), whose stanzaic form Chamisso has retained,
together with its overall story-line structure. However, while the Lithuanian
original uses identical rhyme or assonance in all but the last two (unrhymed)
lines — a structure well-suited to the comic content —, Chamisso employs
rhymed couplets, more familiar to German readers (especially of Uhland, the
most popular poet of the day). The rhymed couplet, too, however, is appropriate
to the poem's mock-heroic content: a father goes hunting and shoots a sparrow;
his sons drag it home on a sled; his daughters pluck it; his wife roasts it; many
guests arrive and feast on it, washing it down with barrels of beer. Chamisso has
retained all of these features — in the same order and distributed similarly over
the same number of couplets. Humorous effect is heightened somewhat by
Chamisso through the new title and through the revelers washing down the
sparrow with three (rather than just two) barrels of beer. Chamisso's version
conveys an accurate sense of the content and the spirit of the original as an

expression of Lithuanian folk wit. This surely was the intention of Goethe's understanding of "Weltliteratur," which was to lead to an appreciation of both similarities and differences in national characters as revealed in literature.

"Die Waise" (1: 242–43), written in 1828 and published in Wendt's *Musenalmanach* for 1830, was the last of Chamisso's poems based on Rhesa's *Dainos* — in this case on "Sirrata" ("Die Waise") (Rhesa 22–25). It is on the whole both an accurate and a successful rendering. In its form, to be sure, Chamisso's poem is more regular, being written in six four-line stanzas of iambic tetrameter with *abcb* rhyme scheme. (The Lithuanian original has the same meter, but no stanzaic structure and an irregular rhyme scheme.) Chamisso clearly felt uncomfortable with the irregularities of folk-song — not only Lithuanian folk-song, however, as an examination of translations from other languages would show.

In content, Chamisso's poem (two lines longer than the original on account of the necessity of completing the four-line stanza) follows Rhesa closely, with only minor deviations (mentioned below). It also retains the same alternation of narrative with dialogue between an orphan girl and the spirit of her dead mother. The child, sent to pick blueberries, visits her mother's grave instead and asks her who will care for her now:

> Wer wird mein Haar nun kämmen?
> Wer meine Lippen waschen?
> Wer reden Liebesworte?
>
> (Rhesa)

These three lines, forming a unit, are expanded to four by Chamisso to meet the exigencies of the four-line stanza. At the same time, he alters the phrase "Wer [wird mir] meine Lippen waschen?" (an unusual phrase in both Lithuanian and German) into the more conventional question of who will dress her:

> Wer wird hinfort mich kleiden
> Und flechten mir das Haar?
> Mit Liebeswort mir schmeicheln,
> Wie's deine Weise war?

Such changes must be regarded as concessions to conventional German idiom and prosody. In his adherence to the folk-song's conclusion, however, Chamisso has made no concessions to contemporary taste (as he unfortunately did in "Treue Liebe"). He refuses to indulge in false sentimentality and adheres to the stern but humane wisdom of his source:

> Gehe zur Heimath, o Tochter!
> Dort wird eine andere Mutter

> Dir kämmen dein Haupthaar,
> Dir deine Lippen waschen.
> Dort wird ein zarter Jüngling
> Dir reden Liebesworte.
>
> (Rhesa)

Chamisso's mother expresses the same view. Indeed, in the extra lines at his disposal (to complete the stanza), Chamisso makes even more explicit (though without overstatement) the poem's folk-wisdom: that the girl must face realities and accommodate herself to them ("finde dich darein . . .") and to life continuing:

> Geh hin, o liebe Tochter,
>   Und finde dich darein,
> Es wird dir eine zweite,
>   Statt meiner, Mutter sein.
>
> Sie wird das Haar dir flechten
>   Und kleiden dich hinfort,
> Ein Jüngling wird dir schmeicheln
>   Mit zartem Liebeswort.

These four poems by Chamisso stand at the beginning of the period of his mature poetic production, which may be said to be marked by his first collection of poetry in 1827. An important feature of his mature poetry, in addition to its political liberalism and social awareness, was its politically motivated use of material derived from the folk-traditions of other nations, as Hans-Georg Werner[14] has shown.

Viewed chronologically, Chamisso's Lithuanian songs exhibit a tendency both to aesthetic improvement and to increasing faithfulness to their sources. As such, they may be said to come closer to an acknowledgment of the originals in their totality and so to a fulfillment of Goethe's wish for a progressive and humane "Weltliteratur." Hence, they show at least one side of the Chamisso that Heine (despite his overall negative assessment of Romanticism) admired in *Die romantische Schule* (1833) as a forward-looking writer of the new age:

> . . . obgleich Zeitgenosse der romantischen Schule, an deren Bewegungen er Teil nahm, hat doch das Herz dieses Mannes sich in der letzten Zeit so wunderbar verjüngt, daß er in ganz neue Tonarten überging, sich als einen der eigentümlichsten und bedeutendsten modernen Dichter geltend machte, und weit mehr dem jungen als dem alten Deutschland angehört.[15]

Notes

[1] The collection actually first appeared with the title *Volkslieder*. It was not until 1807 that it acquired the title under which it is generally known today.

[2] *Adelbert von Chamisso's Werke*, ed. Julius Eduard Hitzig, 6 vols., 3rd ed. (Leipzig: Weidmann'sche Buchhg., 1852) 6: 337.

[3] Christian Velder, "Das Verhältnis Adelberts von Chamisso zu Weltbürgertum und Weltliteratur," diss., F. U. Berlin, 1955, 69.

[4] See the poems "Divina Commedia. Inferno III. 1–9" (1830), "Roland ein Roß-kamm" (1836), "Don Quixote" (1827), and "Das Lied von Thrym" (1821).

[5] For Chamisso's account of this voyage, see "Reise um die Welt," in his *Sämtliche Werke*, ed. Jost Perfahl and Volker Hoffmann, 2 vols. (Munich: Winkler, 1975) II. All further references to this edition are in parentheses in the text.

[6] The sources to Chamisso's Lithuanian songs are indicated by Hermann Tardel, *Studien zur Lyrik Chamissos* (Bremen: A. Guthe, 1902) and Karl Reuschel, "Chamissos Balladendichtung," *Neue Jahrbücher für das klassische Altertum, Geschichte und deutsche Literatur* 9 (1906): 439–54.

[7] Reuschel 446.

[8] Published by the Hartungsche Hofbuchdruckerei, Königsberg.

[9] Johann Wolfgang Goethe, *Gedenkausgabe der Werke, Briefe und Gespräche*, ed. Ernst Beutler, vol. 14: *Schriften und Literatur*, 2nd ed. (Zürich: Artemis, 1964) 567.

[10] Fritz Strich, *Goethe und die Weltliteratur* (Bern: Franke, 1946).

[11] See, for example, Fawzi Boubia, "Goethes Theorie der Alterität und die Idee der Weltliteratur. Ein Beitrag zur neuen Kulturdebatte," ed. Bernd Thum, *Gegenwart als kulturelles Erbe. Publikationen der Gesellschaft für Interkulturelle Germanistik* 2 (1985): 269–301.

[12] I am indebted to Mr. E. Stelke of Maple Ridge, British Columbia, for assistance that he has given me with the Lithuanian texts.

[13] See Werner Feudel, *Adelbert von Chamisso. Leben und Werk* (Berlin: Aufbau-Verl., 1988) 149.

[14] Hans-Georg Werner, *Geschichte des politischen Gedichts in Deutschland von 1815 bis 1840* (Berlin: Akademie-Verl., 1969) 317.

[15] Heinrich Heine, *Sämtliche Schriften*, ed. Klaus Briegleb et al., 6 vols. (Munich: Hanser, 1968–76) 3: 491. To be precise, *Die romantische Schule* appeared under the title *Zur Geschichte der neueren schönen Literatur in Deutschland* in 1833. It did not receive the title *Die romantische Schule* until the edition of 1836.

Illusionäre Größe
Zu den poetologischen Elementen in Grabbes *Napoleon oder die hundert Tage* und *Hannibal*

Raleigh Whitinger, *University of Alberta*

I

Christian Dietrich Grabbes Geschichtsdramen *Napoleon oder die hundert Tage* (1831) und *Hannibal* (1835) enthalten viele Passagen, die zu kritischen Reflexionen über das Verhältnis zwischen geschichtlicher Wirklichkeit und deren poetischer Bearbeitung anregen. Häufig sind z. B. Szenen, in denen Künstler, literarische Werke oder poetische Tätigkeiten eine Rolle spielen. Diese poetologischen Elemente sind Vehikel für Grabbes literarische Polemik gegen die poetische Ideologie früherer Epochen und epigonaler Zeitgenossen. In diesen Dramen, wie schon seit den frühen Geschichtsdramen — z. B. *Herzog Theodor von Gothland* oder dem *Hohenstaufen*-Zyklus —, wird auf wohlbekannte Dramen von Shakespeare bis Schiller und Üchtritz hingewiesen oder angespielt, um die Helden-oder Geschichtsauffassung der idealistischen Tradition zu parodieren. Darüber hinaus aber gestalten diese Elemente das Verhältnis zwischen Dichtkunst und Geschichte auch zu einem Thema, dessen Verhältnis zu der historischen Thematik dieser Dramen die Grabbe-Kritik noch ausführlich zu untersuchen hat. Indem nämlich diese Geschichtsdramen *auch* über die dichterische oder künstlerische Darstellung von Geschichte reflektieren, weisen sie neben dem *polemischen* auch ein *selbstbewußtes* Element auf, das sich für das Verständnis der Texte und deren Einordnung in die Geschichte des modernen Dramas als wesentlich erweist.

Eine nähere Untersuchung dieser Wirkung scheint besonders deshalb angebracht, weil in beiden Dramen die Wendungen zu heroischen, idealistisch geprägten Hoffnungen eine komplexe und in der Kritik noch umstrittene Rolle spielen. Viele Kritiker meinen, die beiden Dramen vollzögen bei allem realistischen, anti-heroischen Ansatz dennoch abschließend eine Wendung zu idealistischen Hoffnungen und Auffassungen. So weisen einige auf "utopische Signale" hin (Freund 299) oder auf die "utopischen Hoffnungen" einer "heroischen Gemeinschaft" (Horten 109–10; vgl. Schneider, *Destruktion*; Kopp).

Solche Deutungen dürften wohl im Einklang mit dem Verständnis Grabbes als *Brückenfigur* in der Literaturgeschichte stehen. Demnach zeige sich Grabbe einerseits unterwegs zu einem modernen realistischen Geschichtsbild, andererseits zum Teil noch als Kind eines idealistischen Zeitalters.

Gegen eine solche Auffassung aber scheint der poetologische Kontext der Dramen eher jene Kritiker zu unterstützen, die diese idealistische Wendung der beiden Dramen in Frage stellen (vgl. Nicholls; McInnes; Müller; Oellers; Lindemann/Zons; Liewerscheidt; Ehrlich; Oehm). Denn die poetologischen Elemente schaffen zu den Visionen idealisierender Kunst eine Distanz, die es unmöglich macht, die heroischen oder utopischen Wendungen der Schlußteile einfach für bare Münze zu nehmen (vgl. Schneider, *Destruktion* 326; Oellers 114; Lindemann/Zons 49; Liewerscheidt 63). So regen die Dramen schon in den frühen Szenen Leserschaft oder Theaterpublikum dazu an, sich mit der traditionellen künstlerischen Darstellung von Held und Geschichte kritisch auseinanderzusetzen. In den Schlußwendungen dann betonen sie den Zusammenhang zwischen tragisch-heroischem Bild und erkünsteltem Schein, so daß sie eine *Entfernung von* heldenhafter Größe oder heroischer Gemeinschaft hervorheben. Mit dieser Neigung zu selbstbewußter Reflexion wäre Grabbe weniger als Kind des Idealismus zu verstehen als vielmehr, wie Georg Büchner oder Gerhart Hauptmann, als Vorläufer des späteren "epischen Theaters" (vgl. Nicholls 210; Cowen 154–62; Nieschmidt; Freund 306–07; Müller, *Poetische Entparadoxierung*; Ehrlich; Oehm).

II

Von Anfang an geht es in *Napoleon oder die hundert Tage* bei der Darstellung historischer Ereignisse gleichzeitig um die Probleme und Möglichkeiten, *wie* historische Ereignisse darzustellen sind. Einzelne Hinweise wie auch längere Episoden stellen traditionelle poetische Kunstformen in ein kritisches Licht, und zwar als Handlungen, mit denen Figuren, Werke und sogar das vorliegende Drama selbst vor den Wirklichkeiten der Geschichte in idealistische Illusionen fliehen — oder über die Komplexität dieser Wirklichkeiten hinwegtäuschen.

Die lange Vorphase zu den so heroisch anmutenden Schlachtszenen der letzten Aufzüge relativiert reichlich jeden vordergründigen Schein von heroischem Triumph, indem sie auf die hinter solchen Illusionen verborgenen Komplexitäten der Geschichte hinweist. Poetologisch befrachtete Episoden umklammern den ganzen Aufstieg Napoleons zum erneuten Griff nach der Macht. Diese ganze Folge von Episoden *beginnt* mit einer Straßenszene, in der eine Reihe von Kunstwerken wiederholt die Kluft zwischen einfachem Kunstwerk und komplexer Wirklichkeit betont. Die Folge *endet* dann mit privaten und öffentlichen Auftritten Napoleons, die das illusionär Dichterische und Theatralische seines "Werkes" hervorheben. Inzwischen teilen Titelheld und Volk wiederholt die Neigung, sich angesichts der Wahrheit mit vergangenen Helden zu identifizieren und in Illusion und Pose zu flüchten. So scheint Napoleon für Grabbe weniger das unerreichbare Ideal "dichterischer" Schöpfungskraft zu vertreten (vgl. Schneider, *Grabbe und der Dichter-Mythos*) als vielmehr eine Neigung zu Rhetorik und Pose, die der Kontext des Dramas deutlich als Täuschung erscheinen läßt (vgl. Nicholls; Müller, *Subjekt und Geschichte*; Lindemann/Zons; Liewerscheidt).

Besonders mit der Bildergalerie, dem Guckkasten und dem Savoyardenknaben baut die erste Szene das poetologische Thema in das Werk ein und verleiht ihm eine selbstbewußte Richtung (vgl. Oehm 48). Hier geht es nämlich um die Wahrhaftigkeit *mehrerer verschiedener* Kunstformen — mitunter auch die des sie umfassenden und von ihnen gespiegelten Dramas selbst.

Zunächst wird die Bildergalerie mit ihren adligen "Bocksgesichtern" gegenüber der Menagerie herabgesetzt und somit die Tragödie älterer Prägung mit ihrer Einschränkung auf Figuren höheren Standes gegenüber einer naturgetreuen Darstellung kritisiert (II, 324).[1] Dann wird auch mit dem Zerschlagen des Guckkastens (II, 327) eine zugleich idealisierende und reaktionäre Kunst verneint, die ins Heroische verschönert und dem Sieg alter Ordnungen huldigt. Das geschieht vermittels des Murmeltierliedes: wiederholt taucht es im Drama auf und betont dadurch das Auf und Ab des Geschichtslaufs gegenüber den Posen und der Rhetorik so vieler Figuren (vgl. Lindemann/Zons). Schließlich weist die Episode mit dem aus dem Fenster gestürzten Spieler (II, 324) über sämtliche Kunstwerke hinaus auf blutige Konsequenzen, die sich aus dem gewagten Aufstieg und Gewinn ergeben.

Im weiteren Kontext des Dramas fungieren die Episoden mit dem Guckkasten und dem fallenden Spieler als eine Kritik nicht nur der Kunst im allgemeinen, sondern auch des vorliegenden Dramas selbst. Mit dem Guckkastenmann parodiert der Autor sich selbst und regt zu kritischer Distanz auch gegenüber den idealistischen oder heroischen Zügen *seines eigenen* Stückes an, die von der wahren Beschaffenheit der geschichtlichen Ereignisse auch bei *seinem* "fallenden Spieler" — d. h. Napoleon — ablenken. Wie der Guckkastenmann seine "ganze Welt . . . wie sie rollt und lebt" (II, 325), so bringt auch Grabbe hier ein Kunstwerk auf den Markt, das über den Hinweis auf den "Raritätenkasten" hinaus auch stofflich und formal an das offene Drama des jungen Goethe erinnert. Der Kasten stellt ungefähr das dar, was Grabbe im vorliegenden Stück anbietet. Jedesmal sind es Heldentaten der napoleonischen Truppen — und zwar nicht so blutig und gräßlich, wie sie wirklich waren, sondern manchmal peinlich poetisiert.[2] Am Ende erscheinen wieder die königlichen Truppen, die den Korsen wegjagen — einmal die Bourbonen, dann die Preußen. Indem Grabbe ganz am Anfang des eigenen Werkes dieses kleine Abbild seines Dramas als Fälscherei zerschlagen läßt und nebenher auch auf den fallenden Spieler hinweist, verhindert er, daß man über die heroischen Züge und den Schluß seines "Guckkastens" andere Aspekte von Napoleons "Fall" vernachlässigt.

In diesem Kontext kann weder den heroischen Gebärden des Volkes noch denen des Helden in den ersten Aufzügen eine ironische Distanz fehlen. Volk und Titelhelden gemeinsam ist die Neigung, zu großartigen Ereignissen und Helden vergangener Zeiten zu greifen, um sich über die keineswegs so schöne — und der Leserschaft vom Kontext her so deutlich sichtbare — Wirklichkeit hinwegzuheben. Einige Kritiker weisen hier auf die Liebe des Volkes zu alten Requisiten hin (vgl. Lindemann/Zons 67, 72). Vitry mit seinem Adler (II, 328) und die alte Putzhändlerin mit ihrem von Camille berühmt gemachten Tisch (II, 332) sind beispielhaft für eine solche Neigung. Wiederholt verbinden diese Figuren so die Gegenwart mit vergangenen Ereignissen, stilisieren sie rückblickend zu schönen Szenen, klammern sich im heldenarmen Jetzt an schöne Augenblicke von damals. Wiederholt bringt sich dann auch Napoleon mit vergangenen oder mythischen Helden in Zusammenhang, wobei er sich aber offensichtlich über sein Schicksal täuscht, das jedem Leser wohlbekannt ist. Hier spannt sich ein Bogen vom Anfang bis zum Schluß des ersten Aufzugs, indem in Napoleons Verhalten sowohl Sinn als auch Motivik der Spieler-Episode mitschweben. Denn wo er Figuren wie Ikaros und Prometheus beschwört, schwingt nicht nur — seit der Guckkasten-Episode — die schon geschaffene ironische Distanz zu solcher Bildnismacherei mit, sondern auch das Bewußtsein des unvermeidbaren Falls, den auch diese klassischen oder mythischen Helden zu erleiden hatten. Das erinnert Leserschaft oder Theaterpublikum nicht nur an Napoleons bevorstehenden Fall, sondern auch an die — schon in der Spieler-Episode berührte — Unfähigkeit schöner Kunstwerke, über solche Wirklichkeiten hinwegzutäuschen oder den Blick von ihnen abzulenken. Schon mit dem Schluß des ersten Aufzuges also hegen Leserschaft und Theaterpublikum eine Skepsis gegenüber den idealistischen Wendungen einer traditionellen Kunst oder Poesie, die zu illusionärer Flucht neigen. Man wird vielmehr darauf vorbereitet, auch bei dem Titelhelden jeden Schein von heroischer Größe oder hoffnungseinflößender Kraft in Frage zu stellen.

Als der in Paris angekommene Napoleon dann mit seinen Taten den europäischen Staaten neue Schriften und Taten "verfassen" will (II, 389–90), rückt auch dieses große Werk und die daraus folgende heroische Poesie, bei allem positiven Unterschied zu den weltfernen Büchern Ludwigs (II, 387), in das kunstkritische Licht des poetologischen Kontexts — ein poetologischer Bezug, auf den Manfred Schneider mit Recht hinweist. Neben Napoleons Auftritten gibt es auch Episoden, in denen andere Spielerfiguren und realistisch kommentierende Zuschauer erscheinen, um die im Theaterpublikum schon erweckte Skepsis gegenüber heldischen Auftritten weiter wachzuhalten. Die Szene mit Jouves Pariser Vorstädtern betont den Zusammenhang zwischen Politik und Theater. Das sind andere politisch Tätige, die auch viel Wert auf Mode, Verkleidung und Theater legen. Mit der Carnot-Fouché-Szene webt das Drama skeptische Zuschauer in die Napoleon-Darstellung mit ein, die den Rezipienten außerhalb des Dramas von jeder allzu konventionell positiven Reaktion auf den Helden zurückhalten. Das Gespräch erläutert nicht nur Carnot, sondern jedem ähnlich idealistischen Rezipienten den komplexen Hintergrund des Napoleonischen Aufstiegs — wenn auch nicht den daran vorbeischlafenden Gardisten. Diese Belehrung des einen Zuschauers, der Geschichte idealistisch sieht, durch einen anderen, der sie betont realistisch behandelt, ist für das Theaterpublikum das Signal, sich auch skeptisch von einer heroischen Deutung des Bühnengeschenens zu distanzieren.

Bei Napoleons Auftritten spielen noch andere Elemente eine ähnliche Rolle. Die Motive von Rollenspiel und Schriftwerk, die schon in den Massenszenen um Jouve angedeutet sind, tauchen weiterhin auf und deuten eine Gemeinsamkeit Napoleons mit den anderen Dichtern und Spielern an. Sie betonen die illusionäre Natur seiner 'Schriften', seiner Rhetorik, Posen und öffentlichen Auftritte. Sie machen die "Entstehungsbedingungen heroischer Idolatrie" deutlich und werfen dabei ein kritisches Licht auf diese Phänomene, auf die das Theaterpublikum sonst um so leichter mit der erwarteten Idolatrie des klischierten Napoleon-Bilds reagieren würde (Liewerscheidt 62–3; vgl. Müller, *Subjekt und Geschichte*; Lindemann/Zons; dagegen Schneider, *Grabbe und der Dichter-Mythos*). Gegenüber Carnot und Fouché z. B. erkennt Napoleon die Kluft zwischen schönen Idealen und politischer Wirklichkeit. Er gibt zu: was er "verfaßt" oder hier "neu schreibt," werde eher ein Machwerk sein. Er tue nur das, "was er für den Augenblick tun kann" (II, 392). Privat dann gibt er zu, er erdichte diese Taten gegen Melancholie und handle aus Eitelkeit (II, 393–95). Die Motive von Aussehen, Kleidern und Mode umfassen also die

Reihe von Episoden von den Volksszenen dieses Aufzugs bis zu den Napoleon-
Szenen und schließen den Titelhelden mit in den Motivkreis ein.

III

Die Brechung des Marsfeld-Auftritts (IV, 1) durch Jouves Perspektive bezieht
diese unterminierende Ironie auch auf den öffentlichen Napoleon und seine
Zuschauer. Jouves kritische Einstellung zu Napoleons theatralischem Auftritt
unterstreicht die nostalgische Gutgläubigkeit der ihn begleitenden und für die
Menge typisch reagierenden Frau. Jouves Skepsis hält das Theaterpublikum
von ähnlich blindem Idealismus zurück und verhindert drastisch jeden Impuls
zur Identifikation mit dem Helden. Mag Jouves Geltung als Instanz oder als
Sprachrohr des Autors noch so strittig sein, so bleibt von Bedeutung, daß
Grabbe den Triumph Napoleons von dieser ironischen Perspektive her sehen
läßt (vgl. Nicholls 202; Lindemann/Zons 63–4; Liewerscheidt). Der Titelheld
erscheint so als "verfremdet," als Held eines innerhalb des Dramas aus
poetischen Illusionen erzeugten Werkes, an dem er selbst bewußt mitdichtet.

In den Schlachtszenen der letzten Aufzüge häufen sich die Zeichen einer
heldenhaften Größe oder einer im Kriegsrausch vereinten heroischen Gemeinschaft. Für Augenblicke scheint die Schlacht eine Poesie zu beschwören,
deren Naturhaftigkeit im positiven Gegensatz zu der üblichen Pose und
Rhetorik steht — z. B. die beinah expressionistischen Visionen des Obristen
am Ende der dritten Szene des letzten Aktes (II, 443). Zu dem schon aufgebauten
Kontext kommen aber weitere poetologische Elemente hinzu, die diese utopischen Signale unterminieren. Der letzte Teil des Dramas verläuft dem ersten in
diesem Sinne gesteigert parallel. Ähnlich dem ersten Teil *beginnt* auch der
letzte mit Gruppenszenen, in denen die von Poesie erzeugten Illusionen von
Heldentum und heroischer Gemeinschaft in Frage gestellt werden (vgl. IV, 4
und 5 mit I, 1). Der letzte Teil *endet* mit einem öffentlichen Auftritt Napoleons,
der von der Perspektive einer realistisch sehenden Figur her relativiert wird
(vgl. V, 7 mit IV, 1). *Inzwischen* bleiben dem Titelhelden und den ihm
folgenden Figuren immer noch die Neigung gemeinsam, die bedrohliche
Wirklichkeit durch heroisches Rollenspiel zu verschönern oder im Rückblick
zu idealisieren. Als flüchtig und auch selbst ans Illusionäre grenzend erweisen
sich in dem weiteren poetologischen Kontext dann auch die inzwischen
auftauchenden ekstatischen Augenblicke, die einige Kritiker als Signale eines
anderen Heldentums gedeutet haben.

Napoleon agiert hier ganz deutlich als Verfasser des großen Geschichts-

buchs, das Grabbe anderswo mit Waterloo "ausgelesen" sah (GGA IV, 93). Der
ganze Kontext aber läßt die ironisierende Komponente solch einer Auffassung
mitschweben. Er schafft zwischen Theaterpublikum und Titelheld eine kritische
Distanz, die weitgehend den Äußerungen Grabbes entspricht, mit denen er sich
"kritisch, wenn nicht gar entmythologisierend" (Lieuwerscheidt 61) dem
damaligen heroischen Image Napoleons gegenüberstellte (vgl. Nicholls;
Lindemann/Zons) — wie z. B. in dem Brief vom 14. Juli 1830 an Kettembeil:
"Napoleon ist übrigens eine so große Aufgabe nicht. Er ist ein Kerl, den sein
Egoismus dahin trieb, seine Zeit zu benutzen — außer eigennützigen Zwecken,
hat er . . . nie gewußt, wohin er eigentlich strebte, — er ist kleiner als die
Revolution, und ist im Grunde nur das Fähnlein an ihrem Maste, — nicht Er,
die Revolution lebt in Europa. . . Nicht er, seine Geschichte ist groß . . ." (V,
306).

Die Auftritte, in denen Napoleon als souveräner und von seinen Soldaten
angebeteter Held erscheint (z. B. IV, 6), machen auch kenntlich, wie zu
solchem Image viel künstlerisches, auf Idolatrie angelegtes Machwerk gehört
— und zwar ohne daß ein kommentierender Jouve vonnöten ist (Lieuwerscheidt
63). Napoleon betont oft selbst den Bezug zwischen Geschichte und Kunst. Das
geschieht nicht nur in seiner Schlußrede (V, 7), sondern auch da, wo er in
kriegerischer Tätigkeit den Stoff künftiger Gassenlieder sieht (II, 450). Mit
dieser Bemerkung wird auf die allzu *verklärende* Neigung jedweden Kunstwerks
aufmerksam gemacht. Das heißt: nicht nur das klassische Drama, sondern auch
das vorliegende Drama mit seinen Volksszenen und Gassenliedern kann das
gräßliche Chaos vereinfachen oder verschönern, indem es z. B. in einigen
Szenen dem Theaterpublikum nahelegt, die auf der Bühne dargestellte Idolatrie
Napoleons mitzuvollziehen. Napoleons abschließende Bemerkungen über das
Ende der Zeit von "gewaltigen Schlachttaten und Heroen" und den Anfang
einer Epoche von "Komödianten, Geigenspielern und Opernhuren" (II, 457)
mahnen nicht so sehr an den Unterschied zwischen echtem und gespieltem
Heldentum als vielmehr an den zwischen gekonnt und schlecht gespieltem
Heldentum. Denn in der Tat bietet Napoleon selbst auch Theatralisches und
Opernhaftes.

Er scheint nur für seine bewußt gespielte Heldenrolle zu existieren. Bezeichnenderweise schläft er, während historisch-politische Komplexitäten
dargestellt werden — einmal schon während des nächtlichen Gesprächs
zwischen Carnot und Fouché, dann bei der Auseinandersetzung zwischen
Labedoyere und Cambronne über das Revolutionslied (II, 418–19). Schließlich
muß er selbst zugeben, er habe "seit Elba etwa hundert Tage groß geträumt" (II,

457, vgl. Oehm 47) — womit den "heroischen" Implikationen des Dramen-
titels ein relativierender Aspekt hinzugefügt wird. Dieses Schlaf-Motiv verbindet ihn mit den getreuen Gardisten Vitry und Chassecouer, die ebenfalls
nostalgisch auf vergangene Heldentaten zurückblicken und träumen oder
schlafen, während etwa die um sie stattfindenden Straßenszenen oder das
Gespräch zwischen Carnot und Fouché das Theaterpublikum auf den komplexen und dunklen Hintergrund aufmerksam machen. In Napoleons öffentlichen
Auftritten agieren Cambronne und Bertrand als Regisseure grandioser Szenen.
Sie kommentieren und deuten die Geschehnisse, um vor allem Napoleon als
den erwarteten Helden der Welt zu präsentieren (II, 449ff.). Ähnlich wie in der
Marsfeld-Szene erleben Leserschaft und Theaterpublikum Napoleon hier nicht
unmittelbar als Helden, sondern als einen so präsentierten. Dargestellt wird
wieder weniger der Held als der bildnismachende Prozeß, der Napoleon zum
Objekt der Idolatrie macht und an dem er selbst teilnimmt. Unter Druck z. B.
spielt er wieder "den Helden von Lodi" — oder von Marengo oder von
Austerlitz (II, 449–54). Besonders bei dem großen Rückzug (V, 5) geht es
darum, alte Szenen des Triumphes wieder zu beschwören, um den wirren und
leidvollen Ereignissen ein nobles Aussehen zu geben. So entsteht hier wenn
nicht ein ganzes "Buch" so doch ein tableau-artiges Bild von Heldentum —
man denke an die Kunstdarstellungen der allerersten Szene. Napoleon stellt
sich schweigend in Positur. Bertrand, als wäre er ein inskribierter Regisseur,
kommentiert, wie dem Kaiser die Lippe bebt und ihm der Hut vom Kopf fällt
(II, 452f.). Die Musik fängt an, einer stirbt ekstatisch ("O wie süß ist der Tod,"
II, 454), und die heroische Parade marschiert der Heldendämmerung entgegen.

Zwar wollen einige Kritiker in anderen Episoden dieser Schlachtszenen und
abseits von dem heroisch aussehenden Napoleon noch Zeichen eines ver-
heißungsvollen Heldentums finden. Sie nennen als Beispiele die Kameraderie
und den Gesang im preußischen Lager oder das "Clan-Douglas"-Lied der
schottischen Truppen. Zu fragen ist aber, ob solche Augenblicke ohne Ironie
hinzunehmen sind — das heißt, ob solche Augenblicke wirklich hier *so*
vorherrschen, daß sie eine "utopische, phantastische Vision," einen "heroischen
Idealismus" erzeugen, "der jeden Anspruch auf Realismus in dem Werk
negiert" (Horten 109). Denn eher wirken solche Szenen als Teile einer
Geschichtsdarstellung, die *realistisch* betont, wie geschichtlich handelnde
Menschen ihre Taten mit Pathos und Poesie ausschmücken (vgl. Oehm 50–51).

Daraufhin weisen Blüchers Auftritte in den Szenen, die die ganze Schlacht-
folge umklammern. Zweimal tritt er auf (IV, 4 u. 5), um den allzu poetischen
Anflügen seiner Mannschaft den Wind aus den Segeln zu nehmen. Zunächst rät

er den Berliner Freiwilligen von seiner poetischen Schwärmerei ab und widerlegt dessen von Büchern gewonnene, idealisierte Vorstellungen von Krieg und Heldentum (IV. 4). Anschließend mahnt er die romantisch singenden — und vom Alkohol berauschten — Truppen, vor der kommenden Schlacht zu ruhen (IV, 5). Jedes Mal warnt er vor der Flucht in die Illusionen von Poesie und Kunst. Am Ende dann hat er mit seiner pragmatischen Schlußrede das letzte Wort. Wo Napoleon den Verlust von großen Schlachttaten und Heroen beklagt, hofft Blücher auf die positiven Möglichkeiten der Befreiung. Das geschieht dazu in einem Kontext, der die heutige wie damalige Leserschaft ganz deutlich an die harte Wirklichkeit der Geschichte erinnert, die weder mit großen Helden noch mit Komödianten viel zu tun hat. "Vorwärts Preußen!" heißt es, wobei jedem Publikum die unverblümten Folgen eines solchen Aufrufes klar sind (vgl. Müller 101; Lindemann/Zons 65; Oehm 52).

Dazwischen weisen viele Szenen wiederholt darauf hin, wie Kunst, Lied oder Schrift bestenfalls nur heroische Inseln im Meer der harten Wirklichkeit hervorzuzaubern. Es bleibt weder bei den theatralischen Aspekten von Napoleons Auftritten noch bei dem Berliner Freiwilligen mit seinen lächerlichen Versuchen, dem wirklichen Chaos des Krieges mit den Phrasen klassischer Dichter und deren Epigonen beizukommen. Es gibt auch Szenen, die auf bekannte Geschichtsdramen voriger Epochen anzuspielen scheinen: auf Kleists *Prinz Friedrich von Homburg* zum Beispiel, oder auf Schillers *Wallenstein*. Nicht nur das Gerede des Berliners von Schiller und vom Erhabenen und Göttlichen des Krieges, und nicht nur das wiederholte "Vorwärts Preußen!" erinnern im Schlachtchaos an diese älteren Dramen.[3] Solche Anspielungen stellen auch wichtige Elemente und Motive dieser früheren Werke in einen relativierenden Zusammenhang. Sie lassen die evozierten Dramen als unbedeutende Augenblicke im komplexen Lauf der wirklichen Geschichte erscheinen und betonen so den realistischeren Fokus des vorliegenden Geschichtsdramas im Gegensatz zu den Werken früherer Epochen.

Besonders die Liedereinlagen der preußischen und britischen Feinde tragen zu diesem relativierenden poetologischen Kontext bei. In den Szenen mit "Lützows Jagd" (IV, 5) und dem "Clan-Douglas"-Lied (V, 1) soll ja zum Teil eine Stimmung ekstatischer Gemeinschaft unter den kriegerischen Truppen anklingen, und das steht dann als positiver Kontrast zu der ästhetischen Flucht anderer Figuren. Jedes Mal aber haftet dieser Stimmung ein Aspekt von illusionärer Künstelei an (vgl. Oehm 51).

Einmal rät Blücher dem Berliner Freiwilligen von seinen romantischen Faseleien zugunsten eines realistischen, im Feuer des Krieges erwachsenen

Heldentums (IV, 4) ab. Bald darauf aber wendet sich das ganze Lager zu einer künstlerischen Tätigkeit, die ähnlich wie unter dem Einfluß von Alkohol wie eine Flucht in ein rückblickend verklärtes Heldentum wirkt (IV, 5). Die Stimmung von "Männerfreundschaft in der Lust wie in dem Kampf," die für einen Soldaten jede Erinnerung an "belletristische Vorlesungen" verblassen läßt, stammt zum Teil aus "vier bis fünf sehr gute[n] Weinflaschen" (II, 412). Die Soldaten wenden sich dann bald zu Lobgesängen nicht nur auf die "von 1813 und 1814 hingesunkenen vaterländischen Helden," sondern auch auf den "erhabenen, wetterleuchtenden Schiller," der solche Lieder schrieb, und auf dessen "Jünger" Theodor Körner, "der grade durch seinen Tod bewies, daß er ihm nicht nachklimperte, sondern nachfühlte" (II, 413). Schließlich mündet diese Stimmung in eine Darbietung von Körners "Lützow"-Lied, die keineswegs einen Eindruck von rüstigem, schlichtem Soldatentum erweckt, sondern eher mit Hornmusik und Tusch geradezu inszeniert und operettenhaft wirkt (vgl. Lindemann/Zons 71). Ähnlich steht das "Clan-Douglas"-Lied in V, 1 in positivem Kontrast zu der Wirklichkeitsflucht in der vorangehenden Episode mit dem Tanzball und der idyllischen Liebesszene. Zugleich aber besteht seine Funktion darin — und das betonen Wellingtons Bemerkungen —, daß eine berauschende Wendung zu vergangenen heroischen Taten für die bevorstehende wirkliche Schlacht begeistern soll. Nach dem "Clan-Douglas"-Lied weist Wellington ja darauf hin, wie die Schotten sich auf die kommende Schlacht mit Liedern aus dem 6. Jahrhundert vorbereiten (II, 431).

Wiederholt also tragen weitere poetologische Elemente zur Relativierung jeder heroischen Ideologie bei und setzen das schon aufgebaute Muster konsequent fort. Sie schließen das Drama so ab, daß ironisch wirkende Szenen nicht nur die Darstellung von Napoleons Aufstieg (bis IV, 1), sondern das ganze Drama umklammern. Denn Anfang und Ende umspannen Szenen, in denen realistisch denkende Soldaten die poetisch verschönerte Auffassung einer napoleonischen Niederlage widerlegen, um auf die komplexen Realitäten des "gestürzten Spielers" aufmerksam zu machen. So "formlos" und "zerstreut" *Napoleon* als "offenes Drama" auch wirken mag, so hat es eben in dieser relativierenden Poetologie doch seine eigenen sinngebenden Strukturen. Hinter der Dispersion der verschiedenen Personengruppen nämlich gibt es die gemeinsame Neigung zu verschönernder Pose und Rhetorik. Trotz des scheinbaren Chaos der Szenenordnung bilden diese metapoetischen und metatheatralischen Szenen eine tragende Struktur. Denn sie machen diese unterminierenden Hinweise auf die verzerrende Wirkung der Poesie und Theatralik zum A und O der wichtigsten Handlungsabschnitte wie auch des ganzen Dramas.

Vorausdeutend wie rückblickend betonen sie wiederholt: heroische Stimmung kommt nur flüchtig auf dem Karussell der Geschichte auf und wird nachträglich in verschönerten Visionen idealisiert. Wo die poetische, erhabene Sprachschicht utopische Signale zu geben scheint, geschieht das in einem Kontext, der die Flüchtigkeit und Inselhaftigkeit dieser utopischen Augenblicke betont, wie auch deren Fähigkeit, illusionäre Poesie zu erzeugen.

IV

Die Behandlung historischer Ereignisse in *Hannibal* erweckt ebenfalls die Erwartung, es handle sich um die Darstellung eines großen Einzelhelden, um den trotz Untergang und Umwälzung doch hoffnungsvolle Zeichen des Heroischen aufflackern. In der Tat haben Kritiker oft die dafürsprechenden Einzelstellen betont. Hannibal rufe in den Römern einen Gegner auf den Plan, gegen den die Karthager zuletzt ihrem Feldherrn ebenbürtig, heroisch kämpfen und untergehen (vgl. Kopp); die heroische Handlung am Ende überstrahle — allerdings nur als "eine ferne Möglichkeit" und "für einen kurzen Augenblick" — die "grause Realität der geschichtlichen Situation" (Schneider, *Destruktion* 326, 343–47). Wieder aber tragen die poetologischen Elemente des Gesamtkontextes zur Desillusionierung solcher Hoffnungszeichen und utopischen Signale bei. Sie zeigen solche Möglichkeiten als nur flüchtige und poetisch aufgeblasene Augenblicke in einem komplexeren Auf und Ab der Geschichte.

Die Hauptphase der Rom-Karthago-Konfrontation ist von Szenen umklammert, in denen Dichterfiguren auftreten. Nach der ersten Schlacht nehmen Terenz und nach der letzten dann der Dichter-Prinz Prusias als Poeten Stellung zu den Umwälzungen. Das sind Episoden, die vor allem die *Kluft* zwischen dem noblen Schein poetischer Verklärung und einer Wirklichkeit betonen, der weder die traditionellen Dichtungskategorien noch das konventionelle Pathos genügen. Es sind gleichzeitig Episoden, die auf anachronistische Weise *spätere* Künstler und Kunst — z. B. Terenz oder Prusias/Üchtritz mit seinem "byzantinischen Stil" — auf die Hannibal-Katastrophe beziehen, um noch betonter dazu anzuregen, *jedem* Kunstwerk, das einen Rückblick auf vergangene Heldentaten gewährt, kritisch gegenüberzustehen.

Dazwischen tragen weitere Anspielungen auf Rollenspiel und Theater, auf Erzählung und Dichtung zu dieser kritisch distanzierenden Thematisierung poetischer Tätigkeit bei. Die Skepsis, die solche Hinweise gegenüber poetisiertem Heldentum erwecken, schwingt dann auch in den poetisch verblümten

Schlußteilen mit, um das Fazit dieses zunächst scheinbar so auf heldenhafter
Größe und Hoffnung orientierten Dramas weit aussichtsloser zu machen. Der
starke Hannibal verläßt die Bühne der Weltereignisse, seine Blindheiten
erkennend, und wird sofort Stoff für die verfälschende Poesie eines restaurierten
Prinzen. Sein Volk fällt als Opfer seiner eigenen Blindheit und Gewinnsucht,
schmückt aber die letzten Augenblicke in heldenhaften Gesten aus, die in der
rückblickenden Erzählung Turnus mit Zügen mythischer Größe verklärt erscheinen. Anstatt Zuversichtliches oder Utopisches zu diesem Schluß beizutra-
gen, bemühen sich auch die siegreichen Römer um diese poetische Verschö-
nerung der Wirklichkeit. Wo einmal Terenz ihrer Numantiaschlacht ein
poetisches Denkmal setzen soll, ist es später Homer, dessen Worte ihrem Sieg
über Karthago genügen, die Katastrophe Hannibals in eine schöne "römische
Reminiszenz" (GGA III, 153) umzudichten. Dagegen zeugen auch der Römer
Taten von einer brutalen Härte, die solchem poetischen Schein deutlich
widerspricht. Sie sind auch "schlechten Theaters" fähig und zeigen sich in den
letzten Aufzügen ebenso sehr wie die Karthager zu gewinnsüchtigem Handeln
bereit und begabt, was zu der Relativierung der "utopischen Signale" beiträgt,
die einige Kritiker in der Einheitlichkeit und dem Sieg der Römer sehen wollen
(vgl. Freund; Kopp; Müller). Wiederholt geht es also bei der Darstellung von
Poeten, poetischer Sprache und Schauspielsituationen *um die Enttäuschung*
traditioneller Schauspielerwartungen. Solche Elemente weisen mit *potenzie-
render Selbstironie* auf die Grenzen solcher Poesie hin und somit auch über sie
hinaus, und zwar auf das harte Gesetz der Geschichte, über das solche Poesie
verschönernd hinwegtäuscht.

     Die mit der Numantiaschlacht anfangende Szenenfolge verleiht diesem
Motiv von Rhetorik, Rollen- und Schauspiel des politisch-historischen Han-
delns eine selbstbewußte Richtung. Mit Recht hat Manfred Schneider in dem
Auftritt des römischen Komödiendichters Terenz "ein Deutungsmodell der
Grabbeschen Geschichtserfahrung" gesehen, verborgen "hinter dem grausen
Bild und dem Kontrast des frierenden Dichters davor" (*Destruktion* 327). Der
selbstbewußte Aspekt dieses Modells sei hier hervorgehoben. Denn indem
Grabbe das Ungenügen konventioneller Kategorien wie "tragisch" oder "komisch" betont, verbietet er auch für das *eigene* — interessanterweise als
"Tragödie" bezeichnete — Drama eine Deutung, die vereinfachend aus seinem
ganzen, komplexeren Geschichtsbild *nur* die konventionell heroischen oder
tragischen Teile ausklammert. Vor seinem Geschichts- oder Hannibal-Bild
müßte jeder konventionelle Dichter "frierend" zurückschaudern. Die darauf-
folgende Szenenreihe mit der karussellartigen Abwechslung der Führerschaft

in Numantia und dem das Winzerfest unterbrechenden Spiel mit Hasdrubals Kopf parodiert weiter jede Erwartung eines sinnvollen, von dem großen Helden beherrschten Geschichtsablaufs. Hier dreht sich die Handlung in einem Kreis, wobei der erwartete "große Held" eher als Objekt komplexer Beziehungen agiert. Die chaotische Ereignisfolge unterminiert Hannibals unantastbares Heldentum. Sie stellt ihn bald als Tyrannen dar, bald als Befreier; dann macht sie ihn zu einem Mitspieler im voreilig glücklichen Fest, und bald darauf wiederum zu einer Figur im "schlechten Theater."

In diesem Kontext können die poetologischen Elemente des letzten Aufzugs auf die sogenannten utopischen Signale des Schlusses nur relativierend wirken. Diese Elemente verzahnen sich mit den Untergängen Hannibals und seines Volkes, um jeden Anflug von heroischer Größe in ein betont ironisches Licht zu rücken. Solche Größe kommt auffallenderweise nur dann zum Vorschein, wenn jemand dabei poetisch oder künstlerisch tätig ist, wenn jemand rhetorisch schön redet, episch und bilderreich erzählt, oder heroische Werke zitiert. Die wahre Schlacht läßt sich nämlich nicht zum Schauspiel verklären. Ähnlich dem Berliner Freiwilligen in *Napoleon* erleben der Pförtner und sein Enkel hier einen Unterschied zwischen dem erwarteten heroischen Spektakel und der Wahrheit (IV. Abteilung, *Warte über einem Haupttor Karthagos* III, 134ff.). Wiederholt triumphieren die Erkenntnisse des Jungen über die grandiosen Fehldeutungen des Alten. Von zeitlicher oder räumlicher Ferne her aber läßt sich die Geschichte doch poetisieren, was reichlich in den Schlußszenen geschieht, sei das in Turnus Erzählung vom Untergang der Karthager oder in Prusias' Inszenierung von Hannibals Tod. Eben dieses Nebeneinander von erzählenden oder dramatischen Verklärungen aber hebt die flüchtige und illusionäre Natur solcher Signale am Ende hervor.

Viele Kritiker sehen in Turnus Erzählung den Beweis für Grabbes Glauben an ein Wiederaufleben des Heroischen in einem Volk. Manfred Schneiders Behandlung dieser Schlußfolge sieht z. B. den Karthago-Untergang durch eine heroische Sprachschicht zum mythischen Ereignis erhoben, wobei das Karthago der "Krämerseelen" und "Ungeziefer" verschwinde. Die Szene mit Alitta und der Barkas Familie erzeuge demnach ein "heroisches Gemeinschaftsgefühl" — mit Musik, die "die mythisch verklärende Zerstörungsvision" einleite. Turnus Bericht dann — und darin besonders das Homer-Zitat des Scipio — zeige, wie Hannibals "heroische Nachfolger" in Karthago gegen einen Feind kämpfen, der aus Erfahrung die Größe heroischer Taten erkennen könne (*Destruktion* 346). Dagegen ist aber mit Schneider (auch mit Oellers) zu betonen: diese "heroische Handlung" erscheint nur kurz in diesem von Prusias beherrschten — und nach ihm genannten — Aufzug, der reichlich die Kluft zwischen poetischen Bildern und "grauser Realität" hervorhebt (*Destruktion* 346). Hier, wie besonders im *Gothland*-Drama, hängt die Wendung zu einer pathetisch-erhabenen Sprache eher mit dem Versuch zusammen, fragwürdigen Ereignissen ein schönes Gesicht aufzuzwingen. Die Prusias-Darstellung richtet sich satirisch gegen das traditionsgebundene Epigonentum von Grabbes Zeitgenossen (zu den Anspielungen auf Üchtritz vgl. Nicholls; Cowen; Sengle). Turnus Bericht steht in diesem Kontext als Beschwörung eines letzten, untergehenden, heroischen Augenblicks, der zum einen in Kontrast steht zu Prusias' blatant verfälschender Darstellung der Situation. Zum anderen aber macht gerade das Nebeneinander von Prusias' Inszenierung und Turnus Bericht auf Ähnlichkeiten aufmerksam, die dessen Bild eines wiederauflebenden Heroismus der Karthager unterminieren.

Grabbe läßt nämlich auch diese heroische Handlung der Karthager "in Szene setzen" (Schneider, *Destruktion* 346; vgl. Oellers 114). Die Poesie der Schlacht erscheint nämlich nicht direkt, wird auch nicht einmal teichoskopisch berichtet, sondern wird von Alitta inszeniert und dann in der rückblickenden Erzählung Turnus wiedergegeben, der ja seinen heldenhaft gesinnten Feldherrn ermuntern will. Indem Grabbe Turnu dabei auch das zweite Scipio-Terenz-Gespräch mitberichten läßt, unterstreicht er ausdrücklich diese poesiekritische Perspektive. Denn Turnus Erzählung belegt den Heroismus der Karthager eben mit Scipios Evozierung von Homers "heiliger Ilios" (III, 152). Sein Bericht enthält also den Versuch des Römers, die keineswegs so heldenhaften Leistungen mit poetischen oder mythischen Bezügen auszuschmücken. Mit dem Zitat aus Scipios Gespräch enthält Turnus Bericht einen Hinweis auf die Neigung sämtlicher Figuren, ihre Taten mit Ereignissen von mythischem Ausmaß in erhebenden Zusammenhang zu bringen. Betont seine Erzählung also vordergründig den letzten, heldenhaften Aufschwung der Karthager, so macht sie dennoch hintergründig auf die Neigung zu poetischer Ausschmückung aufmerksam, die zu solcher Darstellung gehört — wodurch ebendieser Sachverhalt relativiert wird.

Indem Grabbe auch den Schluß seines eigenen Dramas mit Prusias' Epigonentum zusammenfallen läßt, hebt er abschließend das Relativierende an diesem Nebeneinander der zwei Untergänge noch deutlicher hervor. Manfred Schneiders Vorschlag, diese Szene sei eine "dramatische Miniatur" der ganzen Hannibal-Tragödie, regt dazu an, in ihr auch einen letzten, selbstbewußt "verfremdenden" Hinweis auf die Probleme solcher poetischen Verklärung der Geschichte zu sehen. Gleichzeitig mit dem Untergang des Titelhelden nämlich betont das Drama abschließend die Fragwürdigkeit einer solchen poetisch verschönernden Darstellung. Unvermittelt auf Turnus Schilderung des karthagischen Untergangs folgend, lenkt dieser Schluß die kritische Aufmerksamkeit auf die von solcher Poesie nicht berührten Verhältnisse zwischen den beiden Untergängen. Das heißt: er verhindert die Neigung zu konventioneller Identifikation mit diesen poetisch verklärten heroischen Untergängen, läßt den kritischen Blick ungetrübt von kathartischem Rausch und lenkt ihn statt dessen auf die — zwar *verklärten,* aber keineswegs *erklärten* — Verhältnisse zwischen Hannibal und Volk (Nicholls 231). Das Theaterpublikum verliert sich also schwerlich im Bild des tragischen Untergangs — sei es der Hannibals oder Karthagos. Indem das Theaterpublikum von Prusias' Inszenierung von Hannibals Untergang unbefriedigt bleibt und nicht mehr von den utopischen Signalen der Turnu-Erzählung getröstet wird, reflektiert es vielmehr über die realen Beweggründe und Ursachen der Katastrophen.

V

Eine Aufführung von Grabbes *Hannibal* im Berliner Staatstheater am 18. Oktober 1925, von Leopold Jessner inszeniert, veranlaßt Bert Brecht zu dem Aufsatz "Weniger Gips!!!" (*Schriften I* 184–87), in dem er sich kritisch zu der Vorliebe des Theaterpublikums für monumentale Helden äußert. Für viele Kritiker spricht solche Reaktion zusammen mit Brechts früheren Versuchen einer Neubearbeitung des *Hannibal*-Dramas für Brechts Wendung *gegen* Grabbe, dessen "Übergangsversuch" von Schillers Idealismus zu Büchners "materialistischer Geschichtsdramatik" wegen seiner Neigung zur identifikatorischen Darstellung großer Helden "diskontinuierlich" bleibe (Ehrlich; vgl. Nieschmidt). Dagegen erinnern aber die oben ausgeführten Erläuterungen daran, daß Brecht sich in "Weniger Gips!!!" nicht auf Grabbes Drama selbst bezieht, sondern eher auf monumentale Aufführungen davon. Diese setzen eine Tradition fort, gegen die schon Grabbes Drama rebelliert hatte. Indem Grabbe statt zur Identifikation mit dem leidenden Helden zur Reflexion über die Mechanik der Heldenanbetung und über die dahinter verborgene, komplexe Geschichtswirklichkeit anregt, greift er die Dramatik Brechts voraus, ja regt diese sogar an.

Außertextliche Quellen mögen also Grabbes nostalgische Sehnsucht nach längst vergangenen Heldenzeiten belegen, gleichfalls seine Neigung, aus seiner heldenlosen Gegenwart in Epochen zu flüchten, in denen der starke Einzelne noch den Verlauf der Geschichte bestimmte (vgl. Sengle; Horten;

Kopp). Daß seine Geschichtsdramen aber, anstatt diese Neigung einfach zum Ausdruck zu bringen, sie vielmehr mit kritischer und selbstironischer Distanz behandeln, geht klar aus der oben skizzierten Untersuchung der Dramen und deren poetologischen Komponenten hervor. In beiden Dramen stehen die poetologischen Elemente in einem anregenden, sogar 'verfremdenden' Verhältnis zum Heroischen. Sie bewirken eine kritische Distanz zu der von vielen Einzelszenen geförderten Überzeugung, die entscheidenden Ereignisse der Geschichte würden von großen Männern bestimmt, deren Taten den Stoff zu einer Heldendichtung lieferten. Diese Elemente tragen zu einem Gesamtkontext bei, in dem diese idealistische Geschichtsauffassung betont als Produkt poetischer Umformung der Wirklichkeit erscheint. So stellen sie jede Neigung zur Heldenanbetung — sei das in traditionellen Werken oder im vorliegenden Werk — in ein ironisches Licht, um darüber hinaus auf die noch zu klärenden, realen Verhältnisse aufmerksam zu machen. Als Probe aufs Exempel für die hier aufgestellte These zu den bekanntlich gelungensten von Grabbes Geschichtsdramen wäre wohl *zurück* auf den *Hohenstaufen*-Zyklus und *voraus* auf *Die Hermannsschlacht* zu verweisen. Auch diese beiden Dramen thematisieren das Verhältnis zwischen Wirklichkeiten der Geschichte und deren bewußter Idealisierung in der Dichtung, und ebendieses raffinierte Spannungsverhältnis verbindet die sämtlichen Geschichtsdramen miteinander und begründet besonders den Erfolg der hier besprochenen reifen Werke. In dem *Barbarossa*-Drama des *Hohenstaufen*-Zyklus tritt ja der Dichter Heinrich von Ofterdingen auf, um zu betonen, wie heroische Größe nur in der Poesie bewahrt bleibe (GGA II, 80) —zwar eine Huldigung der Poesie, aber gleichzeitig auch eine ironisch wirkende Anerkennung ihrer Grenzen (vgl. von Wiese; Schneider; Cowen). *Die Hermannsschlacht* betont wiederholt die Wirklichkeitsferne der Phrasen und Bilder, mit denen die Hauptfiguren die Ereignisse zur "Geschichte" machen wollen. Jedenfalls fällt auf, wie in den hier besprochenen Dramen diese poetologischen Elemente sogar strukturbestimmend wirken. Sämtliche idealisierenden Handlungsstrecken werden von solchen Elementen umrahmt, wodurch vorausdeutend und rückblickend alle herkömmlichen Heldenideale in Frage gestellt werden.

Anmerkungen

[1]Grabbes Werke werden nach der *Historisch-kritischen Gesamtausgabe* der Göttinger Akademie (GGA) mit Bandnummer (römisch) und Seitenzahl (arabisch) zitiert.

[2]Zum Beispiel der Kürassier, der seinen weggeschossenen Fuß als "Deserteur" schilt (II, 447), oder der Gardehoboist, mit dessen ekstatischem Todesschrei die zentrale Schlachtszene des letzten Aktes endet (II, 454). Oder auch der preußische Jäger, der bei

Körners "Lützows Jagd" fragt: "Wer ließe sich nicht gern von Kartätschen zerschmettern bei diesem Lied und seiner Musik?" (II, 414). Vgl. Heidemarie Oehm 51.

[3]Kleists Schauspiel scheint besonders die kurze Szene zu evozieren, in der Gneisenau und Bülow über die aus vernünftigen Gründen verfehlte Order sprechen (V, 2), die der Schlacht eine andere Richtung hätte geben können. Auf Schillers Trilogie spielt dann jene Szene an, in der sich zwischen dem Artillerieobristen und seiner Adeline eine an Max und Thekla erinnernde Liebesidylle abspielt — nicht nur mit der Liebesidylle in Kontrast zur Schlacht, sondern auch mit dem Hinweis auf "meinen guten Genius" (II, 427).

Zitierte Werke

BRECHT, Bertolt. *Werke. Große kommentierte Berliner und Frankfurter Ausgabe.* Bd. 21: *Schriften I.* Hrsg. Werner Hecht, Jan Knopf, Werner Mittenzwei, Klaus-Detlev Müller. Frankfurt/M.: Suhrkamp, 1992.

COWEN, Roy C. *Christian Dietrich Grabbe.* New York: Twayne, 1972.

EHRLICH, Lothar. "Grabbe und Büchner. Dramaturgische Tradition und Innovation." *Grabbe und die Dramatiker seiner Zeit. Beiträge zum II. Internationalen Grabbe-Symposium 1989.* Tübingen: Niemeyer, 1990. 169–86.

FREUND, Winfried. "'Ja, aus der Welt werden wir nicht fallen.' Die menschliche Geschichte und der geschichtliche Mensch in Christian Dietrich Grabbes *Hannibal.*" *Wirkendes Wort* 5 (1981): 296–309.

GRABBE, Christian Dietrich. *Werke und Briefe. Historisch-kritische Gesamtausgabe in sechs Bänden.* Hrsg. Akademie der Wissenschaften in Göttingen. Bearb. Alfred Bergmann. Emsdetten: Lechte, 1960–73.

HORTEN, David. *Grabbe und sein Verhältnis zur Tradition.* Detmold: Grabbe-Ges., 1980.

KOPP, Detlev. *Geschichte und Gesellschaft in den Dramen Christian Dietrich Grabbes.* Frankfurt/M.: Lang, 1982.

LIEWERSCHEIDT, Dieter. "'... seine Trommeln tönen vielen Eseln noch so laut.' Grabbes *Napoleon* oder die ästhetische Einheit." *"Ja, aus der Welt werden wir nicht fallen":* GrabbeJb 8 (1989): 57–67.

LINDEMANN, Klaus und Raimar Zons. "La Marmotte — Über Grabbes *Napoleon oder die hundert Tage.*" *Grabbes Gegenentwürfe. Neue Deutungen seiner Dramen. Zum 150. Todesjahr Christian Dietrich Grabbes.* Hrsg. Winfried Freund. München: Fink, 1986. 59–82.

MCINNES, Edward. "'Die wunderlose Welt der Geschichte': Grabbe and the Development of the Historical Drama in the Nineteenth Century." *GLL* 32 (1979): 104–13.

MÜLLER, Haro. "Subjekt und Geschichte. Reflexionen zu Grabbes Napoleon-Drama." *Christian Dietrich Grabbe (1801–1836). Ein Symposium.* Hrsg. Werner Broer und Detlev Kopp. Tübingen: Niemeyer, 1987. 96–111.

MÜLLER, Haro. "Poetische Entparadoxierung: Anmerkungen zu Büchners *Dantons Tod* und zu Grabbes *Napoleon oder Die hundert Tage.*" *Grabbe und die Dramatiker seiner Zeit. Beiträge zum II. Internationalen Grabbe-Symposium 1989.* Tübingen: Niemeyer, 1990. 187–201.

NICHOLLS, Roger A. *The Dramas of Christian Dietrich Grabbe.* The Hague: Mouton, 1969.

NIESCHMIDT, Hans-Werner. *Brecht und Grabbe. Rezeption eines dramatischen Erbes.* Detmold: Grabbe-Ges., 1979.

NIESCHMIDT, Hans-Werner. "'Fechte der Satan, wo Kaufleute rechnen!' Zur dramatischen Exposition in Grabbes *Hannibal* und ihrer Neufassung in Brechts *Hannibal*-Fragment." *GrabbeJb* 1 (1982): 25–40.

OEHM, Heidemarie. "Geschichte und Inidividualität in Grabbes Drama *Napoleon oder die hundert Tage.*" *Wirkendes Wort* 42 (1992): 43–55.

OELLERS, Norbert. "Die Niederlage des Einzelnen durch die Vielen. Über Grabbes *Hannibal* und *Die Hermannsschlacht.*" *Christian Dietrich Grabbe (1801–1836). Ein Symposium.* Hrsg. Werner Broer und Detlev Kopp. Tübingen: Niemeyer, 1987. 114–27.

SCHNEIDER, Manfred. *Destruktion und utopische Gemeinschaft. Zur Thematik und Dramaturgie des Heroischen im Werk Christian Dietrich Grabbes.* Frankfurt/M: Athenäum, 1973.

SCHNEIDER, Manfred. "Grabbe und der Dichter-Mythos." *Christian Dietrich Grabbe (1801–1836). Ein Symposium.* Hrsg. Werner Broer und Detlev Kopp. Tübingen: Niemeyer, 1987. 43–56.

SENGLE, Friedrich. *Biedermeierzeit. Deutsche Literatur im Spannungsfeld zwischen Restauration und Revolution 1815–1848.* Bd. III: *Die Dichter.* Stuttgart: Metzler, 1980.

Wiese, Benno von. *Die deutsche Tragödie von Lessing bis Hebbel.* 6. Aufl. Hamburg: Hoffmann und Campe, 1964.

The Turn of the Screw
Outsiders from Nestroy to Mitterer

Kari Grimstad, *University of Guelph*

Das Vorurteil is eine Mauer, von der sich noch alle Köpf', die gegen sie ang'rennt sind, mit blutige Köpf zurückgezogen haben. Ich hab' meinen Wohnsitz mit der weiten Welt vertauscht . . . Aus dem Dorngebüsch z'widrer Erfahrungen einen Wanderstab geschnitzt, die Chiappa-via-Stiefel angezogen und 's Adje-Kappel . . . geschwungen, so is man mit einem Schritt mitten drin in der weiten Welt. (I, 5)[1]

Titus Feuerfuchs, who speaks these words in Johann Nestroy's *Der Talisman* (first performed in 1840), had learned very early in his life the hard truth about being an outsider — in his case, because of society's prejudice against redheads. What I will do in this article is to look at the presentation of the outsider in *Volksstücke* from Nestroy to Mitterer, limiting myself to characters who, like Titus, suffered the pain of being outsiders already as children or young people. In pursuing this theme, I hope also to reach some conclusions about the various playwrights' views on society's ability to change.

Titus Feuerfuchs is doubly alone. He is not only a redhead, but also an orphan: his father is "gegenwärtig ein verstorbener Schulmeister" and his mother "die vor ihrem Tod längere Zeit verehelichte Gattin ihres angetrauten Gemahls" (I, 8). With no family, except for his cousin Spund, who shares the prejudice against redheads, rejected by women and made fun of by his "friends," Titus escapes, as we have heard, into the wide world, only to find the same prejudice reigning there. What Nestroy shows is the stupidity that makes an outsider of redheads — and, by extension, the stupidity of all prejudice. When Titus wears a wig and Constantia, Flora, Frau von Cypressenburg, and her daughter take him to be a blond or a brunette, they find him witty and attractive. We in the audience should presumably learn from this to look beyond a person's appearance before we judge him or her. And when Titus comes into money and the interest of the ladies in him is rekindled, we, like Titus, should learn to see through hypocrisy and false motivation and to perceive true feeling — here, that of Salome, the redheaded goose girl, but also that of the cousin Spund.

But Nestroy can also be critical of the outsider, when Titus, forgetting how he had been treated when he was poor, steps on his erstwhile benefactors on his climb up the social ladder. However, as a farce must, Nestroy's play ends on a positive note. Spund, as the *deus ex machina*, provides Titus with a barber shop and thus enables him to play a useful role in society. He will not find total social acceptance until the prejudice against redheads dies out, but he promises that he and Salome will do their bit by having lots of redheaded children: "Die roten Haar' mißfallen . . . fast allgemein," he says. "Warum aber? Weil der Anblick zu ungewöhnlich is; wann's recht viel' gäbet, käm' die Sach' in Schwung, und daß wir zu dieser Vervielfältigung das unsrige beitragen werden, da kann sich der Herr Vetter verlassen drauf" (III, 21).

The outsider is also a humorous character in Ludwig Anzengruber's *Die Kreuzlschreiber* (first performed in 1872). Steinklopferhanns was and has remained one of Anzengruber's most beloved characters. He is not only the playwright's spokesman, he is also irreverent and funny. And he is an outsider par excellence. Like Titus, he is made to feel an outcast by society, but for very much more serious reasons: "Ich [war] der arm Hannsl . . ., den a Kuhdirn auf d'Welt bracht hat und zu dem sich kein Vater hat finden wolln . . . damal, wie mein Mutter Kuhdirn, bald nach meiner Geburt, verstorbn is und wie die Gmeind für mich hat Kostgeld zahln müssen, kannst dir schon denken, wieviel Lieb ich da wohl gnossen hab! Jeder hat mir den Groschen, den er für mich beigsteuert hat, gspürn lassen" (III, 1).[2]

A short stint in the military — serving in place of a rich man's son — ended when a horse kicked and lamed him. Back in his community, Hanns was put to work in a stone quarry and forced to live like a hermit. Alone, sick and resentful of the way he was treated, he dragged himself outside to die, and then had what he calls his "extraige Offenbarung": "Es kann dir nix gschehn! Selbst die größt Marter zählt nimmer, wann vorbei is! . . . Du ghörst zu dem alln, und dös alls ghört zu dir! Es kann dir nix gschehn! . . . Da war ich's erstmal lustig und bin's a seither bliebn" (III, 1).

He now stands at the edge of society, perceived by others as an eccentric, a happy fool who, in his turn, observes his fellow human beings with humor and humanity. Unlike them he is not dependent on either the *Großbauer* or the priest. He does not permit himself to be manipulated by *Großbauer* Gundldorfer into becoming one of the *Kreuzlschreiber* who put their three X's on Gundldorfer's petition, nor, with Hanns' emphasis on nature and the here and now, can the priest make him join his campaign. The petition is against reform in the church — the doctrine of papal infallibility proclaimed by the Vatican Council of 1870 — but Gundldorfer is only concerned with preserving the status quo and not with promoting a more just society. Hence, for Hanns, this petition has no relationship with reality and does not concern him: "Schau, Großbauer," he says, "wann d' a Gschrift brächtst, wo drein stund: dö Großen solln nit mehr jed neu Steuerzuschlag von ihnerer Achsel abschupfen dürfen, daß er den arm Leuten . . . ins Schmalzhäfen fallt, . . . ah ja, Großbauer, da setz ich dir schon meine drei Kreuzel drunter" (I, 6). But he agrees to help the farmers when he realises the possible tragic consequences of the priest's heartless urging of the wives to ostracize their husbands to punish them for having supported Gundldorfer.[3] When the priest demands that the farmers go on a pilgrimage to Rome to atone for their disobedience to the church, Hanns dreams up a scheme to stop this. His proposal — that the unmarried girls accompany the men on the pilgrimage — is magnificent in its humor, its understanding of human nature and in its stressing one of the main qualities both of Hanns and of Anzengruber himself: their honesty.

Steinklopferhanns, in his position as an outsider, is Anzengruber's spokesman. Because he is an outsider and (like the fool or the jester) does not represent the social "norm," his comments can be subversive. The censor evidently felt this way: Anzengruber had a long fight to get his play performed. He had even greater problems with censorship the following year, 1873, when he had an idea for a *Volksstück* that was directed against the priests' vow of celibacy: he had to abandon his plan,[4] although, seven years later, he did turn it into a story, *Der Einsam*, which he was able to publish.[5] In that story, a priest, Eisner, is instrumental in the killing of Der Einsam, a young man with a prison record who lived like a hermit and would not yield to Eisner's demand that he conform. The young man turns out to be the priest's son. But Anzengruber liked his idea too well to give up his plan to write a play about it, and in 1887, he decided on a compromise: he turned the priest, Eisner, into another authority figure, a *Bürgermeister*, also called Eisner. Unfortunately, as a consequence of this change, the play, *Stahl und Stein*, lacks the bite of the story. Anzengruber's original intention had been to castigate the inhumanity and the hypocrisy that can result from the vow of celibacy, and this point was now lost. In both the play and the story, however, Anzengruber — like Felix Mitterer in two of his plays[6] — shows up the link between the propertied class and the Catholic Church. Complaining that the people lack faith, the *Bürgermeister* says, "Ohne den [Glauben] lehnt sich der Gringre gegn d' göttlich Weltordnung auf, die ihn zu

Armut bstimmt, und mißgunnt 'm Reichen dö Gaben, dö 'm selben vom Himmel zugteilt sein" (I, 2).[7] Religion is thus perverted into a tool of social control. Eisner wants to make sure that the indigent are not allowed to marry: "[Dös] zücht nur dö Bettlerschar und dös Vagabundenunwesen . . . Daß dabei christlich Zucht und unser Vorteil Hand in Hand gehen, wird wohl auch jeder einsehn" (I, 2). And he says of the indigent, "Wer Sündhaftigkeit halber uns nit taugt im Ort, der muß weg von da" (I, 2).

Of course, one of the people Eisner wants to get rid of is the outsider, Der Einsam. He had accidentally killed a man while defending his mother's good name, only to find out afterwards that he is an illegitimate child and that his mother was therefore what society called a whore. His awareness of having done wrong and of having been wronged wear him down: "Zwoafach bin ich von [der Gmoanschaft] gschieden, durch dö unehrliche Geburt und durch mein Tun; aber meiner Geburt wegen, an der ich doch koan Schuld trag, kann ich mich nit schämen, und mein Tun . . . kann ich nit bereun; aber halt als oan Ganz's bedrückt's mich" (III, 2). Thus he has withdrawn from society, living in a cave like a wild beast.

When Eisner first sees Der Einsam, he is immediately concerned that he might set a bad example: "So a Mensch, den mer nie . . . in der Kirchen sieht und der da droben in oaner Höhln haust wie a wilds Viech, der gab ja . . . 's gfährlichste Beispiel! . . . Wann er nit zum Kreuz kriecht, . . . austreiben laß ich 'n" (I, 3). But when they meet, Der Einsam calls Eisner's bluff. Eisner had denounced sexuality as something evil, and Der Einsam exposes his hypocrisy: "Ich stell mer den Mon, dem ich's nit dank, daß ich da af der Welt h'rumlauf, nit viel anders vor wie dich," he says to Eisner, "was a oan drauf h'rumlaufen hat, der leicht nit viel anders ausschaut wie ich!" (I, 7). This is heavy fore-shadowing — we are at the end of Act I, and two acts later it is revealed that Der Einsam is Eisner's illegitimate son. But by now it is too late: Der Einsam has been killed by the gendarmerie sent by Eisner to get him out of his cave. All this is somewhat melodramatic, but it does make Anzengruber's point: the story of his outsider unmasks the prevailing sexual hypocrisy, and it shows us how what is promoted as morality is really just a means of social control. However, fifteen years after *Die Kreuzlschreiber*, Anzengruber in *Stahl und Stein* seems to have become much more pessimistic about the possible acceptance of the outsider by society. Although Eisner learns a lesson, it is the outsider who pays for it with his life.

The victimisation of the outsider is also a major theme in Karl Schönherr's play, *Karrnerleut*,[8] first performed in 1904. Here the victim is a child, and thus even more vulnerable than the outsiders in the earlier plays. And since this play is the direct ancestor of Felix Mitterer's play *Heim*, it brings us closer to the outsider in the contemporary Austrian *Volksstück*.

The *Karrnerleut* are poor people, vagabonds who move from village to village. They live in covered wagons or *Karrn*. Vintschgauer, his wife and his two sons — Spitz, who is fifteen, and his younger brother Füchsel — are one such family. They survive by scrounging and stealing from the farmers, whether it be a lamb or potatoes from their fields. Their constant enemy is, of course, the professional defender of the established order, the gendarme, and fooling the gendarme turns stealing into a game. Near the beginning of the play, Füchsel and his father play their version of "cops and robbers," in which the cops are the bad guys. As Vintschgauer hoists his son into the air, he sings, "Das Füchsel tun wir hoppen, und die Schendarmen tun wir foppen" (135). But stealing is not just a game for these people — it is a necessity. One of the first things Füchsel says in the play is, "Der Vater soll einmal Erdäpfel stehln gehn. I hab Hunger!" (133). When the parents have gone off to do just that, the local gendarme arrives with a farmer whose lamb has been stolen. Spitz runs off to get his father, but Füchsel is found in the wagon. He is offered money to tell on his father and refuses. But what money will not do, food will: in return for a piece of bread, he tells the gendarme where the sheepskin is hidden.

This betrayal has tragic consequences. Füchsel is now doubly an outsider: an outsider from society, because he is poor, and from his family, because he has betrayed his father. When Vintschgauer, who does not know that his son has betrayed him, tries to kiss him before going off to jail, Füchsel pushes him away, crying with guilt and despair: "Rühr mich nit an, ich mag nit, i will nit!" (144). The kiss that the father then forces on Füchsel is a brilliantly inverted version of the kiss of Judas. This breaks Füchsel, who runs to the river and drowns himself.

Schönherr thus castigates a society in which the have-nots are relegated to the fringe, and in which the stance is one of "us" and "them." He does not, however, paint a picture in unmitigated black and white. The farmer feels sorry for Füchsel and asks the gendarme to stop when he tempts the child, and the gendarme jumps into the river trying to save the boy. On the other hand, Vintschgauer is rather hard on his boy, on whom he forces his own standards, which are more than Füchsel can live up to when he is tortured by hunger: the family, which should give comfort and protection to the children, can do neither. In Anzengruber's *Stahl und Stein*, the father unwittingly causes the death of his own son, who is outlawed by the society whose values his father upholds. *Karrnerleut* paints an even more pessimistic picture, for the child, the ultimate outsider in this play, cannot find protection and understanding even in a family of outsiders.

This brings us to Felix Mitterer.

Schönherr's *Karrnerleut* was performed in the summer theatre in Telfs in 1983, together with another one-acter, commissioned for the occasion: *Karrnerleut 83* by Mitterer.[9] The playwright then reworked this short piece into a full-length drama, first produced in 1987 in Linz under the title *Heim*.[10] This play does not deal with people who impinge on normal society from the fringe. Rather, Mitterer's modern-day outsiders are young people who try to break away from "normal," bourgeois society and who are punished for this act of rebellion by the representatives of this society. Mike, the rebel (who now really wants to go back home and is described in the list of characters as "einer, der heim möchte"), comes back to his hometown on his motor bike with his girlfriend, Nina, a drug addict and a North German (and hence by that very fact an outsider in a play set in Austria). The action is set under a half-finished freeway bridge just outside Mike's hometown. The three characters from the side of law and order are Hermann, Mike's father, who is the local chief of police, "ein Mann der Ordnung, im Chaos versinkend"; Ossi, the manager of the local supermarket, a skirt-chaser in his mid-thirties; and Günther, the second police man, a young man of Mike's age who has tried to become an *Ersatz* son to Hermann. We also briefly meet Monika, Mike's former girlfriend and now Ossi's very pregnant fiancée; Mike's mother Hilde; and her father, Walter, a medical doctor, "einer von früher, als ein Reich tausend Jahre währen wollte" (125). These representatives of "normality" are all of them at least as severely damaged as Mike and Nina.

The two young people are hunted down because Nina has stolen a bottle of whiskey and a night-gown from the supermarket, but the punishment far outweighs the crime. Both Mike and Nina are beaten up, and Nina is raped by Ossi while Mike, handcuffed, stands by helplessly. Mike is threatened by his father, who, drunk and cracking up, aims his service revolver at him and forces him to apologize and tell him that he loves and emulates him: "Verzeih mir, Papa! . . . Papa, i mag di so! . . . Papa, i möcht so sein wie du!" (150–51). This last statement, "I möcht so sein wie du," shows what his real crime is in the eyes of his father. Mike had left because he had felt stifled by his parents and their values, because he was sick of the petty-mindedness of small-town life and of *Spießbürger* aims in life: a job, a house, security; a semblance of responsibility — to one's property, to those who belonged to you — but no genuine moral responsibility. When accused by his father of being a gypsy — "A Zigeuner bist! Durch die Welt zigeunerst! Nix arbeiten willst! Nix leisten willst! A Ladendieb bist!" — he answers, "Müllhändler bin i! ... I hol Sachen aus dem Sperrmüll, richt sie her und verkauf sie auf dem Flohmarkt! Second Hand!" (141). He had had enough of the hypocritical sexual mores of a society, in which, on the surface, the code was observed, while in reality sex was alive and well ("Im katholischen Jugendheim treiben sie's unter die Augen vom Pfarrer!" [140]). He had had enough of a father who tried to force him to become what *he* wanted him to be, who loved him but could not show it, who yelled at him and beat him up, who put him in the drying-out tank for drunks — an ironic touch, for it is now the father who is a drunk — and who resented his son's running away because this made him a laughing stock, a police chief who could not even control his own son. And Mike had had enough of a neurotic, clinging mother who, turned off by his father's uncouth behavior, looked to her son for support and smothered him with love, or rather, with possessiveness masquerading as love, a mother who was preoccupied with material possessions and the opinion of others, with her social position and keeping up appearances. "Hast uns gequält mit deiner Rücksichtslosigkeit," she wails in an endless diatribe.

> Mit sechzehn schon in die Stadt, die Nächte durch! Und deine Frisur! Deine Frisur! Ich hab dich auf den Knien gebeten. Ich bin die Tochter eines Arztes, die Frau eines Polizisten! Das geht doch nicht! So eine Frisur geht doch nicht! Noch nie hat in diesem Dorf jemand so eine Frisur gehabt wie du! Mit Farben drin! Mit Farben drin! Das kann man in der Stadt machen, aber doch nicht bei uns! Jetzt hast du ja keine Farben mehr drin, ich sehs, ich danke dir. Du wirst dich schon anpassen! (156–57)

The key word for this society is *anpassen*, "conform." And for those who refuse, the grandfather — the old Nazi — has a convenient solution: "Und nachher geht's ab in die Psychiatrie!" (158). Or rather, this is the nice, socially acceptable solution. His true feeling about punks, druggies, drunks and other outsiders is: "Sie gehören alle abgespritzt! Alle!" (159).

Mike's real crime, then, is that he did not conform. And yet both he and Nina are still very young people who long for some sort of home and family. Nina's first reaction to this small town and its surroundings is that of a child.

> Mannohmann! Ein echtes Kuhdorf! Aber irgendwie find ich's ja dufte! So klein. Wie Spielzeug! ... Ich hab heute zum ersten Mal echte Kühe gesehen! ... Toll! Die haben so schöne Gesichter ... Wie so Frauen. So irrsinnig sanft. Und diese Dinger da. Die hängen einfach so dran. So ungeschützt. Wie nennt man das? (131)

And when she regains consciousness after having been beaten and raped, she cries for her "Mama" (152). Mike had made a detour to come back to his hometown. Why? That is a question he evades when Nina asks him. The only time when he comes close to saying why he came home is at the very end of the play, when his father has passed out drunk and Mike says to him: "I kann mi schon erinnern, wie du mir das Pfeiferl gschnitzt hast. — I wollt eigentlich wirklich wieder heim. Irgendwann. — Und jetzt is alles nur noch schlimmer" (159). At the bottom of it all Mike still wants family and everything it represents: love, loyalty, sticking together. Like Füchsel in Schönherr's play, but for different reasons, he somehow feels guilty for betraying his father. Towards the end of the play, Günther, the *Ersatz* son, accuses him: "Du hast ihn [deinen Vater] verraten! Du bist schuld, daß er so beinand is! — Man muaß zusammenhalten! Was bleibt denn sonst no?" (154) — and Mike cannot reply.

In the book edition of *Heim*, Mitterer quotes the Parable of the Prodigal Son from the Gospel of St. Luke. Here, the father is filled with compassion when he sees his younger son return, hungry and poor, after having dissipated his fortune in a foreign land. He welcomes his son with open arms and prepares a feast for him: "Wir wollen essen und fröhlich sein, denn dieser mein Sohn war tot und ist wieder lebendig geworden; er war verloren und ist wiedergefunden worden" (127). Mike, the modern prodigal son, does not find this welcome. In the society portrayed by Mitterer, love has become control. A sense of responsibility for others has been replaced by selfishness and self-pity. Compassion has metamorphosed into fear, fear on the part of the establishment of the other, of the outsider.

I would like to end with a very brief look at Mitterer's first play, *Kein Platz für Idioten*. Its main character, a young boy by the name of Wastl, is "different" — he is mentally retarded — but instead of being loved, he is rejected by his family and treated like an animal. He assumes the role of the outsider given him — the mask he wears at the beginning of the play signifies this. The person who "rescues" him is *Der Alte*, Hans, a handiman and a kind of outsider himself, who adopts Wastl, treats him with compassion and includes him in a "normal" life. The mask disappears. But society cannot act with compassion and will always see the mask. The boy is banned from the local *Gasthaus* because he might scare off tourists and harm business. But at the basis of society's reaction is *fear* of the outsider. Fear is here based on sexual taboos. When Wastl is caught doing something quite natural — that is, expressing an interest in sexual differences — the townspeople are up in arms. According to them, the boy is a potential sex maniac and for the "protection of their children" he must be controlled. Their complete abdication of responsibility is signified by their "putting him away." "Ins Gefängnis kommt er nit, aber ins Narrenhaus! . . . Der Bürgermoaster sagt des, alle sagen des! Die Leut verlangen, daß der Bua wegkommt!" (50–51).

Mitterer wrote *Kein Platz für Idioten*[11] after reading about an incident in 1974 in a tourist centre in Tirol in which a mother with a retarded child was refused entry to a *Gasthaus* because the proprietor feared his business would be hurt by the presence of the child. The play was first performed in 1977 by the *Volksbühne* Blaas in Innsbruck, a semi-professional company playing in a non-traditional theatre, with Mitterer himself taking the role of the boy. Although the fate of Wastl, the outsider, is tragic and the establishment characters in the play do not learn a lesson, many members of the audience did, and the play *did* have an effect. Mitterer writes:

> Hier an der Volksbühne waren die Besucher ganz normale Menschen, mit ganz normalen Vorurteilen. Und manche von ihnen begannen nachzuden-ken, nachdem sie die Geschichte des ausgestoßenen Buben gesehen hatten, und das war zumindest ein Beginn. Viele Diskussionen fanden statt, Behinderte kamen, erzählten von sich und wie sie von der Gesellschaft behindert wurden . . . Einiges hat sich zum Positiven gewendet inzwischen . . . vieles liegt noch im argen, das Stück hat leider seine Aktualität nicht verloren. (11–12)

In the case of *Heim*, the playwright comments that it has had only one other production since its premiere in 1984.

> Möglicherweise ist der Grund darin zu suchen, daß *Heim* manche Men-schen ziemlich unangenehm berührt. In der nächsten Theatersaison scheint sich allerdings eine Änderung anzubahnen, denn mehrere Theater haben ihr Interesse angemeldet. Manche Stücke brauchen eben ihre Zeit, bis sie sich durchsetzen. (123)

If one looks at the six plays considered in this article, the possibilities for acceptance of the outsider by society seem to become more and more grim as one moves through the nearly one and a half centuries between *Der Talisman* and *Heim*. However, perhaps one of the reasons why Mitterer's plays are so effective is that, although the characters in the plays do not learn, the reader or the spectator *may* begin to think and to feel and even to change. And a society which does not turn its children into outsiders can only be the better for it.

NOTES

[1]Quotations from Nestroy's *Der Talisman* are from *Komödien*, ed. Franz H. Mautner, 6 vols. (Frankfurt/M.: Insel, 1979) 3: 275–354. References are given in the text and refer to act and scene.

²Quotations from Anzengruber's *Die Kreuzlschreiber* are from *Werke*, ed. Manfred Kuhne, 2 vols. (Berlin: Aufbau, 1971) 1: 1–74. References are given in the text and refer to act and scene.

³The death (presumably suicide) of old Brenninger, who could not face living as an outcast in his own house, was the incident which convinced Hanns that he should become involved.

⁴The play was to be called *Da Onkl*. Anzengruber gave up on this play in 1875 because of problems with the censor.

⁵*Der Einsam* was first published in the German periodical *Nord und Süd* in 1881.

⁶*Stigma* and *Die Kinder des Teufels*, first performed in 1981 and 1989 respectively.

⁷Quotations from Anzengruber's *Stahl und Stein* are from *Sämtliche Werke*, ed. Rudolf Latzke and Otto Rommel, 15 vols. (Vienna: Anton Schroll & Co., 1921) 3: 177–278. References are given in the text and refer to act and scene.

⁸Quotations from Schönherr's *Karrnerleut* are from *Bühnenwerke* (Vienna: Kremayr & Scheriau, 1967) 131–45. References are given in the text and refer to page numbers.

⁹When the play was later performed without the Schönherr play, the title was changed to *Nullbock*.

¹⁰Quotations from both Mitterer plays cited in this article are from volume 1 of *Stücke*, 2 vols. (Innsbruck: Haymon, 1992). References are given in the text and refer to page numbers.

¹¹The first version of the play was a radio play and was slightly shorter. It was premiered on Austrian radio in 1975.

Eine unbekannte Vertonung Wolfgang Fortners von Alfred Döblins "Arbeiterlied"

J. Alexander Colpa, *New York University*

und Anthony W. Riley, *Queen's University*

I

Zur Genese und Druckgeschichte des "Arbeiterliedes"

Anthony W. Riley

Selbst bei der Themenwahl eines Beitrags zu einer Festschrift spielt der Zufall (oder im vorliegenden Fall wohl besser: Glücksfall) eine wichtige Rolle. Denn fast genau zum Zeitpunkt, als die Herausgeber mich baten, einen Aufsatz beizusteuern, entdeckte mein Mitverfasser[1] in der New York Public Library die Partitur einer bisher völlig unbekannten Vertonung Wolfgang Fortners von Alfred Döblins "Arbeiterlied," und zwar — wie in Teil II unseres Aufsatzes erläutert wird — gleich in zwei Fassungen. Ich sage: völlig unbekannt, denn diese Vertonung ist weder in der Fachliteratur zu Alfred Döblin noch im Werkverzeichnis Fortner angeführt. Es fügt sich gut, daß wir diese Entdeckung in einer Festschrift für Gerwin Marahrens erstmals bekanntgeben, da ich zu wissen meine, daß er unseren kleinen, im philologischen und musikologischen Geist verfaßten Beitrag schätzen dürfte, der fern jeder "kritischen Theorie" und jeglicher "postmodern"–dekonstruktionistisch angehauchten Mystifikation konzipiert worden ist. Wir sind uns der Bedeutung des Titels der Festschrift sehr wohl bewußt.

Alfred Döblins 1929/30 entstandenes Stück *Die Ehe* wurde am 29. November 1930 in Anwesenheit des Autors im Studio der Kammerspiele in München uraufgeführt und verursachte dann bald einen handfesten Theaterskandal: am 12. Dezember untersagte die zuständige Münchener Polizeibehörde wegen vorgeblicher "kommunistischer Propaganda" die weitere Aufführung des Stückes.[2] Allerdings würde es den Rahmen des vorliegenden Aufsatzes sprengen, wenn wir auf das merkwürdige Münchener Verbot des Dramas näher eingingen, wobei sogar Thomas Mann sich zugunsten Döblins äußerte, wohingegen etwa Alfred Kerr seine vitriolische Rezension einer späteren Aufführung des Schauspiels in Berlin mit einem dreifachen "Nieder damit" abschloß.[3] In unserem Zusammenhang ist vor allem festzuhalten, daß in Döblins Versuch einer "epischen Dramatik," der übrigens zu einer heftigen Kontroverse mit den damals mit Döblin befreundeten Brecht und Piscator führte,[4] die Musik eine wichtige Rolle spielte. Der Komponist der Begleitmusik zur *Ehe* war der seit 1922 in Berlin lebende junge und erfolgreiche Karol Rathaus (1895–1954), der 1933, nur einige Jahre nach der Aufführung des Stückes, genau wie Döblin ins Exil gehen mußte;[5] es bleibt der Forschung noch die wohl schwierige Aufgabe zu rekonstruieren, wie Kleinschmidt meint, "wie und in welchem Umfang Döblin mit Rathaus . . . künstlerischen Kontakt gefunden hat" und "wie genau der Verfasser den Einbezug von Musik geplant hatte."[6] Hinzuzufügen wäre allerdings, daß das noch erhaltene eigenhändige Manuskript der *Ehe* zumindest darüber Aufschluß gibt, daß seit dessen Entstehung (wie es eigentlich zum epischen Theater gehört) die Musik im allgemeinen, sowie ganz spezifisch ein Arbeiter- und Unternehmerchor und einzelne Lieder, integrale Bestandteile des Stückes waren; ein stark verkleinertes Faksimile eines Blattes des Manuskripts (Abb. 1) soll dies verdeutlichen.[7] Jetzt sind wir beim engeren Thema unseres Beitrags angelangt, denn wir wenden uns im folgenden dem *anderen* Komponisten, Wolfgang Fortner, zu, der ein Lied aus der *Ehe* vertont hat, wobei aber die Fragen, die die Entdeckung seiner Partitur aufwerfen, weitaus schwieriger zu beantworten sind als die im Fall von Karol Rathaus.

Zuerst sei der vollständige Text des "Arbeiterliedes," und zwar nach dem Erstdruck, wiedergegeben:

(Musik, langgezogener trauriger Gesang eines einzelnen.)
Arbeiterlied:

> Morgens früh aus dem Bette raus,
> in die Strümpfe rin,
> die Hosen an,
> morgens früh kaltes Wasser ins Gesicht,
> Brot ins Papier, auf die Straße runter,
> in die Elektrische, in die Untergrundbahn.
> Und in die Fabrik und in die Fabrik und in die Fabrik.
> Ah, das geht so Tag um Tag,
> Tagschicht, Nachtschicht, Nachtschicht, Tagschicht.
> Frühling, Sommer, Herbst und Winter.
> Montag, Dienstag, Mittwoch, Donnerstag;
> Mittwoch, Donnerstag, Freitag, Sonnabend.
> Und am Sonntag schläft man aus —, aus —, aus.
> Ah, das geht so Tag um Tag,

ah, das geht so Jahr um Jahr,
ah, das geht das Leben lang,
Rücken krumm, Schläfen grau, Schädel blank,
Ah, das geht so Tag um Tag.[8]

Betrachtet man den Text von Fortners Partitur (vgl. Abb. 2), so fällt auf —
abgesehen von den zahlreichen Wiederholungen von Sätzen oder Teilsätzen,
was ja musikalisch bedingt ist —, daß ein Wort anders als im Erstdruck
buchstabiert ist: "Strümpfe" im Erstdruck, dagegen ein niederdeutsch klin-
gendes Wort "Strümpe" bei Fortner. Hinzu kommt, daß Döblins Bühnenan-
weisung "langgezogener trauriger Gesang eines einzelnen" fehlt, aber da
Fortner das "Arbeiterlied" für einen Männerchor bzw. für einen gemischten
Chor komponiert hat, ist das nicht weiter überraschend; allerdings weist dies
darauf hin, daß Fortners Komposition fast unmöglich im Auftrag Döblins bzw.
für eine Aufführung des Stückes entstanden ist. Wo hat aber Fortner die
Schreibweise "Strümpe" her? Um die Beantwortung dieser Frage zu erleichtern, verzeichnen wir zuerst sämtliche "Fassungen" des Arbeiterliedes. Von
der Manuskriptfassung (Abb. 1) und vom Erstdruck (EED 75–76) war bereits
die Rede; der sogenannte "New Yorker Typoskriptdruck" (NYT) des Dramas
ist mit dem Erstdruck identisch.[9] Zwei weitere Drucke des "Arbeiterliedes"
runden die kleine Liste ab, einer davon liefert außerdem eine schlüssige
Antwort auf unsere Frage. Der erste der beiden Drucke erschien in den
Leipziger Bühnenblättern, ist aber bis auf die Ersetzung des oft wiederholten
Wortes "Ah" durch "Ach" mit dem Text von EED und NYT identisch und
scheidet deshalb als Vorlage für Fortner aus.[10] Die Lösung des Problems ist in
einem Vorabdruck in der *Vossischen Zeitung* vom 5. Oktober 1930 (AbVZ) zu
finden, denn dort erscheint das Wort "Strümpe" (das freilich als einfacher
Druckfehler betrachtet werden kann), und zwar als einziges Beispiel dieser
Orthographie in allen Fassungen des Liedes.[11] Um diese Lösung zu be-
kräftigen, darf auch darauf hingewiesen werden, daß AbVZ eine Zeile enthält,
die sonst nur in einer dritten, allerdings erst im August 1931 in der Zeitschrift
Gewerkschaft erschienenen Fassung vorhanden ist,[12] und zwar nach "Brot ins
Papier" als 6. Zeile: "Die Kanne in die Hand." Schlägt man in der Manuskriptfassung (Abb. 1) nach, so ist festzustellen, daß eine entsprechende Stelle
dort gestrichen worden ist: "die Kaffeekanne in d[ie] Hand." So gehört AbVZ
zu einem der frühesten Stadien der Bearbeitung des "Arbeiterliedes," und in
unserem Zusammenhang liefert AbVZ einen Terminus a quo (5. Oktober
1930) für die Entstehung von Fortners Komposition.

Freilich bleiben andere Fragen unbeantwortet. Warum gibt es im ganzen

Marbacher Döblin-Nachlaß (einem der umfangreichsten im ganzen Archiv) keinen einzigen Brief an oder von Wolfgang Fortner?[13] Waren Döblin und Fortner überhaupt miteinander persönlich bekannt? Warum gibt es in der sonstigen Döblin-bezogenen Primär- und Sekundärliteratur keine einzige Erwähnung des Komponisten? Denn um den Döblin-Text zu vertonen und ihn dann als Partitur zu veröffentlichen, mußte Fortner gewiß aus urheberrechtlichen Gründen die Erlaubnis vom S. Fischer Verlag, der das Copyright besaß, eingeholt haben. Es ist anzunehmen, daß die diesbezügliche Korrespondenz mit dem S. Fischer Verlag — dessen Verlagsarchiv größtenteils im Zweiten Weltkrieg zerstört wurde — und nicht mit dem Autor der *Ehe* geführt wurde. Aber vielleicht wird mein Mitverfasser während seiner künftigen Arbeit am Fortner-Nachlaß in München noch manches entdecken, was zur Klärung dieser und ähnlicher Fragen führt.

II

Zu Fortners Vertonung von Döblins "Arbeiterlied"

J. Alexander Colpa

Die Werke, für die Wolfgang Fortner Anerkennung fand, und die Stellung, die er in der musikwissenschaftlichen Literatur einnimmt, ergeben sich in erster Linie aus seiner Tätigkeit als Komponist, Lehrer und Dirigent während der Zeit des nach dem Zweiten Weltkrieg in Deutschland wieder auflebenden Interesses an moderner Musik.[14] Seine Werke der späten zwanziger und dreißiger Jahre fanden dagegen verhältnismäßig wenig Beachtung, obwohl sie wichtige Anhaltspunkte für die Entwicklung seines Stils bieten.[15]

Die Entdeckung einer unbekannten Vertonung Fortners von Alfred Döblins "Arbeiterlied,"[16] von dem im ersten Teil unseres Beitrags die Rede war, in den Beständen der New York Public Library vertieft unser Verständnis für den Stil seiner Frühwerke und zeigt, daß er schon am Anfang seiner Laufbahn sich um die Schaffung einer modernen musikalischen Ausdrucksweise bemühte, die auf den in den traditionellen Methoden von Polyphonie und Kontrapunkt innewohnenden Möglichkeiten beruht. Fortners Vorliebe für die intellektuellen Aspekte des musikalischen Handwerks blieb ihm sein ganzes Leben lang unvermindert erhalten. Doch gerade diese Neigung zu einer modernistischen intellektuellen Tonsprache brachte ihn mehrmals mit den Nazi-Instanzen in Konflikt.[17] Damit das "Arbeiterlied" im zeitgeschichtlichen Zusammenhang betrachtet werden kann, geht unserer Werkanalyse ein Lebensabriß des Komponisten und eine kurze Erörterung der von ihm um diese Zeit geschaffenen größeren Werke voraus. Die drei faksimilierten Notenbeispiele (Abb. 2, 3 u. 4) sind zur Veranschaulichung einiger in der Analyse besprochenen charakteristischen Merkmale am Schluß des Aufsatzes beigefügt.

Wolfgang Fortner, der 1907 in Leipzig geboren wurde, erhielt seine gesamte Schulausbildung in seiner Heimatstadt.[18] Nach dem Besuch des Realgymnasiums studierte er am Konservatorium Kompositionslehre unter Hermann Grabner, Orgel unter Karl Straube und Musikwissenschaft an der Universität Leipzig unter Theodor Kroyer. Alle drei Wissenschaftler waren für ihr Interesse an diversen intellektuellen Aspekten der Musik bekannt: Grabner für seine Theorien in Harmonielehre und Kontrapunkt, Straube (ein Schüler Max Regers, der sehr um die publikumswirksame Verbreitung des Œuvre seines Lehrers bemüht war) wegen seines Eintretens für eine Rückkehr zur Orgelbautechnik des 18. Jahrhunderts und Kroyer für seine Arbeit über die Polyphonie im 16. Jahrhundert.[19]

Nach dem Abschluß seines Studiums am Konservatorium Leipzig im Jahre 1930 wurde Fortner zum Professor für Kompositionslehre und Musiktheorie am Kirchenmusikalischen Institut der Universität Heidelberg ernannt, ein Amt, das er bis 1954 innehatte. Obwohl er anschließend in der gleichen Eigenschaft an den Musikhochschulen in Detmold (1954–1957) und Freiburg im Breisgau (1957–1972) lehrte, blieb er in Heidelberg wohnhaft, wo er 1987 im Alter von 79 Jahren starb.

Neben seinen üblichen Pflichten als Dozent am Konservatorium widmete er der Förderung der modernen Musik während der Nachkriegsrestaurationszeit viel Zeit und Energie. Fortner war ein Mitgründer der *Darmstädter Ferienkurse für neue Musik*. Diese Kurse begannen im Jahre 1946 und entwickelten sich zu einem Sammelpunkt für experimentelle Kompositionen und deren Aufführung. Zusammen mit anderen bekannten Lehrern und Komponisten wie Olivier Messiaen (1908–1992) und René Leibowitz (1913–1972) bildete Fortner eine große Gruppe zeitgenössischer Komponisten aus, von denen viele internationales Format erlangten (einige davon sind Pierre Boulez, Hans Werner Henze, Luigi Nono und Luciano Berio).

Als Komponist hinterließ Fortner ein höchst vielfältiges Gesamtwerk, das sich von Werken für Soloinstrumente und Liederzyklen bis zu umfangreichen Orchesterkompositionen und Bühnenwerken erstreckt. Werke für Gesangensembles mit oder ohne Begleitung nehmen ebenfalls eine bedeutende Stellung ein. Gerade diese Vorliebe für Vielfalt gepaart mit seiner hochintel-

lektuellen Weltanschauung ermöglichte es ihm, seine Texte aus den verschie-
denartigsten Quellen zu wählen, darunter Goethe, Hölderlin, Shakespeare,
Döblin, Brecht, James Weldon Johnson und Federico García Lorca.

Es ist bemerkenswert, daß Fortners *Arbeiterlied* sein erstes kleineres in
Druck erschienenes Werk zu sein scheint, und es ist gut möglich, daß es sein
erstes veröffentlichtes Werk für A-cappella-Chor darstellt. Am Anfang seines
Schaffens konzentrierte sich Fortner auf großangelegte Kompositionen, was
sich aus der folgenden Erörterung von ungefähr gleichzeitig mit dem *Arbeiterlied*
entstandenen Werken zeigt. Sein frühestes noch vorhandenes Werk scheint die
Toccata und Fuge für Orgel zu sein, die er 1927 schrieb und drei Jahre später
veröffentlichte.[20] Formal hat die *Toccata* mehrere deutlich erkennbare
Abschnitte: einen Refrain von Läufen und Diminutionen, womit eine kurze
vierstimmige Fugette und eine dreistimmige Passacaglia kontrastieren. Die
Fuge selbst ist als Thema mit zwei Variationen, gefolgt von einer Reprise des
Toccatateils (Läufe) und einer kontrapunktischen Koda aufgebaut. Obwohl die
Tonsprache des Werkes modal (D dorisch) ist, hebt die thematische Struktur-
betonte Dissonanzen innerhalb eines harmonischen Rahmens von Nonenak-
korden hervor.

Einige von Fortners anschließenden Kompositionen verwenden dieselbe
Tonsprache wie die *Toccata und Fuge*. Die *vier Marianischen Antiphonen*
(1929) und das *Fragment Maria* (1929) sind kirchenmusikalische Werke. Das
erstere ist für Alt, Chor und Orchester komponiert und benutzt die Texte der
gregorianischen Antiphonen in homophonen Sätzen und Chorfugen, dazwischen finden sich rezitativartige Zitate aus den gregorianischen Melodien. Das
andere Werk ist für Sopransolo mit Kammerorchester komponiert und verwendet einen Text des Schriftstellers Martin Raschke (1905–1943). Im *Streich-
quartett* (1930), Fortners erstem Kammermusikwerk, hält sich der Komponist
an dieselbe modale Sprache.

Das *Arbeiterlied*, das vermutlich Ende 1930 oder im Jahre 1931 komponiert
wurde, stellt — wie in Teil eins unseres Beitrags festgestellt worden ist — eine
frühe Fassung von Döblins Lied aus seinem Drama *Die Ehe* für vierstimmigen
A-cappella-Chor dar. Die Komposition ist in zwei Druckfassungen vorhanden:
eine in D für Männerchor (je zwei Tenöre und zwei Bässe) und eine zweite in
A für die übliche Sopran-Alt-Tenor-Bass-Besetzung eines gemischten Chors.
Dokumentarische Beweise zur Datierung der beiden Versionen stehen noch
nicht zur Verfügung, doch aus einer Werbungsbeilage der Zeitschrift *Die
Musik* vom März 1931 ergibt sich, daß die Männerchorausgabe zu dieser Zeit
bereits gedruckt und daß eine Ausgabe für gemischten Chor in Vorbereitung

war.[21] Zwischen den beiden Fassungen bestehen geringfügige Unterschiede, besonders in den Takten 58 und 61, wo die Tenorstimme der Fassung für gemischten Chor Varianten enthält, die das offensichtliche Ergebnis einer schlecht durchgeführten Transponierung sind. Die Stimmführung suggeriert auf jeden Fall je ein Paar gleicher Stimmen. Dies zeigt sich besonders deutlich in den Takten 9 bis 15, wo innerhalb jedes Stimmpaares häufig Stimmtausch stattfindet. Die Umfänge der einzelnen Stimmen sind ein weiterer Anhaltspunkt, da die in der Männerchorfassung vorhandenen Stimmumfänge fast genau den in einem Liebhaberchor zu erwartenden entsprechen, während in der Fassung für gemischten Chor die Baßstimme auf Grund der Transposition eine relativ hohe Stimmlage hat; infolgedessen bleibt der tiefere Teil der Stimmlage (zwischen A und d), der zur Aufrechterhaltung der richtigen Intonation unerläßlich ist und den Fortner häufig in der Männerchorfassung verwendet, unbenutzt, was die Fassung für gemischten Chor etwas unbeholfen macht.

Für die folgende Analyse des *Arbeiterliedes* ist es zweckdienlich, das Werk in vier Abschnitte aufzuteilen: A (T. 1–19), B_1 (T. 20–30), C (T. 30–48) und B_2 (T. 49–70). Dies stellt eine Art Refrainstruktur dar, die sich aus dem Lied selbst ergibt. Der Text "Ah, das geht so Tag um Tag" erscheint zuerst als Zeile 9 des Liedes, dehnt sich durch Repetition, Variation und Interpolation (Z. 15–19) auf fünf Zeilen aus. Wenn Fortner diese Zeilen vertont, verwendet er genau dieselben Kunstgriffe und verwandelt damit den aus zehn Takten bestehenden Refrain B_1 in den beinahe doppelt so langen B_2. Abschnitte A und C kontrastieren stark sowohl miteinander als auch mit dem Refrain. Im restlichen Teil des vorliegenden Artikels werden die ausgeprägtesten Merkmale der einzelnen Abschnitte ausführlicher besprochen.

Abbildung 2 zeigt die Anfangsseite des Werkes (T. 1–6). Sie soll dazu dienen, die Hauptzüge von Abschnitt A und auch von Fortners Stil im allgemeinen zu veranschaulichen. Die erste Phrase (T. 1–4, "Morgens . . . Hosen an") zeigt in gedrängtem Stil, wie der Komponist herkömmliche und moderne Methoden verschmilzt. In Takt 1 bis 2 wird der modale Beigeschmack der einstimmigen melodischen Linie durch den zweimal vorkommenden Ganztonschritt D–C erzeugt, doch unmittelbar darauf folgt ein Quartenakkord (zusammengesetzt aus der Quintenfolge D, A, E, H). Die Reibungslosigkeit dieses Übergangs vom archaischen Modus zum modernen Akkord wird durch die äußerst sparsame Stimmführung hervorgerufen. Die äußeren Stimmen werden in einer modal logischen Weise weitergeführt; Tenor I bewegt sich stufenweise zu E, Baß II hüpft zu A (der Modusdominanten). Von den beiden inneren Stimmen bleibt eine (Baß I) unverändert, und nur Tenor II muß zu einem H springen, um damit diesen Quartenakkord zu vervollständigen. Die restliche Phrase ist homophonisch vertont. Baß II deutet eine traditionelle Subdominante-Dominante-Folge an, aber die oberen Stimmen halten an den Quartenharmonien fest.

In der folgenden Phrase (T. 5–8, "morgens . . . Hand," nur T. 5–6 sichtbar) wird mit der Einführung des strikten Kanons das Tongewebe dichter. Die beiden oberen Stimmen beginnen im Einklang von neuem mit einer transponierten Version von Takt 1, die als musikalische Anspielung auf die Wiederholung der Worte "morgens früh" dient, aber die Stimmen gehen dann in zweistimmiger Harmonie weiter, was mit dem Text "Brot ins Papier" zu einer genauen Imitation in der Sekunde wird. Von Takt 5 an imitieren die beiden unteren Stimmen die oberen in striktem Kanon eine Quarte tiefer. Mit der gerade diese und alle weiteren Imitationsdurchführungen im Abschnitt A charakterisierenden Engführung schafft Fortner Harmonien, in denen Sekunden, Tritoni und Quarten die gebräuchlichsten Klangfüllen sind.

Abb. 3, die das Ende von Abschnitt A und den Anfang von Abschnitt B₁ zeigt, veranschaulicht sehr deutlich, wie Fortner eine interne Kadenz vorbereitet und zeigt gleichzeitig die von ihm geschaffenen verschiedenartigen Kontraste zwischen den Hauptteilen des Liedes. In Takt 15 beteiligen sich noch immer alle Stimmen in strikter Imitation (einstimmig in den oberen Stimmen und in der Sekunde für die unteren). Zur Vorbereitung auf die Kadenz wird der Kontrapunkt durch die Einführung von Gegenbewegung (T. 17–18) aufgelockerter, bis schließlich ein halber Takt von homophonem Gefüge den Auftritt der ersten internen Kadenz ankündigt (T. 19).

Nach der dichten kontrapunktalen Schreibweise von Abschnitt A präsentiert sich dem Hörer nun ein durchsichtiges Akkordgefüge, in dem der Komponist wiederholt den Ausruf "Ah" vertont (T. 20–24). Innerhalb jedes Stimmpaares (Tenöre, Bässe) löst sich ein Quintenintervall durch einen Halbtonschritt in eine Quart auf. Der bemerkenswerte Effekt dieser Passage liegt in der Klarheit der Stimmführung. Ein Nachgeben an die Erschöpfung und eine durch den absteigenden Halbton zum Ausdruck gebrachte Resignation ist nicht möglich, da dies dauernd durch einen aufsteigenden Halbton neutralisiert wird. Durch das Benutzen nur eines Phonems als Text bringt Fortner die stumpfsinnige Schufterei der Arbeiter musikalisch zum Ausdruck. Um den Effekt jedoch nicht zu übersteigern, ist deshalb der übrige Text ("das geht so Tag um Tag") in einer sich langsam bewegenden quasi-imitativen Passage mit dem Abschnitt A ähnlichen Klangfüllen vertont. Dies verschafft ein Gefühl der Einheit in der Komposition als ganzer, doch es zeigt auch ein gutes Gespür für subtile

Dramatik, in der der Gefühlsausdruck immer durch den Verstand kontrolliert wird. Takte 20 bis 25 übermitteln einen Echoeffekt, da die Musik der Takte 20 bis 24 auf einer sanfteren dynamischen Ebene und in einer niedrigeren Tonlage wiederholt wird, und Abschnitt B_1 endet mit einer offenen Quinte, die als elidierte Kadenz funktioniert und den Auftakt zu Abschnitt C kennzeichnet.

Der Text von Abschnitt C (T. 30–48) ist stark lautmalerisch, er erinnert an die rhythmische Bewegung im Fließbandmechanismus, und Fortner wählt den musikalischen Kunstgriff des Ostinato, um diesen Effekt zum Ausdruck zu bringen, er wird sogar durch eine Schichttechnik verstärkt. Jede semantische Unterscheidung (Arbeitsschichten, Jahreszeiten, Tage) hat ihren eigenen Ostinato mit individuellen rhythmischen Werten. Die Bässe singen "Tagschicht, Nachtschicht" in halben Noten, Tenor II fügt die Namen der Jahreszeiten in Viertelnoten hinzu und die Wochentage werden von Tenor I mechanisch in Achtelnoten aufgezählt. Der kumulative Effekt aller vier auf diese Weise fortschreitenden Stimmen ist aus Abb. 4 ersichtlich. Um die Verschiedenheit der letzten Textzeile dieses Abschnitts zu betonen ("und am Sonntag schläft man aus, aus, aus"), verwendet Fortner einen Imitationspunkt, damit der Zuhörer nicht nur den anderen Text hört, sondern auch das verschiedene musikalische Gefüge empfindet. Eine Kadenz auf einem Nonenakkord im Takt 48 schließt den Abschnitt C ab.

Der letzte Abschnitt des Stücks, B_2 (T. 49–70), ist eine erweiterte Version von B_1, und wie dort sind hier mehrfache Repetitionen des Phonems "Ah" in responsorischem Wechsel zwischen den oberen und unteren Stimmpaaren das auffälligste Kennzeichen. Die den Ausrufen folgenden Worte sind ebenfalls auf ähnliche Weise vertont, mit einer kurzen imitativen Passage. Die Bearbeitung ist jedoch in Einzelheiten verschieden, so daß man diesen Abschnitt als eine Variation empfindet und nicht als exakte Repetition. Während die Intervalle in B_1 eine Zusammenziehung erfahren mußten (eine Quint zieht sich zur Quart zusammen), verwendet Fortner nun sowohl Erweiterung als auch Zusammenziehung. In den Takten 49 bis 51 erweitert sich in den oberen Teilen eine Terz zur Quart, während in den unteren Teilen eine Quart sich zu einer Quint erweitert. Die folgenden Phrasen (T. 52–59) enthalten Quinten, die sich durch Ganzschrittbewegung in beiden Stimmpaaren zu kleinen Septimen erweitern. Eine homophone Phrase in drei Takten (T. 60–62) wird dazu benutzt, den Text "Rücken krumm, Schläfen grau, Schädel blank" unterzubringen. In den letzten sieben Takten (T. 63–70) sind dann in beiden Stimmpaaren die Ausrufe als sich zu Sekunden zusammenziehende Quarten behandelt, bis eine homophone Vertonung des Textes "das geht so ... das Leben lang" und ein letzter Ausruf

"Ah" auf einem Akkord in der zweiten Umkehrung mit einer offenen Quint (in D) das Stück zu einem glanzvollen Abschluß bringt.

Die von Fortner im *Arbeiterlied* benutzte musikalische Sprache ist der in den oben erwähnten anderen Werken ähnlich, aber die Kürze dieses Werkes und dessen Transparenz, die bei einem vierstimmigen A-cappella-Medium seiner Natur nach gefordert wird, führte ihn zu einer Präzision der Darstellung, die in seinen früheren Kompositionen nicht zu finden ist. Sein Einfühlungsvermögen für Aufbau und Inhalt von Döblins Text kommt besonders in den kontrastierenden Abschnitten des *Arbeiterlieds* zum Vorschein. Es ist eine ganz besonders glückliche Fügung, daß Fortners charakteristische Tonsprache, die mit Hilfe der traditionellen Methoden von Kontrapunkt und Stimmführung einen modernen Klang hervorbringt, für Döblins Lied wie geschaffen zu sein scheint.

Anmerkungen

[1] J. Alexander Colpa studiert Musikwissenschaft an der New York University, wo er über den deutschen Komponisten Wolfgang Fortner (1907–1987) promoviert. Für das akademische Jahr 1993–1994 wurde ihm ein DAAD-Stipendium verliehen, damit er seine Studien in München, wo der Fortner-Nachlaß deponiert ist, fortsetzen kann. Der Zufall will es, daß ich Alexander seit seiner Kindheit kenne, da seine Eltern nicht nur langjährige Kollegen im Department of Chemistry an der Queen's University sind, sondern auch uns direkt gegenüber wohnen.

[2] Vgl. hierzu die Ausführungen Erich Kleinschmidts in seiner kommentierten Neuausgabe des Stückes in Alfred Döblin, *Drama, Hörspiel, Film* (Olten: Walter-Verl., 1983) 172–261; Kommentar: 552–57 sowie Nachwort des Hrsg. bes. 581–82 u. 616–36 (= Ausgewählte Werke in Einzelbänden, künftig als DHF abgekürzt). Der Erstdruck (vollständiger Titel: *Die Ehe. Drei Szenen und ein Vorspiel*) erschien 1931 im S. Fischer Verlag, Berlin. Künftig wird nach dem Erstdruck (EED) zitiert.

[3] Kerrs Rezension und Th. Manns Äußerung im nützlichen Sammelband *Alfred Döblin im Spiegel der zeitgenössischen Kritik,* hrsg. Ingrid Schuster u. Ingrid Bohde (Bern: Francke, 1973) nachgedruckt 313–15 u. 321–22); der Band enthält eine repräsentative Auswahl kritischer Stimmen zur *Ehe* (305–25).

[4] Zur Kontroverse und zur Ablehnung des Stückes durch den Brecht/Piscator-Kreis vgl. vor allem DHF 616–26.

[5] Näheres zu Rathaus: Boris Schwarz, "Rathaus, Karol," *The New Grove Dictionary of Music and Musicians,* hrsg. Stanley Sadie (London: Macmillan, 1980) vol. 15: 597–98; ferner: *International Biographical Dictionary of Central European Emigrés 1933–1945,* hrsg. Herbert A. Strauss und Werner Röder et al. (München: Saur, 1983) vol. 2, part 2: 942.

[6] Vgl. DHF 633.

[7] Das eigenhändige Ms. der *Ehe* ist als Teil des Döblin-Nachlasses im Deutschen Literaturarchiv, Marbach am Neckar deponiert; Herrn Claude Döblin (Nizza) sind mein Mitverfasser und ich für die Erlaubnis, das Blatt zu fotokopieren und aus dem Manuskript zu zitieren, sehr zu Dank verpflichtet. Das als Abb.1 faksimilierte unpaginierte

Blatt (Originalgröße: ca. 30 cm x 19,5 cm) enthält den ganzen Text des "Arbeiterliedes" bis auf die ersten Worte der Anweisungen, die hier im vollen Wortlaut angegeben sind: "(Musik, Fabrikrhythmus, Thematik aus dem später folgenden [von jetzt ab wie am Anfang von Abb. 1] Arbeiter- und Unternehmerchor. Dann Gesang eines Einzelnen, Marschrhythmus)."

[8]EED 75–76; es sei darauf hingewiesen, daß der Text in DHF 233 (Zeile 2 u. letzte Zeile) zwei Druckfehler enthält: statt richtig: "Strümpfe rin" heißt es irrig: "rein"; in der letzten Zeile von EED müßte das Wort "Ah" richtig groß- und nicht kleingeschrieben sein.

[9]Das Arbeiterlied ist auf S. 85–86 von NYT zu finden; NYT (S. Fischer Verlag, 1930) hat ein eigenes Titelblatt "Die Ehe. 3 Scenen und ein Vorspiel von Alfred Döblin" und stellt als "Aufführungsfassung" einen ausführlicheren Text von EED dar; das wohl einzige Exemplar hat sich in der "Billy Rose Theater Collection" der New York Public Library erhalten; weitere Einzelheiten in DHL 553. Herr Uwe Wilhelm (Acadia University, Wolfville, Nova Scotia.), der 1993 mit einer Arbeit über Döblins Dramen bei mir promovierte, stellte mir freundlicherweise eine Fotokopie von NYT zur Verfügung.

[10]"Arbeiterlied" von Alfred Döblin, *Leipziger Bühnenblätter* 6 (1930/31): 49; für eine Fotokopie des Textes bin ich wiederum Uwe Wilhelm sehr zu Dank verpflichtet.

[11]"Arbeiterlied / Aus dem Stück 'Die Ehe' / Von Alfred Döblin," *Vossische Zeitung* 238, 5. Oktober 1930, Unterhaltungsblatt Nr. 233.

[12]Alfred Döblin, "Arbeiterlied," *Gewerkschaft. Organ des Gesamtverbandes* Jg. 35, Nr. 34, 22. August 1931, Sp. 559–60. Der Text ist — bis auf das Wort "Strümpfe" — mit AbVZ identisch. Herrn Hans Dieter Heilmann (Berlin) bin ich für den Hinweis auf diesen bibliographisch sonst nirgends erfaßten Druck zu besonderem Dank verpflichtet.

[13]Auf meine Anfrage hin teilte mir Herr Ulrich von Bülow (Handschriften-Abteilung des Deutschen Literaturarchivs, Marbach a. N.) in einem Brief vom 25. März 1993 freundlicherweise mit, daß in den Katalogen des Archivs kein Eintrag zu Wolfgang Fortner, und zwar weder als Verfasser noch als Briefempfänger, zu finden sei.

[14]Vgl. Ernst Thomas, *Wolfgang Fortner: Werkverzeichnis* (Mainz: Schott's Söhne, 1982) 40; Hanspeter Krellmann, "Fortner," *The New Grove Dictionary of Music and Musicians*, hrsg. Stanley Sadie (London: Macmillan, 1980) vol. 6: 723–24; Ernst Laaff, "Fortner," *Die Musik in Geschichte und Gegenwart*, hrsg. Friedrich Blume (Kassel: Bärenreiter, 1955) Bd. 4, Sp. 580–83.

[15]Ferdinand Kaufmann, "Fortners Deutsche Liedmesse," *Musica Sacra* 91 (1971): 49–52; Gerhard Schumacher, "Fortners instrumentales Werk," *Melos* 34 (1967): 329–33.

[16]Wolfgang Fortner, *Arbeiterlied [von] Alfred Döblin. Ausgabe für Männerchor* [a cappella] (Mainz: Schott's Söhne, 1931) 7 (B.S.S. 32834); *Arbeiterlied [von] Alfred Döblin für gemischten Chor* [a cappella] (Mainz: Schott's Söhne, 1931) (B.S.S. 32857).

[17]Vgl. Fred K. Prieberg, *Musik im NS-Staat* (Frankfurt/M.: Fischer, 1982) 58, 115, 127, 246.

[18]Vgl. E. Laaff, H. Krellmann u. E. Thomas (Anm. 14); ferner Ulrich Dibelius, "Wolfgang Fortner: Wege, Werk, Wesen," *Komponisten des 20. Jahrhunderts in der Paul Sacher Stiftung*, hrsg. Hans Jörg Jans (Basel: Paul Sacher Stiftung, 1986) 251–59.

[19]Hermann Grabner, *Allgemeine Musiklehre als Vorschule für das Studium der Harmonielehre, des Kontrapunktes, der Formen- und Instrumentationslehre* (Stuttgart: Klett, 1924); Hans Klotz, "Straube, Karl," *Die Musik in Geschichte und Gegenwart*

(Kassel: Bärenreiter, 1965) Bd. 12: 1442–46; Walter Gerstenberg, "Kroyer, Theodor," ebenda Bd.7 (1958): 1826–28.

[20]Wolfgang Fortner, *Toccata und Fuge* (Mainz: Schott's Söhne, 1930) 15 S. Die Chronologie von Fortners Kompositionen fußt auf Laaff und Krellmann (Anm. 14).

[21]Vgl. *Die Musik* 23/6 (März 1931) Werbungsbeilage, S. VII; während meiner Arbeit am Fortner-Nachlaß 1993/94 in München hoffe ich, das Entstehungs- und Datierungsproblem lösen zu können.

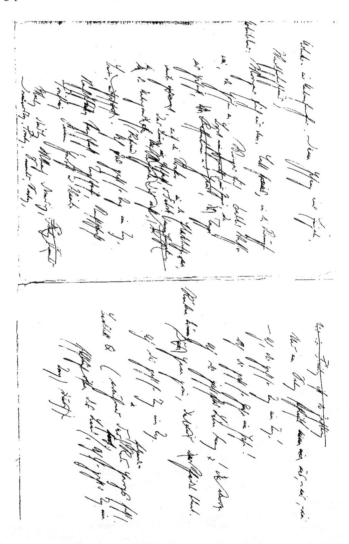

Abb. 1: "Arbeiterlied" aus dem eigenhändigen Manuskript
von Döblins Schauspiel *Die Ehe.*

Ausgabe für Männerchor

Arbeiterlied

Alfred Döblin

Wolfgang Fortner

Abb. 2

Abb. 3

B·S·S 32804

Abb. 4

Notenbeispiele mit Genehmigung des Verlages B. Schott's Söhne, Mainz

"Das Ich ist ein Phantom"
The Crisis of Cartesianism and Its Transcendence in Myth in Gottfried Benn's Early Dramas

Augustinus P. Dierick, *University of Toronto*

I

The existence and nature of a "self" — the relationship between a signifier denoted by the word "I" and the signified "I" intended by the speaker uttering the word, as well as the relationship between such an "I" and external reality — is one of the crucial problems of twentieth century literature. Not only is it felt that both the self and the world are essentially unknowable, and that statements about either are at most in varying degrees acceptable as heuristic but essentially unverifiable strategies; there is also a feeling that no "continuing" self in fact exists, that to speak of "the" self is fundamentally wrong.

Although speculations about the perception of the external world have a long philosophical tradition, and doubt about the notion of verifiability is by no means a recent phenomenon, the idea that the *self* may not be a fixed, continuing entity is a specifically modern problem: Immanuel Kant, living in an age far more optimistic than ours, could confidently write:

> Daß der Mensch in seiner Vorstellung das Ich haben kann, erhebt ihn unendlich über alle andere auf Erden lebende Wesen. Dadurch ist er eine Person und, vermöge der Einheit des Bewußtseins, bei allen Veränderungen, die ihm zustoßen mögen, eine und dieselbe Person, d. i. ein von Sachen, dergleichen die vernunftlosen Tiere sind, mit denen man nach Belieben schalten und walten kann, durch Rang und Würde ganz unterschiedenes Wesen; selbst wenn er das Ich noch nicht sprechen kann; weil er es doch in Gedanken hat: wie es alle Sprachen, wenn sie in der ersten Person reden, doch denken müssen, ob sie zwar diese Ichheit nicht durch ein besonderes Wort ausdrücken. (407)

This confidence in the ability of human beings to have an *image* ("Vorstellung") of the self ("Ich") is, to be sure, not misplaced even in the twentieth century; the very fact that the "self" is a topic of discussion points to a continued belief in at least the "discussability" of the concept; but increasingly, since the beginning of the twentieth century, what could possibly be designated by such an image or concept has become problematic.

One of the first German authors to pose the problem of the "self" in a radical way, not merely as a search for clarification, but in the form of a complete rejection of the stability of the notion as such, is Gottfried Benn. Benn's crisis of Cartesianism has three aspects, not always clearly distinguishable in his writings: the "loss of self" is a cognitive problem, related to the question of the limits of human understanding; it is an existential problem, concerned with the value and meaning of life, of person, of action; it is a metaphysical problem, entailing the re-definition or rather the abandoning of the transcendental.

Benn came to the statement of the Cartesian problem first of all through the medium of prose. In the short narrative, "Heinrich Mann. Ein Untergang [1913]," the problem is posed in the most succinct form. The collection of novellas of 1916, *Gehirne*, then takes up and elaborates this problem in a series of narratives essentially varying the same theme. Parallel with the prose writings, three dramas, or rather, three dramatic scenes treat the same problem: *Ithaka* (1913/14), *Der Vermessungsdirigent* (1916), and *Karandasch* (1919). Although it can be said that in one form or another the problem of self and of identity is a constant in Benn's writing — it is pervasive in much of his poetry and is an integral part of the essays of the 1920s and 1930s — it is only with the resumption of the writing of prose fiction (albeit a prose closely akin to the essay) that Benn once again makes the problem of self and identity a central concern (*Roman des Phänotyp: Landsberger Fragment* [1944], *Der Ptolemäer: Berliner Novelle* [1947]). By then, however, the context in which the problem is discussed has changed drastically, as has the formulation of the problem itself.

Whereas in the last twenty years or so Benn's prose writings have come into their own as a subject of critical investigation, Benn's dramas have by and large been neglected. Some reasons for this neglect can be advanced: Benn obviously did not write for the stage, the impact his works might have had, had they been more "suitable" dramatically, was thus seriously lessened. These dramatic scenes are almost exclusively concerned with abstract ideas; precisely because of the problems posed in them there cannot be "characters" in the traditional sense of the word, nor, because of Benn's questioning of the existence of a continuing self, "motivation" or "psychological" grounding. Hence there is no attempt to provide dramatic interaction between what are essentially "speakers," embodiments of points of view in a discussion. Moreover, the extreme density of thought and the radical linguistic forms of expression employed in these dramatic scenes undoubtedly stand in the way of an adequate reception.

Early reactions to Benn's dramatic experiments already point out these problems. As Peter Uwe Hohendahl shows in his introduction to *Benn: Wirkung wider Willen,* contemporary critics either ignored or rejected Benn's early dramatic efforts. A typical reaction is that by Hans Frank, who, in *Das literarische Echo* (1920), wrote of *Der Vermessungsdirigent* that he found it to be an incomprehensible piece of writing; even the play's foreword, presumably provided by Benn as an aid to understanding, left Frank, even after repeated reading, as clever as before (Hohendahl 101). In fact, of the early critics only Carl Sternheim understood the importance of these plays, precisely because of their highly intellectual content. Once recognized as essentially rehearsing and modifying the very problems which make the prose of the same period so crucial for an understanding of both Benn and of the contemporary intellectual crisis, these plays indeed yield to the attentive reader a number of important insights.

II

To arrive at an adequate reading of these texts it is helpful to trace the starting position of Benn's argument as presented in his slightly anterior prose writings. As I suggested earlier, the earliest, most accessible statement of Benn's position is the prose fragment "Heinrich Mann. Ein Untergang," in which the discovery of the absurdity and arbitrariness of "that which is" is described by Benn as having dire consequences:

> Früher in meinem Dorf wurde jedes Ding nur mit Gott oder dem Tod verknüpft und nie mit Irdischkeit. Da standen die Dinge fest auf ihrem Platze und reichten bis in das Herz der Erde.
> Bis mir die Seuche der Erkenntnis schlug: es geht nirgends etwas vor; es geschieht alles nur in meinem Gehirn. Da fingen die Dinge an zu schwanken, wurden verächtlich und kaum des Ansehens wert. Und selber die großen Dinge: wer ist Gott? und wer ist Tod? Kleinigkeiten. Wappentiere. Worte aus meiner Mutter Mund.
> Nun gab es nichts mehr, das mich trug (*Prosa und Autobiographie* 15).

The self as the exclusive theater of reality: this is the "Seuche" of an extreme subjectivism which may even question the very existence of an external world. In the moment in which the subject grasps itself as thinking, the bond between world and self is severed, and fixed, objective (but also non-reflected) principles which had until then determined life are destroyed. The first consequence of this realization is the loss of the transcendental: in the words of Hans-Dieter Balser, "alle Theogonien, Götterwelten und Religionen der Menschengeschichte" are for Benn but "Flucht in eine nur erträumte Gelogenheit" (30). Benn's religious crisis, documented especially by Max Rychner and Albrecht Schöne, has its roots in his early childhood, and has on occasion been described as an aspect of the socialization process (cf. Jürgen Schröder). It is more accurate, however, to see it as flowing from the existential-cognitive crisis Benn himself here describes.

A second consequence becomes obvious: what Soergel calls the "Urerfahrung eines metaphysischen Ichs" must logically lead to the destruction of the "auf Verstand, Logik, Kausalität aufgebaute Welt" (821). For if indeed the brain is the only place "where something happens," how can the subject grasp reality? And how can one not question man's efforts to erect philosophical and scientific systems? All such activities, Benn writes, are but "Geschiebe von Argumenten, Tabellen, Definitionen im allgemeinen, Kasuistik von Masseursniveau in den speziellen Teilen," all of necessity taking place "gegen einen katastrophalen Hintergrund" (*Essays und Reden* 35), and although man prides himself on his ever-increasing knowledge of the empirical world, in reality every modern man is, like Benn's fictional mask, the medical doctor Werf Rönne in *Gehirne*, merely a "Flagellant der Einzeldinge" (*Prosa und Autobiographie* 314). Again in the words of Balser: "Als ... das Denken seinen absoluten Bezugspunkt verlor und damit auf eine fragwürdige Weise autonom wurde, begannen 'Ding' und 'Begriff' auseinanderzutreten ... das Denken, das Gehirn, geriet in eine völlig isolierte Autonomie" (41).

The severing of the bonds between the thinking self and the world makes the perception of the external world problematic, in that it does not provide for a principle of verifiability of "observed" reality; the shift to the brain as a "metaphysical" ground (Soergel) leaves a gap between idea, image, and a possible external reality. The original grounding in God as an absolute was what caused things to be stable and fixed. Although this does not in itself touch the basic Cartesian principle of the proof of existence of the self, the *nature* of this self as a "thinking monad"[1] *and* its relationship with external reality *is* problematic. A third factor, in Benn's case even more important in his rejection of Cartesianism, is the belief on which the method is based: that in the organizational powers of *ratio* and in the essentially rational structure of the world.[2]

"Heinrich Mann. Ein Untergang" states the problem of the "self" in semi-autobiographical terms, as a personal crisis; moreover, it is couched in a poetic language which tends to obscure the actual cognitive aspects involved. It could be suggested that Benn began to look to drama for a somewhat more extended and "objective" treatment of these problems. Indeed, in each of the three dramas concerned, a different aspect of the crisis of the self is dealt with; each play also suggests a way out of the dilemma, though not one which could properly be called philosophical.

III

In *Ithaka* Benn combines two scenarios of confrontation, both of which belong squarely within the Expressionist inventory: the first is the revolt of the young against the old (most often formulated as a "father-son conflict"), the second, the revolt of feeling and emotion against *ratio*. To play out these scenarios, Benn pits a professor of Pathology against two students, later joined by the professor's assistant, Rönne.

At the end of a lecture concerning the coloration of brains of rats with different lengths of hair, Lutz, a student, wonders what kind of consequences one can draw from such a fact, "irgendwelche Schlüsse . . . [i]rgendetwas Funktionelles" (22).[3] It soon becomes clear that a wide gap separates Lutz from the Professor, who makes fun of the attitude Lutz's question reveals: "Wir sind doch nicht Thomas von Aquino," he protests; "Haben Sie denn gar nichts gehört von dem Morgenrot des Konditionalismus, der über unserer Wissenschaft aufgegangen ist? Wir stellen die Bedingungen fest, unter denen etwas geschieht. Wir variieren die Möglichkeiten ihrer Entstehung, die Theologie ist ein Fach für sich" (22). A caricaturized form of Positivism is represented here by the Professor, for whom the collection of data, the variations in conditions, and the subsequent impact on the material under consideration, are goals sufficient in themselves. To what extent such scientific activity has become unacceptable to the younger generation is revealed in Lutz's aggressive reply to the Professor: "Und wenn sich eines Tages Ihr gesamtes Auditorium erhöbe und Ihnen ins Gesicht brüllte, es wolle lieber die finsterste Mystik hören als das sandige Geknarre Ihrer Intellektakrobatik, und Ihnen in den Hintern träte, daß Sie vom Katheder flögen, was würden Sie dann sagen?" (22).

Lutz's tirade, which sets the tone for the rest of the dramatic scene, is, of course, a form of wish fulfillment, an imaginary acting out of a scene for which in real life Benn and most of his contemporaries would have lacked the necessary courage and "Schnauze." More importantly, the anti-authoritarian stance adopted here is not one of reasoned argument, but of rhetoric and intimidation. This is evident from the continuation of the action once Rönne appears on the scene. The latter refuses to undertake a piece of research assigned to him by the Professor. His reasons are similar to those of Lutz, and

Rönne takes a similarly aggressive stance: "Erfahrungen sammeln, systema-
tisieren — subalternste Gehirntätigkeiten! — Seit hundert Jahren verblöden sie
diese Länder und haben es vermocht, daß jeder Art von Pöbel die Schnauze vor
Ehrfurcht stillsteht vor dem größten Bettpisser, wenn er nur mit einem
Brutschrank umzugehen weiß, aber sie haben es nicht vermocht, auch nur das
Atom eines Gedankens aufzubringen, der außerhalb der Banalität stände!"
(23). Recognizing the attitude and tone of Rönne's intervention as similar to his
own, Lutz feels encouraged to continue pressuring the Professor about the
relevance of his scientific activities. Unfortunately, the latter cannot bring
arguments which would dispel those accusations just presented, and instead
defends medical research along humanitarian lines: "Und die Menschlichkeit?
Einer Mutter das Kind erhalten, einer Familie den Ernährer? Die Dankbarkeit,
die in den Augen aufblinkt?" (24). To which, with the radical and sweeping
gesture typical of Benn's writing of this period, Rönne responds: "Kindersterben
und jede Art von Verrecken gehört ins Dasein, wie der Winter ins Jahr.
Banalisieren wir das Leben nicht" (24).

Up to this point, Benn can be seen to be concerned with the question of
scientific investigation: his revolt against nineteenth-century Positivism is
inspired by a sense of futility, and although we can hardly speak of a lucidly
argued presentation of the problem, and although the Professor is hardly a
worthy representative of the scientific community and its activities,[4] the doubts
Benn voices here are nevertheless valid ones. Rönne's next long speech,
however, shifts the discussion dramatically away from the attack on Positivism, and introduces two different motifs.

The key word introducing the next phase of the discussion is supplied by
Lutz, who asks the Professor how he can introduce students to a science which
leads to ignorance: "Mit was für Gehirnen rechnen Sie?" The word "Gehirn,"
as we know from Benn's prose writings of the same period, is like a magic
formula triggering a large number of associations. Brain is thought, is *ratio*, for
Benn, and against this "disease" of thought, against the realization that thinking
reduces the universe to a solipsistic production of the brain, Benn, behind the
mask of Rönne, protests with utterances full of pathos: "Ich habe den ganzen
Kosmos mit meinem Schädel zerkaut! Ich habe gedacht, bis mir der Speichel
floß. Ich war logisch bis zum Koterbrechen. Und als sich der Nebel verzogen
hatte, was war dann alles? Worte und das Gehirn . . . Immer und immer nichts
als dies furchtbare, dies ewige Gehirn. An dies Kreuz geschlagen. In dieser
Blutschande" (25). We are once again reminded of the pathos-filled opening
passage of "Heinrich Mann. Ein Untergang." At the same time the extremely

close link which Benn establishes between thought-processes and the physical entity called brain becomes clear. Often, in fact, the two appear to be interchangeable, and there is a tendency to practically equate the *physical* processes within the brain not only with the production of thought, but to go one step further, and to locate *mind* and even *self* within the physical brain, or more precisely, to equate brain with mind and self. The Professor, who has obviously no access to the kind of experiences Rönne is referring to, falls back on the more general meaning of the word "Gehirn"; he explains Rönne's crisis in psychological terms, as neurasthenia: "Wenn Sie zu schwächlich sind für den Weg zur neuen Erkenntnis, den wir gehen, bleiben Sie doch zurück. Schließen Sie die Anatomien. Betreiben Sie Mystik. Berechnen Sie den Sitz der Seele aus Formeln und Korollarien" (25). Whereupon he launches into a paean to the new perspectives of science: "Unendlichkeiten öffnen sich" (25).

Once more, the focus of the play shifts. If the earlier discussion had, in its recourse to violence and aggression, already contained the germs of an irrationalism which simply sweeps intellectual argument away, the foundations of this irrationalism are revealed in the next phase. Thinking, experienced by Rönne as a pressure on the brain, a form of illness (note the references to "Speichel," and "Koterbrechen"), is now interpreted not merely in personal terms, but in the context of the progress of mankind in general: "Aber wegen meiner hätten wir Quallen bleiben können," Rönne exclaims, "Ich lege auf die ganze Entwicklungsgeschichte keinen Wert. Das Gehirn ist ein Irrweg" (26). Once again Benn uses the physicality of the brain to point to the thinking process itself, to mind, and he again connects thinking with physical illness: "Ich fühle nur noch das Gehirn. Es liegt wie eine Flechte in meinem Schädel. Es erregt mir eine von oben ausgehende Übelkeit. Es liegt überall auf dem Sprung: gelb, gelb: Gehirn, Gehirn. Es hängt mir zwischen die Beine herunter . . . ich fühle deutlich, wie es mir an die Knöchel schlägt —" (26).

Now the second student, Kautski, who up to now has been silent, takes up his task. Whereas Lutz was Rönne's partner in the attack on the scientific spirit of the nineteenth century, Kautski is Rönne's ally in the attack on the brain, and, even more importantly, in the presentation of an alternative vision which gradually emerges. "Aber sehen Sie um unsere Glieder das Morgenrot?" he asks, "Aus der Ewigkeit, aus dem Aufgang der Welt? Ein Jahrhundert ist zu Ende. Eine Krankheit ist gebrochen" (26). "Der erkennende Mensch," is an illness, but "wir sind älter. Wir sind das Blut; aus den warmen Meeren, den Müttern, die das Leben gaben. Sie sind ein kleiner Gang vom Meer. Kommen Sie heim. Ich rufe Sie" (26).

Kautski's call to return to the sea repeats a major motif Benn introduced at this time into his lyric poetry; it also figures prominently in the last novella of *Gehirne*, "Der Geburtstag." The sea has already subtly been introduced at an earlier point in the play, of course, in Rönne's reference to "Quallen." Now the sea, as primitive, pre-conscious world, is presented as a possible answer to the agonies of rationalism and thought. Regression rather than progress, therefore, seems to contain the answer not only to Rönne's personal suffering, but to the "Irrweg" of mankind's history. Obviously, the Professor cannot but warn against such atavistic notions: "Mythos und Erkenntnis, wäre es nicht möglich, daß es alte Schwären unseres Blutes sind, von alten Zeiten her, die sich abstoßen werden im Laufe der Entwicklung, wie wir das dritte Auge nicht mehr haben, das nach hinten sah, ob Feinde kämen?" he asks, and he wonders, whether "alle spekulativ-transzendentellen Bedürfnisse läutern und klären und still werden in der Arbeit um die Formung des Irdischen" (27).

The play has irreversibly moved beyond such positions, however. It has not only moved away from argument and rhetoric, it has shifted into the realm of poetic evocation. In a type of antiphonal chant, Kautski and Rönne evoke the primitive realm of the Mediterranean: "es gab ein Land: taubenumflattert; Marmorschauer von Meer zu Meer; Traum und Rausch," Kautski intones, answered by Rönne's: "Sonne, rosenschößig, und die Haine blau durchrauscht. Blühend und weich die Stirn. Entspannt an Strände. In Oleander die Ufer hoch, in weiche Buchten süß vergangen . . . O es rauscht wie eine Taube an mein Herz: lacht — Ithaka! — Ithaka!" (27). As if to remind himself of the origin of the movement which thus ends in an exalted and ecstatic mood, however, Benn returns to the aggressiveness of the beginning of the play: in a final gesture of defiance, the students physically attack the Professor, and are ready to murder him. Strength or weakness, the return to the gesture of revolt in any case suggests one important source of Benn's thinking: in the final words, "Seele! wir wollen den Traum. Wir wollen den Rausch. Wir rufen Dionysos und Ithaka!" (28). Benn clearly pays a debt to Nietzsche.

Ithaka presents the first stage of Benn's crisis of Cartesianism. In the rejection of traditional knowledge, in the radical claim that man's intellectual evolution is a mistake, and in the suggestion that the illness of consciousness can be overcome by regressing to a more primitive level of being, Benn sets the stage for a total revaluation of mind, and of the self. An important characteristic of his thinking becomes clear in the process: the borderlines between "brain" as physical entity, "mind" as capacity to reason, "consciousness" as awareness of the self as reasoning faculty, and "self" as the totality of all these elements, are constantly blurred. This problematic aspect of Benn's writing is evident also in the next play, *Der Vermessungsdirigent*.

IV

Perhaps because he anticipated negative criticism, perhaps because he feared his intentions would be misunderstood, or again perhaps to state the problem of the play and to fix its progress more firmly in his own mind, Benn provided a short "Zusammenfassung" for this "erkenntnistheoretisches Drama." Its main character, the medical doctor and scientist Pameelen is a foil to the protagonist of the Rönne novellas, with the crucial difference that Rönne is a passive character, Pameelen an active, even destructive one. They share the same dilemma, however, as Benn himself indicates: "In Pameelen wendet sich das Jahrhundert vehementester Logik, das die Weltgeschichte sah, auf sich selbst zurück. Der Trieb nach Definition, in ihm qualvoller als der Hunger und erschütternder als die Liebe, kehrt sich in ihm gegen das sogenannte eigene Ich" (43). The "program" is clear: logic is self-destructive *and* the "self" is made problematic by affixing the qualifying "sogenannt" to it. Like Rönne, Pameelen is subject to a feeling of strangeness when confronted with life. Whereas it is his self-imposed "task" to measure, and thus logically to secure reality, this measuring activity disintegrates, together with his inner world. The disintegration is far more radical than in the case of Rönne, however, according to Kügler, since it represents the end of a 400-year-long tradition dating back to Descartes. According to his self-interpretation in "Lebensweg," Benn did not want to create a mere psychological case-study in Pameelen, but to describe a representative historical position *Prosa und Autobiographie* 320–21). Wodtke, too, follows Benn's lead when he claims that Benn's play is concerned with a radical questioning of the whole of European intellectual history. Pameelen attempts not to create a "world," but, in Benn's own words, "versucht...[das] Ich experimentell zu revidieren" by means of the whole arsenal of the "scientific method" — judgment, comparison, analysis and causality. Pameelen's attempts to establish his borderlines, his extensions, are doomed to failure; as the preface indicates, "das Uferlose ist es, an dem er altert und zugrunde geht" (43). Ego cannot be established, for "das Ich ist ein Phantom. Kein Wort gibt es, das seine Existenz verbürgte, keine Prüfung und keine Grenze." It is Pameelen's dilemma that he must act without being able to define himself (Mennemeier 84).

The "Vorspiel" immediately establishes this dilemma. It is set in a clinic for prostitutes, and consists of a dialogue between Pameelen and a "voice" which seems to emerge from Pameelen's subconscious.[5] Pameelen fears "Erlebnisunfähigkeit" and therefore is, like Rönne in "Die Reise," intent on collecting as many varied experiences as possible: "Hintreten sollt Ihr zu meiner Gesamt-Konstitution" (44), he says of the prostitutes, this elusive "Gesamt-Konstitution," I take it, referring to the self. Such attempts to widen one's experiential horizon are based on one or another type of response-philosophy, which assumes the dependence of the self on exterior, sensory data: perception of the external world becomes the guarantor of the existence of the self and allows the solipsism of the self to be overcome. The crucial role of memory in relation to experience is also hinted at by the voice's exhortation to Pameelen mentally to return to the past. The latter obliges, but he soon tires of the exercise and protests that one ought to have "einen Gesichtspunkt . . . einen Erlebniswinkel" (44) in order to make the right associations, and to collect these in an overriding frame. Ultimately Pameelen is unable to keep the individual data together, precisely because a more general perspective is missing, despite the fact that the "voice" rejects this viewpoint and claims that "natürliche Heiterkeit der Sinne," an "allgemeine Aufnahmefähigkeit des Geistes" (44), and a basic emotional state are enough to allow the establishment of some kind of central consciousness. Nothing in the way of external phenomena can be neglected, however, if the goal of "Weltumspannung" is to succeed. Unfortunately, free association is blocked in Pameelen, because, as typical "Mitteleuropäer," he quite naturally falls back on his "Kausaltrieb"; it is only by conceptual and abstract thinking that he can arrive at "die ganz großen Dinge des Daseins" (45). This effort has its price: "O dies Verwelken der Welt in meinem Hirn! Schon diese peripheren Ermüdungen, vor allem aber dies kortikale Verblühn . . ." (45–46).

Precisely that which Pameelen cannot achieve, a "direct" and unmediated experience of the world, he witnesses in the next scene, when he enters a room in which prostitutes are being examined for venereal diseases. Here a wave of "Sinneseindrücke, zunächst ganz peripher" (46) greet him. Although Benn stresses the crudity of medical procedures and intentionally drags humans down to the animal level to create a blatant contrast between mind and body, Pameelen can only feel envy for the woman in the examination chair: "Welche Frau! Welche kühne Beherrschung des Raumes! Welch mythische Selbstverständlichkeit in der Ableitung des Psychischen in die Bewegung!" (46). Pameelen's "hymnic travesty" (Meister 52) is inspired by the fact that here he is confronted with a kind of radical rejection of intellectual activity; no associative process takes place, the brain reacts purely according to sensory data available to it and refuses to go beyond: "O tierisch holde Unduldsamkeit gegen Ansammlung von Reizen! Wie sie das Speculum von sich stößt, die Knie anzieht, welche Abwehrbewegung" (46).

As the following three acts show, Pameelen is profoundly incapable of such an experience of life. These acts primarily constitute a series of confrontations between Pameelen and (as the play will gradually reveal) his "Gegenfigur" (Wodtke 325), the painter Picasso. In the first scene, Picasso has come to seek medical help: he is suffering from a malady that is the very opposite of that of Pameelen, namely an absence of consciousness: "Wenn dies (*mit der Hand*) die allgemeine staatlich-logisch fixierte Ebene ist," he pleads, "bitte ich, eine Drehung erwirken zu wollen, um eine Kleinigkeit, vielleicht um fünf Grad. Nur daß das Reizpotential eben überschritten ist" (47). Picasso desires a correction of the "myopia" of his brain; he has taken cocaine and coffeine,[6] but is in search of something more lasting, "vielleicht Kurare?" (47). Pameelen warns against the procedure because of the consequence for possible offspring, but Picasso reveals he is impotent. Pameelen's further objections in the name of logic and "Geist" are similarly dismissed. Pameelen then produces his final suggestion: why not a program of sex with a young woman? But Picasso is afraid of impregnating her despite his impotence.

It is in fact sex which illuminates Picasso's problem. In earlier days, his paintings had been full of sexual references and genital imagery, but when he later looked at them they caused revulsions in his brain, "als wolle jemand Makronen backen" (48). To counteract this tendency, Picasso has had a brain operation which has resulted in a loss of "das Materielle," and has left only "die funktionellen Differenzen" (49) intact. In other words, the operation has resulted in a move away from the empirical world, towards a world of associations and "reine[s] Sehen" (Meister 53). The implications of this shift are considerable: "Was Benn als medizinische Diskussion schildert, ist als ästhetische gemeint. Die von Picasso erwähnte Operation an der rechten Stirnwindung 'zwischen Broca und Wernicke,' wo bei einem Linkshänder ... das motorische (Broca) und sensorische (Wernicke) Sprachzentrum liegt, weist auf eine Idiosynkrasie gegen die Sprache, denn ein operativer Eingriff an dieser Stelle kann Aphasie und Wortblindheit bewirken" (Meister 52–53). Picasso, it appears, now has access to a type of seeing which grants him freedom from the rationalism in which Pameelen remains imprisoned. As a visual artist, he seeks not "die verfremdende Distanzierung der Realität durch Sprachironie, sondern den Blick, der ... sich als genuine Gestaltung, als primäre Form begreift" (Meister, 52). With his "Tierauge," and a cubist "Flächenblick"

(Benn's own terms) Picasso is able to associate freely, and can, in the course
of the play, gradually come not only to an acceptance of his curious condition,
but, in the continued dialogues with the tortured Pameelen — who seeks to
reduce his self to a "bloß noch theoretisches Ich, das seinen emotionellen und
sinnlichen Bereich ausschließt" (Meister 52) —, welcome it as a blessing.

Pameelen's imprisonment in the house of words — words that are exclusively conceptual —, prevents him from accepting erotic experiences as part of
life. In scene two his mistress, Mieze, who is pregnant, is rebuked by Pameelen,
who claims he could not possibly be the father of the child: "Dann könnten die
Waschfrauen schwanger werden, weil sie Nachthemden ausseifen" (50). In
vain, Mieze tries to remind Pameelen of their romantic experience; he refuses
to let his "logische Kontinuität" be interrupted by "physiologische Bizarrerien
vom Range eines Experiments" (50). Essentially a "Gehirntier," he plans in fact
a whole new program: "Entgeschlechtlichung des Gedächtnisses oder Ver-
hirnung des Geschlechts" (50). His aim it to do away with sex, and to enthrone
"die schlanke Logik" (50). Woman, the embodiment of sexuality, is depicted
as dangerous: sensual and sexual experiences are invasions of the self, forms
of "Vertierung" and "Bewußtseinsverlust" (50), as Mieze herself says. Pameelen
protects himself against this danger by falling back on his memory as the
inalienable core of his being: "Was ist das Äußerste, das Allerletzte? Was
blieb? Das Gedächtnis! Mit mir geboren, in mir geformt, unveräußerlich,
unvererbbar, meine Treue, mit mir zu Grunde gehend, letzter Nachtgesang und
Felsenlied: Das diskursive Ich" (50). His inner core allows him to reject
paternity on the grounds that it would amount to a dispersal of his self: "Ich kann
nicht Nicht=ich [sic] werden. Das widerspräche dem Satz von der Identität und
das wäre die Auflösung" (50). He thus counters Mieze's emotional plea for
having the child be born with an equally passionate intellectual argument:
"Mein Ichbegriff, meine Stirnenewigkeit — daran wollten Sie tasten?" (51). So
obsessed is Pameelen with the preservation of his identity, with the "Ge-
samtnatur" on whose behalf he had labored so intensively in the "Vorspiel,"
that he suggests an abortion: "Jetzt ist es fünfter Monat und es geht noch in eine
Kaffeetasse" (51). When Mieze refuses, Pameelen feigns sentimental feelings,
seduces her and then administers a drug to induce unconsciousness: he is now
ready to perform the abortion.

Despite Pameelen's desperate efforts to guard his identity and unity, scene
three again emphasizes the futility of this quest. Pameelen's father mistakes
Picasso for his son. This shows that Pameelen's much-vaunted "personality,"
for which in the previous scene he was shown to betray his lover, and for which

he was willing to perform an abortion, is completely illusory. Friedrich
Wilhelm Wodtke writes:

> Die überlieferten Wertbegriffe der unverwechselbaren 'Individualität' und
> der 'Persönlichkeit' mit ihrem festen inneren Kern, Goethes 'Entelechie,'
> und mit spezifischen Eigenschaften . . . sind endgültig zerfallen. Benn setzt
> die von Ernst Mach, Hofmannsthal und Vaihinger herkommende Linie fort,
> wenn er den völligen Zerfall des Ich konstatiert und in ihm nur noch einen
> imaginären Bezugspunkt außerhalb der Welt, einen 'archimedischen Punkt'
> sieht, von dem aus nun mit Hilfe eines rasanten Intellekts, den Benn später
> als 'zähneknirschende Tollwut des Begrifflichen' bezeichnete, die Welt aus
> den Angeln gehoben und zersprengt werden kann. (324)

Pameelen's initial attempt to establish a self through experiences ("Vorspiel"), his efforts to prevent a scattering of the self through procreation,
through emotional ties (scene two), are shown to lead to failure because the self
is a phantom. When Pameelen's father does not recognize his son, when at the
end of scene three he remarks: "Wie?? Ihr seht ja beide gleich aus?", Pameelen
is forced to confess: "Ja, wir sind prinzipiell archimedische Punkte . . .
Koordinatensysteme" (55). The self is a fiction: not an individual, but a type,
and exchangeable like an element in a machine.

"Pameelen kann man als radikalen Nihilisten bezeichnen," writes Wodtke,
"der aus Verzweiflung gegen sich selbst und andere wütet" (324). How far this
destructive attitude can go is shown in act two. Pameelen has abandoned
civilization, and, like Zarathustra, lives in complete isolation in a hut covered
by snow in the high mountains. Yet his obsessions have not changed; he still
poses the same questions: "Was ist: Ich und der Tod!" (55). And he still
attempts to approach identity and the world by means of his rationalistic
arsenal: "Definitives: Einmaligkeit, brülle deinen Singsang" (55). Still primarily formulated in series of substantives, Pameelen's speech has nevertheless
progressed to a more violent, in many respects typically Expressionist level,
though the passion here is intellectual rather than emotional. Violent speech
reflects a violent nature. When a woman with a child seeks refuge in his hut,
Pameelen kills it by putting poison in the child's chocolate. Immediately
following this crime, he argues that the woman will soon forget the child and
will wish for a new "Begattung," for this, in his thinking, is woman's essential
role. In an attempt to provide "limits" to his being, to escape from his brains,
he begins to rape the woman: "Steiltreibung! (*erhebt sich*) Letzte Formel!
Mich-Umfassung! Ich altere, ich muß! (*geht auf die Frau zu*) Lockerung!
Hilfestellung! (*faßt sie an*)," though his erection is a peculiar one: "Gewachsen??
(*Fühlt sich an den Schädel*)" (57). He is interrupted by Picasso, who climbs in

through the window and neighs like a horse. Through his "Tierauge," his "Flächenblick" the scene presents itself in a curious light to him: "Von euch beiden sehe ich augenblicklich nur zwei Hohlkörper, reflexbesprenkelt" (58). Picasso is clearly in a very different position from Pameelen, who, despite the fact that he reaches orgasm ("Eisatem, weißes Blut — !") still seeks, in addition, to reach a level of irrationalism and primitivism through words: after the "ungeheuren Ausbruch in die Wirklichkeit" he finds release through intoning ("langsam, sakramental") the word "Marmorstufe." Picasso merely sneers and calls him "Alter Vermessungsdirigent" (59).

Already in act one, scene three, in a long speech, Picasso had shown his abhorrence of language which works with logic and causality. There he had also narrated one of Benn's favorite themes: man's development from a world-view in which the "Systematisierungsdrang" still lay dormant, to a state of affairs in which he is ruled by the desire, "die Einheit des Denkens herzustellen" — an instinct more powerful than hunger and sex (54). With this problem Pameelen is preoccupied in act three, scene one. As he hammers an iron band around a wine vat, he interprets it as the symbol of "Sammlung: Ichgefühl" (59). By contrast, the melting snow, heralding spring in a "schweigendes Zerfluten" suggests a freedom inaccessible to one who is mere function and form: "nur Ich — Erstarrung, Gültigkeit" (60). To escape from a reality experienced as pain Pameelen would have to die, but he lacks the courage to commit suicide and instead tears his eyes out: the world is extinguished by destroying the point at which it becomes "real." The old dichotomies still can be seen at work, therefore, and the probing into the relationship between self and world is further continued in scene two. Pameelen is now old and grey, blind, but still a "Dingdenker" (60) longing for death as "Entformung" (61) and unconsciousness. Before he dies, however, Pameelen has a last encounter with Picasso (scene three), who has discovered a capital truth: "Pameelen! das neue, große Glück! . . . Pameelen, Sie müssen es noch hören: die Taunacht! Die Erlösung . . . Pameelen, wir werden nicht geboren, wir erschaffen uns" (61). As the creator of his own myth, Picasso cannot even remember that he once sought help from Pameelen, whose futile question "mit Kurare oder ohne Kurare?" (62) he no longer understands.

Like *Ithaka*, *Der Vermessungsdirigent* poses the problem of the validity and nature of reality as observed by a self which seems to be solipsistic, but it does not, like *Ithaka*, resort to a revolt against the brain — a "falling into" a more or less artificial re-creation of a regressive, primitive realm through "Rausch," drugs or sex — but to an irrational alternative located in the "person," namely an alternative way of seeing. Picasso's "Tierauge" is a blessing, in that it allows him to dispense with concepts and to ignore words: he observes in lines, colors, contrasts. Picasso has found a way to make the dilemma of the modern self productive for his art. Unfortunately, neither Pameelen nor Benn has access to this "myopia." The material for both Benn and his alter ego is precisely the realm of words. And although the last play, *Karandasch*, fleetingly suggests an alternative to Cartesian dualism *by means of words*, in the main the escape hatch out of the modern dilemma is, as before, the mythical realm.

V

The world of *Karandasch* is very much like that of *Der Vermessungsdirigent*. It again features Pameelen, this time surrounded by a group of fellow medical doctors. The very first scene of act one poses the central problem of all three plays once more: that of person and personality, of identity and differentiation. A medical operation is in progress; the patient is, as it were, to be re-constructed: "Die Pastete ist knetbar; formen wir das Pack" (63), Pameelen mocks, and a search for "elementary particles" is launched. A number of "Standardbegriffe" are introduced: man's relationship to God is responsible for individual fate; Kant, "der schaurig unbehaarte Frontalhöcker der Katarrhmeridiane, Königsberg, warf die Einheit des Denkens als Forderung in die Masse"; the central nervous system suggests a psychological element (63). A prime example of the kind of modern man which results from adding up these elements is the Chief Surgeon; he is a "geschlossene Persönlichkeit" (64), authoritative in his behavior, self-assured in his methods. But Pameelen questions the very notion of personality; "das handlungsleitende Hauptwort" is summarily relegated to the past: "Zu Ende gegangene Jahrbillion" (63). Instead, "eine neue Einstellung in den Raum" (65), an irrational way of experiencing the world is proposed — in this case through hallucinatory drugs. One immediate result of the shift to the irrational is demonstrated in the case of Renz, one of the rebellious young doctors, who would like to write poetry. The question is, however, what kind of poetry? If the content of poetry is experience, outside stimuli are essential. Unfortunately, this "Tuchfühlung" is in principle impossible, according to Pameelen, since the "brutale Hypothese des Ich als Gesamtumfasser" (66) has had to be abandoned. Renz protests vehemently against Pameelen's claim: "Die Glut meiner Vollpersönlichkeit straft Sie Lügen!" (66). His question merely pointed to a *technical* difficulty, not to the impossibility of experience itself.

Pameelen's unrepenting rejection of the possibility of experience ultimately leads him to a suggestion that goes in a completely different direction.
If Renz really wants to write poetry, he might simply say "Karandasch," "die
große Eidesformel" which he himself uses "als ob Worte Sinn hätten" (67).
According to Pameelen, conventional words have lost their meaning. Because
we need words to describe and experience our daily, bourgeois life, these have
been reduced to mere functions: "Alle Vokabeln, in die das Bürgerhirn seine
Seele sabberte, Jahrtausende lang, sind aufgelöst, wohin, ich weiß es nicht"
(67). But *old* words retain their magic, and need to be reintroduced. Such a
word, we are made to believe, is "Karandasch." Ironically, of course, it is a pure
invention of Benn's: it is a distortion of a Swiss trade mark, "Caran d'ache." No
doubt Benn found the mere sound of the word fascinating, but in choosing this
particular word he also made an additional, more important point: that the
relationship between the meaning of a word and its sound is an arbitrary one
which hinges on convention; this in turn gives the poet the freedom to re-invest
or, in this case, to invest a word with meaning. This freedom is similar to, and
as precious as, that of Picasso's myopia. By releasing the word from its mimetic
bondage to things, facts and actions, Pameelen achieves the kind of shift which
Picasso accomplished in removing mimetic links between things found in the
world and their representation in art; free association becomes possible in both
domains.

Already in *Ithaka* we witnessed an attempt to break out of the limits imposed
by conceptual, rationalistic language, by shifting into a primitive, pre-logical
realm, a realm seemingly subject to being evoked not only through drugs, but
through poetic, non-conceptual and hymnic language. The precise workings of
this procedure are not clear in that play, however, and in *Der Vermessungsdirigent*
we are in fact confronted by a negating and bracketing of language altogether.
There is the painterly eye which provides the radical alternative, not the mythic
realm or the poetic, hallucinatory word. *Karandasch*, on the other hand, re-
introduces the *linguistic* link between world and self, and at the same time shifts
the emphasis away from the *cognitive* problem suggested by language to the
aesthetic dimension. The word, stripped of its exclusive tie with logical
thinking, with concepts, becomes innocent again, as mere word, and can then
be used once more; in this lies the positive ontological quality of Benn's
"Ausdruckswelt," according to Meister (53). For although the destruction of
traditional linguistic and thought-models which Benn undertakes here resembles absurd theater, in his search for a new aesthetic Benn goes beyond the
absurd: the content of the old thinking is to be given up, the validity of thinking

as such is not. If Meister is correct, this would mean that there are limits to Benn's skepticism and nihilism. In any case, the brief scene in *Karandasch* constitutes a crucial moment in Benn's crisis of Cartesianism, and one which allows him to ground his future output in a nihilism which incorporates the cognitive problem as a given, but makes it productive for his art through a shift into aesthetics. In *Karandasch*, however, this problem is merely touched on in this one scene, and not pursued further. This would suggest that Benn at this time had not yet cleared in his own mind the exact significance of the word as cognitive instrument, nor had he come to see language primarily in terms of aesthetics, as he was to do somewhat later. It might also be suggested that this is one reason for his abandoning the dramatic genre: cognition, and problems or aesthetics and language were paramount for Benn, not drama as such.

It is interesting to note that in the passage just discussed Benn establishes a link between vocabulary and social class, since the bourgeois world is made responsible for the loss of meaning of words. There is a clear reference here to Carl Sternheim's critique of the bourgeois use of language, particularly as voiced in his essay "Kampf der Metapher!" As Rainer Rumold has shown, there are also parallels between Benn's and Sternheim's *dramatic* intentions. The two authors had close connections during Benn's stay in Brussels, and they often discussed questions of aesthetics, so that even in the choice of words parallels can be found (69). The link with Sternheim is made even more explicit in scene four of act one, which presents a discussion between Pameelen and a "Dramatiker" clearly patterned on Sternheim. The aesthetics of the theater are under discussion, and two types of drama are contrasted. Pameelen begins by stating that he sees man as primarily the product of physiological developments and the acquisition of habits ("der Mensch als Angewohnheit" [70]). Given the fact that man is a bundle of habits, Pameelen wonders what the modern playwright can do to convey his ideas to his audience. Sternheim's answer: he "imitates" life by presenting a series of stimuli to which the spectator can react, certain motifs which are immediately recognizable, such as sex, intellectual ideas, atmosphere. Once the audience is lulled into a false sense of security, the dramatist dashes its expectations by surprising events or difficult to interpret statements. By these and similar methods, a play can be reduced to a mere stimulus-response function. To demonstrate his thesis, the dramatist has a scene acted out by a young man and a "Sanitätsarzt." By clever manipulation and prompting, the play gets underway, but Sternheim's type of theater is superseded by Benn's more radical approach to drama when the borderlines between theater and life, between persons acting out the scene and "true" characters are blurred. The disintegration of the scene demonstrates not only the kind of destructive aesthetics resulting from a nihilistic view of art, according to Egon Vietta (71–72), but is once again proof of the fluidity of the notion of "personality."

The previous scene, scene three, had proposed a strategy precisely to counter such blurring between self and collective, namely selfishness. Pameelen has found a cure for venereal disease, but keeps the discovery to himself, in order to cure his own illness, and possibly to patent it and make a profit. Despite exhortations on the part of the "Spezialarzt" to share his knowledge in times of war, and infections because of wholesale prostitution, Pameelen remains fixed in his egotistical position, inspired by: "Mein Ich, als motorisches Leitmotiv" (69). All of act two once again poses the problem of the self as continuity, however. The act is entitled "Die Weinprobe," and has Pameelen involved in a discussion with a number of colleagues on the value of memory, sensory impulses, viewpoints, tastes and preferences in constituting a personality. Once again, life lived as experience is questioned as to its relevance for the unity of the self. Pameelen wonders about the exact significance of persons, statements and objects encountered in past and present, and stresses his alienation from the empirical world, symbolized for him by objects: "Kalbsfüße, Mauerritzen, Stromunterbrecher, Herr Gudlach, was für Gegenstände! . . . Gebilde! Wesen! Objekte!" (73). When his companions burst out in a mocking song, he interrupts them with a long speech in which we find most of the leitmotifs Benn has been using throughout these dramas. In a series of exotic, mythical images, Pameelen describes the life of primitive man: "In Büffelfellen, in Kokos-geschnüren, auf einer Insel aus Korallen, vom Meer behütet: am Bauch von Rochenhäuten, als Helm die Flosse eines Diodon. Umschnaubt von Delphinen, beschneit von einer Perle, im Schaum von Schildkrot, im Chiton heller Schalen, der Muschel entstiegen und zwischen Hanf und Betel der Weltensieger" (74). This idyllic existence has been interrupted by the advent of man's consciousness: "Geweltensiegt, gesappt, gemörsert, gemint, gestollt . . . an jedem ausgefransten Rand der Ökumene stehen die Pisangs, wiegen und weibern empirisch, historisch und syntaktisch" (74–75). Revolting against man's having been reduced to a bundle of functions, Pameelen sets out to discard all linear thinking: "ich schwelle knotig" (75). By abandoning the Cartesian method, causal thinking, logic, and rationalism, Pameelen allows himself to escape into a realm free of mental agonies. And indeed, at this point, reminiscent of the end of *Ithaka*, there starts a series of hallucinations and associations which begins with the motif of a train journey southwards, but which gradually widens (as is often the case in *Gehirne* also) to embrace a variety of exotic landscapes, here primarily of a Spanish character. The hallucinatory train (in both sense of the word) comes to a halt in a sudden return to drunken revelry and ends with apocalyptic incantations: "Weltuntergang!!! — es gluckst nach Embryo — es schlottert nach Brustmilch — Schöße, Schöße, was kalbt ihr . . . ?" (76).

The escape into the realm of "Rausch" (by means of alcohol) is apparently short-lived, for act three returns to Pameelen's work-world, in that it repeats the encounters between patient and doctor we also saw in *Der Vermessungsdirigent*. Two variations are presented: in the first, Pameelen, who uses the name Schulze in his clinic, becomes sexually interested in a prostitute while examining her, and reminds himself, parodying Kant, "bei dem nächsten Patienten auf das Ding an sich zu achten, mit ihm in geistigen Austausch zu treten" (77). Again we are dealing with the problem of identity. Not only does Pameelen's name-change suggest that with a different function he adopts a different personality and identity: it is also indicated that whether as Schulze or as Pameelen, he cannot, as a medical doctor, encounter the prostitute in her normal, true, essential function. Convention predestines human contacts here: Pameelen is himself reduced to the playing of a role, to having a function.

A similar problem is posed by the second variation on the patient-doctor encounter. Pameelen receives his next patient with a flourish of polite formulas ("Seele gegen Seele, topp, Hand drauf!"), because the two men resemble each other: "Mitglieder der gleichen mäßigen Breitengrade, Teilhaber der nämlichen gestirnten Himmel, jeder ein teures, dienendes Glied" (77). But when the visitor begins to undress to reveal the symptoms of venereal disease, Pameelen protests that there has been a misunderstanding: "Wie bin ich Ihnen gegen-übergetreten! Sagen Sie selbst! O nur zu naiv! Sie, den ich eben Bruder nannte, jetzt öffnen Sie die Bekleidung?" (78). Feigning indignation, he dwells on the gap between the patient's outward bourgeois appearance and his dangerous medical condition, merely to enable himself to tap into the apparently massive financial resources of his client. Once again the theme of functionality emerges: the bourgeois moral facade hides objectionable sexual practices; at the same time, Pameelen's moral indignation is a scheme to extract maximum payment; he is, in fact, willing to do anything for money: "Noch'n Taler, dann singt er Menonit, — noch'n Taler, dann schleicht er auf'm Bauch, und pastert Lama" (79). No wonder, since his opinion of both himself and his patient is so low: "Was sind wir denn: 'ne unbewußte Samenblase rechts und links im After, aber die Schnauze munkelt!" (79).

In the very last scene, finally, Pameelen bursts into a museum, in search of his gentleman patient, and is distracted by the many mythological sculptures. Although he considers these as having lost their meaning, the mythologies nevertheless begin to exert their influence on him. Escaping from his miserable daily existence ("Pameelen hebt die Stirn, der Pickeldoktor erhebt die dreckige unrasierte Götterstirn" (79), he arrives at yet another recitation of associations suggested by his surroundings. Ignoring the protestations of the museum guard, Pameelen verbalizes his emotions at the top of his voice: "Es handelt sich um innere Vorgänge, Veteran!" And what the former characterizes as "Unzucht" and "Kitsch," is for Pameelen a genuine regression, into madness[7] or pre-logical primitivism: "An meine Knie, süßer Triton: Zwei Zahnreihen, starr und klaffend — Kiefer und Gegen-Kiefer, geliebte, stumme —" (80) are the last words of the play.

It could be argued that in some vague way *Karandasch* climaxes in the very last scene, whether interpreted as a genuine regression or complete madness. Nevertheless, Benn arranges his scenes by and large without any kind of inner logic: there is neither a development in the character of Pameelen, nor do the scenes follow any particular causal chain; both would, of course, run completely counter to Benn's intentions. Rather, one could characterize *Karandasch* as a theme with variations, with the understanding that these variations are arranged haphazardly, at best with the idea of contrast in mind. Whereas the main sequence of scenes is tied to the medical world, other scenes are located completely outside this frame and could be seen as private (the "Weinprobe" scene) or without apparent dramatic link (the theater scene, the museum scene). As Mennemeier has pointed out, the very lack of structure of these plays is a function of the thoroughgoing relativism underlying them. The drama, the language itself is a "doing as if" (84). Reality is constructed only to be destroyed in the next minute: even the characters and the author himself, as scene four of act one showed, must be legitimized and grounded causally each instant (32). Something similar is claimed by Ulrich Meister for *Der Vermessungsdirigent*: Pameelen's obsessive concern with concepts, his attempts to reduce all contents of language to form and function, and the destruction of the self which results from this, has as a practical consequence that this "erkenntnistheoretisches Drama" cannot be dramatic, since the dialogue must first justify and anchor itself, rather than accompany the action. For that reason the summaries preceding the plays are more readily understood than the scenes themselves, Meister claims; they are not quite appropriate vehicles for the ideas enunciated in them (49).

This is, of course, one of the crucial points to be made about all of Benn's writings: the intellectual content, such as it is, is often completely obscured by the radical tone and the idiosyncratic forms in which Benn's arguments are couched. As will be shown, Benn's intellectual probing in fact stands in a long tradition, and his radicalism is less striking if seen in the context of philosophical inquiry than when one considers the tone, the rhetoric, and especially the specific language Benn employs to state his case. Clearly, a piece of writing such as *Karandasch*, with its elliptical statements, its series of exclamations, its strings of mere substantives, its rapid-fire dialogue which reduces communication to verbal ejaculations cannot be "read" the way one reads a discursive treatment of cognitive problems. Nevertheless, since Benn wanted to make a "philosophical" statement, his writing is open to intellectual examination, no matter how "poetic" and personal the tone. What, then, are we to make of Benn's views?

VI

Benn's skepticism concerns four main areas which are, however, interrelated, and in fact in Benn's treatment not very well separated: he questions knowledge of the external world, which is traditionally connected with questions of perception and sense data; because of this, he rejects the possibility of knowledge as such, especially in the form of positivistic gathering of "facts" (this primarily in *Ithaka*); he rejects the possibility of experience (which is connected with both sense data and memory); he questions the possibility of knowledge about the self, partly for the reasons given so far, but primarily because he questions the unity of the self. In all this, Benn's thinking is profoundly contradictory, of course, since his dramatic heroes are deeply involved in the process of setting themselves apart from the world, as autonomous selves, though at the same time they cannot "define" this self. The gap that opens up between the self and the world appears, ironically, to guarantee the existence of the self, without this self becoming in any way tangible.

How valid is Benn's skepticism? How can it be countered, if at all? To answer these questions adequately, a lengthy discussion would have to follow. Within the present context, only a few brief remarks can be made.

First, Benn's radical skepticism *vis-à-vis* what I have been calling Cartesianism must be contrasted with Descartes' own skepticism. Descartes uses the strategy of doubt itself as a response to skepticism, but it is only preliminary to the establishment of the foundations of knowledge.[8] Benn has seemingly no such goal in mind. Descartes' method is a "rational procedure aimed at discovering through the light of reason something that is impossible to doubt, and from which by means of a chain of arguments we can arrive at sure beliefs in the object of the senses" (Hamlyn 24). The method is rationalist in the general sense, but there is, in addition, a more explicit conception of the way reason operates. Descartes was impressed by mathematics, and specifically geometry. He is, therefore, in search of the same sort of truths as mathematics provides, in other words truths which are necessary truths. Unfortunately, Descartes' famous formula has a number of problems. First, "the fact that I cannot without absurdity doubt that I exist does not mean that the proposition 'I exist' is in any way a necessary truth; indeed, it seems manifestly a contingent matter that I exist" (Hamlyn 28). Furthermore, "in dispossessing objectivity of a reality other than that of a *cogitatum*, philosophy becomes burdened with the problem of assessing the 'things in themselves,' thus causing a split between spirit and nature" (Kerby 98).[9] A further problem concerns the status of the I or ego: "If that which is intended by the ego (thought) has determinations, but is ontologically dubitable, the I (ego) has no determinations, but is indubitable" (Kerby 98). Hence Descartes isolates both I and mind from its acts.

We can see that Benn's attack on Cartesianism is a response to problems inherent in the Cartesian formula itself. Benn agonizes about the status of both the *cogito* and its objects; his discovery of the dualisms[10] to which it gives rise — the gap between spirit and matter, between spirit and experience, and the dualism of mind and body — all these are experienced and lived through as agony and disease. Earlier philosophers, approaching these dualisms more dispassionately, had already grasped the flaws in Descartes' system and had provided a number of alternatives. George Berkeley, for example, in his *Principles of Human Knowledge* (1710), in an attempt to fuse psychology and philosophy, offers a critique of language which narrows into a critique of all purely conceptual, abstract thought. Abstraction cannot become an organ of metaphysics; pure experience, the sole source of knowledge of reality, can only be sought in simple, original perceptions, uncontaminated by theoretical thought. In Berkeley's system, sensations have become the sole reality. Obviously, however, Berkeley's standpoint cannot satisfy Benn, for he distrusts the value of experience itself, based as it is on unreliable sense data.

The dualism of concept and experience is also central to Ernst Mach's thinking, whose methodological purpose is to do away with the arbitrary distinctions between inner and outer experiences and to unite the physical and psychological worlds. Mach does this by attempting to reduce sensations to simple, constituent elements, but, Ernst Cassirer comments, "experience presents psychological structures, not as a sum of elementary sensations but as undissected totalities" (26). Perception cannot be reduced to elements: "Perception forms a relatively undifferentiated whole from which the various sensory spheres have not yet been singled out in any true sharpness" (32). Despite some modifications in detail, therefore, the categorical scaffolding of Mach's theory of knowledge is primarily that of objective and objectivizing natural science, and because it still contains an unmistakable residue of conceptual realism, Mach stands in the major tradition of the nineteenth century.[11]

The theory of sensations cannot be said to have solved the dualisms inherent in Cartesianism, and consequently much of modern thought has been concerned with other possibilities of breaking out of exclusively conceptual thought. A major such attempt was undertaken in Henri Bergson's works. There can be no doubt that Benn, like many other Expressionists, was profoundly influenced by this French thinker. Bergson rejects symbolic formation as a process of mediation as well as reification, and pleads for the notion of pure "vision." Symbolic formation can neither apprehend reality nor the ego, "the stream of life cannot be captured in the nets of our empirical-theoretical conceptual thinking" (Cassirer 37). Form is the enemy of life, as Pameelen shows in the episode in the mountains, where he contrasts himself, as thought and form, with the flows of life (particularly the melting snow). Bergson sets vitalism against mechanism; yet in doing so, subjectivity, the world of pure ego, is conceived as rather restricted.[12] As Cassirer points out, "Life cannot apprehend itself by remaining absolutely within itself. It must give itself form" (30). Bergson retains a form of dualism, since he sees the entering of the ego as a spiritual subject into the medium of the objective spirit as an act of alienation.

Is it then impossible to erase the dividing line between the immediacy of perception or intuition and the mediacy of logical-discursive thinking? Paul G. Natorp has attempted to do so by claiming that consciousness is not part of reality and open to investigation, but is the foundation and condition for reality (Cassirer 51). Consciousness is irreducible and ultimate, the inner world cannot be logically subordinated to theoretical knowledge, ethics or religion, but "represents as it were a counteraction, a turning inward, the ultimate concentration of them all into the consciousness that experiences them" (Cassirer 55). Yet Natorp, too, does not do justice to his claims, for whenever the problem of objectification is described, it is done in terms of scientific knowledge and thinking.

Language or conceptual knowledge cannot do justice to immediate experiences, Cassirer argues, they are in the service of theoretical organization. "Myth, however, places us in the living center of this sphere, for its particularity consists precisely in showing us a mode of world formation which is independent of all modes of objectivization" (67). Hence, Cassirer, like Benn, arrives at myth and mythical thought as a genuine alternative to Cartesianist dualism: "the world of mythical experiences is grounded in experiences of pure expression rather than in representative or significant acts . . . As a whole and in its parts the world still has a distinctive face, which may be apprehended at any moment as a totality and can never be dissolved into mere universal configurations, into geometrical and objective lines and shapes" (68). Myth preserves the "fluidity" which both Rönne and Pameelen clamor for, since myth "knows as little of a 'soul' substance as of a 'thing' substance in the metaphysical sense of the words. Reality — corporeal or psychic — has not yet become stabilized" (71). In mythical thought, in the temporary vision such as that described at the end of *Ithaka* or in the novella *Der Geburtstag*, the original indifference between the personal and the impersonal can be recovered, the earlier phases of man recapitulated, in which there was neither *I*-constancy nor *thing*-constancy. In contrast to the agonizing experience of grasping such inconstancy in an intellectual sense, regression into myth opens up fluidity as a blessing, a paradisiacal state of being. Such a state of affairs precedes what Benn in his essays constantly refers to as the beginning of man's "Irrweg," the break between expression and representation.

Mythical thought also eliminates the vexing problem of the mind-body dualism, a paradox which long before Descartes is present in Aristotelian thought. In contrast to Nicolai Hartmann, who, in his *Grundzüge einer Metaphysik der Erkenntnis* contents himself with the *presentation*, rather than the solving of the this metaphysical riddle, Benn suffers because, unlike Hartmann, he cannot believe that a fundamental unity persists "as long as it is not artificially torn apart" (Cassirer 96). Hartmann's suggestion that "since the unity cannot be denied ontologically but can be apprehended neither physiologically nor psychologically it ought probably to be taken as a purely ontic unity . . . as an *irrational stratum underlying psycho-physical being*" (quoted by Cassirer 96), does not satisfy Benn. Rather than following Spinoza,[13] Benn follows in the path of John Locke, George Berkeley and David Hume: "Having placed a field of ideas between the objects known and the knowing mind, epistemological dualism led inexorably . . . to metaphysical skepticism" (Reck 88). Benn's attempt to restore the primitive state of man, through drugs, sex, later through the creative "Rausch," is at least partially inspired by the idea that the borderlines between consciousness (for Benn, brain) and experience/sensation (the body) can be blurred. In mythical thought, this state of affairs is a permanent one: "At this level [that of mythical man] the I of man, the unity of his self-consciousness and feeling of self, are by no means constituted by the soul as an independent principle separate from the body" (Cassirer 2: 162).

Interestingly, more recent thought on the body-mind problem has offered solutions also to Benn's skepticism concerning knowledge of the external world. Thus, Hamlyn argues that the traditional Empiricist notion presupposes the idea "that each of us is shut up in a private world confronted with private objects and that we have somehow to cross the gap to a world 'external' to us. But these objects are only external to our bodies; we are not shut up in our bodies, our bodies are public objects . . . There is no gap of the kind implied in the traditional notion of an external world to be crossed, and once this is recognized one foothold for skepticism is removed" (183).[14] Benn is outdated in his claims of complete subjectivism and private thought; he is also out of line in the manner of presentation of this notion: "A mere insistence without reason that there is nothing apart from ourself is of no philosophical interest, and someone who engaged in such behavior might justifiably be considered mad" (Hamlyn 217). Hence the tendency by certain critics to see both Rönne and Pameelen in terms of madness (cf. Ihekweazu). In fact, a far more positive way of looking at the body can be adopted: the body is not only the frontier of the self (Glover 69), but the body interacts with the world and makes it accessible to me: "Le moi touche . . . au monde extérieur par sa surface" (Bergson 123).

Finally, let us turn to the central question of the self. Benn thought that the original unity of the self had been destroyed because of cerebralism, the epitome of which he saw in Cartesian dualism. But this is not quite correct, for in emphasizing a mind-body dualism Descartes reaffirms precisely the unity of mind: he suggests that there is a vast difference between mind and body "in as much as the body is by its very nature always divisible, while the mind is utterly indivisible" (quoted by Glover 14). Although in this formulation this is not considered completely correct nowadays (see, for example, the case of split personalities, dreams etc.), in referring to consciousness as "self-consciousness" this is generally held to be true: "being a person requires self-consciousness. This depends on a certain unity. Except in pathological cases, we do have this unity to a high degree" (Glover 14),[15] in which case, once again, the question whether Pameelen is mad seems to be a legitimate one. But the question remains a complex one. Wittgenstein, for example, maintains that the "I" does not refer to some mental object that can be discovered by introspection (Glover 64), and like Benn, Jonathan Glover wonders whether it is correct to look for "some kind of mental glue" which holds experiences together in a single stream of consciousness," and postulates that this would be found rather on the "neurophysical" level. In recent years neuroscientists have attempted to explain mental activity entirely in terms of brain mechanism (the theory, called "functionalism," echoes in an uncanny way Benn's claim that we as human beings and individuals have become mere functions), yet there is a strong natural resistance to this idea. "My identity," writes Glover, "is obviously rooted in the continuous existence of my body. And my mental life is identified as *mine* because of its dependence on my brain" (87). But does this mean that I am reducible to my physical features? Rather, "the belief that 'I' refers to a self, an ego that is not reducible to anything bodily, or to my experiences, or to any combination of the two . . . is a view that many people are almost unconsciously inclined to hold" (90). One important aspect must also not be overlooked in this view: the role of memory. Factual memory, as factual knowledge retained, is a powerful element in the creation of the sense of continuity of person (the Bergsonian *durée réelle*). As Norman Malcolm suggests: "A being without factual memory would have no mental powers to speak of, and he would not really be a man even if he had the human form" (quoted by Locke 133).

One other possibility to affirm the unity of the self, and the mine-ness of mind, is offered in the work of Hans-Georg Gadamer and, more recently, Anthony Paul Kerby. It is concerned with the possibility of seeing language as the guarantor of the unity of the self.

Benn himself referred to the crucial importance of language in the description of the self and of the person. But he did so, at this stage of his writing, in purely negative terms. It was only with the discovery of the aesthetic function of language (briefly hinted at, but not followed through, as we have seen, in *Karandasch*) that language took on the crucial importance it retained for the rest of his career. But the cognitive aspect of language always troubled Benn, and his statements concerning it tend to be part of the same complex of the "Ich-Verlust" and "Realitätsverfall" which we have been discussing so elaborately. Benn fell into the trap which language itself suggests to traditional thinkers: that it exists before an "I" that acts, and that language is a medium for communication of thoughts, "thoughts" existing prior to linguistic expression (Kerby 65). In "Die Insel" Benn writes: "Der Knabe spricht, aber der psychische Komplex ist vorhanden, auch ohne ihn"; and the printed word merely offers "Anknüpfungen zu Bewegungsvorgängen an Mitmenschen, sozusagen zu einem Geschehnis zwischen Individualitäten." But as Gadamer points out, "language is not one of the means by which consciousness is mediated in the world. It does not represent a third instrument alongside the sign and the tool . . . Rather, in all our knowledge of ourselves and in all knowledge of the world, we are always already encompassed by the language that is our own" (62). And Kerby makes the point that "the only reality that exists independently of us is precisely one that is not for us other than as posited by us . . . world, self, and language belong inseparably together, and develop together" (66).[16]

In language we can see a further moment of unity of the self; in the words of Calvin Schrag, "The event of self-consciousness is inseparable from the history of saying 'I'" (quoted by Kerby, 67). Language provides autobiographical acts, and it is through self-narration that continuity of the self is experienced: "'Ego' is he who says 'ego'" (Benveniste 224). The feeling of subjectivity that we have more or less continually," Kerby contends, "is quite simply the possibility of signification, of expression, which might be called *vouloir dire*" (77); "The iterability of the cogito, the ability we have continually to repeat or reactivate it, reenforces our belief in the transtemporal unity of the ego and creates the illusion of having a stable identity (self) throughout the flux of empirical differences" (100).

Had Benn been a novelist rather than a poet, might he more readily have had access to these ideas? The question is not frivolous, since in recent scholarship narrative and the self, narrative and identity have come to the fore, not only in relation to (auto)biographical writing, but in the context of theories of cognition. Although Benn clearly could not have anticipated the tremendous changes which have occurred in recent years in both psychology and physiology, it is nevertheless remarkable how much he in fact does summarize in the way of problems associated with identity and self. His is the presentation of a poet, of course, rather than a thinker, but a careful reading even of such admittedly minor works as his dramas suggests a wealth of ideas still to be explored further.

Notes

1"A man is a compound substance; his self, however, is a monad" (Reck, 138).
2Cf. Hamlyn 24: "The method is . . . rationalist in the general sense that there is an underlying conception that reason can show that these things are so, that reason alone can prove that there are foundations for knowledge, and that even the senses require the guarantee that reason is supposed to provide."
3All references in the text to Benn's plays are to *Szenen und Schriften*.

[4]Both Sahlberg (58) and Kaufmann (194) make the point that Benn is not fair in having someone so self-centered and involved in so abstruse a type of research represent all of the sciences.

[5]Later episodes in the play also suggest that the voice is that of a prompter, who interferes directly with the action: an attempt by Benn to indicate that the borderlines between play and reality are arbitrary, just as those between self and world.

[6] For the role of drugs especially in Benn's early career, cf. Bendix, Arend.

[7]It has been argued, as in the Rönne novellas, that these regressive states represent various kinds of madness (cf. Bendix, Ihekweazu, Irle).

[8]Concerning the possibility of radical skepticism, cf. "Is philosophical skepticism possible?" in Hamlyn 16–22.

[9]"Cartesian realism affirms a world existing independently of knowledge" and is therefore burdened by the problem of all realisms: "the problem of relating the beings acknowledged to exist" (Reck 83).

[10]"Descartes upheld epistemological dualism because of his dichotomy of thought and its object as well as psychological dualism because of his division of substances into mind and matter" (Reck 83).

[11]This tradition has one noticeable exception in Herder, however, who in his *Vom Empfinden und Erkennen der menschlichen Seele* (1778) and the *Abhandlung über den Ursprung der Sprache* (1772) emphasizes that sensations are connected *not* in the things of the outside world, but in the I, the subject of perception.

[12]"while that primary phenomenon of the ego, that experience of pure duration which for Bergson forms the starting point and key for all metaphysical knowledge, can be separated from all forms of the empirical reality of things and in principle set over against them — it cannot in the same sense be separated from the forms in which an objective signification is given to us" (Cassirer 38).

[13]Spinoza has a monistic view of substance. Substance is identified with God; among God's attributes are thought (mind) and extension (matter). Individual minds and bodies are simply "modes" of being. The theory is known as "parallelism" (Reck 88).

[14]Arguing in reverse, one could quote Gottlob Frege (from *The Thought: A logical Inquiry*): "An experience is impossible without an experient" (quoted by Glover 46).

[15]"The totality of our mental life, as complex as it may be, always forms a real unity. This is the well-known fact of the *unity of consciousness* which is generally regarded as one of the most important tenets of psychology" (Franz Brentano, *Psychology from an Empirical Standpoint*, 1974, quoted by Glover 32).

[16]"By the same spiritual act through which man spins language out of himself, he spins himself into it; so that in the and he communicates and lives with intuitive objects in no other manner than that shown him by the medium of language" (Cassirer 15). Cf. also Benveniste (22): "Language reproduces reality," and Kerby (82): "The disclosive power of language is formative of the subject."

Works Consulted

ADAMS, Marion. *Gottfried Benn's Critique of Substance*. Assen: van Gorcum, 1969.

AREND, Angelika. "'Der Dichter braucht die Droge nicht.' Eine Marginalie zu Gottfried Benns Dichtungstheorie." *Neophilologus* 71 (1987): 102–13.

BALSER, Hans-Dieter. *Das Problem des Nihilismus im Werke Gottfried Benns*. 2nd ed. Bonn: Bouvier, 1970

BENDIX, Konstantin. *Rauschformen und Formenrausch. Untersuchungen über den*

Einfluß von Drogen auf das Werk Gottfried Benns. Frankfurt/M.: Lang, 1988.

BENN, Gottfried. *Essays und Reden in der Fassung der Erstdrucke.* Ed. Bruno Hillebrand. Frankfurt/M.: Fischer, 1989.

BENN, Gottfried. *Prosa und Autobiographie in der Fassung der Erstdrucke.* Ed. Bruno Hillebrand. Frankfurt/M.: Fischer, 1984.

BENN, Gottfried. *Szenen und Schriften in der Fassung der Erstdrucke.* Ed. Bruno Hillebrand. Frankfurt/M.: Fischer, 1990.

BENVENISTE, Emile. *Problems in General Linguistics.* Trans. Mary Meek. Coral Gables, Florida: U of Miami P, 1971.

BERGSON, Henri. *Essai sur les données immédiates de la conscience* (1927). Paris: Presses Universitaires de France, 1948.

BERKELEY, George. *Essays, Principles, Dialogues, With Selections from Other Writings.* Ed. Mary Whiton Calkins. New York: Scribner, 1929.

BIELEFELD, Michael. "Bestätigung tiefster Zerrüttung. Zum Reise-Motiv und seiner Bedeutung bei Gottfried Benn." *Text und Kritik 2* (1985): 54–62.

CASSIRER, Ernst. *The Philosophy of Symbolic Forms.* New Haven: Yale UP, 1957. [Vol. 2: *Mythical Thought*; Vol. 3: *The Phenomenology of Knowledge*]

DIERICK, Augustinus P. "Nihilism and 'tierische Transzendenz' in Gottfried Benn's *Gehirne*." *Orbis Litterarum* 36 (1981): 211–21.

DIERICK, Augustinus P. *Gottfried Benn and his Critics: Major Interpretations 1912–1992.* Columbia, SC: Camden House, 1992.

DONEY, Willis. "Cartesianism." *The Encyclopedia of Philosophy.* Ed. Paul Edwards. New York: Macmillan & Free, 1967. 37–42.

DÜRR, Völker. "'Die Mythe log.' Gottfried Benns perspektivistische Poetik des Raums aus dem Geist des Ahistorischen." *Mich.GS* 15 (1989): 51–70.

FRANK, Hans. "*Der Vermessungsdirigent.* Von Gottfried Benn." *Das literarische Echo* 22 (1920): 1264–65.

FRITZ, Horst. "Gottfried Benns Anfänge." *SchillerJb* 12 (1968): 383–402.

GADAMER, Hans-Georg. *Philosophical Hermeneutics.* Trans. and ed. David E. Linge. Berkeley: U of California P, 1976. Paperback ed. 1977.

GLOVER, Jonathan. *I: The Philosophy and Psychology of Personal Identity.* London: Allen Lane/Penguin Press, 1988.

HAMLYN, D. W. *The Theory of Knowledge.* London: Macmillan, 1970.

HARTMANN, Nicolai. *Grundzüge einer Metaphysik der Erkenntnis.* Berlin u. Leipzig, 1925.

HAUSHEER, Roger. "Gottfried Benn and European Nihilism." *Gottfried Benn. The Galway Symposium.* Ed. Paul Foley Casey and Timothy J. Casey. Galway, Ireland: Galway UP 1990. 31–53.

HEIMANN, Bodo. "Ich-Zerfall als Thema und Stil. Untersuchungen zur dichterischen Sprache Gottfried Benns." *GRM* 45 (1964): 384–403.

HERDER, Johann Gottfried. *Abhandlung über den Ursprung der Sprache.* Berlin, 1772.

HERDER, Johann Gottfried. *Vom Empfinden und Erkennen der menschlichen Seele.* Berlin, 1778.

HILLEBRAND, Bruno, ed. *Über Gottfried Benn. Kritische Stimmen 1986.* Frankfurt/M.: Fischer, 1987. (Vol. 1: 1912–1956; Vol. 2: 1957–1986).

HOF, Walter. "Stufen des Nihilismus. Nihilistische Strömungen in der deutschen Literatur vom Sturm und Drang bis zur Gegenwart." *GRM* NF 13 (1963): 397–423.

HOF, Walter. "The Loss of Reality: Gottfried Benn's Early Prose." *Modernity and the Text. Revisions of German Modernism.* Ed. Andreas Huyssen and David Bathrick.

New York: Columbia UP 1989. 81–94.

HOHENDAHL, Peter Uwe, ed. *Benn—Wirkung wider Willen. Dokumente zur Wirkungsgeschichte.* Frankfurt/M.: Athenäum, 1970.

IHEKWEAZU, Edith. *Verzerrte Utopie. Bedeutung und Funktion des Wahnsinns in expressionistischer Prosa.* Frankfurt/M.: Lang, 1982. [Beiträge zur Literatur und Literaturwissenschaft des 20. Jahrhunderts].

IHEKWEAZU, Edith. "Wandlung und Wahnsinn. Zu expressionistischen Erzählungen von Döblin, Sternheim, Benn und Heym." *Orbis Litterarum* 37 (1982): 327–44.

IRLE, Gerhard. "Rausch und Wahnsinn bei Gottfried Benn und Georg Heym." *Der psychiatrische Roman.* Stuttgart: Hippokrates, 1965. 100–09.

KAISER, Helmut. *Mythos, Rausch und Reaktion. Der Weg Gottfried Benns und Ernst Jüngers.* Berlin (East): Aufbau, 1962.

KANT, Immanuel. *Anthropologie in Pragmatischer Hinsicht* [1800]. *Werke in zwölf Bänden.* Ed. Wilhelm Weischedel. Vol. 12: *Schriften zur Anthropologie, Geschichtsphilosophien, Politik und Pädagogik 2.* Frankfurt/M: Suhrkamp [org. Insel Verlag], 1964: 399–690. [Theorie-Werkausgabe]

KAUFMANN, Hans. "Gottfried Benns *Ithaka*." *Krisen und Wandlungen der deutschen Literatur von Wedekind bis Feuchtwanger.* Berlin: Aufbau, 1966.

KERBY, Anthony Paul. *Narrative and the Self.* Bloomington and Indianapolis: Indiana UP, 1991.

KRULL, Wilhelm. "Die Welt — hinter den Augen des Künstlers? Eine Skizze zu Gottfried Benns *Gehirne*." *Text und Kritik* 2 (1985): 63–74.

KÜGLER, Hans. "Künstler und Geschichte im Werk Gottfried Benns." *Weg und Weglosigkeit. Neun Essays zur Geschichte der deutschen Literatur im zwanzigsten Jahrhundert.* Heidenheim: Heidenheimer Verlagsanstalt, 1970. 51–75.

LOCKE, Don. *Memory.* London: Macmillan, 1971.

MACH, Ernst. *The Analysis of Sensations.* Chicago: Open Court, 1914.

MACH, Ernst. *The Science of Mechanics.* Chicago: Open Court, 1893.

MEISTER, Ulrich. *Sprache und lyrisches Ich. Zur Phänomenologie des Dichterischen bei Gottfried Benn.* Berlin: E. Schmidt, 1983.

MENNEMEIER, Franz Norbert. "Das neue Drama." *Neues Handbuch der Literaturwissenschaft.* Ed. Klaus von See. Vol. 20: *Zwischen den Weltkriegen.* Ed. Thomas Koebner. Wiesbaden: Akademische Verlagsges., 1983. 79–110.

NATORP, Paul G. *Allgemeine Pschychologie nach kritischer Methode.* Tübingen, 1912.

PIEL, Edgar. *Der Schrecken der 'wahren' Wirklichkeit. Das Problem der Subjektivität in der modernen Literatur.* Munich: C. H. Beck, 1978.

RECK, Andrew J. *Speculative Philosophy. A Study of Its Nature and Uses.* Albuquerque: U of New Mexico P, 1972.

RÜBE, Werner. "Medizin und Naturwissenschaft im Werk von Gottfried Benn." *Gottfried Benn zum 100. Geburtstag. Vorträge zu Werk und Persönlichkeit von Medizinern und Philologen.* Ed. W. Müller-Jensen, S. Brieler, W. Zangemeister, J. Zippel. Würzburg: Königshausen & Neumann, 1989. 93–104.

RUMOLD, Rainer. *Gottfried Benn und der Expressionismus: Provokation des Lesers; absolute Dichtung.* Königstein/Ts: Scriptor, 1982.

RYCHNER, Max. "Gottfried Benn. Züge seiner dichterischen Welt." *Neue Schweizer Rundschau* 3 (1949): 148–80. Also in *Merkur* 3 (1949): 781–93; 872–90. Also in: M. R. *Zur europäischen Literatur zwischen zwei Weltkriegen.* 2nd ed. Zurich: Manesse, 1951. 239–90).

SAHLBERG, Oskar. *Gottfried Benns Phantasiewelt: 'Wo Lust und Leiche winkt.'* Munich:

Edition Text und Kritik, 1977.

SCHÖNE, Albrecht. "Überdauernde Temporalstruktur. Gottfried Benn." *Säkularisation als sprachbildende Kraft. Studien zur Dichtung deutscher Pfarrersöhne.* Göttingen: Vandenhoeck & Ruprecht, 1958. 190–226. (2nd ed. 1968, 225–67).

SCHRÖDER, Jürgen. *Gottfried Benn: Poesie und Sozialisation.* Stuttgart: Kohlhammer, 1978.

SOERGEL, Albert. *Dichtung und Dichter der Zeit. Neue Folge: Im Banne des Expressionismus.* Leipzig: Voigtlander, 1923.

STERNHEIM, Carl. "Prosa." *Prosa.* Berlin-Wilmersdorf: Verl. der Wochenschrift *Die Aktion* (Der Rote Hahn 12) 1918. 10–11.

STERNHEIM, Carl. *Gesamtwerk.* Ed. Wilhelm Emrich. Berlin-Neuwied: Luchterhand, 1964. Vol. IV: *Prosa.*

VIETTA, Egon. "Auseinandersetzungen mit Benn." *Die Literatur* 37 (1934): 70–72.

WEBER, Regina. *Gottfried Benn: Zwischen Christentum und Gnosis.* Frankfurt/M: Lang, 1983.

WERCKSHAGEN, Carl. "Das Drama der Gegenwart als Erlebnis. II. Gottfried Benns Szenen." *Dramaturgische Blätter des Oldenburger Landestheaters* 12 (1928): 24–28.

WODTKE, Friedrich Wilhelm. *Gottfried Benn.* Stuttgart: Metzler, 1962.

Löwen am Flugplatz
Travens Mexiko. Streiflichter auf die kulturpolitische Geographie der Romane*

Karl S. Guthke, *Harvard University*

I

Ich kenne das Leben in Mexiko lautet der Titel der Erstausgabe der Briefe B. Travens aus seiner allerersten mexikanischen Zeit, die rechtzeitig zur Frankfurter Messe 1992 erschien, deren Generalthema Mexiko war (Büchergilde Gutenberg und Limes). Es handelt sich um Briefe, die der noch unbekannte Autor von Anfang 1925 bis in die frühen dreißiger Jahre aus Tampico und Umgebung, aber auch aus Mexico City an den *Vorwärts*-Redakteur John Schikowski richtete in der — schließlich glänzend erfüllten — Hoffnung, seine Prosa über das exotische Land der Indios und Oilboom-Glücksritter an den Mann zu bringen. Das Echo auf den Band war ungewöhnlich lebhaft; ja, schon die Versteigerung dieser Briefe, im November 1990 in einem Berliner Auktionshaus, hatte in der Presse, von der *Zeit* bis zum *Spiegel*, Aufsehen erregt.

Warum? Sicherlich nicht nur, weil Traven seit Jahrzehnten als der Mann des "größten literarischen Geheimnisses dieses Jahrhunderts" gilt, wie Paul Theroux ihn am 22. Juni 1980 in der Londoner *Times* genannt hat (44). Hinzu kam wohl auch, daß Mexiko, heute Star-Ziel des Konsumtourismus der Massen, jedenfalls für Mitteleuropa, eigentlich zweimal entdeckt worden ist, nämlich nicht nur durch Cortés und seine waffenstarrende Mannen, sondern wiederum seit der Mitte der zwanziger Jahre, als es generell noch als seinerseits geheimnisumwittertes "fernes Land" von fremdländischem Reiz im Halbbewußtsein der zivilisierten Welt schlummerte; und der Entdecker war damals der ehemalige Münchner Journalist und anarchistische Revolutionär Ret Marut. Unter dem Pseudonym B. Traven machte er von den *Baumwollpflückern* (1925) bis zu *Ein General kommt aus dem Dschungel* (1940) zunächst die deutschsprachige und schon bald die weitere Welt mit einem exotischen Land vertraut, das gerade im Begriff stand, sich selbst zu entdecken — nach jahrzehntelanger totalitärer Schläfrigkeit unter Porfirio Díaz und nach der über das ganze zweite Jahrzehnt sich hinziehenden Revolution, die Mexikos Entree in die moderne Welt war.

Kein weniger Berufener als der mexikanische Staatspräsident Gustavo Díaz Ordaz hat dem Gringo seine erstaunliche Leistung bescheinigt; als Traven starb, schrieb er in seinem Kondolenz-Telegramm: "Wenige Schriftsteller sind so sehr in die Seele der Mexikaner eingedrungen und haben mit so umfassendem Verständnis über unser Land und unser Volk geschrieben wie B. Traven. In die wichtigsten Fremdsprachen übersetzt, trugen seine Bücher den Namen Mexikos in die ganze Welt. Mexiko wird seiner stets als eines glänzenden Autors und großen Freundes gedenken" (Traven-Nachlaß). Heute sind Travens Werke, in weit über 40 Millionen Exemplaren, wie es heißt, über die ganze Welt verbreitet. Abgesehen von dem Erstling *Das Totenschiff* (1926) und dem nie recht angekommenen Alterswerk *Aslan Norval* (1960), ist Mexiko Szenerie und Thema sämtlicher Romane und Erzählungen, zu deren bekanntesten außer den genannten *Der Schatz der Sierra Madre* (1927) und *Die weiße Rose* (1929), *Der Karren* (1931) und *Die Rebellion der Gehenkten* (1936) gehören.

Was für ein Bild Mexikos vermitteln sie? Ein völlig anderes als die Ausstellung mexikanischer Photographien aus den zwanziger und dreißiger Jahren, die, aus staatlich-mexikanischen Archiven zur Verfügung gestellt, im Frühjahr 1993 im Opernhaus in Houston veranstaltet wurde. Was hier zu sehen war, unterschied sich nur unwesentlich von der Ambiance europäischer Großstädte jener Jahre: eine bürgerlich wohlanständige Welt gut frisierter und gekleideter Damen und Herren im Kreis ihrer wohlerzogenen Kinder auf Familienfesten; Straßenszenen als europäischer Import; Mexiko als kosmopolitischer Schauplatz der Kunst und Bildung, Mitteleuropa zum Verwechseln ähnlich; kaum Indios, von Schmutz und Armut keine Spur. Travens Romane kommen diesem Bild allenfalls nahe, wenn es, selten genug, darum geht, die amerikanische Präsenz in Mexiko darzustellen. Das authentische Mexiko, wie Traven es versteht, sieht anders aus.

Und zwar gibt es zu diesem Bild eine Art Leitfaden oder eine Kurzfassung, in der Art eines Borgesschen Aleph vielleicht: ein Prisma, in dem auf engstem Raum das Ganze gegenwärtig wird und zu sprechen beginnt. Das ist ein Dokument, bisher unveröffentlicht, das ich, auf der Suche nach anderem, im Verlagsarchiv der Firma Chatto and Windus in der University of Reading in England, entdeckte: ein englischsprachiger Essay, "The Map of Mexico," als eine Art erläuternder Begleittext zu einer Mexiko-Karte gedacht, die ursprünglich beilag. Er ist zwölf engzeilig getippte Seiten lang und mit dem Vermerk versehen: "For private use only; must not be published, not even in parts. Provisional draft." Im folgenden wird darüber berichtet und daraus zitiert (in Übersetzung) mit Erlaubnis der Rechtsnachfolgerin, Señora Rosa Elena Luján.

Auf engstem Raum stellt dieser Essay ein Précis von Travens Mexiko-Bild dar, wie er es seinem deutschen und dann internationalen Leserkreis in seinen Romanen vermittelte und schließlich selbst Mexiko vermittelte; denn die spanischen Übersetzungen seiner Romane haben dem indigenistischen mexikanischen Roman Impulse gegeben, was wohl einzig dasteht in der "Weltliteratur."[1]

Seine Entstehung verdankt der Essay Travens kritischer Situation im Jahr 1933. Die deutschen Ereignisse nach der "Machtübernahme" betrafen den seit 1919 im deutschen Untergrund lebenden, dann anonym oder pseudonym in Westeuropa vagabundierenden, 1923/24 in England Zwischenstation machenden und seit dem Sommer 1924 unter falschem Namen im mexikanischen Bundesstaat Tamaulipas Fuß fassenden ehemaligen Ret Marut akut und unverzüglich, obwohl er in jeder Hinsicht weit vom Schuß war. Sein Name stand gleich auf der ersten Liste der verbotenen Bücher (wenn auch die Nazis anfänglich Miene machten, jedenfalls einige seiner Erfolgsromane geschäftlich auszubeuten). Sein Verleger, die Büchergilde Gutenberg, mußte in Monatsfrist in die Schweiz emigrieren. Der deutschsprachige Leserkreis schrumpfte; Traven hatte sich um anderssprachiges Publikum zu bemühen, neue Märkte zu erschließen. ("Please don't send with German ship!", pflegte er damals auf den Umschlag seiner Briefe nach Europa zu tippen.) Mit englischen und amerikanischen Ausgaben, ob nun eigenen englischsprachigen Fassungen oder Übersetzungen von anderer Hand, tat er sich ursprünglich, noch bis in den Winter 1932/33 hinein schwer.[2] Doch schon 1934 begannen die amerikanischen Ausgaben (Travens eigene Versionen, überarbeitet von Bernard Smith) bei Knopf zu erscheinen (*The Death Ship*, 1934) und im gleichen Jahr die englischen bei Chatto and Windus: *The Treasure of the Sierra Madre*, übersetzt von Basil Creighton, und *The Death Ship*, übersetzt von Eric Sutton. Der Entschluß, amerikanischen Ausgaben zuzustimmen, dürfte im Sommer 1933 gefaßt worden sein,[3] die englischen Ausgaben hingegen waren schon im Sommer 1932 vereinbart worden (während Traven andere Anfragen nach der Möglichkeit englischer Ausgaben noch abschlägig beantwortete[4]). Das ist zu entnehmen aus der Korrespondenz zwischen Traven und Chatto and Windus und Travens Agenten Curtis Brown sowie aus Briefen des Büchergilde-Geschäftsführers Bruno Dreßler aus Zürich an Chatto and Windus in London (heute im Chatto-and-Windus-Archiv in der University of Reading). Traven selbst hat diesem Vorhaben zugestimmt; das geht gleich aus dem ersten der drei erhaltenen Briefe Dreßlers an Chatto and Windus hervor: von Traven selbst habe man, schreibt Dreßler nämlich am 20. Juni 1932, die Nachricht erhalten,

daß die britischen Ausgaben seiner Bücher bei Chatto and Windus erscheinen
sollten. Dreßler unterstützt in diesem Brief und wieder am 11. und am 18. Juli
1932 das englische Vorhaben, bietet "Propaganda"–Material an, Rezensionen
der deutschen Ausgaben, und schickt sämtliche bis dahin erschienenen deutschen
Traven-Bücher.

Traven selbst ist, wie die Bestände des Chatto-and-Windus-Archivs erkennen lassen, mit zahlreichen Briefen von 1932 bis 1937 intensiv am Zustandekommen der englischen Ausgaben interesssiert. Seine beiden letzten Briefe an
Chatto and Windus, vom 28. April 1936 und vom 30. September 1937,
bezeugen, wie diese jedoch schließlich eine Fehlkalkulation wurden. Am 28.
April 1936 geht Traven gleich in medias res mit dem Dank für die Übersendung
der Übersetzung von *Regierung, Government* (1935, übersetzt von Basil
Creighton) — Dank und Besorgnis: *Government* verkauft sich schlecht, *The
Carreta* (1935, übersetzt von Basil Creighton) ebenfalls. Traven schlägt vor,
man solle nun, nach den vier ersten Büchern, ein Jahr warten, um zu sehen, ob
sich das englische Publikum für ihn erwärme. Zugleich die Bitte, untermauert
durch seine Angaben über den Verkaufserfolg seiner deutschen Bücher durch
die Zürcher Büchergilde Gutenberg in letzter Zeit: "Bewahren Sie Ihr Vertrauen
auf meine Arbeit; eines Tages wird es anerkannt werden, wenn zugegebenermaßen 'eines Tages' auch noch weit in der Zukunft liegen mag." In Amerika
sei mit dem Absatz seiner Bücher in den Knopf-Ausgaben leider auch kein
Staat zu machen. So bleibt ihm nichts, als dem "Dear Sir" von Chatto and
Windus das Sonderheft des Hausorgans *Büchergilde*, "Zehn Jahre Traven,"
beizulegen, das das Jahrzehnt von *Der Wobbly* und *Das Totenschiff* bis zu *Die
Troza* und die *Rebellion der Gehenkten* feiert; außerdem als Beilage, wie so oft
in Travens Korrespondenz, ein paar "regalitos": kleine Geschenke, indianische
Handarbeit aus Federn diesmal, "und ich hoffe, die Herren werden ihre Freude
daran haben. Die Damen noch mehr. Sicher. Very truly yours" und dann, nur
getippt, wie immer ohne Unterschrift: "B. Traven." Das ist Traven, wie er leibt
und lebt in seiner Korrespondenz: der burschikose Abenteurer im Busch, der
einen ganzen Brockhaus erlebt haben will, wie er in der frühen Zeit an seinen
Redakteur bei der Büchergilde geschrieben hatte, und zugleich der rührige
Impresario in eigener Sache, der vom Wert seiner Schriftstellerei überzeugt ist,
auch wenn er mit solcher Hochschätzung allein dastehen sollte.

Der letzte Brief, vom 30. September 1937, aus Mexico City wie der eben
zitierte auch, unternimmt einen Vorstoß in anderer Richtung. Traven schickt
dem Verleger die drei ersten Kapitel eines Romans *Indian Weekend*. Insgesamt
sei das Werk 85.000 Wörter lang, 240 Seiten, 36 Kapitel. Und zwar handele es

sich um einen "vom Autor selbst auf Englisch geschriebenen" Roman. In dieser Form würde er auch alle künftigen Romane zur Verfügung stellen: Fehler in der Grammatik, dem Satzbau und der Orthographie dürfen im Verlag korrigiert werden, aber darauf müsse sich, "soweit möglich," eine eventuelle Revision auch beschränken. Traven geht also ohne weiteres davon aus, daß man — es ist ja mittlerweile das in dem vorigen Brief bezeichnete einjährige Moratorium abgelaufen — den neuen Roman bringen werde. (Das Typoskript will er nach dem Druck des Buches zurückhaben, wie immer: Traven war geradezu eifersüchtig darauf versessen, daß seine Manuskripte nicht in unberufene Hände, die Hände von "Piraten des Ruhms," gerieten.) Zwar wolle er Curtis Brown weiterhin die Vertretung seiner Interessen überlassen; aber soviel teilt er Chatto and Windus denn doch schon vorbereitend über die neuen Curtis Brown vorgeschlagenen Bedingungen mit: die Option auf sechs weitere Bücher werde Chatto and Windus angeboten; deren erstes ist offenbar *Indian Weekend*. Daß er selbst die Übersetzung der folgenden Werke übernehmen werde, wie schon im Fall von *Indian Weekend*, stellt er als Glücksfall dar: selbst die beste Übersetzung von fremder Hand könne nicht erzielen, was nur der Autor selbst zu vermitteln vermöge — während er am 28. April 1936 anläßlich *Government* noch der Ansicht gewesen war, daß diese englische Fassung, wie schon die des *Schatz der Sierra Madre* und des *Karren,* sich "a lot better than the German" läse . . .

All das ist natürlich, 1937, in miserabelster Lage bravourös wie eh und je, ein Bitten um gut Wetter. Nur zu genau weiß Traven, "daß Sie an den letzten beiden Büchern sehr wenig verdient haben." Dennoch, oder eben deshalb, die großspurige Selbstsicherheit: *Indian Weekend* könne Chatto and Windus zu denselben Bedingungen haben wie die früheren Bücher — und das nächste Buch ebenfalls, sofern von *Indian Weekend* inzwischen weniger als 5.000 Exemplare abgesetzt seien. Das ist leicht als Bluff zu durchschauen. (Im Licht der Vorgeschichte war allenfalls mit einem Absatz von einigen hundert Exemplaren zu rechnen.) Das Ende vom Lied ist, daß *Indian Weekend* nicht bei Chatto and Windus erschien. (Die Angaben, die Traven über diesen Roman macht, erweisen ihn als *The Bridge in the Jungle*, der 1938, sechsunddreißig Kapitel lang, bei Knopf in New York herauskam.)

Schon im Herbst 1937 war es mit der Allianz mit dem englischen Verlag vorbei. Am 2. November schrieb der Verlag an Traven einen Abschiedsbrief mit "the saddest news": man wisse *Indian Weekend* zu schätzen, glaube aber keinen Markt für den neuen Roman zu haben; zugleich verzichte man "very reluctantly" auf die Option für alle weiteren Traven-Werke. "Wir haben Pech, und wir können nur hoffen, daß Ihr neuer englischer Verleger mehr Glück hat bei der wetterwendischen Göttin, die den Vorsitz über unser Geschäft führt." So endet die vielversprechende Geschäftsbeziehung "with every possible good wish for your future success in this country" (Durchschlag ohne Unterschrift im Chatto-and-Windus-Archiv).

In diesen Zusammenhang von Travens bisher so gut wie unbekannten Anfängen in England gehört der Essay "The Map of Mexico" in sehr bestimmter Weise. Er will zweifellos indirekt Stimmung machen, Interesse erwecken für das Land, in das es den Autor verschlagen hat, das Land, in dem die Romane nicht nur spielen, sondern das sie auch zum übergreifenden Thema haben. Ja, weit mehr als Unterhaltung, wollen seine Bücher Dokumentation bringen, wie er des öfteren behauptet hat. Diesen Gedanken greift er auch im ersten der beiden genannten Briefe an Chatto and Windus auf, in einer Weise, die erkennen läßt, wie der Essay über die Kultur-, Wirtschafts- und politische Geographie Mexikos seinerseits der Pointierung dieses Aspekts seiner Werke dienen soll. Nicht bloß Abenteuer, sondern sozialpolitische Aufklärung, Information und Anregung zur Veränderung nicht nur in Mexiko, sondern auch in andern Ländern, namentlich im Deutschland der Nazizeit, wollen sie bieten. Schade sei, schreibt er in dem Brief vom 28. April 1936, daß sich von der englischen Übersetzung von *Regierung* bisher nur 546 Exemplare verkauft hätten. Das nimmt er zum Stichwort für ein bedeutsames Statement zu Sinn und Absicht seiner ganzen Romanproduktion — sicher die ausführlichste Rechtfertigung seiner schriftstellerischen Arbeit, die er je zu Papier gebracht hat; sie mag hier, aus Gründen der authentischen "Dokumentation," in der Originalsprache erscheinen (bei allen übrigen Zitaten handelte es sich um Übersetzungen durch den Verfasser dieser Studie):

I feel more sorry for the English public that does not appreciate this book than for you who must be disappointed in seeing such low a figure of sales. For the book is good. How good it really is can be judged only by somebody who knows the true background of my books as I know them. If readers in England will not accept this book and others of mine as novels for sheer entertainment they should read them as true documents and in so doing enrich their knowledge about the real life of people, the economic and political conditions, and the landscapes I am writing about. Such lack of knowledge of other people and about other people causes more trouble in the world, more international entanglements and, possibly, wars than that mystic phantom we call depression. Had the English people, one among others, studied better Mussolini and Hitler before they came into power, why they came into power, and why they can hold sway over two great nations, and had the English and the French people, to mention only two, prevented these gangsters from coming into power, Europe would not have to live in fear today. My books do not aim, neither do I, to reform people and conditions. My books have no intention to make communists, socialists, or what-have-you. I only present documents and I leave it to the readers what to do about in their own way. In my particular case I do not mean that the English people or the British government should come to Central-America and clean up the mess. They could not do it anyway for many reasons. I only wish to show what the world and the people I know really look like, and I want to present the inevitable consequences of certain conditions. Humans are all alike, and the same or similar conditions will cause the same or similar consequences anywhere, even in Europe, yes, even in England. This [is] the reason why my books, while dealing only with affairs and conditions within limited regions, are universally true. Seeing it all from this point of view you will understand why I said: I feel sorry not for myself but for the English public that is so little interested in what other people do, how they live and how they think. Of course, I understand also that the anguish and the strained tension under which European nations, and especially the English have been living lately has a great deal to do with a lack of interest in things which do not happen right at the door-steps of the country. Anyway, be this as it may, we have to reckon with facts. And these facts do not look very good.

II

Der Aufsatz über "die Karte Mexikos" bietet so etwas wie einen Abriß der kulturellen und soziopolitischen Situation des Landes, das die Travenschen Romane (auf die mehrfach verwiesen wird) "dokumentieren" wollen. Ohne seine Romane zu kennen, schreibt Traven am 6. März 1933 an Chatto and Windus, werde man "die Schönheit dieses kleinen Kunstwerks" nicht wahrnehmen, und wohl auch umgekehrt. Denn mit Ausnahme des *Totenschiffs* spielen seine Romane, so Traven am 23. Juli 1933 an Chatto and Windus, "in ganz Mexiko," was außer ihm niemand, wo und wann auch immer, fertiggebracht habe. Entstanden ist der Aufsatz, wie aus einer Bemerkung im Text zweifelsfrei zu entnehmen ist, bereits Ende 1933 ("now, at the ending of 1933"), in der Zeit also, als der verbotene und verbrannte deutschsprachige Autor das Menetekel an der Wand sieht. Daß er sich vornehmlich an britische Leser richtet, insofern auch als "Propaganda," wie Traven gern sagte, für die Mexiko-Romane im "Britischen Empire" gedacht ist (der Ausdruck fällt in dem Brief vom 30. September 1937 an Chatto and Windus), läßt der Essay an verschiedenen Stellen erkennen. Anstoß dazu gibt schon die Eigenart der zugrundegelegten und kommentierten Mexiko-Karte selbst.[5] Sie bietet nämlich nicht nur das geographisch Relevante, sondern darüber hinaus allerlei Bilder an den Rändern und Illustrationen innerhalb der Karte selbst zur regionalen Kultur und Lebensform, Fauna, Vegetation und Wirtschaft wie auch zur Geschichte Mexikos. Mit den Bildern am Rand dieser dekorativ instruktiven Karte also setzt Traven seine Kommentierung denn auch gleich ein, und schon in der ersten Zeile nimmt er dabei vergleichend Bezug auf die englische Geschichte: eine Landnahmegeschichte auch sie, denn was die Angeln und Sachsen für das "British Empire" seien, das seien die Azteken für Mexiko gewesen. (Übrigens schreibt Traven "the Ang*eln* and the Saxons" — daß hier ein Deutscher schreibt, der mit der englischen Sprache noch nicht so recht vertraut ist, zeigt sich auf Schritt und Tritt in diesem Text.) Die Ureinwohner hätten sich im Lauf der Zeit mit den Einwanderern vermischt, "wie es in England die Eingeborenen taten." Daß er auch das gegenwärtige England kennt, zeigt Traven ebenfalls gern, so wenn er bemerkt, die mexikanischen Pulquerías seien längst nicht so lange geöffnet wie die Londoner Pubs; andererseits würde der Rumba in Veracruz in aller Öffentlichkeit so expressiv getanzt, daß die Tänzer, wäre Mexiko England, rasch wegen Unzüchtigkeit hinter Gefängnismauern verschwinden würden.

Damit wird indirekt schon der dominante Ton dieses Mexiko-Bildes angeschlagen. Mexiko ist anders: nicht nur enthemmter, sondern in der Spannung zwischen indianischer Urtümlichkeit und ebenso exotisch-elementarer Natur einerseits und industrieller Modernität nordamerikanischen Zuschnitts andererseits — Land der Löwen, Pyramiden und Hurrikane *und* der erdöl-imperialistischen Hochzivilisation. Motive der Romane klingen an, manchmal werden die Romane auch beim Namen genannt. Aktuell interessant jedoch werden die Bemerkungen, die gleich vorgeführt werden sollen, dadurch, daß Traven nun, Ende 1933, nicht mehr, wie noch in seinem philosophischen Reisebuch *Land des Frühlings* von 1928 (das auf seiner Teilnahme an der von der Regierung geförderten Palacios-Expedition von 1926 nach Chiapas basierte), Mexiko als den Nabel der Welt sieht, als das Land der Zukunft, das aus dieser Spannung zwischen Modernstem und Urtümlichem die Lebens- und Kunstform gewinnen werde, die sich beispielhaft für die ganze Welt gestalten müsse.[6] Nein, statt des Höhenflugs des Einwanderers, der seine Münchner Utopien unter tropischem Himmel in Erfüllung zu gehen glaubte, Realistik: ein Jahrzehnt fast ist Traven bereits im Lande; die anfängliche Begeisterung für das neue Land hat sich gemäßigt. Das neue Buch von Heidi Zogbaum, *B. Traven: A Vision of Mexico* (Wilmington, Delaware: Scholarly Resources, Inc., 1992) hat en detail gezeigt, wie die Hochstimmung der frühen Reaktion auf Mexiko als Land der Zukunft des indianischen Proletariats und der Dritten Welt überhaupt allmählich der progressiven Erkenntnis der wahren politischen und gesellschaftlichen Realität nicht mehr standhält. Nicht von ungefähr gibt sich Traven in diesem Essay als Kenner; er ist aus eigener Erfahrung mit den Orten vertraut, von denen er spricht, ja: besser vertraut als der Kartograph: der große See, den die Karte im Staat Chiapas verzeichnet, existiert nicht, "wie ich persönlich festgestellt habe." Es spricht der Experte: "Karten von Mexiko und von vielen anderen lateinamerikanischen Ländern sind sehr selten richtig. Auf Mexiko-Karten, selbst amtlichen an den Wänden vieler mexikanischer Konsulate im Ausland, sieht man Eisenbahnlinien, die, wie der Verfasser am besten weiß, nicht existieren, nie existiert haben, doch vielleicht vor fünfzig Jahren geplant wurden." Der Essay über die Karte Mexikos läßt aufschlußreich ein Zwischenstadium erkennen: nicht mehr Hochstimmung, noch nicht die Desillusion der spätesten Dschungelromane, besonders von *Ein General kommt aus dem Dschungel*. Aber wie?

Gewiß fehlt es, der Vollständigkeit der Orientierung halber, nicht am Folkloristischen, wie es dem Touristen lieb ist. Von der Nationallegende von der Gründung der Stadt Mexiko wird erzählt, von der Prophezeiung des Hohenpriesters an die einwandernden Azteken: wo man einen Adler auf einem Nopal-Kaktus, mit einer Schlange in den Krallen, fände, dort solle man die Stammeshauptstadt erbauen ... auf einer Insel im Texcoco-See, wie sich ergab, eine Mißlichkeit, die noch heute die Topographie der ständig tiefer sinkenden Mexico City bestimmt. Zur Sprache kommt auch die indianische Legende von den beiden über der Stadt ragenden schneebedeckten Vulkanen in der tropischen Breite: ein eingeborner Prinz der eine, der seine Pfeife raucht zu Ehren des anderen Vulkans, der seine tote Braut darstelle. Ferner Tequila ("schmeckt wie Petroleum") und Pulque ("für die mexikanische untere Klasse was Gin in den angelsächsischen und skandinavischen Ländern ist"), Mariachis, mexikanische "Havanas," Xochimilco mit seinen malerischen Indianerdörfern, Kathedralen aus der Kolonialzeit und indianische Pyramiden und "Tempel": diese sind "für den amerikanischen Kontinent ebenso wichtig und haben zweifellos größere Bedeutung, als die altgriechischen Tempel für Europa besitzen."

Doch hier macht sich bereits das vitalere Interesse Travens geltend: Mexiko ist das Land einer urtümlichen Kultur. Wo die Kolonialherren die imposante Basilica de Guadalupe erbauten, pflegten die Indianer "eine uralte toltekisch-aztekische Gottheit zu verehren," und hier tanzen sie noch heute jedes Jahr am 12. Dezember ihre rituellen "heidnischen" Tänze mit genau derselben Musik, denselben Schritten und in denselben Kostümen "wie vor tausend Jahren, als sie die indianische Gottheit verehrten." Selbst in den Außenbezirken der

Landeshauptstadt, meint Traven, haben sich die Indianer seit der vorkolonialen Zeit weder "in ihrer Kleidung noch sonstwie" geändert, selbst die Preise seien unverändert! Der Nationaltanz, der Jarabe Tapatio, könne den einen oder anderen Schritt von alten spanischen Tänzen geerbt haben, aber er sei "im ganzen tatsächlich original mexikanisch." Exotisch ist auch die Mariachi-Musik für den Europäer ("ziemlich seltsam und nicht besonders angenehm"). So lebt das alte Mexiko, das indianische, selbst in der modernen Großstadt weiter. Symbolisch geradezu, daß der aztekische Kalenderstein, "das wichtigste und eindrucksvollste Beispiel aztekischer Kultur," heute im Museo Nacional im Chapultepec-Park, unter dem zentralen Platz von Mexico City ausgegraben wurde; symbolisch, daß das Chapultepec-Schloß, "die offizielle Residenz des Präsidenten," schon der Sommeraufenthaltsort des Aztekenkaisers war ("sein Schwimmbad ist noch erhalten"); symbolisch, daß in Cholula eine Kirche auf einer Pyramide errichtet wurde, und symbolisch, daß der bis vor kurzem amtierende Präsident Ortiz Rubio "seine direkte Abstammung vom letzten König der Tarascaner beweisen kann, der zur Zeit der Eroberung das westliche Mexiko beherrschte." Indianerromantik spielt mit: die Yaqui-Stämme im Staat Sonora sind noch in der unmittelbaren Gegenwart zum Leidwesen der Regierung "sehr kriegerisch und ziemlich aggressiv" — "die besten Soldaten in der mexikanischen Armee" allerdings auch! Archaisch-heroische Wundertaten vollbringen auch die friedlicheren unter den Ureinwohnern. Die Tarahumaras in der westlichen Sierra "können drei Tage und drei Nächte ununterbrochen laufen, nicht weniger als zehn Meilen pro Stunde, und leben dabei nur von Kräutern und kommen praktisch ohne Schlaf aus."

Ungewöhnlich gewiß, doch legitime Signatur des Mexiko von heute. Denn nicht nur sieht Traven, Indigenist, der er ist, seine Wahlheimat als wesentlich indianisch in Kultur und Tradition; er verbindet damit auch einen prononciert antikolonialen Impetus, wie man ihn von dem Mann erwarten kann, der schon in seiner deutschen Zeit (angeblich und wohl richtig) auf Grund persönlicher Erfahrung einen antikolonialistischen Indochina-Roman geschrieben hatte, der noch heute unveröffentlicht ist.[7] In dem Mexiko-Essay kommt er auf Cortés' Massaker der aztekischen Aristokratie in Cholula zu sprechen. Das sei der Grund dafür, daß es in ganz Mexiko kein Cortés-Denkmal gäbe, nicht einmal eine Gedenktafel. "Die Mexikaner sind in Geschichte, Tradition und Lebensweise vielmehr, man könnte sagen: fast völlig identisch mit den alten Azteken statt mit den Spaniern oder irgend einer anderen europäischen Nation. Ihre Geschichte beginnt nicht mit der Eroberung, sondern mit dem Anfang der Einwanderung der Azteken von Aztlan (Kalifornien) nach Mexiko." Wie wir seit Zogbaums Buch wissen, ist diese Einstellung, die Idealisierung der Indianer, die auch den Romanen der sogenannten Dschungelserie über die mexikanische Revolution zugrundeliegt, zu verstehen als allzu naive Mißdeutung der offiziellen Politik des Präsidenten Calles als vorbehaltlos pro-indianisch. Sie bleibt Travens romantische Überzeugung, hier und in den Romanen: Mexiko ist ein Indianerland; ein Ableger Europas ist es nicht. Interessant wird die Kolonialzeit (zweimal datiert er sie hundert Jahre zu früh, doch sonstwo richtig vom frühen 16. Jahrhundert an) für Traven erst, als sie aufhört, als sich die Nation befreit nach dem Stichwort des "Vaters der mexikanischen Republik," Hidalgo. Bis dahin "war es Mexikanern nicht erlaubt, irgendetwas herzustellen; das Anpflanzen von Weinreben und vielem anderen wurde mit dem Tode bestraft, Wein und alles derartige mußte aus Spanien eingeführt werden, alle Gebrauchsgüter, alle Textilien, alle Möbel." Doch das spanische Element ist mit der Ausrufung der Republik im frühen 19. Jahrhundert nicht untergegangen; das ist die Voraussetzung der Dschungelromane: die Zwangsarbeiterlager, in denen die Indios zugrundegerichtet werden, sind fest in den Händen der Landesfremden. Harsch ist entsprechend auch Travens Urteil über den versuchten Neokolonialismus unter imperialistischem Vorzeichen im späteren 19. Jahrhundert: über eine Kapelle in Querétaro, die zum Gedenken an die Hinrichtung Maximilians, des aufgezwungenen Habsburger Kaisers von Mexiko, errichtet wurde, sagt er: "Der sogenannte Kaiser von Mexiko wurde von mexikanischen Patrioten wegen Hochverrats erschossen und völlig zu Recht."

Das eigentliche koloniale Feindbild ist aber nicht so sehr die weltliche Kolonialmacht (die mittlerweile, 1933, so gut wie verschwunden ist im mexikanischen Alltag — die von Spaniern gemanagten Lager für die Mahagonifäller waren an der Peripherie, im Tiefen Süden, und mittlerweile auch mehr oder weniger abgewirtschaftet) wie die katholische Kirche (die in den dreißiger Jahren immerhin noch eine Präsenz ist, so sehr sie auch seit den zwanziger Jahren durch Regierungsdekrete an die Wand gedrängt war). Kolonialzeit ist die Zeit, "als Mexiko von der spanischen Krone regiert, aber in Wirklichkeit von Rom beherrscht wurde." Der antikatholische Affekt zeigt sich auf Schritt und Tritt. Dem entsprechen allerlei Motive in den Romanen wie im *Karren*, wo Andreu vom klerikalen Geschäftssinn abgestoßen wird, oder im *Schatz der Sierra Madre*, wo der Cristero-Aufstand gegen die Staatsregierung unrühmlich figuriert. In dem Essay über die Geographie Mexikos prangert Traven die Machenschaften der kolonialen Priester an, die vorgaben, die Jungfrau Maria sei an der Stelle, wo sie die Basilica de Guadalupe errichten ließen, einem Indianerjungen erschienen, und habe den Bau einer Kathedrale verlangt. Und noch heute sei die Kirche schuldig, da sie die Wundergeschichte ausnutzt, um den jedes Jahr zur Basilica wallfahrenden Indianern mit dem Verkauf von wertlosen Bildchen und Bescheinigungen das Geld aus der Tasche zu ziehen: "größtes Geschäft ["business"] für die Römische Kirche in Mexiko." Traven erinnert dabei an die im *Schatz der Sierra Madre* erzählte Geschichte von der Indianerin, die sich zum Heiligtum der Jungfrau aufmacht, um sie zu bitten, ihrem blinden Sohn das Augenlicht zu schenken. Triumphierend bemerkt er, daß es heute in Mexiko keine Mönchsorden mehr gäbe, die Klöster und aller Kirchenbesitz verstaatlicht seien, die Zahl der Priester staatlich beschränkt werde. "Es gab eine Zeit, als ein Drittel des Landes und der Bergwerke Kirchenbesitz waren und kein Nicht-Katholik auf dem Kirchhof beerdigt werden durfte, alle Nicht-Katholiken wie Hunde außerhalb des Kirchofs begraben wurden." "Damals ging Mexikos ganzer Reichtum nach Rom . . .; für Mexiko blieb nichts." "Die Kirche verbot, daß Frauen aller Klassen und Männer der mittleren und der unteren Klasse Lesen und Schreiben lernten. Es gibt Gegenden in Mexiko, wie Puebla, wo man im Umkreis von fünf Meilen in jeder Richtung 360 Kathedralen, Kapellen nicht gerechnet, findet für eine Bevölkerung von etwa 180.000 Seelen, überdies etwa zwanzig Klöster in derselben Region, und alle Geistlichen und alle Mönche und Nonnen lebten von der Bevölkerung."

Wenn Mexiko im Gegensatz zu diesen kolonialen Verhältnissen zur Zeit der Abfassung des Essays nun ein ganz anderes Land ist, ein Land, in dem die Indianer, wie Traven meint, den Ton angeben, so heißt das nicht, daß ein goldenes Zeitalter ausgebrochen sei. Wie die Indianer als kriegerisch, ja blutdürstig beschrieben wurden und die Landnahme der "kriegerischsten, aggressivsten" Azteken als blutig-massenmörderischer Vorgang, so sind die Spuren des Barbarischen im Alltagsleben unübersehbar. Mexiko ist ein exotisch *brutales* Land. Die Menschen zunächst: nicht edle Wilde und ihre Abkömm- linge sind es, die sich da am Hahnenkampf als Nationalsport belustigen, die sich an der Nationalhymne berauschen, von der in einer Ecke der Karte zwei Verse abgedruckt sind, die die Patrioten zum Krieg aufrufen. Traven kommen- tiert: man habe die Blutrünstigkeit durch einen neuen Text zu ersetzen versucht, aber keine vorgeschlagene Zeile habe genügend Beifall gefunden. Brutal geht man in Mexiko gegen Verbrecher vor: Schwerstverbrecher werden in die Strafkolonien auf den drei Las Marias-Inseln vor der pazifischen Küste abgeschoßen, seit es die Todesstrafe nicht mehr gibt. Doch amtlichen Mord schließt das nicht aus: "Zynische Verbrecher werden gewöhnlich bei Nacht während des Transports erschossen," und Traven beschreibt genau, wie das vorgeht: ein Schuß aus der Pistole des begleitenden Offiziers aus dem Hinterhalt beim Umsteigen von einem Zug in den andern. Jeder wisse, daß dies das Normale sei. Wer hingegen wirklich auf die Strafinseln gelange, habe keine Chance freizukommen: die effektivsten Gefängniswärter sind die Haie; niemand versuche auch nur zu entkommen, drohe Lebensgefahr doch schon beim Bad in unmittelbarer Küstennähe.

Brutal und gefährlich vor allem ist nächst den Menschen die Natur: das Klima, die Landschaft, die Fauna — von Orchideen und Vogelsang (von denen in den frühen Briefen nach Deutschland gelegentlich die Rede war) kein Wort. Mexiko ist das Land nicht nur der raubtierhaften Dschungelvegetation, die ganze Pyramiden überwuchert, nicht nur das Land der Vulkane, die bei aller majestätischer Schönheit und indianischer Legendenbildung doch auch immer erneut mit dem verheerenden Ausbruch drohen. Es ist das Land der Erdbeben: Oaxaca, erinnert der Cicerone auf seinem Gang durch das Land, durch die Karte, wurde vor kurzem, 1930, zum größten Teil von einem Erdbeben vernichtet. "Ganze Straßenzüge, Kirchen, städtische Verwaltungsgebäude und 700 Wohnhäuser wurden völlig zerstört." Der tropische Wolkenbruch in der normalen Regenzeit tut ein übriges: Eisenbahnen, so noch 1933 im Isthmus von Tehuantepec, fallen aus, Schienen werden weggeschwemmt, Stahlbrücken zerknickt. Mexico City wird überflutet. Dann die Hurrikane: als der Hurrikan vom Oktober 1933 Tampico zerstörte, im gleichen Herbst als der Tamesi und der Pánuco dort über die Ufer traten und Tampico "fast ganz zerstörten," hunderte von Häusern wegschwemmten, wurde ein Drittel der Bevölkerung obdachlos. Die Stadt solle nun weiter landeinwärts wieder aufgebaut werden.

Die Tierwelt hat nichts von der Harmlosigkeit des Zoos. "Hier kommt es vor," heißt es über den Süden des Landes, "daß ein paar hundert Quadratmeilen Pflanzungen innerhalb von dreißig Minuten von Heuschrecken aufgefressen werden, die nichts als die Wurzeln im Boden zurücklassen." (Die Palacios-Expedition, an der Traven 1926 als "norwegischer Photograph" teilnahm, hatte u. a. die Aufgabe, der Heuschreckenplage auf den Grund zu gehen.) Das Wissenswerteste über den Staat Durango im Westen des Landes, wo *Der Schatz der Sierra Madre* spielt, ist, daß es dort, wie auch im Nachbarstaat Nayarit, kleine gelb-rote Skorpione gibt, deren Stich in fünfzehn Stunden tödlich wirkt. Skorpione interessieren Traven von Anfang an in Mexiko. Er findet sie in seiner Hütte im Hinterland von Tampico, er macht seinen Korrespondenten, die offenkundig kein Interesse in dieser Richtung geäußert haben, Angst damit. Hier nun zieht er alle Register. Die Skorpione wandern in großen Schwärmen, so daß die Indianer oft ihre Dörfer räumen müssen. Ihre

Baby-Wiegen hängen unter der Decke ihrer Behausung, um sie vor Schlangen, Ameisen und vor allem Skorpionen zu schützen, die sich jedoch vom Palmdach herab auf die Kinder fallen lassen . . . "Und hier die Erklärung dafür, daß die Goldvorkommen, die im *Schatz* [*der Sierra Madre*] zur Sprache kommen und offiziell 1931 bekanntgegeben wurden, nicht weltberühmt geworden sind, trotz der Tatsache, daß innerhalb von fünfzehn Tagen 1.480 Prospektierungsgesuche bei der Regierung angemeldet wurden. Zusammen mit fieberübertragenden Moskitos, fieberverseuchten Sümpfen, kleinen Giftspinnen und Mangel an keimfreiem Wasser sind diese Skorpione der Grund dafür, daß die Goldprospektoren samt und sonders die Region verlassen, sie mit all ihrem Gold den Skorpionen und all den anderen Plagen überlassen mußten. Das sind die Tropen, und dies ist das wahre Mexiko" ('Mexico in the open'). Kaum besser ist es um die berühmte Silberstadt Taxco oder doch ihre unmittelbare Umgebung bestellt, das Touristen-Mekka, die Künstlerkolonie in Zentral-Mexiko: nur etwas westlich von Taxco nämlich deutet eine in die Karte eingezeichnete große rote Eidechse darauf, daß "diese Region geradezu wimmelt von Rieseneidechsen aller Art, auch Riesenschlangen. Direkt unterhalb davon ist der große Las Balsas-Fluß, voller Alligatoren, und diese Gegend ist stark heimgesucht von Löwen, Tigern, und wiederum jenem kleinen Skorpion. Ein schlafender Indianer lehnt sich an eine Pflanze. Ein Schild warnt: 'Lebensgefahr, nicht schlafen!' Die Bilder der Schlange, des Löwen, des Alligators erklären, warum nicht."

Löwen übrigens hat außer Traven (auch in seinen Briefen) bisher noch niemand in Mittelamerika zu Gesicht bekommen; Pumas meint er vielleicht.[8] Aber der König der Tiere paßt natürlich — als Emblemtier sozusagen — bestens in sein Bild des gefährlich-brutalen Mexiko, wie es ähnlich auch in den Romanen wiederkehrt.

Um so weniger paßt es allerdings zum Gegenpol von Travens Mexiko-Bild, der dazugehört als seine unabdingbare Kehrseite. Dort nämlich ist die nordamerikanisch-britische Zivilisation zu Hause, an die schon die Eisenbahnen erinnerten, die vom tropischen Wetter stillgelegt werden. Nun betont Traven zwar im Yucatan gewidmeten Schlußabsatz seines Essays, die dortigen Ruinen, Uxmal und Chitzen Itza allen voran, seien dank der modernen Technik, der Autostraßen und Flugplätze selbst für eine siebzigjährige Dame ebenso gefahrlos zu erreichen wie Glasgow von London aus; daß ein Besuch hier "gefährlicher" sei als eine Reise ins obere Kongo-Gebiet, sei eben nur eine fixe Idee der Filmindustrie. "Die Flugzeuge landen direkt vor den Tempeln." Gewiß. Aber nicht nur vergißt Traven zu erklären, warum hier denn auf einmal *nicht* die urtümlichen, typisch mexikanischen Risiken das Leben unsicher machen und brutalisieren: sind die ihm zum Eindruckschinden sonst so nützlichen Löwen etwa nicht *auch hier* zu Hause, am — ebenso emblematischen — Flugplatz mit seinen modernen Schikanen? Überdies: die amerikanische Präsenz, die die Flugplatz-Technologie suggeriert, ist Traven sonst, in den Romanen und auch hier in dem Essay, doch eher ihrerseits eine Gefahr. Man erinnert sich an die Bedrohung des urtümlichen kommunalen Lebens der Indianer durch amerikanisches Business und technisches Know-how, in der *Brücke im Dschungel* etwa, wo der Kontakt mit dem zivilisierten Norden den Tod bringt, oder, brutal auf seine Weise, in der *Weißen Rose*, wo die idealisierte indianische Lebensform dem vor Mord nicht haltmachenden Ansturm amerikanischer Großgeschäftemacher weichen muß.

In "The Map of Mexico" ist amerikanische Technologie in Mexiko nicht, wie in *Kunst der Indianer*, die Verheißung einer großen archaisch-zivilisatorischen Synthese in der Kunst der Zukunft,[9] auch nicht, wie in *Land des Frühlings*, Zeichen einer produktiven "Rassen"–Mischung der Zukunft,[10] sondern Signal der extremen Bedrohung der einheimischen Werte, Traditionen, Hoffnungen. Daß Football und Baseball die Stierkämpfe verdrängen, die ohnehin nur eine Sache der Spanier waren, mag noch hingehen, ebenso daß die Stadtbevölkerung sich amerikanisch kleidet. Bedenklicher ist Traven eine Randerscheinung der westlichen Zivilisation, die in die nördlichen Grenzstädte Mexikos eindringt: auf die nordamerikanischen Touristen spekulieren die dortigen Vergnügungsetablissements mit ihrem korrupten Angebot — Glücksspiel, weiße Sklaverei, Drogenhandel, sexueller Exhibitionismus, Perversion jeder Art im Tingeltangel. Anderer Art ist die Gefahr, die Baja California droht, der langgestreckten Halbinsel im Pazifik im Nordwesten der Republik. Es sei, meint Traven, ein politisches Objekt, um das sich die USA und Japan bemühten. "Die Halbinsel ist in Gefahr, früher oder später den USA zum Opfer zu fallen."Flughäfen und Marinestützpunkte der Gringos würden nicht lange auf sich warten lassen, ein neuer Imperialismus also nach Abwirtschaftung erst des spanischen, dann des Habsburgischen, und nicht weniger bedrohlich. Den dortigen Perlenfischern, deutet sich an, werde bald die Stunde geschlagen haben. Ein besonderer Fall ist Tampico: in den beiden ersten Jahrzehnten des 20. Jahrhunderts habe der Ölboom die Stadt zur "most americanized city in Mexico" gemacht, mit ebensoviel Amerikanern wie Mexikanern. *Die weiße Rose* schildert, wie katastrophal sich diese Invasion auf eine als typisch gedachte mexikanische Familie auswirkt. Symbol der amerikanischen Präsenz ist, nach der Zerstörung Tampicos, auch Cuernavaca,

wo außer der mexikanischen Aristokratie nun auch die amerikanische sich
ansiedelt — symptomatisch die häufige, fast regelmäßige Anwesenheit des
amerikanischen Botschafters Morrow dort.

III

Barbarous Mexico lautet der Titel eines seinerzeit aufsehenerregenden Buches
von John Kenneth Turner (1911). Es beschreibt die brutalen Ausbeutungsver-
hältnisse auf den Sisalplantagen in Yucatan. Barbarisch ist auch Travens
Mexiko: die Ausbeutung der Indios in den monterías, den Mahagonilagern im
Süden des Landes, in erster Linie. Aber die Brutalität ist nicht nur auf seiten der
dominierenden Europäer oder Europastämmigen. Barbarisches, Brutales,
Hartes, Kriegerisches macht sich auch im noch gegenwärtigen indianischen
Erbe bemerkbar. Barbarisch ist überdies die exotische Natur — die Vegetation,
die Tierwelt, das Klima, selbst der Erdboden. Und doch, im *Land des Frühlings*
von 1928 noch, das Land der Zukunft, auf das alle Hoffnung zu setzen ist?
Kaum mehr in diesem Essay von Ende 1933. Mexikanische Havannas und
mexikanischer Kaffee, die so lobend hervorgehoben werden, verheißen keine
um und um große Zukunft in der Weltwirtschaft. Vielmehr drohen Wolken am
Horizont in Gestalt des amerikanischen Imperialismus, des Erdölimperialismus
in der Tampicoer Gegend am Golf, des militärischen Imperialismus in Baja
California, des westlich-zivilisatorischen Imperialismus mit seinen Verlockungen und Perversionen in den Grenzstaaten und nicht nur dort. Eine
brutale Macht auch dies, vom schwächeren Nachbarn aus gesehen. In der
Spannung zwischen urtümlich und modern ist Mexiko also in der Spannung
zwischen Brutalität hier und Brutalität dort.

Was fehlt, ist das sonst bei Traven so oft zu hörende Hosianna auf das Land
seiner Wahl. Andererseits fehlen auch Kassandrastimmungen, wie sie in dem
späten Roman *Aslan Norval* aufklingen, namentlich in bezug auf das "Moderne."

Das ist die Sicht von Ende 1933. In eben diesem Herbst hatte Traven sich
in aller Form, im Zorn auch, von der nazifizierten Büchergilde Gutenberg
(Berlin) losgesagt. Der Brief an Chatto and Windus von 1936, aus dem die
längere Passage zum Dokumentarischen seiner Romane zitiert wurde, spricht
aus, wie er jetzt, mehr denn je, sein Schreiben auffaßt: Kläräugige Erkenntnis
der "mess," der besorgniserregenden Realität, als Voraussetzung
soziopolitischen Wandels. "Ich will nur zeigen, wie die Welt und die Menschen, die ich kenne, wirklich aussehen." Die lateinamerikanische Realität, die

er zeigt, findet, meint er, wenig Interesse bei den Europäern, die nur vor der eigenen Tür kehren. "Sei dem, wie dem wolle, wir müssen mit den Tatsachen rechnen. Und diese Tatsachen sehen nicht sehr gut aus." So schließt er seine Selbstvergewisserung 1936. Wie die seinen Romanen zugrundeliegenden "facts" aussehen, die permanenten und die zeitgebundenen, hat er in dem wohl kritischsten Moment seiner Laufbahn, zur Zeit des Verlusts seiner deutsch-sprachigen Leser, in dem Essay über die Karte Mexikos darzustellen versucht. Wir schulden ihm noch heute einige Aufmerksamkeit dafür.

Anmerkungen

*Kurzfassung dieses Artikels in *Schweizer Monatshefte* 73 (1993): 817–30.

[1]Vgl. die Artikel von Cynthia Steel und Lydia D. Hazera in *B. Traven: Life and Work*, hrsg. Ernst Schürer u. Philip Jenkins (University Park, Pa.: Pennsylvania State UP, 1987).

[2]Vgl. Guthke, *B. Traven: Biographie eines Rätsels* (Frankfurt/M.: Büchergilde Gutenberg, 1987) 475–77.

[3]Guthke 477.

[4]Guthke 476.

[5]Das von Traven am 6. März 1933 geschickte Original (Brief Travens an Chatto and Windus von diesem Datum) ist verloren, doch ließ sich in der kartographischen Sammlung der Harvard-Universität ein Exemplar ausfindig machen. Signatur 4410.1930.2: eine Vielfarbenkarte. Zur Identifikation: "Printed in Mexico by F. S. H. y Cia., Mex. D. F.," "An Atheneum Publication," "Pictorial Map of Mexico Published by Fischgrund Publishing Co., P.O. Box 2071 Mexico D. F.'' "Registrado conforme a la ley, No. del Reg. 6859 Copyrighted in the U.S.A." "Dibujado por Miguel Gomez Medina." Ausmaß: 63 x 100 cm. Traven datiert die Karte 1932 (18. Oktober 1933 an Chatto and Windus). Den Essay schickte er am 9. Dezember 1933 (Brief an Chatto and Windus) zusammen mit weiteren Exemplaren der Karte. Er fügt hinzu: es sei nur ein unter Zeitdruck verfaßter "rough outline," unrevidiert, und er hoffe, eine "bessere" Fassung ausarbeiten zu können. Die Karte, schreibt er am 18. Oktober 1933, solle im Empfangszimmer aufgehängt werden, wo alle Besucher sie sehen könnten.

[6]Vgl. Guthke, *Die Entdeckung des Ich* (Tübingen: Francke, 1993) Kap. "Traven, der Multinationale."

[7]*Die anamitische Fürstin* (Marut-Nachlaß, U of California, Riverside); vgl. Guthke, *B. Traven* 171.

[8]In seinen Briefen vom 10. März 1934 und 28. März 1935 an Chatto and Windus betont Traven auf die skeptische Reaktion in London: Löwe sei das richtige Wort; was die Europäer Puma nennen, sei der "American lion"; die Mexikaner sprächen von "león."

[9]Siehe Anm. 6.

[10]Vgl. Guthke, *Die Entdeckung des Ich*, Kap. "Rassentheorien von links."

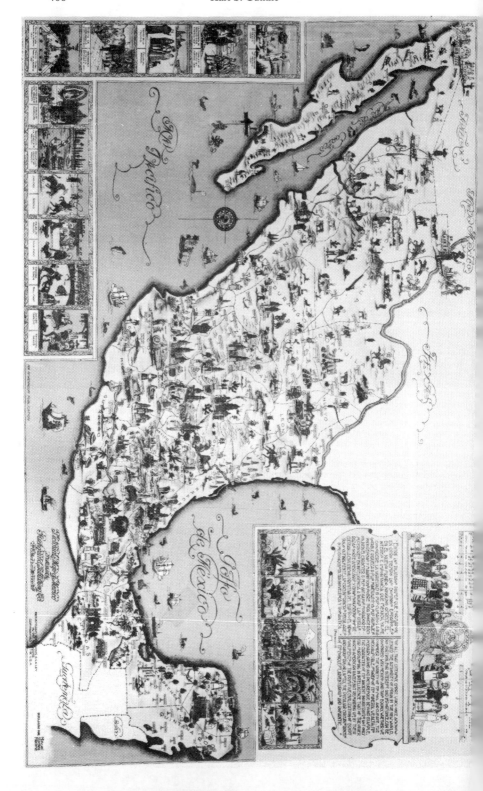

Alienation and Response in Auvergne and Limousin
Two War Poems by Günter Eich, Together with a Biographical Note

Alan D. Latta, *University of Toronto*

The growing body of scholarship dealing with Günter Eich (1907–1972) has resulted in recent years not only in a clearer picture of Eich's life and work, but also in a more precise focus on the details of that life and work. As an example of this, one might cite Walter Höllerer, who referred in 1953 to Eich, "der mit seinem Band *Abgelegene Gehöfte* zum Sprecher der Generation des zweiten Weltkriegs geworden ist," and in contrast, the more precise observation of Heinz Schafroth in 1976:

> Der frühere Gedichtband, *Abgelegene Gehöfte*, ist auf Grund einiger immer wieder nachgedruckten Gedichte ('Inventur', 'Camp 16', 'Latrine' u. a.) zum exemplarischen Gedichtband der Nachkriegsjahre deklariert worden, noch 1968, bei der Neuauflage in der edition suhrkamp. Dabei ist mindestens ein Fünftel der Gedichte zwischen 1930 und 1934 entstanden und damals zum Teil veröffentlicht worden. Von den zwischen 1945 und 1947, meist in der Gefangenschaft geschriebenen Gedichten ist nur in vierzehn von siebzig die Erfahrung von Krieg und Gefangenschaft nachzuweisen. Trotzdem gilt der Band als exemplarisch für die Bewältigung dieser Themen. (Höllerer 1953, 101; Schafroth 48)

In the same way, critics tended until recently to look at *Abgelegene Gehöfte* and divide its poems into two groups: nature poems and POW camp poems. Schafroth, in the quotation above, expands the classification slightly by talking about imprisonment *and* war, but it was Glenn R. Cuomo in 1989 who stated bluntly that "although there are very few poems by Eich that can actually be documented as coming from the war years, there are several poems published in his *Abgelegene Gehöfte* (1948) which were almost certainly written while he was in uniform" (Cuomo 27).[1]

The situation is similar in many matters of biographical detail, particularly from the years 1933–1945. The "Vita" in Susanne Müller-Hanpft's volume,

Über Günter Eich, states laconically, "1939–45 Aktive Teilnahme als Soldat am zweiten Weltkrieg" (Müller-Hanpft 144). Since then, thanks to the work of a number of scholars, it appears that Eich was drafted first into a ground unit of the Air Force in August 1939 as a driver and wireless operator, serving until sometime in 1940 at Schönfeld-CRössinsee, then in German-occupied territory and later in Berlin. In 1940 or 1941 his friend Jürgen Eggebrecht managed to get him posted to Eggebrecht's own unit, the *Stabsstelle Papier* in Berlin, where Eich apparently spent most of his time working on the publication of field editions of approved literature. Here he remained until 1943, when he was sent to Dresden for a time, and then in 1944 to Bavaria, where he helped build telegraph lines from July until October. Eventually he ended up in the Ruhr and was taken prisoner in April 1945 by American troops near Remagen (Schafroth 9–10; Cuomo 26, 134; Schäfer 110; Storck, inside front cover).

Nevertheless, there are still gaps to be filled and details in dispute. It is known, for instance, that as a young man Eich went to Paris for a year to continue his studies in Sinology; however the exact date is a matter of dispute.[2] While it would normally seem advisable to side with Willi Fehse in this matter (he was there with Eich), Fehse loses some credibility by also stating that Eich's first marriage took place "einige Jahre vor dem Ausbruch des Zweiten Welt-kriegs . . ." (Fehse 41). Joachim Storck gives the precise date of June 22, 1940, for Eich's marriage to Else Burk (Storck, inside front cover).

Another unresolved detail in Eich's work, a small anomaly consisting of two poems, is found in the 1948 volume of poetry, *Abgelegene Gehöfte:*

Truppenübungsplatz	*Puy de Dôme*
Fremdartiger Herbst	Herbst mit kotigem Braun
auf moorigem Hochplateau.	und Verwesungsarom.
Über dem Heidekraut	Abend, in Klarheit zu schaun
gilben die Wälder wie Stroh.	Schneehaupt des Puy de Dôme.
In die Furche geduckt,	Fern dem entweihenden Schritt
steigt es herauf zu mir,	bleibt er mir geisternah,
hab ich die Einsamkeit,	ernst im lebendigen Stein
die lauernde, im Visier.	denkt meine Seele er mit.
Unbegreifliche Luft,	Aus meines Herzens Hut
windlos und vogelleer,	weis' ich die Toten ihm zu,
hockt in das Dornengerank	über dem Schneegefild
und aufs Knieholz sich schwer.	schweift ohne Zeichen ihr Flug.
Gellt im Echo der Schuß,	Wind färbt mit körnigem Weiß
zögert es wälderwärts;	Dunkel und Untergang,
nimmer am Scheibenstand	weckt der Gefallenen Preis

traf ich den Herbst ins Herz.   tief im Gesang.

Webt aus dem Wacholderharz
ein Schatten das Ungefähr,
Hauch, der aus welchem Mund
ätzend beschlägt das Gewehr.

Wurzel und Untergrund
schwanken im Fallen mir dumpf.
Atem der Erde treibt
Blasen im Sumpf.

(Eich 1991, 22–23)

At first glance, the two poems might not seem all that similar. The title of one suggests the military, the title of the other — for those who know a little about the geography of France — tourism. However, a closer look at the second poem, with its "Toten" and "Gefallenen," suggests a possible connection after all. In fact, the two poems will turn out to be both strikingly similar and profoundly different.

The initial reason for considering these two poems together is that Günter Eich did so. Horst Ohde, who edited the poems for the 1973 edition of the *Gesammelte Werke*, writes of the two: "Zuerst als zwei Teile unter dem Obertitel *Truppenübungsplatz* zusammengestellt, wobei der Untertitel für den ersten Teil wechselnd *Fremdartiger Herbst* und *La Courtine* lautete."[3] Again, at least until the revised edition of the *Gesammelte Werke* appeared in 1991, a certain knowledge of French geography was necessary to comprehend one of the titles not chosen. La Courtine, as Axel Vieregg writes, "ist ein kleiner Ort auf halbem Wege zwischen Limoges und Clermont-Ferrand" (Eich 1991, 438); more precisely, it is located in the old province of Limousin, almost on the border between the modern *départements* of Creuse and Corrèze, approximately twenty kilometers north of Ussel, on highway D 982. A 1982 volume of Larousse gives its population as 1,364 (Larousse 3: 2724). Of more immediate interest, however, is the military base located at La Courtine; one English writer refers to its "vast artillery range" and remarks that it "has been called the French Aldershot..."[4] This suggests the possibility that the "Truppenübungsplatz" of the poem was located at La Courtine.

I

Few critics have paid any attention to "Truppenübungsplatz," and none seem to have found anything striking about it. Larry L. Richardson writes, "memories of drills on the firing range are combined with autumnal images and the desolate landscape of the marshland to yield a mood of loneliness and melancholy," adding that the "association of autumn and melancholy is a standard poetic convention . . ." (Richardson 69). For Glenn Cuomo the poem "is a transitional piece with many similarities to Eich's earlier nature lyrics . . .," a poem in which ". . . some aspects of present reality have encroached upon his 'timeless' theme of man's alienation from nature" and whose autumnal environment now "signals some universal disaster" (Cuomo 128–29). Because of the newly available information, however, "Truppenübungsplatz" warrants another look.

The first stanza sets the scene, emotionally, temporally, and geographically. For the poem's persona, possibly a new recruit, autumn is characterized by the first word, "fremdartig," foreign, alien. If one assumes the soldier to be German, the setting of La Courtine is indeed foreign; but more than that, the very landscape seems alien. The military camp is located "auf moorigem Hochplateau"; and indeed La Courtine is situated on the Plateau de Mille-vaches, an area of the Massif Central which in European terms is especially desolate. Morgan describes it as a heathland, "2,500 feet or more high," "studded with an infinitude of sad and shallow meres . . ." "It is a strange mixture of barrenness and fertility, this high scrub-forest . . .," with little more than some herding and mining. It is "a vastly untravelled land," "an uninhabited area, and few tread its mica-glistening roads." "One August recently it froze there . . ." (Morgan 63–64).

Lines three to four reinforce the geography ("Heidekraut") and the temporality ("gilben") of the setting, and the following five stanzas then characterize the state of mind of the soldier on the firing range. They dissolve the brief duration of a few minutes into individual scenes, blurred snapshots of the *Ich* and the environment. The first of these (stanza 2), with its mixture of military language and abstraction, caught the attention of Walter Höllerer in 1954. Surveying the poetry of the time, he wrote: "Im Gedicht finden sich Bildelemente, die untereinander in Spannungen stehen. Diese Spannungen scheinen wichtiger zu sein als das bloße Bildermachen." He presented a series of examples, one of which consisted of lines seven and eight in "Truppenübungsplatz." For Höllerer, these represented "*Überkreuzungen* von Gegenständlichstem und Abstraktestem," and this concept of *intersection* will prove useful in understanding what is happening in Eich's poem (Höllerer 1954, 428).

In the first scene, the soldier, ducking into a furrow or trench, is suddenly confronted with "es." The adjective "lauernd" strengthens the feeling of potential hostility; and whether the "Einsamkeit" the soldier has in his gunsights is understood as "isolation" (a pervasive feature of the Millevaches environment) or "loneliness" (an aspect of his state of mind) — or both — the result is that intersection of concrete and abstract of which Höllerer wrote. The second scene (stanza 3) is just as indistinct as the first. As the autumn is alien, so is the air "unbegreiflich," and Heinrich Georg Briner notes:

> Die früher so verheissungsvollen Zeichen fehlen; die Vögel, deren Flug früher als Chiffre stand, sind nicht mehr zu sehen, selbst der Wind, dessen Sprache einst verheissungsvoll war, schweigt. Die Natur hat ihre hieroglyphische Qualität verloren, sie ist fremd geworden. (Briner 53)

Even more disturbing is the corporeal quality of this air, as it kneels down in the thorns and the coniferous scrub, possibly in close — and claustrophobic — proximity with the soldier.

The third scene from the firing range registers a shot which resounds and withdraws toward the woods, with the soldier reflecting (using the only non-present verb in the poem) that he never did hit autumn in the heart. The implication is that he tried, or at least that he wishes he could have killed this alien, lonely, incomprehensible season; and thus stanza four is informed in the same way as stanza two by a mixture of "Gegenständlichstem und Abstraktestem."

The fourth scene is stranger yet. Lines seventeen and eighteen present the ostensible cause of the dread and fear felt by the soldier, caught so vividly in the image of lines nineteen and twenty. However the enemy is anything but tangible: the verb "weben" (create, work, weave) joins a "shadow" with "das Ungefähr" (chance, accident, approximation). As masters of the horror genre know, sometimes it is the vague, shadowy threat which is most terrifying.[5] No matter — the fifth scene portrays the soldier's reaction: he is so overcome with vertigo that he apparently faints, or at least falls to the ground.[6] The poem then closes with the negative image of the bubbles of swamp gas.

Presented in this poem is the *intersection* of a German soldier in World War II with an environment in Limousin, southern France. One could imagine Günter Eich, whose relationship with France and French culture had always been highly positive, as weighed down with a bad conscience for being there, but aware at the same time that he had no real choice. Put this sensitive recruit into a hostile environment, hostile because it was French and because it was the Millevaches Plateau, and then put him one day onto the firing range. The result is alienation, increasing *Angst*, a blurring of the border between concrete reality and the abstract, and finally a sense of terror and dissonance so great that he collapses.[7]

II

The Puy de Dôme is a mountain of volcanic origin situated in the old province of Auvergne, some ten kilometers west of Clermont-Ferrand. At 1,465 metres it is not the highest volcanic peak in the Massif Central, but it dominates its immediate area like no other. It is no stranger to battles; fourteen kilometers away, to the south of Clermont-Ferrand, is Gergovie, the site of Julius Caesar's defeat in 52 B.C. by Vercingetorix and the Arverni.

Unlike "Truppenübungsplatz," "Puy de Dôme" seems to present few difficulties for the interpreter. Again, the first stanza sets the scene, temporally, geographically, and emotionally. If autumn is not "fremdartig," it certainly is not pleasant, "mit kotigem Braun / und Verwesungsarom"; however, contrasting with this is the distant clarity of the snowcapped Puy de Dôme.

Stanza two continues the duality ("Fern dem entweihenden Schritt") but also establishes a link between the persona of the poem and the mountain. It is a strange sort of link ("geisternah"), and the personified mountain seems to take on the status of a god, guaranteeing the existence of the *Ich* (line 8), and emphasized by the oxymoron "lebendigen Stein."

Stanza three presents the response of the persona: he gives up the dead to the mountain, and their souls fly across the snowy fields. By stanza four night is approaching, the wind has come up, it has begun snowing, and the *Ich*, now established apparently as a soldier, can hear in the movement of the wind a hymn of praise to those who have fallen in battle.

"Puy de Dôme" is suffused with the imagery and vocabulary of religion and the numinous: "Klarheit," "Haupt," "entweihen," "geisternah," "Seele," "Gefild," "Preis," "Gesang," even "Wind" (the breath of God). The mood is very solemn; the times are deadly ones, but the soldier feels that his comrades have found a final resting place in dignity.

A reader of the two poems might be excused for wondering if they were by the same author; in particular, the tone of "Puy de Dôme" — so different from "Truppenübungsplatz" — seems quite uncharacteristic of Günter Eich, at least of the later Eich. However, there is another dimension to the poem which explains Eich's interest in it: at the top of the Puy de Dôme is not only a modern meteorological station, but also the ruined foundation of a Roman temple, a temple to Mercury (Larousse 8: 8584).

From earliest times, the Puy de Dôme was a sacred mountain; indeed, the temple to Mercury replaced an earlier Celtic one (Gostling 18–19, MacKendrick 164–65). One of the functions of Mercury was to conduct the souls of the dead into the underworld, and so it is not surprising after all that the soldier could look upon the snow-capped peak as something positive, a particularly apt chiffre for the numinous, an ultimate refuge for the souls flying from the "kotigem Braun / und Verwesungsarom."[8]

III

On the one hand, the two poems are very different, and not only in tone. In the first, the mood of the speaker is one of extreme alienation, while in the second it is profound religious affirmation. As a nature poem, "Truppenübungsplatz" presents the intersection of the soldier persona with an alien environment; but "Puy de Dôme," while it has the superficial form of the "Naturgedicht," depends ultimately not upon nature, but upon Greco-Roman mythology.

On the other hand, Günter Eich originally intended to link the two poems to form a larger unit, perhaps because both are set in southern France, during the war. La Courtine is approximately fifty kilometers almost due west of the Puy de Dôme, and the mountain peak can be seen from at least certain parts of the military base and surrounding area.[9] But a deeper motivation for bringing together the desolate Plateau de Millevaches with the sacred volcanic mountain may have been psychological: in a situation of extreme alienation, a powerful response might well be religious affirmation. That it drew in this case from Greco-Roman mythology, rather than from Christianity, was due to the fortuitous temple of Mercury at the summit of the Puy de Dôme and to the generally iconoclastic temperament of Günter Eich.

IV

One question remains, a biographical one: when and where did Eich actually compose these two poems? Although it is certainly possible that he wrote them later, drawing upon the memory of his experience, it seems much more likely that they were written at La Courtine during the war, and then revised for publication in *Abgelegene Gehöfte*.[10] Vieregg seems to suggest this, but presents no documentation: "Dieses und das folgende Gedicht entstanden möglicherweise schon 1940, als der Rekrut Eich in Frankreich seine Grund-ausbildung machen mußte" (Eich 1991, 438).

Given the evidence of the poems, one might indeed suspect late autumn 1940 or even 1941 as a possible date, since thereafter Eich was supposedly at the *Stabsstelle Papier* in Berlin. But this would present a problem: both La

Courtine and the Puy de Dôme are well within the boundaries of Vichy France, and it is highly unlikely that German troops were using the base at La Courtine before November 1942, when the *Wehrmacht* occupied the remainder of southern France.[11] Autumn 1942 or 1943 would be a better guess for the date, particularly since while "Truppenübungsplatz" suggests basic training, "Puy de Dôme" suggests battle, and there was no significant military action in this part of France before November 1942. But this in turn appears to contradict the known biographical facts.

However, if one looks closely at what seems to be known about Eich's military service, certain details begin to lose their solidity, and lacunae appear. So far, only *four* dates are validated by *cited* documentary evidence: military records show that Eich was in a military hospital in Berlin from August 14 to September 10, 1940 (Cuomo 130, 165); a document by Hermann Kasack, vouching to the Allied authorities for Eich's non-political nature, says he was in Berlin in spring 1943 (*Als der Krieg* . . . 143);[12] in a letter from Dresden, Eich tells Kasack that he was transferred there on September 1, 1943 (Storck 26); and an entry in Eich's military passport indicates that he was in southern Germany in August 1944 (Storck 26). Obviously, much of the remaining information about the poet's military service may well be accurate; scholars simply have not always felt it necessary to quote exact sources.

On the other hand, it may also be instructive to apply the "more precise focus" mentioned in the beginning to one particular detail, as an illustration of the problems involved. Eich's service in Jürgen Eggebrecht's *Stabsstelle Papier* was first mentioned in 1970 by Oda Schaefer and took place simply "während des Krieges" (Schaefer 258). Six years later, on the basis of a personal communication from Eggebrecht, Heinz Schafroth dates the beginning of this service in 1940 (Schafroth 147, note 7). However, Joachim Storck, who organized the Eich exhibition at Marbach in 1988 and who had access to Eich's papers, lists the service as 1941–1942 or, more precisely, as *beginning* February 11, 1942 (Storck, inside front cover; 25–26). What has happened to the reliability of this detail?

Günter Eich was transferred from the *Stabsstelle Papier* to Dresden on September 1, 1943, according to his letter to Kasack; if the reader of the two poems remains convinced that Eich actually was in La Courtine at some point — and this does seem likely, since knowledge of a small town in this sparsely populated area of France is not otherwise easy to come by — then a possible date would be late autumn 1943.[13]

However there is another possibility. Standard works on the history of

Vichy point out that "armistice teams," composed of small numbers of German officers and enlisted men, had access to the territory of Vichy France for the purpose of inspection, negotiations, meetings, etc.; and Mayor Michelon has confirmed that such teams also visited La Courtine from time to time (Parrotin 83, 86; Steinberg 142–44; Paxton 433; Sweets 171, Michelon op. cit.). While there is no evidence so far to suggest that Eich might have been a member of such a team, his command of French, according to Willi Fehse, was good, and he might conceivably have served as an interpreter (Fehse 35). Once at La Courtine, and on the base, his poetic imagination could have taken over and provided the rest.

At present, this is speculation; what remains are questions and possibilities.[14] If the problem is to be resolved at all, it may have to await the publication of Günter Eich's correspondence.[15]

No matter what the biographical facts ultimately turn out to be, "Truppen-übungsplatz" and "Puy de Dôme" are an anomaly in the œuvre of Günter Eich. Two of the very few genuine war poems (as opposed to those about life in a POW camp), they present the extreme alienation of a German soldier, together with his desperate attempt to find solace in religious affirmation, inspired by the chance proximity of a Roman temple. The poetic idea was estimable, but the fact that Eich finally had the two poems printed as separate entities suggests that the Puy de Dôme and the soldier's response were ultimately unable to overcome the alienation of La Courtine.

Notes

[1] In a footnote, Cuomo lists these as "Beim Telegrafenbau," "Truppenübungsplatz," "Lazarett," "Nacht in der Kaserne," and one unpublished poem mentioned by Heinz Schwitzke (147).

[2] Opting for 1927/28: Cuomo 10; for 1928/29: Schafroth 8, Neumann 1981, 128, note 65, Fehse 34–35; and for 1929/30: Kaneko 269, Müller-Hanpft 144.

[3] Eich 1973, 404. A photograph of the manuscript of "Truppenübungsplatz" appears in Storck, 10.

[4] Morgan 63. The base has existed since at least World War I, according to Larousse.

[5] There is another, slightly different version of "Truppenübungsplatz," which is probably the original (variant lines in Eich 1991, 438). In it, ll. 17–18 read "Webt im Wacholderhang / Schatten das Ungefähr." The significance of the change from these lines to those in the published poem lies precisely in its insignificance: although subject and object are transposed between the two versions, it makes no difference — "Schatten" and "das Ungefähr" are equally vague, amorphous, and threatening.

[6] This is reinforced by the only significant use of assonance in the poem: *a* and *u* in ll. 21–22. Indeed, one can almost hear the poor recruit hit the ground at "dumpf"!

[7] If this reading is anywhere near accurate, it is no wonder that Eich did not try, as

far as we know, to publish the poem during the war years. He would have been accused of "Defaitismus" or worse.

[8]Mercury shared many, if not all, of the attributes of the Greek god Hermes; and one of these was the role of "Seelenführer." Cf. MacKendrick 158; and "Hermes," in Pauly-Wissowa vol. 15, col. 790. According to Neumann, the "Übersetzungsmotiv" is very important in the work of Eich: "Hier ist die alte Bedeutung des griechischen *hermeneuein* (übersetzen) lebendig, ein Wort, das auch die Grenzüberschreitungen des Götter- und Todesboten Hermes bezeichnet" (Neumann 1974, 744; cf. also Neumann 1981, 24, 85).

[9]Personal communication from Mr. J. Michelon, the Mayor of La Courtine, Nov. 4, 1992.

[10]Earlier, slightly different, versions of both poems exist, versions which were revised for publication in *Abgelegene Gehöfte*. For the variants, see the notes in Eich 1991, 438.

[11]Robert Paxton's study devotes some eighteen pages to the ongoing, and ultimately futile, attempts of the Nazi government to get from the Vichy regime the right to use French bases in North Africa. The Pétain government would have been even less likely to permit German use of bases on its home soil. In fact, La Courtine was still being used by Vichy French troops in the summer of 1942; and both Mayor Michelon and Marc Parrotin assert that the first *Wehrmacht* troops arrived in La Courtine in November or December 1942 (Paxton 157; Michelon op. cit.; Parrotin 70).

[12]Strangely enough, Kasack refers to Eich having "Urlaub" at this time. Whether this meant merely time off from duty at the "Stabsstelle Papier," or whether Eich really was stationed away from Berlin at that time is unclear. If the latter, then matters grow even more complicated.

[13]German troops left the base at La Courtine in April 1944 and were completely gone from the area by August (Michelon op. cit., Parrotin 217, 427–28, 480).

[14]For instance, there are additional details which provoke one's curiosity. Parrotin, in his memoirs of the Résistance in Creuse, says that the first German unit to reach La Courtine was a ground unit of the *Luftwaffe* — perhaps similar to Eich's? Moreover, one of the first things the Germans did was to render the local airstrips unusable by having 100-metre-long trenches dug at intervals on it (the "Furchen"?) (Parrotin 87).

[15]In process; cf. Eich 1991, 432. Scheduled to appear in spring 1993, too late for consideration here, is a book by Axel Vieregg, *Der eigenen Fehlbarkeit begegnet. GünterEichs Realitäten 1933–1945*, which may very well shed some light on the obscurities of Günter Eich's war service.

Works Cited

"Als der Krieg zu Ende War": Literarisch-politische Publizistik 1945–1950: Eine Ausstellung des Deutschen Literaturarchivs im Schiller-Nationalmuseum Marbach A.N. Ausstellung u. Katalog Gerhard Hay, Hartmut Rambaldo u. Joachim W. Storck unter Mitarb. von Ingrid Kußmaul u. Harald Böck. Munich: Kösel, 1973.

BRINER, Heinrich Georg. *Naturmystik, Biologischer Pessimismus, Ketzertum: Günter Eichs Werk im Spannungsfeld der Theodizee.* Studien zur Germanistik, Anglistik und Komparatistik 76. Bonn: Bouvier, 1978.

CUOMO, Glenn R. *Career at the Cost of Compromise: Günter Eich's Life and Work in the Years 1933–1945.* Amsterdamer Publikationen zur Sprache und Lit. 82. Amsterdam: Rodopi, 1989.

EICH, Günter. *Gesammelte Werke.* Vol. 1: *Die Gedichte. Die Maulwürfe.* Ed. Horst Ohde and Susanne Müller-Hanpft. Frankfurt/M.: Suhrkamp, 1973.

EICH, Günter. *Gesammelte Werke in vier Bänden.* Rev. ed. Vol. 1: *Die Gedichte. Die Maulwürfe.* Ed. Axel Vieregg. Frankfurt/M.: Suhrkamp, 1991.

FEHSE, Willi. "Ein ganz natürlicher junger Mann . . ." *Günter Eich zum Gedächtnis.* Ed. Siegfried Unseld. Frankfurt/M.: Suhrkamp, 1973. 30–41.

GOSTLING, Frances M. *Auvergne and its People.* London: Methuen, 1911.

GRANDE DICTIONNAIRE ENCYCLOPÉDIQUE LAROUSSE. Paris: Librairie Larousse, 1982–1985.

HÖLLERER, Walter. "Deutsche Lyrik 1900–1950. Versuch einer Überschau und Forschungsbericht." *Der Deutschunterricht* 5. 4 (1953): 72–104.

HÖLLERER, Walter. "Nach der Menschheitsdämmerung. Notizen zur zeitgenössischen Lyrik." *Akzente* 1. 5 (1954): 423–35.

KANEKO, Sho. "Naturlyrik als Entscheidung: Günter Eichs Lyrik bis 1955." *DVjs* 51.2 (1977): 247–71.

MORGAN, Bryan. *Fastness of France. A Book about the Massif Central.* London: Cleaver-Hume Press, 1962.

MACKENDRICK, Paul. *Roman France.* New York: St. Martin's Press, 1972.

MÜLLER-HANPFT, Susanne, ed. *Über Günter Eich.* Frankfurt/M.: Suhrkamp, 1970.

NEUMANN, Peter Horst. "Dichtung als Verweigerung: Versuch über Günter Eich." *Merkur* 28 (1974): 743–52.

NEUMANN, Peter Horst. *Die Rettung der Poesie im Unsinn: Der Anarchist Günter Eich.* Stuttgart: Klett-Cotta, 1981.

PARROTIN, Marc. *Le Temps du maquis. Histoire de la résistance en Creuse.* Nouvelle édition. Guéret: Verso, 1984.

PAULYS REALENCYCLOPÄDIE DER CLASSISCHEN ALTERTUMSWISSENSCHAFT. Neue Bearb. Georg Wissowa. Ed. Wilhelm Kroll et al. Stuttgart: Alfred Druckenmüller Verl., 1912.

PAXTON, Robert O. *Parades and Politics at Vichy. The French Officer Corps under Marshal Pétain.* Princeton: Princeton UP, 1966.

RICHARDSON, Larry L. *Committed Aestheticism: The Poetic Theory and Practice of Günter Eich.* New York: Lang, 1983.

SCHÄFER, Hans Dieter. "Zur Periodisierung der deutschen Literatur seit 1930." *Nachkriegsliteratur: Spurensicherung des Krieges.* Ed. Nicolas Born and Jürgen Manthey. Literaturmagazin 7. Reinbek bei Hamburg: Rowohlt, 1977. 95–115.

SCHAEFER, Oda. *Auch wenn du träumst, gehen die Uhren.* Munich: Piper, 1970.

SCHAFROTH, Heinz. *Günter Eich.* Edition Text + Kritik: Autorenbücher 1. Munich: Beck, 1976.

STEINBERG, Lucien. *Les Allemands en France. 1940–1944.* En collaboration avec Jean-Marie Fitère. Paris: Albin Michel, 1980.

STORCK, Joachim. *Günter Eich. Marbacher Magazin.* Marbach: Marbacher Literaturarchiv, 1988.

SWEETS, John F. *Choices in Vichy France. The French under Nazi Occupation.* New York, Oxford: Oxford UP, 1986.

From Caligari to Strangelove
The German as (Mad) Scientist in Film and Literature

Dennis F. Mahoney, *University of Vermont*

At a February, 1992 meeting of seventy-five biomedical researchers that was organized by the National Institute of Health for purposes of doing a better job communicating with the public, Ronald E. Cape observed: "For my generation, the first scientist people saw was a lunatic. For my children's generation, the first scientist they saw was on Saturday-morning cartoons, and he, too, was a lunatic. This is not a good public image."[1] Cape's reference to Saturday-morning cartoons, as well as his earlier use of the word "saw," makes it clear he ascribes to movies and television the promulgation of the image of the mad scientist. For my contribution to *Analogon Rationis* I propose to investigate two German silent film classics that played a seminal role in the development of the cinematic depiction of the mad scientist, namely Robert Wiene's *The Cabinet of Dr. Caligari* (1919) and Fritz Lang's *Metropolis* (1926). Produced during a time of social and psychological turmoil, these films portrayed scientists not as epitomes of reason and progress, but rather as embodiments of authority gone awry or technology as an instrument of dehumanization and destruction. S. S. Prawer has shown how rich in archetypes *Caligari* has proven to be for its cinematic "children": "Without knowing it the audiences of terror-films even today are again and again confronted by images that ultimately derive from the imaginations of Wiene and his gifted team."[2] For example, the figure of Cesare — Caligari's murderous tool with a fascination for flowers and a fatal attraction to female beauty — provides silent-screen images later developed in Boris Karloff's depiction of *Frankenstein*'s monster. In the case of the laboratory of the mad inventor Rotwang in *Metropolis*, its influence on the electrical apparatus involved in the creation of the monster in the 1931 *Frankenstein* film is also readily apparent. An even more direct allusion to Rotwang occurs in Stanley Kubrick's *Dr. Strangelove* (1963), where the title figure is depicted with a gloved right hand similar to that of Fritz Lang's sorcerer-inventor.[3] But whereas the German mad scientist of the 1920s and 1930s ultimately hearkens back to antecedents in earlier literature, in the case of Kubrick's figure the extra-cinematic models refer to all-too-real figures of the Nazi era, and the technological marvels created are unfortunately no mere possibilities, but rather part of the waking nightmare of the atomic age.

Although Western civilization's ambivalence towards an unrestricted search for knowledge can be traced as far back as the story of Adam and Eve's expulsion from the Garden of Eden, even in the Faust legend of early modern times there is still no linkage between forbidden knowledge and madness; rather, Faust is condemned on theological grounds for his prideful pact with the devil. As Michel Foucault has pointed out in his seminal study *Madness and Civilization*, as far as the seventeenth-century persons whom today we would call insane often were venerated as reminders of humankind's essential dependence upon God and as signs of the necessity of redemption.[4] Such a conception is still evident in the prison scene at the conclusion to Part I of Goethe's *Faust*, where Gretchen in her madness has a far more acute perception of the ethical consequences of her actions than does Faust, and likewise correctly perceives Mephistopheles as the devil in search of her soul.

The move from a theological to a medical evaluation of improper scientific curiosity is more evident in Mary Shelley's novel *Frankenstein* from the year 1818, where the protagonist becomes feverish and delirious during his attempts to harness the energy of the universe and bring life to inert matter. This new Prometheus is tormented not by any god, but rather by the creature of his own making, whose hideous outer features represent the scientist's own inner disharmony. "You are my creator, but I am your master,"[5] the monster tells Frankenstein, indicating a symbiotic relationship between them that makes more understandable the common association of the name "Frankenstein" with the monster, not with the maker. In this respect it is not surprising that Frankenstein's creation kills his bride Elizabeth, the "natural" source for procreation whom the Genevan scientist had neglected during his long studies in Ingolstadt and whom in his self-centeredness he had not suspected as the true target of the monster's rage; now the two are joined together by bonds of hate that only dissolve upon Frankenstein's death following the fruitless pursuit of his creation into the arctic wastelands. For all the stunning images in this novel, it is significant that Mary Shelley did not attempt to portray in detail the actual moment of the monster's creation — this will be left to the eminently visual medium of film, which likewise replaces the eloquence of the monster's speeches with the inarticulate, but highly affecting gestures of Conrad Veidt's

Cesare and Boris Karloff's monster.

Before turning to *Caligari*, however, one more literary antecedent needs to be considered, namely E. T. A. Hoffmann's story *Der Sandmann*. Just as the monster is responsible for the deaths of Frankenstein's family members, bride, and closest friend, so too are the institutions of the family and polite society the chief locations of terror in Hoffmann's tale. Unlike Shelley's *Frankenstein*, however, which conforms to earlier traditions of the British gothic novel in keeping a comfortable distance between scenes of depicted horror and the readers' domestic homescapes — even in the monster's journey to the British Isles he appears only on the remote island in the Orkneys where Frankenstein first makes and then destroys the consort the monster had demanded of him — Hoffmann takes great pains to situate *Der Sandmann* in a German middle-class milieu his readers would recognize as their own. One need not subscribe to all details of Freud's psychoanalytic interpretation of *Der Sandmann*, where the student Nathanael's feared loss of sight is understood as castration anxiety, in order to recognize the fundamental truth of Freud's insight that "Das Unheimliche," the "uncanny," is located in "homely" areas we "ken" all too well but prefer to overlook.[6] For Nathanael, Hoffmann's protagonist, nothing could be more terrifying than the recognition that Coppola, the itinerant Italian seller of barometers who comes to his door at the beginning of the tale, is none other than the lawyer Coppelius who had engaged his father in the alchemical experiments that brought about the latter's death. And whereas one major impetus for Mary Shelley's *Frankenstein* had been the conversations conducted by her husband and Lord Byron regarding galvanism and Erasmus Darwin's purported experiments in creating life,[7] Hoffmann's tale involved another great fascination of late-eighteenth-century science, namely the experiments with automatons imitating living creatures.[8]

In her classic study of the early German film, Lotte Eisner has demonstrated how many German silent films made use of images and motifs from German Romantic literature and painting, and one could scarcely find a better example of the "demoniac bourgeois" than the title figure of Robert Wiene's *Caligari*.[9] Already the name of Dr. Caligari suggests a split in his being between the huckster who comes to the town of Holstenwall and requests permission to display his side-show attraction and the respectable member of the community who uses his position as director of the local lunatic asylum to conduct infernal experiments in somnambulism. Within the tale of Francis, the film's narrator, the source of Caligari's temptation and the cause of his downfall is the written account of an eleventh-century Italian monk turned mountebank whose career the doctor is compelled to imitate, until he literally becomes Caligari; one never learns his personal name in the course of the film. In his own notebooks the doctor records his experimental aims: "Now I shall be able to prove whether a somnambulist can be compelled to do things of which he knows nothing, things he would never do himself and would abhor doing — whether it is true that one in a trance can be driven to murder."[10] In these words can be seen a main characteristic of the mad scientist, namely the urge to pursue knowledge without any regard for its human consequences: the clinical detachment of the scientist becomes diabolic when human beings become fit subjects of experimentation for its own sake. In Hoffmann's tale, Nathanael's fear of Coppola/Coppelius is occasioned by his recollection of the latter's attempts to snatch out his eyes or — failing this — to dislocate his arms and legs in the process of studying their mechanism; likewise, the first murderous outbreak of insanity occurs after Nathanael realizes that Coppelius has succeeded in transplanting his powers of vision to the lifelike puppet Olimpia, who supplants Klara as the object of Nathanael's affection and effectually turns him into a puppet at the beck and call of Coppelius. In Wiene's film, whose story within a story represents yet another connection to narrative techniques common to both Shelley's *Frankenstein* and Hoffmann's *Sandmann*, the image of the automaton becomes virtual reality, as Cesare is awakened from his deathlike trance only when Caligari so wills it, while his murderous gaze is directed at those figures who have incurred his master's wrath.

While Siegfried Kracauer's *From Caligari to Hitler: A Psychological History of the German Film* often has been criticized for its reductionist readings and its tendency to see premonitions of the Nazi era in almost every conceivable film, *Caligari* included,[11] one must admit that the doctor's mad dreams do take on a chilling quality when viewed in the light of medical experiments performed by Nazi physicians. In the case of the film's screenwriters, Carl Mayer and Hans Janowitz, to be sure, they were at best concerned with coming to terms with the mass slaughter they had witnessed during World War I; according to Kracauer, Mayer modelled the figure of Caligari after a military psychiatrist who had subjected him to repeated examinations.[12] And whether the Wiene's emended conclusion to the original filmscript represents a glorification of authority, as Kracauer maintains,[13] is yet another matter open to debate. That Francis is demonstrated to be an unreliable narrator is evident when the figure of Cesare appears in the concluding segment of the film not only as alive, but gently caressing a flower. But when the chief doctor holds the straight-jacketed Francis in a position reminiscent of Caligari's ministration to

Cesare in the main story, the expressionistic sets continue into the final scene, the doctor either misunderstands or misrepresents Francis's accusations against him, and the final shot of the film is an iris-in on the face of the doctor mirroring that used in the initial shot of the Hoffmannesque Caligari, it would appear that ambiguity and uncertainty characterize the film's conclusion. In this respect, *Caligari* represents the freefloating anxiety of the period immediately after World War I in a better way than Kracauer himself suspected.

Whereas *Caligari* leaves the audience uncertain as to whether or not the title figure is insane, Fritz Lang's *Metropolis* appears to provide the audience with a clearly deranged scientist from the very moment of his initial appearance, when the industrialist Fredersen seeks out the inventor Rotwang in the modern laboratory encased within the latter's windowless, medieval dwelling. Before Rotwang explains to Fredersen that the diagrams found on the bodies of the workers killed in the latest industrial accident represent the plans to the catacombs located far below the workers' underground city, he first shows the industrialist his newest, nearly finished creation. In the (truncated) American version Rotwang announces to the master of Metropolis the results of his labors with wild sweeps of his hands and with eyes bulging from their sockets: "At last my work is ready . . . I have created a machine in the image of man, that never tires or makes a mistake." Enno Patalas, the director of the Filmmuseum München who has been responsible for the restoration of large sections of the uncut 1926 original, has pointed out the curious nature of this introductory portrayal of Rotwang: "Why does the inventor proclaim his good news with such desperate gestures and contorted expressions? This is not the only inconsistency that will puzzle the attentive viewer of existing prints of *Metropolis*."[14] Through painstaking research Patalas has demonstrated that before the viewing of Rotwang's robotic creation Rotwang and Joh Fredersen have had a confrontation at the base of a monument Rotwang has dedicated to Hel, Fredersen's wife, who had died giving birth to Freder, the hero of the film. This reconstruction makes it clear that Rotwang has created the female robot as an attempt to regain for himself the great love in his life whom he had lost to Fredersen. While currently circulating American prints of *Metropolis* have Rotwang say: "Isn't it worth the loss of a hand to have created the workers of the future — the machine men?", the intertitles for Patalas's reconstructed version read: "Glaubst Du, der Verlust einer Hand sei ein zu hoher Preis für die Wieder-Erschaffung der Hel?! Willst Du sie sehen?"

As in E. T. A. Hoffmann's *Sandmann*, we are presented in *Metropolis* with an alchemist and inventor of automatons who insinuates his way into a

domestic setting — with disastrous results for all concerned. The evil side of
Rotwang's nature begins to arise with the thought of revenge on his rival in love
and on the son whose birth caused Hel's death. The intercutting of scenes in
Rotwang's lab with shots of Freder laboring in the machine room suggests that
the industrialist, in allying himself with Rotwang, is endangering the lives of
not only the workers, but also his own son — the only person for whom he
seems to display any sort of feeling and who has endeavored to learn the plight
of the workers with the encouragement of Maria, his working-class girlfriend.
In this respect Rotwang, while on the surface the "right-hand man" of
Fredersen, has in fact created in the robot a force destined to wreak havoc on
every stratum of society within Metropolis. After Rotwang and Fredersen
overhear Maria's message of peace and reconciliation in the catacombs, the
latter orders Rotwang to capture Maria and then fashion the robot in her image
for purposes of sowing discord among the workers. But once he leaves,
Rotwang remarks derisively: "Du Narr! Nun sollst Du auch das Letzte verlieren,
das Du von Hel noch hattest — Deinen Sohn."

Already in the Faust legend, the search for forbidden knowledge had
involved recourse to black magic, and Fritz Lang's portrayal of Rotwang's lab
indicates that his scientist stands very much in this tradition. In her subtle
analysis of the thematic significance of lighting codes in *Metropolis* — e.g.,
Maria wears white, Rotwang black; Maria is associated with "natural" candle-
light, Rotwang with artificial light — Lane Roth also points out that behind the
robot's seat in Rotwang's laboratory is "an inverted pentagram, an archetypal
emblem of black magic, often associated with the Goat of Mendes, symbol for
the devil."[15] As explained in the encyclopedia on *Man, Myth and Magic:*

> the pentagram with one of its points projecting upwards can be imagined as
> a man's body with arms and legs extended, and is a symbol of the dominance
> of the divine spirit (the one upward point) over matter (the other four points).
> A reversed pentagram, with two points projecting upwards, is a symbol of
> evil and attracts sinister forces because it overturns the proper order of
> things and demonstrates the triumph of matter over spirit. The two upper
> points suggest the horns of the Devil.[16]

When Rotwang captures Maria and succeeds in projecting her physical
appearance onto the featureless metallic body of the robot, the baleful pentagram presiding over this operation thus indicates that it is only the matter, but
not the spirit of Maria that is being transformed. In Andreas Huyssen's words,
Maria has been transformed from "virgin" into "vamp."[17] In this regard, it is
significant that Rotwang's test for determining whether his creation will be

taken for a real flesh-and-blood woman involves a luridly sexual dance that inflames the passions of the high-society gathering assembled in the inventor's house; the false Maria, incidently, makes her second entrance upon the back of a seven-headed beast, which identifies her with the Whore of Babylon. And while the robot's effect upon the gilded youth of Metropolis seems to inspire a "roaring twenties" lifestyle embodied in her later exhortation "Let's watch the world going to the devil," her rabble-rousing speeches to the oppressed workers of Metropolis inspire a Luddite-type revolt designed to ensure that in fact the world will go to the devil, or at least self-destruct. Only the intervention of Freder and Maria prevents this final catastrophe, while Rotwang goes to his doom in a battle with Freder atop the roof of the cathedral.

This rooftop pursuit and battle, prefigured in Cesare's abduction of Jane in *Caligari* and soon to become a stock feature in horror movies, suggests that Rotwang himself is as much the victim as the perpetrator of his invention. In Lang's original — unlike the doctored reissue of the film later in 1927, where Rotwang sets out on his second and final pursuit of Maria because he fears for his life in the event that the workers, now in the process of burning the robot in front of the cathedral, should recognize him as the source of their deception — Rotwang mistakes Maria for his beloved Hel and carries her off one more time. What J. E. Svilpis remarks about the theme of the mad scientist in Mary Shelley's *Frankenstein* also applies to the tale of Rotwang in *Metropolis:* "though it may be a parable of creation and power, it may also be a parable of love and alienation."[18] As Peter Minichiello observes in the preface to the English-language reissue of Thea von Harbou's novel *Metropolis*, which elaborates on the screenplay she wrote for the film, Rotwang's "failure with Hel has turned his genius into a kind of madness. His obsession with the creation of a robot comes to be an obsession with Maria, and his capture of her is of course an attempt to regain his beloved Hel."[19] Indeed both in the novel and the uncut version of *Metropolis*, Rotwang offers to uncover the deceptions of the false Maria if Maria will at least bestow on him her pity, if not her love — shortly before he is strangled and left for dead by Fredersen who has overheard this conversation and himself fears disclosure of his misdeeds.[20]

In an interpretation of horror films as representations of the collective nightmares of any given society, Robin Wood reduces their plots to a basic formula: "normality is threatened by the monster."[21] When one considers that in the ending to *Metropolis* peace is restored not by the chastisement of the industrialist, who had instigated the workers' revolt, but rather by the death of the inventor Rotwang, who had merely implemented the elder Fredersen's plans regarding the use of the robot, the ideological implications of the internal images of this film become very disturbing indeed. In a 1962 interview with George Huaco, Erich Pommer, the executive producer of *Metropolis* for UFA, provided the information that "the uprising of the workers was patterned after the communist attempt to take over Bavaria."[22] Paul Monaco correctly points out that Pommer's remarks, made nearly forty years after the filming of *Metropolis*, themselves suggest that contemporary critics and viewers made no conscious connection between Lang's science-fiction fantasy and the events of the recent German past; but Monaco also observes that the two most prominent leaders of the 1919 Bavarian revolution, Kurt Eisner and Eugen Leviné, were Jewish and were vilified as such by the centrist and rightist press of the day.[23] When one considers the name "Rotwang's" association with the red flag of Communism, is it too much to ascribe to the false Maria's gospel of class hatred a relationship to that very Marxism which the German socialist Eugen Düring had already castigated as a "Jewish" doctrine as early as 1880?[24]

One might object that in 1927, the relatively tranquil year of the première of *Metropolis*, German audiences were still not likely to be even subliminally reminded of the political turbulence of the early Weimar years, just as the average moviegoer most likely would not be aware of the difference between inverted and upright pentagrams. But there are other associations with the pentagram, infinitely more accessible to a mass audience, which link to Jewish alchemical science the pentagrams prominently displayed in Rotwang's lab and the entrance doors to his house. When Rotwang flings back the curtain in his laboratory to reveal the robot to Fredersen (and the viewer), the upper portion of the inverted pentagram is sufficiently obscured so as to suggest the star of David — the sign adopted by the Zionist movement in 1893 as a proud symbol of identity and soon to be put to infamous use by the Nazis. And in terms of German film history, the use of pentagrams in connection with occult Jewish science and the creation of artificial beings relates directly to Paul Wegener's *Der Golem* (1920). In this film, Rabbi Loew of medieval Prague — his wizard's hat adorned with cabalistic symbols and the star of David — creates a being with a pentagram on its breast that is supposed to protect the Jews against their Christian persecutors but which eventually gets out of control and wreaks general havoc, until a blonde-haired Aryan girl playing outside the ghetto breaks the magic spell and returns the golem to a lifeless lump of clay. Lester Friedmann notes that

> Wegener's depiction of Jews could not help but influence twenties Germans
> in their perception of contemporary Jews in the streets of Dresden and the

shops of Berlin, in the same way as Griffith's *The Birth of a Nation* (1914) affected race relations in the America of its time.[25]

Given such associations, Rotwang's combination of modern technology with alchemical and cabalistic symbols takes on a decidedly Jewish tint for the German film audience of the 1920s. And Rotwang's dark and mysterious house, so incongruous among the futuristic sets of *Metropolis*, itself evokes the period of the Middle Ages in which the 1920 version of the *Der Golem* is located.[26]

Once one begins to ponder the implications of the character of Rotwang as presented in the film, a panoply of associations emerges which links the inventor to just about every accusation, medieval or modern, that has been leveled against the Jewish people by their enemies. He is treacherous and deceitful, anti-Christian, an outsider who uses his wiles to injure all around him, a servant of capital who at the same time helps promulgate doctrines of class hatred, a disseminator of sexual licentiousness competing for the favor of blonde-haired women whose coldly intellectual science is devoid of human feeling. One need only consider the chilling co-incidence of these filmic images with Hitler's diatribes against the Jews in *Mein Kampf* (which also first appeared in 1927) to recognize why Hitler, according to an interview Lang gave in 1941, wanted Lang to direct motion pictures for him after having seen *Metropolis* together with Goebbels years before the Nazis came to power. Siegfried Kracauer has explained Hitler's attraction to Lang's film by pointing out its protofascistic message, where the heart (Freder) acts as the mediator between the head and the hands.[27] To this observation it may be added that Freder joins together managerial expertise (represented by his father) and a newly disciplined labor force (symbolized by the foreman leading a group of laborers in a precise triangular formation up the steps of the cathedral) only after his successful hand-to-hand combat with the common enemy, thus revealing himself to be the savior whom Maria had foretold to the workers. While it would be a Kracauerian overstepping of the mark to interpret *Metropolis* as an allegory of the Final Solution before the fact, still the film's plot and images are suggestive of a desire to come to terms with social problems not by removing their institutional causes, but rather by looking for a victim or victims who could be blamed for Germany's misfortunes.[28] Whereas *The Cabinet of Dr. Caligari* ends on an unsettling note, the false harmony at the conclusion to *Metropolis* illustrates how the "return to normality" in the horror movie and science-fiction film can also serve as an affirmation of the most regressive elements of the *status quo*.

But while Rotwang was provided attributes "foreign" to German filmgoers, these very traits made him seem "German," and therefore "foreign" to American movie audiences as well. I have already alluded to similarities between Rotwang's lab and that of Henry Frankenstein in the 1931 Hollywood version of Mary Shelley's fable. But Rotwang himself is a prototype for the mad scientist of the 1930s Hollywood horror films, who were European or Asiatic, but never American. Robin Wood goes so far as to state that for the films of this time period, horror itself "is always external to Americans, who may be attacked by it physically but remain (superficially, that is) uncontaminated by it morally."[29] Thus a film such as *Frankenstein* provided an ideal, non-threatening outlet for anxieties produced during the Great Depression, in much the same way that the "delightful horror" of the English gothic novel enabled its readers to transpose their fears of sexuality to the recesses of continental European castles and cloisters. Already Mary Shelley had responded to the popularity of German gothic novels in her native England by sending her protagonist from Geneva to Ingolstadt for his experiments in creating new life from dead bodies. The makers of the 1931 Hollywood film simplify matters by locating the action entirely within a stage-lot Bavaria complete with a Baron, Bürgermeister, and beer-drinking revelers at the planned wedding of Frankenstein and his bride Elizabeth; Frankenstein's laboratory is near enough to the "Goldstadt Medical College" for his assistant Fritz to go there in search of a suitable brain for his master's creation, but isolated enough in its tower location so as to discourage visitors. While today's moviegoers will no doubt find it slightly amusing to hear Colin Clive, with his pronounced British accent, referred to as "Herr Frankenstein," such a touch indicates that for American audiences Germany and mad scientists were becoming inextricably linked with one another. Dr. Waldman, Frankenstein's elderly teacher at the medical college and the voice of reason in the film, repeatedly refers to Frankenstein's "mad dream," "his insane ambition to create life," and warns Frankenstein that he has created a monster who will destroy him. Such a prediction, while accurate enough as regards the original version of the story, is vitiated by the Hollywood search for a "happy end" that leaves the convalescing Henry Frankenstein tended to by an unharmed Elizabeth — with the monster buried in the charred ruins of his windmill retreat, but ready to return for any number of sequels.[30] One may also discern, however, a deeper meaning to this conclusion. Robert C. Cumbow points out that (Goethe's) Faust was redeemed by love, too, and that during the past seventy years

mad movie scientists have been offered love as an alternative to obsessively rational scientific inquiry. The scientist saves or damns himself by accepting or rejecting it — raising, implicitly, the question of whether, without love, there can *be* a human future.[31]

The subtitle of Stanley Kubrick's 1963 black comedy *Dr. Strangelove* would seem to provide an unexpected answer to this question: *How I Learned to Stop Worrying and Love the Bomb.* The scene of a B–52 being fueled in flight at the very beginning of the film not only suggests mid-air copulation, but also a world where machines have acquired a sinister life and agency all their own — an idea Kubrick later depicted in the famous HAL sequence of *2001: A Space Odyssey.* Fritz Lang had already dealt with this theme in *Metropolis,* both in the creation of the false Maria and in Freder's vision of a monstrous machine turned Moloch devouring an unending stream of workers. Kubrick's Dr. Strangelove — in a conflation of imagery from *Metropolis* and *Mad Love,* Karl Freund's 1935 adaptation of Robert Wiene's *Orlacs Hände* (1925) — has himself become a sort of human machine, with an artificial right hand that periodically attempts to strangle him.[32] But when this right hand also raises in Nazi salutes, while Strangelove's clipped Teutonic speech refers to the American president as "Mein Führer," one realizes that Kubrick intends this Director of Weapons Research and Development to be understood as a Nazi scientist who is now selling his wares to any and all interested parties. The participation of former German rocketry scientists in the development of the U.S. Space Program was of common enough knowledge during the 1960s to make it clear that Kubrick was not merely alluding to screen conventions in his characterization of Strangelove: from the theme of "German as Mad Scientist" Kubrick has progressed to the notion of "Mad Scientist as German."

But with MAD serving as the acronym for "Mutual Assured Destruction" in the doctrine of nuclear deterrence developed during the 1960s, Kubrick takes care to emphasize that military-industrial madness transcends national and indeed ideological boundaries. By giving the names General Jack D. Ripper and Major Kong to the American Air Force officers who respectively order and carry out the attack on the Soviet Union that unleashes that nation's Doomsday Machine, Kubrick indicates that American military men bear within them the same murderous instincts hitherto ascribed only to "foreign" or even "animal" figures of horror. And when Strangelove develops his scheme for the preservation of "a nucleus of human specimens" in mine shafts for 94 years until the effects of nuclear fallout have subsided, it is instructive that not only the assembled American military, but also the Soviet ambassador are enthusiastic: "an astonishingly good idea, there, Doctor." Of course the fact that Strangelove's plan calls for military and political leaders to be included in the list of survivors otherwise to be selected by computer — along with the ratio of breeding ten females to one male — might also account for this enthusiasm. The racial eugenics of the Nazis are replaced here with a selection process designed to ensure that the same mindset will survive the mine shafts that brought about the retreat to the mine shafts in the first place. When one considers that a love of isolation and secrecy is a key indicator of the mad scientist, the screened-off confines of the assembled military and political leaders suggest that Dr. Strangelove merely brings into particularly crass display the lunacy already prevailing in the highest echelons of power, who now begin to worry about the "mine-shaft gap" existing between the two competing superpowers.

In Friedrich Dürrenmatt's *Die Physiker* (1962), to be sure, it is a sign of sanity when at the end of the play the three scientists elect to remain within the walls of the lunatic asylum, while the grotesque Fräulein Doktor von Zahnd becomes a modern-day Caligari bent on domination of the universe. Robert Wexenblatt has observed that the mad ravings of this latter figure sound "like the poetry of the Renaissance gone sour"[33] — which suggests how often writers and film makers invoke the occult lore of past eras in order to suggest a knowledge that is at once incomprehensible and sinister. More importantly, Dürrenmatt — like Kubrick in this regard — provides a native setting for his play in order to make it clear that no country or individual is immune from the lust for power and control exemplified by Strangelove and the Fräulein Doktor. Both Dürrenmatt's play and Kubrick's film appeared at the height of the cold war, with the Cuban Missile Crisis of 1962 adding grim testimony to the reality of their fears. With the integration of Germany within the postwar European community and the end to cold-war tensions, perhaps the days are past when German scientists are likely to serve as the model for creatures such as Caligari, Rotwang, Frankenstein, or Strangelove. One would want to hope that the figure of the mad scientist itself might become obsolete and that knowledge and its ethical employment might become synonymous, but the continuing chain of horror in places such as Bosnia-Herzegovina make it all too likely that, until there is a fundamental change for the better in human nature, such a dream will have to remain in the realm of "science fiction."

Notes

[1]Katharine S. Mangan, "75 Top Scientists Have a Hard Time Devising Long-Term Plan for NIH," *The Chronicle of Higher Education*, 12 February 1992: A25.
[2]S. S. Prawer, *Caligari's Children: The Film as Tale of Terror* (Oxford, New York: Oxford UP, 1980) 167.

[3]Cf. the still photos of *Metropolis* and *Dr. Strangelove* provided between pages 214 and 215 of *Caligari's Children*.

[4]Michel Foucault, *Madness and Civilization: A History of Insanity in the Age of Reason* (New York: Vintage, 1973) 70–82.

[5]Mary Shelley, "Frankenstein," *Three Gothic Novels*, ed. Peter Fairclough (Harmondsworth: Penguin, 1968) 437.

[6]Sigmund Freud, "Das Unheimliche," *Gesammelte Werke* (London: Imago, 1947) 12: 227–68; for an adaptation of Freud's theses for the gothic novel and E. T. A. Hoffmann, see Horst Conrad, *Die literarische Angst: Das Schreckliche in Schauerromantik und Detektivgeschichte* (Düsseldorf: Bertelsmannn, 1974).

[7]Cf. Mary Shelley's introduction to the 1831 edition of *Frankenstein* in *Three Gothic Novels* 263.

[8]Cf. Lienhard Wawrzyn, *Der Automaten-Mensch: E. T. A. Hoffmanns Erzählung vom "Sandmann"* (Berlin: Wagenbach, 1976) and Peter Gendolla, *Die lebenden Maschinen: Zur Geschichte der Maschinenmenschen bei Jean Paul, E. T. A. Hoffmann und Villiers de l'Isle Adam* (Marburg: Guttandin und Hoppe, 1980).

[9]Lotte Eisner, *The Haunted Screen: Expressionism in the German Cinema and the Influence of Max Reinhardt* (Berkeley, Los Angeles: U of California P, 1973) 106–13.

[10]Robert Wiene, Carl Meyer and Hans Janowitz, *The Cabinet of Dr. Caligari*. English trans. and description of action by R. V. Adkinson (London: Lorrimer, 1972) 91–92.

[11]Cf. Siegfried Kracauer, *From Caligari to Hitler: A Psychological History of the German Film* (Princeton: Princeton UP, 1974) 72–74 for representative examples of his allegorizing techniques as applied to *Caligari*.

[12]Kracauer 62–63.

[13]Kracauer 66–67. Through an investigation of a typescript of the original screenplay to *Caligari*, S. S. Prawer contends that "the typescript asks us to regard Caligari as a dedicated scientist whose mind has given way, as a man to be pitied, as a tragic figure. It offers little support for Kracauer's thesis of a revolutionary or anti-tyrannical tendency that those who made the actual film then perverted" (in *Caligari's Children* 169). For a continuation of the debates on *Caligari* launched by Kracauer, see *The Cabinet of Dr. Caligari: Texts, Contexts, Histories*, ed. Mike Budd (New Brunswick, London: Rutgers UP, 1990).

[14]Enno Patalas, "*Metropolis*, Scene 103," *Close Encounters: Film, Feminism, and Science Fiction*, ed. Constance Penley et al. (Minneapolis: U of Minnesota P, 1991) 161.

[15]Lane Roth, "*Metropolis*, the Lights Fantastic: Semiotic Analysis of Lighting Codes in Relation to Character and Theme," *Literature/Film Quarterly* 6 (1978): 344.

[16]"Pentagram." *Man, Myth and Magic: The Illustrated Encyclopedia of Mythology, Religion and the Unknown* 8: 2158.

[17]Andreas Huyssen, "The Vamp and the Machine: Technology and Sexuality in Fritz Lang's *Metropolis*," *New German Critique* 24–25 (1981/82): 228.

[18]J. E. Svilpis, "The Mad Scientist and Domestic Affections in Gothic Fictions," *Gothic Fictions: Prohibition/Transgression*, ed. Kenneth W. Graham (New York: AMS Press, 1989) 71.

[19]Peter Minichiello, introduction to Thea von Harbou, *Metropolis* (Boston: Gregg, 1975) xii.

[20]Von Harbou, *Metropolis* 161–64.

[21]Robin Wood, "Return of the Repressed," *Film Comment* 14.4 (1978): 26.

[22]George Huaco, *The Sociology of Film Art* (New York: Basic Books) 63.

²³Paul Monaco, *Cinema & Society: France and Germany during the Twenties* (New York: Elsevier, 1976) 139–42.

²⁴Cf. Steven E. Aschheim, "'The Jew Within': The Myth of 'Judaization' in Germany," *The Jewish Response to German Culture: From the Enlightenment to the Second World War*, ed. Jehuda Reinharz and Walter Schatzberg (Hanover: U of New England P, 1985) 237–38.

²⁵Lester Friedmann, "'Canyons of Nightmare': The Jewish Horror Film," *Planks of Reason: Essays on the Horror Film*, ed. Barry Keith Grant (Metuchen, London: Scarecrow P, 1984) 133–34.

²⁶Thea von Harbou's novel *Metropolis* provides an even more explicit link between Rotwang and Judaism. The original builder of Rotwang's house was a "magician who came from the East (and in the track of whom the plague wandered)" — an echo of charges leveled against the Jews at the time of the Black Death; as many citizens in Metropolis regard Rotwang, a stranger to their town, as a reincarnation of the magician in red shoes (Von Harbou, *Metropolis* 55–57), one may assume a similar heritage for Rotwang himself.

²⁷Kracauer 163–64.

²⁸For other commentators on *Metropolis* who have alluded to signs of Rotwang's Jewishness, see Eric Rhode, *Tower of Babel: Speculations on the Cinema* (Philadelphia, New York: Chilton, 1967) 97, and Alan Williams, "Structures of Narrativity in Fritz Lang's *Metropolis*," *Film Quarterly* 27.4 (1974): 22. John Tulloch, in particular, has provided a number of examples within the film for what he regards as "the strong suggestion of anti-Semitism associated with Rotwang's portrayal" in "Genetic Structuralism and the Cinema: A Look at Fritz Lang's *Metropolis*," *The Australian Journal of Screen Theory* 1 (1976): 27.

²⁹Wood 29.

³⁰For a discussion of the Frankenstein myth in literature and film, see James B. Twitchell, *Dreadful Pleasures: An Anatomy of Modern Horror* (New York: Oxford UP, 1985) 160–203.

³¹Robert C. Cumbow, "Prometheus: The Scientist and His Creations," *Omni's Screen Flights/Screen Fantasies: The Future According to Science Fiction Cinema*, ed. Danny Peary (Garden City: Doubleday, 1984) 72.

³²Cf. Cumbow 69–71, who likewise sees in the figures of Rotwang and Strangelove the continuation of a notion of the German as Mad Scientist.

³³Robert Wexenblatt, "The Mad Scientist," *The Midwest Quarterly* 22 (1980/ 81): 274.

Implications of Unreliability
The Semiotics of Discourse in Günter Grass's
Die Blechtrommel

Patrick O'Neill, *Queen's University*

Günter Grass's extraordinary novel *Die Blechtrommel* (1959), without any
doubt one of the most impressive German literary texts of this or any other
century, has gradually assembled around itself an entire army of analysts,
interpreters, and exegetes who have variously illuminated and occluded the
object of their scrutiny according to their particular critical lights. In the
contribution at hand I will limit myself to the central role played in the reading
experience of this particular narrative by the flaunted unreliability of its
narrator.[1] Few narrators, as almost all critics of Grass's novel have observed,
advertise their own unreliability as immediately and as blatantly as Oskar
Matzerath, the narrator and central character, who begins his lengthy and
complex autobiographical narrative with the provocative concession: "Zugegeben: ich bin Insasse einer Heil- und Pflegeanstalt" (9).[2] Evidently, this initial
"zugegeben" potentially undermines every subsequent statement over the next
five hundred pages, invites the reader to weigh every single subsequent
statement against that crucial — and blatant — opening admission that the
entire account must be considered suspect.

By that account Oskar is not only (at least by implication) the child of two
fathers, one Polish and one German, he is also born with a fully developed adult
ability to make reasoned decisions: "Ich gehörte zu den hellhörigen Säuglingen,
deren geistige Entwicklung schon bei der Geburt abgeschlossen ist und sich
fortan nur bestätigen muß" (35). Weighing his (German) father's ambition that
Oskar should grow up to be a shopkeeper like himself against his mother's
ambition to buy him a tin drum as soon as he is three years old, Oskar decides
that only the latter prospect justifies anything but an immediate return to the
womb. Having duly reached the age of three, Oskar further decides that based
on his experience of life so far he has no desire to join the world of adults but

prefers to retain the permanent stature of a three-year-old instead, a compact ninety-four centimetres. In order to provide a "plausiblen Grund fürs ausbleibende Wachstum" (48), since grown-ups notoriously need explanations for things, as he relates, he carefully flings himself head first down the cellar stairs: "schon anläßlich meines ersten Trommeltages war es mir gelungen, der Welt ein Zeichen zu geben" (49). After the fall and four weeks of convalescence Oskar develops not only a life-long passion for prolonged bouts of drumming but also a glass-shattering scream that is both very useful for protecting his drum and turns out eventually to have various other practical and even artistic applications as well.

But does "after" the fall mean "because" of it or not? That, indeed, is exactly the sort of interpretive decision *Die Blechtrommel* continually and consistently demands of its reader. In this particular case, for example, there are several possible conclusions we may reach as to what "really" happened. First, we may take Oskar completely at his word, and according to Oskar's account it wasn't a fall at all but a carefully orchestrated jump designed to provide an apparent explanation for a previous and carefully calculated decision on his part. Second, however, even if that was indeed Oskar's original plan, there is the obvious possibility that the plan went wrong and he sustained at least some degree of mental as well as physical injury: to take Oskar's account at its word again, his original plan was simply to stage a fall that would explain why he wasn't growing any taller; there is no mention of the glass-shattering voice as part of any plan. A third possibility is that there never was a plan in the first place; Oskar simply fell down the stairs as a three-year-old, sustaining permanent mental and physical injury, including the extraordinary vocal side-effects. Fourth, Oskar's mental and physical growth were both affected by the fall as a three-year-old, but there never was any glass-shattering voice in the first place: Oskar himself admits that at the time of writing his memoirs he has no such voice (57). Fifth, there was never any plan, there was never any fall, there was never any glass-shattering voice, and Oskar, possibly as the result of horrors experienced during the war years and suppressed or disguised in the account we read, simply went crazy at some point and invents everything as a lunatic rationalization of how things "must" (or might) have been — with the one exception of his diminutive stature, which is independently reported by Oskar's keeper, Bruno (356). Sixth, even his midget stature is simply an invention, for Oskar invents Bruno's narrative too, just as he invents everything else we read; in which case Oskar is either indeed completely insane — or he is quite simply an author, whose job it is to invent things, including unbelievable things, just like his creator, Günter Grass, who after all *does* invent everything we read, including Oskar himself. One could, indeed, make a plausible case for any one of these options — and no doubt for a considerable number of other possibilities as well. The crucial question is evidently how the reader is to decide which reading is more appropriate than any other, and this in turn hinges on just *how* reliable or unreliable the reader believes — or wants — Oskar to be both at any given point and as a whole.

Traditionally, from Homer right down to the late 1700s, the primary narrator in a work of narrative fiction, the voice that creates the world portrayed, was regarded as entirely above any suspicion of unreliability. Only during the last two centuries has the narrator been displaced from his position of God-like objectivity and infallibility and repositioned as an often all too human, all too subjective, and frequently very highly fallible individual. Indeed, it would not be going too far to say that the history of modern narrative has essentially been the history of what one might call the fallibilization of narrative discourse, based essentially on the wholly "obvious" but entirely crucial insight that the *story* presented is always completely inextricable from the *discourse* that presents it.[3] The same basic relationship between story and discourse — namely that the story is accessible only by way of the discourse — holds true of any narrative text. But while a central discursive function of most narratives, fictional or otherwise, is to assist us in our readerly endeavors to reconstruct the story, *Die Blechtrommel* gains much of its distinctive fascination precisely from the way in which the discourse pervasively *hinders* us from determining what exactly the story told really is. Grass's text is by no means unique in this among modern and postmodern narratives, but it is a particularly brilliant example of the genre.

Clearly, however, it is not especially productive to regard the notion of "discourse" as meaning merely a single, undivided narrative voice that is either reliable or unreliable. One of the most impressive features of *Die Blechtrommel* is that although almost all of Oskar's very tall stories are individually unbelievable if not downright impossible, taken as a whole they paradoxically generate their own reality, their own credibility. Most readers will none the less instinctively feel that certain episodes (the death of the Jewish shopkeeper Markus, for example) should be taken more seriously than others (some of Oskar's glass-shattering exploits, for example). We react in this way precisely because we consider ourselves *authorized* to do so by our overall perception of how the book we are reading *should* be read — or, as the narrative theorists tell us, we derive the sense of authorization from our reading of the particular role in that text of its "implied author."[4]

The implied author of any text is thus essentially the hypostatization of the reader's perception as to how that text requires him or her to behave as a reader — and might thus, indeed, more usefully be thought of as an *inferred* or *textually reconstructed* author. The implied author, moreover, is (at least theoretically) wholly independent of the real author, for we can, as readers, evidently develop a very clear picture of how a particular text should be read even if we have no idea of the real author's identity. The narrator's reliability is gauged by the degree to which his account accords or conflicts with this overall interpretive vision. Narrative discourse, in other words, is thus not single but double, not monologic but dialogic, to employ Bakhtin's terminology. The concept of the implied author essentially involves seeing the narrator's discourse as always *positioned* against the implied authorial discourse: narratorial discourse, the narrative voice we "hear," is judged against the standard of the implied authorial discourse we "read" from the text as a whole; what Oskar says, in other words, is judged against what *Die Blechtrommel* says.

In the case of a narrator deemed reliable, the theoretical distinction between the two levels of discourse can for all practical purposes be simply ignored, and that is exactly what we usually do. In the case of a narrator deemed unreliable, it is precisely this distinction that allows us to sense that unreliability in the first place — though it will not, of course, necessarily help us to measure the precise degree of unreliability involved. Moreover, paradoxically, so strong is our ingrained desire as readers of narrative to believe in the imaginary world presented to us, to believe at all costs in the world-creating narrator's truthfulness and reliability, that even when a narrator like Oskar quite conclusively demonstrates his own unreliability we nevertheless stubbornly tend in spite of everything to believe his various accounts, however extravagantly unbelievable they may turn out to be or even openly advertise themselves as being.

One of the reasons why *Die Blechtrommel* has emerged so decisively as "one of the monumental reference points of post-war writing" in Germany (Reddick 3) is very clearly the relationship of Oskar's eccentric narrative style and the half-century of modern German history over which his highly unlikely story is made to unfold. The ambiguity of the German term *Geschichte*, encompassing both 'story' and 'history,' permeates Oskar's account of his life and times, for his personal story (to the extent that it is possible to speak of one in any realistic sense in the first place) is told against and intimately implicated in the constant backdrop of the course of German history in the twentieth century. Most importantly, the whole thing *is* precisely Oskar's story, not only the story *of* Oskar but also and very emphatically the story *by* Oskar. Oskar himself obligingly draws our attention at an early stage to the most essential characteristic of any story: its arrangeability. "Wie fange ich an?" Oskar, as narrator, asks himself and the reader with ostensible ingenuousness and proceeds to develop one or two of the available options:

> Man kann eine Geschichte in der Mitte beginnen und vorwärts wie rück-
> wärts kühn ausschreitend Verwirrung anstiften. Man kann sich modern
> geben, alle Zeiten, Entfernungen wegstreichen und hinterher verkünden
> oder verkünden lassen, man habe endlich und in letzter Stunde das Raum-
> Zeit-Problem gelöst. Man kann auch ganz zu Anfang behaupten, es sei
> heutzutage unmöglich, einen Roman zu schreiben, dann aber, sozusagen
> hinter dem eigenen Rücken, einen kräftigen Knüller hinlegen, um schließ-
> lich als letztmöglicher Romanschreiber dazustehen. (11)

There are, indeed, any number of ways in which one can begin a story — and develop and conclude a story as well. In fact, by the time Oskar is assailed by such narratological considerations, his own narrative is already well under way: he has drawn attention to his status as a psychiatric patient, discussed the artistic tendencies of his keeper Bruno, described his white-painted hospital bed with the bars, the embarrassment of visiting days, the commissioned purchase of a sufficient quantity of paper by Bruno, and Bruno's account of the furious blushes of the salesgirl who filled Oskar's order for "fünfhundert Blatt unschuldiges Papier" (10).

Oskar's reflections on how one *might* begin a narrative might very well distract the reader's attention not only from their overt spuriousness (in that he has already begun) but also from the fact that both the single most important thematic concern of *Die Blechtrommel* on the one hand and its single most important discursive strategy on the other have also already been clearly marked in the ostensibly peripheral reference to the salesgirl's blushes. The very buying of the paper for Oskar's narrative is already implicated in the dialectic of *Schuld* and *Unschuld* that is the central theme of Grass's para-historical novel of all too successful *Vergangenheitsbewältigung*. But not only is the weightiness of such a theme relativized by the flauntedly underplayed and oblique manner of its presentation, it is also demonstrated that what society defines as guilt or the lack of it is a constructed and freely assignable quality: we witness neither the salesgirl's implied lack of *Unschuld* nor even her blushes; neither, moreover, does Oskar, who simply reports Bruno's report. Unless, of course, he even more simply invents it, for we notice the suspiciously appropriate introduction at precisely this point of a color symbolism that will pervade his entire account: the salesgirl's red blushes concerning white paper foreshadow the red flames with which Koljaiczek burns down white sawmills, the red and white of the Polish flag and of nurse's uniforms and of Oskar's tin drum that produces such artistic rearrangements of old favorites.[5]

The cumulative guilt of the nightmare years of German history is refracted and rearranged most overtly in Oskar's grotesquely distorted narrative of his own personal guilt and/or lack of it. Oskar's account, after all, is that of an insane killer, at least as far as the courts are concerned, which have found that he did indeed, though insane, kill one Sister Dorothea Köngetter — whom Oskar freely admits to having also unsuccessfully attempted to rape on an earlier occasion. In the closing pages of his narrative, however, Oskar's thirtieth birthday brings what his lawyer calls "einen glücklichen Zufall" (484) with the discovery that the murder was "in fact" the handiwork of a jealous fellow nurse instead. The case is to be reopened, Oskar will be set free, as he claims — and Oskar, again as he claims, is terrified at the prospect, much preferring the safety of his hospital bed to any freedom the outside world can offer him. The text offers considerable (though by no means conclusive) support for the case that Oskar did indeed kill Sister Dorothea (476–77); what is of more compelling interest to us here, however, is the suspiciously theatrical discovery, as the curtain falls, of his innocence all along. For Dorothea's death is by no means the first death in which Oskar, by his own account, is involved. Indeed Oskar achieves the unique distinction, always according to his own account, of being no less than a triple parricide, for he claims at various points to be responsible for the death of all "three" of his parents. But "involved" is a very slippery word, and the details invite — indeed demand — considerable further scrutiny.

The first of the three deaths to occur is that of Oskar's mother. We note that though Oskar makes much of his own grief on that occasion, his account of Agnes's grotesque death — she gorges herself to death on fish — makes no mention of any feelings of guilt on his part (132). He first accuses himself — or rather reports that others accuse him — of having been responsible for his mother's death only considerably later in an impassioned speech to the exotic Roswitha, when he claims that "everybody" says that "Der Gnom hat sie ins Grab getrommelt. Wegen Oskarchen wollte sie nicht mehr weiterleben, er hat sie umgebracht!" (138). Immediately afterwards Oskar admits that he "übertrieb reichlich, wollte womöglich Signora Roswitha beeindrucken. Es gaben schließlich die meisten Leute Matzerath und besonders Jan Bronski die Schuld an Mamas Tod" (138–39). Only two or three pages later, however, Oskar abruptly reverses his story and informs the reader that he did indeed hear his grandmother saying that Agnes died "wail se das Jetrommel nich mä hätt vertragen megen" (141), and immediately begins his next paragraph with the admission "Wenn schon schuldig am Tod meiner armen Mama . . ." (141).

Oskar, in other words, apparently expects the reader to take at face value the admission of guilt he himself has just conceded was simply a ruse to make himself more interesting in Roswitha's Mediterranean eyes the last time he admitted (or claimed) it. Has Oskar had a change of heart in between, been granted the major insight that he was not, after all, exaggerating when he spun what he thought was a fancy tale for Roswitha's benefit? At any rate, Oskar seems to think so (or wants to make us think so): some sixty pages later he talks of his involvement in Jan Bronski's death as definitely "meine zweite große Schuld," for "ich kann es mir nie, selbst bei wehleidigster Stimmung nicht verschweigen: meine Trommel, nein, ich selbst, der Trommler Oskar, brachte zuerst meine arme Mama, dann den Jan Bronski, meinen Onkel und Vater, ins Grab" (201).

The occasion of Bronski's death was the quixotically futile defence of the Polish Post Office in September 1939. As Oskar presents it, however, Bronski is no hero prepared to die for his beliefs, defending his homeland against the German oppressor. In fact, Jan is discovered after the battle in a back room, half dead with fear, dazedly attempting to play a three-handed card game with the wounded janitor, who is quietly bleeding to death, and Oskar, who reveals himself as an expert card player and has little patience with the sloppy play of the other two. Jan is duly taken away to be shot by the quickly victorious Germans, the Queen of Hearts still pathetically clutched in his hand as the condemned man waves a last goodbye to Oskar.

Or something like that, at any rate, for Oskar begins his next chapter by observing that he has just reread the account of Bronski's arrest and is not entirely satisfied. Moreover, "wenn ich auch nicht zufrieden bin, sollte es um so mehr Oskars Feder sein, denn ihr ist es gelungen, knapp, zusammenfassend, dann und wann im Sinne einer bewußt knapp zusammenfassenden Ab-handlung zu übertreiben, wenn nicht zu lügen" (200).

There are three separate points that need correction, in fact, for Oskar "möchte bei der Wahrheit bleiben, Oskars Feder in den Rücken fallen und hier berichtigen" (200). First, Jan's final hand had been incorrectly described, for it was "kein Grandhand, sondern ein Karo ohne Zwein." Second, Oskar left not just with a new drum he had accidentally found, as previously reported, but with his old one as well, just in case. And third, "ferner bleibt noch zu ergänzen," when the soldiers led the defenders out of the Post Office,

stellte sich Oskar schutzsuchend zwischen zwei onkelhaft wirkende Heim-
wehrmänner, imitierte klägliches Weinen und wies auf Jan, seinen Vater,
mit anklagenden Gesten, die den Armen zum bösen Mann machten, der ein
unschuldiges Kind in die Polnische Post geschleppt hatte, um es auf
polnisch unmenschliche Weise als Kugelfang zu benutzen. (200)

Oskars ruse, he reports, saves his two drums, as he had planned it would, from
any possible damage — while Jan is kicked and beaten by the properly
scandalized German soldiers before being led off to be shot.

As the Second World War, in Oskar's telling of it, opens with the Polish
Bronski's death, so it closes symmetrically with the death of the German
Matzerath, Oskar's "other" father, who is cowering in a cellar with his family
when Russian troops burst in, just as German troops had once burst into the
storage room where Jan was hiding. Matzerath had hurriedly attempted to hide
the damning evidence of his political colors by kicking his Nazi party pin into
a dark corner of the cellar, where Oskar retrieves it. Under the eyes of the
Russians, Oskar obligingly passes the pin back to Matzerath, who, in desperation, foolishly tries to swallow it. "Hätte er doch zuvor wenigstens mit drei
Fingern die Nadel des Parteiabzeichens geschlossen," Oskar is able to observe
in retrospect (327). As it is, the frantically gagging Matzerath is saved from
choking to death only because one of the Russians "ein ganzes Magazin
leerschoß, schoß, bevor Matzerath ersticken konnte" (327). As in the case of
Bronski's death, Oskar's complicity is again evident, but the form of its
presentation makes it read like a childish lack of understanding at worst.
Perhaps it was not the right thing to do, Oskar admits in retrospect: "Man kann
jetzt sagen, das hätte ich nicht tun sollen. Man kann aber auch sagen, Matzerath
hätte nicht zuzugreifen brauchen" (327). One can, in fact, once again, say
anything one wants, and this is a freedom Oskar exercises to the full.

In the deaths of all "three" of his parents, Oskar's complicity is thus multiply
presented. In Matzerath's case Oskar initially portrays himself as an innocently
playing child, goes on to recognize some degree of guilt in admitting that some
might say he shouldn't have done what he did, then rejects this suggestion by
observing that Matzerath wasn't forced to act the way he did. In Bronski's case
Oskar first portrays himself as an innocent bystander, then reveals (or portrays)
himself as having contributed to his death. Does the fact, however, that one
version of the arrest follows the other necessarily make the second more true
than the first? Or is it too no more than a temporarily convenient formulation
that may also be revised at some appropriate point? In Agnes's case he first
shows himself as the grief-stricken child (132), then as guilty of her death (138),
then as merely exaggerating his guilt for effect (138), then as guilty after all

(141, 201).

Perhaps the most revealing example of Oskar's "guilt" as narrated by himself, however, is his account of his grandfather's death. Joseph Koljaiczek is first said by Oskar to have drowned while on the run from the police, attempting to make good his escape by swimming out to a raft in the mouth of the Mottlau river. There are those who do not accept this story, however, for "man hat die Leiche meines Großvaters nie gefunden. Ich, der ich fest daran glaube, daß er unter dem Floß seinen Tod schaffte, muß mich, um glaubwürdig zu bleiben, hier dennoch bequemen, all die Versionen wunderbarer Rettungen wiederzugeben" (27). In order to remain thus "credible," Oskar goes on to give these competing versions — other people's, not his own — of how Koljaiczek met his end. One of these is that Koljaiczek simply hid under the raft until it was dark, then escaped unscathed on a Greek tanker. Another is that Koljaiczek swam under water clear across the river, emerged undetected on the other side, and eventually left the country on a Greek tanker — "hier trifft sich die erste mit der zweiten Rettungsversion" (27). Only "der Vollständigkeit halber" does Oskar mention "die dritte unsinnige Fabel" that his grandfather is washed out to sea, picked up by Swedish sailors, escapes to Sweden, "und so weiter, und so weiter" (27). Even less believable than all this "Unsinn und Fischergeschwätz" is the further fairytale that his grandfather was seen five years or so later in Buffalo, New York, now a highly successful businessman, operating under the name of Joe Colchic (27).

Oskar tells Koljaiczek's story (or stories) to Bruno and his friends Klepp and Vittlar on one of the visiting days in the psychiatric hospital, when his two friends, to amuse him and each other, "parodierten Szenen aus meinem Prozeß" (28). Asked which version they prefer, Bruno finds death by drowning "ein schöner Tod" and advises Oskar against any belief in any of the competing versions, while Klepp merely shrugs off the question and "gab dem zu frühen Nachmittag die Schuld [sic] an der ausbleibenden Antwort" (29). Vittlar, whose testimony had first alerted the police to Oskar's complicity in the death of Sister Dorothea, choosing first to believe in Koljaiczek's death by drowning, accuses Oskar "scharf theatralisch" (29) of (another) double parricide — not just of the murder of his grandfather, after all, but also and simultaneously of his granduncle (through Jan Bronski, who is Agnes's cousin). Then, "aus einem Pathos ins andere springend" (29), Vittlar parodically prophesies that Oskar will some day be found innocent — and thus set free to find his vanished grandfather in America. Though Oskar claims he finds Vittlar's words both "höhnisch und anhaltend verletzend," he also claims they give him a "Gewißheit" provided neither by Bruno (who accepts one story as the definitive one) nor by Klepp (who refuses to privilege any one of them). In Vittlar's deliberate refusal to treat any one of the narratives as superior to the others, and thus left still with at least two versions of the story to play with — with Koljaiczek neither definitively dead nor definitively alive; or rather, with Koljaiczek *either* dead or alive as needed — Oskar has exactly the "Gewißheit" he needs.

> Da lobe ich mir doch Vittlars Großväter konservierendes Amerika, das angenommene Ziel, das Vorbild, an dem ich mich aufrichten kann, wenn ich europasatt die Trommel und Feder aus der Hand geben will: "Schreib weiter, Oskar, tu es für deinen schwerreichen, aber müden, in Buffalo USA Holzhandel treibenden Großvater Koljaiczek, der im Inneren seines Wol-kenkratzers mit Streichhölzern spielt!" (29–30)

Oskar's function as narrator is likewise above all to play, to play with versions of a truth that is always essentially narrative rather than experiential — and consequently always plural rather than singular, generating multiple meanings rather than a single definitive meaning, denominating possibilities rather than actuality. Sentenced to a lifetime in a hospital for the criminally insane, it is hardly surprising that Oskar chooses to end his account by accepting Vittlar's "prophecy" that he will be found innocent of Sister Dorothea's murder and set free again. It does not have to be true, for in Oskar's world narrativity is always more important than truth: Oskar's motto as maker of stories is certainly the apocryphal tag *Se non è vero, è ben trovato* 'It may not be true, but it's a beautiful story.'

We are at liberty as psychologically acute readers to interpret Oskar's evasiveness when it comes to matters of personal guilt as symptomatic of an obsessively guilty conscience, his conscious or unconscious desire to direct attention away from his (possible) real guilt in the death of Sister Dorothea leading to extravagantly exaggerated self-accusation in cases where he is either obviously innocent (Koljaiczek), very likely innocent (Agnes), or in all likelihood only very peripherally involved as a possible minor contributing factor (Bronski would have been shot anyway, Matzerath might well have survived if he had not panicked so disastrously). But to indulge in such an eminently reasonable interpretation is to fall spectacularly into the hermeneutic mantrap that is the central characteristic of *Die Blechtrommel* as a whole, namely that we take seriously stories that are quite literally entirely impossible to believe. For Oskar himself, like most of the stories he so flamboyantly tells, is a quite impossible invention — as Oskar himself is so repeatedly at extravagant pains to remind us.

Critics have indulged in vigorous debate as to which sides of Oskar's narrated personality represent the real Oskar, which of his narrated actions are real and which only fantasized. But in the end the only thing we can be sure of about Oskar is precisely that he *narrates*. Oskar is less the literary simulacrum of a human being than a disembodied narrative voice; an "Ankleidepuppe" (76) who is less a character than a literary device; a "realized contrivance," in Ann Mason's phrase (28), for generating possible narratives inviting possible responses — including those extratextual narratives that are implied rather than narrated, possible narratives implied by impossible narratives.

From this network of fictions and counterfictions one thing at least emerges clearly. Grass's text is certainly "about" guilt and innocence, *Schuld* and *Unschuld*, as many critics have already observed, but to spend our time analysing Oskar's own putative guilt or innocence (as more than one critic has done) is to allow ourselves to be badly sidetracked. Lester Caltvedt has more usefully argued that the point of Oskar's tergiversations is to draw attention to the *fact* of unacknowledged historical guilt itself (287). But while this may certainly be the main satiric thrust of Grass's text, it is very evident that from the point of view of textual semiotics *Die Blechtrommel* is most centrally about the narrative processes by which the categories of guilt and innocence are discursively constructed and construed. In the end, *Die Blechtrommel*, by relentlessly urging the reader throughout to recognize the total unreliability of its narrator, invites the reader to confront the question of narrative unreliability itself, the question as to how reliable *any* discourse can ever be, since discourse is always a matter not just of presentation but of context-appropriate presentation — and your context is not necessarily mine, nor mine yours. What is true of literary narrative is equally true of historical narrative, even if one of the most enduring generic conventions of the latter has been the concealment of its own fictionality. The readiness with which Oskar admits to or even eagerly claims guilt for events which are clearly not his responsibility very overtly implies the possible existence of other events for which certain readers in the Germany of 1959 were perhaps equally unwilling to accept responsibility. The implied author, as we might say, draws the reader's attention to what is omitted by allowing Oskar to exaggerate grotesquely what is not omitted. By unsettling the reader's reaction to Oskar, who is allowed to present himself now as an innocent and defenceless child, now as a complete monster, now as a freedom fighter, now as the very face of Nazism itself, the textual discourse pervasively and systemically implies the degree to which the line between such comfortingly black and white positions can be a shifting one — and the degree to which the determination of that line is and must always be a matter of discourse.

Die Blechtrommel is about many things, but perhaps most centrally it is thus about authority and its discursive implications — and it is consequently also about reading. For this reason if for no other it may be observed that the distinction between real authors and implied authors is not merely a narratological parlor trick for the amusement of academic readers. It in fact defines the boundary between the type of reader who wishes to be shown conclusive answers and the reader who would prefer to attempt to discover his own, however tentative and provisional they may have to remain. Real authors naturally intend their work to be read in particular ways, and this is entirely as it should be. Günter Grass himself, as politician and public figure, has repeatedly stated entirely unambiguous views on the German past, present, and future. The reader who carefully sets as his exclusive interpretive goal the reconstruction of the real author's real meaning, however, is a reader already trapped in a particular ideology, a reader who wants his thinking to be done for him by someone else — and quite clearly this is exactly the kind of thinking *Die Blechtrommel* most centrally rejects. Implied authors, on the other hand, are the reader's creation, the reader's attempt to discover what a particular textual discourse may most productively be *read* as meaning in a given set of hermeneutic circumstances.

Die Blechtrommel is an enormously complex work of narrative art, and to limit oneself to a single aspect of it as we have done here is merely to tease out just one strand in a very densely textured pattern. Some strands, however, will always be more important than others in any pattern, however complex, and none can ever be more fundamentally important than the nature of the discourse by means of which we gain access to the story told. In the case of *Die Blechtrommel* the semiotics of discourse, as we have seen, is very overtly a semiotics of unreliability — but perhaps the most centrally important point of Grass's text is precisely that this is so in the case of *any* narrative discourse, even (or especially) those lacking so very overt an unreliable narrator to remind us of that fact.

Notes

[1]For general introductions to recent Grass scholarship see Brode, Neuhaus (1979); for recent listings of general studies on *Die Blechtrommel* see Hermes, Neuhaus (1988); for further discussion of Oskar as narrator see Just, Caltvedt, Beyersdorf, Gerstenberg.

[2]Parenthetical page references to *Die Blechtrommel* are to the readily accessible Fischer Bücherei edition (Frankfurt/M.: Fischer, 1962).

[3]As Seymour Chatman puts it: "In simple terms, the story is the *what* in a narrative

that is depicted, discourse the *how*" (1978: 19). This deceptively obvious distinction between *story* (*das Erzählte*, the content plane of narrative, "what really happened") and *discourse* (*das Erzählen*, the expression plane, or how "what really happened" is presented to the reader) is in fact the most fundamental and most far-reaching distinction of contemporary narratological theory.

[4]The term *implied author* was first suggested by Wayne Booth (70–71) and has been usefully developed by Chatman (1978: 147–51; 1990: 74–108). The concept, surprisingly, is one of the less well researched aspects of modern narrative theory.

[5]On color symbolism in *Die Blechtrommel* see Willson.

Works Cited

BEYERSDORF, H. E. "The Narrator as Artful Deceiver: Aspects of Narrative Perspective in *Die Blechtrommel*." *GR* 55.4 (1980): 129–38.

BOOTH, Wayne. *The Rhetoric of Fiction*. Chicago: U of Chicago P, 1961.

BRODE, Hanspeter. *Günter Grass*. Autorenbücher 17. München: Beck, 1979.

CALTVEDT, Lester. "Oskar's Account of Himself: Narrative 'Guilt' and the Relationship of Fiction to History in *Die Blechtrommel*." *Seminar* 14 (1978): 285–94.

CHATMAN, Seymour. *Story and Discourse: Narrative Structure in Fiction and Film*. Ithaca, NY: Cornell UP, 1978.

CHATMAN, Seymour. *Coming to Terms: The Rhetoric of Narrative in Fiction and Film*. Ithaca, NY: Cornell UP, 1990.

GERSTENBERG, Renate. *Zur Erzähltechnik von Günter Grass*. Heidelberg: Winter, 1980.

GRASS, Günter. *Die Blechtrommel*. 1959. Frankfurt/M.: Fischer, 1962.

HERMES, Daniela. "Auswahl-Bibliographie." *Text + Kritik* (München) Heft 1: Günter Grass. 6. Aufl.: Neufassung. 1988. 139–61.

JUST, Georg. *Darstellung und Appell in der "Blechtrommel" von Günter Grass. Darstellungsästhetik versus Wirkungsästhetik*. Frankfurt/M.: Athenäum, 1972.

MASON, Ann L. *The Skeptical Muse: A Study of Günter Grass' Conception of the Artist*. Bern: Lang, 1974.

NEUHAUS, Volker. *Günter Grass*. Stuttgart: Metzler, 1979.

NEUHAUS, Volker. *Günter Grass: "Die Blechtrommel."* Oldenbourg-Interpretationen 16. München: Oldenbourg, 1988.

REDDICK, John. *The "Danzig Trilogy" of Günter Grass: A Study of "The Tin Drum," "Cat and Mouse" and "Dog Years."* New York: Harcourt, 1974.

WILLSON, A. Leslie. "The Grotesque Everyman in Günter Grass's *Die Blechtrommel*." *Monatshefte* 58 (1966): 131–38.

Franz Werfels Reiseroman
*Stern der Ungeborenen**

Wolfgang Paulsen, *University of Massachusetts*

Franz Werfel schloß den letzten seiner großen Romane *Stern der Ungebore-nen* 1945 ab, vier Jahre bevor George Orwell seinen sehr viel spektakuläreren *1984*, beide kurz vor ihrem Tod, negative Utopien hier wie da, aber aus sehr verschiedenen Perspektiven angegangen. In der Forschung ist man Werfels großem Nachlaßwerk so ziemlich aus dem Wege gegangen, wenn man einmal von Annemarie von Puttkamers Hymnik[1] und Lore B. Foltins früher bio-bibliographischer Monographie[2] absieht und letzthin noch von Lothar Hubers kurzem Beitrag zu einem englischen Werfel-Kolloquium.[3] Man könnte daraus schließen, es bedürfe eines besonderen Zugangs zu diesem immerhin etwas extravaganten Roman und er stünde nur einem bestimmten Lesertypus zur Verfügung, dem eben Frau von Puttkamer zuzurechnen wäre, aber aus ähnlichen und doch sehr verschiedenen Gründen auch Luise Rinser, die vermutete, es handle sich hier um eine besondere "Art zu denken," nämlich die der "mystische[n] Spekulation, der," so meinte sie, auch Werfels "letztes, schönstes und wichtigstes Buch" entstamme.[4] Beide teilten denselben kritischen Einsatz-punkt: ihr Selbstverständnis im Katholizismus.

Eine solche religiös bestimmte Sicht allein aber wäre zu einseitig und letztlich unhaltbar, wenn man bedenkt, daß die auch für Werfel damals verbindliche katholische Kirche hier zwar noch ihre wichtige Rolle spielt, sogar so etwas wie den festen Punkt im Denken des unter dem Namen "F. W." in die fernste Zukunft reisenden Autors abgibt, aber doch eher im Sinne einer Rückendeckung in seiner Auseinandersetzung mit einer Welt, die sich die Früchte des technologischen Zeitalters kritiklos angeeignet hat, mithin seiner Frage nachgeht, wohin uns die von ihm immer schon verteufelte Technik führen wird. Werfel bedient sich dazu erzählerischer Mittel, die offenbar die Grenzen dessen überschreiten, was der Leser heute von einem in der Tradition der 'Neuen Sachlichkeit' stehenden Roman erwartet, dabei aber doch auf eigentümliche Weise dieser Tradition noch verhaftet ist, auch wenn er unmißverständlich Elemente aufweist, die mit dieser literarischen Tradition brechen, so daß spekuliersüchtige Seelen darin die frühen Anzeichen einer heraufkommenden sogenannten 'Postmoderne' erkennen könnten. Diese Möglichkeiten hat Jürgen H. Petersen vor kurzem in seiner grundlegenden Studie *Der deutsche Roman der Moderne* [5] zum mindesten mit ins Auge gefaßt. Er ist dieses Problem angegangen, indem er sich zunächst die Frage stellte, was eigentlich den "deutschen Roman der Moderne" konstituiere und hat dafür zwei Faktoren in den Vordergrund geschoben: Die Moderne beginne "folgerichtig in dem Moment, da die Naturwissenschaften und die Technik zur Herrschaft gelangen" (14), und dem entspreche in der Kunst das Experimentieren. Nietzsche sei es gewesen, der mit den festen Formen gebrochen und jene "Offenheit" geschaffen habe, die "das neue Verhältnis von Mensch und Welt in der Moderne mit dem Begriff der *Möglichkeiten*" nahelege (17). "*In der Moderne besteht die Wahrheit der Welt in der reinen Möglichkeit*" (21), lesen wir in Kursivdruck. Ohne Petersens Argumenten hier des weiteren nachzugehen, wird doch sofort deutlich, daß aus solcher Sicht Werfel mit seinem *Stern der Ungeborenen* diese Grundvoraussetzungen nicht erfüllt. Immer wieder, sein ganzes Leben lang, hat er gegen den Geist des 'technischen Zeitalters' Stellung bezogen, und was das Operieren mit bloßen "Möglichkeiten" angeht, steht es damit bei ihm in diesem Roman — wie in all seinen Romanen — nicht zum besten, denn was sein F. W. in der fernsten Zukunft vorfindet, ist nichts als die letzte Konsequenz aus eben diesem für ihn nicht akzeptablen Fortschrittsglauben. Es ist eine Welt, die ebenso weit fortgeschritten ist, wie sie sich von Gott entfernt hat, und deren nicht nur 'möglichen', sondern tatsächlichen Zusammenbruch er noch gerade mit knapper Not 'überleben' kann. Vor allem das Prinzip der "Möglichkeiten" ist für Petersen das entscheidende Kennzeichen 'moderner' Literatur, das an die Stelle eines sich selbst und der Welt vertrauenden Realismus des bürgerlichen Zeitalters getreten ist, denn "der Mensch kann nun seiner selbst nicht mehr sicher sein" (20–21). Dabei stützt er sich auf Blochs Begriff der "Offenheit" allem Gegebenen gegenüber, zieht es aber vor, statt dessen von "Möglichkeiten" zu sprechen, die er zum ersten Mal in Rilkes *Aufzeichnungen des Malte Laurids Brigge* (1910) und zwei Jahre später in Carl Einsteins noch viel radikalerem *Bebuquin* realisiert findet, in den zwanziger Jahren dann in Döblins *Berlin Alexanderplatz* (1928) — ich möchte aber zum mindesten schon dessen *Wallenstein* (1920) in diese Perspektive rücken, denn schon hier geschieht das episch durchaus Unvorhergesehene, daß die Hauptgestalt zuerst Wallenstein ist, um dann hinter den Kaiser Ferdinand zurückzutreten. Eindeutig wird im Verlauf von Petersens Argumentation, daß es unmöglich geworden sei, "in den Kategorien von Lukács, Adorno und Benjamin zu denken" oder sie gar "durch eine Umkehr zu retten" versucht (53). "Die Kunst der Moderne," so beschreibt er den Vorgang, "emanzipiert sich von den Vorgaben der Realität, wird autonom, verliert ihren mimetischen Charakter" (37) — wie etwa, möchte ich meinen, später in Uwe Johnsons *Mutmaßungen über Jakob* (1959), die das Prinzip der "Möglichkeiten" ja schon im Titel tragen, aber auch in seinem *Das dritte Buch über Achim* (1961), in dem das Schreiben einer Biographie sich als Unmöglichkeit herausstellt. Wenn Petersen auf Werfels Romane zu sprechen kommt, rechnet er sie "nicht trotz, sondern wegen ihres religiösen Engagements der konventionellen, nicht-modernen Erzählliteratur unseres Jahrhunderts" zu (167), nimmt aber zunächst von dieser Einordnung den *Stern der Ungeborenen* noch aus. Natürlich ist Religion als *religio* Bindung, ihrer Natur nach konservativ und kann es gar nicht anders sein. Sieht man sich aber seinen Reiseroman auf potentielle "Möglichkeiten" hin an, wird deutlich, daß Werfel mit ihnen hier nur spielt, um ihre 'Unmöglichkeiten' — etwa in der Wintergarten-Episode — zu demonstrieren, so daß sein Weltraum-Reisender F. W. am Ende glücklich in seine kalifornische Exil-Gegenwart zurückkehren kann. Das Ganze war nur ein absurder Traum, eine Phantasmagorie. Ich würde den *Stern der Ungeborenen* sogar noch entschiedener als Petersen der traditionellen Epik zuschreiben, jedoch zugeben, daß Werfel sich hier auf Wegen befand, die bis in die Grenzbereiche des 'Romans der Moderne' führten. Er ist, ohne es zu ahnen, geschweige denn ins Auge gefaßt zu haben, in den Bannkreis der 'Moderne' geraten. Einen Spürsinn für Kommendes hatte er ja immer schon gehabt, denn schließlich war er es, der für die jungen Frühexpressionisten tonangebend gewesen war. Eben daß der Mensch, wie er ihn auf dem 'Stern' künftiger Generationen vorzufinden vorgab — und dieser 'Stern' ist ja kein fremder, der zu einer Reise von einem zum anderen einlüde, sondern die gute alte Erde und sogar dasselbe 'California' seines eigenen Lebens — in seiner Entwicklung keine anderen "Möglichkeiten" gehabt hatte als diese von ihm fiktional vorgefundenen, dies verurteilte die Welt zu dem Untergang, der am Ende über sie hereinbricht. Nur eine 'Möglichkeit', die aber als solche keine mehr ist, scheint es in dieser Zukunftsvision noch zu geben: die Rückkehr in längst vergangene, primitiv-agrarische Lebensformen, die im Roman durch die Welt des Dschungels verkörpert sind.

Sieht man sich nun selbst vor die Aufgabe einer Interpretation gestellt und damit vor den Versuch, Werfels letzten Roman in sein Gesamtwerk einzufügen und ihn aus diesem Gesamtwerk heraus zu verstehen, erweist er sich als so widerborstig wie kein anderer aus seiner Feder. Vielleicht bietet uns daher die Rezeptionsgeschichte noch die beste Einstiegsmöglichkeit. Da gibt es sich denn günstig, daß der Roman nicht erst von dem jungen Uwe Johnson in dessen *Gutachten für Verlage*[6] und so ziemlich zur gleichen Zeit von Luise Rinser, also von einem 'Modernisten' und einer 'Traditionalistin', gewürdigt wurde, sondern schon kurz nach dessen Abschluß und also nach Werfels Tod in Thomas Mann einen seiner ersten Leser gefunden hatte. Wie verschieden ihre Urteile auch lauten mögen, in einem waren sie sich einig: in ihrer Kritik an der Sprache. Der Roman war Thomas Mann in Manuskriptform durch dessen Übersetzer ins Englische, den amerikanischen Germanisten Gustave O. Arlt, kurz nach Werfels Ableben zugänglich geworden und wurde von ihm dann gleich zweimal gelesen, das zweite Mal "mit dem Bleistift in der Hand," wie er sich in der *Entstehung des Doktor Faustus* ausdrückt, weil er die Absicht hatte, "darüber einen Vortrag zu halten" — wahrscheinlich bei einer Gedächtnisfeier — zu dem es dann nicht mehr gekommen ist.[7] Thomas Mann hatte Werfel persönlich geschätzt und seinem Werk daher immer zwar freundlich, aber doch auch kritisch gegenübergestanden. Er war von der Lektüre des Romans offenbar fasziniert, angezogen und abgestoßen zugleich. Er las ihn, der Gattungsbestimmung im Untertitel gemäß, als "Reiseroman" und rückte ihn in die Tradition von Defoe, Swift und Dante — letzteres "am absichtlichsten, wenn auch nicht am glücklichsten" durchgeführt (ebda). Wie fruchtbar eine solche Lesart ist, mag dahingestellt bleiben. Tatsächlich nennt F. W. seinen Freund B. H. — hinter dem sich Werfels Jugendfreund Werner Haas verbirgt — gelegentlich wirklich seinen Vergil, aber solche Bezugnahmen sind bei Werfel doch immer sich leicht gebende literarische Anspielungen, ohne daß ihnen deswegen auch eine strukturbildende Funktion zukäme. Gewiß bewegt F. W. sich durch zwei, und wenn man absolut will, auch durch drei 'Sphären', die aber keineswegs mit denen Dantes — 'Hölle', 'Läuterungsberg' und 'Paradies' — auch nur das geringste zu tun haben, selbst dann nicht, wenn man deren Reihenfolge bei Werfel umkehrt und die so ziemlich an den Anfang gestellte Reise von Stern zu Stern als 'paradiesisch' versteht und die Wintergarten-Erlebnisse am Ende als eine Höllenfahrt. Natürlich kannte und schätzte Werfel seinen Dante und scheint die *Göttliche Komödie* sogar während seiner Arbeit am *Stern der Ungeborenen* wiedergelesen zu haben, aber als Modell hat sie ihm nicht gedient. Schließlich kommt Thomas Mann dann auf diesem Wege zu dem vernichtenden Gesamturteil, der Roman habe "keine Sprache."

Die Sprache. Sie ist im *Stern der Ungeborenen* wirklich problematisch, und wir werden uns nach den Gründen dafür noch umsehen müssen. Wie schwierig es sein kann, sich über die Sprache eines Autors zu einigen, weil da immer emotionelle Momente mit ins Spiel kommen, läßt sich an Luise Rinsers kurzem Essay über Werfel demonstrieren: sie nimmt an seiner Sprache überhaupt und als solcher Anstoß. Von seiner frühesten Lyrik bis zu den Massenerfolgen seiner *Bernadette* sei er ein Glückskind gewesen, und das Glück hätte ihn leichtfertig gemacht, was "ganz und gar geeignet" sei, "uns mißtrauisch zu machen, zumal da auch das Werk die Spuren dieser Leichtigkeit und Lebenslässigkeit" trüge, und das "nicht zum Heil der Dichtung. Zweifel über Zweifel an der Lauterkeit seiner künstlerischen Persönlichkeit quälen den genauen und wachsamen Leser bei der Lektüre," findet sie, und das bis hin "zu den späten Romanen, der *Bernadette* und dem *Veruntreuten Himmel.*" Diese Zweifel verstummten erst — und nun wundert man sich doch etwas — "beim allerletzten Werk seines Lebens, dem *Stern der Ungeborenen*, diesem tiefen, übermütigen, diesem spirituell spielerischen und philosophischen Buch, das er zwei Tage vor seinem Tod vollendete und uns als ein bezauberndes und überwältigendes Testament hinterließ."[8]

Das scheint nun, was die Sprache betrifft und von Thomas Mann aus gesehen, die Dinge auf den Kopf zu stellen. Der Sprache, jeder im Dienst der Kunst stehenden Sprache, wohnt etwas Magisches inne, das entweder beim Leser sein Echo findet oder nicht. Mehr ist hier involviert als die Sprache per se. Vor allem, und das überrascht bei Luise Rinser am meisten, die beiden genannten, gut-katholischen Romane verfallen ihrer Zensur. Man fragt sich natürlich, wie vertraut Luise Rinser wirklich mit Werfels Gesamtwerk war. Jedenfalls fällt bei ihr wie bei von Puttkamer kein Wort — oder bei letzterer doch nur gleichsam im Vorübergehen — über den alttestamentarischen Jeremias-Roman *Höret die Stimme* und man zweifelt, ob gerade sie mit ihren in ihrer Autobiographie *Den Wolf umarmen* so eindrucksvoll geschilderten Erfahrungen in den letzten Tagen der Hilter-Diktatur nicht vielleicht doch die *Cella* und *Die blaßblaue Frauenschrift*, wenn sie sie gekannt hätte, von einem solchen Pauschalurteil ausgenommen hätte — und das gerade auch in sprachlicher Hinsicht. Statt dessen erklärt sie: "Hier und dort und hundertmal ärgert uns die Nachlässigkeit, mit der er die Sprache behandelt, und wer sprachliches Entzücken sucht, wird es bei Werfel nur in der Lyrik, fast nirgendwo in der Prosa finden." Und schließlich: "Selbst das ergreifende *Lied der* [sic] *Bernadette* bewegt sich stellenweise scharf an der Grenze des billigen Effekts" (27). Alma hatte da von Kitsch gesprochen. Es kommt bei der Beurteilung der Sprache wohl auf mehr an als deren linguistischen Aspekt.

Doch bevor wir zu Thomas Manns so ganz anders geartetem Urteil zurückkehren, erst noch ein Wort über Lothar Hubers Interpretationsansatz, obgleich es ihm nicht um die Sprache, sondern lediglich um einen Aspekt von Werfels Erzähltechnik im *Stern der Ungeborenen* geht. Zu dem Zweck treibt er das in der heutigen Germanistik beliebte Spiel mit dem Unterschied von "erzählendem" und "erzähltem" Ich des Autors. Man muß da sehr aufpassen, denn er findet in dem Text so etwas wie eine unheilige Dreifaltigkeit dieses F. W., der "als Erzähler F. W. 3" einen "Bericht seiner Erlebnisse als Io-F. W. 2" in der astromentalen Zukunftswelt gebe, in die sich F. W. 1 nach seinem Tod versetzt finde — einem fiktiven Tod freilich, denn F. W. kehrt dann ja als Franz Werfel wieder lebendig nach Hause zurück.[9] Das ist alles schön und gut ausgerechnet, aber ich sehe nicht, was damit für eine Interpretation des Romans gewonnen wäre. Das Ganze wird für Huber zu einem Spiel, "wie Schriftsteller es eben spielen" (ebda) — wenn sie nichts Besseres zu tun haben, möchte man hinzufügen. Übrigens spricht Huber hier auch von einem "Entwicklungsroman" (224) — und mit einem solchen haben wir es hier nun wirklich nicht zu tun. Da halten wir uns doch lieber an Thomas Mann.

Dieser rückt Werfels Roman zunächst neben seinen eigenen *Doktor Faustus*, indem er sich daran erinnert, was ihm seine "Dolmetscherin" — gemeint ist Agnes Meyer in Washington — über seinen Roman geschrieben hatte: er habe darin sein "utmost to the German people" gegeben, um daran die so deutschen Worte anzuschließen: "Um was sonst wäre es uns jemals zu tun, als unser Äußerstes zu geben? Alle Kunst, die den Namen verdient, zeugt von diesem Willen zum Letzten, dieser Entschlossenheit, an die Grenze zu gehen, trägt das Signum, die Wundmale des 'utmost'." Von "uns" spricht er hier und von "unserem Äußersten," und das war kein hochmütiger Pluralis majestatis, sondern gesagt im Hinblick auf das Buch, das er damals gerade las und aus dessen Lektüre heraus er den so abgründigen Satz an Agnes Meyer hatte schreiben können: "Ich lese den nachgelassenen Roman von Werfel, eine vom Tode inspirierte kosmische Phantasie, von der ich noch nicht weiss, wie sehr ich sie bewundern muss."[9] Bewundern "muß" und nicht etwa "soll," widerstrebend. Das hier verwendete "uns" bringt ihn denn auch gleich zum Thema, nämlich eben diesem Roman: "Dies war es, das Gefühl des Willens zum äußersten Abenteuer, was mich an Werfels Nachlass-Roman *Stern des Ungeborenen* fesselte, den ich jetzt las" (107). Und nun setzt er sich über zwei Seiten hin mit ihm auseinander, den Vortrag nachholend, zu dem es nicht gekommen war. "Ein Äußerstes" sah er auch in diesem Roman und es blieb ihm daher nur die Frage, ob Werfel damit "an die Grenze" des der Kunst Möglichen gegangen sei oder sie vielleicht überschritten hatte. Das wird letztlich auch unsere Frage zu sein haben.

Doch ehe wir sie direkt angehen, ist es geboten, sich zunächst, wenigstens in aller Kürze, die Entstehungsgeschichte des Romans mit ihren Implikationen für dessen künstlerische Ansprüche zu vergegenwärtigen, wie Peter Stephan Jungk sie in gründlicher, langjähriger Forschungsarbeit eruiert hat.[10] Die Werfels hatten sich nach ihrer Flucht aus Frankreich in Kalifornien niedergelassen. In das Jahr 1942 fiel zunächst die Ausarbeitung der *Komödie einer Tragödie, Jakobowsky und der Oberst* nach den sich lang hinziehenden Auseinandersetzungen mit der Theatre Guild in New York und den von ihr herangezogenen Autoren zur Amerikanisierung des Textes für den Broadway, bis Werfel sich schließlich davon zurückgezogen und seinen eigenen Text zu Papier gebracht hatte, wie wir ihn heute kennen. Dabei befand er sich gesundheitlich bereits in einem sehr labilen Zustand, aber ein solcher hatte ihn noch nie daran gehindert, literarische Projekte zu entwerfen: in und mit ihnen lebte er. Unter diesen Projekten befand sich vor allem ein weiterer 'jüdischer Roman', für den er sich den Arbeitstitel *Der Zurückgebliebene* notierte (306). Wieweit es sich dabei um eine die Dinge umlagernde Wiederanknüpfung an den *Cella*-Komplex handelte oder um eine — freilich unbewußte — Reaktion auf den unheimlichen weltweiten Erfolg der *Bernadette* im Sinne eines inneren Rückzugs auf sein Judentum, nicht zuletzt aber auch um eine auf die immer rabiater werdende Antisemitin Alma an seiner Seite, muß freilich Spekulation bleiben. Praktisch lebte man ja schon bald getrennt, Alma in ihrem neuerworbenen Haus in Beverly Hills, wo er sich offenbar nur noch zu Besuch aufhielt, er in seinem Bungalow des Biltmore Hotels in Santa Barbara, sechzig Meilen nördlich von Los Angeles, dem in Jungks Augen — und ich stimme ihm zu — "vielleicht schönsten Ort Kaliforniens" (304). Hier war bereits der *Jakobowsky* in zehn Tagen niedergeschrieben worden und hier war es wohl auch, wo er im Mai 1943 jenen sonderbaren Traum hatte, der "innerhalb von nur sechs Tagen" zur Ausführung von "mehr als fünf Kapiteln des neuen, mit den Worten *Kurzer Besuch in ferner Zukunft* untertitelten Werks, von dem Werfel selbst noch nicht wußte, was daraus werden sollte" (312). Das ist immerhin eine sonderbare, eigentlich schon traumatische Vorgeschichte des Romans und mir will scheinen, daß jede Interpretation von dieser Ausgangssituation auszugehen habe, gleichgültig, wie die Ergebnisse dann aussehen werden. Das Autobiographische in dem Text müßte auch dieses Traumerlebnis miterfassen — jedenfalls soweit das literarhistorisch überhaupt möglich ist, denn das letzte Wort würde hier wohl der Psychoanalytiker haben müssen. Was

Werfel da geträumt hatte, wäre freilich nur das Fundament für ein Gerüst, dessen Errichtung in der Folge seiner künstlerischen Kreativität überlassen wurde. Was diesen Traum selbst betrifft, kennen wir davon natürlich nur die äußeren Umstände und die hat Jungk so beschrieben: "In der Nacht zum Palmsonntag hatte er einen Traum, der ihn 'mit unerklärlicher Lebhaftigkeit überkam' und sich von allen seinen früheren Träumen vollkommen unterschied. Er träumte die ganze Nacht hindurch, wie in 'Fortsetzungen' eines 'Zeitungsromans'. Werfel fühlte sich während jener Nacht 'in unheimlichster Weise körperlos', ein Phänomen, welches ihm ein nie gekanntes 'Wohlbefinden' vermittelt hatte. Auch zwei Wochen später blieb die Erinnerung an dieses Glücksgefühl so präsent, daß Werfel sich geradezu gezwungen sah, seine" — wohl durch das Projekt eines "jüdischen Romans" ausgelöste — "Arbeits-Unlust zu überwinden und zur Feder zu greifen" (312).

Selbst wenn wir annehmen, daß Werfel damals in Santa Barbara schon unter erhöhtem Blutdruck litt, haben wir es hier doch mit einem Traum zu tun, der sehr Tiefes in ihm bloßlegte. Sehen wir Jungks Satz mit seinen eingefügten Zitaten genauer an, fällt daran wohl vor allem das Wort "Glücksgefühl" (oder "Wohlbehagen") auf, sowie die Formulierung "in unheimlichster Weise körperlos." Spekulieren wir ein wenig innerhalb vernünftiger Grenzen, hebt sich das "Glücksgefühl," das er hier träumend erlebt hatte, von all dem ab, was seinen Alltag damals ausmachte: die Frustrierungen durch den literarischen Markt, Spannungen mit der nun ebenfalls literarisch bemühten Schwester Mizzi in New York und zu Hause mit Alma — was immer ein solcher Alltag mit sich bringt. Dieser Traum hatte offensichtlich etwas in ihm ausgelöst, was all dies Alltägliche transzendierte: unterdrückte Todesahnungen im Rahmen seiner christlich fundierten Überzeugungen mit ihren sonderbaren Glücksgefühlen. Weiß der Körper mehr als der Kopf? Denn die in der Nacht zum 13. September 1943 dann erlittene neue schwere Herzattacke, die ihn für Monate ans Bett und ans Haus in Beverly Hills fesselte, scheint das Geträumte noch bestätigt zu haben. Daß es in diesem Roman wirklich um den Tod ging, zu dem Schluß war ja auch Thomas Mann schon gekommen. Ein höchst christlicher Tod, dem sein biblischer Stachel genommen war und der sich am Ende sogar getäuscht sah, denn was F. W. in der astromentalen Welt erlebt hatte und das nun in der Form eines Romans festgehalten werden sollte, war ja nicht das allen menschlichen Träumen sich entziehende Jenseits gewesen, sondern eine höchst phantasievolle Zukunft der gelebten Wirklichkeit. Man hat in der Literatur und der Forschung über diesen Roman recht oft leichtfertig von einer Utopie gesprochen. "In seinem letzten Werk, dem monumentalen utopischen

Roman *Stern der Ungeborenen*," so meinte vor nicht zu langer Zeit noch
Gunter E. Grimm, hätten sich "die genuin jüdische Thematik und die Problematik
des jüdisch-christlichen Verhältnisses" vereinigt,[11] und schon Friedrich Torberg
hatte seinerzeit in einem Brief dem Roman "die mächtigste, phantasievollste
Utopie" zugeschrieben,[12] während Adolf Klarman ihn sehr viel zutreffender
als "gigantische Anti-Utopie" verstand. In einer Utopie werden Zukunftshoff-
nungen realisiert, und in der Literatur ist, Duden zufolge, ein utopischer Roman
ein Werk, das "eine idealisierte Form von Staat und Gesellschaft vorführt."
Kurz und bündig. Das aber kann man in Werfels Roman nur hineinlesen, wenn
man die dem Ganzen unterliegende kritische Heiterkeit nicht mit in Rechnung
setzt. Indem Werfel eine Zukunftsvision entwarf, zog er nur die letzten
Konsequenzen aus seiner bisherigen Gesellschaftskritik, versuchte er sich
erzählend auszumalen, wohin eine auf Fortschritt und Technik aufgebaute
Gesellschaft führen muß: in eine esoterische Daseinsform, die notwendig aus
sich selbst heraus zusammenbrechen muß, noch dazu in einem von den
Menschen in ihrer gelangweilten Enttäuschung selbst veranstalteten Desaster.

Die damit ins Spiel gebrachte Ironie aber hebt sich auch wieder auf, wenn
der Weltenreisende F. W. — und mit ihm natürlich auch der seinen Traum
genießende Autor — diese fernen Zeiten zwar aus kritischer Distanz erlebt,
sich aber in der ihm vorgespiegelten Welt des Djebels, also der von ihm
erlebten Zukunftswelt, doch durchaus wohlfühlt, jedenfalls mehr erstaunt ist
als abgestoßen. Werfel hatte in seinem Traum ein Jenseits erlebt, das nur eine
Verlängerung des gegebenen menschlichen Daseins war — und sein konnte,
aber in einer Form, die ihn zutiefst beseligte. Das Glücksgefühl überwog alle
kritischen Vorbehalte. Wir stehen hier ganz offenbar vor tiefen Ambivalenzen
in Werfels Denken und Fühlen.

Die Herzattacke hatte er in Beverly Hills erlebt und überstanden, wo er in
seinem geschwächten Zustand sich in den besten Händen befand: in denen
Almas und des ihm im Exil zum Freund gewordenen Friedrich Torberg. Aber
sobald er wieder genesen war, kehrte er nach Santa Barbara in sein Bungalow
zurück. Thomas Mann hat seinen Besuch bei dem noch Bettlägerigen beschrieben, nachdem er von ihm einen ihm mitten in seiner Arbeit am *Doktor
Faustus* tief berührenden Brief über die von ihm eben wiedergelesenen
Buddenbrooks erhalten hatte. "Wie charakteristisch für ihn war die Kindlich-
keit dieses Enthusiasmus!," erinnerte er sich. "Ich habe Franz Werfel immer
sehr gern gehabt, den oft begnadeten Lyriker in ihm bewundert und sein immer
interessantes Erzählwerk, obgleich es zuweilen künstlerische Selbstkontrolle
vermissen läßt, im Herzen hochgehalten," doch Dinge wie die Gefühls-

überschwänge in der *Bernadette* hatte er als ein "nicht ganz reinliche[s] Spiel mit dem Wunder" hingestellt und dem noch hinzugefügt, er könne "seinem naiven und reich talentierten Künstlertum mit mythischen Neigungen, die es mehr und mehr entwickelte, das Liebäugeln mit Rom, die fromme Schwäche fürs Kirchlich-Vatikanische nie übelnehmen, es sei denn in den unglücklichen Augenblicken, wo dies alles aggressiv-polemisch vorstieß"[13] — und dabei hatte er sicher Werfels Essayistik im Auge.

Werfel aber war nun gesundheitlich so geschwächt, daß er an ein konstantes Arbeiten zunächst nicht mehr denken konnte und sich statt dessen nur mit Lyrik befaßte. Als er schließlich so weit wiederhergestellt war, daß er seine Arbeit an dem Roman wieder aufnehmen konnte, war das Projekt ohne Zweifel in ihm weitergewachsen und zwar zuletzt wohl auch auf das Autobiographische hin.

Aber versuchen wir zunächst, uns jenen Initial-Augenblick, nämlich den Traum Werfels mit seinen Reaktionen darauf, etwas genauer zu vergegenwärtigen. Eigentümlich schon, das dieser Traum ihm selbst wie ein 'Zeitungsroman in Fortsetzungen' vorkommen konnte, denn das will doch besagen: wie ein Unterhaltungsroman von nicht gerade hohem künstlerischem Niveau, der ihm aber trotzdem das Gefühl von einer ungewöhnlichen körperlichen Leichtigkeit gab. Darin darf man zunächst sicher eine unmittelbare Reaktion auf den rein physischen Zustand sehen, die etwa in die Worte zu fassen wäre: ich habe den mir seit langem bevorstehenden Tod erlebt und lebe trotzdem noch. Es war ein Zustand totaler Gefühlsfreiheit, der er sich überlassen konnte, erhaben über alle ästhetischen Ansprüche. Das mußte sich dann auch in der Sprache niederschlagen, mit der ein so formbewußter Autor wie Thomas Mann sich mit Recht nicht zufrieden geben konnte. Über diese Schwäche ist man sich in der Literatur ja auch so ziemlich einig. Uwe Johnson ist in seinem bereits herangezogenen Exposé auf den *Stern der Ungeborenen* besonders ausführlich eingegangen, wobei er sich sogar auf Thomas Manns Urteil berief, und konnte natürlich als guter Marxist schon Werfels so pauschale Ablehnung von Kommunismus und Sozialismus nicht akzeptieren, sprach ihm überhaupt jegliches Sensorium für Sozialpolitisches ab. Und schließlich erklärte er auch schlankweg: "Die Sprache wird dem Ausmass dieses Vorwurfs" — sprich: Entwurfs — "nicht gerecht."[14] Werfel selbst war sich dessen dunkel bewußt, wie Gustave O. Arlt sich in einem Gespräch mit Jungk erinnerte: Er habe allerdings des öfteren selbst zugegeben, "ein wenig zu wortreich zu schreiben, ähnlich Victor Hugo, ähnlich Balzac oder Dostojewski."[15] Er kannte ja wirklich das formlose Sich-treiben-Lassen nur allzu gut, es war bei ihm eine Sache des Temperaments und seines Hangs zum Irrationalen. Man muß sich

aber davor hüten, diesen Zug in seinem Schaffen auf das Konto der Romantik
zu stetzen, es sei denn, man denke dabei an jene Phase der Spätromantik, die
um die Jahrhundertwende grassierte und die fast alle Frühexpressionisten in
ihrer Jugend noch miterlebt hatten. Typisch für Werfel ist vielleicht überhaupt
eine Art Dialektik von Denken und Fühlen, von der man sagen könnte, die
Gefühle lösten die Gedanken aus und daß diese an ihrer sublimierten
Gefühlshaftigkeit jederzeit zu erkennen wären. Gerade an der Entstehungsgeschichte, dem Werden und Wachsen des *Sterns der Ungeborenen*, ließe sich
das vielleicht näher verfolgen, wenn es dafür Belege gäbe wie etwa eine
Frühfassung, die sich mit dem vorliegenden Text vergleichen ließe. Thomas
Mann sprach von der "moralischen Poesie" bei Werfel, eine etwas umständliche
Formulierung: "die moralische Poesie des Gedankens hatte mich damals" —
bei der Lektüre des Romans — "eigentümlich tief berührt" — 'berührt', aber
auch irritiert, wenn er diese "Transparenz" nun "wieder in den ganzen gleichsam
schon nach dem Tode des Dichters, bei vernichtetem Herzen, geschriebenen,
durchaus spiritistischem Werk" vorfand, "dessen Kühnheit dem Leben nicht
mehr recht angehört und das man künstlerisch nicht glücklich nennen kann."
Besonders gestoßen hat er sich an so mancher "der Erfindungen zur Kennzeichnung dieses unendlich fernen Erdenlebens," wie "zum Beispiel d[er]
Lichtreklame mit Sternen oder daß man sich zu einem Reiseziel nicht mehr
hinbewege." Das alles erinnere, meinte er, "an Traumeinfälle, die während des
Traumes sehr gut und brauchbar erscheinen, sich aber beim Erwachen als
krauser Unsinn erweisen. Hier scheint es kein Erwachen zur Kritik mehr
gegeben zu haben, und wäre nicht einige Komik mit untergebracht, wie die
falsch-treuherzige Redeweise der Hunde, die immer 'nit' statt 'nicht' sagen, so
läge die Gefahr gelangweilten Sich-Abwendens vom nicht mehr Lebendigen
nahe." Dann aber, so liest man weiter, fänden sich auch absolut großartige,
absolut bannende Intuitionen in diesem übergewagten Erzählwerk des Todes."
Schließlich faßt er sein Urteil dahin zusammen, daß man hier vor "einer schon
abwegigen und eben darum genialischen Einbildungskraft" stehe, die "als
Phantasieleistung unübertroffen in aller Literatur" sei.[16] Dem hat auch Johnson
schon dadurch zugestimmt, daß er diese Passage in ihrer Gänze zitierte.
    Das klingt wie ein Urteil vom höchsten Gerichtshof der deutschen Literatur,
dem nicht viel hinzuzufügen wäre. Daß Werfel in diesem Roman die Glaubwürdigkeit seiner Erzählung immer wieder strapaziert — und das nicht nur an
den von Thomas Mann ihm angekreideten Stellen — wird wohl niemand
leugnen wollen. Man gewinnt beinahe den Eindruck, er habe es gerade auf
solche Extravaganzen angelegt und an ihnen seine besondere Freude gehabt.

Man denke nur an das von ihm in die Welt gesetzte pseudo-wissenschaftliche Vokabular, über das der Leser am Ende einfach hinweggehen wird. Sein Reiseroman führt uns nicht in irgendwelche Bereiche des Märchens, sondern unverkennbar in die der Science-fiction — und die ist nicht jedermanns Sache.

Unsere weiteren Überlegungen aber können zunächst noch einmal an Thomas Manns Feststellungen anknüpfen und uns eine weitere, nicht unwichtige Frage nahe legen. Thomas Mann hatte davon gesprochen, daß es hier nach dem Erwachen aus dem Traum "keine Kritik mehr" gegeben habe, und das dürfte im wortwörtlichsten Sinne der Fall gewesen sein, denn Werfel hatte ja seine Niederschrift erst einige Tage vor seinem Tod am 26. August 1945 abgeschlossen. Was aber, genau besehen, hatte er da abgeschlossen? Offenbar doch eine erste — und einzige — Fassung. Bei Erstfassungen aber pflegte er es nie sein Bewenden haben zu lassen. Ohne jede Frage hätte er, wäre ihm ein längeres Leben bei hinreichender Gesundheit vergönnt gewesen, noch eine gründliche Bearbeitung des Textes vorgenommen, so daß man den vorliegenden im weitesten Sinne des Wortes als Fragment bezeichnen darf. Alma soll nach Werfels Tod schon eine (mir nicht zugänglich gewordene) Kurzfassung herausgegeben haben, der aber natürlich keine Authentizität zukommt. Was aber hätte er selbst geändert, gekürzt oder überhaupt überarbeitet? Auf solche Fragen gibt es natürlich keine Antworten, aber es gibt in dem Roman so auffällige Unebenheiten, über die jeder Leser stolpern muß und die auch Werfel auf die Dauer nicht entgangen wären. Man denke nur an so krause Formulierungen wie: "er durfte der vollen Einbürgerung hoffend sein" (63) — das klingt schon fast wie eine Johnsonsche Sprachmanipulation! — und vielleicht hätte er auch den faulen Witz über die Rolle eines ersten und zweiten Kapitels in einem Buch gleich auf den ersten Seiten gestrichen, vor allem aber den Unsinn gekürzt, den F. W. und B. H. — wieso eigentlich "B. H.," wenn damit Willy Haas gemeint ist, was steckt hinter dem für das "W" eingetretenen "B"? — im neunten Kapitel einander im Halbschlaf erzählen. Muß man die Müdigkeit seiner Romanfiguren dem Leser so in extenso anlasten? Oder um noch eine besonders auffällige Unstimmigkeit herauszugreifen: wenn F. W. von seinem Zusammentreffen mit dem General des Dschungels spricht, stellt er zunächst fest: "Ich kenne nicht seinen Namen" (schon in der Formulierung ein Anglizismus!) (SdU 517), um ihn dann gleich auf der nächsten Seite und noch im selben Paragraphen "General Alexander" zu nennen. All dies soll nur andeuten, womit der Leser es bei diesem Text zu tun hat.

Wir könnten uns nun unsere Aufgabe dadurch erleichtern, daß wir uns auf die — soweit mir bekannt — einzige, wirklich eingehende Interpretation des

Romans von Annemarie von Puttkamer zurückziehen. Das aber verbietet sich schon deswegen, weil sie aus ihrer betont katholischen Sicht ihre Argumente so gut wie ausschließlich auf den 'Inhalt' richtet, auf das sich so phantastisch gebende Gedankengeflecht, das Weltanschaulich-Philosophische und Theologische, in dem andere vielleicht nichts als Spinnereien und Spiritismus sehen, das Strukturelle aber und damit das recht eigentlich künstlerische Moment so gut wie ausgespart hat. Gerade das aber ist jedoch trotz des uferlosen Phantasierens immerhin beachtlich — eben in Thomas Manns Worten "unübertroffen in der Literatur."

Selbstverständlich berühren sich unsere so verschieden angelegten kritischen Ansätze in mancher Hinsicht. Durchaus Entscheidendes hat sie herausarbeiten können, wie etwa das autobiographische Moment nicht nur als solches, sondern auch in seiner speziellen Funktion. So kommt sie zu dem Schluß, "die Reise in die Zukunft" werde ihm "mit voller Strenge und doch zugleich mit heiter gelöster Ironie" mehr und mehr "zur Abrechnung mit sich selbst."[17] Werfel selbst läßt darüber im Roman ja keinen Zweifel, wenn er in der Unterhaltung seines Protagonisten mit dem Großbischof diesen sich darüber klar werden läßt, "wie merkwürdig es doch war, daß nicht nur ich dieses fremdartige Zeitalter erforschte, sondern letzteres vielleicht noch eindringlicher mich" (268). Das dreizehnte Kapitel beginnt daher auch mit dem Versuch, die Rolle dieses F. W. genauer zu beschreiben: "Dies hier ist nicht nur eine Reisebeschreibung. Wenn ich's einen Reiseroman nenne, so verfälsche ich die Wahrheit nicht, um etwa den Leser bei der Stange zu halten. Während die Reisebeschreibung ein einfacher Kreis ist, so ist der Reiseroman eine Ellipse mit zwei Brennpunkten. Der zweite Brennpunkt ist das Ich des Reisenden" (300). Es gibt tatsächlich in diesem Roman Stellen, an denen er nichts Gutes an F. W.'s Erlebnissen läßt, das aber nicht im Sinne einer Beichte oder Selbstabrechnung von erhöhter religiöser Warte aus, sondern ganz einfach aus erlangter Reife — etwa wenn er von den "vielen hundert Schulstunden" spricht, "die ich, fauler als B. H., geschwänzt hatte" (SdU 65), oder von seinen "aufrührerischen Flegeljahren" (SdU 404), von "den Gedichten und Theaterstücken" einer "ebenso schlenderhaften wie ehrgeizigen Tätigkeit" und von der Zeit spricht, in der sie "Gedichte für wichtiger hielten als Lohnkämpfe in der Industrie" (SdU 148). Da wäre dann aber auch jene zentrale Episode in Werfels Leben, die er, während er — eine höchste Ehrung für den Weltreisenden — vor der höchsten Instanz dieser futuristischen Welt, dem "Hochschwebenden," steht und drei Fragen an ihn offen hat, diese dazu benutzt, um mit sich gleichsam in aller Öffentlichkeit über seine große Schuld ins reine zu kommen.

Die letzte der drei Fragen ist dabei die für ihn entscheidende: "Was war der wichtigste Augenblick meines Lebnes?" — eine Frage, auf die er selbst die Antwort finden muß und das geschieht, indem er, in Gedanken verloren, die entscheidenden Erlebnisse in seinem Leben an sich vorüberziehen läßt, bis er sich in die Stunde zurückversetzen kann, die er nach der Geburt seines lebensunfähigen Sohnes bei Alma im Krankenhaus verbracht hatte. "Die Frau, die ich liebe," heißt es da, "ist nicht meine Frau, noch nicht," um dann mit sich selbst ins Gericht zu gehen und zu der Einsicht zu kommen: "Jetzt aber weiß ich, daß die Frau, selbst als Sündige, die Heldin ist und das Opfer. Ich war nichts als ein leichtsinniger, gedankenloser, verantwortungsferner Ausbeuter des berauschenden Gefühls, das ich Liebe nenne . . . Zugleich aber durchdringt mich immer eisiger, immer schneidender die Erkenntnis, daß wir beide uns nicht nur gegen die bürgerliche, sondern gegen eine höhere Weltordnung vergangen haben" (SdU 421). Schwer hat dies sein damaliges Verhalten, seine 'Sünde', lebenslang auf ihm gelastet, die nicht einmal dadurch hinreichend bestraft worden war, daß das Kind elend hatte zugrunde gehen müssen. Aber dies Kind war trotzdem auch ein Mensch, dem wie allen eine Wiedergeburt im Sinne der Romankonzeption beschieden war, und F. W. trifft ihn denn auch in der Gestalt des jungen Weltraumfliegers Io-Knirps, der hier nun noch einmal symbolisch für seinen Vater sterben muß und ihn damit auf seiner Rückreise in die Anfänge der Zeit in Los Angeles vor seiner Haustür absetzen kann.

Aber keineswegs alles Erinnerte wird ihm zur Selbstabrechnung. Im Gegenteil, nur zu gerne läßt er sich dazu auffordern oder ergreift er die sich ihm bietende Gelegenheit — die Werfel sich natürlich selbst verschafft! — geradezu sehnsuchtsvoll alte Erinnerungen wiederzuberufen. Dazu wird ihm schon gleich auf der groß angelegten Hochzeitsfeier, zu der ihn B. H. als besonderes Brautgeschenk in diese ferne Zukunft zitiert hat, die beste Gelegenheit geboten. (Was diesen dazu ermächtigte, wird allerdings niemals erörtert — das muß der Leser einfach hinnehmen.) F. W. wird da nämlich gebeten, etwas "von sich und von dem, was Ihnen denkwürdig, im Gegensatz zu unserem Leben, an jenem Leben scheint, das Sie vor geraumen Epochen verlassen haben," zu erzählen (SdU 79). Er erschrickt zunächst und meint, "das würde doch zu weit führen," ist dann aber bereit, sich "persönlich, rein persönlich' zu halten und stellt sich alles Mögliche vor, zum Beispiel, "daß ich zwölf Jahre alt bin," wobei sich ihm alte Schulerinnerungen aufdrängen. Er erzählt von sich als dem "Opernfanatiker," der er war — und dann taucht auch hier schon die Erinnerung an jene schwere Stunde nach der Geburt des Kindes in ihm auf, aber noch in Worte versteckt, die das Eigentliche nur ahnen lassen: "Mit dreißig Jahren versetzte ich mich ins vierzigste, ich der leichtsinnigste, gewissenloseste Sündenlümmel, den ich kenne, mit vierzig ins fünfzigste, immer dachte ich zurück und vorwärts, nie wars Gegenwart auf meiner Uhr, und als plötzlich alles um war, hatte es noch kaum begonnen und doch seit jeher gedauert. Verstehn Sie mich? . . ." (SdU 81–82). Natürlich versteht man ihn nicht, nur die "wunderschöne Ahnfrau" versteht ihn. "'Ich verstehe, Seigneur', sagte sie in ihrem zynisch schwingenden Kontra-Alt, 'daß Sie sich leidenschaftlich ans Leben geklammert haben in den Anfängen der Menschheit'," worauf er nur antworten kann: "Oft leidenschaftlich ans Leben geklammert, Madame, oft leidenschaftlich aus dem Leben fortgewünscht" (SdU 82). Und sonderbare Dinge tauchen dann vor ihm auf, wie seine hoffnungslose Verliebtheit in jene "junge Dame im langen, hellen Frühlingskleid und breiten Florentiner Strohhut," die er "als Student angeschwärmt" hatte. "Herzbeklemmend unverändert war sie, wie sie das Tennisracket hin und her schwang" (SdU 636). Aus dem Schüler, der das in Prag erlebt hatte, wird hier ein Student, der er nie war. Eine Fülle weiterer Beispiele ließe sich aufzählen, die alle zusammen gewiß so viel, wenn nicht mehr an Autobiographischem enthalten wie sein früher Roman *Barbara oder die Frömmigkeit,* nur daß das alles nun sehr viel eindringlicher wirkt. Das konnte dann auch satirische Formen annehmen wie in der Szene am "Mnemodrom," dem "See der Erinnerung," wo er fragwürdige Gestalten aus seinem Leben ansiedelt, wie den damals in Prag dichtenden "Dr. S.," hinter dem sich natürlich kein anderer als der Prager 'Heimatdichter' Hugo Salus verbirgt (SdU 633). So intensiv ist da vieles, daß man sich fragt, warum Werfel nicht einmal einfach seine Autobiographie als solche geschrieben hat. Eine gerade heute im Zeitalter der 'fiktiven Autobiographien' interessante Frage, denn wenn man sie sich näher überlegt, wird deutlich, daß er das gar nicht gekonnt hätte. Der Rückblick auf sich selbst war ihm nur möglich, wenn es ihm gelang, bestimmte Momente aus seinem Leben in ein umgreifenderes, von ihm selbst absehendes episches Geflecht einzubinden. Die 'moderne' Form der Autobiographie in all ihren Variationen stand noch aus. Der Standpunkt aber ließe sich jedoch vertreten, daß Werfel in dem *Barbara*-Roman und dann im *Stern der Ungeborenen* einem solchen autobiographischen Roman doch schon näher gekommen war.

Worum aber geht es nun in diesem seinem letzten Roman? Was macht seine Achse aus? Was sollte (oder wollte) hier gestaltet werden? Thomas Mann sprach, wie gesagt, von einem "übergewagten Erzählwerk des Todes." Vielleicht ist das doch zu eng gefaßt, und es wäre angebrachter, von einem solchen Erzählwerk des Lebens angesichts des Todes zu sprechen. Denn das wäre doch eine seltsame Begegnung mit dem Tod, die dem Autor in seiner Konzeption des Romans, eben jenem ungewöhnlichen Traum, ein von ihm "nie gekanntes Wohlbefinden" vermitteln konnte, ein "Glücksgefühl," das ihn über die Tage hin nicht loslassen sollte. Werfel war schließlich kein auf das Jenseits fixierter Christ wie seine Teta im *Veruntreuten Himmel*, die sich dort so etwas wie ihre kleine ewige Privatwohnung vorstellte. Natürlich ging es auch hier um den Tod, der bei ihm selbst ja bereits auch schon an die Tür geklopft hatte. Nun könnte man argumentieren, die gelebten Verhältnisse mit all ihren schweren Belastungen, darunter nicht zuletzt auch das Zusammenleben mit Alma, seien für ihn so unerträglich geworden, daß er sich in diesen Jahren, wie F. W. sich der "wunderschönen Ahnfrau" gegenüber ausdrücken wird, "oft leidenschaftlich aus dem Leben fortgewünscht" hätte. Einen solchen Satz bringt man doch nur über die Lippen oder zu Papier, wenn man nicht weiß, was es mit Selbstmord-Phanatasien auf sich hat, und man könnte darauf in dem Gespräch mit besagter Ahnfrau auch nicht auf Anhieb mit einer Antwort reagieren, die man als banale Leichtfertigkeit zu registrieren hätte. Gewiß, da wird der Tod dem Leben gegenüber ausgespielt und, wenn man will, gehört das mit zu den Widersprüchlichkeiten in Werfels Denken, seiner Neigung, Wahrheiten in ihre Paradoxe aufzulösen. Man könnte sich sogar auf den Standpunkt stellen, Todesphantasien hätten, psychologisch gesehen, die Funktion, solche Todeswünsche durch deren Bloßlegung zu neutralisieren. Gewagt ist es außerdem, dieses Moment der Selbstmord-Phantasien ungebührlich überzubetonen. Was Werfel betrifft, so hatte er sich in Wirklichkeit viel zu "leidenschaftlich ans Leben geklammert," um dem Tod mehr als eine dialektische Funktion zukommen zu lassen. Schließlich lag der tiefere Sinn des Romans ja auch in der traumhaften Exploration einer möglichen totalen Todesüberwindung, wie sie im "Wintergarten"-Teil des Romans durchgeführt wird, um von F. W. dann aufs entschiedenste abgelehnt zu werden.

Daher wird man hier von einer in Werfel tief verwurzelten Ambivalenz sprechen müssen, wie sie sich gerade dem Tode gegenüber geäußert hat. Lore B. Foltin hatte mit feinem Spürsinn von der "mutigen Ambivalenz" in seinem Spätwerk gesprochen,[18] ohne dem aber des weiteren nachzugehen. Mit dieser Ambivalenz als Bauprinzip hatte er tatsächlich ja auch im *Jeremias* schon operiert. Träumte Jeremias seine Reise in die Totenwelt des Amenti in Ägypten oder hat er sie wirklich erlebt? Er selbst "glaubte nicht, daß dies nur ein sehr lebhafter Traum" sei.[19] Traum und Wirklichkeit gingen schon hier ineinander über, der eine so real wie die andere. Was hatte er denn, träumend oder wachend, überhaupt im Amenti gewollt? Suchte er da nur den Schatten seiner ihm von Jahwe versagten Braut Zenua oder, über ein solches letztes Wiedersehen hinaus, eine völlige Vereinigung mit ihr — im Tod? Es wäre ja nicht richtig, wollte man sagen, es habe für Werfel kein Entweder-Oder, nur ein Sowohl-Als-Auch gegeben, denn hinter allen seinen Ambivalenzen gab es einen festen Punkt und das war sein unerschütterlicher Gottesglaube: in ihm lösten sich für ihn auch die Gegensätzlichkeiten von Judentum und Christentum — die für ihn keine sind — auf, und das wäre ein weiteres Sowohl-Als-Auch. Darin besteht schließlich eine der fundamentalen Voraussetzungen für das, was man die 'Botschaft' des *Sterns der Ungeborenen* nennen könnte: sie beide, Judentum wie Christentum, werden allem "Fluch der Technik" zum Trotz die Zeiten überleben, das Judentum sogar in seiner inneren Widersprüchlichkeit, wie sie in Vater und Sohn Minjonman, Saul Minjonman und Io-Joel Hainz, gegeben sind — Gunter Grimm wird von einer "paradoxen Situation des Judentums" sprechen.[20] Kein Wort über eine entsprechende Aufsplitterung des Christentums, was für Werfels Katholizismus typisch ist: den Protestantismus nimmt er gar nicht erst zur Kenntnis. Überleben werden beide, vor allem die totale Spiritualisation der Welt in fernster Zukunft.

Das bringt uns zurück zu dem, worin doch das eigentliche Thema des Romans besteht: Werfels Auseinandersetzung mit dem ganzen Komplex des 'technischen Fortschritts'. Im Roman hat dieser so etwas wie seine Endphase erlebt, gehört er als solcher sogar schon einer fernsten Vergangenheit an: man betreibt ihn nicht mehr, sondern lebt nun gleichsam von dessen Segnungen in einer aber erst durch ihn ermöglichten Pseudo-Utopie, einer allerdings von innen und außen her bedrohten, die am Ende notwendig zugrunde gehen muß. In seinen Reden und Schriften hatte Werfel immer schon gegen den als gottlos empfundenen Fortschrittsglauben polemisiert und wo dieser sich in der Literatur niedergeschlagen hatte, von einem "nihilistischen Naturalismus" gesprochen. Er gehört eben zu jener deutschen Elite, die zu Anfang des Jahrhunderts sich aus der gesellschaftlichen Realität in die Innerlichkeit von Natur und Seelenleben zurückgezogen und sich lauthals von allem technischen Fortschritt distanziert hatte, diese Segnungen aber als eine ihnen gegebene Selbstverständlichkeit hinzunehmen pflegte. Ein Peter Altenberg war da immer die Ausnahme und der Rückzug in die nutznießerische Bohème, wie Werfel sie in jungen Jahren miterlebt hatte, war daraus die logische Schlußfolgerung gewesen. Wohin der Fortschritt allenfalls führen konnte, nämlich in den Krieg — und später dann zur Atombombe — war eine Lehre, die man zunächst noch nicht verstand.

Wenn Werfel sein Alter ego F. W. in diese futuristische Welt, das Ziel seines "Reiseromans" — der durchaus kein Erziehungsroman ist, wie man gemeint hat[21] — einführt, fühlt dieser sich davon keineswegs abgestoßen. Gewiß, er 'versteht' das alles zunächst nicht und versucht mit allen Mitteln, sich wenigstens zu orientieren und sich ein möglichst abgerundetes Bild zu verschaffen. Seine Neugier, sein Wissenshunger kennen keine Grenzen. Zwar besteht er darauf, aus der Zukunft in die Gegenwart zurückgekehrt, nichts als einen Bericht zu schreiben, nichts als die Rolle eines Journalisten, eines 'rasenden Reporters', wie er einen solchen ja auch selbst unter seinen Jugendfreunden gekannt hatte, zu spielen, der sich um der Sache willen jede Kritik untersagen muß — eines Idealjournalisten also, wie es ihn eigentlich gar nicht gibt. Dahinter verbirgt sich aber nur seine Faszination mit dem traumhaft Erlebten. Im Hause seiner Gastgeber, für die sein alter Freund B. H. ihn aus der fernsten Vergangenheit, der "Totenwelt," zitiert hatte, überkommt ihn sogar jenes ausgesprochene Wohlbehagen, von dem wir gehört haben. Die einzige negative Reaktion seinerseits besteht allenfalls in der ihn zeitweise überfallenden Müdigkeit, die er aber leicht genug zu überwinden vermag. Er zögert auch am Ende keinen Augenblick, die in den Dschungel — dieses Überbleibsel einer normalen, vom Fortschritt unbelastet gebliebenen Welt jenseits einer den Djebel umgebenden Mauer — geflüchtete Braut des Hauses, deren Hochzeitsfeier in einer phantastischen, nicht so ganz überzeugenden Theateraufführung gescheitert war, und zu der sich für ihn eine wechselseitige Neigung ergeben hatte, in höchst eigener Person in ihre bis ins Letzte verfeinerte Welt zurückzuholen, was nur an deren Widerstand gescheitert war. Ebenso genießt er die abenteuerliche Fliegerei von Stern zu Stern — auch wenn ihn am Ende seiner Sternenreise die ebenfalls sehr Werfelschen Engel vor dem Untergang im Morast eines dieser Sterne bewahren müssen. Was es mit diesen Engeln auf sich hat, entspringt wiederum der so Werfelschen Dialektik: Er psychologisiert sie nämlich mit der Erklärung: "Es war vor allem die Erkenntnis, nein mehr als Erkenntnis, die von mir mit Augen geschaute sichtbare Tatsache, daß unsere Gedanken, Gefühle, Vorstellungen, Begehrungen und Phantasien selbst Engel sind, die Engel, die der Mensch als Kommunikationnen aussendet, als Geisterreich unserer eigenen Produktivität — diese Tatsache war's, die mich so hoch beglückte" (SdU 406). Er errettete sich also selbst! Keine Stelle im Roman kommt, soweit ich sehe, Vorstellungen der Mystik so nahe wie diese in der Form einer rationalistisch gebrochenen Phantasmagorie.

Und so verhält es sich denn auch mit dem von F. W. hier erlebten Tod. Auf geradezu geniale Weise hat Werfel in seinem Roman über eine überdimensional fortgeschrittene Welt ihr auch die Möglichkeit zugesprochen, den Menschen den Tod zwar nicht überwinden zu lassen, ihn für sie aber akzeptabel zu machen. Nicht nur wurde die Lebensdauer des Menschen unter Ausschaltung aller Krankheiten um ein Doppeltes und Dreifaches verlängert, ihm wurde nun auch die so ziemlich von allen vorgezogene Möglichkeit gegeben, sich freiwillig einer Retrogenese zu unterziehen, die dem Tod zum mindesten seinen 'Stachel' genommen hat. Die größte Errungenschaft ist nämlich in B. H.'s Worten "der Tod des Todes" (SdU 572) und daß der "ewige Traum der Menschheit vom 'überwundenen Tode'" nun "in hohem Grade erfüllt" sei. "Das Sterben war jedenfalls überwunden" (SdU 609). Dem ist denn auch der ganze letzte Teil des Romans, in dem es um den "Wintergarten" geht, gewidmet. Erstaunlich, wie es Werfel gelungen ist, etwas derart Abstraktes, eigentlich außerhalb des menschlichen Vorstellungsbereichs Liegendes nicht nur mit breit ausgesponnenem Erzählstoff zu füllen, sondern auch rein sprachlich innerhalb der ihm gesetzten sprachlichen Möglichkeiten zu realisieren, ohne einem banalen Mystizismus zu verfallen. Der aber konnte schon deswegen nicht aufkommen, weil hier etwas zu beschreiben war, dem er in seinem Innersten — milde ausgedrückt — kritisch gegenüberstand, so daß ihm alles daran gelegen sein mußte, seinen F. W. sich mit List und Tücke den hier ausgespielten Verlockungen entziehen zu lassen. Die von dieser Zukunftswelt angebotene Alternative zu Tod und Sterben besteht darin, daß der Mensch sich in einen vegetativen Zustand versetzen lassen kann, um zu einer Marguerite zu werden, bis dann auch sie verwelkt und ausgerupft wird. "Das organische Wachstum mit einem Retourbillett zu versehen, das gehörte durchaus nicht auf das Gebiet des Wunders, sondern auf das Gebiet einer hochentwickelten Naturwissenschaft" (SdU 609). Doch ganz so einfach ist das alles auch wieder nicht, weil man zu solcher Retrogenese nicht nur innerlich bereit sein, sondern auch die von Natur aus erforderliche Veranlagung dazu mitbringen muß, wie F. W. herausfinden wird. Denn es gibt Menschen, deren Veranlagung zu einer solchen Retrogenese nicht fähig ist: sie müssen entweder in ein schmachvolles Rübendasein eingehen oder gar als unabsorbierbare Leichenüberreste durch die Kanäle abgespült werden. Sonderbare bürgerlich-moralische Prämissen liegen dem offenbar zugrunde, in denen sich Werfels Unbewußtes ausdrückt — positiv, wie negativ. B. H., der in Indien, wohin das Exil Willy Haas wirklich verschlagen hatte, die ewige Wiedergeburt auf sich genommen und sie auch schon vielfältig durchlebt hatte, neigt dazu, diese Rückverwandlung zu akzeptieren. F. W. aber bewahrt ihn und sich vor einem solchen Sich-Gehenlassen, um dann nach ihrem von lustigen und tanzenden Mönchen, der 'Fünften Kolonne' der Kirche in dieser unkirchlichen Welt, gefördertem Wiederauftauchen an der Oberfläche — denn der "Wintergarten" liegt tief unter der Erde

— dem mittlerweile dort ausgebrochenen Chaos zum Opfer zu fallen, während es F. W. gelingt, mit einer guten Dosis metaphysischen Humors vonseiten seines Autors in sein natürliches Dasein nach Beverly Hills zurückzukehren. Kann man da noch von Ambivalenzen sprechen? Höchstens von solchen, die sich um einen festen Kern gelegt haben, die das Wie betrifft und nicht das Was. Das eigentliche Thema des Romans ist denn auch nicht der Tod, sondern das Sterben, "das Elend des Sterbens," wie Werfel sich ausdrückt und das er ja kennt (SdU 622). Wenn man will, kann man den Roman — und das sicher von der Sprache her — chaotisch nennen, aber er ist doch auch ein beredtes Zeugnis für einen sich gerade dem Chaotischen widersetzenden Formwillen. Man verfolge nur in großen Zügen Werfels Bauverfahren: F. W. befindet sich, durch B. H. aus der gemeinsamen Vergangenheit zitiert, in einem 'California' der fernsten Zukunft, also einer in die Gegenwart zurückgenommenen Zukunft, und wird von ihm in die Hochzeitsfeierlichkeiten für die Tochter einer offenbar angesehenen Familie eingeführt. Da geht es dann gleich recht sonderbar zu und läßt der Phantasie Werfels den weitesten Spielraum. Sprachliche Hindernisse zwischen ihm und seinen Gastgebern gibt es nicht, denn man spricht, als ob sich das von selbst verstünde, eine 'Monolingua', die offenbar ein Residuum aus allen Sprachen der Vergangenheit ist — nun, man redet eben und versteht sich, in einer von Werfel noch mit dem ausgefallensten, sich technologisch gebenden Vokabular ausstaffiert. Sogar die Hunde können sich, wie wir schon gehört haben, redend verständlich machen. Man ißt nicht auf vulgär altertümliche Weise, sondern bekommt seine Nahrungsmittel in kondensierter Form von einer Zentrale — offenbar irgendwo im Sternenraum, die auch Kleidungsstücke liefert — zugeführt, sitzt nicht an altmodischen Tischen, sondern steht gesellig um eine Art Brunnen herum, wo einem die Essenskondensate in den Mund fließen. Der Bereich des Utopischen wird hier umspielt und gleichzeitig komisch untermalt, das Bild einer verfremdeten, aber an sich noch 'heilen' Welt entworfen, deren innere Spannungen jedoch, verkörpert durch den 'antike' Waffen sammelnden ältesten Sohn, von Anfang an spürbar sind. Es ist alles auf amüsante Weise absurd, durch den von Thomas Mann schon belobten Humor durchzogen. Nie vorher hat Werfel sich derart auf seinen 'Sinn für Humor' — man erlaube diesen Anglizismus — verlassen wie in diesem Roman.

Um die so entworfene Handlungsebene geht es durchweg in den ersten beiden Teilen des Romans. Annemarie von Puttkamer beschreibt dessen Struktur als "von innen nach außen" gerichtet, von der Zelle der Familie in die Breite von deren Umwelt führend.[22] Von diesem Familienzentrum aus wird F.

W. denn auch zunächst auf den Geodrom geführt bzw. befördert — in B. H.'s Worten: "wenn du willst, auf d[ie] zentral[e] Plaza" (SdU 110) mit ihrem abgründigen, nicht eben plastischen Weltenmonument. Wie B. H. ihn schon elektronisch ferngeleitet — wenn das die richtige Analogie ist — in das unterirdisch gelegene Wohnhaus der Gastfamilie dirigiert hatte, denn das Leben dieser Stadt spielt sich unterirdisch ab, wovon man allerdings kein so rechtes Bild bekommt. So wird auch des weiteren von diesem der Technik von einem hemmungslosen Dichtergehirn angelasteten Verkehrsmittel Gebrauch gemacht. Werfel hatte Glück, denn auf diese Weise ersparte er sich alle Landschaftsschilderungen: der Leser sieht daher eigentlich immer nur eine große, weite und leere Ebene vor sich, in deren Mitte das gläserne und vielstockige Gebäude des Djebels ragt. Auf dem Geodrom geht es mit der aus wohl wieder elektronisch manipulierten Sternen zusammengesetzten Abendzeitung am Himmel und dem Wettbewerb zweier an leerer Intellektualität leidender Ideologen, dessen Lösung ihm, dem sagenhaften Mann aus unendlichen Vorzeiten, zugeschoben wird, wie in einem abstrusen Märchen zu. Der Leser muß das hinnehmen, innerlich unbeteiligt und wird guttun, sich über diesen verkehrten Realismus schmunzelnd hinwegzusetzen, denn eine epische Bezugnahme auf ihn gibt es hier nicht, das Moment der Spannung ist unter den Tisch gefallen.

Im zweiten Teil spielt der Besuch F. W.'s im "Park des Arbeiters," über den Johnson als guter Sozialist natürlich nur den Kopf schütteln konnte, denn von Arbeit und Arbeitern kann da natürlich gar nicht die Rede sein, idyllisch, wie sich die Szene gibt, sogar ein wenig operettenhaft, denn mitten in diese auch noch in einen Park verlegte Arbeitswelt spielt eine große Tanzpartie als eine Art Ballet der die Hochzeit feiernden jungen Leute hinein. Darauf folgt — ohne inneren Zusammenhang — der Empfang F. W.'s zuerst beim Großbischof, nachdem er am Eingang zu dessen Sitz in der Kirche die Prüfungsposse durch einen kirchlichen Zensor hat über sich ergehen lassen müssen — die Kritik an kirchlichen Riten ist hier unübersehbar — dann bei dem "Juden des Zeitalters," einem Rabbi Saul, aus dem offenbar nur noch kein Paul geworden ist, denn, so läßt er sich vernehmen: "Ich kann sogar auf den Heiland mit meinem ganzen Leben warten und zugleich wissen, daß er nicht kommt. Das ist meine größte Kraft . . ." (SdU 288). Auch da geht es nicht ohne seine gute Dosis Spaß ab, so wenn der Rabbi ihn über das Schicksal der Juden mit einem alten jüdischen Witz aufklärt:

"Wissen Sie, Doktus, wann unser Unglück begann?," fragte er mit beinahe irren Augen, "Als die Menschen dummerweise anfingen, ihre Schriften von links nach rechts zu richten anstatt wie wir von rechts nach links. Da verkehrte sich für uns das Leben. Hören Sie gut zu: Die Griechen nannten das Leben Bios. Wir mußten verkehrt lesen Soib oder Sob, was bekanntlich 'schluchzen' heißt. Als wir später fast zweitausend Jahre unter den Germanen siedelten, lasen wir Leben umgekehrt als 'Nebel', also Qualm und Dunst, und es stimmte genau. Dann entführte uns Gott durch das Mittel einer gewaltigen Verfolgung in die weltbeherrschenden Bereiche der englischen Sprache. Sie können sich selbst umdrehen, was wir lasen, wenn wir auf das Zeitwort to live stießen . . ." (SdU 292–93)

Später kommt auch der Sohn des Rabbis ins Zimmer, der natürlich — eine weitere (Selbst)Ironie Werfels — "ein extrem Assimilierter" ist, ein "radikaler Analytiker," und stellt ihm die Frage, ob er "ähnlichen Grundsätzen nicht auch gehuldigt" habe. "Leider, wenigstens eine Zeitlang," lautet die Antwort des zerknirschten F. W. (SdU 297).

Mit dieser kurzen Schilderung soll nur eine dieser für den späten Werfel so typischen Episoden kurz beleuchtet werden, typisch aber auch vor allem für die Art und Weise, wie er sich mit für ihn so zentralen Problemen befaßt. Schließlich besucht F. W. mit einem Fremdenführer das Weltgebäude des Djebels, in seiner Beschreibung "ein großes Gebirge, ein mächtiger Alpenkomplex," der natürlich "auf demselben Wärmegrad" gehalten ist (SdU 379), also über eine Klimaanlage verfügt, wie Werfel sie damals schon aus seinen Besuchen im Kino von Beverly Hills gekannt haben muß. Es geht von hoch oben bis tief unter die Erde und ist ein symbolträchtiges Gebäude, wie ähnlich schon das Etemenanki im Babylon des *Jeremias*-Romans, dort jedenfalls eine ähnliche, den Mythos aus Werfelscher Sicht ins Bild bringende Rolle gespielt hatte. Daß dieser Vergleich nicht aus der Luft gegriffen ist, mag uns Annemarie von Puttkamer bestätigen, die bereits zu ihrer Zeit im Djebel "eine Neubeschwörung des Turmbaus zu Babel" sah.[23] Vorher aber wird F. W. noch mit der "untersten Knabenschulklasse" seine abenteuerliche Reise von Stern zu Stern antreten, von der abschließend noch kurz die Rede sein wird. Der Besuch im Djebel endet im Raum des "Hochschwebenden," dem bis zur körperlichen Verschrumpfung, der Gravität fast ganz entzogenen Oberherren dieser Welt, der so ganz Geist ist, daß er in seinem unansehnlichen Raum eigentlich und normalerweise, das heißt wenn er nicht von anspruchsvollen Reisenden wie F. W. gestört wird, nur noch an der Decke schweben kann. Er verkörpert den Geist an sich, der zu seiner sozialen Umwelt keine Beziehung mehr hat und deswegen in ihr auch keine Macht mehr ausüben kann. Wie bereits erwähnt, wird F. W. vor ihm sich selbst und seine Vergangenheit wiederfinden. Dieser Teil des Romans endet mit einem Besuch an der diese futuristische Welt umgebenden 'Mauer' — man denkt dabei ein wenig an die chinesische Mauer: welche Bedeutung dieses Wort einmal annehmen sollte, konnte Werfel natürlich noch nicht ahnen. Von hier aus gewinnt er den ersten Einblick in den Dschungel und wird Zeuge, wie die offensichtlich mit bestem Instinkt ausgestatteten Katzen und Hunde, um das bevorstehende Desaster wissend, sich aus dem Staub der Djebel-Welt machen. Schließlich kommt es dann zu der großen öffentlichen Hochzeitsfeier im Theater, und der Leser kann nur hoffen, Werfel habe selbst verstanden, was da auf der Bühne vor sich geht. Dies aber ist zugleich der Ausbruch des sinnlos von renitenten Jugendlichen inszenierten Umsturzes, in den auch der General Alexander vom Dschungel verstrickt ist. Der Djebel wird zu einem großen Trümmerhaufen zusammengeschossen. In dem nun folgenden dritten Teil des Romans weichen F. W. und B. H. dem drohenden Chaos aus und folgen den dem Zugang zum Wintergarten in großen Mengen zuströmenden Massen, dieser tief im Inneren angesiedelten Kultstätte des Todes — um diese komplexe Einrichtung auf einen Nenner zu bringen. Der Andrang dahin ist so groß, da besonders die Älteren, die ihre Welt zerstört sehen — aber keineswegs nur sie —, sich durch die Retrogenese der Zerstörung zu entziehen suchen. Was es mit diesem Wintergarten auf sich hat, wurde bereits angedeutet. Die menschliche Phantasie scheint keine Grenzen zu kennen, wie sehr sie auch, wie bei Werfel, ideologisch-religiös gesteuert bleibt. Nichts hat er sich mit solcher Hingabe ausgemalt wie diese Todeswelt, hat sich jede einzelne Entwicklungsstufe unter höherer Aufsicht vorführen lassen, bis es ihm gelang, diese Aufsicht zu übertölpeln und die Schattenseiten mit all ihrem Elend kennenzulernen. Durchaus sachlich ist er dabei vorgegangen, auf eine morbide Weise sogar realistisch, wie das nicht anders zu erwarten war, wenn auch auf eine Weise "wortreich," wie Werfel nun einmal geschrieben hat, wenn ein Thema ihn selbst zutiefst berührte. Unverkennbar ist hier seine geistige Ambivalenz allen Erscheinungsformen des Lebens gegenüber angelegt: er will die Lösung der unentrinnbaren Todesproblematik durch eine fortgeschrittene Menschheit, das Äußerste an naturwissenschaftlicher Leistung, bloßstellen, aber nicht ohne selbst doch an solchen Vorstellungen zu hängen, sie gleichsam ernsthaft in Betracht zu ziehen, um sie schließlich doch als Scheinlösungen zu entlarven. F. W. läßt sich durch die Führung eines Animators — das Wort ist schon bezeichnend — in diese Todeslandschaft begleiten, wobei es schon recht bizarr zugeht, weiß sich aber listig von ihm im richtigen Augenblick zu befreien, um das auch in dieser Welt auf allen Abseitigkeiten liegende Tabu zu brechen. Hier liegen aber auch die Grenzen seines Darstellungsvermögens, denn je tiefer er

in diese Schattenseiten des Todes eindringt, um so brüchiger fallen die Bilder
aus. Die Phantasie geht ihre eigenen Wege — wobei man sich nur fragen kann,
wie es da noch zu dem "Glücksgefühl" hat kommen können, das er in seinem
Traum erlebt hatte. Es ist offenbar eines, sich solche Scheußlichkeiten wie im
Traum auszumalen, sich davon treiben zu lassen, ein anderes aber, solche
imaginierten Bilder oder Szenen auch so darzustellen, daß sie sich von seinem
Leser so ohne weiteres nachvollziehen lassen. Im letzten Augenblick, als B. H.
bereits die Kontrolle über sich zu verlieren droht, gelingt es F. W., nicht ohne
die Unterstützung durch Vertreter der Kirche, tanzende und schalkhafte
Mönche, wieder an die Erdoberfläche zurückzufinden, diesmal zu Fuß eine
steile Treppe hinauf, während es für den Abstieg noch einen elaborierten
Aufzug gegeben hatte. B. H. wird hier durch die Aufständischen von einer
Kugel getroffen und verschwindet spurlos, Kandidat für eine neue Wiedergeburt.
F. W. trifft noch einmal, wie zu erwarten, mit dem Großbischof zusammen, der
ihm mit dem ebenfalls in dem ausgebrochenen Tohuwabohu umgekommenen
Sohn Io-Knirps die Rückkehr in die Vergangenheit, seine eigene Gegenwart,
ermöglicht, denn diese liegt offenbar zwischen der fernsten Zukunft und dem
Urbeginn allen Lebens. Das alles auf mehr als 700 Druckseiten. Man versteht
nur zu gut die gemischten Gefühle Thomas Manns dem Ganzen dieses Romans
gegenüber sowie auch seine Faszination für diesen originellen Text und
möchte sich fragen, wie Werfels weiterer Weg ausgesehen haben würde, wäre
ihm ein längeres Leben als die bescheidenen fünfundfünfzig Jahre vergönnt
gewesen.

Soviel ist sicher: Nicht mit einer Utopie haben wir es hier zu tun, sondern
eher schon mit einer Anti-Utopie, jedenfalls mit einer Utopie, die sich selbst
aufhebt, einer letztlich falschen Utopie. Dem traditionellen Realismus ist hier
Valet gesagt, auch wenn dessen Stilmittel nicht wirklich aufgegeben sind. Will
man nach Vorbildern suchen, müßte man sich nicht an die großen Namen
halten, Dante, Defoe oder Swift, sondern eher schon an Autoren der vor-
expressionistischen Literatur, die schließlich der junge Werfel wie eigentlich
alle Frühexpressionisten noch miterlebt hatte. Am nächsten läge da Paul
Scheerbart mit seinen phantastischen Asteroiden-Romanen, insbesondere
seinem *Lesabéndio* von 1913, der sich ja bis heute auf dem Markt gehalten hat,
immer wieder 'neuentdeckt' wurde, und von dem man sicher annehmen darf,
daß der junge Werfel, dieser Vielleser, ihn gekannt und er ihn irgendwie
beeindruckt haben muß. Scheerbart ging es freilich um nicht mehr als ein freies,
keiner Logik als einer pseudo-technischen mehr unterworfenes Spiel der
Phantasie. Erst war es seine naiv rezipierte arabische Welt gewesen, in die er

sich zu versetzen liebte, dann eine durchaus menschenferne Welt im weiten Weltraum, von der aus man, wie gleich auf der ersten Seite des *Lesabéndio* festgestellt wird, "neben dem Stern Erde den kleinen Doppelstern" sehen kann. Freilich, darin eine direkte Anlehnung Werfels sehen zu wollen, geht natürlich nicht an, haben wir es bei Scheerbart doch auch schon nicht mehr mit richtigen Menschen zu tun: er hatte, um Petersens Argumente für den modernen deutschen Roman noch einmal mit ins Spiel zu bringen, seine spätromantische Geistesverfassung dem Glauben an den unbegrenzten Fortschritt und die damit gewährten 'Möglichkeiten' verschrieben und so einen Weg verfolgt, der Werfel fremd sein mußte, mit dem er schließlich sogar seine Abrechnung zu halten hatte. Nur ein fernes literarisches Echo wäre hier auszumachen.

Was eine mögliche Weiterentwicklung Werfel noch geboten und gebracht hätte, muß bei einem Autor wie ihm — aber schließlich auch bei jedem anderen — der sich derart von seinen Intuitionen treiben ließ, offen bleiben. Schließlich stand er damals auch vor einer neuen und entscheidenden Wende in seinem Leben, die ihm erspart blieb, nach einer, wie es den Anschein hat, völligen Lösung von Alma. Darauf verweist deren Tochter in einem Gespräch mit Peter Stephan Jungk, Werfel habe "sich erst in Santa Barbara innerlich ganz von ihr gelöst. Ja dort, in den letzten Jahren seines Lebens, während der *Stern der Ungeborenen* entstand, befreite er sich von ihrer Übermacht."[24]

Anmerkungen

*Frühfassung eines Kapitels aus meinem vor der Veröffentlichung stehenden Buche über Werfels Romankunst.

[1]Annemarie von Puttkamer, *Franz Werfel. Wort und Antwort* (Würzburg 1952).

[2]Lore B. Foltin, *Franz Werfel* (Stuttgart 1972).

[3]Lothar Huber, "Der Erzähler und die Zeit in Franz Werfels Zukunftsroman *Stern der Ungeborenen,*" *Unser Fahrplan geht von Stern zu Stern. Zu Franz Werfels Stellung und Werk*, hrsg. Joseph P. Strelka u. Robert Weigel (Bern: Lang, 1992).

[4]Luise Rinser, "Franz Werfel," *Der Schwerpunkt* (Frankfurt 1960) 32.

[5]Jürgen H. Petersen, *Der deutsche Roman der Moderne. Grundlegung–Typologie–Entwicklung* (Stuttgart 1991).

[6]Uwe Johnson, *Wo ist der Erzähler auffindbar? Gutachten für Verlage 1956–1958*, hrsg. Bernd Neumann (Frankfurt 1992) 42.

[7]Thomas Mann, *Die Entstehung des Doktor Faustus. Roman eines Romans* (1949; 1984; Frankfurt 1989) 49.

[8]Luise Rinser (Anm. 4).

[9]Thomas Mann—Agnes Meyer, *Briefwechsel*, hrsg. Hans Rudolf Vaget (Frankfurt 1992) 658.

[10]Peter Stephan Jungk, *Franz Werfel. Eine Lebensgeschichte* (Frankfurt 1991). Im folgenden gebe ich nur die Seitenzahlen in Klammern.

[11]Gunter E. Grimm, "Ein hartnäckiger Wanderer. Zur Rolle des Judentums im Werk

Franz Werfels," *Im Zeichen Hiobs. Jüdische Schriftsteller und deutsche Literatur im 20. Jahrhundert* (Königstein/Ts. 1985) 271.
  [12]Lore B. Foltin (Anm. 2) 107. Hier auch das Torberg-Zitat.
  [13]Thomas Mann (Anm. 7) 49.
  [14]Uwe Johnson (Anm. 6) 76.
  [15]Peter Stephan Jungk (Anm. 10) 325.
  [16]Thomans Mann (Anm. 7) 108.
  [17]Annemarie von Puttkamer (Anm. 1) 121.
  [18]Lore B. Foltin (Anm. 2) 114.
  [19]Franz Werfel, *Höret die Stimme* (Frankfurt 1937) 343.
  [20]Gunter E. Grimm (Anm. 11) 271.
  [21]"Entwicklungsroman der Astromentalität" nennt ihn Lothar Huber, in *Der Erzähler und die Zeit* (Anm. 3) 224.
  [22]Annemarie von Puttkamer (Anm. 1) 123.
  [23]Annemarie von Puttkamer (Anm. 1) 130
  [24]Peter Stephan Jungk (Anm. 10) 137f.

Sittliche Schizophrenie
Zu einem Aspekt "grotesker" Figurengestaltung in der deutschen Nachkriegsdramatik

Ulrich Profitlich, *Freie Universität Berlin*

Zu den wichtigsten Forderungen, die von Autoren, Programmatikern und Kritikern der Nachkriegszeit an das Drama gestellt werden, gehört die, ein Verfahren der Personengestaltung zu meiden, das oft — meist ohne Anspruch auf terminologische Exaktheit — "Karikatur" genannt wird. Ablehnung der "Karikatur" — das schließt ein: in der Zeichnung der Charaktere auch demjenigen, der seiner Mitwelt oder gar der gesamten Gesellschaft Schaden zufügt, bestmögliche Argumente zu geben, ihn zumindest als entschuldigt, durch eine Zwangslage erpreßt zu zeigen, ihn dem Interesse des Zuschauers, ja dessen Identifikation durch sogenannte "menschliche" Züge zu empfehlen, vor allem durch die Fähigkeit zum Leiden und Mitleiden, durch ästhetische Sensibilität und nicht zuletzt dadurch, daß er — seinem brutalen und kriminellen Handeln zum Trotz — zugleich mit dem Drang zu einem entgegengesetzten Verhalten ausgestattet wird: mit dem zwar nicht verwirklichten, aber zweifelsfrei erlebten Impuls zu sozial produktivem Tun, zu Anständigkeit, Solidarität, Güte, mit Sehnsüchten, Skrupeln, Reue, schlechtem Gewissen . . . Solche Forderungen finden sich in den Überlegungen der Autoren wie in den Argumentationen der Kritiker in großer Zahl,[1] in weit größerer jedenfalls als umgekehrte Versuche, "flache" ("eindimensionale," "karikaturhafte") Personengestaltung als ein Verfahren der Satire oder der Farce zu rechtfertigen. Schon die Zuordnung dieses Verfahrens zur Satire kann die relativ geringe Zahl seiner Befürworter (an erster Stelle DDR-Autoren, teilweise Dürrenmatt, Dorst, Asmodi u. a.) verständlich machen; sind doch nach 1945 die traditionellen deutschen Bedenken gegen die Satire zumindest bei den westlichen Autoren keineswegs ausgeräumt.

Von den oben aufgezählten Momenten einer nicht-karikaturhaften Schreibweise greifen wir im folgenden das zuletzt genannte heraus: die Forderung nach einer "dialektischen" Methode, die die Charaktere als "entzweite"[2]

entwirft (Muster: Brechts Polizeichef Brown, Mauler, Puntila, Shen Te,
Grusche . . .). Oft hat die Bevorzugung dieses Verfahrens ihren Grund in
Überlegungen, die sich auf die Reaktion des Zuschauers beziehen. Es sind
Überlegungen, aus denen verständlich wird, wieso ein und derselbe Autor, z.
B. Dürrenmatt, bald die dialektische, bald die farcenhafte Methode wählt —
eben je nach der erwünschten Wirkung ("Distanz," "Mitleid," "Identifikation"
. . .). Besonderes Interesse verdient die Anwendung der gegensätzlichen Ver-
fahren auf eines der nach 1945 dominierenden Themen, die Darstellung des
Faschismus. Daß Figuren mit humanen Impulsen ausgestattet werden, dient
vor allem dem Zweck, den "Schuldigen im Parkett" — der Mehrheit jener
Zuschauer, die Mitverantwortung tragen als "Nichtkriegsverbrecher" und
"Halbspaß-Antisemiten" (Frisch)[3] — Empörung und Distanzierung zu er-
schweren. Selbst wo ein Dramatiker "menschliche" Züge nicht halbherzigen
Mitläufergestalten, sondern den eigentlichen Verübern der faschistischen
Verbrechen zubilligt, zielt dies meist darauf, dem Zuschauer sein Mitbetrof-
fensein bewußt zu machen. Zerstört werden soll dessen Überlegenheitsgefühl
— naheliegend, weil "die meisten . . . ja keinen Jud umgelegt"[4] haben —, die
Zuversicht, durch das Engagement für christliche und idealistische Moral,
Philosophie und Kunst gegen Kriminalität und Brutalität gefeit zu sein. Im
übrigen folgen die Autoren, die das Nebeneinander "menschlicher" und
"unmenschlicher" Züge beschreiben, nicht nur Wirkungsüberlegungen. Einige
lassen sich von einer moralistischen Intention leiten,[5] und zweifellos die
meisten zielen auf ein Moment der Realität, gestalten, was im Laufe der
vierziger Jahre mehr und mehr bekannt wurde: die irritierende Tatsache, daß
das innerhalb und außerhalb der Lager geschehene Schreckliche zu Urhebern
nur im Ausnahmefall skrupellose Zyniker oder gar Sadisten hatte, oft sogar
außergewöhnlich kultivierte Menschen, denen das Bekenntnis zu humanistischen Idealen mehr als ein Lippenbekenntnis war.

　　Wie sehr diese Erfahrung die Zuversicht, vergleichbares Unheil künftig
vermeiden zu können, dämpfte, ist vor allem in Frischs Tagebuchaufzeichnun-
gen der Jahre 1946–48 formuliert. Bezeugt wird Frischs Irritation auch durch
sein erstes aufgeführtes Stück, *Nun singen sie wieder* (1945). Träger der
Irritation ist vor allem der Oberlehrer, der, wie sehr auch seine innere Stimme
dagegen protestiert, sich Schritt für Schritt in die Unterstützung des Regimes
hineinziehen läßt. Die "ästhetische Kultur," die dieser "geistige Mensch" nicht
nur auf dem Katheder vertritt, von der er tatsächlich "voll" (2: 629)[6] ist, erweist
sich als "unverbindlich" (2: 294), reicht nicht aus in den Zwangslagen, denen
der faschistische Staat ihn aussetzt. Anders als der Oberlehrer und auch sein

Sohn Karl, die beide von ihrem "Gewissen" (2: 104) in innere Konflikte
gestürzt werden, bekommt Herbert, ehemaliger Musterschüler des Oberlehrers,
jetzt als Offizier Mörder von Geiseln, Frauen, Kindern, vom Autor Skrupel
nicht zugebilligt — obwohl auch er an einem Prinzip sich orientiert, das er den
"Geist" nennt. Doch statt daß dieser hochempfindliche Ästhet, Cellist, entworfen
nach dem Muster der "sittliche[n] Schizophrenie" (2: 444) des Mozart spielenden
Heydrich, durch das Engagement für den "deutschen Geist[ ]" (2: 293) von
seinen Untaten sich abhalten läßt, entwickelt er daraus deren Rechtfertigung:
er wolle, erklärt er, durch das Böse, das er tut, den enttäuschenderweise in den
Versuchungen des faschistischen Alltags "unwirksam" bleibenden Geist ans
Licht zwingen. Die Dämonisierung des Verbrechers zum "Luzifer" und
"Satan" (2: 294) hat Frisch in späteren Jahren, als mehr und mehr die
"Banalität" der nationalsozialistischen Täter bekannt wurde, nicht wiederholt.
Dennoch bleibt das Stück, zumal in der Zeichnung des Oberlehrers, wichtig als
einer der frühesten Versuche, den weitverbreiteten Glauben, es handle sich bei
denen, die Menschen verbrennen, und den Liebhabern deutscher Literatur,
Musik und Philosophie um "zweierlei Menschen" (2: 292), als "tröstlichen
Irrtum" (2: 292) zu erweisen.

Die Potentaten, die in Frischs folgendem Stück *Die chinesische Mauer* für
das Unheil der Welt (fast allein) verantwortlich gemacht werden, sind vergleichsweise einschichtig gezeichnet — bis zur Grenze der Karikatur; im Untertitel heißt das Stück "Farce." Den Drang zu einer anderen, produktiveren
Art, Geschichte zu machen, verspüren Napoleon und Philipp II. so wenig wie
Kaiser und Prinz aus dem vorchristlichen China. Offenkundig ist das im Falle
des Prinzen, der in der Unterhaltung mit dem Kaiser seinen Zynismus ungeniert zur Schau trägt (vgl. 2: 179). Differenzierter fällt allein die Charakterisierung des Kaisers aus. Obwohl weit entfernt von der moralischen und ästhetischen Sensibilität der Protagonisten des vorherigen Stücks, ist er doch mit
ethischen Kategorien und humanen Regungen durchaus vertraut. Aber nicht
nur, daß sie ihn von Gewalt und Ausbeutung nicht abhalten; zu schwach sind
sie schon, ihm, wo er ihnen entgegenhandelt, sein Selbsteinverständnis zu
rauben. Daran — sich "immer im Recht" zu wissen — ist ihm in der Tat nicht
weniger als an Macht und Geschäften gelegen. Wie er Theater und klassische
(!) Musik engagiert, um nicht nur Besuchern, sondern zugleich sich selber
"Eindruck" zu machen (2: 170), so braucht er auch als Staatslenker das gute
Gewissen, kein "Unmensch" zu sein. In dem Selbstbild, das er entwirft — von
dem, was er "eigentlich" und "im Grunde" sei —, zeichnet er sich als "inner-
liche[n] Mensch[en]," Natur- und Literaturfreund ... (2: 177). Bezeichnend

auch seine Alkoholabstinenz, Erkennungsmal des Weltverbesserers, und seine Physiognomie, das runde, weiche, schüchtern lächelnde Gesicht. Frisch rechnet offenbar noch mit der Zuschauererwartung, wer ein Bluthund sei, müsse wie ein solcher aussehen (vgl. 2: 168), und hofft, das Entsetzen über den, der "taub für jede Entwicklung unseres Bewußtseins" (2: 158) ist, aus dem Kontrast mit seinem harmlosen Äußeren zu erzielen.

Die Frage nach dem Gewissen des Übeltäters — und damit den moralischen Impulsen, die seinem kriminellen Tun entgegenstehen — wirft Frisch auch in *Biedermann* auf. Mag das Unheil, das der Held, als einer von vielen Bürgern, über die Stadt bringt, aus "Blödsinn," aus Mangel an "Vernunft" (4: 328) entstehen: was er seinem Angestellten Knechtling antut, hat dagegen eine andere Quelle: Härte, Kälte, den Mangel an etwas, das im Stück "Menschlichkeit" genannt wird. Zwar trägt ihm sein Verhalten *später* ein diffuses, nur halb eingestandenes schlechtes Gewissen ein, das ihn nachgiebig gegenüber denjenigen macht, die es ihm beschwichtigen sollen — die Beherbergung der Brandstifter soll ja unter anderem demonstrieren, daß er entgegen Frau Knechtlings Behauptung "kein Unmensch" ist —, doch *während* seines rücksichtslosen Handelns ist er robuster, läßt moralische Skrupel so wenig erkennen wie Regungen des Mitleids. Hier verhält er sich nicht anders als der von Schmitz erwähnte Zirkusdirektor, der sich, um mit seinen Bestien fertig zu werden, auf seine Peitsche verläßt ("Wozu soll ich ein Gewissen haben?... hat er gelacht . . ." [4: 333]). Der Fall Knechtling gehört in die Sphäre des "Geschäfts," wo der Bürger "hart" (4: 359) ist. Das Bedürfnis, "Gutes zu tun," "eine Seele von Mensch" (4: 355) zu sein, regt sich erst gegenüber den Partnern des "Feierabend[s]" (4: 336); nur dort stehen seiner Erfüllung keine dominanten Interessen im Wege. Menschlichkeit und Unmenschlichkeit verteilen sich auf verschiedene Anlässe, haben nicht dasselbe Gegenüber. So können Gewissensimpulse und brutale Aktionen nebeneinander hergehen; ein Widerstreit beider wird vermieden.

Vom guten und schlechten Gewissen handelt schließlich *Andorra* (1961). "Niemand hat gern ein schlechtes Gewissen" (4: 518), erklärt der Doktor, der sich so schuldlos fühlt wie Wirt, Tischler, Geselle und Soldat. Zwar hütet der Autor sich, seine Figuren zu Mördern und Zynikern zu machen ("Schweine! sagt sich jeder Zuschauer und ist ausgenommen, denn die meisten Zuschauer haben ja keinen Jud umgelegt. Bitte!"),[7] doch — eben weil Frisch in diesem Punkt wirklichkeits*getreu* zeichnet — ist das moralische Bewußtsein, das er seinen Figuren zuteilt, in der Tat ungeheuerlich: einerseits die auch in den Retrospektiven unveränderte Überzeugung, nur darum gehöre Andri nicht an den Pfahl, weil er kein Jude war, andererseits eine läppische Empfindlichkeit im Detail (Tischler: "Das mit dem Finger ging zu weit..." [4: 557]). Es ist diese Ungeheuerlichkeit, um deretwillen Frisch befürchtet, einige Figuren könnten den Schauspieler zur "Karikatur" verführen (4: 561). "Karikatur" — das würde bedeuten: im Zuschauer jene "Sympathie," "mindestens Duldung" zu verhindern, die als Basis für Identifikation und Selbsterkenntnis gelten.

Die Aufforderung an Schauspieler und Regisseure, solcher im Text angelegten Verführung durch die "Darstellung" entgegenzuwirken, findet sich auch bei anderen Dramatikern. Wir beschränken uns auf Beispiele aus den vierziger und fünfziger Jahren. "Die Menschen unterscheiden sich darin von den Raubtieren, daß sie vor dem Morden noch beten,"[8] lautet ein Aphorismus Dürrenmatts aus den späten vierziger Jahren. Das Personal seiner Dramen und Hörspiele entspricht dieser Beobachtung weitgehend, doch nicht ganz. In der großen Zahl der Verursacher von Unheil, die Dürrenmatt auf die Bühne bringt, gibt es durchaus einige, die das Bedürfnis zum Beten nicht verspüren. Schon die alte Dame gehört zu ihnen. Die abendländischen "Ideale," auf die die Güllener nicht verzichten wollen, haben ihre Verbindlichkeit für Clara mit dem Tag der Verstoßung aus ihrer Heimatstadt verloren. Weitere Figuren lassen sich mit der hier gebotenen Vorsicht assoziieren: die Gemüsefrau aus dem *Wiedertäufer*-Stück, der Kapitän Tiphys aus der *Abderiten*-Geschichte, Emmenberger und Gastmann, die Vertreter eines Dämonisch-Bösen in den frühen Detektivromanen, der Minister aus dem *Mississippi*-Stück (besonders in der Filmfassung), Herbert und Franziska, die Erben des Bankhauses, für die der böse Zweck das gute Mittel heiligt (*Frank V.*), die Ärztin aus den *Physikern*, Schwitter, in seinem Nihilismus das "absolute Individuum" demonstrierend, der gerissene Kardinal Pandulpho aus *König Johann*, zahllose Gestalten aus *Titus Andronicus* und den Stücken der siebziger und achtziger Jahre. Sie alle exekutieren ihre Skrupellosigkeit ungeniert, ja Dürrenmatt bringt sie zumindest vorübergehend in Situationen, in denen sie es sich leisten können, ihren Zynismus unverblümt zu bekennen. Und augenscheinlich betreiben sie diese unbeschönigte Selbstdemonstration mit Genuß. Immer wieder nehmen sie Gelegenheit, gegenüber einzelnen entsetzten Mitfiguren Amoralität geradezu als Programm zu formulieren.

So sehr solche Gestalten ins Auge springen: in den Bühnenwelten, die Dürrenmatt entwirft, ist das "Morden" nur zum geringsten Teil das Werk perfekter Zyniker. Es überwiegen Akteure, denen sittliche Normen keineswegs bedeutungslos sind. Das gilt schon für die radikalen Weltveränderer, die an einer gleichsam partiellen moralischen Blindheit leiden. Sie verkennen zumindest die Unangemessenheit der Opfer, die sie um ihrer absolut gesetzten Ziele willen in Kauf nehmen: Mississippi, mit Einschränkungen auch Romulus, selbst die Physiker, die Mörder ihrer Krankenschwestern. Wichtiger aber ist eine andere Gruppe: Figuren, die mit einem Normenbewußtsein unzweideutig ausgestattet sind, welches sich wenig oder überhaupt nicht unterscheidet von dem, das der Text beim Zuschauer voraussetzt bzw. diesem ansinnt.

Ein methodisches Problem ist hier nicht zu übersehen: die Schwierigkeit, zu ermitteln, was einem Akteur ein sittliches Prinzip, auf das er sich beruft, bedeutet. Dient es ihm bloß als "Vorwand,"[9] oder (und in welchem Grade) erlebt er es als etwas Verbindliches, Forderndes? Auf das Bewußtsein der Figuren aus ihrem Verhalten zu schließen — so etwa, daß nur demjenigen eine humane Regung zugebilligt wird, der sie auch handelnd verwirklicht —, wäre offenbar voreilig. Es bestritte die Möglichkeit dessen, was hier zu untersuchen ist, von vornherein: eben jenes die Nachkriegs-Autoren irritierende Nebeneinander kriminellen Tuns mit sozial produktiven Impulsen, die sich zwar im Handeln nicht durchsetzen gegenüber anderen Interessen, doch das Erleben des Akteurs kräftig mitbestimmen. In der Tat berichten einige Figuren über schmerzliche innere Konflikte, über die Erfahrung von Imperativen, die ihnen fordernd entgegentraten, über Gewissensqualen, wenn sie ihnen nicht genügen. (Es sind Äußerungen, die freilich abermals Täuschungen oder Selbsttäuschungen sein können; Schlüsse aus ihnen auf das, was tatsächlich in den Figuren vorgeht, unterliegen denselben Vorbehalten wie die aus dem nonverbalen Verhalten gezogenen.)

Zu diesen Figuren gehören an erster Stelle die Mitglieder der Frankschen Bank (*Frank V.*, 1958). Zumindest die Subalternen, einschließlich des Personalchefs Egli, lassen sich kaum als Zyniker abtun. Darauf weisen schon die intakten ethischen Kategorien hin, mit denen sie selber ihr kriminelles Verhalten bewerten (Morden, Stehlen, Fälschen, Huren, Schieben, Hehlen, Lügen). Mag es schwer bestimmbar sein, in welchem Grade ihre körperlichen Symptome (Schlaflosigkeit, Herzinfarkt, Darmverschluß) durch "Furcht vor einer Entdeckung," "Angst vor Verrat" oder Gewissensbisse verursacht sind: der Interpret kann sich entschließen, die moralischen Skrupel — wie sehr auch immer anderen, konkurrierenden Interessen unterlegen — als existent anzunehmen, den zahlreichen Äußerungen Glauben zu schenken, in denen die Gangster ihre Sehnsucht nach "Anständigkeit" bekennen und ihre Absicht formulieren, einem Leben zu entkommen, in dem sie vor sich selbst als "Schwerverbrecher" und "Verräter" dastehn. In diese Richtung wird die Interpretation schon durch eine Wirkungsüberlegung gelenkt: Der Zuschauer, wünscht Dürrenmatt, soll es "wagen," in den Bühnenpersonen "[s]ich selbst zu sehn."[10] Die Bereitschaft zu diesem Wagnis wächst, wenn die Figuren durch Zubilligung "menschlicher" Regungen ernstgenommen werden. Statt sie als muntere Zyniker oder platte Heuchler abzutun, die ein anhaltendes Interesse des Betrachters nicht erwecken können, ist vom Vorhandensein humaner Impulse — in welcher Stärke auch immer — auszugehen und dann alle Aufmerksamkeit der Frage zuzuwenden, wieso diese Impulse die auf sie gesetzten Hoffnungen regelmäßig enttäuschen.[11]

Wie gehen die Figuren mit ihren widerstreitenden Impulsen um? Beachtung verdient weniger, welchem Impuls sie folgen — nur ausnahmsweise zeigt Dürrenmatt Akteure, die den Konflikt zugunsten der humanen Forderung lösen —, als in welchem Grade und über welchen Zeitraum sie das Entweder–Oder der beiden Impulse sich bewußthalten. Wie sehr und wie lange sind sie fähig, sich der notwendigerweise schmerzlichen Einsicht auszusetzen, daß von zwei Interessen, die ihr Leben und ihr Selbstbild bestimmen ("Gutes" zu tun und in "Wohlstand" zu leben), jedes nur um den Preis der Aufopferung des anderen durchsetzbar ist? Es überrascht nicht, daß fast sämtliche Bankangehörige zumindest partienweise dazu neigen, diesem Bewußtsein auszuweichen. Dem dienen ihre Versuche, für das kriminelle Handeln Entschuldigungen zu finden — alles für die Kinder, für den Geliebten, für das zu gründende Kinderheim — oder es gar zu rechtfertigen, etwa im Gedanken an die vermeintlich der Firma geschuldete Loyalität (Egli). Daneben Bemühungen, das mörderische Tun möglichst schnell zu erledigen oder, daß es künftig geschehen müsse, als Einbildung abzutun, zumindest nicht daran zu denken, sich abzulenken durch die Songs, in denen die Mörder das Gute als "Phrase," als "schöne Sentimentalität" behandeln (282), durch die Geschichten von "ehrlichen Menschen," die die gerührten Gangster einander erzählen in den zwischen ihren "Geschäften" liegenden sogenannten "Arbeitspausen" (267), oder durch Ausmalung des anständigen Lebens, das sie selber zu führen hoffen in einer Zukunft, die immer weiter hinausgeschoben wird. Alles andere als folgenlos, bewirkt dieses Aufgebot an ästhetisierenden Verhaltensweisen, an Hoffnungen und Tagträumen gerade das Gegenteil dessen, was vom Standpunkt der "Ideale" zu wünschen wäre. Statt daß diejenigen, die sich den Erzeugnissen ihrer sentimentalen Phantasie überlassen, dadurch bestärkt werden, die Träume vom "Guten" zu verwirklichen, läßt der Druck der Gewissensimpulse, die sie dahin drängen, nach. Dürrenmatt exemplifiziert einen Gedanken, der eine lange Tradition in der Geschichte der Ästhetik, insbesondere in der Kritik des Romans und der Romanlektüre hat: Weil die Gangster von dem Leben, das sie gern führen würden, "singen,"[12] brauchen sie es nicht mehr zu führen.

Die radikalste Figur ist der Bankchef Frank V. selbst, einer aus der Sippe Browns (*Dreigroschenoper*), Maulers und Puntilas, die — auf sehr verschiedene Weise — zwei Seelen in ihrer Brust haben. Teils im Wechsel, teils gleichzeitig mit dem Gedanken an das vom Geschäft Geforderte[13] verspürt er das Bedürfnis nach dem "Gutes"-Tun, zumindest nach einem Selbstbild, in dem er als "guter Mensch" dasteht. Überwiegend in Situationen, in denen die beiden Forderungen unvereinbar sind, hat er zwei Techniken entwickelt, das schmerzliche Entweder–Oder in ein bequemeres Sowohl-als-Auch zu verwandeln und sich das mit dem Verzicht auf Durchsetzung einer der beiden Forderungen verbundene Leiden zu ersparen. Die eine besteht darin, der peinlichen Befleckung zu entgehen, indem er die Ausführung der Verbrechen den Mitarbeitern überläßt, an erster Stelle seiner Frau, die auf diese Zumutung mit einem leitmotivisch wiederkehrenden maulenden Vorwurf "Immer ich" reagiert, nichtsdestoweniger das im Sinne des Geschäfts Notwendige unternimmt. Die andere radikalisiert das von den übrigen Bankmitgliedern geübte "Singen." Der Bankier, ebenfalls nach dem Muster des Mozart-Spielers Heydrich entworfen, lebt mit Goethe, betreibt Mörike-Studien, veranstaltet Dichterabende . . . Allerdings ist Franks Skrupulosität so stark, daß ihm dieser Abwehrmechanismus nicht durchgängig zur Verfügung steht. Drängen die Erfordernisse des Geschäfts sich zu sehr in den Vordergrund, ist ihm die Beschäftigung mit Mörike auf ähnliche Weise unmöglich wie dem Polizeichef der *Dreigroschenoper* das unbeschwerte Ausleben seiner freundschaftlichen Regungen für den Kriegskameraden Mac. Dann präsentiert er sich als weinerlicher Neurastheniker, dem die den Ahnen eigene Munterkeit verloren gegangen ist. Doch solche Schwächezustände gehen vorüber. Meist erfüllt die Flucht in die "reine Welt des Geistes" (226) ihren Zweck vollauf — dank der gleichsam wohldosierten Weise, in der Frank mit dem "Geist" sich einläßt. Diesen nur als Ablenkungs- und "Genußmittel" (281) benutzend, bleibt er unbehelligt von Forderungen, die unabweisbar wären, wäre er tatsächlich "vom Geiste ergriffen" (281). Vor einem solchen tieferen Eindringen bleibt der Ahnungslose zum Glück für seinen Seelenfrieden bewahrt. Nur darum schlägt die gesuchte "Ruhe" nicht in ihr Gegenteil, die "Verzweiflung," um; und während die übrigen Gangster nicht umhin können, sich als Schurken anzusehen, kann Frank sich den Wunsch nach einem Selbstbild erfüllen, das seinem Rechtfertigungsbedürfnis genügt: "Ich bin leider ein durch und durch guter Mensch" (225). Durch die Fähigkeit, die eigenen Skrupel zu beschwichtigen, ist Frank auch Brechts immerzu "gequältem"[14] Brown überlegen. Dieser wird als das "leibhaftige schlechte

Gewissen"[15] vorgeführt. Seine Versuche, beides zu genießen — die Vorteile, die aus seinem Amt erwachsen, und ein von Vorwürfen freies, gefühlvolles Privatleben —, scheitern fortwährend. Brecht zeigt es mit kühler Distanz, ja mit Schadenfreude und Hohn. Für eine derartige Haltung ist Dürrenmatt seiner Figur zu nahe; zu lebendig ist die selbstkritische Befürchtung, solche Ungeheuer, die von der Anständigkeit "nur singen," könnten "wir alle" (282) sein.

Auch *Der Besuch der alten Dame* (1956) zeigt Schreckliches, begangen von "Menschen," die nach einem Leben im Einklang mit humanen "Idealen" streben. Wieso stehen am Ende dennoch Kriminalität und Barbarei? Leicht ließe die Frage sich beantworten, wäre die fordernde Kraft, die von den "Idealen" auf das Bewußtsein und Handeln der Akteure ausgeht, gering, so gering, daß die Güllener die Mordtat unmittelbar vollbringen könnten, ohne durch Skrupel in nennenswertem Maße belästigt zu sein. Verstehen wir ihr Verhalten richtig, ist aber das Bekenntnis der Güllener zu den "Idealen" mehr als ein Lippenbekenntnis. Mit unterschiedlicher Deutlichkeit lassen sie (an erster Stelle der Lehrer)[16] erkennen, daß ihnen das Bewußtsein, im Einklang mit ihren sittlichen Prinzipien zu leben, schlechterdings lebensnotwendig ist, noch weniger entbehrlich als den Bankgangstern. Wäre es anders, trügen sie ihre "Ideale" nur zur Schau, könnte das Stück kurz nach Schluß des ersten Aktes enden; der schwierige, viele Monate währende Prozeß der Wirklich-keitsleugnung, Rationalisierung und Verzerrung ihres Rechtsgefühls wäre überflüssig. Auf ihn aber richtet sich Dürrenmatts Hauptinteresse: nicht auf die triviale Wahrheit, daß Menschen um des Geldes willen die größte Niederträch-tigkeit begehen, sondern auf die Mechanismen, die das verbrecherische Tun auch dem gestatten, der auf Übereinstimmung mit den Normen der abend-ländischen Ethik nicht verzichten mag. Es sind mehrere Umdeutungsme-chanismen, die durch die Bindung des Güllener Selbstgefühls an die "Ideale" in Gang gesetzt werden, zunächst (im zweiten und beginnenden dritten Akt) das Nicht-wahrhaben-Wollen der Situation, das Ignorieren des ihnen diktierten Entweder–Oders. Mit der Restaurierung des Wohlstandes können die Güllener unmittelbar beginnen, weil sie sich einreden, die Dame meine es "nicht ernst," die auf dieser Stufe noch als "Befleckung" empfundene Tötung des Mitbürgers sei vermeidbar. Allmählich macht diese Situationsleugnung zwei anderen Verfahren Platz. Schritt für Schritt müssen die Güllener ihr Bewußtsein mit ihrer künftigen Tat in Einklang bringen. Ein Schritt zur Wahrheit, zur Aufhebung ihrer Verblendung ist das nur scheinbar. Da sie weiterhin sich nach dem einmal entworfenen Bild verstehen — als Christen, die ihr Handeln von "Idealen" bestimmen lassen —, ist eine Korrektur ihres Nicht-wahrhaben-Wollens nur um den Preis neuer Verzerrungen möglich. Im selben Maße wie sie die Version aufgeben, ihr Wohlstand sei auch ohne Blutvergießen zu haben, müssen sie ihr Tun rationalisieren, das heißt der Tötung statt der eigennützigen Motive sittlich gebilligte unterlegen ("nicht des Geldes . . ., sondern der Gerechtigkeit wegen").[17] Dies wiederum setzt voraus, daß sie ihre spontane Verurteilung des Mordes als 'Befleckung' (Formel: "Lieber bleiben wir arm, denn blutbefleckt") ins Gegenteil verkehren. So treten an die Stelle der einen Ausflucht andere; der Situationsleugnung folgen die Beschönigung der leitenden Handlungsmotive und die Verkehrung der sittlichen Beurteilung des Mordes — möglich, weil die Güllener es verstehen, von ihren "Idealen," statt sich von ihnen zu trennen, gleichsam einen anderen Gebrauch zu machen. Sie ziehen Gewinn aus der Unbestimmtheit des abstrakten "Gerechtigkeits"-Prinzips, die es gestattet, aus ihm unterschiedliche, ja gegensätzliche konkrete Maximen mit — für den Nutznießer hinlänglicher — Plausibilität herzuleiten, so daß am Ende der im Namen der "Gerechtigkeit" zunächst verworfene Mord als von demselben Prinzip gefordert erscheint. Es ist ein Umweg, der den Güllenern offenbar unentbehrlich ist; erst nachdem ihnen Umwertung und Rationalisierung hinreichend geglückt sind, können sie ihre Tat denken und vollziehen. Der beschwichtigenden Phrasen bedürftig um ihrer Selbstachtung willen, auf ihr gutes Gewissen nicht weniger angewiesen als auf ihre guten Geschäfte, sind sie gezwungen, die humane und die eigennützige Forderung um den Preis der Pervertierung der ersten miteinander in Einklang zu bringen: "der Recht-fertigungstrieb ist im Menschen ebenso verankert wie der Machttrieb, beide bedingen einander, denn der Mensch will immer dürfen, auch Morden will er dürfen . . .,"[18] lautet eine Überlegung Dürrenmatts aus dem Jahre 1971, für die man in der *Alten Dame* eine Illustrierung finden mag.

Die Unterdrückungsleistungen, die das Bedürfnis nach moralischem Selbst-einverständnis den Güllenern abfordert, sind allerdings beträchtlich. Aus ihrem Wissen, zumindest aus ihrem aktuellen Denken verbannt werden müs-sen nicht allein ihre Einsicht in die gegebene Situation und die Beweggründe ihres Handelns, sondern auch das Rechtsgefühl, das ihnen durch Religion, Kunst und juristische Ordnung (Prinzip der Verjährung, Abschaffung der Todesstrafe u. a.) vermittelt wurde und wird. Und in der Tat gelingt ihnen das Abwehren, das Nicht-wahrhaben-Wollen und Sich-Einreden nicht gänzlich — die Abschirmung von der Weltöffentlichkeit, die die Güllener mit demselben Eifer betreiben wie die Dame, deutet es an. Ein Wissen dessen, was sie tun werden, warum sie es tun und daß es der "Gerechtigkeit" in Wahrheit wider-streitet, muß — mit wechselnder Bestimmtheit und nur punktuell aktualisiert

— in ihnen vorhanden sein. Doch den Vordergrund ihres Bewußtseins füllt dieses Wissen offenbar nicht. Ihre Fähigkeit zur Umdeutung und Rationalisierung ist der außerordentlichen Situation gewachsen, und wenn sie erklären, sie verwirklichten "reinen Herzens die Gerechtigkeit," kann das als zutreffende Beschreibung zumindest ihres Bewußtseins*vordergrunds* gelten. Die Güllener hier als Heuchler zu verstehen, würde bedeuten, ihren "Rechtfertigungstrieb" zu unterschätzen — jene Fixierung, die, ernstgenommen, die Mordtat nur unter der Bedingung der Verblendung erlaubt.

Hilfreich dürften an dieser Stelle Überlegungen sein, die sich auf den *Gebrauch* richten, der von Dürrenmatts Text zu machen ist, auf die Wirkung, die er hervorrufen soll. Folgt man dabei den Überlegungen des Autors, muß eine Lesart gesucht werden, die dem Zuschauer auch dieses Stücks das 'Wagnis' möglich macht, in den Figuren sich selber zu erkennen, statt ihnen überheblich gegenüberzutreten. Damit aber verbietet es sich, in den Güllenern Leute zu sehen, welche die abendländischen Prinzipien nur prätendieren, während sie ihnen in Wahrheit wenig bedeuten. Der reflektierten Identifikation des Zuschauers zugänglich sind sie nur als um Humanität und Rechttun Bemühte, und das heißt: als Verblendete, die sich ihre Wirklichkeitsleugnung, ihre Rationalisierung und ihre verzerrte moralische Beurteilung der Mordtat zu einem guten Teil selber glauben, ja glauben müssen, weil die Bindung ihres Selbstgefühls an die Moralität ihres Handelns ihnen einen anderen Weg nicht läßt. Je stärker man die Güllener von diesem Bedürfnis, das eigene Tun und Lassen mit ihren Idealen im Einklang zu wissen, bestimmt sieht, um so zwingender wird es, ihnen eine zumindest punktuelle Überzeugtheit von der für die Mordtat gefundenen Rechtfertigung jedenfalls für den Vordergrund ihres Bewußtseins zuzubilligen. Und umgekehrt: Nur wenn man den ganzen Apparat an Verzerrungen und Umdeutungen, der im zweiten, dritten und vierten Akt umständlich vorgeführt wird, als notwendige, vom "Rechtfertigungstrieb" diktierte fortschreitende Verblendung ansieht, hat man diesen vom Autor mehrfach bezeugten "Trieb," das Bedürfnis nach moralischem Selbsteinverständnis, als etwas die Akteure Bestimmendes ernstgenommen, so ernst, daß das Stück als *der* Beitrag Dürrenmatts zu der ihn wie seine Zeitgenossen irritierenden Frage nach der Beziehung von humanistischer Kultur und Brutalität gelten kann.

Die Überlegenheit der *Alten Dame* über *Frank V.* wäre somit darin zu sehen, daß im früheren Stück die Korrumpierbarkeit des moralischen Urteils schärfer herausgearbeitet ist, dank welcher der mächtige, das Bewußtsein dominierende "Rechtfertigungstrieb," der sich den mörderischen Wohlstandsinteressen zunächst in den Weg stellt, schließlich mit ihnen gemeinsame Sache macht. Während die fabulierenden und singenden Bankangehörigen sich überwiegend[19] mit einer *Ablenkung* von ihrem kriminellen Tun begnügen können, das sie nichtsdestoweniger als solches begreifen, bedürfen die Güllener, um des Mordens fähig zu sein, einer tiefer greifenden Verblendung, deren Entsetzliches darin liegt, daß der Ursprung des Unheils hier nicht außerhalb, sondern innerhalb des moralischen Bewußtseins angesiedelt ist. Ist bei den Bankgangstern die Forderung, "Gutes zu tun," gleichsam zu schwach, sich gegen die Wohlstandsinteressen zu behaupten, ist sie bei den Güllenern mächtig, doch durch eine Verzerrung im Felde des moralischen Urteils zufriedenzustellen.

Im Fortgang von Dürrenmatts Schaffen treten Figuren sowohl des in *Frank V.* als auch des im *Besuch der alten Dame* gezeigten Typus zurück. Seit den sechziger und erst recht seit den siebziger Jahren überwiegen als Verüber des Unheils Zyniker, Figuren wie schon der durchtriebene Schurke Frank VI., der noch die übertrumpft, die ihre Mitwelt übertrumpften, der Supergangster, der die kleinen Gangster an die Wand spielt. Ihm verwandt: der mit allen Wassern gewaschene Pandulpho (*König Johann*), Kurt (*Play Strindberg*), Alarich (*Titus Andronics*) . . ., ausnahmslos Vertreter einer durch keine moralischen und sentimentalen Erwägungen abgelenkten Rationalität. Das Bedenkliche dieser seit der *Titus Andronicus*-Bearbeitung zur Manier gesteigerten Figurenzeichnung liegt darin, daß die ausgeklügelten, rigoros auf die nackte Gerissenheit und lakonische Amoral verkürzten Charaktere in Gefahr sind, den Zuschauer unbetroffen zu lassen. Weder sind sie einer — nicht naiven, sondern reflektierten — Identifikation[20] zugänglich, noch lösen sie das "Entsetzen" aus, das sich — vom Autor selbst gewünscht — einstellen soll, wenn das "Unmenschliche" ausgerechnet von "Menschen" begangen wird, und das heißt vor allem: wenn es zustande kommt unter Beteiligung ihres moralischen Bewußtseins, eben jener Instanz, auf die der durch humanistische Traditionen geprägte Zuschauer der ersten beiden Nachkriegsjahrzehnte seine Zuversicht gründete.

Einen Verwandten haben Frank und die Güllener in Anton aus Dorsts Farce *Die Kurve* (1960). Einerseits Krimineller, mitverantwortlich für die tödlichen Straßenunfälle, von denen er und sein Bruder Rudolf leben, ist er andererseits eine empfindsame Seele, zwanghaft damit beschäftigt, sich in die unglücklichen Opfer einzufühlen, mit ihnen zu leiden bis zur körperlichen Erschöpfung. Seine "seelische Belastung" (149)[21] hat noch einen anderen Grund: das Bewußtsein der Mitschuld. Es ist eine der Quellen seiner literarischen Kreativität: er verfaßt herzrührende Grabreden und sorgfältig formulierte Eingaben ans Ministerium, beides Betätigungen, von denen eine Änderung der Situation nicht zu befürchten ist. Wie über Brechts Mauler läßt auch über Anton sich sagen, sein Herz habe Weitblick. Ausgerechnet er, den jeder, der Zuschauer ebenso wie Rudolf, einer Aggression für unfähig hält, wird zum Mörder, als eines der Unfallopfer überlebt. Wie passen so verschiedene Regungen in ein und dasselbe Bewußtsein? Im Gegensatz zu Biedermann, dessen Brutalität und Menschlichkeit unterschiedliche Adressaten haben — einmal Knechtling, das andere Mal die Brandstifter —, richten Antons Teilnahme und Aggressivität sich auf eine und dieselbe Person, den abgestürzten Ministerialbeamten Kriegbaum, und zwar mit der Tendenz, daß die so gegensätzlichen Regungen sein Bewußtsein *abwechselnd* füllen. Anton, der "Dichter" (159), wird von Dorst als begeisterungsfähiger, leicht ablenkbarer Phantasiemensch gezeichnet. Über längere Partien läßt er sich hinreißen, die Situation aus der Perspektive Kriegbaums zu beurteilen, schwärmt mit diesem von den Details der Straßensicherheit, hofft ehrlich mit ihm auf Genesung (168) — bis er, "erschrocken" (169) und "plötzlich betrübt" (166), bemerkt, wohin die selbstvergessene Einfühlung ihn geführt hat, und er, erlebend und handelnd, wieder seinen eigenen Interessen folgt. Ein ähnlich "plötzlicher" Umschlag ereignet sich in Antons Übergang vom Morden in seine gewohnte Haltung, in Schuldgefühle und Sentimentalität. Derjenige, der die Tat vollbringt und danach ungerührt das Messer am Taschentuch reinigt, ist gleichsam ein anderer, vom übrigen Bewußtsein abgespaltener Teil der Person. Was der Mörder Anton "entsetzt" (178) erkennt, ist nicht, was er tut oder was er getan hat, sondern gleich das *Ergebnis* seiner Tat, als wäre nicht er der Täter: "Er ist tot! Er ist tot! Was sollen wir tun? . . . Ich muß sofort schreiben." Übergangslos, ohne Gedächtnis für seine Tat, kann er den "Abendfrieden" genießen, ist wieder die "Seele von Mensch" (178), der Empfindsame, dem man seine Selbstcharakteristik — "Geben Sie mir ein Messer in die Hand, ich schwöre Ihnen, ich schneide mir in den Finger" (158) — eher glauben möchte als die miterlebte tätige Widerlegung.

Dorst selbst charakterisiert 1962 seine frühe Dramatik als "Dramatik der Absage..., der vorgetäuschten Haltung statt des metaphysischen Halts: keine Tragödien, sondern Farcen, Grotesken, Parabeln . . ." Die Figuren besäßen "kein bemerkenswertes Innenleben," ihre Seelenkämpfe seien "nicht echt" (214). Der Bezug dieser generalisierenden Äußerungen auf Anton läßt sich in dem eben beschriebenen Phänomen sehen: in der Punktualität seines Erlebens, das mal der altruistischen, mal der eigennützigen Perspektive folgt, in der mangelnden 'Echtheit' der Seelenkämpfe, bestehend darin, daß trotz aller lebendigen Einfühlung in das Schicksal der Ausgeraubten deren Interessen für Antons Handeln unverbindlich bleiben, ja daß schon der *Gedanke* an die

Notwendigkeit, eines der unvereinbaren Interessen zu "opfern" (213), aus dem Bewußtsein schwindet, bevor er sich zum inneren Konflikt entwickelt. So thematisiert auch Dorst die Koexistenz menschlicher und unmenschlicher Regungen, doch im Gegensatz zu Frisch und Dürrenmatt auf eine Weise, daß vom Zuschauer weniger Entsetzen, Irritation und Verabschiedung tröstlicher Illusionen erwartet werden als kühle, skeptische, ja mißtrauische Distanz. Gespannt verfolgt der Betrachter, wie Akteure marionettenhaft "funktionieren," das heißt Reize (Situationen) ihren Interessen gemäß beantworten und dabei Bewegungsgesetzen folgen, die auch da unverändert gelten, wo partienweise ein leerlaufendes "Schönsprechen" (214) überhand nimmt.

Gänzlich anders ist die Darstellung derjenigen, die für Leid und Übel verantwortlich gemacht werden, bei den zur gleichen Zeit schreibenden sozialistischen Autoren. Das gilt zumal, wenn sie — weniger um im Publikum Selbsterkenntnis, als um "Abscheu vor der Vorzeit"[22] zu erzeugen — den Klassenfeind auf die Bühne bringen. Nur einer von ihnen — Hacks, obendrein für das behandelte Problem nicht durchgängig repräsentativ — kann im gegebenen Rahmen kurz betrachtet werden. In *Schlacht bei Lobositz* (1955) stilisiert er die adelsstolzen Offiziere zu monströsen Karikaturen, die, ungestört von Skrupeln, ihre Untergebenen als Canaillen behandeln. Von ihnen hebt sich der Leutnant Markoni nur insofern ab, als er seinen Leuten, wo möglich, mit "menschlichen," "herzlichen" Gesten gegenübertritt.[23] Doch die Herzlichkeit ist geheuchelt, entspringt einem Kalkül. Erlebt Markoni eine mitmenschliche Regung tatsächlich (206), handelt es sich um eine unverbindliche Sentimentalität. Ja, aus seinen begleitenden Reflexionen wird deutlich, daß auch *während* dieser Augenblicke, in denen er "von Rührung übermannt" wird, die ausbeuterische, den Gemeinen als "Fußbank" (219) benutzende Haltung des Feudalen in ihm weiterwirkt. Bei allem hat Markoni — das ungenierte Bekenntnis seiner Perfidie zeigt es — ein "im Fundament gutes Gewissen" (220), das es als selbstverständlich nimmt, wenn der einfache Mann für das Leben eines Offiziers sich totschlagen läßt (225). Ähnlich der Fähnrich Kracht, der mit derselben Flöte, mit der er ein ihn "tief ergreifendes" Adagio ausführt, unmittelbar darauf seinen Burschen prügelt. Die Empfindsamkeit, die sich in der "humanen Nebenbeschäftigung" (184) äußert, erstreckt sich nicht auf die, die keinen Stammbaum haben. Mit dieser Begrenzung der Humanität auf die "Nebenbeschäftigung" oder gar ihrer Entlarvung als geheuchelt ist eines der Momente beschrieben, durch die Hacks' frühe Stücke sich von der Dramatik Brechts entfernen. Beide Autoren zielen auf Demaskierung vergangener und gegenwärtiger Ausbeuter, die, weil sie "Menschengesicht" (*Heilige Johanna*)[24] tragen, die Ausgebeuteten "täuschen."[25] Doch deutlich geringere Mühe wendet Hacks darauf, die mit dem Drang nach Ausbeutung "im Streite" liegende "bessere Seele"[26] mit allen ihren Erschütterungen, tiefgefühlten Gewissensbissen und zugehörigen Winkelzügen, den Verdrängungen, Beschönigungen und Rationalisierungen zu entfalten.

Wie Kracht reagiert Friedrich II. in *Der Müller von Sanssouci* (1957) "zutiefst gerührt" auf den Vortrag einer empfindsamen Arie, in der ein antiker asiatischer Tyrann beteuert, lieber als Sklave leben als "durch Schrecken" herrschen zu wollen (262). Doch von der Rührung, die sich in Friedrichs Tränen äußert, geht ein Impuls zur Änderung seines eigenen Regiments nicht aus. Unirritiert durch die Arie, erwägt er, den klappernden Müller, die "Canaille," in die Festung Spandau zu werfen. Beides steht übergangslos nebeneinander: auf der einen Seite die ins Allgemeine gehenden empfindsamen Regungen, auf der anderen im konkreten Fall Überlegungen, aus denen abgefeimteste Menschenverachtung spricht. Das innere Zerwürfnis in Friedrich, das man erwarten könnte, bleibt aus — schon darum, weil dem Despoten das Despotische seines eigenen Tuns, seine Unvereinbarkeit mit den in der Arie formulierten Grundsätzen verborgen bleibt. Ausdrücklich markiert Hacks den in Friedrich wirkenden Verblendungsmechanismus durch den Hinweis auf Wielands Essay *Ob man ein Heuchler sein könne, ohne es selbst zu wissen*. Wo Friedrich bei anderer Gelegenheit ein sittliches Urteilsvermögen ansatzweise bekundet — wenn er sein Tun als "bescheißen" und "hinters Licht führen" bezeichnet (289) —, läßt er im selben Atemzug seiner Verachtung derer freien Lauf, gegen die seine Willkür gerichtet ist. Es sind "Hundsfötter," "elender Pöbel," "Gesindel," das eine andere Behandlung gar nicht verdient; Friedrich kann völlig mit sich im reinen bleiben. Die Seelenkämpfe, die man beim König vermißt, sucht man ebenso vergeblich im adligen und bürgerlichen Personal des Schattentheaterstücks. Und nicht anders — auf dieselbe flache Weise — ist der Plebejer Nickel skizziert. Als er seine Lowise verläßt, fällt ihm das nicht im mindesten schwer. Anders als Shen Te und Grusche, die Brecht einem zerreibenden inneren Konflikt aussetzt, verspürt Nickel zu einem solidarischen Verhalten von vornherein keinen Drang. Angedeutet dagegen sind solche Impulse bei den beiden anderen Plebejergestalten: bei Lowise und ihrem Bruder Simon. Simon verläßt seine Schwester ganz offenbar ungern, und wenn Lowise von ihren Ersparnissen heimlich drei Taler zurückbehält, dann tut sie das mit deutlichem Widerstreben. Allein diese beiden Nebencharaktere kommen den widersprüchlich gezeichneten Brecht-Figuren nahe. Überwiegend agieren Hacks' Personen im Einverständnis mit sich selbst — sei es, daß humane

Regungen, die den Anlaß für innere Konflikte bilden könnten, erst gar keine
nennenswerte Verbindlichkeit für sie besitzen, sei es, daß sie, humaner
Wertorientierungen fähig, die Unvereinbarkeit ihres Tuns mit diesen nicht
bemerken.

Mit dem Verfahren, das Bild von der deutschen Misere durch Kleinmachen
der Figuren einzuschwärzen, entfernt Hacks sich einige Schritte von einem
Vorschlag, den er selbst in einem etwa gleichzeitig erschienenen Essay
vorbringt:

> Es wird somit vorgeschlagen, die Menschen in ihrer geistigen und physi-
> schen Struktur zu belassen. Ein Mensch mit einem Eselskopf kann Eseleien
> begehen, welche er will, man traut sie ihm zu. Eine groteske Figur,
> Groteskes tuend, wirkt normal. Der normale Mensch, Groteskes tuend,
> wirkt grotesk. Und er tut doch fortwährend Groteskes. Der Widerspruch
> zwischen menschlicher Statur und unmenschlichem Verhalten, also die
> Unfreiheit des bisherigen Menschen, ist der Hauptgegenstand der Satire.[27]

Den Begriff 'Groteske', den Hacks hier mit dem ebenfalls positiv benutzten
Begriff 'Satire' in Beziehung setzt, verwenden auch andere der behandelten
Autoren, um jene Koexistenz von "menschlicher Statur" und "unmenschli-
chem Verhalten" zu beschreiben — freilich ohne sie wie Hacks historisierend
als "Unfreiheit des bisherigen Menschen" zu deuten. Von "Groteske" spricht
Dorst in dem erwähnten Essay — der "moralische Leerlauf der Dialoge" und
der Ablauf der Handlung ständen in "groteskem Mißverhältnis" (213) —, und
dasselbe tut Dürrenmatt 1955 im Vorwort zu einer Sammlung von Arbeiten
Ronald Searles. Das Groteske, erklärt er, sei ein Verfahren, "das Bedrohliche,
die schreckliche Möglichkeit im Menschen" ans Tageslicht zu bringen.[28]
Dürrenmatts Beschreibung macht deutlich, daß derjenige, an dem durch den
"Kniff der Groteske" das im Menschen latente "Bedrohliche" aufgedeckt wird,
ein besonders 'menschlicher' Mensch, ein üblicherweise als besonders harmlos
angesehenes, keineswegs unheimliches Exemplar der Gattung ist (Dürrenmatts
Beispiele: ein Schulmädchen, ein Säugling). Es ist ein Verfahren, das man in
Dürrenmatts frühen Stücken eher entdecken wird als in den späteren. Das
Zurückdrängen des Figurentypus, der am Beispiel der Bankleute und der
Gülleler beschrieben wurde, zugunsten skrupelloser Zyniker läßt sich in der
Tat als eine Rücknahme des sogenannten Grotesken auffassen. Dies jedenfalls,
wenn man, den zitierten Äußerungen folgend, unter 'grotesk' eben jene
Verknüpfung 'menschlicher' und 'unmenschlicher' Züge in einer und derselben
Person versteht. (Schema: jemand besitzt 'menschliche', vertrauenerweckende
Attribute   wie   Gerechtigkeitsstreben,   Mitleidsfähigkeit,   Solidarität,

Freundlichkeit, Biederkeit, Gemütlichkeit, Jovialität, Familiensinn, Naturverbundenheit, Tierliebe, Kunstliebe . . ., so daß im Betrachter eine spezifische Erwartung sich aufbaut: die Erwartung es mit jemandem zu tun zu haben, auf den man sich verlassen, mit dem man gleichsam reden kann; und eben diese Erwartung wird enttäuscht, wenn die so 'menschliche' Gestalt plötzlich 'unmenschliche' Züge zeigt, meist in ihrem Verhalten, mitunter — wie im Fall der Güllener — schon im Feld ihrer Moralvorstellungen und ihres Rechtsgefühls.)[29]

Der hier verwendete Begriff des 'Grotesken' ist offenbar gradueller Natur; eine literarische Person kann als *mehr* oder *weniger* "grotesk" präsentiert werden. Die oben beschriebenen Dramenpersonen lassen sich auf einer Skala anordnen, an deren Spitze jene stehen, bei denen beides, 'Menschliches' und 'Unmenschliches', mit Deutlichkeit herausgearbeitet ist (die Güllener, die Bankgangster, Anton . . .). Die Mitte der Skala nehmen solche Figuren ein, die an einem der beiden Bereiche in schwächerem Maße teilhaben: jene, deren 'Menschlichkeit' begrenzt ist auf die Orientierung an abstrakten humanen Prinzipien, während in der je gegebenen Situation ihr moralisches Urteil versagt und sympathetische Regungen ausfallen (der chinesische Kaiser, Friedrich), weiterhin jene, deren Humanes sich erschöpft in *ästhetischer* Sensibilität, während mitmenschliche Gefühle ihnen fremd sind (Kracht). Am Ende der Skala schließlich Charaktere, bei denen einer der beiden Bereiche völlig oder nahezu völlig unentfaltet bleibt: Figuren wie Lowise und Simon, denen kaum 'Unmenschliches' nachgesagt werden kann, oder solche, denen — umgekehrt — 'menschliche' Regungen nur als simulierte (der Tendenz nach: Markoni) oder affektierte (einige Protagonisten der Komödien Herbert Asmodis) oder (fast) gar nicht zugebilligt werden (die Mehrzahl der *Lobositz*- und *Sanssouci*-Figuren, weitere Beispiele: die Nazis und Klassenfeinde in Weisenborns *Illegalen*, Wolfs *Bürgermeister Anna*, Strittmatters *Katzgraben*, die Zerrbilder zynischer Politiker in Kästners *Schule der Diktatoren* und Hildesheimers *Drachenthron*). Hier ist die Grenze des "grotesken" Verfahrens erreicht oder überschritten. Daß einige Autoren und Kritiker, wo die 'menschlichen' Züge gänzlich fehlen, zur Vokabel 'Karikatur' greifen, wurde eingangs erwähnt. Andere dagegen, z. B. Dürrenmatt im Searle-Essay, würden sich auf eine Entgegensetzung von 'Groteske' und 'Karikatur' nicht einlassen. Es sind dies Einschränkungen, die jedoch nur die Nomenklatur betreffen. Der Sache nach handelt es sich um zwei polar entgegengesetzte Verfahren. Eines der beiden, das "grotesk" genannte, wurde hier — mit einer Beschränkung auf wenige Autoren der Nachkriegszeit — vorgeführt. Daß für die Verwendung dieses Verfahrens die vierziger und fünfziger Jahre einen Höhepunkt darstellen, würde eine Fortsetzung der Studie in die folgenden Jahrzehnte ergeben, das heißt in eine Phase, in der die humanistische "Zuversicht" (Frisch), jene Erwartungshaltung, die die Autoren zur grotesken Figurenstilisierung provozierte, sich mehr und mehr auflöste, ganz davon zu schweigen, daß viele groteske Paarungen (z. B. die Verbindung von Nazi-Brutalität und Tier- oder Musikliebe) zu Klischees verkamen.

Anmerkungen

[1]Zahlreiche Belege finden sich in den Rezensionen der Kritiker Henrichs, Michaelis, Rischbieter, Wiegenstein u. a.

[2]Bertolt Brecht, *Gesammelte Werke in 20 Bänden* (Frankfurt/M.: Suhrkamp, 1967) 2: 786.

[3]Walter Schmitz und Ernst Wendt, hrsg., *Frischs Andorra* (Frankfurt/M.: Suhrkamp, 1984) 53.

[4]Ebenda.

[5]So z. B. Erwin Sylvanus, wenn er "das Schämen" und Sich-"nicht-wohl"-Fühlen des Nazi-Offiziers hervorhebt. Es ist die moralistische Demonstration, daß auch der Verbrecher seines Verbrechens nicht froh wird (*Korczak und die Kinder*, 1957).

[6]Max Frisch, *Gesammelte Werke in zeitlicher Folge* (Frankfurt/M.: Suhrkamp, 1986). Weitere Hinweise und Zitate sind mit Band- und Seitenzahl im Text gegeben.

[7]Schmitz und Wendt 53.

[8]Friedrich Dürrenmatt, *Theater-Schriften und Reden* (Zürich: Arche, 1966) 83.

[9]Die Verkehrung der Ideale zu "Vorwänden" und "Ausreden" ist eins der wiederkehrenden Themen von Dürrenmatts Stücken und Essays der vierziger und fünfziger Jahre. Beherrschend ist dieses Thema im Hörspiel *Der Prozeß um des Esels Schatten*. Von den dezidierten Zynikern unterscheiden sich die Abderiten nur darin, daß sie ihren amoralischen Opportunismus eher unreflektiert ausleben, ihn nicht obendrein genußvoll zur Schau stellen und zum Programm erheben.

[10]Friedrich Dürrenmatt, *Komödien II und frühe Stücke* (Zürich: Arche, 1964) 200. Seitenzahlen in den folgenden Abschnitten beziehen sich auf diese Ausgabe.

[11]Eine Ausnahme ist Frieda Fürst, wenn sie gelegentlich von Mitleidsregungen und "Sentimentalitäten" — so Ottilie — ihr Handeln leiten läßt (248).

[12]Vgl. dazu Manfred Leier, "Gangster, die beim Morden singen: Gespräch mit Friedrich Dürrenmatt über *Frank V.*," *Die Welt* 11. Januar 1967.

[13]Wie in Puntila treten auch in Frank die Forderungen der Humanität und die des Geschäfts mal abwechselnd, mal gleichzeitig auf. Das Prinzip der Abwechslung impliziert, daß es Passagen gibt, in denen moralische Impulse offenbar völlig schweigen und Frank nicht weniger abgebrüht denkt als die robustere Ottilie. So in den nachträglichen Kommentaren zur Ermordung Heinis (209) oder wenn er seine skrupellosen Ahnen bewundert. Statt gegen die Missetaten richten seine pervertierte "Reue" und "Scham" sich gegen das, was er seine "Menschlichkeit" nennt, gegen solche Anwandlungen, die ihn an der von den lebenskräftigeren Vorgängern geübten Brutalität hindern (226). In der Mehrzahl seiner Äußerungen dagegen zeigt Dürrenmatt ihn als jemanden, in dem beide Forderungen ihre Stimme im selben Augenblick erheben.

[14]Brecht 2: 418.

[15]Brecht 2: 446.

[16]Zur Sonderstellung des Lehrers vgl. Ulrich Profitlich, "Friedrich Dürrenmatt, *Der Besuch der alten Dame*," *Die deutsche Komödie*, hrsg. Walter Hinck (Düsseldorf: Bagel, 1977) 330.

[17]Friedrich Dürrenmatt, *Komödien I* (Zürich: Arche, 1957) 333.

[18]Friedrich Dürrenmatt, *Dramaturgisches und Kritisches* (Zürich: Arche, 1972) 279.

[19]Mit den oben beschriebenen Ausnahmen (passagenweise Egli, Frank).

[20]Vgl. dazu Friedrich Dürrenmatt, *Die Wiedertäufer* (Zürich: Arche, 1967) 107.

[21]Seitenzahlen beziehen sich auf: Tankred Dorst, *Stücke 1* (Frankfurt/M.: Suhrkamp, 1978).

[22]So Hacks über die Aufgabe des historischen Dramas anläßlich seiner Bearbeitung von Wagners *Kindermörderin*, abgedr. in *Junge Kunst* 1.2 (1957): 23.

[23]Seitenangaben nach: Peter Hacks, *Fünf Stücke* (Frankfurt/M.: Suhrkamp, 1965).

[24]Brecht 2: 780.

[25]Brecht 4: 1674.

[26]Brecht 2: 785f.

[27]Peter Hacks, "Das realistische Theaterstück," *Neue Deutsche Literatur* 5.10 (1957): 97.

[28]Dürrenmatt, *Theater-Schriften* 290.

[29]Das Moment der enttäuschten Erwartung hebt auch Carl Pietzcker hervor ("Das Groteske," *DVjs* 45 (1971): 197–211). Die Erwartung, von der Pietzcker spricht, richtet sich allerdings nicht ausschließlich auf menschliches Verhalten (dies S. 201). Insofern entwirft der Begriff 'grotesk', wie er hier verwendet wurde, ein enger umgrenztes Phänomen. Daß auch bei einer solchen Bestimmung für den Benutzer noch ein Spielraum bleibt, folgt aus der Unmöglichkeit, die Elemente 'menschlich' und 'unmenschlich' mit intersubjektiver Verbindlichkeit festzulegen. Zur Verwendung des oben skizzierten Grotesk-Schemas bei Dürrenmatt vgl. Ulrich Profitlich, *Friedrich Dürrenmatt* (Stuttgart, 1973) 135, Anm. 334, sowie Dürrenmatts Äußerung zu Artur Joseph: "Ich kann mir aber ein entsetzliches Stück vorstellen, das Auschwitz anders behandelt, das z. B. die Weihnachtsfeier der SS-Wärter zeigt. Da sind die Opfer ganz ausgeklammert, da ist die sentimentale Weihnachtsfeier der Henker, die singen ihre Lieder, diese Familienväter. Die Komödie kann sehr schrecklich sein." In Artur Joseph, *Theater unter vier Augen* (Köln 1969) 24.

Ein österreichischer Exilroman des Jahres 1842
Ein Beitrag zum Problem des Josephinismus

Joseph P. Strelka, *State University of New York*

Da sich endlich auf breiterer Basis die Einsicht in die große Bedeutung des Josephinismus für die österreichische Literatur durchzusetzen beginnt,[1] scheint auch die große Rolle deutlicher ins Bewußtsein zu rücken, welche das auf den ersten Blick oft schwer sichtbare Nachleben des Josephinismus und der Spätaufklärung für den Gipfelpunkt österreichischer Literatur der Grillparzer, Stifter und Sealsfield bis herauf zu Franzos gespielt hat. Nachdem ich vor einiger Zeit am Einzelbeispiel von Gottlieb von Leons *Rabbinischen Legenden* das versteckte und heimliche direkte Nachleben des Josephinisnmus aufgezeigt habe, möchte ich hier ein anderes Einzelbeispiel herausgreifen: den Roman *Der Jakobiner in Wien*. Während Leons Werk 1821 in Wien erscheinen konnte, da die versteckten Anspielungen fast ausschließlich von seinen ehemaligen freimaurerischen Brüdern verstanden werden konnten,[2] erschien der genannte Roman anonym 1842 in der Schweiz.[3] Diese doppelte Vorsichtsmaßnahme war durchaus geboten, denn der Roman war sehr direkt und offen in seiner Kritik der Verhältnisse und in seinem Eintreten für die josephinische Tradition, was für seinen österreichischen Autor böse Folgen hätte haben können, auch wenn er zur Zeit des Erscheinens längst in der Schweiz lebte.

Dieser Autor hieß Franz Ernst Pipitz, war am 8. Dezember 1815 in Klagenfurt geboren, hatte nach seinem Jus- und Theologiestudium in Wien sich aus Armut als Hofmeister verdingen müssen. Um den Demütigungen dieses Berufsstandes zu entgehen, war er in das Kärntner Benediktinerstift Sankt Paul eingetreten, aus dem er jedoch 1838 in die Schweiz entfloh.[4] Bereits 1839 erschienen seine überaus liberalen *Fragmente aus Österreich* bei Hoff in Mannheim[5] und 1842 die romanartigen *Memoiren eines Apostaten*, in denen er die Seelenkämpfe seiner Jugend darstellte. Im selben Jahr erschien sein einziger wirklicher Roman *Der Jakobiner in Wien*, allerdings gleichfalls mit der Bezeichnung "Memoiren" und mit einem fünfundsechzigseitigen geschichtlichen Anhang, der übrigens im Grunde nicht vom Autor stammte. Durch seine folgenden historischen Bücher brachte Pipitz es zum Privatdozenten für Geschichte an der damals neuen Hochschule in Zürich. Im Jahr 1850 kehrte er nach Österreich zurück, wo er 1851 als Chefredakteur an die Triester Zeitung berufen wurde. Den Rest seines Lebens von 1873 bis 1899 verbrachte er im Ruhestand in Graz.

Intention, Eigenart und Wirkung seines Romans lassen sich wesentlich besser verstehen, wenn man ihn vor dem unmittelbaren Zeithintergrund betrachtet, aus dem heraus er entstanden ist. Man hat geurteilt, daß sich in dem polyglotten Österreich und besonders in Wien die Verhältnisse in der ersten Hälfte des neunzehnten Jahrhunderts mehr verkomplizierten als anderswo, da "romanische, slawische und magyarische Volkselemente, getragen von den nationalen Strömungen der Zeit, gefördert durch die Richtung der deutschen Romantik, durch Philhellenismus und Polenbewegung, sowie durch den Widerstand" der ungarischen "Comitatsregierung," nationale Erhitzung zunächst philologisch-literarisch und bald auch politisch sich entwickelte.[6]

Vor allem aber war durch den radikalen Druck der Zensur und der Geheimpolizei auch gegenüber den zahmsten Äußerungen gerade in den vierziger Jahren, als auch unser Roman herauskam, eine erste heftige Bewegung des Gegendruckes entstanden. Eduard von Bauernfelds *Pia desideria eines österreichischen Schriftstellers* von 1842, die Schriften Viktor Adrians Freiherrn von Werburgs von 1843 und 1847, die in Stuttgart erschienene Studie Julius Wiesners über *Denkwürdigkeiten der Österreichischen Zensur* von 1847, Franz Schuselkas Schriften und Ignaz Kurandas Zeitung *Grenzboten* wurden in Österreich viel gelesen und zweifellos ist auch der Roman *Der Jakobiner in Wien* durch die Förderung ehemaliger Freunde Gottlieb von Leons, durch die Kanäle einer inneren Emigration und nicht zuletzt durch die bewußte, stillschweigende Duldung durch zahlreiche Beamte weit verbreitet worden.

Der Roman führt sofort in den allgemeinen Zeithintergrund ein: er beginnt mit der Beschreibung einer Sitzung im erzbischöflichen Palais des bigotten und extremen Kardinal Migazzi, wobei sich jedoch herausstellt, daß einer der Domkapitulare ein Kenner und Anhänger des josephinischen Satirikers Alois Blumauer ist, der Domscholastikus den *Moniteur* liest und der Sekretär des Kardinals eine freimaurerische Broschüre verborgen hält.

Das zweite Kapitel führt in eine trotz des Verbots weiter existierende und arbeitende Freimaurerloge in einem abgelegenen Vorstadthaus und das dritte Kapitel enthält die Darstellung einer theoretisch gleichfalls verbotenen Orgie. Das unterirdische Leben verbotener Aktivitäten blüht und gedeiht und der Held des Romans, "der" Jakobiner in Wien, ist mitten darinnen.

Der Autor hat den historisch korrekten Namen seines Protagonisten Franz Joseph Hebenstreit beibehalten und vieles, wenngleich nicht alles an der Hintergrundschilderung ist ebenfalls historisch getreu. Der historische Franz Joseph Hebenstreit war bekannt als der Verfasser des sogenannten Eipeldauerliedes, das in Wiener Mundart die Hinrichtung Ludwigs XVI. gutheißt und das angeblich die österreichische Marseillaise hätte werden sollen. Der fiktive Franz Joseph Hebenstreit des Romans doziert seiner geliebten Schwester Anna Prandstetter, daß Ströme Blutes noch fließen werden, bevor die Freiheit die Menschen zu Brüdern gemacht. Die allgemeine historische Wahrheit ist, daß der Großteil der ehemaligen Freimaurer eine Mittellinie hielt und nur eine jeweils ganz kleine Gruppe von Extremisten einerseits sich der Reaktion angeschlossen, andererseits sich der Revolution zugewandt hatten.

Pipitz wechselt die Darbietungsformen: fiktive Kapitel mit der Handlung des Romans wechseln mit historischen Hintergrundbeschreibungen. Die eingeblendete Liebesgeschichte zwischen Hebenstreit und Anna, die zu einem Duell des Helden mit Annas Kidnapper, dem Fürsten Löwenstein führt, ist durch die spätere persönliche und politische Entwicklung Annas nicht ohne Geschick und Können durchgeführt. Die Beschreibungen einer ganzen Reihe von historischen Personen des Romans, vor allem des Professors Leopold Alois Hoffmann, des Grafen Saurau, des Richters Martinolli und des später gemeinsam mit Hebenstreit des Jakobinismus angeklagten Magistratsrats Martin Josef Prandstetter sind bis in letzte Details hinaus geschichtlich getreu wiedergegeben.

Tatsächlich hatte sich unter dem Eindruck der um sich umgreifenden Grausamkeiten der französischen Revolution der in Österreich an sich nicht sehr große Revolutionsdurst noch weiter beschwichtigt und tatsächlich war es ein Lügengewebe einiger bösartiger und machtgieriger Berater des Kaisers in Zusammenarbeit mit dessen riesiger Geheimpolizei, welche zur Verhaftung und Verfolgung Hebenstreits und anderer, vielfach angeblicher Jakobiner geführt hatte. Wie man sich auch der riesigen Geheimpolizei bediente, um entsprechende Gerüchte auszustreuen, welche eine tatsächlich bestehende Revolutionsgefahr, von der in Wahrheit keine Rede sein konnte, vorschützen sollte.

Pipitz schlußfolgert sehr richtig in seinem Roman, daß eine Nation, um zu einer Revolution fortgerissen zu werden, "Männer von grossem Ansehen" bedarf,

solcher, die in besonderer Achtung stehen, ein allgemein anerkanntes

Übergewicht haben, welches ihnen Einfluss auf das Volk verschafft und sie in den Stand setzt, die öffentliche Meinung zu lenken. Dies war bei keinem der Einbezogenen der Fall. Es gab zwar einige sehr gute, sogar vortreffliche Köpfe unter ihnen, jedoch keinen, der die Eigenschaft besass, die einem Manne des Volkes, einem Demagogen nöthig sind, um die Menge mit sich fortzureissen. Nebst diesen waren aber auch Menschen eingekerkert worden, die sich nicht einmal von dem Worte Revolution einen klaren Begriff machen konnten. Einer davon war Hackl. Man kann die tiefste Unwissenheit, die grösste Stupidität, die gänzliche Abwesenheit dessen, was man Geist und Seele nennt, nicht besser vereinigt vorstellen, als in der Person dieses Unglücklichen. Als in Wien bekannt wurde, Hackl sei als Jakobiner eingezogen worden, moquierten sich die Beschränktesten darüber und äusserten laut, es wäre eine Satire auf die Jakobiner, dass man diesen Menschen zu ihnen rechne. Hackl hatte nur Sinn und Gefühl für Essen und Trinken, und dachte sich unter 'Revolution' nie etwas anderes als ein französisches Ragout. Und ein solcher Mensch hätte den österreichischen Thron erschüttern, hätte an einer Revolution arbeiten sollen?[7]

Vor allem aber waren die angeblichen Jakobiner, die sich mit Ideen der französischen Revolution und der Demokratie befaßt hatten, ein so verschwindend kleines Grüppchen, daß die Geheimpolizei ganz im Stil des modernen Totalitarismus bewußt auch Unschuldige einkerkerte, um der Theorie und dem Gerücht der Revolutionsgefahr etwas mehr Glaubwürdigkeit zu verleihen.

Der Roman berichtet eine Reihe von Einzelheiten über die Geheime Polizei Franz II.; so etwa, daß fünfzehntausend Personen aller Stände, vom Hochadel bis zum Taglöhner Polizeispione waren. Als aber auch dies nicht als hinreichend empfunden wurde, verpflichtete man die k.k. Beamten durch Eid, alle diejenigen anzuzeigen, die zu freie Meinungen äußerten.

"Die Wirkungen dieses Systems waren in Wien sichtbar. Aus allen Gesellschaften wich jedes Zutrauen. Man sprach kaum mehr vom Wetter ohne Furcht und Zagen. Der Gatte fürchtete von der Gattin, der Vater vom Sohne verraten zu werden. An keinem Orte der Welt hörte man so oft die Wendung wiederholen: 'Auch die Wände haben Ohren.' Aber es ist auch schwer, sich einen Begriff zu machen, wie weit die Tyrannei der politischen Inquisition ging."[8]

Pipitz erklärt auch die eigenartige Situation, daß Kaiser Franz II., ungeachtet seines wohlwollenden, menschenfreundlichen Herzens, grausamer war als der Tyrann Dionysius von Syrakus: "Denn dieser liess den Marsias, einen seiner vornehmsten Hofbeamten, doch aus der Ursache hinrichten, weil demselben geträumt hatte, er habe den Tyrannen die Kehle durchgeschnitten . . ."[9] Die Geheimpolizei Franz II. aber mordete sogar Unschuldige, die nicht einmal im Traum das Verbrechen begangen hatten, dessen sie bezichtigt wurden. Der Kaiser hatte keine Ahnung von diesen Vorgängen. Alle, die ihn umgaben, waren Kreaturen der amtierenden Minister, die mit größter Sorgfalt darüber wachten, daß niemand den Kaiser allein sprach, der genug Ansehen hatte, um gefährlich werden zu können.

Werner M. Bauer hat in einer ausgezeichneten Untersuchung über Pipitz' Roman darauf aufmerksam gemacht, daß die romanhaften Passagen dem "Schema des bei der vormärzlichen Massenleserschaft überaus beliebten trivialen Geheimbund-Romans" entsprechen.[10] Dennoch unterscheidet sich der Roman von Pipitz vorteilhaft von der Durchschnittsware jener Romane: erstens durch die ernsthaften geschichtlichen Einschaltungen, die sich in maßvoller Entsprechung als echte Vertiefung der fiktionalen Handlung erweisen und zweitens, weil die Fabel der fiktiven Handlung selbst komplexer und gekonnter ist als im Fall der Trivialromane.

In einem Punkt allein kann ich mit Werner M. Bauer nicht übereinstimmen, nämlich da, wo er meint, daß der Roman ins "unfreiwillig Komische" gerät, weil der von seinen um Annas willen empfangenen Duellwunden genesene Hebenstreit sie als Luxusdirne wiederfindet.[11] Verglichen mit anderen Romanen, vor allem den genannten trivialen Geheimbund-Romanen, ist die Fabel dieses Erzählwerks von Pipitz durchaus ernsthafter Gestalt und zeigt echte realistische Ansätze, wie sie im Biedermeier zu finden sind. Wie denn die Gestalt Annas eher auf Maupassants Erstling *Boule de Suif* denn auf die Dirnenromantik des Fin de siècle vorausweist.

Bedingt zustimmen kann ich Werner M. Bauer, wenn er erklärt, daß Pipitz die eigentlichen Pläne der Jakobiner verschweigt. Im Detail stimmt das durchaus. Wenn er aber daraufhin erklärt, daß "hinter den Jakobinerprozessen nicht so sehr das Bestreben lag, eine real bestehende Gefahr für die Struktur des Staates abzuwehren, sondern daß vielmehr ein innerpolitisches Änderungsprinzip einen Anlaß suchte, auch in der Öffentlichkeit manifest zu werden," dann ist dies genau die sozialgeschichtliche und politische Situation, die Pipitz schildert. Auch die von Bauer im Anschluß an Wangermann und Körner analysierte und dargestellte Bestrebung der Geheimpolizei nach völliger Unabhängikeit und Totalwillkür[12] findet sich historisch getreu, genau und überzeugend im Roman ausgeführt.

In einem Fall hat allerdings der profunde Kenner josephinischer Literatur Werner M. Bauer entdeckt und nachgewiesen, daß Pipitz an einigen Stellen den josephinischen Romanautor Franz Xaver Huber plagiiert hat; und an einer Stelle ist es — zumal auf den ersten Blick — noch ärger als reines Plagiat. Da nämlich, wo Pipitz in einer Fußnote (!) des Romans[13] den Fall der Geldfälscher-Affäre des Fürsten Potzdaczky-Liechtenstein berichtet. Pipitz hat hier nicht nur den Wortlaut der Darstellung dieser Affäre durch Huber über-nommen, sondern er hat diese Darstellung ihres überaus wichtigen Rahmens entkleidet, in welchem der tiefere Grund für das allgemeine Wohl erklärt wird, weshalb Joseph II. zur Durchsetzung seiner Reformen besonders scharf gegen den um seine Privilegien besorgten, ungarischen Hochadel vorzugehen hatte. Der Grund, weshalb Pipitz diese Rahmenerklärung wegließ, liegt aber darin, daß er nicht nur chronologisch, sondern auch in seiner Perspektive der politischen Entwicklung ein halbes Jahrhundert über den Josephinismus hinaus war und, von der Schweizer Demokratie her gesehen, in diesem Fall Josephs II. Haltung als absolutistische Willkür sah und sehen mußte.

Das Plagiat des Fußnotentextes erscheint mir weniger gravierend, da es sich ja nicht um den Roman selbst handelt. Es gibt aber auch Stellen — wie Bauer gezeigt hat — an denen Pipitz Huber-Zitate in die Romanfabel einmontiert hat. Eine zwanzig Zeilen lange Passage wird von Bauer angeführt.

Beim dritten, weitaus längsten und größten Huber-Plagiat hat Pipitz wiede-rum zur Methode gegriffen, den längsten Teil davon, nämlich siebzig von hundertdreizehn Seiten als "Anhang" zum Roman zu deklarieren und sie so gleichfalls wieder vom eigentlichen Roman selbst abzusetzen.[14]

Abgesehen davon aber, daß es durch die Absetzung der langen Huber-Zitate in eine Fußnote und in einen "Anhang" nicht ganz so arg steht, wie es am Anfang aussieht, ist es gerade der führende Kenner josephinischer Literatur Werner M. Bauer, der uns nach der Plagiatsentdeckung auch aufklärt, daß die Vorbilder für jene Art von Literatur fast durchwegs "aus ähnlichen Komposi-tionselementen" bestehen.[15] Man zitierte aus historischen oder geographi-schen Quellen ohne Quellenangabe mit dem wahrscheinlich beabsichtigten Eindruck, es handle sich um Einfälle oder direkten Ausdruck des Autors, wie man umgekehrt, fiktive und erfundene Zeugenaussagen oft als wirkliche ausgab, um den Eindruck der Authentizität zu verstärken und dem Ganzen einen realistischeren Anstrich zu geben. Solche Rechte dichterischer Freiheit waren als selbstverständlich angesehen.

Werner M. Bauer hat auch darauf hingewiesen, daß der Roman von Pipitz in der Anlage der Fabel insofern dem Schema einer josephinischen Romantra-dition entspricht, als ein leidender, in diesem Fall Hebenstreit, "das Opfer einer durch die ganze Wiener Gesellschaft reichenden Verschwörung wird."[16]

Diesem verderblichen Wirken stehen der Einfluß und die erzieherische Kraft der Freunde der Aufklärung und der Toleranz gegenüber. Man denkt dabei natürlich sofort an die Bedeutung der *Österreichischen Biedermanns-*

chronik Johann Rautenstrauchs und an den Anteil, den die Freimaurerlogen im josephinischen Wien an bildungspolitischen Entscheidungen hatten. Tatsächlich ist die Welt der Wiener Lokalromane der josephinischen Zeit zweigeteilt: jede epische Handlung verläuft zwischen den Vertretern der Finsternis und den Vorkämpfern des Lichts, wobei der Sieg — sei es durch Gewalt oder überzeugende Belehrung — stets auf Seiten der Aufgeklärten liegt. Da aber die vorgeführten Probleme stets solche der josephinischen Regierung und ihrer aktuellen Gesetzesverordnungen waren, kam in den Romanen dieser Zeit der Geheimbundkonstellation wesentlich größere Bedeutung zu als klischeehafter Spannungsreiz.[17]

Dies trifft alles auf den Roman von Pipitz zu mit Ausnahme des positiven Ausgangs, denn obwohl er in dieser josephinischen Romantradition steht, ist er doch zeitlich wie räumlich von ihr distanziert. Er entstand ein halbes Jahrhundert später in der Schweiz, in der es aber damals durchaus ähnliche politische Probleme gab.

Einerseits hat Pipitz darum rückblickend aus dem Jahr 1842 seinen Wiener Jakobiner Hebenstreit als einen Vorläufer der Revolution von 1848 zu zeichnen versucht, was im engeren Sinn historisch nicht stimmt, was sich aber im Rahmen eines Romans fiktiv durchaus machen ließ. Das erklärt auch seine Darstellung der Geldfälscher-Affäre. Denn es geht gar nicht mehr um die Durchsetzung josephinischer Reformen, sondern um eine völlige demokratische Gleichheit aller vor dem Gesetz, und selbst Joseph II. wird so natürlich als absoluter Herrscher gesehen, der er ja auch war.

Gewiß hat Werner M. Bauer auch recht, wenn er erklärt, daß Pipitz Verfahren "durch die Rezeption von Trivialschemata auf Breitenwirkung ausgerichtet war" und darauf abzielte, "politische Aufklärung" zu betreiben.[18] Ja, obwohl er versucht hat, diese Trivialschemata literarisch zu veredeln, ist es ihm wohl vor allem anderen um politische Aufklärungsarbeit gegangen.

Dabei hatte der Roman eine doppelte politische Stoßrichtung: einerseits indem er das josephinische Modell als Vorläufer für die sich ankündigende Revolution von 1848 in Österreich benützte, andererseits aber indem er dasselbe Modell den Schweizern vorhielt, um ihnen am österreichischen Beispiel die Gefahren eines klerikalen Obskurantismus recht eindringlich vor Augen zu führen.

Man sollte nämlich bedenken, daß Pipitz als oppositioneller österreichischer Liberaler 1838 in die Schweiz und zwar in den liberalen Kanton Zürich ging, wo er auch an der Hochschule alsogleich Erfolg hatte. Gerade die Anstellung eines anderen Liberalen, David Friedrich Strauss an die Züricher Hochschule löste ein Jahr später das Eindringen eines Bauernhaufens in die

Stadt aus, der die liberale Kantonsregierung stürzte und die Einsetzung einer konservativen Regierung erzwang.

Rückblickend zeigt sich, daß Franz Ernst Pipitz sich als ebenso kluger wie mutiger Vorkämpfer der Revolution erwiesen hat, der seinen Roman im Jahr 1842 in Zürich nicht nur aus Vorsichtsgründen gegenüber Österreich anonym hatte erscheinen lassen. Er hatte die politische Gefahr erkannt, als sich die Klerikalkonservativen mit den extremen Radikalen 1833 verbündet hatten. Wenn damals auch der Sarner Bund gescheitert war, der gelernte Österreicher Pipitz sah, wie die Wühlarbeit weiterging. Er wurde Zeuge, wie die drei Urkantone zusammen mit Luzern, Zug und Freiburg sich 1843 zusammentaten, wie die Liberalen im Wallis durch Gewalt gestürzt und in Luzern die Jesuiten an die höheren Lehranstalten berufen wurden.

Mag Pipitz es einige Monate vorausgesehen oder mag er unmittelbar auf die politische Wendung reagiert haben, im selben Jahr 1843 erschien jedenfalls seine politische Schrift *Zur Kenntnis der Gesellschaft Jesu* im selben liberalen Züricher Verlag wie sein Roman.

Pipitz blieb in der Schweiz als Vorkämpfer liberaler Ideen auch noch während der Jahre der Sonderbundkämpfe. Zürich, wo seit 1845 wieder die Liberalen regierten, übernahm die Führung im Kampf gegen den Sonderbund. Dieser wurde als aufgelöst erklärt und die Ausweisung der Jesuiten beschlossen. Nicht zuletzt auf Österreichs Hilfe vertrauend riskierten die sieben Sonderbundkantone einen Krieg gegen den Schweizer Bund, den sie aber verloren. Im Jahr 1848 wurde darauf nach dem Muster der amerikanischen Verfassung die Schweiz aus einem losen Staatenbund in einen Bundesstaat umgewandelt.

Pipitz begleitete diese Entwicklung durch die Veröffentlichung seiner *Bibliothek ausgewählter Memoiren*, die in fünf Bänden 1844–48 in Constanz und Zürich erschienen. Hier zeigt es sich besonders deutlich, daß Pipitz von der Memoirenliteratur des Josephinismus herkommt, und wenn er seinen Roman nicht ausdrücklich als solchen bezeichnet hat, sondern das Buch "Oesterreichische Memoiren" nannte, dann hat er selbst einen solchen Hinweis gegeben.

Von der literarischen Gattungsgestalt her wie von den Grundideen des Inhalts drängt sich zu diesem Roman geradezu als Parallele das Bild von Charles Sealsfield auf: Pipitz wie Sealsfield flohen aus dem vormärzlichen Österreich. Beide waren Ordensgeistliche gewesen und beide hatten die unerträgliche Doktrin des Klosters nicht verkraften können, wobei es weniger das strenge Leben nach der Ordensregel war — wovon bei Sealsfields Position gar nicht die Rede sein konnte — sondern die zu Tage tretende Heuchelei und Lüge, die sie nicht akzeptieren konnten. Beide flohen in ein demokratisches Exilland, dem sie sich nicht nur rasch anpaßten, sondern in dem sie eine aktive Rolle im politischen Prozeß zu spielen begannen. Beide liebten dabei ihre östereichische Heimat: Sealsfield unterscheidet in seinem berühmten Werk *Austria as it is* nachdrücklich zwischen dem Unterdrückungssystem der Regierung, das er ablehnt, und den Menschen und der Landschaft, die er liebt, und Pipitz setzte seinem Roman den Stoßseufzer als Motto voran: "O Karl, gib mir ein Vaterland! Der Narr im weissen Schwan."

Beide waren in ihren Gastländern nicht zuletzt darum so erfolgreich, weil sie gleichsam als "Grundkapital" die Erfahrungen der bitteren Freiheitsunterdrückung und von deren Methoden und Gefährdungen mitbrachten, die ihnen eine Motivation zur Freiheit verliehen, welche viele gebürtige Bürger der von ihnen gewählten Exilländer gar nicht besitzen konnten.

Diese innere Verpflichtung und Motivation zum Einsatz für die Freiheit legte sich auch ins Literarische um und war ein Hauptgrund, weshalb beide nicht in erster Linie die fiktive Seite ihrer Romane und Novellen unterstrichen, sondern ihren Werken um der aufklärerischen Wirkungsabsicht und größeren politischen Effektivität sogar andere Gattungsnamen gaben, um deren Authentizität und sachlichen Ernst zu unterstreichen. Darum nannte Sealsfield — der übrigens seinen *Virey* zunächst auch anonym erscheinen ließ und ansonsten sich seiner Pseudonyme bediente —, seine sechsbändige Novellensammlung nicht *Erzählungen aus . . .*, sondern *Lebensbilder aus beiden Hemisphären*, ganz wie Pipitz seinem Roman einen "Memoiren"–Anstrich gegeben hatte.

Noch das *Kajütenbuch* aber, das nur ein Jahr vor Pipitz' *Jakobiner in Wien* erschienen war, weist mit seiner Mischung von Augenzeugenberichten und historischen Unterlagen auf dasselbe Gattungsvorbild der josephinischen Memoirenliteratur zurück, die Werner M. Bauer so ausgezeichnet beschrieben hat.

Vor allem aber die *idée maître* ist Sealsfield und Pipitz gemeinsam: das Eintreten für Freiheit und die aufklärerische Verpflichtung der Verbreitung von Glück. Die Worte, die Pipitz seinem Romanhelden bei dessen Trauerrede anläßlich des Ablebens Josephs II. in den Mund legt, könnten als Motto über beider Werk stehen:

". . . er bekämpfte ja die drei fürchterlichsten Feinde des Glücks der Menschheit, die Unwissenheit, die Knechtschaft und die Armut, welche aus diesen beiden entspringt, unermüdet mit allen Waffen, die ihm zu Gebote standen. Die erste hat er in ihre geheimsten Schlupfwinkel verfolgt; der künstlich verbreitete Dunst, der so lange für Licht gegolten hatte, verflüchtigte sich vor dem Glanze der himmlischen Sonne Wahrheit . . . Der Aberglaube wurde aus den Tempeln Gottes, in denen er bis dahin ungestört genistet hatte, vertrieben . . . tausendjährige Vorurtheile, die, von den Machthabern gehegt und gepflegt, der Gewalt der Zeit getrotzt hatte, fielen zusammen wie morsche Bäume . . . der Verstand wurde in seine Rechte gesetzt und die Wissenschaft hörte auf, ein Monopol zu sein. Der erlogene Nimbus um die Häupter erlogener Gottheiten erfloss in Nichts, und man fing an, zu erkennen, dass es keinen Adel und kein Priesterthum gebe, als das der Guten und Weisen."[19]

Gewiß stimmt das im einzelnen historisch nicht ganz. Denn Joseph II. selbst hatte bereits mit seinem Freimaurerpatent von 1785 den Niedergang des Bundes und seiner Freiheitsbestrebungen eingeleitet und eine völlig andere Vorstellung von der Verbreitung des Guten und der Freiheit an den Tag gelegt. Aber andererseits stimmte es dennoch, denn ob gewollt oder nicht hat dieser Kaiser auf seine Weise ebenso wie der Bund die Ideen von Freiheit, Menschenbrüderlichkeit und damit auf weitere Sicht auch die auf Gleichheitsrechten beruhende Konstitution vorbereiten geholfen. Die Grundidee von Pipitz des gemeinsamen und gleichen Eintretens für die Freiheit seitens der Josephiner wie seitens der Achtundvierziger ist trotz mancher beiseite geschobener historischer Details durchaus richtig, und man wird sich um so weniger an seinen dichterischen Freiheiten zu stoßen brauchen, als es sich nicht um ein historisches Werk, sondern um einen Roman handelt. Ja, im Grunde hat er mit seinem historischen Roman über den Josephinismus nichts anderes unternommen, als was viele Exilautoren, die aus Hitlers Reich geflohen waren, später oftmals noch sehr viel freizügiger mit ihren historischen Romanen gestalteten, von Hermann Kestens *Ferdinand und Isabella* über Bruno Francks *Cervantes* bis zu Alfred Döblins *Amazonas*.[20]

Auch der Umstand, daß sowohl Pipitz wie Sealsfield entsprungene Ordensgeistliche sind, legt den Vergleich mit den Josephinern nahe, von denen etliche der wichtigsten nicht nur ursprünglich aus Jesuitenschulen kommen, sondern vormals selbst Angehörige des Ordens gewesen waren.

Ja, es scheint sich in diesem Umstand eine eigenartige Dialektik der Freiheit zu offenbaren, die für die Natur des Menschen und die menschliche Zukunft tröstlich wirkt: die besten derjenigen, die einem Unterdrückungssystem angehören, wenden sich zu einem bestimmten Zeitpunkt selbst am heftigsten gegen dieses und werden zu seinen erfolgreichsten Bekämpfern, da sie besser als irgendein Außenstehender wissen, wogegen sie vorgehen. Ähnliches hat sich im kommunistischen Totalitarismus des 20. Jahrhunderts wiederholt, in dem Autoren, die ursprünglich selbst Kommunisten waren, plötzlich zu den kenntnisreichsten, konsequentesten und unnachgiebigsten Kämpfern gegen dieses System wurden, wie etwa Orwell, Silone, Koestler, Sperber, Gide, Richard Wright und Solschenitsyn.

Im Verlauf der historischen Entwicklung wurden dabei die Vertreter des katholisch-kirchlichen Systems, das zu den Hauptunterdrückern der Freiheit im 18. Jahrhundert und im Vormärz gehört hatte, nun selbst zu Unterdrückten und damit nolens volens plötzlich zu Verteidigern der Freiheit. So daß einer der bedeutendsten freiheitsliebenden österreichischen Autoren — und ein anderer Klagenfurter im Schweizer Exil — Robert Musil, ein Jahrhundert nach dessen Roman in sein Tagebuch notieren konnte: "Der Katholizismus: Sorgsam ausgebauter Imperialismus des Geistes, und bloß in der Defensive gut . . ."[21]

Anmerkungen

[1]Von Ferdinand Werniggs *Bibliographie österreichischer Drucke 1781–1795*, 2 Bde. (Wien: Jugend und Volk, 1973 u. 1979) über Leslie Bodis *Tauwetter in Wien* (Frankfurt/M.: Fischer, 1977) und Werner M. Bauers *Fiktion und Polemik* (Wien: Österreichische Akad. d. Wiss., 1978) bis zur Neuausgabe von Joseph Franz Ratschkys *Melchior Striegel* durch Wynfried Kriegleder in den *Wiener Neudrucken* (Graz: Akad. Druck u. Verlagsanstalt, 1991), in welcher die Kommentare Ratschkys wie Kriegleders sowie dessen Nachwort wichtige Einblicke geben, existiert eine ganze Reihe weiterer Arbeiten, die hier nicht angeführt werden können.

[2]Vgl. Joseph Strelka, "Gottlieb von Leon and his Rabbinische Legenden," in *The Austrian Enlightenment and its Aftermath*, hrsg. Ritchie Robertson u. Edward Timms (Edinburgh: Edinburgh UP, 1991) 59–70.

[3]*Der Jakobiner in Wien. Österreichische Memoiren aus dem letzten Dezennium des achtzehnten Jahrhunderts* (Zürich: Verl. d. Literarischen Comptoirs, 1842).

[4]Vgl. Max Ortner in der Zeitschrift *Carinthia* 100. Jg.: 59ff. und auch E. Nussbaumer, *Geistiges Kärnten* (Klagenfurt 1956) 360ff.

[5]Vgl. Karl Glossy, "Literarische Geheimberichte aus dem Vormärz, *Jahrbuch der Grillparzer-Gesellschaft* 21 (1914): 166ff. u. 180f.

[6]J. W. Nagl, Jakob Zeidler und Eduard Castle, *Deutsch-Österreichische Literaturgeschichte*, Bd. 2 (Wien: Karl Fromme, 1914) 28.

[7]*Der Jakobiner in Wien* 281–82.

[8]*Der Jakobiner in Wien* 287.

[9]*Der Jakobiner in Wien* 288.

[10]Werner M. Bauer, "Österreichische Vormärzprosa und spätaufklärerische Tradition. Beobachtungen zu Franz Ernst Pipitz *Der Jakobiner in Wien* (1842)," *Die Österreichische Literatur. Ihr Profil im 19. Jahrhundert*, hrsg. Herbert Zemann (Graz: Akad. Druck u. Verlagsanstalt, 1982) 367.

[11]Werner M. Bauer 371.

[12]Werner M. Bauer 371. Vgl. Ernst Wangermann, *Von Joseph II. zu den Jakobinerprozessen* (Wien: Europa Verl., 1966) und Alfred Körner, *Die Wiener Jakobiner*

(Stuttgart 1972).

[13]*Der Jakobiner in Wien* 147–49.

[14]Es handelt sich um die Seiten 285–376 in *Der Jakobiner in Wien*, die den Seiten 265–424 in Franz Xaver Hubers Buch entsprechen: *Beytrag zur Charakteristik und Regierungsgeschichte der Kaiser Josephs II., Leopolds II. und Franz II. Zur Prüfung für die Zeitgenossen und zum Behufe für künftige Historio- und Biographen dieser Monarchen.* Paris bey Deferrieres im 8. Jahr der französischen Republik. 1800.

[15]Werner M. Bauer 375.

[16]Werner M. Bauer 377.

[17]Werner M. Bauer 377.

[18]Werner M. Bauer 378.

[19]*Der Jakobiner in Wien* 33–34.

[20]Vgl. Bruce M. Broerman, *The German Historical Novel in Exile After 1933* (University Park: Pennsylvania State UP, 1986).

[21]Robert Musil, *Tagebücher* (Reinbek bei Hamburg: Rowohlt, 1976) 1: 971.

Einführung in die Literaturwissenschaft in Aphorismen

Helmut Arntzen, *Westfälische Wilhelms-Universität Münster*

Längst hat sich der Essay als Darstellungsform auch der Literaturwissenschaft durchgesetzt, nicht aber der Aphorismus. Nur das romantische Fragment war ein Versuch, z. B. poetologische Bestimmungen aphoristisch zu fassen. Die untauglichen Bemühungen des späten 19. Jahrhunderts und der letzten Jahrzehnte zur 'Scientifizierung' der Literaturwissenschaft haben verhindert, jenen Versuch kontinuierlich fortzusetzen. Doch was liegt näher, als diese Form, die auf dem Raine zwischen wissenschaftlichem Diskurs (aus dem sie herkommt) und Literatur anzusiedeln ist, für die Literaturwissenschaft und zu ihrer Kritik zu nutzen?

Von den Studenten

In der deutschen Literaturwissenschaft versammeln sich heute vornehmlich diejenigen Studenten, die, wenn auch stockend, lesen und schreiben können. Schon wer weiß, daß Friedrich der Große im 18. Jahrhundert lebte, wandert sofort in die Geschichtswissenschaft ab.

Von den Literaturwissenschaftlern

Vor 120 Jahren unterschied F. Th. Vischer in der Literaturwissenschaft zwischen Stoffhubern und Sinnhubern. Von diesen gibt es nur noch einzelne Exemplare. Mehrheitlich gehören die Literaturwissenschaftler heute zur Klasse der G'schaftlhuber.

Wer heute in der Literaturwissenschaft etwas zu sagen hat, hat nichts zu sagen.

Ein denkender Literaturwissenschaftler begegnet so häufig wie ein ehrlicher Politiker.

Der mittlere Literaturwissenschaftler: Eine Mischung aus Einfallslosigkeit und Chuzpe.

Kollege ist in der Literaturwissenschaft häufig ein Euphemismus für besondere menschliche Unzuverlässigkeit.

Vom Range der Literaturwissenschaftler

Die *gradus ad Parnassum* der Literaturwissenschaft?
Leser, Autor, Handbuchbeiträger, Rezensent, Herausgeber, Präsidentrektorvorsitzender, Fernsehmoderator.

Literaturwissenschaftler werden heutzutage nicht nach dem Grade ihrer Begabung unterschieden, sondern danach, ob sie beliebt oder unbeliebt sind.
   Beweist ein unbeliebter Literaturwissenschaftler, daß ein beliebter Literaturwissenschaftler ein Dummkopf ist, so wird ihm anschließend bewiesen werden, daß in seinem Goethebuch Brecht nicht genannt wird, daß er einen vom jeweiligen Kritiker nicht geschätzten Stil schreibt und daß er einen Literaturwissenschaftler, der anerkanntermaßen beliebt ist, einen Dummkopf genannt hat, kurz, daß er inkompetent ist.

Von der Geschichte der Literaturwissenschaft

Es war der gleiche Opportunismus, der die deutschen Literaturwissenschaftler 1933 mehrheitlich 'völkisch' und 1968 'gesellschaftsorientiert' werden ließ. Wenn die von '68 die von '33 dann faschistisch nannten, so war das nur die Weise, ihren eigenen Opportunismus zu verdrängen.

Von der Aufgabe der Literaturwissenschaft

Schriftsteller haben die Aufgabe, Texte zu schreiben, damit andere die Gelegenheit haben, darüber Texte zu schreiben.

Wenn jemand das Abrakadabra der neueren Franzosen falsch abschreibt, nennt man den in Deutschland einen Literaturtheoretiker.

Literaturwissenschaftliche Kongresse dienen vornehmlich dazu, Leute, die nichts hören wollen, mit Leuten zusammenzuführen, die nichts zu sagen haben.

Von den literaturwissenschaftlichen Methoden

Literaturwissenschaft geht mit den im ganzen stabilsten Texten innerhalb der Geisteswissenschaften um. Trotzdem lehnt sie sich nur zu gern an die Psychoanalyse an, die mit den unstabilsten Texten sich beschäftigt. Das geschieht natürlich nicht deswegen. Wohl aber hat sich die Psychoanalyse deswegen einen gußeisernen Begriffsapparat konstruiert. Und der fasziniert die Literaturwissenschaft, der es ja gar nicht um die Texte, sondern allein um den Apparat geht, weil der ihre Wissenschaftlichkeit verbürgen soll.

Literaturwissenschaftler haben Goethe zumeist gelesen, um herauszufinden, ob er national, feudal oder anal orientiert war. Mehr oder minder haben sie auch eingeräumt, er sei genial. Damit aber konnten sie nie irgendetwas anfangen.

Der größte Teil der Literaturwissenschaftler beschäftigt sich nicht mit der Literatur, sondern mit deren Übersetzung in einen Alltagsdiskurs. Das ist etwa so, als reduziere die Musikwissenschaft alle Musik zunächst auf ein Programm und beschäftige sich dann ausschließlich mit diesem.

Hört man von jemanden, der sich z. B. mit Märchen und mit Hofmannsthal beschäftigt, so nimmt man an, daß er eine gewisse Sensibilität habe. Ist er aber ein Literaturwissenschaftler, so weiß man schon, daß er zu beidem eine innere Beziehung haben wird wie ein Jurist zum Vertragsrecht. Im letzteren Fall ist das freilich unschädlich.

Vom Rezensionswesen

Man stelle sich vor: Ein Eiskunstläufer sei allein dadurch bemerkenswert, daß er bei jedem Auftritt alsbald auf dem Hosenboden sitzt und unter dem Gelächter des Publikums den Platz verläßt, um danach über alle Medien Erklärungen zu Technik und Form des Eiskunstlaufs abzugeben. In der deutschen Literaturkritik ist das unter dem Namen Raddatz die Regel.

An die Stelle von wissenschaftlicher Kritik sind in der Literaturwissenschaft längst Sympathie- und Antipathieerklärungen getreten.

Ein erheblicher Teil literaturwissenschaftlicher Rezensionen hat die Informationszuverlässigkeit einer Meldung der Bildzeitung und die Urteilsgenauigkeit eines Reich-Ranicki.

An Rö. — Lach dich tot. Der Grund? Das nennt sich Rezensent.

Wissenschaftliche Rezensionen in der Literaturwissenschaft werden immer häufiger so gemacht: Der Kritiker fragt sich zunächst, ob er den Verfasser mag oder nicht mag. Dann wählt er eineinhalb Seiten aus und apostrophiert sie entweder als Zeugnis der hohen Intelligenz oder als Beweis für die Unfähigkeit des Autors.

Ist das nicht einfach und genial? Sicher, wenn nur der Rezensent nicht von der Voraussetzung ausginge, daß der Leser das Buch weder im ganzen kennt noch die eineinhalb Seiten. Und wenn er nicht als selbstverständlich annehmen könnte, daß die Redaktion ihn — freie Meinungsäußerung — nach gusto wursteln läßt, weil er z. B. Professor ist und über den Diebstahl silberner Löffel gegen ihn nichts vorliegt.

Von den Funktionen innerhalb der Literaturwissenschaft

Leute, die Bücher kaufen, um damit einen neuen Schrank zu füllen, nennt man hierzulande Leser; Leute, die sich Bücher schenken lassen, um sie anschließend sofort zu verkaufen, nennt man Literaturkritiker; Leute, die sich Bücher leihen, um damit den Schreibtisch abzustützen, an dem sie Bücher über Bücher schreiben, die es gar nicht gibt, heißen Literaturwissenschaftler.

Zehn goldene Regeln für angehende Literaturwissenschaftler

1. Du bist dazu da, einen literarischen Text wieder in die Bestandteile zu zerlegen, aus denen der Autor ihn gebildet hat.

2. Lies einen literarischen Text immer so, als sei er ein verschlüsselter Leitartikel.

3. Das Wichtigste ist, daß du jede Dichtung in deinen Jargon übersetzt und zu dieser Übersetzung deine Meinung abgibst, die du Interpretation nennst.

4. Maßstab für die Sprache der Dichtung ist natürlich die Sprache des Alltags.

5. Setze deine Energie ganz in den Nachweis, daß zwischen einem Goethe-

gedicht und dem kommunikativen Geräusch des Alltags kein Unterschied besteht.

6. Der Vers "Der Mond ist aufgegangen" ist selbstverständlich lediglich als Information darüber zu betrachten, daß der Mond aufgegangen ist.

7. Denke immer daran: Dichtung ist redundant. Erst wenn sie Journalismus geworden ist, wird sie diesen fatalen Mangel verlieren.

8. Das Vorhandensein literarischer Texte ist nur dadurch zu rechtfertigen, daß du dich mit ihnen beschäftigst.

9. Du kannst sehr wohl einräumen, daß Literatur allein aus Sprache bestehe, wenn du darauf hinweist, daß Sprache nichts als ein selbstbezügliches System ist.

10. Deine höchste Aufgabe? Zeige, daß Literatur keinen Sinn hat.

"Analogon" oder "compensatio rationis"?
Zum Verhältnis Dichtung–Geschichte

Friedrich Gaede, *Dalhousie University*

Wie die Naturwissenschaftler der Newtonepoche gehen Historiker davon aus, daß das Objekt ihrer wissenschaftlichen Bemühungen etwas empirisch Vorgegebenes ist. Anders als die Naturwissenschaftler, die vom einzelnen Naturgegenstand abstrahieren und dessen allgemeine Gesetzmäßigkeiten suchen, bleiben Historiker auf die wirklichen Ereignisse und Gestalten der Vergangenheit bezogen: ihnen geht es um das Einzelne und Individuelle. Die Gleichsetzung von Historie und Empirie war seit der berühmten aristotelischen Feststellung, daß Dichtung "vom Allgemeinen," Geschichte hingegen "vom Besonderen" oder "dem, was ist,"[1] rede, eine Grundbedingung historischer Arbeit, nur wurde die Erkenntnis des Einzelnen lange als vorwissenschaftliches, propädeutisches Bemühen gesehen.[2] Erst mit der philosophischen und wissenschaftlichen Aufwertung des Empirismus seit dem 18. Jahrhundert beginnt sich auch die Historie von der Vormundschaft der Philosophie zu emanzipieren, um ihr zur Zeit des Positivismus im 19. Jahrhundert, nach dem sogenannten "Zusammenbruch" der metaphysischen Systeme, den Vorrang abzulaufen.[3]

Der innere Zusammenhang, der zwischen der Entwicklung der Geschichtsschreibung und des Empirismus besteht, spiegelt sich auch im wechselvollen Verhältnis von Dichtung und Geschichte. So beginnt es schon in der Antike. Die aristotelische Bestimmung des Verhältnisses Dichtung–Geschichte, die der Literatur das größere Erkenntnisgewicht gibt, ist seit der nacharistotelischen Philosophie und dem sich im Laufe der Zeiten immer stärker durchsetzenden Dualismus von Verstandestätigkeit und Gegenstand in das Gegenteil verkehrt worden. Wo und wann immer empiristischer Glaube an "Tatsachen" als unabhängige Vorgegebenheiten dominiert, wird die Historie ernster als die Dichtung genommen und werden die geschichtlichen Personen oder Situationen über die "nur erfundenen" oder fiktiven Figuren und Ereignisse der Literatur gestellt.[4]

Diese Einschätzung und die bloße Gegenüberstellung von Faktum und Fiktum erweisen sich als problematisch, sobald über die Art der "vorgegebenen Tatsachen" und ihrer Erkenntnis nachgedacht wird. Schon die einfache Reflexion des Subjekt–Objekt-Verhältnisses zeigt, daß es im Erkenntnisakt das nicht gibt, was M. Westphal sarkastisch die "unbefleckte Empfängnis des Gegebenen" nennt.[5] Diese ist das falsche Dogma des Empirismus. Wird die Reflexion weitergetrieben, dann wird deutlich, daß die Beziehung zwischen Dichtung und Geschichtsschreibung nicht durch Entgegensetzung beider Bereiche, sondern durch eine enge und komplexe Verwobenheit bestimmt ist, die für beide Seiten erkenntnisträchtig ist.

Bereits zu Anfang des 17. Jahrhunderts sagt B. Keckermann über die Historie, daß sie weder Wissenschaft noch Kunst sei, vielmehr eine "Form des Lebens selber." Ihre Ereignisse seien Einzelheiten ("singularia"), die sich gesetzmäßiger oder begrifflicher Festlegung entziehen. Geschichte bestehe nur aus "res indefinitae."[6] Viel weiter als Keckermann ist in diesem entscheidenden Punkt die moderne Geschichtstheorie nicht gekommen, denn sie beschäftigt sich noch immer mit der Frage der "Individualität" geschichtlicher Ereignisse und der Schwierigkeit, diese auf den Begriff zu bringen. So erwähnt K. G. Faber in seiner *Theorie der Geschichtswissenschaft* die Diskrepanz zwischen dem Anspruch der historischen Wissenschaften auf Erkenntnis des Individuellen und der Unmöglichkeit, das Individuelle begrifflich zu fassen.[7] Das eigentlich Individuelle am Individuum kann nicht gedacht werden, schreibt Faber, da Denken und Allgemeines sich nicht trennen lassen. Diese Aporie scheint nicht auflösbar.

Die Frage, ob geschichtliche Ereignisse vom Zufall regierte Einzeltatsachen sind, die nur der subjektive Geist des Historikers zusammenordnet, oder ob alles Individuelle aus allgemeinen Zusammenhängen begreifbar ist, diese Frage hängt vom Vorverständnis der Begriffe Tatsache, Individualität oder historische Einzelheit ab. Die Frage mündet darum in das allgemeine Problem empiristischer Argumentation überhaupt. Jede Tatsache oder individuelle Gegebenheit ist in ihrer Ganzheit stets umfassender, als die ihr geltende Erkenntnis oder Aussage sein kann. Goethe, dem dieses Mißverhältnis vertraut und Anlaß zu vielfältigen Reflexionen war, hat es mit dem alten Spruch "Individuum est ineffabile" bezeichnet.[8]

Was dem Historiker unauflösbar erscheint, wird dem Dichter jedoch zur Herausforderung. Für Goethe führt die Tatsache, daß das Individuum "nicht aussagbar" ist, nicht zur Resignation, sondern zur produktiven Gestaltung. Er beweist damit Mephistos Satz, daß sich dort ein Wort zur rechten Zeit einstelle, wo die Begriffe fehlen, wobei "fehlen" weniger Abwesenheit bedeutet als das alte "fallire," also "täuschen" oder "sich irren." Wo der abstrahierende Begriff versagt, kommt das Wort in seiner konkreten Fülle, und das heißt das poetische Wort, zu seinem Recht.

Goethes Diktum "Individuum est ineffabile" spielt in der späteren Geschichtstheorie eine prominente Rolle. F. Meinecke beruft sich in seinem Werk *Die Entstehung des Historismus* (1935) auf den Satz, mit dem auch K. G. Faber in seiner oben erwähnten Schrift argumentiert.[9] Für beide Historiker scheint der Satz wie Kafkas Türhüter vor der Pforte historisch-empirischer Erkenntnis zu stehen. Da Goethe aber nicht nur sagt, daß "das Individuelle nicht aussagbar ist," sondern hinzusetzt, daß er daraus "eine Welt ableite," stößt er die Tür weit auf, deren Zugang den Historikern verboten bleibt. Goethe lädt so zum Eintritt in die poetische Welt ein, in der aus der Unaussagbarkeit des Individuellen dessen poetische Quellkraft geworden ist. Diese kann wirksam werden, sobald es nicht mehr um begriffliches Fixieren in Form festlegender Einzelaussagen geht, sondern um die bildlich- sinnliche Präsentation des Einzelnen. "Unaussagbar" erscheint es nur, weil es unausschöpfbar, also unendlich ist. Es ist als Subjekt möglicher Aussagen stets größer als die Summe aller ihm geltender Prädikate. Während jede Einzelaussage das Subjekt auf das Prädikat reduziert, wird das Subjekt als Bild oder Symbol in seiner Unendlichkeit bestätigt. Goethe hat beide entgegengesetzten Möglichkeiten in seiner Bestimmung der Allegorie und des Symbols ausgesprochen. Im Gegensatz zur Allegorie ist beim Symbol die Bedeutung als "Idee im Bild" immer unendlich wirksam und unerreichbar "und selbst in allen Sprachen ausgesprochen, doch unaussprechlich."[10] Aus diesem Grunde steht für Goethe der Satz "Individuum est ineffabile" neben dem Bekenntnis, daß ihm das göttliche Wesen nur aus den "rebus singularibus" erkennbar ist.[11] Damit ist die Aporie überwunden, der der Historiker ausgeliefert bleibt, wenn er am Einzelnen nicht das Allgemeine sieht. Nur solange das konkrete Endliche und das Unendliche nicht als spannungsvolle Einheit, sondern als einfacher Gegensatz begriffen werden, bleiben Individuelles und Begriffliches in der von Faber dargestellten Diskrepanz.

Was für ein historisches Erkenntnispotential hat auf Grund dieser Voraussetzung das literarische Werk? Um diese Frage zu beantworten, ist der grundsätzliche Unterschied der jeweiligen Quellen zu bedenken. Der Historiker geht vom Ergebnis des Handelns, vom Gewordenen, dem geschichtlichen Faktum aus und gleicht dem Kriminalisten, der Spuren finden und sichern muß, um das Werden des Vorgefallenen zu erklären. Die Spuren oder Gründe liegen für ihn in Quellen, die im Normalfall nur Teil- und Indizienbeweise liefern. Der Historiker bleibt damit auf der Ebene des Akzidentellen, seine Beweiswelt ist die der besonderen Umstände, des Einzelnen, wie es in Urkunden, Augenzeugenberichten oder Briefen fixiert ist. In der Welt der äußeren Umstände bleibt man beim Zufälligen, schnell Veränderbaren, also bei den Dingen, die so oder anders sein können und darum die Sache selbst in einem ambivalenten Licht lassen. Die widerstreitenden Thesen der Historiker zu markanten Ereignissen der Geschichte, z. B. zur Kriegsschuldfrage des Ersten Weltkrieges, geben Zeugnis davon.

In der Dichtung hingegen sind Begründungen und Motive historischer Ereignisse präsent, die über das Akzidentelle hinausgehen und Wesentliches ausmachen. Das historische Erkenntnispotential der Dichtung liegt nicht in der Darstellung des geschehenen Ereignisses, sondern in dem Licht, das sie auf die Voraussetzungen des Geschehenen zu werfen vermag. So sagt z. B. Gerhart Hauptmanns Erzählung *Bahnwärter Thiel* mehr zur mentalen Erklärung der kommenden europäischen Selbstzerstörung von 1914–18 als manche Kriegsschuldthese der Historiker. Während die geschichtliche Quelle stets das Einzelne vermittelt, ist das literarische Werk dadurch charakterisiert, daß es das Einzelne problematisiert, indem es seinen defizitären Status deutlich macht. Dichtung entlarvt, was im Sinne des Mangels und des Irrtums "fehlt." Das gilt für alle historisch bedeutsame Literatur. Die Voraussetzung dafür liegt in der Natur der poetischen Produktion: in der wesentlichen Rolle, die das Unbewußte in allen Erkenntnis- und Gestaltungsprozessen spielt. Durch den Einfluß des Unbewußten ist der Bedeutungsrahmen des Werkes größer, als der Verfasser intendiert hat. Das erklärt die kompensatorische Funktion des literarischen Werkes, deren historische Relevanz C. G. Jung erkannt hat:

> Kunst . . . arbeitet stets an der Erziehung des Zeitgeistes, denn sie führt jene Gestalten herauf, die dem Zeitgeist am meisten mangelten. Aus der Unbefriedigung der Gegenwart zieht sich die Sehnsucht des Künstlers zurück, bis sie jenes Urbild im Unbewußten erreicht hat, welches geeignet ist, die Mangelhaftigkeit und Einseitigkeit des Zeitgeistes am wirksamsten zu kompensieren . . . Die Art des Kunstwerks gestattet uns einen Rückschluß auf den Charakter des Zeitalters, in dem es entstanden ist.[12]

Die kritischen Einsichten in den mentalen Zustand der Epoche, die ihre literarischen Werke vermitteln, sind damit auch die Einsichten in die Voraussetzungen des politischen Handelns, dessen Wirkung später Gegenstand historischer Betrachtung wird. Geht man nur von diesem Handeln und seinen Wirkungen aus, dann bleibt man den Widersprüchen und Ambivalenzen empirischer Erkenntnis verfallen. Geht man hingegen von den Voraussetzungen aus, die den politischen Aktivitäten und Entscheidungen zugrunde liegen, dann ist der empirische Vordergrund durchstoßen und jener komplexe Bereich beschritten, in dem Gründe, Ziele und andere Einzelbestimmungen miteinander verwoben sind und ein Ganzes bilden.

"Wo Richtung ist, ist Ausschließung," schreibt C. G. Jung und meint damit die Tatsache, daß nicht nur sich verändernde, vorwaltende Tendenzen die geschichtliche Epochenfolge bestimmen, sondern daß auch das bei diesem Entwicklungsprozeß jeweils Ausgeschlossene oder Verdrängte eine elementare Rolle spielt. Wo Ausschließung ist, wird Bewahrung und geistige Belebung des Ausgeschlossenen eine notwendige Funktion der Kunst, die mit dieser Wendung gegen die unvermeidbare Einseitigkeit ihrer Epoche der geistigen Selbstregulierung dient. Mit seiner kompensatorischen Aufgabe wird der Künstler und vor allem der Dichter zum Anwalt jener "Ganzheit" oder Totalität, die dem endlichen Geist nie einholbar ist, aber in Kunst und ästhetischer Reflexion zum kritischen Maßstab und Orientierungspunkt alles "Einzelnen" wird und dessen defizitäre Situation offenbar macht. Wenn vom Dichter seit der Renaissance gesagt wird, daß er "wie ein zweiter Gott" wirke, dann u. a. deshalb, weil der Dichter Gestalten und Situationen schafft, mit denen das Ausschließen und Beschränktsein ihre Selbstverständlichkeit verlieren, indem sie zum Thema und Problem werden.

Dichtung hilft verstehen, wie es zur Entwicklung historischer Gegebenheiten kommt, da in ihr Voraussetzungen zu Wort kommen, die von einer bloß empirischen Beweisführung nicht erfaßt werden. Das historische Erkenntnispotential der Dichtung betrifft die inneren Strukturen geschichtlicher Prozesse. Diese Strukturen sind in ihrer Wirkung im historischen Faktum präsent, da sie es bestimmen. Insofern sind Dichtungen die Seismographen der Geschichte. Indem sie die kommenden äußeren Bewegungen ankündigen, vermitteln sie Wesentliches über die Voraussetzungen oder Gründe der historischen Geschehnisse.

Anmerkungen

[1]Aristoteles, *Poetik*, übers. u. hrsg. Olof Gigon (Stuttgart: Reclam, 1964) 39.
[2]Wolfgang Hardtwig, "Die Verwissenschaftlichung der Geschichtsschreibung und die Ästhetisierung der Darstellung," *Formen der Geschichtsschreibung*, hrsg. Reinhart Koselleck et al. (München: dtv, 1982) 156.
[3]Martin Heidegger, *Einführung in die Metaphysik* (Tübingen: Niemeyer, 1966) 34–35.
[4]Klaus Heitmann, "Das Verhältnis von Dichtung und Geschichtsschreibung in

älterer Theorie," *Archiv für Kulturgeschichte* 52 (1970): 244–79.

[5]Merold Westphal, "Hegels Phänomenologie der Wahrnehmung," *Materialien zu Hegels "Phänomenologie des Geistes,"* hrsg. Hans Friedrich Fulda u. Dieter Henrich (Frankfurt/M.: Suhrkamp, 1973) 90.

[6]Meta Scheele, *Theorie der Geschichte*, Bd. 4: *Wissen und Glaube in der Geschichtswissenschaft* (Heidelberg: Winter, 1930) 88–89.

[7]Karl-Georg Faber, *Theorie der Geschichtswissenschaft*, 5. Aufl. (München: Beck, 1982) 56ff.

[8]Johann Wolfgang Goethe an Lavater, 20. September 1780, *Gedenkausgabe der Werke, Briefe und Gespräche*, hrsg. Ernst Beutler (Zürich: Artemis, 1951) 18: 533.

[9]Friedrich Meinecke, *Die Entstehung des Historismus*, hrsg. Carl Hinrichs (München: Oldenbourg, 1959) 468 sowie Faber (Anm. 7) 57.

[10]Goethe (Anm. 8) 9: 639.

[11]Goethe (Anm. 8) 18: 851.

[12]Carl Gustav Jung, *Gesammelte Werke* (Olten/Freiburg 1971) 15: 95.

Gerwin Marahrens
Bibliographie (Auswahl)

Zusammengestellt von Marianne Henn und Christoph Lorey

Neben vielen Rezensionen und Vorträgen enthält die Bibliographie der Veröffentlichungen von Gerwin Marahrens auch folgende Beiträge:

"Narrator and Narrative in Goethe's *Die Wahlverwandtschaften*." *Essays in German Literature in Honour of G. Joyce Hallamore.* Hrsg. Michael Batts u. Marketa Goetz Stankiewicz. Toronto: U of Toronto Press, 1968.

"Druckmanuskripte oder Erstdrucke? Kritische Betrachtungen zu zwei Nietzsche-Monographien." *Zeitschrift für philosophische Forschung* 23 (1969): 627-35.

"Die organisch-vegetative Metaphorik in Goethes klassischen Dramen *Iphigenie auf Tauris, Torquato Tasso* und *Die natürliche Tochter.*" *Kommunikative Metaphorik. Die Funktion des literarischen Bildes in der deutschen Literatur von ihren Anfängen bis zur Gegenwart.* Hrsg. Holger Pausch. Bonn: Bouvier, 1976.

"Friedrich Dürrenmatts *Die Ehe des Herrn Mississippi.*" *Friedrich Dürrenmatt: Studien zu seinem Werk.* Hrsg. Gerhard P. Knapp. Heidelberg: Lothar Stiehm, 1976. (= Poesie und Wissenschaft, Bd. 33)

"'. . . The universal escapes my grasp': Friedrich Dürrenmatt and the 'universal'." *Play Dürrenmatt.* Hrsg. Moshe Lazar. Malibu: Undena Publications, 1983.

"Über die Schicksalskonzeptionen in Goethes *Wilhelm Meister*-Romanen." *Goethe-Jahrbuch* 102 (1985): 144-170.

"Der 'Welt'-Begriff in Goethes *Wahlverwandtschaften.*" *Sinn und Symbol. Festschrift für Joseph P. Strelka.* Hrsg. Karl Konrad Polheim. Bern: Peter Lang, 1987.

"Frank Wedekinds *Der Markis von Keith* und Friedrich Dürrenmatts *Die Ehe des Herrn Mississippi.*" *Momentum Dramaticum: Festschrift für Eckehard Catholy.*

Hrsg. Linda Dietrick and David G. John. Waterloo: U of Toronto Press, 1990.

"Über die sprachliche Struktur und Genesis der Aphorismen von Karl Kraus."
Karl Kraus. Diener der Sprache. Meister des Ethos. Hrsg. Joseph Strelka.
Tübingen: Francke, 1990.

"Die Erfassung der Ursachen und des Wesens des Ersten Weltkrieges durch die
dichterisch-kulturgeschichtlichen Kategorien in der Weltkriegs-Aphoristik von
Karl Kraus." *Fact and Fiction: German History and Literature 1848–1924.* Hrsg.
Gisela Brude-Firnau u. Karin J. MacHardy. Tübingen: Francke, 1990.

"Über den problematischen humanistischen Idealismus von Karl Hillebrand."
*Autoren damals und heute. Literaturgeschichtliche Beispiele veränderter
Wirkungshorizonte.* Hrsg. Gerhard P. Knapp. Amsterdam: Rodopi, 1991. (=
Amsterdamer Beiträge zur neueren Germanistik 31–33)

"Hugo von Hofmannsthals Aufzeichnungen aus dem Nachlaß (1890–1920)." *Wir
sind aus solchem Zeug wie das zu träumen… Kritische Beiträge zu Hofmannsthals
Werk.* Hrsg. Joseph P. Strelka. Bern: Peter Lang, 1993.

"Über eine Neudefinition der Goetheschen Aphoristik." *Jahrbuch der Goethe-
Gesellschaft* 110 (1993): 297–320.

"Geschichte und Ästhetik in Gottfried Benns intellektualer Novelle *Der Ptolemäer*."
*Hinter dem schwarzen Vorhang: Die Katastrophe und die epische Tradition.
Festschrift für Anthony W. Riley.* Hrsg. Friedrich Gaede, Patrick O'Neill u. Ulrich
Scheck. Tübingen: Francke, 1994.

Bibliographische Abkürzungen

ABäG	Amsterdamer Beiträge zur älteren Germanistik
Akad. d. Wiss.	Akademie der Wissenschaften
Aufl.	Auflage
Buchhg.	Buchhandlung
DVjs	Deutsche Vierteljahrsschrift
dtv	Deutscher Taschenbuchverlag
ed.	edition, editor
FAZ	Frankfurter Allgemeine Zeitung
fotomech. Nachdr.	fotomechanischer Nachdruck
GLL	German Life and Letters
GR	Germanic Review
GRM	Germanisch-Romanische Monatsschrift
Ges.	Gesellschaft
GoetheJb	Goethe-Jahrbuch
GrabbeJb	Grabbe-Jahrbuch
Hrsg., hrsg.	Herausgeber, herausgegeben
SchillerJb	Jahrbuch der deutschen Schillergesellschaft
JbFDH	Jahrbuch des Freien deutschen Hochstifts
JbWGV	Jahrbuch des Wiener Goethe-Vereins
LfL	Literatur für Leser
Mich.GS	Michigan German Studies
MLR	Modern Language Review
PMLA	Publications of the Modern Language Association
rpt.	reprint, reprinted
rev. ed.	revised edition
trans.	translated, translation
Verl.	Verlag
Wissenschaftl. Buchges.	Wissenschaftliche Buchgesellschaft
ZfdA	Zeitschrift für deutsches Altertum und deutsche Literatur
ZfGerm	Zeitschrift für Germanistik
ZfdPh	Zeitschrift für deutsche Philologie
ZfdU	Zeitschrift für den deutschen Unterricht